解读理想人居

2011，天麓三区·莱茵堡，向专注理想的人致敬

2011年4月12日，《中国１０大超级豪宅》排行榜在京发布，
深圳东部华侨城·天麓毫无悬念又占据了其中的一席，
这是继2009年中国10大超级豪宅评选之后，天麓第三次出现在排行榜之上。
随着天麓系列一、二、七、六、九、八区的成功销售，
天麓三区·莱茵堡传承理想而来。
致力于人文、自然精华的淬炼，执着于对理想人居的追求，
莱茵堡，为世界财智领袖奉献出完美的生活品质。

莱茵堡，向专注理想的人致敬

华侨城集团定位于“优质生活的创想家”，是隶属于国务院国资委管理的大型中央企业之一，拥有华侨城地产、华侨城旅游、康佳、华侨城酒店、华侨城亚洲等五个一级子品牌。在市场上建立了天麓、波托菲诺、大侠谷、茶溪谷、云海谷、锦绣中华、世界之窗、欢乐谷、东部华侨城酒店群、华侨城洲际大酒店、威尼斯皇冠假日酒店、海景奥思廷酒店等知名品牌。

着眼于未来发展的历史使命和远景目标，华侨城集团致力于企业文化理念和制度变革创新，并前瞻性地实施了区外布局和优质资源战略储备，布局规划北京华侨城、上海华侨城、天津华侨城、成都华侨城、云南华侨城、泰州华侨城、武汉华侨城等大型成片综合发展项目。

东部华侨城位于中国深圳大梅沙，占地近9平方公里，是由华侨城集团精心打造的世界级度假旅游目的地。主要包括：大侠谷探险乐园、茶溪谷度假公园、大华兴寺、东部华侨城酒店群、云海谷高尔夫球会、天麓地产等，体现人与自然的和谐共处。

东部华侨城天麓秉承华侨城纯正血统，建构于东部华侨城九平方公里宏大叙事之上，平行于云山海天之间。世界建筑大师理查德迈耶在中国的首次实践，新加坡SCDA、加拿大ALD、香港许李严等全球顶尖公司原版演绎，是华侨城27年来高端低密度住宅和优质生活的成功实践。

天麓，幕天席地，建构于深圳东部黄金海岸线九平方公里原生山水之间，独拥南中国最稀缺山海资源，融入低碳环保理念，创造出独具世界文化底蕴、主题鲜明的天麓山海大宅、高尔夫云海大宅、独栋、双拼、叠拼、山地联排别墅、空中别墅等稀世人居典范，并于2008年、2009年分别荣获联合国“全球人居环境最佳社区”称号和“普利策年度别墅大奖”，2009年、2010年、2011年连续3年荣获“中国十大超级豪宅”称号。

天麓三区·莱茵堡，集多种稀缺自然资源于一体，独特的城堡式建筑、沉稳大气的德式风格、完备的高端生活配套、大隐的居住哲学以及天麓系列长期塑造的品牌形象，造就了它非凡的居住价值，而领袖居住区的核心地位更突显了它伟大的传奇。莱茵堡，向专注理想的人致敬！向专注理想的人献礼！

大隐天麓，咫尺中心

东部华侨城位于深港莞惠四城中心，距深圳中心区仅12分钟车程。深盐第二通道于2008年开通，12分钟可从深圳中心区到东部华侨城，同时，15分钟过关，迅速抵达香港；广深高速与莞深高速贯穿连接，实现了40分钟内迅速抵达广州、东莞；南坪快速公路以双向八车道形成东西方向走廊，2小时内抵达惠州、河源、汕头等珠三角重要城市；将于2015年建成的地铁八号线，构成了东部华侨城与深圳各区之间的快速交通网络。

途经中国最美海岸线，山水相映成趣，苍翠幽静。海，在闹市边沿予以一处宁静，山，在繁华之外又是一处胜境。居山、面海、倚湖，天麓三区·莱茵堡位居东部华侨城大侠谷、茶溪谷、云海谷三谷交界核心处，拥有天麓系列中最稀缺的景观资源，堪称“天麓之心”。山、海、湖泊、飞瀑、溪流、奇石、林海等，将世界上最美好的事物浓缩于一处。

天麓，南中国财富人群的核心居住区。莱茵堡，独得南中国最稀缺的山海资源，独一无二的城堡建筑，实现了天麓体系的整体超越，为核心之心。

山海之上，观无垠，心无限

莱茵堡，以城堡的姿态标志性地屹立于9平方公里山海之巅，临海凭风，西领梧桐山脉，南眺大梅沙全景，俯视云海谷高尔夫球场，北望大华兴寺，360°全景视野。在最高的地方看最美的风景，山色水影自然交融，朝暮变化。朝看山色，云舒云卷；夜听潮涌，波澜不惊。大梅沙黄金海岸线蜿蜒绵长，海面浩淼，风蚀浪侵的礁石与亿万年的岁月消融，潮起潮落，海阔天空。

莱茵堡最大程度地保留原始山林地貌，自然和人工雕琢有机结合，实现了景观价值最大化，建筑形态与山体紧密相连，自然生长，浑然一体。山、海、林、湖、大侠谷、大华兴寺、云海谷高尔夫完整收纳，开阔纵横，风光无限，尽收眼底。

群山环抱间，五座城堡高耸入云，遥相呼应，境界浩莽。

城堡里的童话生活

天麓三区·莱茵堡，东部华侨城沥心打造，踞山峰之巅，海拔460米，为南中国海拔最高的住宅。

莱茵堡，源自德国，传承欧洲建筑经典，延续城堡沉稳大气的人文底蕴，创造性地成就了传统与现代艺术的完美结合。

五座城堡在设计风格和理念上因承了经典的莱茵风格，更添加了现代元素，呈现出糅合了梦想与不朽传奇的艺术审美，把居所镶嵌于山顶之上，又能安享现代的都市生活。景观通廊围绕着整个建筑体外侧串起五座城堡，驭海临风，气势恢弘，形成最美的景观带，又是最私密的保护长廊。25米宽的美茵湖面伸展在窗前，沿山两条私家出入通道接驳至东部华侨城各主路口。

古朴的石材与雅致的面砖相互呼应，柔和建筑体量厚重感，突显了轻盈水平线条。一个主塔，两个副塔，顶层阁楼高至2.2米，0.17超低容积率，高达86.92%的绿化覆盖率，是华侨城27年低密度高端地产的极品力作。太阳能热水系统、废水再利用处理系统、空调节能环保设计等，实践了真正的低碳环保生活。

每栋城堡在不同的纬度错落，每栋城堡沿山势竖向生长，俯瞰南海。每栋城堡均有不一样的外形设计和内部格局，空间分合大气舒展，视野平阔。莱茵堡，三面环山，湖水沉静，犹如仙境，洒落于人间。

城堡之体，莱茵之髓，天麓之韵，成就了莱茵堡独一无二的童话生活。

让家回归自然

东部华侨城被誉为“国家级生态旅游示范区”，获得了联合国“全球人居环境最佳社区”（联合国友好理事会、联合国人居署全球最佳范例杂志、中国城博会联合颁发），为中国生态保护、低碳生活实践的核心展示区域，被誉为“空气维生素”的“负离子”浓度高达每立方厘米10000个，是城市住宅的100倍。

莱茵堡，位居9平方公里山海之上，置身其中，薄云淡雾在青山中萦绕，漫步云端，宛如仙境。

太阳从东海岸边悄然升起，与山、海、湖、林、草木、花鸟为伴，远观海天一色。窗台的鲜花在无声中绽放、叶梢挂满晶莹的露珠，含一口清风，弥漫着初生植物的清新气息。沐浴阳光，在自然中吐纳呼吸，犹如身处天然氧吧，空气清新纯净。夕阳西下，夜色旖旎，老人与孩童齐膝而坐、相拥而笑，青山碧水，生活朴素而清新。以山林之幽洗尽铅华，远离都市喧嚣，身心回归自然。

最新鲜的空气，最浩瀚的星空，最自由的疆域，这里是理想的归结地，是心灵放松的港湾，是精神静谧的栖憩地。

9平方公里会所

东部华侨城，“世界级度假旅游目的地”，占地9平方公里，其拥有的三大主题公园、三个风情小镇、四台主题演艺、八大主题酒店、天禅圣境大华兴寺、中国最大的温泉度假庄园等皆建于原生地貌之上，具有不可复制性，其作为天麓地产独特的景观及配套资源，是其它同质豪宅不可比拟的。天麓，无愧于“中国十大超级豪宅”的称号。

⊙ 4.5平方公里的专属乐园—大侠谷

大侠谷探险乐园以“人与自然”为主题，生态环境优美，“森林、阳光、大地、河流、天空”等元素完美融合。太空迷航、飓风营救、世纪海啸，以及新增亚洲速度最快、轨道最长、落差最大的木质过山车等，一系列全球最新、最高科技的体验式项目，带来上天下地入海的全方位感官体验。

⊙ 茶田花海，万亩天然氧吧—茶溪谷

茶溪谷度假公园以“休闲度假”为主题，被誉为“东方小瑞士”的茵特拉根小镇、色彩绚丽的湿地花园、古香古色的茶翁古镇、深圳唯一的万亩茶园、中国品种最全的兰花园，为人们呈现出一个绿的世界、花的世界、中西文化交融的世界。

⊙ 山海云天，以球会友—云海谷

占地2.5平方公里，由国际著名设计师设计的两座高品位18洞高尔夫山地球场，融云、海、湖奇观于一体，地势起伏，景色壮观。地标球场，领袖人群，挥杆会友，畅快人生。

⊙ 祈福灵修，观音座佑—大华兴寺

晨听钟，暮闻鼓，观云海，赏莲境。大华兴寺位于东部华侨城观音座莲山上，所在地名为三洲田，原意为福田广种之地，堪称天造地设的风水宝地。集四面观音于一体的贴金造像，为目前世界唯一。此外，手持金刚杵的韦陀菩萨，护法尊严，关爱众生。清风明月，晨曦晚霞，天音梵乐，自在自乐。

⊙ 1300个高端私人会客厅
—东部华侨城酒店群

东部华侨城目前拥有八大主题酒店，其中，茵特拉根酒店，以瑞士风格为主题；瀑布酒店，以水为元素；大华兴寺菩提宾舍，体验大乘境界；房车酒店，心灵度假。全球第一家火车主题旅馆、咕咕钟酒店、咖酷旅馆等，各具特色。

3000张客床，五星级的贴心服务，全球顶级的商务会议设施，造就了天麓领袖圈层的宏大会客厅。

⊙ 疗身、疗神、疗心—茵特拉根温泉

东部华侨城投资2亿打造的具有国际顶级水准的中国最大温泉度假庄园，地处三洲田海拔300多米的群山环抱之中，总建筑面积达20000平方米，其中包括：22个山林露天汤池，国内规模最大的室内动感SPA馆，并配备世界顶级的美容、理疗、美体设备，以及水疗木屋、若石足道、经典影吧、天籁视听、棋牌室、斯诺克吧等配套场所。群山环抱，泉水潺潺，与湖水山麓相看，给予您最自然温存的生活享受。

⊙ 艺术盛宴，视听大赏—演艺

《天禅》

国内首台以“茶禅”文化为主题的大型多媒体交响音画，融合了多种艺术手段，多维表演空间，画面精美，视听震撼，并于2007年、2010年分别荣获“首届亚洲青年艺术节金奖”及“第16届年度THEA奖之杰出成就奖”。

《天机》

亚洲首创，巅峰水秀。由中外顶级导演联袂打造，300多名世界各地艺术家倾情参演，展现跨时空奇幻时光之旅，诠释了人类与自然的共生关系以及对生命的崇高礼赞。

精彩演艺在此交汇，呈现出一场光影交错的视听盛宴，造就了一场气势恢弘的艺术盛典。

⊙ 4000平米商业街区

莱茵堡生活区，高品质配备了最具欧洲风情商业街。休闲、餐饮、购物、健身……高端的物质享受、完善的商务配套，给生活提供了更多乐趣与便捷，营造出别样的人居体验。

感官享受、身心享受，尽在莱茵堡。

⊙ 360°立体生活—梅沙湾

除东部华侨城外，您还可享受总投资13.7亿人民币的大梅沙国际游艇俱乐部、总面积近36万平方米的大梅沙海滨公园、湖心岛、环海沙滩延绵千里的小梅沙等带来的完美礼遇。海滨度假村、酒吧休闲中心、滨海美食街……度假、休闲设施等包罗万象。新型滨海写字楼、超级公寓、私人会展中心、国际会议中心等，商务与休闲一体，医疗、保健、教育一应俱全，全方位满足您的各种需求。

南中国领袖居住区

自由出入繁华和宁静两种境界，大隐天麓。“大”首先是地理概念。“隐”，则是身隐、心隐、居隐。“大”是“隐”的前提，“隐”是财智领袖的生活智慧。

依托于东部华侨城9平方公里的大背景，多种产业的综合统一开发，天麓得以应运而生。在天麓，物质财富已不再是唯一的衡量标尺。褪去物质的奢华、抛开都市的浮躁、减去对名利的追逐，其以最纯粹、最朴质的生活方式彰显出不凡的文化气质。天赋的珍稀自然资源、中西融合的文化内涵、精雕细琢的建筑艺术、不断完善的价值体系，各种优势的创新结合，诠释出天麓“至纯、至朴、至美”的大隐生活理念。

凭籍高端的人居配套、包容的文化内涵、朴素的生活态度、内敛的人文气质，天麓已成为中国人居标杆，领袖居住区圈层隐然成熟。大隐，只能隐于天麓。

莱茵堡，典藏人居理想

七年开发，天麓现有一区、二区、七区、六区、九区、八区、三区等七大全区域聚居地。七大板块，七大主题，七种风情，七种经典，七种创新，七种理想的实现，“大隐，隐于天麓”领袖居住区，传承、珍藏、经典、永恒。

城堡，人类最安全最私密的建筑。经得起时间的收藏、岁月的消长起落，风起云涌，岿然不动。完美优质的生活配套、领袖居住区氛围的日益成熟，莱茵堡不仅实现了极致人居理想，更是具备无与伦比的增值潜力，成为领袖阶层收藏的艺术珍品。

莱茵堡的价值已不能仅仅靠货币来衡量，它仅为少数能读懂欣赏它的人而生。以象征高贵血统的城堡形态屹立于巅峰之上，拥享这稀缺的山海资源，而惟有世界领袖阶层，又能体味大隐境界者，方能领悟此建筑所蕴含的真谛，并彼此惺惺相惜。

以此，向专注天麓的人献礼！向所有专注理想的人致敬！

The world I want

浪漫传奇 应有尽有

曾经，中国的传奇窗口

海上世界—— 77万m²深圳西海岸半岛的璀璨明珠，
山海景观间，中西文化融合的最佳代表之一。
30年，1个传奇。伴随着明华轮历史的深刻烙印，
无数外籍人士将这里当做第二故乡，
此时此刻，它将再次吸引世界目光。

未来，应有尽有的浪漫滨海之城

全面更新后的海上世界，
由海上世界广场、招商局广场、伍兹公寓、希尔顿酒店、太子广场、金融中心、
15公里滨海休闲长廊、艺术文化中心和高端滨海住区，共九大设施组成，
是一个集餐饮、娱乐、购物、酒店、办公、艺术、度假、
休闲、居住等于一体的国际滨海休闲片区。

餐饮 | 娱乐 | 购物　酒店 | 办公 | 艺术　度假 | 休闲 | 居住

www.cmpd.cn

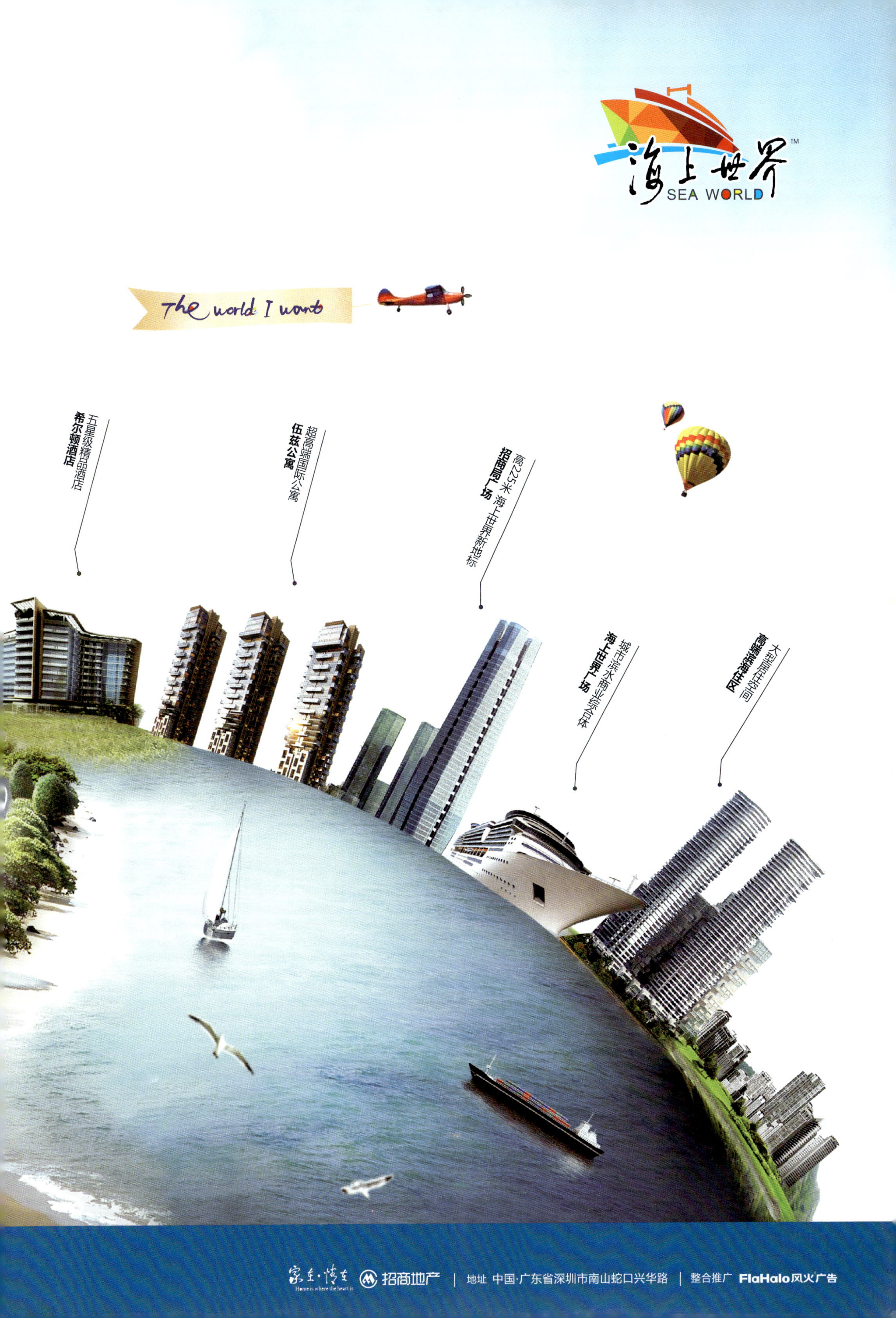
海上世界
SEA WORLD
The world I want
希尔顿酒店
五星级精品酒店
伍兹公寓
超高端国际公寓
招商局广场
高225米 海上世界新地标
海上世界广场
城市滨水商业综合体
高端滨海住区
大型居住空间
家在·情在
Home is where the heart is
招商地产
地址 中国·广东省深圳市南山蛇口兴华路
整合推广 FlaHalo风火广告

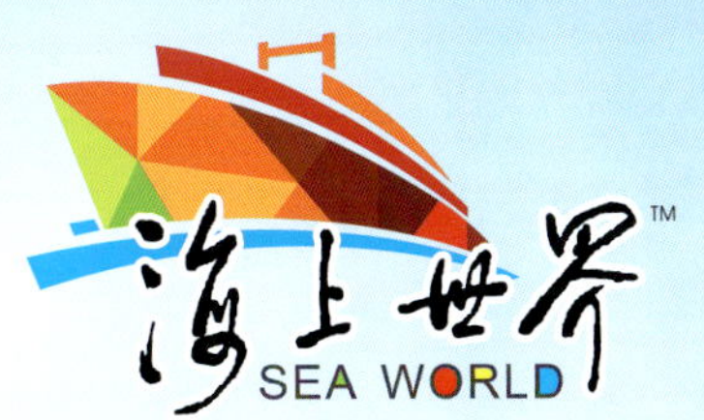

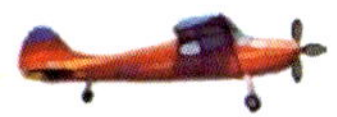

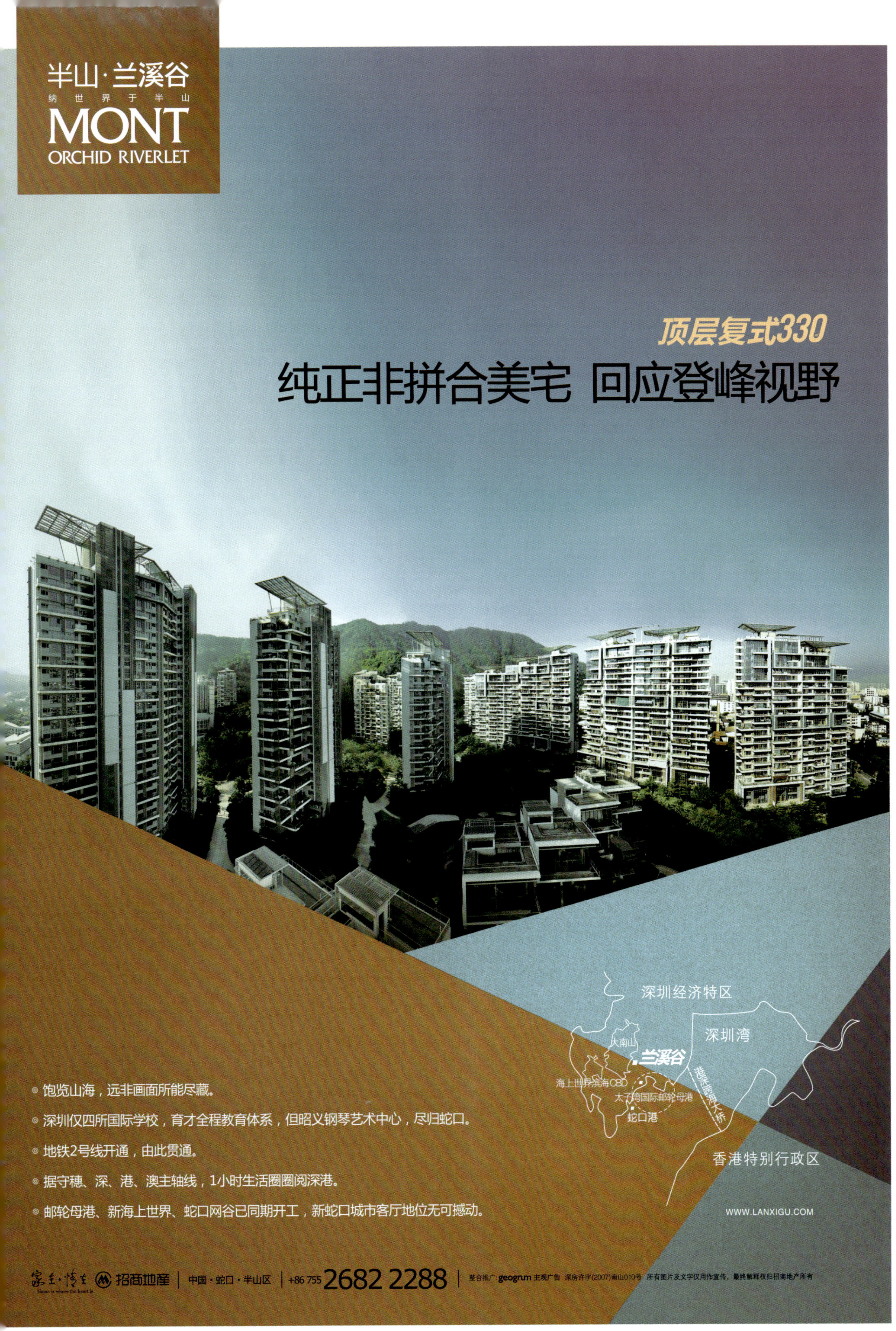

半山·兰溪谷
纳世界于半山
MONT
ORCHID RIVERLET
顶层复式330
纯正非拼合美宅 回应登峰视野
深圳经济特区
深圳湾
大南山
兰溪谷
海上世界滨海CBD
太子湾国际邮轮母港
蛇口港
港深跨海大桥
香港特别行政区
◎ 饱览山海，远非画面所能尽藏。
◎ 深圳仅四所国际学校，育才全程教育体系，但昭义钢琴艺术中心，尽归蛇口。
◎ 地铁2号线开通，由此贯通。
◎ 据守穗、深、港、澳主轴线，1小时生活圈圈阅深港。
◎ 邮轮母港、新海上世界、蛇口网谷已同期开工，新蛇口城市客厅地位无可撼动。
WWW.LANXIGU.COM
Home is where the heart is
招商地产
中国·蛇口·半山区
+86 755 2682 2288
整合推广:geogrum 主观广告 深房许字(2007)南山010号 所有图片及文字仅用作宣传，最终解释权归招商地产所有

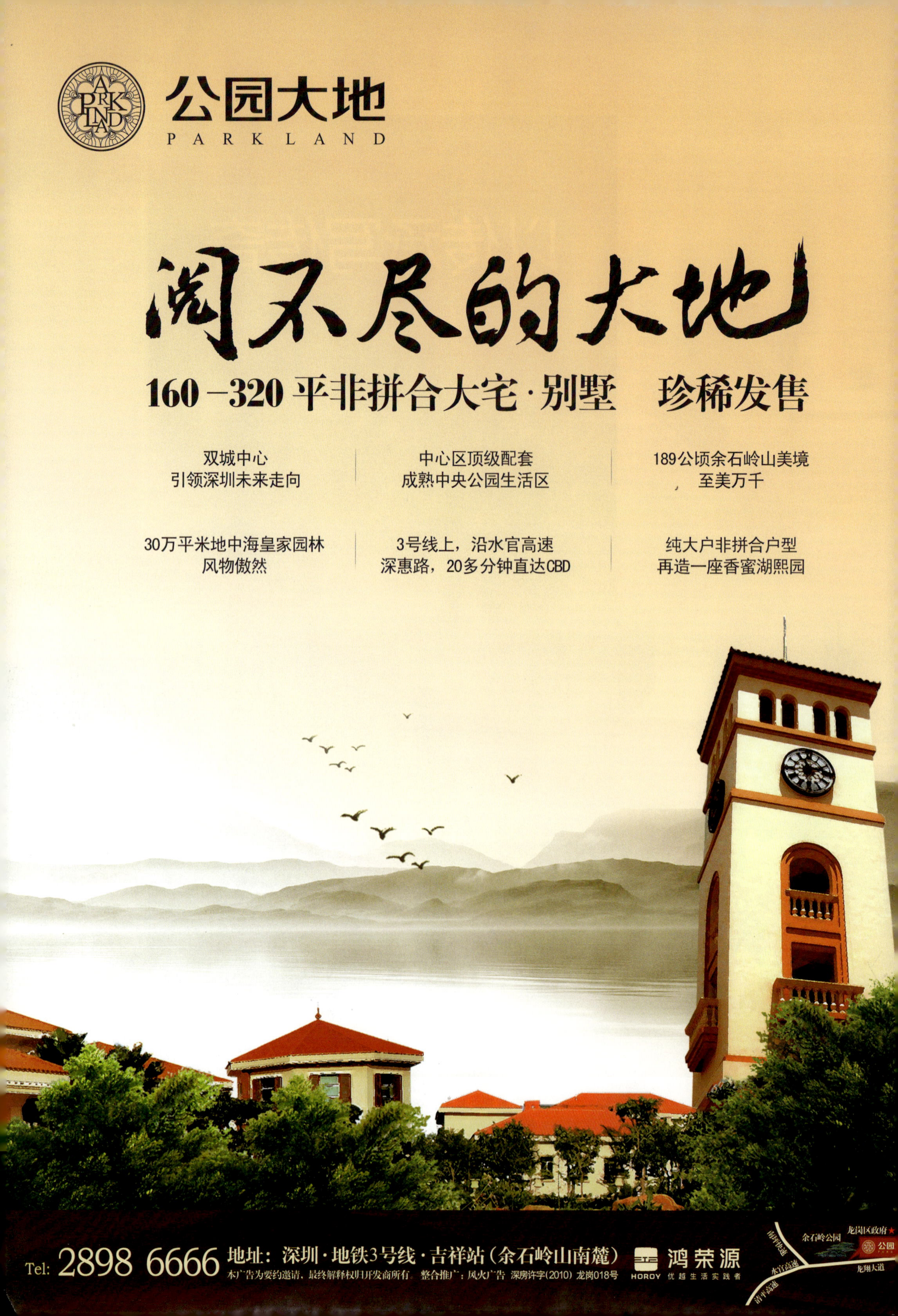

公园大地
PARKLAND
阅不尽的大地
160－320平非拼合大宅·别墅　珍稀发售
双城中心
引领深圳未来走向
中心区顶级配套
成熟中央公园生活区
189公顷余石岭山美境
至美万千
30万平米地中海皇家园林
风物傲然
3号线上，沿水官高速
深惠路，20多分钟直达CBD
纯大户非拼合户型
再造一座香蜜湖熙园
Tel: 2898 6666
地址：深圳·地铁3号线·吉祥站（余石岭山南麓）
本广告为要约邀请，最终解释权归开发商所有。整合推广：风火广告　深房许字(2010) 龙岗018号
鸿荣源
HOROY　优越生活实践者
龙岗区政府
余石岭公园
公园
龙翔大道
水官高速
清平高速

熈園山院
MY HEART LONGS FOR IT
涵养生命的山与院

品质物业 精彩生活

筑恒久经典 建生态家园

1982年，深物业集团诞生，在改革开放的浪潮中，敢为天下先，开创了“深圳速度”，被誉为“深圳速度的体现，改革开放的象征”。

大浪淘沙，经过近30年的洗礼，深物业集团秉承“品质物业，筑恒久经典；精彩生活，建生态家园”的开发理念，执着“至臻服务，至善管理”的管理法则，根植深圳，强势打造深港都会系列精品楼盘，为城市提供精美艺术品，为客户提供优美居住空间。依托房地产主业优势，深物业集团立足珠三角、辐射长三角、放眼全中国，科学定位、精心设计，紧跟市场需求，不断推陈出新，开发出多个中高端房地产项目，全面提升了企业品牌形象和企业竞争力。

以建筑记录时代巨变 30载历练 30载传奇

1992年1月20日
邓小平同志在国贸大厦53层国贸旋转餐厅俯瞰深圳，指点江山，发表了长达30分钟的“南巡讲话”。

1990年6月22日
江泽民同志视察国贸大厦并题字留念。

1994年11月13日
胡锦涛同志亲自视察了深物业集团并题字留念。

深物业·新华城

深物业·彩天怡色

深物业·深港1号

深物业·廊桥国际

深物业·蓝色港湾（深圳）
深物业·西湖御景（扬州）
深物业·松湖御景（东莞）
深物业·半山御景（徐州）
电脑合成图

金地 天宇1号作品

2010年中国住交会上，金地四大高端产品系亮相。

此举，象征金地在豪宅市场开始了从产品研发流程，到客群生活方式的系统化战略。

依托“引领人本生活”的产品理念，

通过缜密调研，洞悉人群生活方式，

根据人群气质相应规划材料、质感、立面、技术等手段加以精确实现。

目前，金地已在全国18座大中城市践行这一战略。

豪宅战略，天宇一号“金地·天悦湾”应声问世。

天悦湾

VILLAS *du* LAC

CE QUI REND LE MONDE DIFFENT EST
LA LEGENDE

尊崇复现 传世风范

_傲踞鹭湖国际住区 _得湖望山天赋异禀 _纯正法式官邸 _低密度生活范本 _金地科学经典承续

金地集团 Gemdale 科学家 86+755 尊享专线 888-111-88

JAFFA
PESCHIERA
CAIRE
CAPRÉE
MOREAU
BRUIX
BOYELDIEU
BERCKHEIM
ORNANO
KNIAZIEWICZ
PLAUZONNE
DERY
NARBONNE
CLARKE
THARREAU
LEMAROIS
TREILLARD
DUTAILLIS
FOUCHER
CLÉMENT L.R.
DELAGRANCE A.
MARULAZ
GUYOT DE LACOUR
DEFRANCE
DUMOUSTIER

不仅鹤立当代

LCC
LOGAN
VIP TEL
贵宾热线
2980 8888
地 址 · 宝安中心区区政府旁
开发商 ·
LOGAN
龙光地产
专筑城市理想

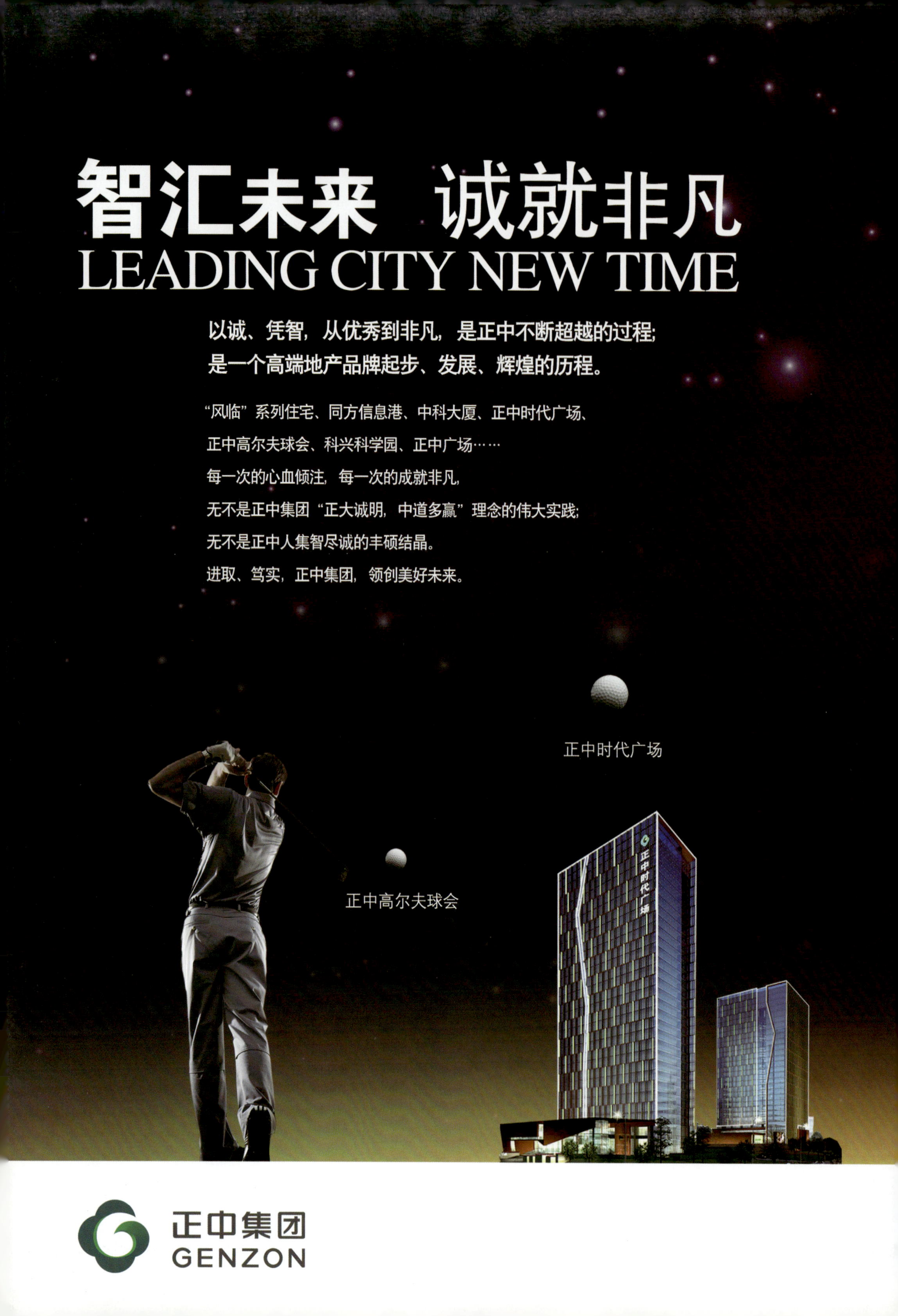
智汇未来　诚就非凡
LEADING CITY NEW TIME
以诚、凭智，从优秀到非凡，是正中不断超越的过程；
是一个高端地产品牌起步、发展、辉煌的历程。
“风临”系列住宅、同方信息港、中科大厦、正中时代广场、
正中高尔夫球会、科兴科学园、正中广场……
每一次的心血倾注，每一次的成就非凡，
无不是正中集团“正大诚明，中道多赢”理念的伟大实践；
无不是正中人集智尽诚的丰硕结晶。
进取、笃实，正中集团，领创美好未来。
正中时代广场
正中高尔夫球会
正中时代广场
正中集团
GENZON

正中广场
科兴科学园
效果图

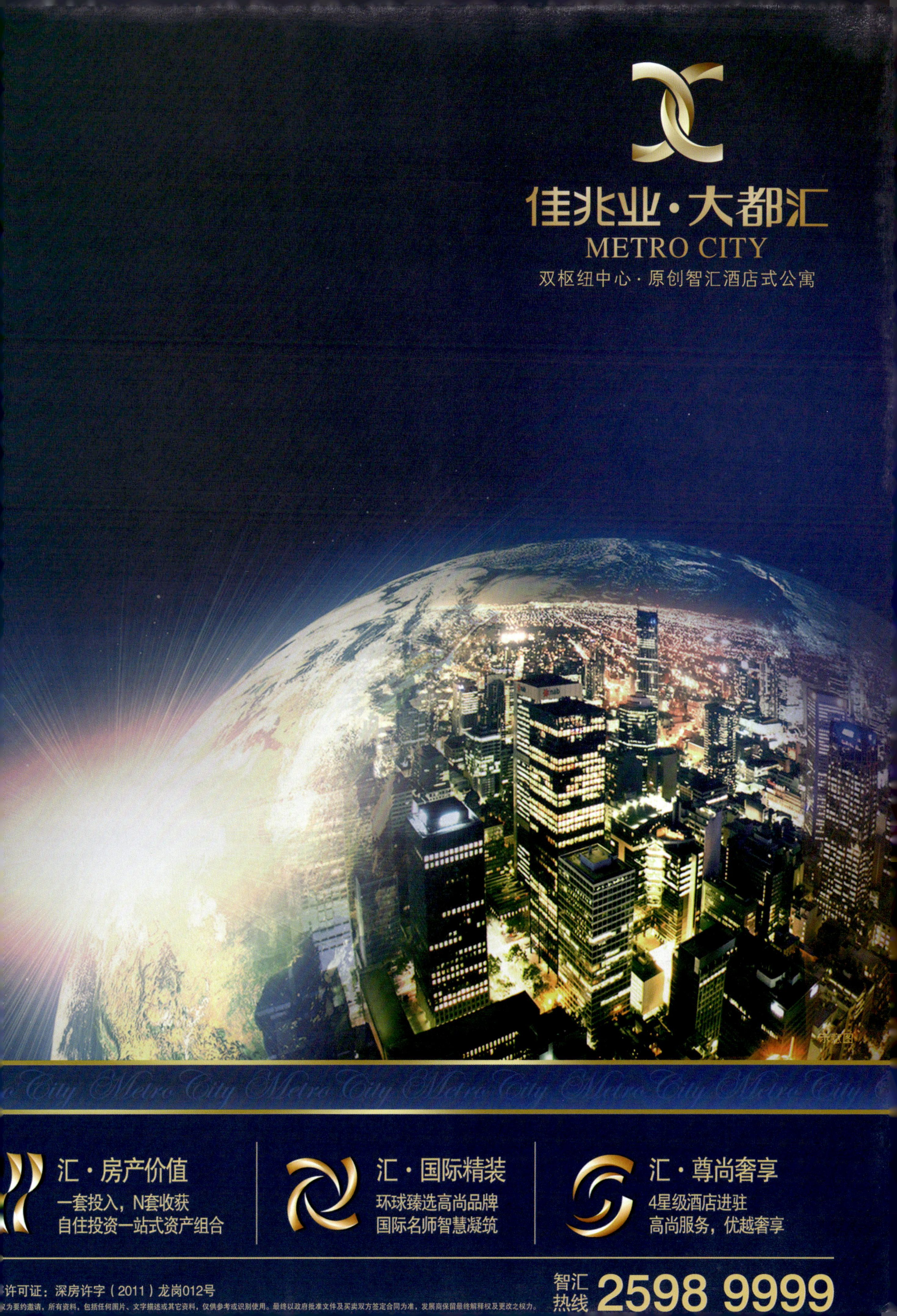
佳兆业·大都汇
METRO CITY
双枢纽中心·原创智汇酒店式公寓
示意图
汇·房产价值
一套投入，N套收获
自住投资一站式资产组合
汇·国际精装
环球臻选高尚品牌
国际名师智慧凝筑
汇·尊尚奢享
4星级酒店进驻
高尚服务，优越奢享
许可证：深房许字（2011）龙岗012号
为要约邀请，所有资料，包括任何图片、文字描述或其它资料，仅供参考或识别使用。最终以政府批准文件及买卖双方签定合同为准，发展商保留最终解释权及更改之权力。
智汇热线 2598 9999

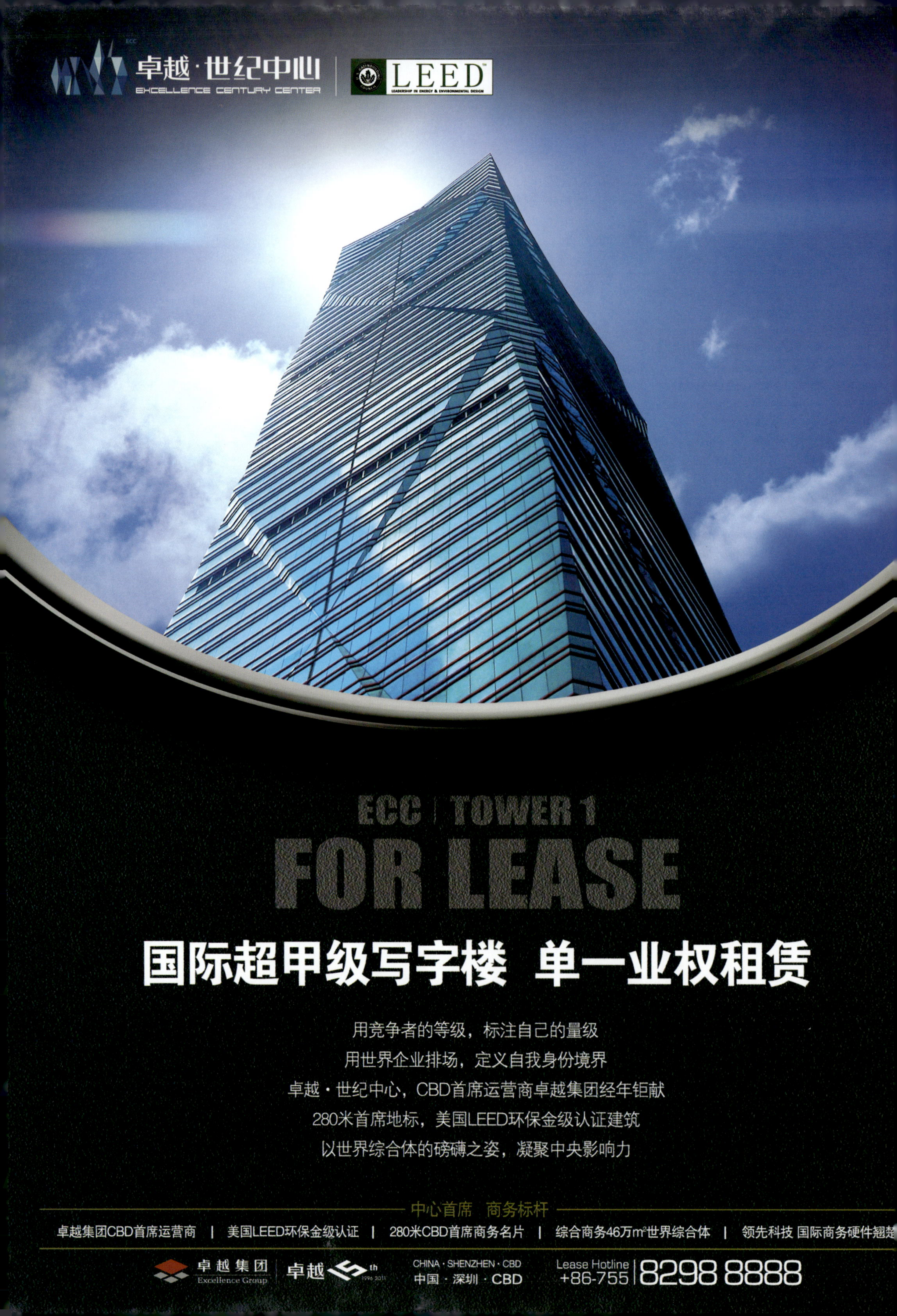

卓越·世纪中心
EXCELLENCE CENTURY CENTER
LEED
LEADERSHIP IN ENERGY & ENVIRONMENTAL DESIGN
ECC | TOWER 1
FOR LEASE
国际超甲级写字楼 单一业权租赁
用竞争者的等级，标注自己的量级
用世界企业排场，定义自我身份境界
卓越·世纪中心，CBD首席运营商卓越集团经年钜献
280米首席地标，美国LEED环保金级认证建筑
以世界综合体的磅礴之姿，凝聚中央影响力
中心首席 商务标杆
卓越集团CBD首席运营商 | 美国LEED环保金级认证 | 280米CBD首席商务名片 | 综合商务46万m²世界综合体 | 领先科技 国际商务硬件翘
卓越集团
Excellence Group
卓越 15th
1996 2011
CHINA · SHENZHEN · CBD
中国 · 深圳 · CBD
Lease Hotline
+86-755 | 8298 8888

《深圳房地产年鉴》编辑委员会 编

深圳房地产年鉴

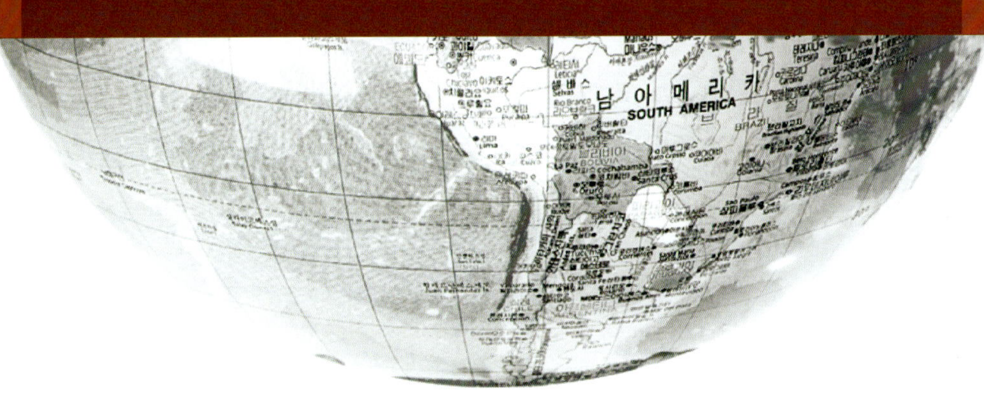

深圳出版发行集团
海 天 出 版 社

寰宇大酒店
UNIVERSAL HOTEL
国信证券营业一部
环宇家私

山贵于磅礴
水贵于萦迂
山水相连为大美
萦迂则气聚
磅礴则气畅

天麓

山连海隅，云接天壤
上天下泽，气象万千
霞蒸雾蔼，层云尽揽
山光浮水，林麓川泽
造化神秀，纤尘不染
汇川入海，万古扬波
万物通也
藏风聚气，福之地也

编辑单位：深圳市规划和国土资源委员会

编著单位：深圳房地产年鉴编辑委员会

协办单位：深圳东部华侨城有限公司

深圳招商房地产有限公司

深圳

东莞市
东
莞
颔屋
罗田
燕川
李松朗
荣和
圳美
楼村
公明
长安镇
上沙
沙浦
松岗
将石
光明
光明新区管委会
东方
共和
沙二
沙井
上星
蚝四
田寮
甲子塘
民主
大王山
长圳
塘尾
宝
安
区
水田
石岩
罗租
凤凰
新和
福永
下十围
黄麻布
塘头
应人石
深圳宝安国际机场
后瑞
鹤洲
固戍
凤凰岗
上合
西乡
甲岸
新安
渔业
宝安
斑鸠石
白芒
大冲塘
南
桃源
西丽
福光
山
区
南头
南山
粤海
丰泽
招商
蛇口
平南铁路
沙河
香蜜湖
福
田
区
梅林
莲花
市政府
华富
沙头
福田
福保
园岭
华强北
桂园
东门
罗
湖
笋岗
翠竹
东湖
东晓
黄贝
南湖
南园
清水河
布吉
南湾
南岭
坂田
水径
三联
雪象
甘坑
岗头
上木古
平湖
辅城坳
新南
民治
上塘
龙华
大浪
三联
福民
观澜
大水坑
桂花
牛湖
君子布
松元
樟坑径
黎光
旧村
黄书角
黄牛埔水库
塘厦镇
清溪镇
凤岗镇
甘油
白泥坑
广深铁路
广九铁路
珠
江
口
伶
仃
洋
小铲岛
大铲岛
孖洲
内伶仃岛
深
圳
湾
上水
粉岭
天水围
元朗
屯门
香港特别行

地图

惠
州
市
新圩镇
沙田镇
沙田水库
塘吓
秋长
淡水
惠阳
六联
坪地
坪西
龙西
中心
新生
回龙埔
龙岗
龙东
沙坜
坑梓
爱联
南联
同乐
利头咀
龙城
坪山新区管委会
石井
田心
南约
六联
坪山
新曲
坪环
保安
金龟
大康
三溪
葵涌
高源
马峦
安良
西坑
溪涌
土洋
葵涌
官湖
王母
大鹏
鹏城
布新
下沙
水头
盐
田
区
梅沙
盐田
海山
大
鹏
湾
吉澳
平洲
龙
岗
区
土湾
澳头
白寿湾
纯洲
大
亚
湾
喜洲
白沙湾
坝光
岭澳
岭澳水库
罗屋田水库
径心水库
打马坜水库
赤坳水库
红花岭水库
铜锣径水库
三洲田水库
狮子湾
东渔
桔钓沙湾
盆仔湾
新大
东农
南澳
南渔
香车水库
南农
东涌
西涌
西涌湾
赖氏洲
大三门岛
南
海
图
例
地级市政府驻地
县级政府驻地
乡、镇、街道驻地
新区管委会驻地
立交桥
香港特别行政区界
地级市界
县级界
隧道
河流
水库、湖泊
高速公路
在建
快速路
国道及编号
G107
主要道路
次要道路
铁路
在建
地铁

原天地之美

得天者

深圳海岸集团一贯秉承“构筑城市美好生活”的理念，坚持用优异的建筑形态、卓越的服务理念创造城市生活价值。

从开发住宅、公寓到写字楼，再到代表城市文明的大型城市综合体，海岸集团在“科学决策、稳健经营”的发展思路指导下，致力于促进中国的城市建设与社会进步。

海岸城

大型城市综合体，现代都市图腾

海岸城购物中心

深圳海岸城

深圳海岸城总建筑面积约30万m^2，由海岸城东座、海岸城西座、海岸城购物中心和海岸风情街组成，是目前深圳西部规模最大、功能最齐全的城市综合体。

海岸城东座

海岸城西座

海岸集团以城市综合体的开发运营为主业，以华南、华东、西南片区为发展重点，面向全国，积极拓展。

无锡海岸城

无锡海岸城总建筑面积约70万m^2，位于无锡市太湖新城核心区，集购物中心、豪华酒店、国际公寓、高尚住宅于一体，是长三角地区具备一定示范效应的城市综合体。

江阴海岸城

江阴海岸城总建筑面积约50万m^2，是集住宅、办公、酒店、公寓、购物中心于一体的大型城市综合体。

实景拍摄

实景拍摄

中粮·鸿雲
CASA DI LUSSO
前海中心 城脉 御院

中粮·鸿雲

CASA DI LUSSO

前海中心 城脉 御院

中粮 · 鸿云效果图

中粮·锦云效果图

中粮·锦云

由美国著名建筑设计公司设计，打造源自法国Art Deco古典风格式建筑，营造了沉稳大气的豪宅气质。水主题园林中，高台叠水流动天籁之音，高树林立，芳草茵茵，让城市烦嚣一洗而空。

中粮·一品澜山效果图

中粮·一品澜山效果图

中粮·一品澜山

拥有得天独厚的城市生态资源，不仅享有区域最重要的一条生态绿廊，更环抱双公园，得山湖幽幽碧波，成就宜居城市的低密度理想之所，为坪山新城注入城市生活元素。

2011波托菲诺作品

香山里140~180m^2至臻新品

香山里是深圳华侨城·波托菲诺正在建设中的大型高尚居住区，规划设计融入了天鹅堡与纯水岸的成功经验，
继续保持着华侨城·波托菲诺独有的社区风格和品质，为继天鹅堡、纯水岸之后波托菲诺品牌下的全新作品。

波托菲诺·香山里位于深圳华侨城片区香山西街以北。北侧为市级主干北环大道，交通便利，
南侧为侨香诺园和首地容御，西侧为华侨城待开发用地，未来规划为高尚住宅区，东南侧为花园式学校——中央教科所深圳南山附属学校，
东侧为华侨城高尔夫优越的景观资源。

波托菲诺·香山里的整体规划设计构思立足于空间美学，二期由4栋33层高层和2栋18层小高层住宅组成，小区内配有幼儿园。
整体布局以建筑形体南低北高的围合式布置，外立面采用现代风格，颇具有雕塑感和现代动感，
小区园林以水景与溪流作为小区的景观中心，用现代手法展现自然园林的舒适写意。

波托菲诺·香山里二期主力户型为140–180平方米的四房五房单位，户型南北通透，尺度舒适实用，
并配有双层露台及主人房步入式衣帽间，为波托菲诺户型经典之作。

天生贵胄，波托菲诺·香山里坐享深圳华侨城绝版的生态环境（生态广场、燕晗山、天鹅湖、燕栖湖、蜿蜒的林荫路……），
上百种珍惜鸟类栖息于此。6平方公里的华侨城，拥有70%绿化率，人均绿地面积48平方米，达到发达国家水平，
空气质量为国家一级标准，低于市区平均温度2-4度。

对品牌而言，
时间的艺术，是一种时间深度叠加的影响力。26年的华侨城，已经是一种代言城市优质生活的符号。

对规划而言，
时间的艺术，是一种基于时间的前瞻性思考。
集萃优质生活的众多关联资源，以主题式公园群、主题式酒店群、主题式艺术群、主题式居住群，
成就了独一无二的华侨城生活方式。这就是波托菲诺，在时间缔造的优越中而卓越。

对生态而言，
时间的艺术，是一种用时间去培育对自然的尊重。
6平方公里的华侨城土地上，绿化覆盖率达到70%，综合建筑容积率仅为0.45，
本该别墅区里才有的建筑密度，如今却出现在城市群核心地带。
7万平方米燕栖湖、4万平方米天鹅湖，26万平方米燕晗山，花草树木不计其数，这就是波托菲诺，
时间成就的稀缺生态领地。

对圈层而言，
时间的艺术，是一种时间熏陶的阶层密语。
唯有波托菲诺，才能汇聚灿若繁星的政界、商界、艺术界等众多时代楷模。
这些精英不仅是财富塔尖阶层，他们的成就更是改变了深圳乃至中国的历史。
然而，波托菲诺生活格调表明了他们共同的生活态度。这就是波托菲诺，时间酿造格调，汇聚生活智者。

对生活而言，
时间的艺术，是一种用时间去回归本真的蜕变。
住波托菲诺，三代同堂，这是经过时间检验的“深圳梦”。
于华侨城里、于波托菲诺，所到之处，由老及幼、由事及物，无不散发着和谐和睦的生活情趣和氛围，
让人们从内心里涌起一份最柔软的感动。这就是波托菲诺，时间沉淀的悠闲生活私境。

对纯水岸九期而言，
时间的艺术，则是时间醇厚品质上的创新升级。
居于波托菲诺正席主位，后山、中湖/岛、远海/山多重景观层叠；
240－300平方米湖境大宅，原创纯粹大户型，空间拓展，别有洞天；
产品稀缺，2011年深圳楼市，无出其右！
这就是波托菲诺，弥足珍贵，优越之上。

波托菲诺
PORTOFINO
深圳·华侨城意大利风情小镇
noble romantic elegant unrestrained
relaxed tranquil artistic
simple prop rietary and irreplaceable; pleasant
PORTOFINO THE ART OF TIME
波托菲诺 时间的艺术
有一种艺术
是基于对时间的精到理解，然后得以沉淀
波托菲诺，时间的艺术之经典
240-300m²湖境大宅
注：本广告为要约邀请，买卖双方权利和义务以最终合同为准。
实景拍摄

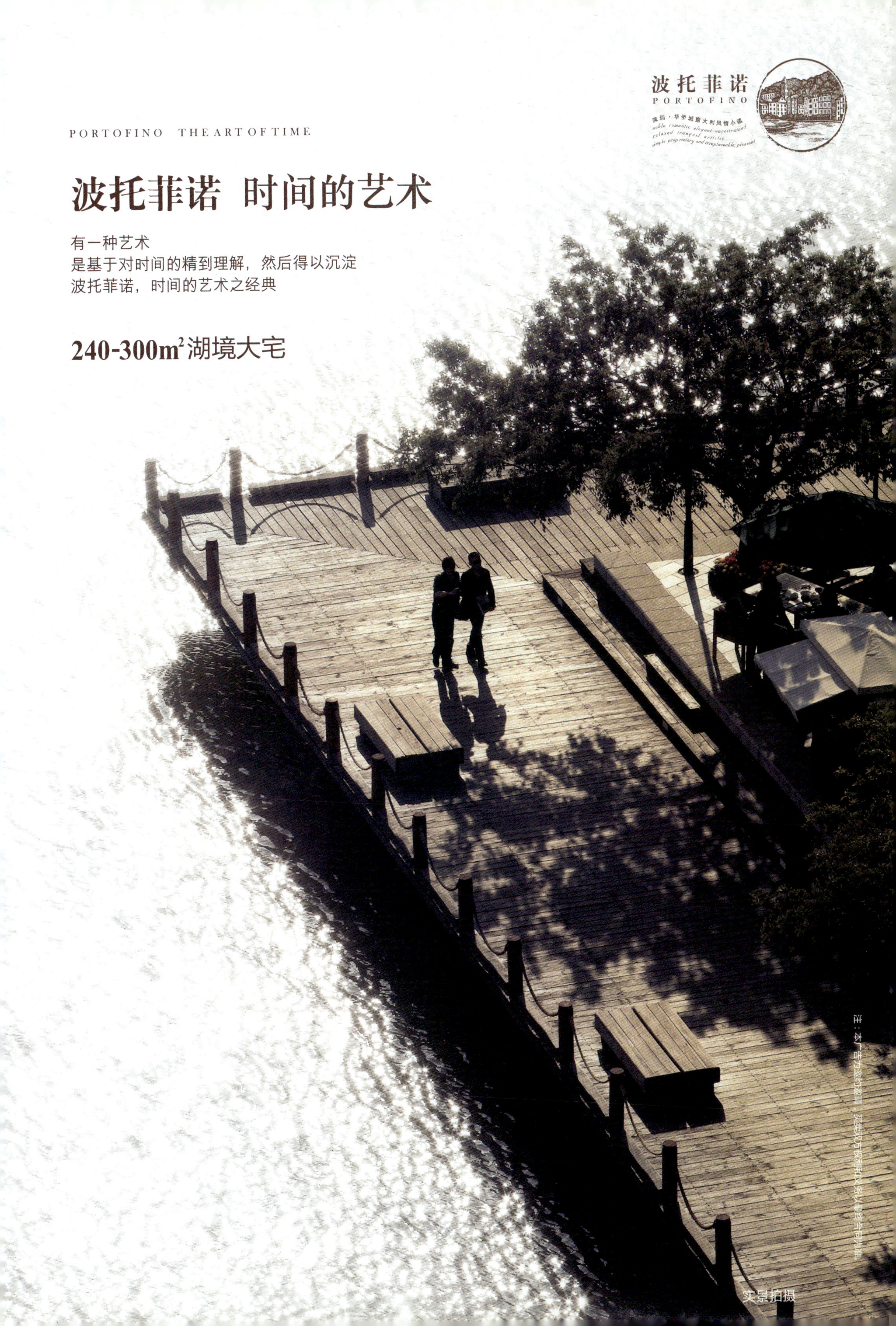

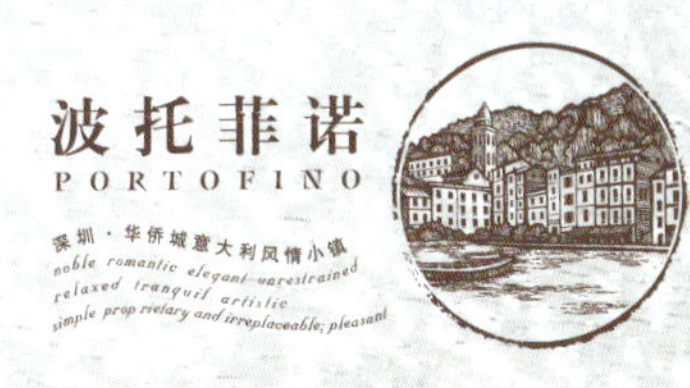

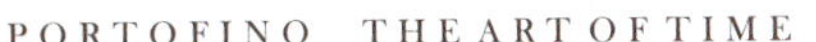

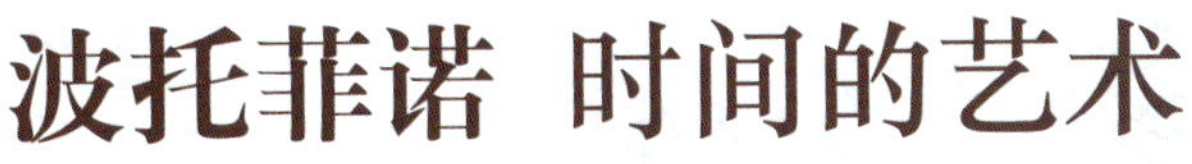

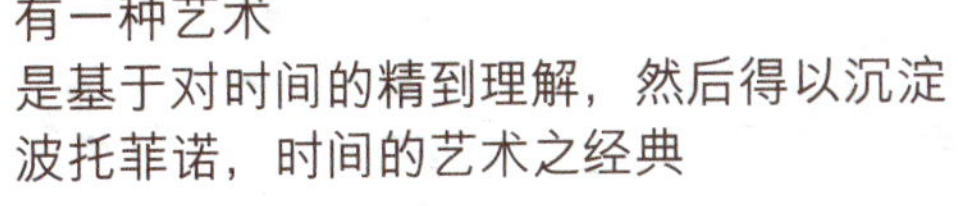

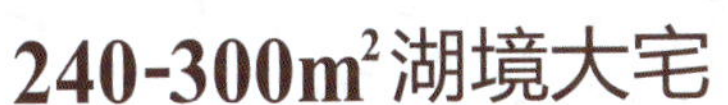

不断自我突破的二十六年

不断创造、颠覆、再创造的二十六年

不停止、不留恋、不复制、也从不结束

2011年创造一个可以预见的未来

深圳市东部开发（集团）有限公司是一家拥有房地产综合开发、建筑施工、市政工程施工、机电安装工程施工、 物业管理（均为国家一级）、国家甲级消防设计、甲级消防施工（双甲）、国家甲级建设监理资质等多项一级（甲级）多重资质的大型综合性企业集团。主要经营业务包括：土地和房产开发、工程总承包、建筑施工与装饰、商品混凝土、工程监理、物业服务，以及浓缩果汁系列产品、橡胶地板系列产品生产等高新工业。

集团属下控股集团企业两家，其中天地集团为上市公司，拥有控制权的企业共16家 公司成立二十多年来 始终奉行谨慎务实、稳中求进的经营原则，在深圳特区与国内城市的建设与发展中，不断成长壮大，经营能力逐步增强，经济效益稳步上升。未来集团将立足深圳，面向国内外，广泛参与市场竞争，全面提升企业管理，精心培育核心竞争力，加快体制、机制、技术、管理、制度和文化创新。在创新与发展中，追求卓越，展现东部名牌精品，建设新型的现代化、国际化企业集团，与社会共建一个和谐的家园。

效果图

①阳光花园：

东部阳光花园于大亚湾西区，大亚湾大道与龙海二路交汇处，为深进入大亚湾的门户地带，紧靠淡水城区属于较成熟片区，区位条件首屈一指。将项目打造为大亚湾大道上的一颗明珠。

东部阳光花园项目产品规划以“一湖、一岛、一花园”为基础，以泡泡玫瑰湾水系为景观轴线，空间上以扇面型由西南至东北方向展开，呈现精致的园林景观和完美的天际线。项目总占地面积163912平方米，共分四期开发，其中一期总建筑面积:146041平方米，容积率1.73，覆盖20.72%绿化大于45.5%，总户数896户。

目前一期在售的高层住宅建筑面积为43768平方米，共计360套，户型2房面积约为81平方米，3房面积约为140平方米，4房面积约为161平方米另有顶层复式。本项目二期建筑面积约为119297平方米，产品类型主要有洋房、小高层以及高层住宅为主，延续了项目一期的建筑以及园林设计风格。二期预计年底销售。

效果图

②英郡年华三期：

英郡年华三期位于龙岗区南湾街道办，深惠路的南侧，项目西北侧100米即为地铁三号线丹竹头站。本项目为集商业、办公及住宅为一体的新型城市综合体物业，地下室两层，建筑物限高150米，建设用地面积为31598m^2 总建筑面积为183300m^2 其中住宅69800m^2 商业:45000m^2，办公及公寓：68500m^2，建筑容积率：4.8，绿化率:30%，停车位:873辆，规划人口2234人，项目预计总投资18.5亿元，预计2011年年底开发建设。

效果图

效果图

③金科雅苑：

项目位于惠州市河南岸14号小区南三环与演达一路交汇处，坐拥演达商住圈，地理位置无限优越，堪称惠州南部通道大门户。南望三环广场，北瞰数码广场豪华缤纷。是一个现代高尚商住物业，它的出现将与三环广场中心形成一大建筑组团，成为整个惠州市“门户型”景观。项目用地面积为15385m^2，建筑面积为72430.46m^2，4栋32层，地下室2层、裙楼商业2层7070.45m^2，塔楼为住宅47705.37m^2，项目预计投资3.3亿元，2011年年底面世，2012年年底竣工。

只有经典，才能创造永恒

④庆阳西峰项目：

庆阳西峰房地产项目用地位于甘肃省庆阳市西峰区真宁西路与长庆南路的交叉十字路口处西北角，西邻西环路，北临恒美花园小区。项目占地137862m²，建筑高度≤25层，总建筑面积约250000m²，容积率≤2.5，绿地率≥45%，项目园中园设计独特，环保理念融入其中，是东部集团在甘肃省乃至西北地区打造的一个亮点。

⑤玲珑山：

杭州玲珑山项目位于浙江省杭州临安市城西端，玲珑山风景区玲珑山脉山脚。距离杭州萧山机场一小时车程，距杭州市区半小时车程，处于杭州市一小时生活圈和杭州至安徽的黄金旅游线交汇点。项目占地面积约24万平方米(360亩)，容积率：≤1，覆盖率≤30，限高20米，开发以联排别墅、叠加别墅、花园洋房为主的低密度住宅，教育、商业配套齐全、绿色健康的大型居住社区。2011年项目一期即将面市，敬请期待。

Eastern Group

⑥卧龙湾·东部城：

卧龙湾·东部城，位于营口市西市区卧龙湾，占地两百万平米，本项目是一具备休闲、娱乐、商务、酒店、旅游、购物、文化、居住等众多城市功能的大型休闲城市综合体。形成环渤海湾和东北地区的可持续发展的典范，打造为"中国营口—卧龙湾文化商贸休闲区"的地标品牌，成就营口市西市区城市经济发展的新引擎。

项目建设内容：

1、幸福港（城市综合体）：包括SHOPPING－MALL、创意设计交流基地、五星级酒店、创投广场、国际商会中心、地标建筑等；
2、高端湾区物业：包括水岸美宅及生态住宅；
3、文体休闲：包括文体公园、游艇俱乐部、总裁俱乐部、幸福剧院等。
预计项目总投资约150亿元，2012年将全面展开建设。

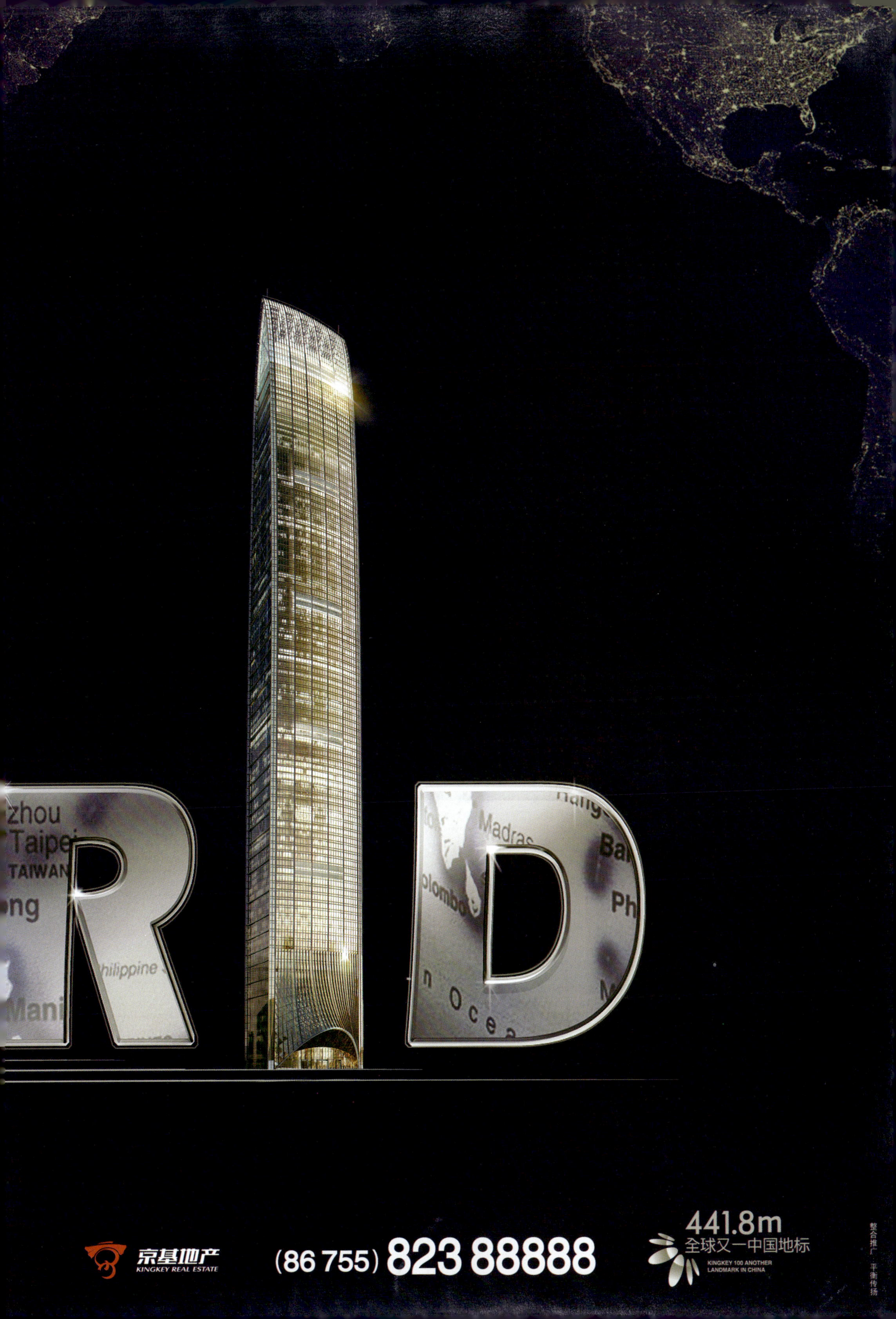

zhou
Taipei
TAIWAN
Philippine
Madras
京基地产
KINGKEY REAL ESTATE
(86 755) 823 88888
441.8m
全球又一中国地标
KINGKEY 100 ANOTHER
LANDMARK IN CHINA
整合推广·平衡传扬

京基100 深圳新地标

全球共识——世界经济正在向东方漂移

纵观世界金融发展史，国际金融中心的漂移往往是国家经济兴衰的过程，从威尼斯到伦敦，从20世纪的纽约到如今的亚太地区，国际金融中心的漂移都意味着一个全新时代的开始。

中国社会科学院在京发布《金砖国家经济社会发展报告（2011）》，该蓝皮书指出，近十年来，中国资本市场已经成为全球最重要、规模最大、流动性最好、透明度也是最好的资产交易场所之一。

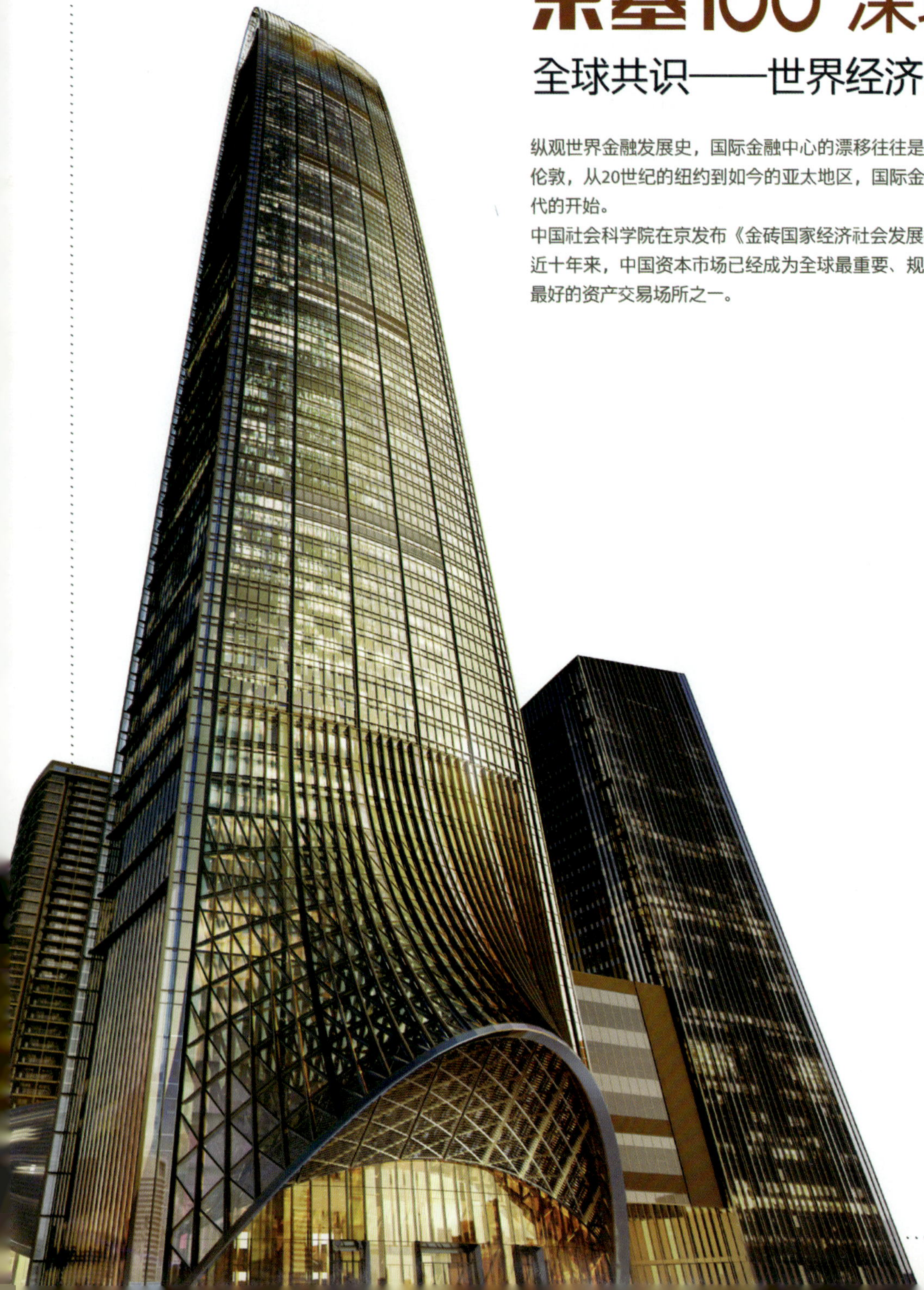

全球共识之 [深圳，全球资本磁场与中国先锋之城]

2009年，深圳成为全球第五金融中心，随着CEPA的实施，香港与深圳这全球两大金融中心将深入合作，而罗湖作为深港之间的纽带，尤其是蔡屋围金融中心区，聚集深圳74%的银行机构，60%的保险机构，40%的证券机构和50%的其他金融机构，成为中国名副其实的“华尔街”。

一座代表城市金融属性的摩天楼成为最为重要的标准之一，京基100，它是链接全球性金融活动的关键节点，成为诠释深圳的全球金融竞争力的关键平台。

全球共识之 [京基100，441.8米全球顶配地标综合体]

京基100将超5A写字楼、铂金酒店与国际商业融为一体，顶级商务功能自由转换，真正实现二十四小时全球商务的最高价值。为匹配世界500强与全球金融企业的办公要求，京基100优选64部原装进口电梯，以高达9米/秒的运营速度，并以双银LOW-E玻璃，冰蓄冷VAV空调、双回路供电系统，国际5A智能管理体系的全球顶级配置，为企业搭建一个远瞻全球的商务平台。

4月23日，京基100圆满封顶，成就首个记录国人巅峰梦想的城市地标建筑。它不仅是深圳对话全球金融的新名片，更让深圳著名的天际线比以往任何时候都令人惊叹。

地标经济之一 [提升一个城市的国际影响力与排名]

纵观世界著名地标，庞大的体量、恢弘的气势、完善的配套成为他们的共同特征，成为著名城市的世界代言与世界的中心。迪拜塔、香港ICC、台北101、上海金茂大厦，他们都以自己的地标形象，提升城市的排名与形象。

京基100，441.8米全球第8高摩天地标，它将全面改变世界看待深圳的方式。正如京基地产董事长陈华表示：“深圳正处于城市现代化、国际化进程中的关键时刻，我们相信‘京基100’将促进深圳的城市化进程，并进一步提升深圳在国际城市中的排名位置。”

地标经济之二 [催化区域经济、文化的加速，形成聚合力]

凡世界级地标，皆位居城市的核心，最大程度的整合城市顶级资源，纳为己用，并给城市以经久不衰的生命力，加速城市区域经济、文化与产业的升级与转型。

京基100的落成，对深圳城市的发展具有里程碑式的意义，为深圳新添一座世界级的“城市综合体”，借助周边的各种金融机构配套，将带来周边金融产业的进一步升级，从而带动城市经济效益进一步提升，成为深圳的骄傲与不朽精神地标。

地标经济之三 [集聚全球顶级客户，创造巨大经济能量]

地标经济作为楼宇经济的最高形态，针对城市土地资源、尤其是中心区域资源稀缺的现状，通过对土地的集约利用，在单位的土地上创造出最大程度的经济能量，这不仅是城市发展的必然，更是现代服务业集聚和辐射的必然。

100层的京基100，是目前国内配置最高的城市地标，堪称“地标经济”的典范，其21万平米的国际智能化顶级写字楼，现正全球招租，其世界级的形象与顶级的配套，让京基100成为全球500强企业炙手可热的首选物业。

天健城3rd 20

8931 688

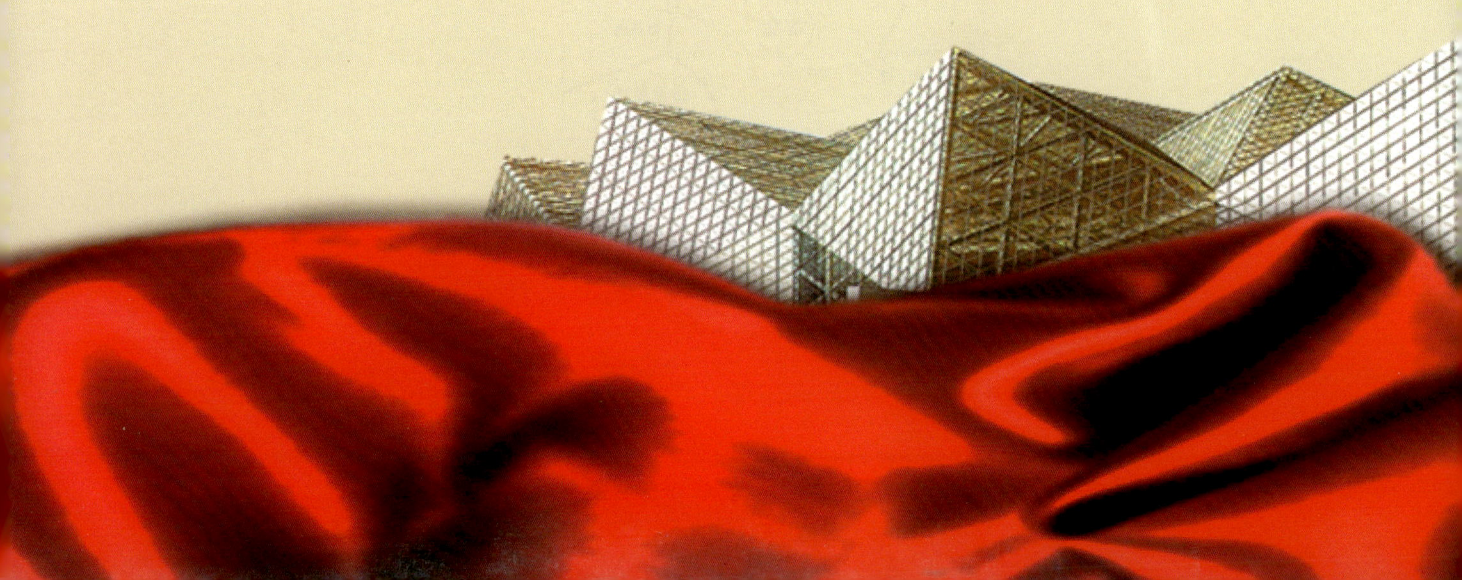

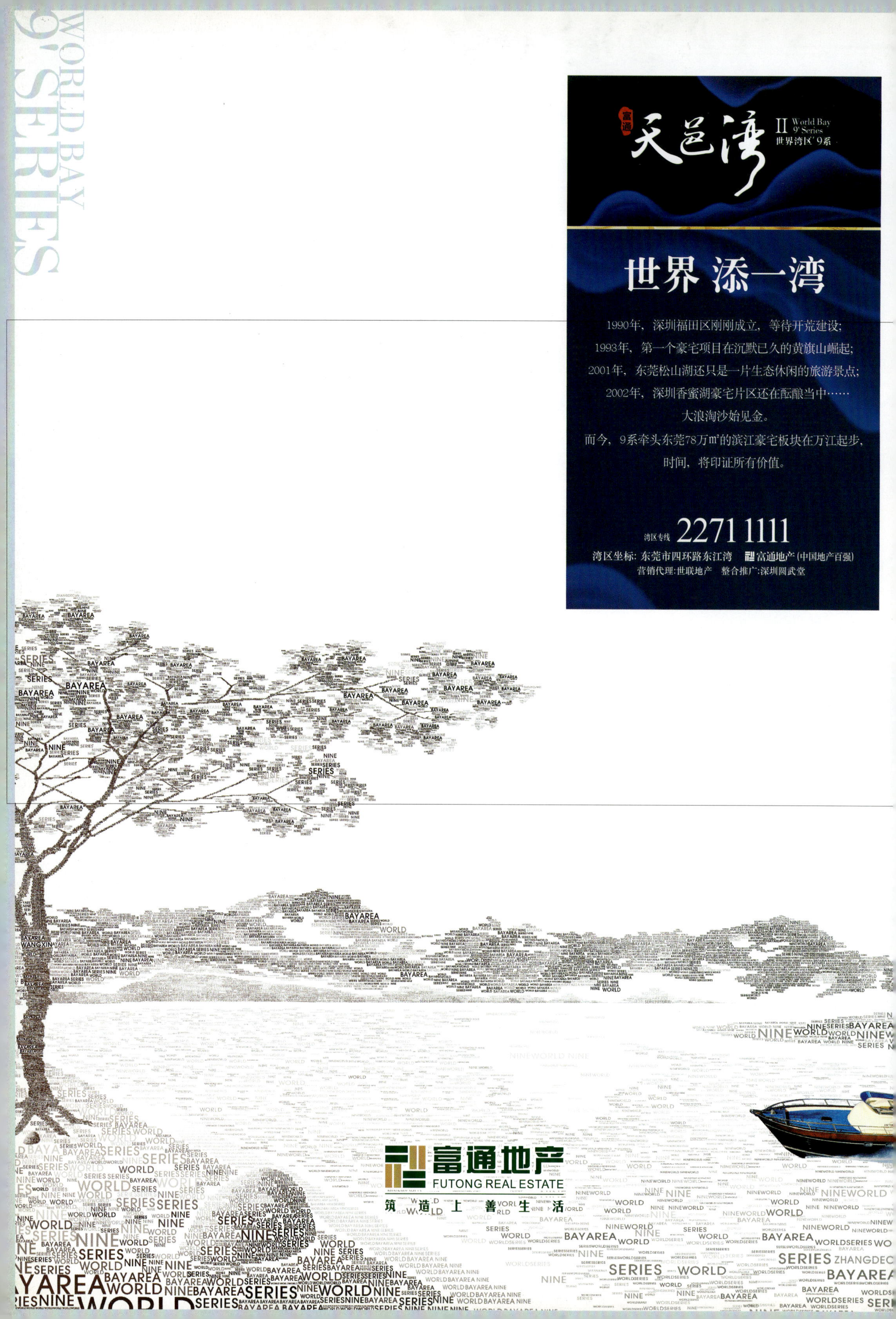
WORLD BAY
9' SERIES
富通
天邑湾
II World Bay 9' Series
世界湾区'9系
世界 添一湾
1990年，深圳福田区刚刚成立，等待开荒建设；
1993年，第一个豪宅项目在沉默已久的黄旗山崛起；
2001年，东莞松山湖还只是一片生态休闲的旅游景点；
2002年，深圳香蜜湖豪宅片区还在酝酿当中……
大浪淘沙始见金。
而今，9系牵头东莞78万㎡的滨江豪宅板块在万江起步，
时间，将印证所有价值。
湾区专线 2271 1111
湾区坐标：东莞市四环路东江湾 富通地产（中国地产百强）
营销代理：世联地产 整合推广：深圳圆武堂
富通地产
FUTONG REAL ESTATE
筑造上善生活

THE PENINSULA

半島·城邦

半岛·城邦三面环海，一面依山，专享1.5公里滨海长廊
位踞深港半小时生活圈，尽拥都市生活的繁华与便利
2期V型进海布局，深圳率先拥有国际游艇俱乐部的社区

深南大道
罗湖口岸
深圳大学
世界之窗
中国民俗文化村
滨海大道
南山大道
南山商业文化中心
东滨路
地铁2号线(在建)
沙河西路
15公里海滨休闲带
深圳湾
后海大道
后海滨路
四海公园
蛇口汽车站
大南山
南海大道
蛇口山
深圳湾口岸
望海路
西部通道
海上世界
金世纪路
THE PENINSULA
半島·城邦

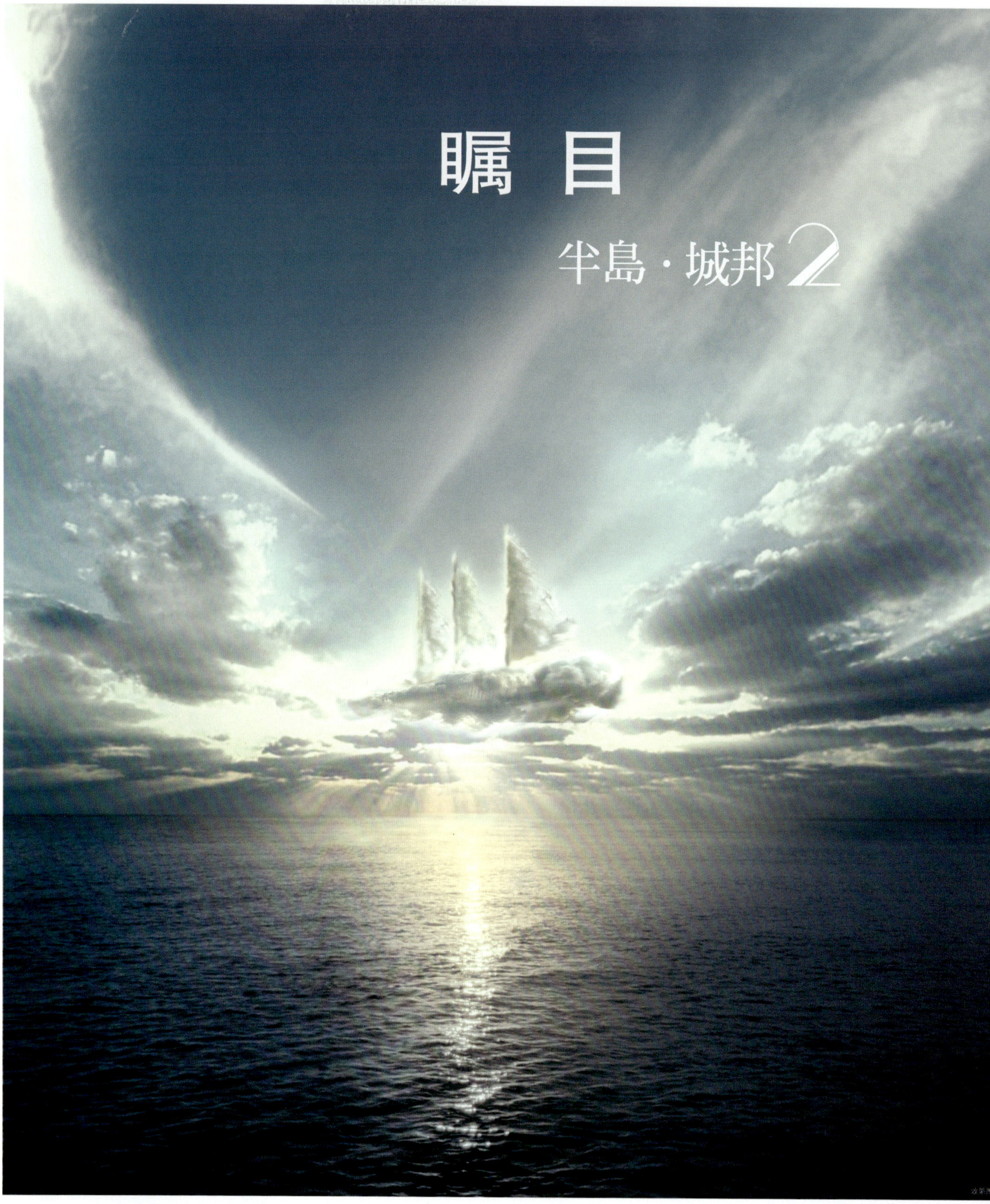

THE PENINSULA

半島·城邦

画海为疆 定义未来

半岛·城邦三面环海，一面依山，专享1.5公里滨海长廊
位踞深港半小时生活圈，尽拥都市生活的繁华与便利
2期V型进海布局，深圳率先拥有国际游艇俱乐部的社区

南中国海100万m^2进海社区 | 半岛·城邦2期开盘热线 | **86-755-26868888**

深圳南海益田置业有限公司（香港上市公司南海控股有限公司下属企业 香港联交所股票代码：0680）
项目地址：中国·深圳·蛇口东角头金世纪路与望海路交汇处 http://www.the-peninsula.cn

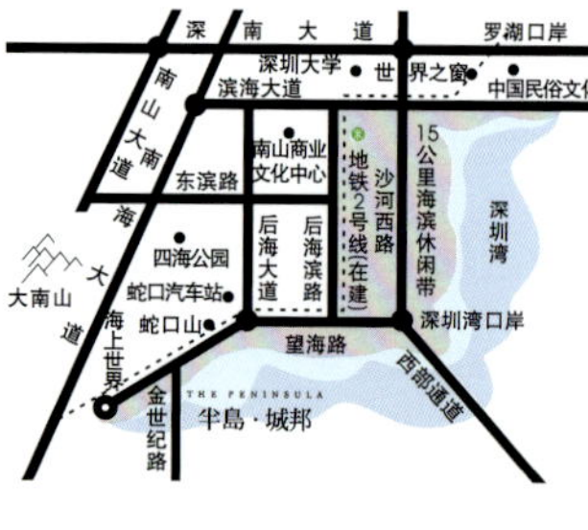

《深圳房地产年鉴》编辑委员会

《深圳房地产年鉴》编辑部

编　辑　说　明

一、《深圳房地产年鉴·2011》(以下称本书)是一部例行出版的资料性工具书，主要反映2010年度深圳市以商品房为主的房地产市场发展变化及其相关环境、管理制度等方面的情况，部分追列出历年数据。

二、本书的综合性资料，来自深圳市统计局；专业性资料，来自深圳市规划和国土资源委员会、深圳市住房和建设局、深圳市重点工程办公室、中国人民银行深圳中心支行等房地产业主管与相关部门。缘于资料出处的不同和统计口径的差异，编者虽做过一些技术处理，但仍不尽完善。

三、本书主要通过表式或图示以披露各类相关数据，供读者分析使用；部分属文字性的，也以描述事实为主，基本不含价值判断。

四、本书所称的“全市”为六区和两新区之总体范围。

五、本书的度量单位尽量采用国际统一标准。其中，涉及长度、面积或体积时，正文中以米、公里、平方米、公顷、立方米表示，图、表中用对应的国际规定的单位符号表示，如米为 m、公里为 km、公顷为 hm^2、平方米为 m^2、立方米为 m^3 等。

六、本书的货币单位，除特别注明为港元（HKD）、美元（USD）外，均为人民币“元”、“万元”或“亿元”。

七、本书附表、附图均以章号冠前，表序随后。表内，凡有“—”符号者，为不应发生数或应发生但数据为零的；空格者，为应发生而未采集到数据的。

八、本书的增减比较多以“±%”表示。如负增长 23.4%，写作“－23.4%”，但正增长 43.5%，则写作“43.5%”，而不作“＋43.5%”。

九、本书发生之序数多以“～”省略之。如 1、3、4、5、6 写作“1、3～6”，A、C、D、E、F 写作“A、C～F”。

目 录

第一章　深圳概况

第一节　自然条件与行政区划

一、地理环境

深圳是中国南部海滨城市，位于北回归线以南，东经113° 46'～114° 37'，北纬22° 27'～22° 52'。地处广东省南部，东临大亚湾和大鹏湾，西濒珠江口和伶仃洋，南边深圳河与香港新界相连，北部与东莞、惠州两城市接壤。深圳市行政辖区内土地总面积1991.64平方公里，海岸线长229.9公里，海域面积1145平方公里（其中滩涂面积70平方公里），有大、小岛屿24个，岛岸线总长12.78公里，总面积1.1126平方公里。深圳全境地势东南高，西北低。土地形态大部分为低山、平缓台地和阶地丘陵。西部为滨海平原，平原占陆地面积的22.1%。梧桐山、七娘山、羊台山、大南山等山脉绵延，最高山峰为梧桐山，海拔943.7米。全市较大的河流有深圳河、茅洲河、龙岗河、观澜河和坪山河等。深圳水库为全市最大水库和主要水源。

二、气候条件

（一）常年气候

深圳属南副热带季风气候。春季平均季长76天，平均气温19.0℃，平均雨量212毫米；夏季平均季长185天，平均气温26.7℃，平均雨量1606毫米；秋季平均季长80天，平均气温17.7℃，平均雨量81毫米；冬季平均季长24天，平均气温14.4℃，平均雨量25毫米。

（二）气象灾害

2010年深圳市气象灾害影响属于偏轻年景，但异常事件多，呈现“一强两早三严重”的特点：一是雷暴强；二是暴雨出现早，雷电出现早；三是回南天严重，秋冬干旱严重，沙尘天气严重。7月28日、9月9～13日的雷电强度为近年少见，全年雷电地闪频次为有雷电监测数据以来最多，3月出现罕见沙尘天气，7月首次同时观测到三个水龙卷。年内有“灿都”、“狮子山”、“莫兰蒂”、

“凡亚比”4个热带气旋影响深圳，影响程度偏轻。全年有7次暴雨过程，9个暴雨日，与历年平均相当，分别出现在2月7日、5月7日、6月26、28日、7月27～28日、9月4、11、21日。年内气温波动大，12月中旬遭遇自1991年以来最严重的寒潮影响。全年霾程度较2009年减轻。

1.暴雨出现早，局地雨强大。2010年深圳共出现7次暴雨过程，9个暴雨日，与历年平均（9.7天）相当，但较2009年（5天）明显偏多。2月7日出现首场暴雨，异常偏早，历史罕见；5月7日出现局地强降水。2月7～8日，深圳西南部出现暴雨，最大过程雨量出现在福田区沙头，93毫米。这场暴雨比历年平均首场暴雨（4月24日）提前了76天，仅晚于2000年和1957年。5月7日凌晨至9时，强雷雨袭击深圳，中西部地区出现局地强降水，全市约20%的区域气象观测站雨量超过100毫米，最大小时雨强达到125毫米。

2.首场雷暴早，闪电频次多。2010年雷电活动频繁，首场雷暴来得早，强雷暴多发，雷击密度大，灾情较明显。2010年记录到的闪电总次数为有记录以来的最高值，而绝对值高于100千安培的较强闪电次数也为历年最多。2010年首场雷暴于2月7日打响，比历年平均（3月2日）偏早23天。虽然雷暴出现早，但前汛期（4～6月）雷暴天气并不猛烈，雷暴日明显偏少，直至后汛期（7～9月）才真正活跃，7～9月共出现雷暴48天，其中9月雷暴日高达18天，为历史同期第二高值。2010年深圳共发生雷电对地闪击29475次，比2007～2009年的平均值20765次多出8710次，5、7、9月地闪次数均明显偏多，9月深圳地闪频次最多，为11712次，其中，9月9～13日出现超强雷暴，地闪活动异常活跃，为8502次，占全年地闪次数的28.8%；年内最大正地闪为211.2千安培，于7月17日在盐田区盐田街道发生；最大负地闪为-277.2千安培，于7月28日在福田区沙头街道发生。

3.热带气旋少，影响程度轻。2010年共有4个热带气旋对深圳造成影响，分别为“灿都”、“狮子山”、“莫兰蒂”、“凡亚比”，其中“灿都”和“狮子山”在南海生成，其余2个在西太平洋生成，4个热带气旋给深圳造成的气象灾害均较轻。7月19日第3号台风“灿都”在南海中东部海面生成。这是2010年首个影响深圳的热带气旋，21～24日给深圳带来大雨到暴雨，局部大暴雨的降水，分布极其不均，大暴雨落区主要位于深圳中部地区。此次强降水最大日雨量为141.7毫米（盐田区正坑水库）。9月受热带气旋“狮子山”、“莫兰蒂”、“凡亚比”外围云系影响，深圳先后出现三次暴雨降水，深圳国家基本气象站记录到过程雨量分别为106.8毫米、163.1毫米、103.9毫米，最大日雨量分别为77.0毫米（4日）、62.4毫米（11日）、51.9毫米（21日）。9月影响深圳的3个热带气旋未给深圳造成严重灾害，反而为水库补充了大量蓄水，减轻了8月降水极度偏少的不利影响，给深圳带来的影响利大于弊。

4.回南天严重，墙壁挂水珠。2010年年初深圳出现罕见的回南天。春节期间，强冷空气影响深圳，气温出现剧烈下降，春节期间深圳入冬，年后回暖十分迅速，偏南暖湿气流强劲，这种情况有利于回南天的出现，2月22～26日深圳出现回南天，室内十分潮湿，墙面和地面均挂满水珠，返潮状况很严重；3月13～15日，受新一轮强冷空气后的回暖影响，深圳再次出现回南天。

5.异常沙尘到，污染指数高。2010年3月22日受沙尘天气影响，空气中颗粒物显著增高，造成空气污染指数高达289，是自1997年开始有空气污染监测以来的最高值。3月19～21日源于我国西北地区的强沙尘暴自西北向东南影响了我国西北、华北，并蔓延到黄淮、江汉、江淮、华南东北部、台湾岛等地，累计影响21个省（区、市），是2010年我国沙尘天气影响范围最广的一次过程。这股沙尘在偏东北气流的作用下，向粤东南沿海地区蔓延，22日深圳首次出现沙尘天气。

6.春季大雾多，大鹏湾最重。2010年共出现3天全市范围大雾天气，分别出现在1月29日、2月14日、3月12日，最低能见度分别为800米、600米、800米，同比历年平均（4.8天）偏少，但冬春季局部地区大雾较多，在大鹏湾尤为严重，1～5月大鹏湾沿海地区局地大雾频繁出现，共有22天出现能见度小于100米的局部地区强浓雾天气。

7.七月对流强，首次“水龙卷”。7月27日上午深圳湾西南部海域上空，出现巨大的“水龙卷”(龙卷风漏斗伸到海边吸起水柱)，这是深圳气象史上首次同时观测到三个水龙卷，据雷达监测，在水龙卷区域的积雨云回波强度达55回波强度，最强达67回波强度，显示回波强度很强，这次积雨云也给深圳市红树林和沙头街道附近带来超过40毫米的降雨。

8.高温天数少，集中在八月。2010年深圳高温天数较少，深圳国家基本气象站记录到高温日数为2天，比历年平均（3.6天）偏少，但集中发生在8月。8月上旬深圳最高气温维持33～35℃，5日达到35℃，宝安、龙岗北部地区达37℃；29～31日深圳再次出现持续高温炎热天气，31日全市普遍出现35～37℃以上的高温天气，深圳国家基本气象站记录到年内最高气温35.3℃。8月发生中暑事件55起，无人员伤亡。

9.气温波动大，岁末来寒潮。2010年平均气温略偏高，但冬春季气温波动大，冷暖变化剧烈。2月前后旬之间平均气温差达10℃左右。12月15～17日受北方寒潮影响，深圳气温出现急剧下降，48小时最低气温普遍出现14℃以上的降幅，72小时最低气温降幅达17.6℃，打破历史纪录，16日和17日平均气温均在10℃以下，17日早晨受辐射降温影响，深圳最低气温降至2.4℃，这是自1991年冬季以来深圳国家基本气象站记录的最低气温。区域气象观测站小梧桐站出现了零下1.8℃的低温。

10.秋冬干旱重，持续百余天。自2009年10月2日起至2010年2月6日，降水持续偏少，天气干燥，气温偏高，秋冬季旱情明显，其中2009年10月降水偏少81.3%，该时间段内的总雨量较累年平均偏少约50%，秋冬连旱持续了128天，达到气象上重度秋冬连旱标准，市气象局在气象条件合适的11月13日、12月8、30日，三次发射火箭弹实施人工增雨作业，全市出现小到中雨降水，减轻了秋冬季旱情。

11.霾程度减轻，能见度较好。2010年深圳气候环境总体居良好水平。2010年霾日数为115天，其中影响程度达轻度及以上（能见度小于5公里）的霾日共59天。轻度及以上霾日较2009年同期少23天 。2010年我市霾天气主要集中在旱季（1、4季度），其中1月霾日高达19天，汛期（2、3季度）的霾天数明显减轻，其中7月无霾天气出现，可以看出汛期天空状况明显好转。2010年能见度有明显好转，年平均能见度为14.4公里，较2009年增大0.6公里，为近十年最高值。能见度随季节变化较大，汛期能见度明显好于秋冬季节，能见度最好的6、7、8月的月平均能见度均超过19公里，能见度最差的1月和11月的月平均能见度均不超过10公里，其余各月的月平均能见度均在10公里以上。

三、行政区划

1979年3月，中央和广东省决定将原宝安县改为深圳市，同年11月改为省辖市。1980年深圳经济特区成立，并恢复宝安县建制。1988年国务院批准深圳市为计划单列市，赋予相当省一级的经济管理权限。1993年，撤宝安县建制改为深圳市属的宝安、龙岗两区。1997年10月，国务院批准深圳市增设盐田区，至此，全市共辖6个区：特区内4个区，即福田区、罗湖区、南山区、盐田区；特区外两个区，即宝安区、龙岗区。2003

年10月30日，《中共深圳市委深圳市人民政府关于加快宝安龙岗两区城市化进程的意见》颁布实施，原为特区外的宝安、龙岗两区转为城区，撤销镇设立街道办事处；同时撤销村民委员会成立社区居民委员会，街道办事处作为区级政府派出机构，受政府委托行使管理社会经济的职能。为了贯彻实施《深圳市综合配套改革总体方案》提出的全面启动大部制体制改革的精神，创新基层管理体制，2007年5月31日，光明新区挂牌成立，2009年6月30日，坪山新区挂牌成立。

第二节 经济发展

一、综合

初步核算，2010 年本地生产总值 9510.91 亿元，比上年（下同）增长 12.0%。其中，第一产业增加值 6.00 亿元，下降 14.3%；第二产业增加值 4523.36 亿元，增长 14.1%；第三产业增加值 4981.55 亿元，增长 9.9%。三次产业结构比例为 0.1∶47.5∶52.4。

现代产业中，现代服务业增加值 3362.86 亿元，增长 10.0%。在第三产业中，批发和零售业增长 15.4%，住宿和餐饮业增长 9.3%，房地产业下降 5.4%。民营经济增加值 2510.56 亿元，增长 11.8%。

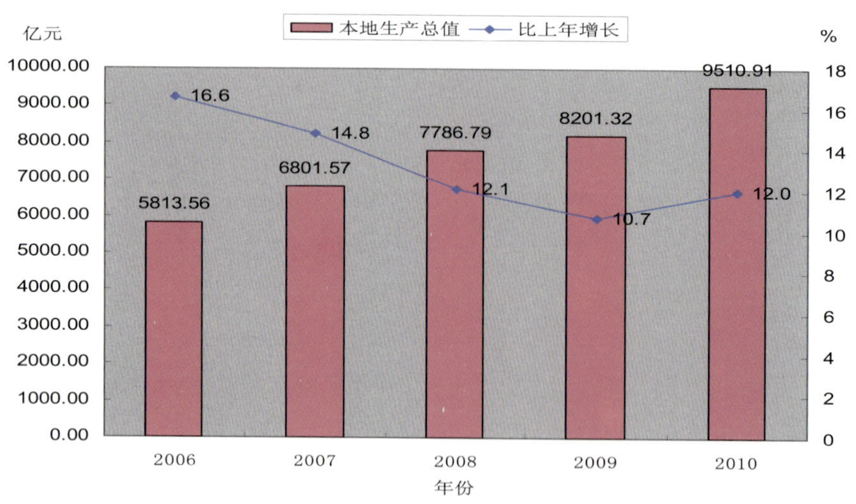

图 1-1 2006～2010 年本地生产总值及增长速度

表 1-1　　2010 年分区本地生产总值

单位：亿元

	本地生产总值		第一产业		第二产业		第三产业	
	绝对值	增速%	绝对值	增速%	绝对值	增速%	绝对值	增速%
全市	9510.91	12.0	6.00	-14.3	4523.37	14.1	4981.54	9.9
福田区	1832.63	10.6	0.69	1.7	195.88	16.0	1636.06	9.6
罗湖区	1006.88	8.3	0.15	-30.0	95.79	6.2	910.94	8.5
南山区	1996.65	12.1	1.33	-1.4	1208.70	11.5	786.62	13.0
盐田区	282.02	10.3	0.06	-13.2	75.64	1.2	206.32	14.4
宝安区（不含光明新区）	2329.84	14.0	0.80	-17.7	1516.45	15.2	812.59	10.8
光明新区	273.27	28.0	1.22	-20.0	196.64	34.3	75.41	11.6
龙岗区（不含坪山新区）	1571.62	11.5	0.82	-18.5	1064.54	12.6	506.25	8.0
坪山新区	218.01	27.5	0.93	-18.0	169.74	33.2	47.34	8.6

四大支柱产业中，金融业增加值 1279.27 亿元，增长 10.6%；物流产业增加值 926.30 亿元，增长 15.0%；文化产业增加值 637.23 亿元，增长 22.9%；高新技术产业增加值 3058.85 亿元，增长 17.1%。

战略性新兴产业中，生物产业增加值 141.10 亿元，增长 23.9%；互联网产业增加值（全口径）1160.98 亿元，增长 16.7%；新能源产业增加值 182.38 亿元，增长 29.1%。

全年完成地方财政一般预算收入 1106.82 亿元，增长 25.7%。其中各项税收收入 991.98 亿元，增长 20.5%。地方财政一般预算支出 1265.27 亿元，增长 26.4%。其中，教育支出 124.55 亿元，增长 6.0%；科学技术支出 99.84 亿元，增长 59.7%；文化体育与传媒支出 18.74 亿元，增长 47.6%；医疗卫生支出 43.41 亿元，增长 14.6%；一般公共服务支出 114.75 亿元，增长 11.1%；基本建设支出 206.50 亿元，下降 4.7%。

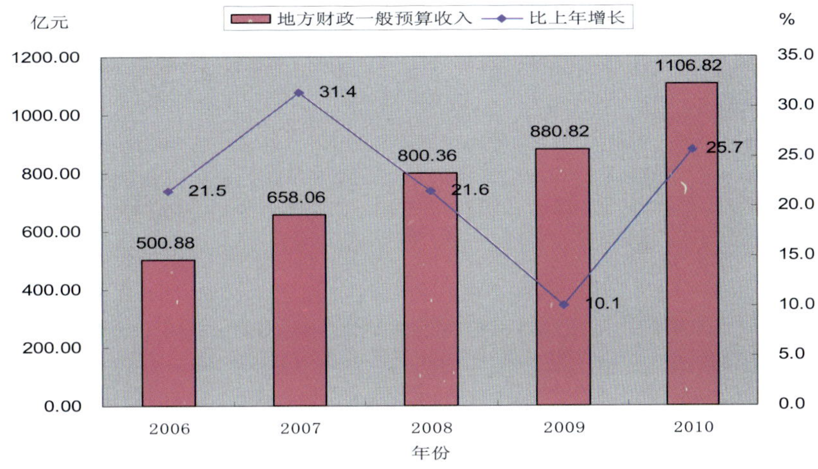

图 1-2　2006～2010 年地方财政一般预算收入及增长速度

全年居民消费价格总水平比上年上升3.5%，其中，消费品价格上升3.8%，服务项目价格上升2.6%。全年原材料、燃料、动力购进价格指数为104.7%；工业产品出厂价格指数为101.6%。

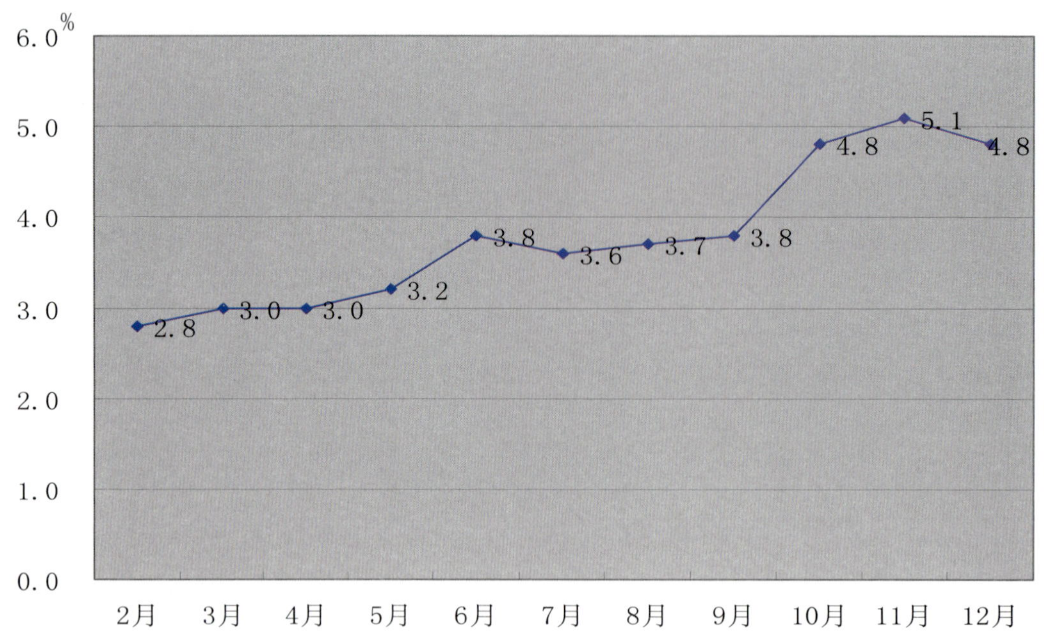

图 1-3　2010 年居民消费价格涨跌幅度（月度同比）

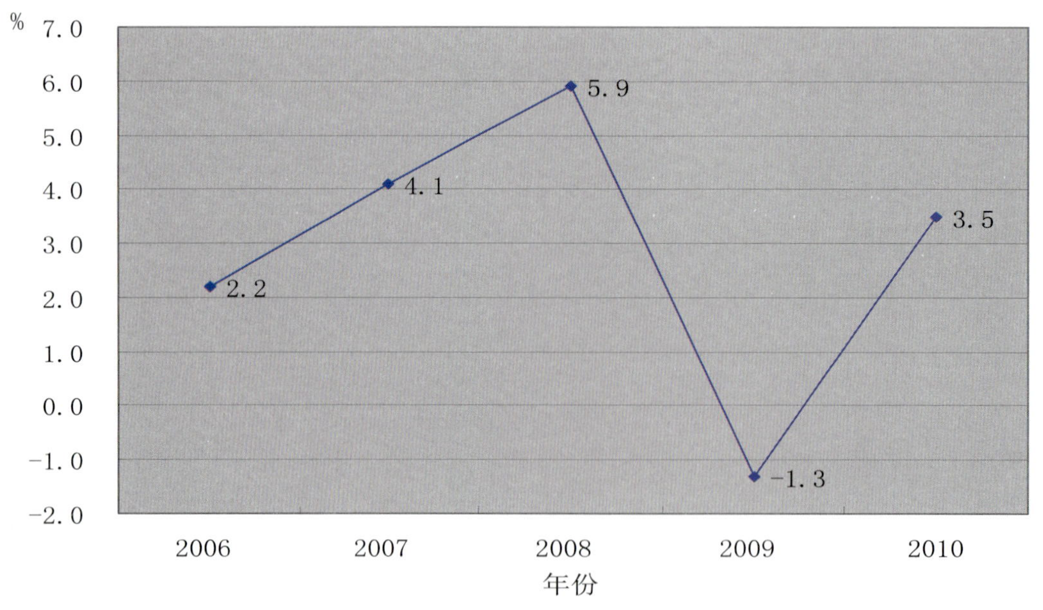

图 1-4　2006～2010 年居民消费价格涨跌幅度

表 1-2	2010 年居民消费价格指数
指标名称	价格指数%
居民消费价格总指数（以上年为 100）	103.5
食品类	107.7
烟酒及用品	102.1
衣着	98.5
家庭设备用品及维修服务	100.2
医疗保健和个人用品	104.6
交通和通讯	99.5
娱乐教育文化用品及服务	101.6
居住	103.8

二、农业

全年农作物播种面积 9.6 万亩，减少 7.3%。其中，粮食播种面积 151 亩，减少 7.4%；蔬菜播种面积 9.54 万亩，下降 3.2%。水果播种面积 5.36 万亩，下降 3.5%。

全年粮食产量 49 吨，下降 5.8%；蔬菜产量 11.07 万吨，增加 3.3%；水果产量 0.32 万吨，下降 18.9%。主要畜产品产量见表 1–3。

表 1-3 主要畜产品产量

指　标	单位	产量	比上年增长%
肉猪出栏量	万头	22.44	-24.8
猪肉产量	万吨	1.47	-27.5
家禽饲养量	万只	703.03	-23.1
鲜奶产量	万吨	1.50	40.2

年水产品总产量 2.72 万吨，下降 10.2%。其中，海产品 2.53 万吨，下降 11.4%；淡水产品 0.19 万吨，增长 8.0%。

三、工业和建筑业

全年实现工业增加值 4233.22 亿元，增长 13.9%，占全市生产总值的 44.5%。

全市规模以上工业增加值 4092.63 亿元，增长 13.8%。其中，国有企业增长 14.5%，集体企业增长 12.9%，股份制企业增长 14.1%，外商及港澳台投资企业增长 13.4%。分轻重工业看，轻工业增长 6.5%，重工业增长 16.1%。

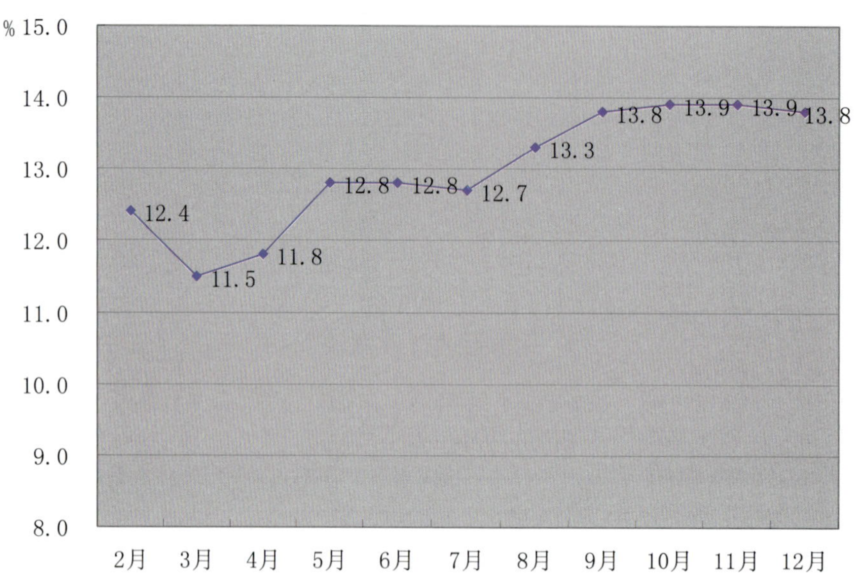

图 1-5　2010 年规模以上工业增加值分月累计增长速度

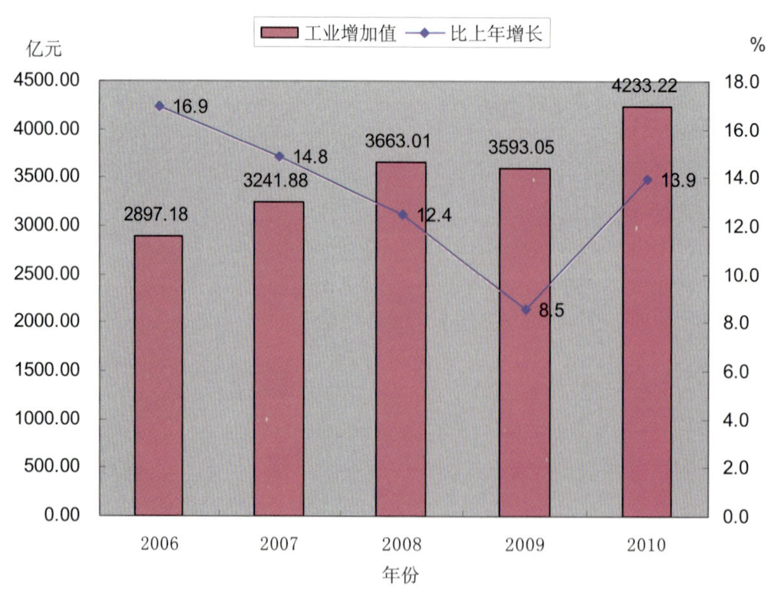

图 1-6　2006～2010 年工业增加值及增长速度

全年规模以上通信设备、计算机及其他电子设备制造业增加值 2152.75 亿元，增长 20.4%，占规模以上工业增加值比重 52.6%。

全年高新技术产品产值 10176.19 亿元。其中拥有自主知识产权的高新技术产品产值 6115.89 亿元，占全部高新技术产品产值比重 60.1%，比上年提高 0.6 个百分点。

全年规模以上工业销售产值 18027.71 亿元，增长 20.7%。其中，出口交货值 10130.62 亿元，增长 24.8%，占规模以上工业销售产值比重 56.2%，比上年增加 1.8 个百分点。工业产品销售率 99.0%，比上年提高 3.5 个百分点。主要工业产品产量见表 1-4。

表 1-4　2010 年主要工业产品产量及增长速度

产品名称	单位	数量	比上年增长%
微型电子计算机	万台	3403.30	88.8
显示器	万台	4418.33	-10.2
硬盘存储器	万台	6866.21	20.5
彩色显像管	万只	522.15	-15.5
半导体分立器件	万只	524714.35	44.2
集成电路	万块	1240819.78	44.7
液晶显示器（屏）	万片	60207.36	46.7
电子元件	万只	21862763.07	22.3
彩色电视机	万台	2043.61	6.6
数字激光音、视盘机	万台	2096.08	-6.7
钟	万只	1108.57	41.4
表	万只	8515.91	12.2
发电量	万千瓦时	5778496.53	2.4
自来水生产量	万立方米	153217.87	4.9
磁头	万只	38275.00	6.0
电子计算器	万只	1233.82	6.5
饲料	万吨	97.60	2.0
精炼食用植物油	万吨	69.98	-0.2
啤酒	千升	604351.53	15.2
瓶（罐）装饮用水	万吨	261.79	17.7
卷烟	万支	1817025.00	3.6
服装	万件	27216.79	5.0
家具	万件	2345.85	27.5
中成药	万吨	2.71	12.8
塑料制品	万吨	119.09	-20.2
平板玻璃	万重量箱	349.44	-44.0
金属集装箱	万立方米	688.69	—
自行车	万辆	486.50	22.7
房间空气调节器	万台	72.12	21.3
家用电风扇	万台	1393.28	4.6
家用电热烘烤器具	万个	4545.94	2.1
电冷热饮水机	万台	210.14	-17.3
家用吸尘器	万台	1195.56	1.7
程控交换机	万线	1526.23	-10.3
电话单机	万部	5559.25	7.9
移动电话机	万部	32018.83	70.6

全年规模以上工业企业经济效益综合指数188.7%，提高7.6个百分点；主营业务收入18336.94亿元，增长28.5%；实现利税总额1604.11亿元，增长33.2%；实现利润总额1216.01亿元，增长40.1%；工业全员劳动生产率12.80万元/人，增长0.4%。

全年建筑业增加值290.14亿元，增长18.3%，占全市生产总值3.0%，比上年提高0.1个百分点。

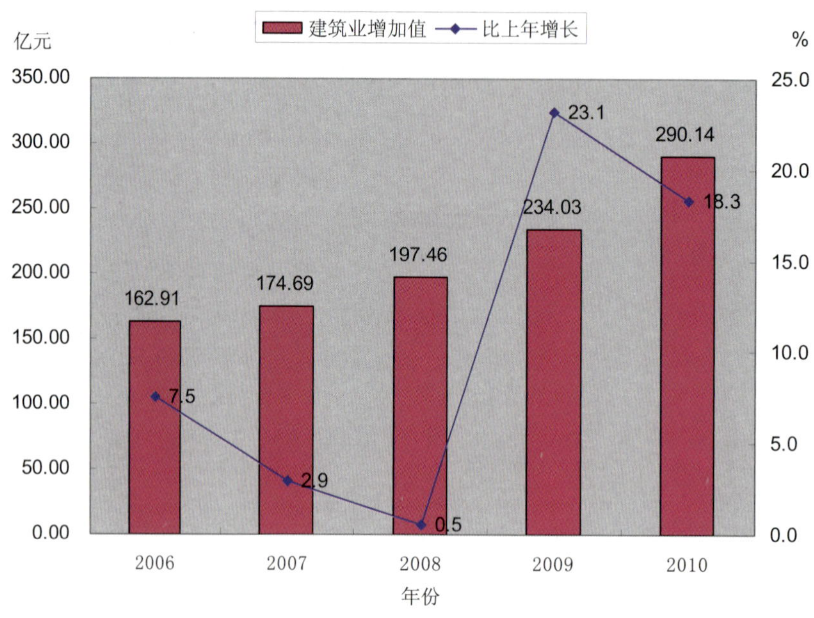

图 1-7　2006～2010 年建筑业增加值及增长速度

四、固定资产投资

全年完成全社会固定资产投资 1944.70 亿元，增长 13.8%。其中，基本建设投资 1226.29 亿元，增长 17.5%；房地产开发投资 458.47 亿元，增长 4.8%；更新改造投资 187.23 亿元，增长 12.1%；其他投资 72.71 亿元，增长 19.0%。

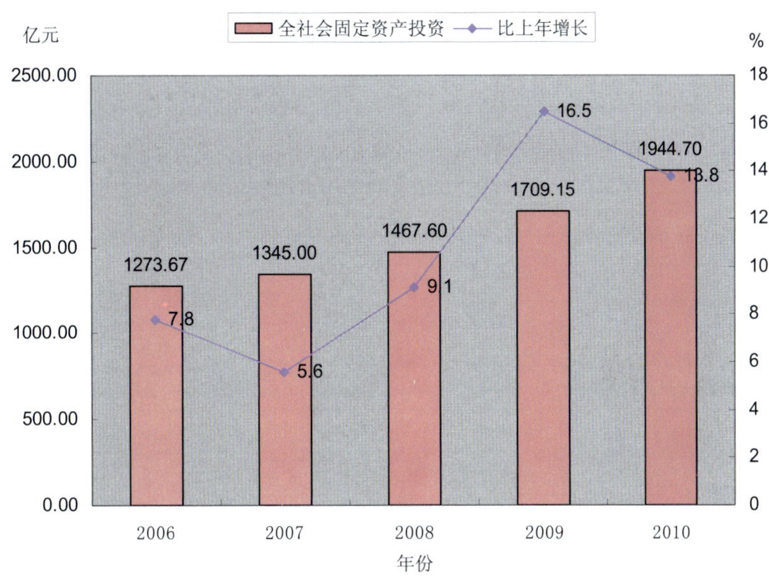

图 1-8　2006～2010 年固定资产投资及增长速度

表 1-5　2010 年分区全社会固定资产投资

	全社会固定资产投资		基本建设投资额		房地产开发投资额	
	绝对值(亿元)	增速%	绝对值(亿元)	增速%	绝对值(亿元)	增速%
全市	1944.70	13.8	1226.29	17.5	458.47	4.8
福田区	174.42	3.6	93.46	2.2	48.13	17.9
罗湖区	73.18	7.1	29.78	3.4	38.33	5.0
南山区	287.13	6.1	170.93	19.6	72.51	-26.8
盐田区	87.31	0.1	48.31	9.6	32.66	-21.7
宝安区（含光明新区）	690.28	18.1	478.37	19.0	126.42	31.2
龙岗区（含坪山新区）	632.38	19.3	405.45	21.2	140.42	14.2

从固定资产投资的产业分布看，第一产业投资 0.64 亿元，增长 9.4 倍；第二产业投资 480.86 亿元，增长 24.7%，其中工业完成投资 480.86 亿元，增长 24.7%；第三产业投资 1463.21 亿元，增长 10.6%。

表 1-6　2010 年分行业固定资产投资及增长速度

行业	投资额（亿元）	比上年增长%
全社会固定资产投资	**1944.70**	**13.8**
农、林、牧、渔业	0.64	938.4
采矿业	-	-
制造业	371.33	43.5
电力、燃气及水的生产和供应业	109.52	-13.8
建筑业	-	-
交通运输、仓储和邮政业	365.07	-7.3
信息传输、计算机服务和软件业	39.92	-5.5
批发和零售业	9.76	4.3
住宿和餐饮业	5.69	-16.1
金融业	26.84	114.6
房地产业	568.39	1.9
租赁和商务服务业	12.95	3.8
科学研究、技术服务和地质勘查业	31.44	90.0
水利、环境和公共设施管理业	262.45	60.9
居民服务和其他服务业	0.17	-92.6
教育	29.73	160.1
卫生、社会保障和社会福利业	22.07	2.0
文化、体育和娱乐业	53.65	31.5
公共管理和社会组织	35.08	6.6

表 1-7　2010 年房地产开发和销售主要指标完成情况

指标	单位	绝对数	比上年增长%
房地产开发投资	亿元	**458.47**	**4.8**
房屋施工面积	万平方米	2939.94	-5.5
其中：住宅	万平方米	2025.14	-3.0
房屋新开工面积	万平方米	470.69	-3.8
其中：住宅	万平方米	355.17	8.3
房屋竣工面积	万平方米	344.43	-14.3
其中：住宅	万平方米	251.11	-6.8
商品房销售面积	万平方米	465.59	-38.9
其中：住宅	万平方米	413.80	-42.3

五、交通、邮电与旅游

全年交通运输、仓储和邮政业实现增加值 389.31 亿元，增长 24.0%。

表 1-8　　2010 年各种运输方式完成货物运输量及增长速度

指标	单位	数量	比上年增长%
货运量	万吨	26174.66	17.0
#铁路	万吨	390.20	-18.7
公路	万吨	19847.00	12.6
水路	万吨	5859.04	39.1
民航	万吨	78.42	46.9
货物周转量	亿吨公里	1654.16	45.5
#铁路	亿吨公里	2.11	-16.6
公路	亿吨公里	319.91	16.4
水路	亿吨公里	1307.66	55.0
民航	亿吨公里	24.48	55.6

表 1-9　　2010 年各种运输方式完成旅客运输量及增长速度

指标	单位	数量	比上年增长%
客运量	万人	156047.69	6.7
#铁路	万人	2331.80	4.2
公路	万人	151133.00	6.6
水路	万人	271.10	34.2
民航	万人	2311.79	12.7
旅客周转量	亿人公里	632.46	16.4
#铁路	亿人公里	60.57	6.1
公路	亿人公里	240.98	16.4
水路	亿人公里	1.13	37.8
民航	亿人公里	329.78	18.4

全年深圳港港口货物吞吐量 22097.69 万吨，增长 14.1%，其中集装箱吞吐量 2250.96 万标箱，增长 23.3%。深圳港连续 8 年居全球集装箱枢纽港第 4 位。全市年末拥有港口泊位数 172 个，增加 4 个，其中万吨级泊位 69 个，增加 2 个。

全年深圳机场货邮吞吐量 80.91 万吨，增长 33.6%；机场旅客吞吐量 2671.36 万人次，增长 9.1%。年末开通运营国际、国内航线 130 条，增加 17 条。

全年全市民用汽车拥有量 166.97 万辆，增长 17.7%，其中，私人小汽车拥有量 117.63 万辆，增长 21.3%。

按 2000 年不变价格计算，全年邮电业务量 816.25 亿元，增长 20.7%。全年订销报纸 1.04 亿份；订销杂志 823 万份；收寄函件 1.49 亿份；特快专递 2212 万件（邮政口径）。年末全市有邮政、电信局（所）756 所，增加 20 所。全市固定电话交换机总容量 650 万门，增长 1.1%；年末固定电话用户 508.93 万户，增长 8.5%。移动电话交换机容量 2812 万门，与上年末持平；年末移动电话用户 2008.6 万户，增长 5.3%。国际互联网宽带用户 261.5 万户，增长 5.6%。

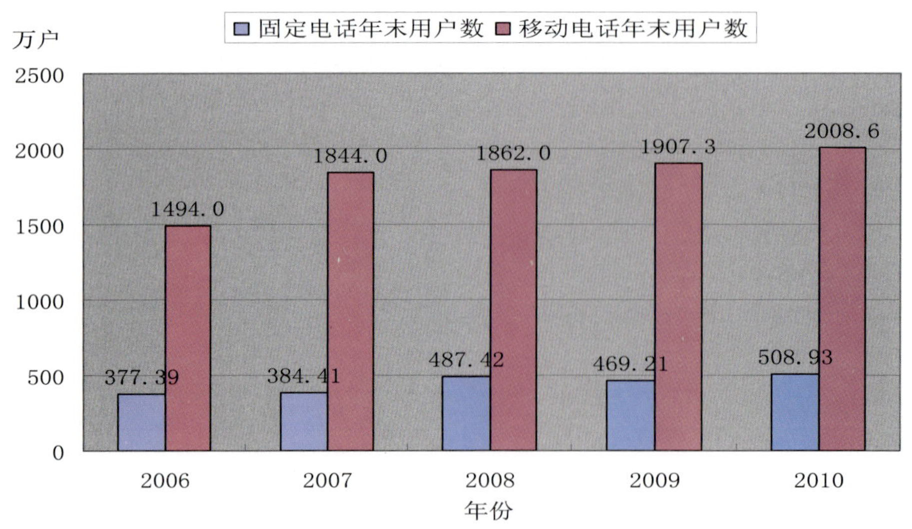

图 1-9　2006～2010 年年末电话用户数

全年旅游住宿设施接待过夜游客 3285.31 万人次，增长 15.7%。其中海外游客 1020.60 万人次，增长 13.9%；国内游客 2264.71 万人次，增长 16.5%。在过夜海外游客中，外国游客 167.58 万人次，增长 14.5%；港澳同胞 806.57 万人次，增长 14.2%；台湾同胞 46.45 万人次，增长 6.0%。全年旅游外汇收入 31.80 亿美元，增长 15.2%。宾馆、酒店、度假村开房率 62.4%，比上年上升 3.1 个百分点。

全年经过一线口岸入出境人数 1.98 亿人次；入出境交通工具 1571.09 万辆(艘)次。经特区管理线进入特区人数 6.12 亿人次；车辆 1.40 亿辆次。

六、国内贸易

全年社会消费品零售总额 3000.76 亿元，增长 17.2%。其中，批发和零售业零售额 2692.61 亿元，增长 17.7%，住宿和餐饮业零售额 308.15 亿元，增长 12.8%。在批发零售业零售额中，限额以上商业零售额 1354.11 亿元，增长 24.9%；限额以下和个体户零售额 1338.50 亿元，增长 11.2%。

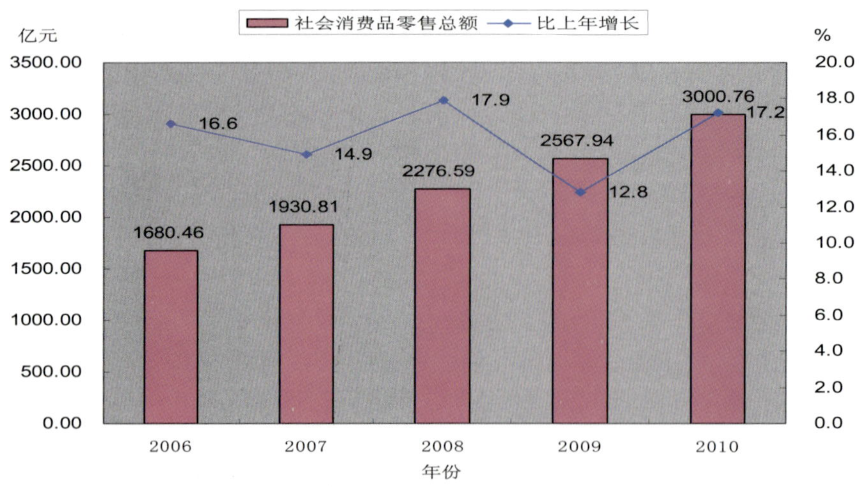

图 1-10　2006～2010 年社会消费品零售总额及增长速度

表 1-10	2010 年分区社会消费品零售总额	
	绝对值（亿元）	比上年增长%
全市	3000.76	17.2
福田区	930.93	16.3
罗湖区	602.54	15.0
南山区	384.00	19.3
盐田区	35.65	15.5
宝安区	652.67	18.4
其中：光明新区	48.84	23.0
龙岗区	394.98	18.7
其中：坪山新区	33.56	21.5

全年商品销售总额 8218.86 亿元，增长 29.2%。全年限额以上批发零售贸易业商品销售中，十大类商品销售情况为：金银珠宝类增长 83.3%；通讯器材类增长 32.8%；家用电器和音响器材类增长 31.7%；文化办公用品类增长 25.3%；汽车类增长 24.0%；体育娱乐用品类增长 23.2%；日用品类增长 14.6%；食品饮料烟酒类增长 14.1%;书报杂志类下降 2.8%；服装鞋帽、针、纺织品类下降 4.2%。

七、对外经济

全年外贸进出口总额 3467.49 亿美元，增长 28.4%。其中出口总额 2041.84 亿美元，增长 26.1%，占全国出口总额的 12.9%，占全省出口总额的 45.1%；进口总额 1425.66 亿美元，增长 31.8%。深圳外贸出口总额已连续十八年位居全国大中城市榜首。

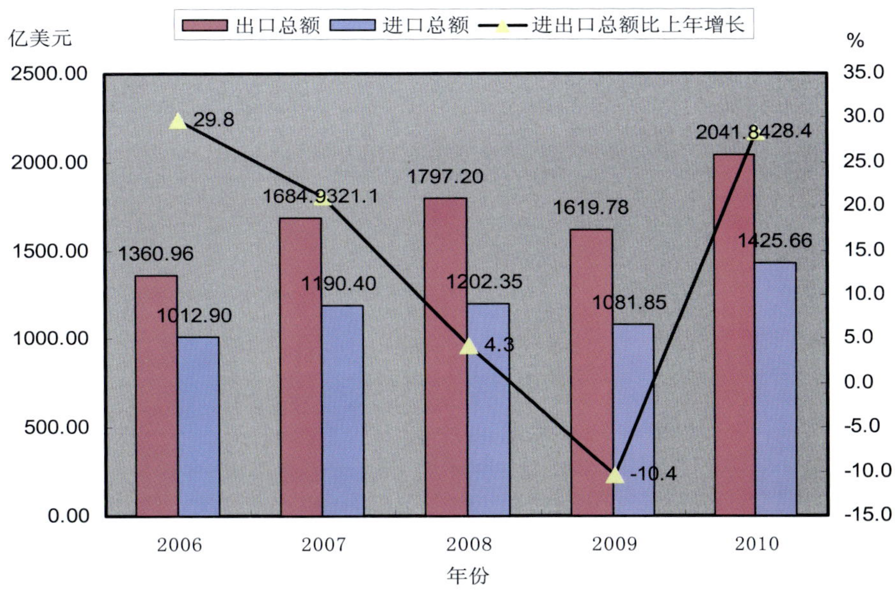

图 1-11 2006～2010 年进出口总额及增长速度

表 1-11	2010 年外贸进出口总额及增速	
指标名称	金额（亿美元）	比上年增长%
外贸进出口总额	**3467.49**	**28.4**
外贸出口总额	**2041.84**	**26.1**
总额中：国有企业	278.59	14.2
民营、集体企业	555.48	31.1
“三资”企业	1207.76	26.8
总额中：一般贸易	636.71	34.1
“三来一补”贸易	159.13	15.1
进料加工贸易	1015.14	27.8
其他贸易	230.86	8.5
总额中：机电产品	1571.60	26.4
总额中：高新技术产品	1087.27	27.9
外贸进口总额	**1425.66**	**31.8**
总额中：国有企业	150.13	11.5
民营、集体企业	368.85	71.6
“三资”企业	906.68	23.8
总额中：一般贸易	457.84	31.7
“三来一补”贸易	74.72	22.8
进料加工贸易	641.79	29.6
其他贸易	251.31	41.1
进出口差额（出口减进口）	**616.18**	——

表 1-12	2010 年主要商品出口金额及增长速度	
商品名称	金额（亿美元）	比上年增长%
自动数据处理设备及其部件	321.18	40.9
电话机	188.16	49.3
自动数据处理设备的零件	95.80	3.1
服装及衣着附件	94.29	22.4
打印机（包括多功能一体机）	59.69	52.6
家具及其零件	44.66	47.9
鞋类	41.30	24.7
集成电路	39.80	37.9
录、放像机	32.61	-16.0
液晶显示板	32.02	39.9
纺织纱线、织物及制品	29.66	19.7
玩具	28.84	27.0
塑料制品	24.38	0.7

表 1-13　2010 年主要商品进口金额及增长速度

商品名称	金额（亿美元）	比上年增长%
集成电路	422.65	30.0
自动数据处理设备及其部件	80.02	14.9
液晶显示板	71.80	20.6
自动数据处理设备的零件	58.72	18.0
初级形状的塑料	41.93	14.1
二极管及类似半导体器件	41.11	43.4
印刷、装订机械及零件	29.70	63.8
农产品	25.73	17.3
未锻造的铜及铜材	24.66	32.4
钢材	13.97	18.3
纺织纱线、织物及制品	10.96	9.2
成品油	10.45	39.2

表 1-14　2010 年对主要国家和地区进出口总额及增长速度

国家和地区	出口（亿美元）	比上年增长%	进口（亿美元）	比上年增长%
香港	844.48	37.9	16.14	44.3
美国	315.89	20.1	46.90	11.8
日本	66.55	21.3	156.54	27.4
欧盟 27 国	268.06	24.6	73.65	21.1

年新签外商直接投资合同项目 1929 宗，合同外资金额 56.52 亿美元，分别增长 28.8%和 58.9%。实际使用外商直接投资金额 42.97 亿美元，增长 3.3%。

表 1-15　2010 年分行业外商直接投资及增长速度

行业	合同外资金额（万美元）	比上年增长%	实际使用金额（万美元）	比上年增长%
总计	**565197**	**58.9**	**429724**	**3.3**
农、林、牧、渔业	314	503.9		-100.0
采矿业	312			
制造业	103141	19.2	164477	8.6
电力、燃气及水的生产和供应业	1698	-58.5	146	-98.0
建筑业	1162	70.4	2	-99.5
交通运输、仓储和邮政业	17878	-65.3	5947	-30.6
信息传输、计算机服务和软件业	17687	647.2	23705	159.5
批发和零售业	154154	147.8	87110	-30.2
住宿和餐饮业	1703	-32.2	2444	14.0
金融业	4004	-89.7	1591	
房地产业	130934	133.0	56872	125.2
租赁和商务服务业	74389	78.0	48281	85.9
科学研究、技术服务和地质勘查业	52828	201.0	37460	-35.3
水利、环境和公共设施管理业		-100.0		
居民服务和其他服务业	2091		1316	100.0
教育		-100.0		
文化、体育和娱乐业	2902	271.6	373	-81.4

全年对外承包工程、劳务合作新签合同金额93.58 亿美元，增长 26.7%；完成营业额 77.53 亿美元，增长 8.5%。

八、金融、证券和保险

年末全市国内金融机构人民币存款余额20210.75 亿元，比年初增长 19.3%；国内金融机构人民币贷款余额 13708.16 亿元，比年初增长 17.7%。全年累计现金支出 15289.93 亿元，现金收入 14053.36 亿元，货币净投放 1236.57 亿元，比上年增长 6.4%。

表 1-16　2010 年末国内金融机构人民币存贷款及增长速度

指标	绝对数（亿元）	比年初增长%
国内金融机构各项存款余额	20210.75	19.3
其中：企业存款余额	8532.59	16.9
储蓄存款余额	6717.05	17.4
国内金融机构各项贷款余额	13708.16	17.7
其中：短期贷款	2966.72	25.6
中长期贷款	10112.27	23.5

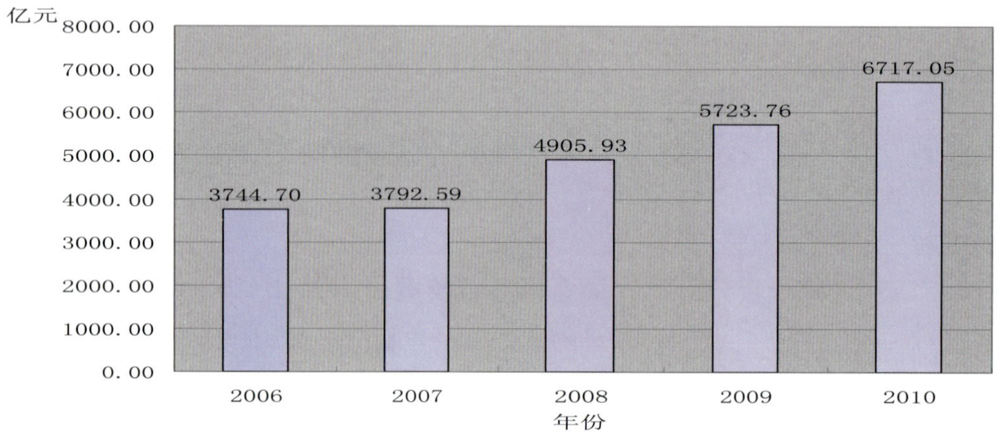

图 1-12　2006～2010 年居民人民币储蓄存款余额

年末全部金融机构本外币各项存款余额21937.89 亿元，比年初增长 19.5%；全部金融机构本外币各项贷款余额 16808.12 亿元，比年初增长 13.7%。

年末深圳证券交易所上市公司 1169 家，增加 339 家；上市股票 1211 只，增加 339 只，其中，A 股 1157 只，增加 339 只；B 股 54 只，与上年末持平。总发行股本 5044.98 亿股，增长29.1%；总流通股本 3410.85 亿股，增长 31.1%。上市公司市价总值 86415.35 亿元，增长 45.8%。上市公司流通市值 50772.97 亿元，增长 39.3%。全年证券市场总成交金额 247426.62 亿元，增长24.5%。其中，A 股总成交金额 240249.99 亿元，增长 27.5%；B 股总成交金额 1071.54 亿元，增长 4.2%。总成交股数 16187.55 亿股，下降7.1%。

全年保险机构（含外资机构，下同）保费收入 361.49 亿元，增长 33.1%。其中，财产险120.57 亿元，增长 24.2%；人身险 240.92 亿元，增长 38.0%。各项赔款和给付支出 73.94 亿元，增长 0.8%。其中，财产险支出 52.91 亿元，下降 2.9%；人身险支出 21.03 亿元，增长 11.7%。

表 1-17 深圳市历年国内生产总值（当年价格）

单位：万元

年 份	国内生产总值	第一产业	第二产业			第三产业	人均 GDP（元）
				工 业	建筑业		
1979	19638	7273	4017	2313	1704	8348	606
1980	27012	7803	7036	3726	3310	12173	835
1981	49576	13343	16019	8311	7708	20214	1417
1982	82573	18960	31439	9540	21899	32174	2023
1983	131212	22614	55848	22466	33382	52750	2512
1984	234161	25932	106606	51802	54804	101623	3504
1985	390222	26111	163586	102137	61449	200525	4809
1986	416451	32907	163185	106606	56579	220359	4584
1987	559015	46519	220463	164445	56018	292033	5349
1988	869807	57005	359230	274787	84443	453572	6477
1989	1156565	68615	505361	400579	104782	582589	6710
1990	1716665	70220	769319	644947	124372	877126	8724
1991	2366630	80836	1126084	928846	197238	1159710	10746
1992	3173194	105914	1522432	1176087	346345	1544848	12707
1993	4531445	108615	2420214	1810085	610129	2002616	15005
1994	6346711	134152	3357972	2671299	686673	2854587	16954
1995	8424833	124122	4221435	3370548	850887	4079276	19550
1996	10484421	148796	5065924	4186130	879794	5269701	22498
1997	12974208	147660	6174083	5193120	980963	6652465	25675
1998	15347272	151764	7434976	6315047	1119929	7760532	27701
1999	18040176	150445	9005486	7801018	1204468	8884245	29747
2000	21874515	155656	10860852	9627492	1233360	10858007	32800
2001	24824874	160143	12297665	11053418	1244247	12366796	34822
2002	29695184	166587	14647171	13367060	1280111	14881426	40369
2003	35857235	142048	18174235	16724227	1450008	17540952	47029
2004	42821428	123264	22112353	20597743	1514610	20585811	54236
2005	49509078	97385	26334427	24834947	1499480	23077266	60801
2006	58135624	69675	30495319	28866206	1629113	27570630	69450
2007	68015706	69412	34047608	32300702	1746906	33898686	79645
2008	78065400	66600	38157800	36183200	1974600	39841000	89814
2009	82012300	64700	38316400	35976100	2340300	43631200	92771
2010	95109100	60000	45233600	42332200	2901400	49815500	-----

表 1-18 深圳市历年全社会固定资产投资额

单位：万元

年 份	投资总额	基本建设	更新改造	房地产开发	其 他
1979	5938	4988	90		860
1980	13801	12487	390		924
“六五”时期	**739561**	**610488**	**5770**		**123303**
“七五”时期	**2093234**	**1617070**	**49522**	**112000**	**314642**
1986	248551	191490	10140		46921
1987	285193	215701	3009		66483
1988	436191	347307	2572		86312
1989	499919	435438	9140		55341
1990	579222	427134	24661	112000	59585
“八五”时期	**10750177**	**5174744**	**239096**	**4333168**	**1003169**
1991	912324	528725	36949	255600	91050
1992	1782322	741573	44678	714900	281171
1993	2477875	1222146	20794	1027700	207235
1994	2819413	1281065	66191	1304600	167557
1995	2758243	1401235	70484	1030368	256156
“九五”时期	**23902699**	**11485121**	**1073098**	**9051885**	**2292595**
1996	3275270	1569208	113836	1248251	343975
1997	3930657	2015620	167033	1366545	381459
1998	4803901	2395732	201514	1674854	531801
1999	5695878	2724871	274707	2152541	543759
2000	6196993	2779690	316008	2609694	491601
“十五”时期	**46972337**	**20311862**	**3307791**	**19746742**	**3605942**
2001	6863749	2844010	338886	3156364	524489
2002	7881459	2861079	385050	3884445	750885
2003	9491016	3599182	561722	4126636	1203476
2004	10925571	5009246	879996	4342432	693897
2005	11810542	5998345	1142137	4236865	433195
“十一五”时期	**57954230**	**32251857**	**6058925**	**18010862**	**1632686**
2006	12736693	6396794	1389864	4620940	329095
2007	13450037	7140463	1441061	4610422	258091
2008	14676000	8278300	1558400	4404900	434400
2009	17091500	10436300	1669600	4374600	611100
2010	19447000	12262900	1872300	4584700	7271
累 计	**161859238**	**83714042**	**12606502**	**55839357**	**8979608**

注：1989 年以前的“房地产开发”归总于“基本建设”

第三节　社会发展

一、教育和科学技术

年末全市各级各类学校总数达 1705 所，比上年增加 69 所；毕业生 29.87 万人，招生数 40.15 万人，在校学生数 136.04 万人，分别增长 4.5%、14.0%和 7.4%。年末全市有幼儿园 1040 所，增加 66 所；在园幼儿 26.09 万人，增长 17.9%。有小学 340 所，减少 6 所；在校学生 61.85 万人，增长 4.9%。有普通中学 295 所，增加 10 所；在校学生 33.48 万人，增长 5.9%。学龄儿童入学率和小学毕业生升学率均保持在 100%，初中毕业生升学率 81.3%。全年普通高等学校 8 所，招生 2.03 万人，下降 0.8%；毕业生 1.8 万人，增长 4.5%；在校学生 6.73 万人，增长 0.6%。

表 1-19　2010 年各类教育招生、在校生和毕业生人数及增长速度

指标	招生数（万人）	比上年增长 %	在校生（万人）	比上年增长 %	毕业生（万人）	比上年增长 %
研究生教育	0.35	13.8	0.92	10.7	0.26	4.1
普通本专科	2.03	-0.8	6.73	0.6	1.80	4.5
成人本专科	0.83	-16.1	2.36	-6.4	0.78	12.6
各类中等职业技术教育（不含技工学校）	0.96	-4.4	2.97	3.9	0.81	-6.7
普通高中	3.52	7.2	9.85	7.7	2.64	5.1
初中	8.51	5.5	23.62	5.2	6.56	8.6
小学	11.80	14.4	61.85	4.9	9.19	0.8

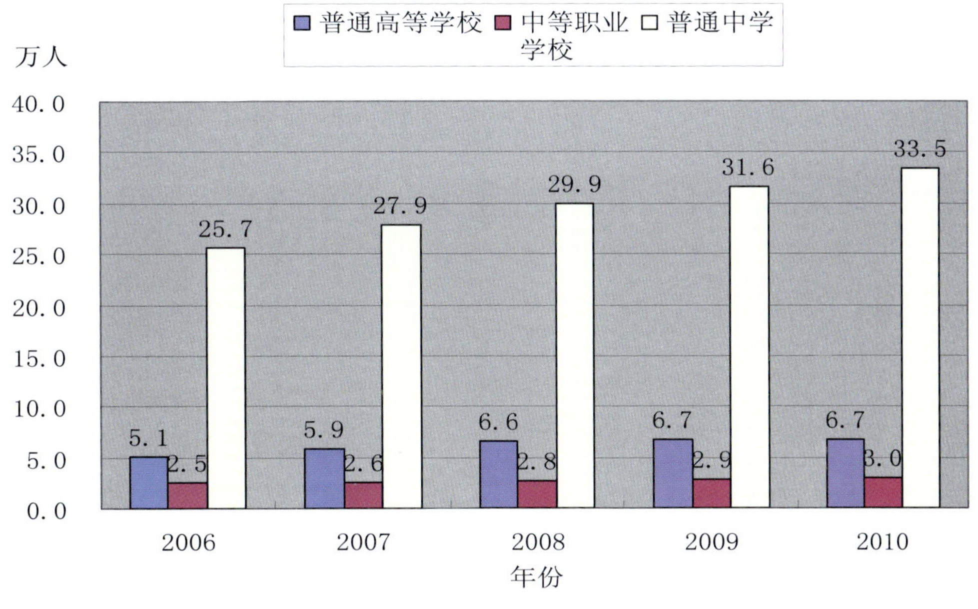

图 1-13　2006～2010 年各类教育在校生

年末全市各类专业技术人员 103.12 万人，其中具有中级技术职称及以上的专业技术人员 35.47 万人，分别增长 4.6%和 3.2%。全年科学研究与试验发展经费支出 333.83 亿元，增长 19.3%，占本地生产总值的 3.5%。到 2010 年末全市累计认定高新技术企业 3234 家。年末三项专利申请受理量 49430 件，增长 16.9%。其中发明专利 23956 件，增长 16.7%；实用新型 15117 件，增长 19.0%；外观设计 10357 件，增长 14.4%。专利授权量 34951 件，增长 35.0%。其中发明专利 9615 件，增长 18.2%；实用新型 14266 件，增长 58.5%；外观设计 11070 件，增长 26.4%。

二、文化、卫生和体育

全年全市文化系统共获省级以上奖项 1001 项，其中国际级奖 235 项，国家级奖 446 项，省级 320 项。全年市属专业艺术单位共举办各类艺术演出 231 场。全市公共图书馆 627 座，公共图书馆总藏量 2295.7 万册（件），增长 14.4%。全市拥有区级及以上博物馆、纪念馆 15 座，拥有广播电台 1 座，电视台 2 座，广播电视中心 3 座，有线广播电视站 20 座，广播、电视人口覆盖率达 100%。公开发行报纸 14 家，全年出版 72338.4 万份；公开发行期刊 38 家，全年出版 2230 万册；全年出版图书 483 种、1076.38 万册。

年末全市有卫生医疗机构 1769 间，其中医院 107 间。卫生机构拥有床位 22679 张，比上年增加 1280 张，其中医院病床 21126 张，增加 1254 张。全市有卫生技术人员 56195 人，增长 4.5%。全年各级各类医疗机构完成诊疗量 7914.3 万人次，增长 4.8%，其中处理急诊 606.3 万人次。收治住院病人 86.4 万人，增长 8.3%。病床使用率 89.5%。出院病人治愈率为 60.4%。

全市成年人每周参加三次或三次以上体育锻炼者占 20.9%。市民体质水平达到优秀、良好、合格的分别占 14.6%、41.3%和 36.0%。

三、城市建设、环境和安全生产

全年基本建设投资中用于城市基础设施的投资 741.74 亿元，增长 5.9%。全年全市用电量 663.54 亿千瓦时，增长 13.3%。其中城乡居民生活用电 82.69 亿千瓦时。全市自来水日供应能力 692.00 万立方米，全年供水总量 15.65 亿立方米，增长 4.2%。其中居民家庭用水量 5.02 亿立方米，增长 3.0%。全市自来水普及率达 100%。

全市年末公共汽车营运线路 758 条，比上年末增加 180 条。公共交通营运线路总长度 16987.00 公里，增加 4049.30 公里。年末实有公共汽车营运车辆 26796 辆，增长 5.8%。其中，公共汽车 12456 辆，增长 4.4%；出租小汽车 14340 辆，增长 6.9%。全年公共汽车客运总量 22.81 亿人次，增长 6.8%。轨道交通线路长度 63.50 公里，增长 154.0%，轨道交通客运总量 1.63 亿人次，增长 17.7%。

全市建成区面积 830.01 平方公里，建成区绿化覆盖率 45.0%。全市生活垃圾无害化处理率 94.6%。主要饮用水源水库水质达标率 100%。城市生活污水处理率（二级处理）88.8%。全年达到 I 级和 II 级空气质量天数 356 天。

全年亿元本地生产总值生产安全事故死亡率 0.07 人；道路交通万车死亡率 3.60 人。

四、人民生活和社会保障

年末全市城镇单位在岗职工人数 251.09 万人，比上年末增长 14.0%；在岗职工年平均工资 50456 元，增长 8.0%。

根据 600 户居民家庭抽样调查资料显示，全年居民人均可支配收入 32380.86 元，增长 10.7%，扣除物价因素，实际增长 7.0%。居民人均消费性支出 22806.54 元，增长 5.9%，实际增长 2.3%。恩格尔系数为 35.5%。

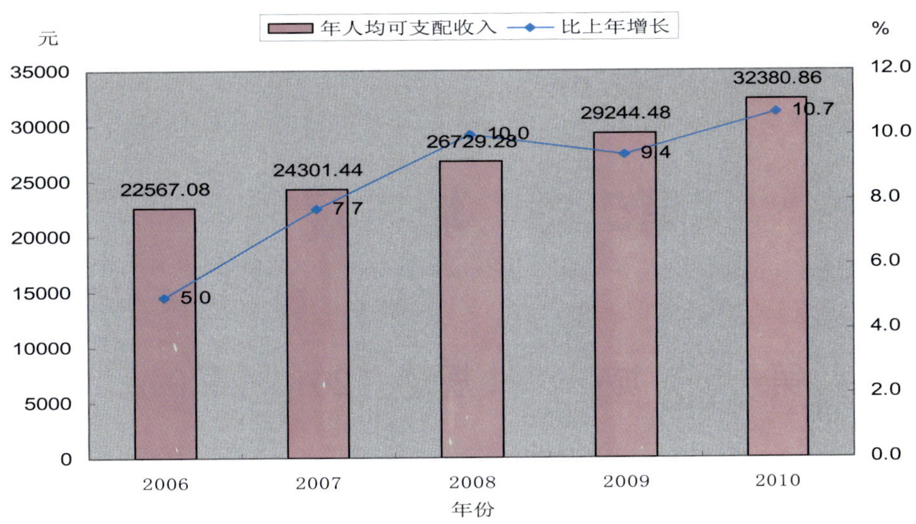

图 1-14　2006～2010 年居民人均可支配收入及增长速度

年末全市有 691.35 万人参加了基本养老保险，258.62 万人参加了失业保险，分别增长 18.4%和 18.1%。

表 1-20　　2010 年末全市参加各类保险人数及增长速度

指标	参保人数（万人）	比上年末增长%
社会医疗保险年末参保人数	1038.04	13.9
其中：城镇居民医疗保险年末参保人数	115.04	10.1
劳务工医疗保险年末参保人数	798.51	14.8
少儿医疗保险年末参保人数	76.94	19.7
失业保险参保人数	258.62	18.1
生育医疗保险年末参保人数	397.63	18.9
工伤保险年末参保人数	919.57	12.7
其中：劳务工工伤保险年末参保人数	825.41	13.5

年末社区服务设施 6774 个，增长 1.6%。社会福利院数 33 个，比上年末增加 1 个；社会福利院床位数 4347 张，比上年末增长 1.2%。年末享受城镇居民低保人数 12220 人，减少 1381 人；全年共发放最低生活保障金 4121.70 万元，下降 25.4%。

第二章　城市规划

第一节　城市总体规划（2010-2020）

一、规划背景

在深圳由一个边陲小镇崛起为一个现代化特大城市的过程中，城市规划特别是总体规划对于城市的有序发展发挥了重要的引导调控作用。在经历了超常规快速发展历程后，深圳率先遭遇到严重的土地和空间瓶颈约束，面临巨大的发展需求与紧缺的资源供给尖锐矛盾，必须尽快转变发展模式，探索一条紧约束条件下的城市可持续发展道路。2006 年 8 月，经建设部批准，深圳市正式启动了新一轮城市总体规划的修编工作。城市总体规划修编分为前期研究、总规纲要、规划成果三个阶段：前期研究于 2006 年上半年完成并报经住房和城乡建设部批准；总规纲要于 2007 年 10 月获住房和城乡建设部批准；规划成果于 2010 年 8 月获国务院批复。

二、主要内容

城市总体规划以《深圳市 2030 城市发展策略》为指导，在开展 20 个专题研究的基础上制定，主要内容包括：

1.确立了“经济特区、全国性经济中心城市和国际化城市”的新的城市性质和定位，提出了深港合作共建国际都会、打造世界级都市区的发展目标，并上升为国家发展战略。

2.制订了引导城市转型的发展目标指标体系和路径。在城市发展总目标下提出了区域协作、经济转型、社会和谐、生态保护四个方面的分目标。为有效落实城市发展分目标，制定了城市发展目标指标体系，作为检测和评价规划实施效果的手段和依据。

3.延续已有的轴带组团空间格局，强化区域空间联系，构筑了“三轴两带多中心”的开放空间结构。提出南北贯通、西联东拓的区域空间策略，与《珠江三角洲城镇群协调发展规划》确定的“一脊三带五轴”总体布局充分对接。

4.实施四区五线的空间管制，划定密度分区，构筑包括产业、住房、公共服务、生态与绿地系统在内的城市经济社会环境支撑体系，以及由综合交通与市政设施构成基础设施支撑体系。

5.强化规划实施的政策研究，构建完整的政策保障体系。包括高效集约利用土地的政策、与产业升级和空间优化相协同的人口政策、保障性住房政策、城市更新政策、生态环境保护政策、公共财税政策、深港合作机制的完善以及行政管理体制改革等。

三、特点和创新

本次规划积极探索紧约束条件下深圳城市成功转型和可持续发展的动力机制和发展模式，力求为国家经济社会全面转型和科学发展闯出一条新路。

1.探索适应转型的非土地扩张型总体规划编制模式

本次规划改变传统总体规划以新增建设用地为主的思路，提出了增改用地概念。规划期末建设用地规模控制在 890 平方公里以内，相比 2009 年净增不到 90 平方公里。新增用地主要用于引导城市转型的战略性新兴产业、公共服务和基础设施、保障住房等需要；确定了规划期更新改造用地规模为 190 平方公里，超过新增用地，实现土地利用模式由增量扩张转为存量优化为主的转变，并提出了土地利用渐进转型的路径。新增用地，特别是城市重要节点地区要提高开发强度，提升土地利用效益；加快城市更新，开发地下空间，清退违法用地，促进土地集约节约利用。

2.提出了基于社会和谐的管理服务人口概念

本次规划立足于深圳资源环境容量，建立适应社会经济转型、以稳定为政策取向的人口调控目标和管理模式。以生态环境、土地、水资源等承载力为前提，核算出规划期内适宜的人口规模，据此进行产业用地和居住用地的配置，再通过就业岗位和住房数量等要素来调控未来人口的规模和结构，保证人口的合理稳定。同时为应对人口发展可能存在的不确定性，在设施配置上按照弹性系数进行适当超前预留，以适应社会经济发展的实际需求。贯彻以人为本的理念，从建设和谐社会出发，考虑和满足不同社会阶层的多样化需求。

3.探索规划编制与环境影响评价同步展开、相互反馈的机制

本次规划贯彻生态优先的理念，在前期研究中开展了包括环境容量、水资源和能源利用、城市气象气候影响、城市公共安全和防灾减灾等一系列有关生态建设和环境保护相关的课题研究，作为规划的重要前提。并由专业机构承担规划环境影响评价研究，改变了通常的事后评估的方式，采取前期介入、全过程参与、充分反馈和互动的工作方式，保证了规划结果始终处于环境影响评价的可控范围内。此种工作模式得到国家环保部领导和全国著名专家的高度评价，并作为范例向全国推介。

4.突出城市总体规划的公共政策属性

本次规划由传统的空间设计为主转为空间与政策设计并重，在内容上以政策为出发点，最

后归属和落实于政策，保障规划目标的实现。提出了区域协作、经济转型、社会和谐、生态保护四方面的政策内容，最后又构建完整的政策保障体系，提出深圳转型期总体规划实施所需要的创新性政策和体制保障，使本次总体规划成为一个具有空间统筹功能的综合性政策规划。

5.全过程、全方位的公众参与

除采取了“政府组织、专家领衔、部门合作、公众参与、科学决策”的工作机制外，将市民的全过程参与作为工作重点，充分贯彻以人为本的指导思想，保障公共利益。建立了广泛的民意收集平台，设立热线电话、电子邮件、移动短信、书面接访等多种沟通方式；开展了多途径前期调查,收回有效问卷近10万份；进行了深入全面的公开展示，全市共设立七个主展点并在300个社区进行公告，同时通过网络进行公示，吸引观展人数逾10万人。

第二节　深圳市土地利用规划

土地利用总体规划是指导土地管理的纲领性文件，是落实土地宏观调控和土地用途管制、规划城乡建设的重要依据，是实行最严格的土地管理制度的基本手段。根据国家和省的统一部署，《深圳市土地利用总体规划（2006－2020年）》（以下简称规划）修编工作于2004年开始启动，先后经历了前期研究、大纲编制和成果编制三个阶段：第一阶段为前期研究阶段，从2004年7月至2006年7月完成了“四查清、四对照”、上一轮土地利用总体规划实施评价及各个专题研究工作；第二阶段为大纲编制阶段，从2006年8月至2009年3月，明确了深圳市新一轮土地利用总体规划的基本思路、土地利用战略、规划定位及主要约束性指标。2009年4月1日，《深圳市土地利用总体规划大纲（2006－2020年）》获国土资源部正式批复通过，成为全国第一个大纲获批复的非试点城市；第三阶段从2009年4月至今为规划成果编制阶段，在已批复的土地利用总体规划大纲基础上，进一步深化编制规划成果，2010年8月31日，规划成果通过广东省国土资源厅专家评审；2010年11月19日，深圳市五届十六次常务会议原则通过规划成果；2010年12月1日，规划成果正式上报省政府审查；2011年3月11日，深圳按照省规划修编联席单位出具的审查意见修改完善规划成果，并按程序上报。

一、规划基本理念与思路

（一）规划定位

新一轮土地利用总体规划定位为适应中国国情和深圳市实际的高度城市化背景下的约束、转型和创新规划，探索建设用地减量增长的土地利用规划新模式。通过规划实施促进土地利用模式、管理理念、管理目标、管理机制的四个转型：

（二）土地利用战略

规划体现了高度城市化地区的鲜明特色，提出了空间拓展、循环集约和生态和谐三大土地利用战略。

（三）建设用地规模减量增长

建设用地减量增长是深圳市未来城市建设和发展的必然选择。减量增长是指通过逐年减少新增建设用地，逐年增加城市更新改造用地，开展建设用地清退等手段，实现建设用地总规模增长速度下降，至规划期末实现建设用地“微增长”。

二、土地利用主要控制指标

（一）建设用地控制目标

至2020年，建设用地总规模控制在市域面积的50%以内，建设用地总规模控制在97600公顷以内，其中城乡建设用地规模控制在83700公顷以内，交通水利及其他用地规模控制在

13900公顷以内。新增建设用地占用农用地和其他用地不超过15786公顷，建设用地清退成农用地或其他用地减少建设用地12131公顷。规划期间城市更新改造范围19000公顷，其中全面改造城中村、旧工业区、旧城区等存量建设用地规模6000公顷。

（二）耕地和基本农田保护目标

至2020年，耕地保有量目标4288公顷（含已落实的易地保护面积）。规划期间，全市基本农田保护面积不少于2000公顷。

（三）土地节约和集约利用规划目标

至2020年，全市的人均城镇工矿用地不高于76.09平方米/人；全市建设用地产出率≥20亿元/平方公里，全市每年万元GDP建设用地年均下降7%；全市地均工业增加值≥45亿元/平方公里。

（四）土地生态环境建设规划目标

至2020年，具有重要生态功能的耕地、园地、林地、水域和部分自然保留地面积达到105000公顷以上，占全市土地总面积的比例不小于53%，形成安居乐业的城市生态环境和人文环境。建成区绿化覆盖率不小于45%。

三、建设用地空间管制

为加强对城乡建设用地的空间管制，规划划定了禁止建设区、允许建设区、有条件建设区、限制建设区，并明确各分区管制规则。

（一）禁止建设区

禁止建设区主要指城市基本生态控制线范围内的严格控制区域，包括一级水源保护区、现有和拟建的自然保护区核心区、重要自然次生植被区等，总面积53878公顷，占市域土地总面积的27%。空间管制措施如下：

1.区内土地的主导用途为生态与环境保护空间，严格禁止与主导功能不相符的各项建设。

2.原有不符合其功能要求的各类人工设施，应逐步迁出。重点清退区内违法建筑、采石场等，实施退果退耕还林，恢复自然植被、湿地和生态系统的结构和功能，确保饮用水源安全。

3.积极治理现存石漠化土地、水土流失以及裸露山体缺口、裸地。对已受破坏的重要生态系统，结合生态环境建设工程，组织重建和恢复。

4.除法律法规另有规定外，规划期内禁止建设用地边界不得调整。

（二）允许建设区

深圳市允许建设区总面积83700公顷，占市域土地总面积的42%。空间管制措施如下：

1.区内土地主导用途为城市或工矿建设发展空间。

2.区内新增城乡建设用地受规划指标和年度计划指标约束，应统筹增量与存量用地，促进土地节约集约利用。

3.规划实施过程中，在允许建设区面积不改变的前提下，其空间布局形态可依据程序进行调整，但不得突破建设用地扩展边界。

4.允许建设区边界（规模边界）的调整，须报规划审批机关同级国土资源管理部门审查批准。

（三）有条件建设区

规划期内，在充分考虑城市发展趋势、空间拓展模式和主要发展方向的基础上，确定深圳市有条件建设区总面积15347公顷，占市域土地总面积的8%。空间管制措施如下：

1.在不突破城市允许建设区的规划建设用地规模控制指标前提下，有条件建设区内土地可以用于规划建设用地的布局调整，依程序办理建设用地审批手续，同时相应核减允许建设区用地规模。

2.与允许建设区内现状建设用地置换的，必须先完成现状建设用地清退并经相关程序确认。

3.规划期内建设用地扩展边界原则上不得调整。如需调整按规划修改处理，严格论证，报规划审批机关批准。

（四）限制建设区

限制建设区是指允许建设区、有条件建设区和禁止建设区以外的区域，总面积48261公顷，占市域土地总面积的24%，空间管制措施如下：

1.区内土地主导用途为农业生产空间，是发展农业生产，开展土地整治和基本农田建设的主要区域。

2.区内禁止城市建设，控制线型基础设施和独立建设项目用地。列入广东省人民政府规定的限制建设区项目目录的能源、交通、水利、军事、国家安全、矿山和其他因生态环境保护要求需要单独选址的项目，可在限制建设区内安排建设用地，按规定程序报批。

3.基本农田保护区内土地包括基本农田和直接为基本农田服务的农村道路、农田水利、农田防护林及其他农业设施；区内现有建设用地应当复垦为耕地，规划期间确实不能复垦的，可保留现状用途，但不得扩大面积；不得破坏、污染和荒芜区内土地。

基本农田保护区范围内耕地面积大于上级下达的基本农田保护面积，尽量减少规划期间不可避免的基本农田占用而导致的布局调整。对于难以定位的独立建设项目，列明可在基本农田保护区内安排的建设项目清单，严禁安排城市建设用地和未列入项目清单的其他非农建设项目，在不突破多划的基本农田规模的前提下，列入项目清单的建设项目占用基本农田时不再补划，简化相应用地报批程序。

4.主要河流湖泊、25度坡以上农用地和其他用地原则上不进行建设开发，确需建设开发，需要严格论证；维护保育现有生态环境，防止污染，不断提高生态服务功能。

5.地质灾害易发区需开发建设的项目，在治理现有地质灾害的同时避免新的地质灾害的发生，应加大新建工程的地质灾害防治力度，新建项目的地质灾害防治工程与主体工程必须做到同时设计、同时施工和同时验收，地质灾害防治工程未验收的不得投入使用。

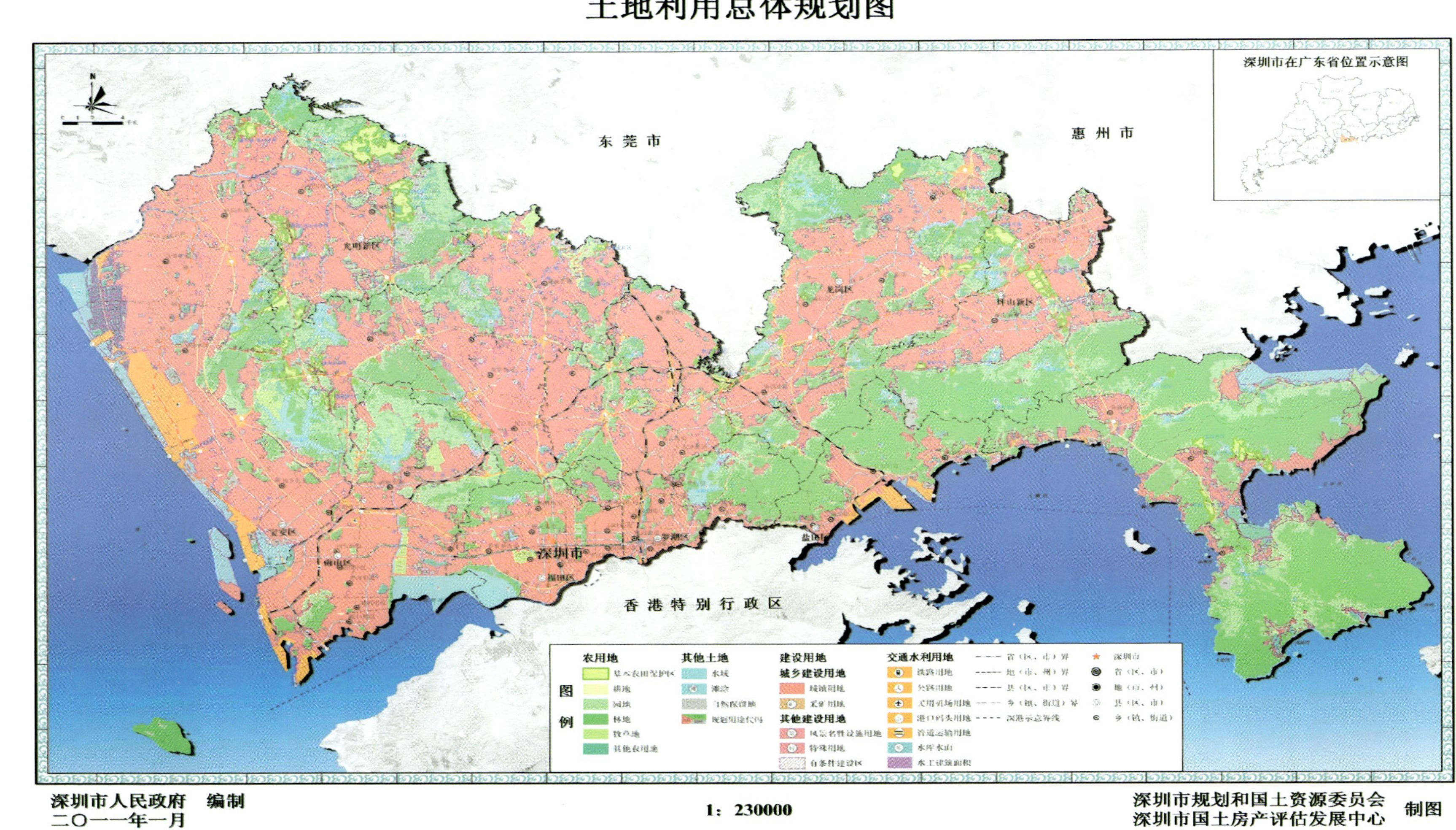
广东省深圳市土地利用总体规划（2006-2020年）
土地利用总体规划图
深圳市在广东省位置示意图
东莞市
惠州市
深圳市
香港特别行政区
图例
农用地
其他土地
建设用地
城乡建设用地
其他建设用地
交通水利用地
深圳市人民政府 编制
二〇一一年一月
1：230000
深圳市规划和国土资源委员会
深圳市国土房产评估发展中心 制图

第三节　法定图则与专项规划

一、法定图则

2010 年是法定图则大会战的收官年、关键年，市规划国土委在工作中始终保持高昂的斗志和饱满的精神状态，克服了“任务重、时间紧、人手缺”等困难，按照既定计划推进法定图则全覆盖工作。

年初召开“法定图则年度总结表彰大会”，有效鼓舞了士气，加强了责任心。3 月，许勤市长听取了关于法定图则工作的专题汇报，对图则大会战工作取得的成绩给予充分肯定，赞扬市规划国土委在高效推进的同时注重创新、提升了编制质量；同时也对图则工作提出了更高的要求。

2010 年管理在编图则 123 项，公示法定图则草案 29 项；法定图则委员会审批通过了 35 项法定图则，覆盖面积约 146 平方公里；委员会技术会议审议通过了 27 项法定图则草案及 38 项法定图则草案公众意见处理情况，其中草案覆盖面积约 159 平方公里。目前深圳法定图则覆盖率已达 90%，剩余 10%地区多数也已形成方案，基本实现了法定图则对城市规划建设用地的全覆盖，成效明显。

在法定图则工作中，进一步完善了相关配套政策和技术指引，有效加强了法定图则的针对性、适应性和可操作性。2010 年 8 月出台了《深圳市法定图则土地混合使用指引》，鼓励合理的土地混合使用，为土地使用提供了灵活性和宽容度，如规定产业用地可兼容一定比例的办公、生活、商业服务等配套功能，更好地适应了市场的需求；9 月出台了《加强法定图则后续管理工作的若干规定》，规范了法定图则报签、归档及发布等环节的程序及要求，提高工作效率和质量；此外，还进一步优化了图则公示机制，在图则公示期间增加向规划涉及的文教体卫、交通、环保等部门专题征求意见与建议的环节，以保障规划确定的相关配套设施的有效实施及合理布局。

二、专项规划

（一）绿道网规划工作

2010 年 1 月，广东省委省政府部署开展珠三角区域绿道网规划建设工作，旨在促进宜居城乡建设，落实珠三角城镇群协调发展规划，增强可持续发展能力。汪洋书记高度重视这项工作，特别强调绿道建设是民生工程、环境工程、生态工程和经济工程，要求“一年基本建成、两年全部到位、三年成熟完善”。深圳市委、市政府高度重视，依绿道网规划建设工作部署和要求，市规划国土委在《珠三角绿道网总体规划纲要》的基础上，结合深圳基本生态控制线、绿地系统等相关规划，组织编制完成了《深圳市绿道网专项规划》。

规划以珠三角绿道网建设为契机，结合深圳实际情况，通过串联自然山海和历史人文资源，整合全市区域绿地、公园、公共空间、慢行系统等，构建了以区域绿道为骨架、以城市绿道为支撑、以社区绿道为补充，覆盖全市的三级绿道网络体系，旨在全面提升深圳整体环境建设品质。

绿道网规划在我国尚属一项全新的规划类型，通过借鉴全球绿道网建设的先进理念和成功案例，规划就编制内容、方法和技术路线等方面进行探索和创新尝试，主要包括：

（1）提出构建区域、城市、社区三级绿道网络系统，各级绿道的功能、内涵、建设标准各有侧重，提出社区绿道 5 分钟可达、城市绿道 15 分钟可达、区域绿道 30 ~ 45 分钟可达的服务水平。（2）因地制宜，始终贯彻低碳生态与节约型规划的理念。规划兼顾资源和现实条件，倡导“原生态、原产权、原民居、原民俗”和“不征地、不租地、不拆迁、不改变原有土地产权和使用性质”的原则，并鼓励使用低碳环保材料。（3）统筹兼顾，协调与衔接相关规划。规划充分利用了基本生态控制线的良好本底，注重与城市总体规划、绿地系统规划、公共空间规划、慢行系统规划等进行衔接。（4）关注区域协调，充分考虑绿道网在城市之间的连接和贯通，力争实现粤港绿道一体化的未来愿景。（5）突出规划的实效性，强化对实施建设的有效引导。规划全程介入了建设工作各环节，与绿道详细规划、施工图设计同步推进，并编制绿道网规划建设指导手册，向各管理和施工单位以及公众发放，加强技术统筹指导。

随着深圳市绿道网建设工作的持续推进，绿道网将以绿色为脉，串联整合生态资源，构筑与城市结构相契合的绿道网格局；以文化为络，挖掘历史人文和城市特色，丰富绿道网的空间与功能内涵；以慢行道为媒，倡导绿色交通出行和低碳生活方式，创造积极而丰富的休闲活动空间，带动绿道沿线经济发展，必将成为深圳这个不断创新城市的又一探索！

深圳市绿道网专项规划

绿道网规划结构示意图
GreenWay
N
图例：
区域绿道
城市绿道
一级服务节点
二级服务节点
东莞
惠州
宝安区
龙岗区
南山区
福田区
罗湖区
盐田区
珠江口
香港特别行政区
2010年4月

（二）"坪山中心区概念规划国际咨询"活动

在深圳建设现代化国际化先进城市和特区扩容的背景下，坪山新区跃升为城市一体化发展的战略地区，坪山中心区作为新区关键性节点地区，担负着带动新区跨越式发展的使命。为了高水平高标准做好坪山中心区规划，深圳市规划和国土资源委员会联合坪山新区管理委员会举办了"坪山中心区概念规划国际咨询"活动。

1.方式创新、工作高效。整体工作历时约 10 个月，划分为体验工作营、初步构想、正式竞赛和方案深化四个阶段，其中体验工作营为全开放形式，13 家设计机构进行了现场体验、参加坪山发展战略国际咨询峰会和体验沙龙。

2.专题研究、夯实基础。在咨询优胜方案基础上进行了建设规模、综合交通和规划实施三个专题研究，为优化和深化咨询方案形成有效支撑。

3.博采众长、凝聚提升。深化方案提出"绿心之城、动力之城、和谐之城、未来之城、立体之城"的发展目标。

以半月环标志性公共空间连通山体水系建设绿心之城。

分散布局、多极发展，以商务金融中心、商业服务中心、行政文化中心形成三个动力之岛共同带动中心区发展。

乐活都市理想、平衡居住就业，构建完善的公共服务体系，建设高端知识人才与原住民宜居共享的和谐之城。

以低碳理念，低碳技术打造面向未来的创新之城和新技术展示之城。

强调地下空间的综合利用，建设网络化的立体之城。

4.强化实施、有序推进。深化方案强调在理想目标指导下的可操作性，采取政府集中土地整备和市场更新共同参与的改造模式，对整备区和更新单元进行实施成本和经济效益评估。配合深圳东站枢纽通车进行公共服务、基础设施建设和土地出让时序安排。

（三）《深圳市应急避难场所专项规划（2010－2020）》

1.项目背景

近年来重大灾害频发，造成了严重的人员伤亡和财产损失，城市安全问题已成为影响城市可持续发展的关键性问题。深圳市属于多灾害易发地区，经过 30 年快速发展，已进入社会经济发展转型的关键时期，本届政府提出努力建设民生幸福城市的重大战略举措，必然对城市安全有着更高的要求。为提升深圳综合防灾能力，保障人民群众生命安全，根据国家突发事件应对法等相关法规政策的要求，开展深圳避难场所专项规划工作，指导应急避难场所的各项建设工作。

2.项目编制历程

规划编制工作于 2008 年 8 月组织开展，进行了深入的现状调研。2009 年 8 月形成规划草案，先后两次向二十多个相关部门征询意见，并进行了专家咨询，在 2009 年 12 月 17 日通过市政府联席会议审查后，组织了规划草案公示。经过广泛的意见征询，规划成果于 2010 年 7 月 30 日经市政府五届七次常务会议审议通过。

3.规划目标及内容

本次规划的目标是建立适应深圳灾害特征的安全、高效、综合的应急避难场所体系，保障市民的生命安全与城市的可持续发展，规划原则为“以人为本，保障安全；统一规划，资源整合；平灾结合，多灾兼顾；近远结合，建管并重”32字方针。

规划从深圳市的灾害特征及避难特点入手，积极拓展思路，在国内首次系统完整地编制了适应多灾种的综合性应急避难场所规划，是一项惠及全体市民的重要的民生工程。内容主要包括以下四个方面：

第一，构建综合性的应急避难场所空间体系。

规划在分析可能影响我市的地震、台风、地质灾害、核设施事故等70余种灾害后，根据灾害特征和避难特点，将深圳避难场所分为室外和室内两类避难场所。其中室外避难场所适用于地震等需要室外场所的灾害，根据承担的不同功能，分为紧急、固定和中心三级；室内避难场所适用于气象灾害、核设施事故等需要室内场所的灾害。综合利用这两类场所，能够满足包括各类灾害的避难需求。

第二，确定各类避难场所的空间布局和规划指引。

全市共设置室外固定避难场所452处，能够满足全市的避难需求；其中室外中心避难场所14处，承担避难救援中心功能。规划还设置了室内避难场所659处，可安置人员约44万人，从中选取核应急避难场所70处，可安置人员约5.7万人。规划对各类避难场所提出了详细的建设指引。

第三，建立配套的应急交通和生命线系统。

为保证应急避难场所发挥作用，规划结合深圳市的地域特点，构建了海、陆、空等不同方式的综合立体应急交通网络，共设置应急码头7处，应急机场和直升机场各1处，直升机坪18处，4级应急道路系统和12处城市对外道路出入口。规划还完善了包括供水、供电、医疗救护、物资供应、通信在内的应急生命线系统。

第四，提出确保规划实施的保障措施。

为确保规划的顺利实施，规划从机制、预案、信息、宣传、资金等方面制定了切实可行的保障措施。

（四）《宝安区公共设施专项规划》

改革开放30年来，宝安由落后、偏远的小县城发展成为深圳市经济强区，各项事业发展突飞猛进，人们在物质生活质量不断提高的同时，对公共配套服务的需求更加强烈。为实现深圳“特区内外一体化”发展要求，改善特区外散乱、无序的城市建设状况，市规划国土委组织开展了宝安区公共设施专项规划。

该规划的内容为宝安区的公共设施，具体包括行政管理与社区服务设施、文化娱乐设施、体育设施、医疗卫生设施、教育设施、社会福利与保障设施等六大类。规划按《深圳市城市规划标准与准则》2004 版中确定的市级、区级、居住地区级、居住区级、居住小区级五级标准配置。在对宝安区公共设施现状调查与分析研究的基础上，对以上六大类、五层次公共设施的发展趋势、需求情况等做出判断，提出规划公共设施的合理规模和科学布局，落实规划设施用地，同时提出近期建设计划。

规划以组团为单位，分四个部分：宝安中心组团、西部工业组团、西部高新组团和中部综合组团，范围涵盖宝安区 366 平方公里的城市建设区范围。控制当量人口规模为 334.8 万人。

第四节　住房建设规划

一、深圳市住房建设规划（2011–2015）

（一）指导思想

深入贯彻落实科学发展观，坚定不移深化改革，促进经济发展方式转变，加快以改善民生为重点的社会建设，立足于土地资源的合理利用和城市空间资源的高效整合，创新住房发展理念，优化住房供应结构，满足不同收入层次居民家庭的住房消费需求；健全住房制度体系，推进公共服务均等化，促进住房资源公平分配，实现居民居住水平与经济社会同步发展；立足于不同类型住房发展状况与不同层次居民的居住现状，改善居住环境，完善配套设施，提升居民居住质量和民生幸福水平，提高城市发展质量。

（二）住房发展现状

“十一五”期间，本市住房总量进一步增长，至 2009 年底，全市住房总建筑面积 4.09 亿平方米。其中，商品住房约 1.02 亿平方米，占总量的 25%；保障性住房 0.26 亿平方米，占总量的 6.2%；单位和个人自建住房 0.42 亿平方米，占总量的 10%；城中村村民自建房 1.74 亿平方米，占总量的 43%；工业区配套宿舍及其他住房 0.65 亿平方米，占总量的 15.8%。

（三）“十一五”规划实施情况

1.有效衔接相关规划，促进经济社会协调发展

“十一五”住房建设规划确立了全市住房发展的目标和建设任务，明确了地方政府在住房发展中的职责，切实指导了全市住房建设与发展，有效贯彻落实了《深圳市国民经济和社会发展第十一个五年总体规划》的相关要求，充分发挥了住房在国民经济发展中的基础配套作用，促进了经济稳定增长和社会的持续进步；实现了与《深圳市土地利用总体规划大纲》的衔接，引导了土地供应的规模和结构调整，促进了土地资源节约集约利用；实现了与《深圳市城市总体规划（1996–2010）》的衔接，围绕新交通体系建设，立足于深港融合的发展趋势，结合产业结构调整，引导住房发展空间合理布局，有效推进了新城区的开发建设。

2.住房建设用地供应从新增向存量转变，促进土地资源集约高效利用

“十一五”住房建设规划立足于全市土地资源紧缺的实际，住房用地供应坚持新增供应与存量挖潜相结合，至 2010 年底，全市实际新供应住房用地 8.07 平方公里，其中新供应商品住房用地 5.62 平方公里，完成规划供应目标的 93.7%；保障性住房用地实际新供应 2.45 平方公里，完成规

划目标的122.5%；积极引导住房建设用地供应从新增向存量转变，2010年启动城市更新建设住房，开工建设23个项目，涉及建设用地面积约1.18平方公里，规划批准住房建筑面积约239万平方米，其中保障性住房约9.4万平方米。

3.加强房地产宏观调控，促进房地产市场持续健康发展

“十一五”期间，本市以国家房地产宏观调控精神为指导，适度增加住房供应规模，着力调整住房供应结构，保障性住房和中小套型普通商品住房用地供应量达到住房用地供应总量的79%。商品住房累计新开工26.5万套、2386.38万平方米，竣工22万套、1980.99万平方米。完善了差异化的住房金融税收政策，合理引导了住房需求，出台并实施了《深圳市房地产市场监管办法》，加强房地产市场秩序巡查监管，促进市场有序健康发展。

4.建立完善住房保障制度，大力推进保障性安居工程建设

“十一五”期间，本市创新和发展了公共租赁住房制度，创新和启动了面向人才和“夹心层”的安居型商品房建设，初步形成包括廉租住房、公共租赁住房、经济适用房、安居型商品房以及货币补贴等在内的，具有深圳特色、广覆盖、多层次的住房保障体系，并通过制定和实施《深圳市保障性住房条例》等一系列住房保障法规规章及配套细则，加快推进了覆盖低收入居民和人才的保障性安居工程建设。至2010年底，保障性住房建设和筹集16.9万套、建筑面积约1267万平方米，其中，已开工7.9万套，竣工（含筹集）约2万套，实际分配8209套，实现了对户籍低保家庭应保尽保，向全市企事业单位提供约7000套公共租赁住房，向3万名人才发放货币补贴，实现了实物保障和货币保障并重，生存型保障和发展型保障并重。

5.加强城中村综合整治，改善非户籍居民居住条件

针对本市非户籍人口和进城务工人员主要以城中村和老旧住宅区等存量住房为主要租住地的实际情况，“十一五”期间，全面开展城中村和老旧住宅区的环境综合整治，共整治城中村1600个，基本消除了居住安全隐患，改善居民居住环境，加强了社会综合治安管理，全面引入和加强了物业管理，使得租住在城中村和老旧住宅区内的大量非户籍人口和进城务工人员的居住条件明显改善；此外，通过没收违法建筑、征收原农村集体经济组织统建楼用于产业配套用房，提升了产业园区员工和其他外来务工人员的居住水平。

6.推进住宅产业化，促进住房向绿色生态可持续方向发展

“十一五”期间，围绕国家住宅产业化综合试点城市建设的要求，本市将住房建设纳入人居环境发展体系中；以节地、节能、节水、节材和环保为方针，全面落实《关于推进住宅产业化的行动方案》，研究开发住宅建设的新技术、新产品、新设备和新工艺，推进住宅性能认定、优良住宅部品推荐、住宅产业化示范基地等政策标准体系和配套体系建设；在保障性住房社区建设中，率先推行雨水收集、中水回用、太阳能光热光伏节能门窗玻璃等“四节一环保”住宅产业化技术，创建住宅产业化综合技术示范小区，重点突出、步骤合理地推进住宅产业化发展。

（三）“十二五”住房发展目标

1.推进住有所居

以满足不同收入层次居民家庭的住房需求，实现住有所居和民生发展为目标，依据深圳未来五年内住房需求的结构及变化趋势，继续通过全方位、多途径、多层次的住房供应模式，解决不同类型居民家庭的住房需求，重点解决中低收入居民的住房需求，推进实施人才安居工程。

规划期内，建设各类住房 54 万套、总建筑面积 4236 万平方米，其中，建设商品住房 30 万套、建筑面积 2700 万平方米；建设和筹集保障性住房 24 万套、建筑面积 1536 万平方米。全面解决新增户籍低收入居民家庭的住房困难，重点解决人才住房问题，逐步将非户籍常住低收入居民纳入住房保障范围。

表 2-1　2011～2015 年深圳市各类住房发展结构表

单位：万套、万平方米

规划期	商品住房		安居型商品房（含经济适用房）		公共租赁住房（含廉租住房）		总计	
	套数	建筑面积	套数	建筑面积	套数	建筑面积	套数	建筑面积
2011	6.63	597	4.1	281	2.1	105	12.83	983
2012	6	540	3.2	222	0.8	40	10	802
2013	6	540	3.2	222	0.8	40	10	802
2014	5.7	513	3.3	229	1.2	60	10.2	802
2015	5.67	510	3.8	262	1.5	75	10.97	847
总计	30	2700	17.6	1216	6.4	320	54	4236

2.促进公平发展

进一步调整住房供应结构，完善住房分配方式，提高中低收入居民住房资源所占比重。规划期内，调整商品住房和保障性住房供应比例，将建设和筹集保障性住房占住房建设总量的比例由“十一五”期间的 20%提升至 44%。改善低收入居民家庭居住条件，将人均住房建筑面积低于 15 平方米的双困和低收入居民家庭的居住水平提高到 15 平方米以上；提高中等收入居民家庭的住房自有水平，将常住人口住房自有率从现有的 40%提高到 50%。

3.改善居住质量

满足居民对于居住条件改善和居住环境提升的需求，保障居民的居住安全与居住尊严，创建生活舒适、环境优美、功能完善、居民具有幸福感的宜居城市，促进深圳住房由“安居”向“宜居”发展。规划期内，进一步改善居住质量，力争全市住房成套率由目前的 84.2%提高到 90%，住宅区物业管理总体覆盖率由 90% 提高到 100%；人均绿地面积由 16.3 平方米提升到 16.5

平方米，生活垃圾无害化处理率达到 95%，水电煤气等市政设施普及率达到 100%，医疗、教育、体育等住区公共配套设施普及率达到 100%。

4.引导空间均衡

加强住房建设与城市总体规划以及近期建设与土地利用规划、城市更新规划、产业发展规划、交通规划等相关规划的衔接，实现住房建设的空间优化分布；科学规划各行政区功能定位和产业布局，推进住房供应对人口结构优化、城市建设、土地供应、产业和交通发展的支持和引导；以特区一体化为契机，加快宝安、龙岗、光明、坪山等城区的城市规划编制和实施进程，完善区域基础设施和市政设施配套，增强其公共服务和居住功能，解决全市住房需求区域分布不均衡的问题。

5.支持经济发展

积极推进住房发展模式的转变，增加普通商品住房和保障性住房的供应规模，稳定住房价格，降低城市的生产和经营成本，为产业升级和结构调整提供良好的发展环境和适宜的发展空间；降低城市居民的居住成本和人才的创业成本，提高居民消费水平，增强城市对人才的吸引力，充分释放住房对产业发展的重要支持功能，为经济增长方式转变提供动力。

（四）重点任务

1.推进住房制度建设与创新

进一步完善住房制度体系，安定居民生活和增进社会福利，加快《深圳市住宅条例》的研究制定工作，统筹协调住房与经济、社会发展的关系；推进住房市场制度建设，梳理和规范现有涉及房地产开发和交易等市场各环节相关法规和规章，完善行业管理和市场管理体系；规范保障性住房建设、分配和退出机制，完善货币补贴和住房公积金管理相关办法，完善住房保障制度及配套实施体系。

2.完善多层次住房供应体系

适应全市土地资源紧缺的现实，积极推进住房建设用地供应模式的转变，“十二五”期间，除少量新增用地供应于保障性住房建设外，住房建设用地的供应主要来源于城市更新用地等存量土地；规范和发展存量住房交易市场，使其成为解决本市居民住房问题的重要途径；推进综合整治类城市更新，发挥城中村与旧住宅区存量住房在全市住房供应体系中的重要作用；引导和发展住房租赁市场，促进住房消费理念的转变，形成梯次住房消费结构；实现“存量市场与增量市场协调发展”、“买卖市场与租赁市场有机结合”的多层次住房供应体系。

3.构建提升城市发展质量的居住布局模式

加快原特区外城区的住房开发建设，住房的规划和空间布局应与城区规划、产业布局规划相符合，与公共基础设施规划相配套；重点加快公共交通沿线与站点周围居住用地的合理开发，加大利用交通枢纽和轨道上盖开发建设普通住房的力度；引导和优化适应特区一体化发展要求的产业、商业和社会服务网络布局，保证居住区适宜的人口密度和较高的空间利用效率，形成促进新老城区协调发展的居住区布局开发模式。

4.健全住房资源分配机制

加强和完善针对不同住房需求的差别化金融税收政策，并保持长期稳定，提高信贷政策对自住型住房需求的扶持力度，降低自住型住房需求的税收负担；提高非自住型住房需求的信贷和税收成本，并运用经济、法律及行政手段严厉打击对住房的投机炒作，提高住房资源向自住型居民家庭分配的比例，引导住房向居住本质回归。

建立保障性住房在中低收入居民和人才中循环分配的实施机制，严格保障性住房分配与管理，发挥保障性住房在社会保障体系中的重要作用，实现其基本的社会保障功能。

5.建立提升居住质量的工作机制

构建居住质量评价标准，完善住房性能、安全、配套等技术规范，引导和鼓励开发绿色低碳住房。提高居住区、社区、片区规划的整体性和层次性，合理安排市政配套设施、基础配套设施和公共服务设施，提高居住的现代化水平。优化保障性住房的居住性能，提高交通设施配套程度，降低居住生活的相关成本；推进城中村居住区、旧住宅区的综合整治，改进基本居住功能，提高居住安全性和环保水平；加强工业配套住房规划设计和建设管理，提高成套率，完善居住性能，发挥对产业发展的配套支持作用。以居住质量的不断提升促进人与建筑、人与城市的和谐发展。

6.整合完善住房信息系统

加快落实国家、广东省和本市关于住房信息工作的有关要求，将住房市场、住房保障、房屋租赁、住房金融和税收以及其他与住房相关的数据信息整合，积极推进住房管理部门与公安、民政、社保等相关管理部门的信息合作机制，建立全市统一的住房信息平台。开展住房历史档案数字化工作，结合建筑物普查，推进住房普查工作，以“地—楼—房”为主线推进个人住房信息系统建设和动态维护，按期实现与广东省、全国个人住房信息系统的联网运行。

深圳市住房建设指引图（2011-2015）

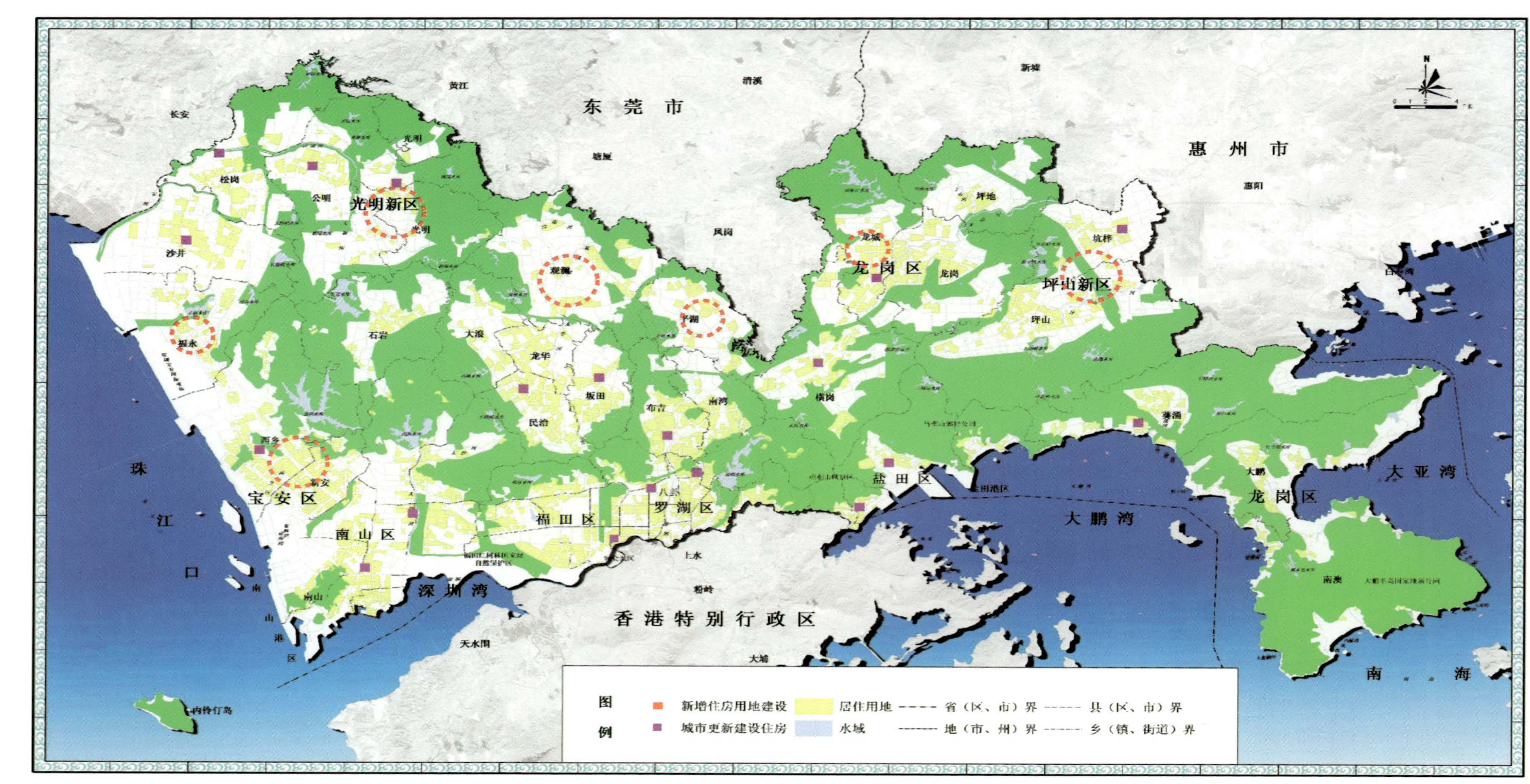

二、2011年度实施计划

（一）2010年度计划实施情况

2010年，本市计划新供应商品住房用地60公顷，保障性住房用地37.2公顷；安排建设商品住房11.46万套，保障性住房5万套。截至2010年底，实际新供应商品住房用地26.9公顷，征地返还及拆迁安置用地71.2公顷；实际落实保障性住房用地60.2公顷，安排建设筹集保障性住房5万套。

（二）2011年度供求关系

根据我市“十一五”期间各年度住房用地实际供应规模与住房建设情况，结合至2010年底可售商品住房规模，预计全年可供应商品住房建筑面积约为600万平方米；根据国家宏观形势和房地产调控政策精神，本年度深圳住房投资、投机需求将得到进一步遏制，自住需求保持稳定，预计全年新建商品住房需求建筑面积约500万平方米。全市住房供略大于求，基本可实现供求平衡。

根据深圳保障性安居工程发展目标，本年度应供应3万套保障性住房，向0.5万户低收入家庭发放住房货币补贴，切实解决低收入居民家庭和人才住房问题。

2011年度安排各类住房用地总计286公顷。其中新供应商品住房用地30公顷，城市更新商品住房用地129公顷；本年度新供应及安排拆迁安置保障性住房用地80公顷，城市更新安居型商品房（含经济适用房）用地7公顷；本年度安排征地返还用地40公顷，用于安居型商品房等普通住房建设。

2011年度住房用地供应总量中，90平方米以下中小套型普通商品住房及保障性住房用地总量不低于70%，优先确保保障性住房用地安排；商品住房建设总量中，90平方米以下中小套型普通商品住房的比例不低于70%；保障性住房建设中，廉租住房、公共租赁住房、经济适用房、安居型商品房套型建筑面积分别不超过40、50、60、90平方米，安居型商品房平均套型建筑面积不超过70平方米。

2011年度，计划建设各类住房12.83万套、总建筑面积983万平方米，其中，安排建设商品住房6.63万套、建筑面积597万平方米；安排建设筹集保障性住房6.2万套、建筑面积386万平方米。

（三）住有所居计划

1.在全市土地资源有限的条件下，提高住房发展的集约程度。本年度商品住房建设总量中，90平方米以下中小套型普通商品住房的比例不低于70%；保障性住房建设中，廉租住房、公共租赁住房、经济适用房、安居型商品房套型建筑面积分别不超过40、50、60、90平方米。

2.稳步提高住房总量，并将保障性住房建设筹集套数占年度计划建设住房套数的比例提升至40%以上。本年度安排商品住房建设中，新供应住房用地建设1万套、建筑面积90万平方米，城市更新用地建设4.3万套、建筑面积387万平方米，利用存量用地建设1.33万套、建筑面积120万平方米。

本年度安排建设筹集保障性住房中，公共租赁住房（含廉租住房）2.1万套、建筑面积105万平方米；安居型商品房（含经济适用房）4.1万套、建筑面积281万平方米。

3.促进存量住房市场和租赁市场发展。提高普通居民的住房承租能力，发挥住房租赁市场在解决居民住房问题中的积极作用；优化存量住房市场交易环境，规范存量住房上市交易秩序及中介服务，提高市场信息透明度。

4.本年度安排各类住房用地总计286公顷。其中，安排新供应商品住房用地30公顷，城市更新商品住房用地129公顷；安排新供应及拆迁安置保障性住房用地80公顷，城市更新安居型商品房（含经济适用房）用地7公顷；安排征地返还用地40公顷，用于安居型商品房等普通住房建设。

本年度住房用地供应总量中，90平方米以下中小套型普通商品住房及保障性住房用地总量不低于70%，并优先确保保障性住房用地安排。

根据本年度深圳住房保障发展要求，各级发展改革、财政部门做好投资计划安排和资金供给工作。

5.严厉查处土地闲置、囤地炒地、擅自改变土地用途、拖延开竣工时间、捂盘惜售和哄抬房价等各类违法违规行为；严格规范和加强从土地出让到形成住房供应期间的各阶段管理，推动已批未建住房用地的开发建设；落实保障性住房开工、竣工、分配的指令性要求，确保本年度内保障性住房开工建设 7.3 万套，竣工 1 万套。

6.加强住房供应进度监测。按季度分别对商品住房用地供应、开发建设和竣工销售的进度以及保障性住房用地供应、规划报建、资金落实、开工竣工、建设进度和供应效率等进行跟踪监测，市有关主管部门和监察部门加强计划执行情况的监督检查，定期评估计划执行情况，提高计划实施的有效性。

加强市场秩序监管，营造良好的住房交易和住房租赁市场环境。开展存量住房市场秩序专项整治工作，加大存量住房市场中介服务违法违规行为的查处力度，要求中介机构公开张贴购房流程、风险、购房款和税费等。

提取使用范围，研究住房公积金用于缴纳中小套型住房房租和物业管理费的相关办法；规范中介机构和房地产经纪人的准入管理，并探索建立全市统一的存量住房交易系统，研究对存量住房房源和价格进行预登记和网上公示的措施。

2.对存在土地闲置、擅自改变土地用途和性质、拖延开竣工时间、捂盘惜售等违法违规记录的房地产开发企业，各商业银行应停止其新开发项目贷款和贷款展期。继续严格贯彻落实差别化购房信贷政策，严格执行购买第二套住房的首付款比例不低于 6 成和利率不低于 1.1 倍的规定，停止购买第三套及以上住房贷款；探索针对不同住房套型实行差别化的贷款政策，限制非普通商品住房购房贷款；严格购房贷款资格审核，防范挪用个人消费贷款用于购房，严格控制各类住房投资和投机需求。

（四）住房公平发展计划

1.严格落实住房建设的相关法规规章，完善保障性住房建设筹集细则；探索通过市场机制，引导和规范企业建设安居型商品房，通过加强政府投资建设、收购和整体租赁房源及没收违法建筑等方式多渠道建设筹集保障性住房；研究制定相关政策，进一步规范征地返还及拆迁安置用地、工业用地配套建设住房的管理，促进普通商品住房和保障性住房供应。

进一步规范住房租赁税费政策，研究取消中小套型普通住房的租赁管理费；拓宽住房公积金

3.继续推进住房税制改革，完善住房税收征管机制。减少交易环节税收种类并降低相应比重，探索研究住房保有环节税收政策；完善差别化住房税收征缴政策，继续落实对首次购买普通商品住房的税收优惠政策，提高购买第二套及以上住房和非普通商品住房税率，合理平衡不同居民家庭住房税负水平。加快推进存量住房交易按参考价格计税工作，完善个人转让住房所得税征缴机制，积极引导个人合理住房消费，调节个人房产收益，有效打击住房投机炒作。

4.进一步调研和掌握全市住房保障需求规模

及发展趋势，实施住房保障对象的分类和跟踪管理，建立统一的保障性住房长效轮候制度，实施面向社会的公开查询服务，对轮候情况进行实时公示；启动和促进住房保障信息与相关征信系统的有效衔接，定期更新住房保障对象的资产、收入等信息，落实严格的退出管理机制；完善安居型商品房管理实施细则，加快企事业单位自有住房清查，采取有效措施逐步将其纳入保障性住房管理体系，提高人才的住房保障水平。

5.在《深圳市房地产市场监管办法》实施的基础上，加强对房地产开发企业和经纪、评估机构的监管，进一步完善规范市场秩序的各项政策措施；定期开展市场秩序专项整治工作，加大对内部认购、违规收取定金、售楼现场不按规定明码标价等违法违规行为的查处力度；加强监控外资设立房地产企业、外资房地产企业股权转让，及外资并购境内房地产企业等行为，营造公平的市场环境，促进市场有序发展。

6.本市各商业银行应定期进行房地产贷款压力测试，加强住房贷款风险控制，严格操作流程；金融主管部门应加强窗口指导，充分运用差别化的存款准备金率和贷款额度控制等政策措施，合理调控各商业银行住房贷款发放规模及进度；金融主管部门应定期对各商业银行住房贷款发放情况进行审查，对落实差别化住房信贷政策情况进行检查，对不认真执行差别化信贷政策的商业银行，一经查实要严肃处理；外汇主管及相关部门应加强对境外资金通过购买、出售境内已建、在建房地产物业进行投资等行为的监测，加大对境外资金进入房地产市场的监管力度。

7.健全部门合作机制，加强对新建商品住房、存量住房交易价格和住房租赁市场租金等数据信息的整合，改进信息采集方法，建立并完善住房交易价格评估数据库，优化住房价格评估方法，由政府指定机构科学测算评估，为商业银行住房贷款发放和地税部门住房税收核缴提供参考依据。

（五）居住质量提升计划

1.完善城市规划布局，从社区、片区、城区各层次统筹布局住房的相关配套设施；中小套型普通商品住房和保障性住房用地优先选址于轨道沿线等公共交通便捷地区、各级城市中心及产业园区等需求集中地区；提高居住区物业管理覆盖水平，完善市政管网建设、加大社区卫生医疗和基础教育设施的投入力度，本年度居住区物业管理覆盖率较上年度进一步提高，水电煤气等市政设施完全普及。

2.在城市建设发展的同时，关注居民居住环境质量，将噪音、粉尘、建筑垃圾等对居住区的影响控制在合理和适宜的程度，提高居住环保水平，力促人均绿地面积和生活垃圾无害化处理率稳中有升；加大城中村居住区和旧住宅区环境综合整治力度，整治影响居住环境的架空管线和户外广告，加强排污等环境卫生管理，改善城中村居住区和旧住宅区居民的居住条件。

3.构建居住质量评价体系，通过选取人均住房建筑面积、公共交通覆盖率、人均绿地面积、居住区物业管理覆盖率、生活垃圾无害化处理率、教育、医疗设施和社区文体设施覆盖率、宜居社区数量等指标，建立关于居住安全、居住性能、居住配套和居住环境的相关评价标准，开展居住质量评价工作。

第五节　住房保障发展规划

一、住房保障现状

2010年末，全市已建成保障性住房总建筑面积约0.27亿平方米，占全市住房建筑面积6.6%，占全市商品住房建筑面积的26.5%；全市保障性住房已建成总套数约27万套（其中市本级财政安排投资建设7.8万套、区级财政安排投资建设2.6万套、单位房改房等其他保障性住房16.6万套），占全市住房总套数的3%，占全市商品住房总套数的25%。

二、"十一五"执行情况

（一）筹集建设情况

"十一五"期间，全市新增安排筹集建设保障性住房共计16.9万套，分布在151个项目，建筑面积约1267万平方米，超出"十一五"规划安排建设14万套目标2.9万套。

（二）建设进度

至2010年末，全市已竣工保障性住房约2万套（占"十一五"16.9万套的12%），分布在40个项目；已开工在建保障性住房约7.9万套，占"十一五"16.9万套的47%，分布在36个项目；处于前期阶段保障性住房约7万套（占"十一五"16.9万套的41%），分布在75个项目。

（三）土地供应

至2010年末，全市新增安排供应保障性住房建设用地2.45平方公里。

2006～2010年保障性住房完成情况表

年份	已安排筹集建设总套数	各类住房套数		
		经济适用住房	公共租赁住房	廉租住房
2006	13707	13707	0	0
2007	21735	11019	10579	137
2008	54544	18164	36380	0
2009	29032	5962	23070	0
2010	50000	15300	34700	0
合计	169018	64152	104729	137

（四）资金安排

2006～2009年,全市已安排的保障性住房项目计划总投资约343亿元。其中，计划政府投资104亿元，目前累计完成投资50亿元（市财政35亿元，区财政15亿元）；计划引入社会投资239亿元，目前累计完成投资61亿元。

2010年新增安排的筹集建设保障性住房5万套，分布在51个项目，计划总投资约152亿元。

（五）货币补贴

至2009年末，全市对符合条件的户籍双困低保家庭实现连续5年应保尽保，累计已安排资金约0.5亿元。

2010年，在原安排货币补贴的基础上，补贴范围由户籍双困低保家庭扩大到户籍住房困难家庭，计划为5000户家庭提供货币补贴，发放资金约0.6亿元。

（六）政策法规体系

"十一五"期间，深圳出台一系列政策法规，健全了保障性住房建设、分配及管理机制，对准入条件、资格审查、定期复核、退出机制等方面进行了严格规定。包括2007年以来出台的“1+3”文件，即《关于进一步促进全市住房保障工作的若干意见》（深府〔2007〕262号）和《深圳市经济适用住房管理暂行办法》（深国房〔2008〕37号）、《深圳市公共租赁住房管理暂行办法》（深国房〔2008〕36号）、《深圳市廉租住房保障管理办法》（深国房〔2008〕38号），以及2010年出台的《深圳市保障性住房条例》《中共深圳市委 深圳市人民政府关于实施人才安居工程的决定》（深发〔2010〕5号）。

三、“十二五”住房保障发展目标

（一）总体目标

规划期内，计划新增安排筹集建设保障性住房24万套，总建筑面积约1536万平方米，规划套数较“十一五”期间增幅70%，预计总投资约646亿元。

规划期末，全市已建成的保障性住房与商品住房套数的比率提高10个百分点，由25%提高到35%。

（二）分类人群保障目标

规划期末，力争通过实物与货币相结合的方式实现户籍无房家庭全部得到住房保障，并逐步将住房保障重点转移至经济社会所需人才，通过人才安居工程再造“孔雀东南飞”，实现我市下一个30年的高速发展。

1.为8万户符合条件的户籍住房困难人群实施住房保障

规划期内，为8万户户籍住房困难人群安排住房保障。其中，通过提供廉租住房和货币补贴方式对符合廉租住房保障条件的户籍住房困难人群实现应保尽保；通过提供公共租赁住房等实物与货币补贴方式有效保障其他户籍住房困难人群。

2.为27.8万户符合条件的人才实施住房保障

规划期内，通过实物与货币相结合的方式，为27.8万户符合条件的人才安排住房保障，其中主要通过新增安排筹集建设等方式建设保障性住房（主要为安居型商品房）和货币补贴给予保障。

3.逐步提高外来务工人员等其他住房困难人群居住水平。

结合旧住宅区及城中村综合整治、拆迁安置、产业园区配建宿舍等工作，逐步提高非户籍住房困难人群和外来务工人员居住水平。

（三）筹集建设目标

规划期内，全市计划筹集建设保障性住房约24万套，总建筑面积约1536万平方米；计划新开工保障性住房约21万套，开工率力争达到60%；计划竣工保障性住房约21万套，竣工率力争达到50%，其中“十一五”安排项目力争达到竣工率100%，“十二五”新安排项目力争达到竣工率30%，竣工规模较“十一五”期间增加近10倍，相当于特区建立前25年保障性政策性住房建设总量。

（四）土地供应目标

规划期内，全市保障性住房用地计划供应总量约4.1平方公里，其中安居型商品房（含经济适用住房）用地3.1平方公里，公共租赁住房（含廉租住房）用地1平方公里。

（五）资金安排目标

规划期内，全市住房保障预计安排资金约715亿元，包括“十一五”续建项目在“十二五”规划期内需继续投入391亿元、“十二五”新安排项目总投资646亿元在“十二五”规划期内需安排投资298亿元、“十二五”期间租赁补贴约26亿元（其中人才补贴约23亿元）。

（六）标准与质量目标

规划期末，保障性住房人均住房基准建筑面积不低于18平方米，使用面积系数不低于70%，100%实现一次性装修；确保工程建筑质量，力争五年内获得五个省部级以上工程质量奖项、一个项目获评“鲁班奖”。

（七）品质目标

规划期内，实现保障性住房项目100%达到《深圳市绿色建筑评价规范》铜级标准，打造十个绿色低碳生态示范社区，推行可再生能源技术和垃圾减排技术，实现30%保障性住房项目应用垃圾减量和垃圾分类技术产品。

第三章　城市建设

第一节　基础设施建设

一、轨道交通建设

（一）国家铁路及其场站工程建设

根据2007年12月由国务院审议通过的《综合交通网中长期发展规划》，深圳被列为全国42个综合交通枢纽城市之一。深圳地区铁路枢纽最终将形成以厦深铁路为横轴，京广深港客运专线、广深铁路为两竖轴的双"十"字结构，以深圳北站（原龙华火车站）、深圳站为主，福田站、布吉站及深圳东站为辅的"两主三辅"的铁路客运格局。

1.广深港高速铁路

广深港客运专线被国家《中长期铁路网规划》纳入到满洲里至港澳台运输大通道的建设中。该线由广州新客站引出，向东南经广州市番禺区的沙湾、黄阁等镇，下穿珠江狮子洋后，经过东莞市沙田、虎门镇，从长安进入深圳境内，经公明、光明、石岩引入深圳新客站。线路全长105公里，工程总投资167亿元。其中，深圳市境内36.6公里，工程投资58亿元。项目深圳段于2005年开工建设，全线预计于2010年建成通车。

2009年主体工程已经开始实施，2014～2015年通车。2010年，深圳段联调联试完成，并开展福田站站房和区间隧道建设。

2.厦深铁路

厦深铁路是国家《中长期铁路网规划》"四纵四横"快速铁路通道中杭州至深圳沿海快速通道的组成部分，线路全长502公里，全线设前场、新角美、漳州南、漳浦、云霄、诏安、饶平、潮

汕、潮阳、普宁、葵潭、陆丰、汕尾、鲘门、惠州南、龙岗等共 17 个站，工程投资估算总额为 417 亿元。其中广东段全长约 357 公里，工程投资估算总额为 288 亿元。国家发展改革委于 2007 年 9 月 27 日正式批复项目可行性研究报告。该项目于 2008 年 1 月 6 日开工建设，2009 年进入主体施工阶段。2010 年，全线特大桥完成 7337 成桥米，大桥 536 成桥米，涵洞完成 226 横延米；隧道完成 5092 成洞米，正线铺轨 46.5 公里，站线铺轨 6 公里，铺岔 90 组，房屋（站房）20156 平方米。预计于 2011 年建成投入使用。

（二）地铁规划建设

2008 年 10 月 15 日，《深圳市城市轨道交通建设规划（2005～2011）》调整方案获国家批准。与原规划相比，主要变化为将 2 号线东延段（世界之窗至黄贝岭）和 3 号线西延段（红岭中路至益田）提前建设，其他线路按原建设规划批复执行。因此，深圳在 2005～2011 年间，在地铁建设方面将较原规划多投 155 亿元，多建 27.8 公里，至 2011 年的地铁总里程将达到 178.2 公里。根据国家批复，2005～2011 年间，深圳将建设完成 1～5 号线。

1 号线续建工程。2010 年完成深大至西乡段设备系统调试工程，车辆段土建工程、设备系统调试工程；完成机场段土建、安装装修工程、设备系统调试工程。

2 号线首期工程和东延线工程。2010 年，开展了车站附属结构施工、车站及附属结构的安装装修施工、全线设备系统调试、后海停车场工程安装装修、设备系统调试等项工作。地铁 2 号线首期工程在蛇口港站开通。

3 号线工程。2010 年地铁 3 号线完成安装装修、景观绿化、设备调试等工程；开展了地下区间、铺轨、设备安装调试、装修工程实施；开展了附属结构、区间、铺轨、设备安装及装修。2010 年，地铁 3 号线高架段开通试运营。3 号线高架段起于布吉联检站附近的草埔站，路线沿深惠路并行敷设，终于双龙立交桥西侧的双龙站，线路长 25 公里。3 号线高架段共设 16 座车站，其中除塘坑站是采用明挖顺做法施工的半地下车站外其余车站均为高架站，以现浇满堂支架施工。

4 号线续建工程。截至 2010 年底，4 号线全部土建工程完成，机电设备完成安装，装修施工全部完成，车辆采购全部完成，计划 6 月底全线通车。

5 号线工程。2010 年，开展了车站附属结构工程、安装装修工程、系统设备调试，预计 2011 年 6 月开通试运营。

二、主要道桥工程建设

丹平快速路工程。工程南起爱国路高架桥，北接机荷高速公路白泥坑立交，全长 9.7 公里，设计车速 80 公里/小时，标准路基宽 65 米，双向六车道。一期工程先行开工段已于 2007 年 2 月 10 日开工，2010 年，一期工程开展了土建工程和绿化、交通设施、机电安装和消防工程等施工。

东部过境高速公路（一期）。项目起于莲塘水厂处（与莲塘口岸、爱国路相连接），向南通过规划一线莲塘口岸与香港一号干线相接，向北与深惠、深汕高速公路相接，路线全长 31.1 公里。起点至盐排高速采用双向 8 车道断面，盐排高速至终点道路断面为双向 6 车道。共设特大桥 4 座，大、中桥 25 座；涵洞 60 座，隧道 4 座，互通式立交 6 座，主线收费站 1 处，匝道收费站 4 处；综合服务区 1 处；变电所 5 处。占地 2697 亩。项目建设期为 3.5 年，从 2011 年 6 月至 2014 年 12 月。本项目全部投资总计 61.8158 亿元，其中，自有资本金 15.81 亿元，占总投资的 25%；银行贷款 45.9 亿元，占总投资的 75%。

三、公用事业工程建设

（一）公明供水调蓄工程

该工程位于深圳市宝安区和光明新区，由公

明水库扩建工程、境外水源连通工程、供水输配工程和雨洪利用工程四部分组成。工程设计正常水位 59.7 米，集雨面积 11.77 平方公里，概算投资 9.8 亿元，建设工期 42 个月，工程建成后总库容将达 1.48 亿立方米。在功能定位上，该工程将是深圳市重要的战略储备水库和供水调蓄水库，供水范围覆盖深圳西部大部分地区，供水备用时间可由当前的 20 天提高到 3 个月。

截至 2010 年底，1 号坝竣工收尾，2、5 号坝填筑，3、6 号坝基础处理及土方开挖，4 号坝防渗墙施工；连通隧洞、供水隧洞、支洞、放水隧洞掘进，供水隧洞、放水隧洞开始二衬施工。

（二）深圳市天然气利用工程

项目是广东大鹏 LNG 试点工程的重要组成部分，项目建设规模为 3 座门站、3 座 LNG 调峰站及 5 座气化站、33 座高/中压调压站、205 公里高/次高压、1303 公里中压管线。项目总投资 30.7 亿元，已于 2004 年 11 月正式开工建设，截至 2010 年底，累计完成投资 25 亿元，预计 2013 年 12 月底全部工程完工。该项目建成后，对优化调整深圳城市能源结构，改善环境质量，提高城市国际化水平和拉动相关产业，促进经济发展具有重大意义。

四、其他公共配套设施工程建设

（一）医疗卫生设施

深圳市滨海医院。该医院于 2008 年 7 月正式动工，计划于 2011 年上半年前建成并投入使用。项目选址位于深圳湾畔，占地面积约 19.2 公顷，总建筑面积 35 万平方米，共设床位 2000 个、停车位 2007 个，设置综合门（急）诊、18 个诊疗中心、12 个医技科室及特需诊疗中心。滨海医院由深圳市政府投资建设，定位于具有医、教、研和远程医疗功能的现代化、数字化、综合性的三级甲等医院，可容纳日门急诊量 6000 人次。截至 2010 年底，该医院完成安装、装修工程，基本具备投入使用条件。

（二）教育和文化设施

南方科技大学和深圳大学南校区。两所大学均坐落于南山大学城片区，项目总用地 3.72 平方公里，其中：南方科技大学校园占地约 2 平方公里，总建筑面积约 50 万平方米；深圳大学新校区占地 1.72 平方公里，总建筑面积约 42 万平方米。在设计上，两所大学的校园空间连为一体，共享公共配套设施。两个项目同时于 2008 年 3 月 28 日正式动工，建设工期约 2 年。2009 年 1 月，深圳市政府通过了南方科技大学校园规划实施方案；9 月，深圳市有关部门明确南方科技大学选址南山区西丽塘朗山片区，占地面积 197.981 万平方米，总建筑面积 63 万平方米。该项目分三期建设，预计总投资 24.8686 亿元，其中一期投资 14.6291 亿元。南方科技大学校园建设工程项目于 2010 年 9 月开工建设，计划于 2013 年建成，建设完成后可新增高等教育学位 2500 个。2011 年计划投资 3 亿元。深圳大学南校区学生公寓 2010 年 9 月竣工；南校区基础工程 2010 年 2 月份竣工；1#人行天桥完成主体施工；基础实验室一期、基础实验室三期、综合服务中心、平台及连廊主体正在施工中；西丽校区、学府医院单体正处于设计和七通一平施工中。

（三）体育设施

深圳湾体育中心。项目位于南山区后海中心区东北角、深圳湾15公里滨海休闲带中段，毗邻香港，是2011年第26届世界大学生夏季运动会的主要分会场，也是深圳未来的重点城市景观和公共活动区间。项目由华润深圳湾发展有限公司投资建设，总投资21.9亿元，总建筑面积33.5万平方米，主要建设内容包括体育场、体育馆、游泳馆、运动员接待中心等。项目于2011年6月底建成，年度投资2.9亿元。2010年，工程完成设备调试、测试赛以及工程尾款支付。

（四）深圳湾滨海休闲带

深圳湾滨海休闲带项目景观工程西起南海酒店，东至红树林海滨生态公园，总长15公里。根据规划部门的相关设计方案，深圳湾滨海休闲带建设的总体目标是“打造一条具有时代性、标志性和生态性的绿色滨海长廊，一张体现生态与人文相融合的城市文化新名片”。项目共分为5个区段：

A～C段共长9.06公里，规划面积60.86万平方米。A段位于滨海大道南侧，西起大沙河入海口，东接红树林海滨生态公园，规划岸线长约4公里，将在现有的岸线外往南扩展0～160米，形成几个小半岛形状的区域，规划新增面积约15.98公顷；B段为后海填海区东侧，北起大沙河入海口，南至后海区内湖入海口，规划岸线长约1.2公里，自现有岸线外扩0～135米，规划总面积约12公顷；C段为西部通道口岸区东南侧，北起后海区内湖入海口，南至口岸区南海堤，规划岸线长约3.86公里，外扩约0～290米，景观规划总面积约32.88公顷。

D～E段共长约6公里，现状建设已具规模。D段为东角头沿岸，E段为海上世界片区。

深圳湾滨海休闲带工程于2008年7月28日正式开工，2010年开展了A、B、C段岸堤填筑及岸线整理工程，A、B、C段陆域形成工程，桥梁工程，10千伏外线工程，以及A、B、C段景观工程。

第二节　重点工程建设

一、2010年投资完成情况

2010年，全市共安排重大项目277个，总投资6167亿元。其中在建项目164个（含续建、新建项目），总投资3659亿元，年度投资584亿元，其中财政性投资236亿元，占40%，社会投资348亿元，占60%；前期项目113个，总投资2508亿元。2010年，全市重大项目累计完成投资710亿元，为年度计划121.6%，比上年增长24.3%，创近年新高。

（一）按投资来源

1.政府投资

2010年全年，全市69个政府投资项目完成投资362.4亿元，占年度计划的129.3%。国家超级计算深圳中心、新洲河综合整治工程等41个项目超额完成年度投资计划。四号屠宰场、深圳创业投资（VC&PE）大厦、当代艺术与城市规划展览馆等项目投资仍低于年度计划20%。

2.社会投资

2010年全年，全市95个社会投资项目完成投资347.6亿元，占年度计划114.3%。锂离子电池隔膜、东部华侨城生态旅游等38个项目超额完成年度投资计划。人人乐石岩生鲜物流配送中心、深宇多媒体光盘建设、包装印刷及材料加工、钰湖电力有限公司冷热电联供等11个项目投资低于年度计划20%。

（二）按建设阶段

1.续建项目

2010年，我市续建项目完成投资548亿元，占年度计划的119%。在全市120个续建项目中，广深港客运专线广深段、厦深铁路（深圳段）、福田综合交通枢纽、深圳大学扩建、证券交易所营运中心、蔡屋围京基金融中心、深圳湾体育中心、南坪快速路（二期）A段、水官高速公路扩建、深圳湾滨海休闲带、沙井/观澜污水处理厂配套干管（二期）等73个项目超额完成年度投资计划，其中地铁2号线首期工程、地铁3号线高架段、第三人民医院、北线引水、东部供水水源二期、北通道、杜邦薄膜太阳能电池板、迈科龙人口信息技术及人口战略研究开发中心、大运中心、盐田港区集装箱码头扩建工程、新洲河和福田河综合整治等项目建成投入使用或基本完工。

2.新建项目

2010年，深圳新建项目完成投资162亿元，占年度计划131%。全市44个新建项目投资呈前低后高走势，上半年完成投资15亿元，占年度投资计划的12%，下半年完成147亿元，占年度投资计划的119%。其中，38个项目已开工建设，开工率达87%。当代艺术与城市规划展览馆、创业投资大厦、人人乐石岩生鲜物流配送中心、钰湖电力冷热电联供、外环高速公路、恒路平湖物流基地等6个项目仍未开工。

3.前期项目

2010年，深圳前期推进顺利，一批项目计划2011年开工建设。轨道交通三期工程7、9、11号线、梅观高速扩建、东部过境高速路等基础设施工程，新安医院、宝荷医院、南科大校园建设、龙华保障性住房等民生工程，比亚迪汽车深圳生产基地二期、铁动力锂离子电池、信立泰创新药物产业化基地等产业项目前期工作进展顺利，部分项目已于2010年提前开工，其余项目计划2011年开工建设。

（三）按行业类别

1.高新技术与先进制造业

32 个在建项目年度投资计划 102 亿元，全年完成投资 149 亿元，完成年度计划 146%。8.5代薄膜晶体显示器件、国家超级计算深圳中心、波顿科技园、钟表产业集聚基地、大功率 LED 科技园、GT 环保食品包装容器、格兰达半导体装备产业化等 11 个项目超额完成年度计划。

2.轨道交通

11 个在建项目年度投资计划 145.2 亿元，全年完成投资 210 亿元，完成年度计划 144.5%。除地铁 2 号线首期工程、3 号线高架段顺利开通外，轨道二期工程其他线路及深圳北站交通枢纽、福田综合交通枢纽等正在进行附属结构施工和装修工程，确保大运会召开前全部投入使用。

3.机场港口

4 个在建项目年度投资计划 28.5 亿元，全年完成投资 39.9 亿元，完成年度计划 140.1%。机场飞行区扩建工程二跑道道面已基本完工，机场客货码头、油料码头所属缺口正在进行封堵作业；航站区扩建正在进行指廊和主楼安装工程；盐田港区集装箱码头 6 个泊位均已投产。

4.宜居环境

12 个在建项目年度投资计划 12.3 亿元，全年完成投资 16.3 亿元，完成年度计划 132.9%。新洲河综合整治、沙井污水处理厂配套干管二期、观澜污水处理厂配套干管二期、石岩水库截污、福田河综合整治、沙井河片区排涝等 9 个项目顺利完成年度投资计划，布吉污水处理厂基本具备通水条件，老虎坑污泥处理厂工程正在开展主体厂房及辅助设备招标和场地平整工程。

5.现代服务业

33 个在建项目年度投资计划 71.6 亿元，全年完成投资 74.2 亿元，完成年度计划 103.6%。深圳机场保税物流中心已通过竣工验收，国际农产品物流园已完成主体结构封顶，航天国际中心已完成土方工程和基坑支护，华侨城欢乐海岸都市文化娱乐区东区主体工程全部完成，预计 2011 年 7 月试营业。

6.社会民生

22 个在建项目年度投资计划 70.5 亿元，全年完成投资 71.1 亿元，完成年度计划 100.9%。大运中心、深圳湾体育中心、宝安区体育馆已进入工程收尾阶段，人民医院外科大楼土建和设备安装已基本完成，梅山苑二期正在进行室内装修收尾工作。深大南区学生公寓预计春节前封顶并于今年 9 月交付使用，西丽校区详细蓝图已获市规划与国土资源委员会的批复，正在办理用地手续。

7.道路交通

16 个在建项目年度投资计划 69.9 亿元，全年完成投资 72.9 亿元，完成年度计划 104.3%。南坪快速二期 A 段、深汕公路改造、水官高速、丹平快速一期、广深沿江高速、北环大道路面修缮、深华快速路等 9 个项目顺利完成年度投资计划，外环高速公路用地预审正在抓紧推进。

8.资源能源

17 个在建项目年度投资计划 54.7 亿元，全年完成投资 57.2 亿元，完成年度计划 104.5%。盐田港龙门吊油改电、天然气利用、深圳电网重点工程、天然气高压输配系统、北线引水、大棚水源坝光支线、东部供水二期、铜锣径水库扩建、鹅颈水库扩容等 10 项工程已顺利完成年度投资计划，抽水蓄能电站正报国家发改委办理电站项目核准文件审批手续，“三洞一路”工程已基本完成。

9.新兴产业

15 个在建项目年度投资计划 18.9 亿元，全年完成投资 16.8 亿元，完成年度计划 88.7%。锂离子电池隔膜、杜邦薄膜太阳能电池板、医药研发制造基地扩建等 6 个项目超额完成年度投资计划，万乐药业新基地建设及生物制药项目正在购买、安装调试设备，致君制药医药研发制造基地扩建项目已正式开工建设。

10.城市更新

2 个在建项目年度投资计划 10.8 亿元，全年完成投资 3 亿元，完成年度计划 27.7%，投资完成比例较低，岗厦河园片区城中村改造项目完成拆除面积 80%。

表 3-1	深圳市 2010 年重大建设项目投资完成情况分类表			
	项目数	年度投资计划（亿元）	累计完成投资（亿元）	完成投资计划比例（%）
合计	164	584	710	121.6%
一、按行业类型分				
轨道交通	11	147.2	210	144.5%
机场港口	4	28.5	39.9	140.1%
道路交通	16	69.9	72.9	104.3%
资源能源	17	54.7	57.2	104.5%
城市更新	2	10.8	3	27.7%
宜居环境	12	12.3	16.3	132.9%
社会民生	22	70.5	71.1	100.9%
新兴产业	15	18.9	16.8	88.7%
高新技术与先进制造业	32	102	149	146%
现代服务业	33	71.6	74.2	103.6%
二、按投资来源分				
政府投资	69	280.3	362.4	129.3%
社会投资	95	304.1	347.6	114.3%
三、按建设阶段分				
续建	120	460.5	548	119%
新建	44	123.7	162	131%

二、2011年计划安排

单位：万元

编号	建设单位及项目名称	建设日期	建设规模及建设地址	总投资	本年度计划完成投资	资金来源	本年度建设内容
	新兴产业项目16项						
	续建项目8项						
1	长城易拓信息产品（深圳）有限公司	2009-7-4	建筑面积约15.5万平方米，建设12条太阳能电池生产线、3条逆变器生产线，设计产能100MW/年。	113540	3000	自筹：3000	太阳能电池及电源逆变器生产车间改造，宿舍桩基工程施工。
	长城易拓清洁能源项目	2012-10-31	坪山新区出口加工区。				
2	深圳邦凯新能源股份有限公司	2007-11-1	建筑面积约18.7万平方米，建设磷酸铁锂动力电池生产线，设计产能3000万只/年。	30000	16000	自筹：4000 贷款：12000	完成工业园二期工程厂房建设。
	邦凯科技工业园	2011-12-30	光明新区观光路。				
3	深圳致君制药有限公司	2010-12-1	建筑面积约2.3万平方米，建设头孢粉针生产线、头孢固体制剂生产线、自动化立体仓库，设计产能头孢粉针2亿支/年、头孢固体产品10亿粒。	30000	12000	政府：500 自筹：5000 贷款：6500	厂房建设。
	深圳致君制药有限公司医药研发制造基地二期	2012-12-31	宝安区观澜高新技术产业园区。				
4	深圳市星源材质科技股份有限公司	2009-12-4	建筑面积约7.1万平方米，建设13条生产线，形成年产锂离子电池隔膜9600万平方米的生产能力。	75168	8683	自筹：8683	完成3条干法生产线建设并进行试投产；搬迁原有2条干法线。
	锂电池隔膜产业化项目	2014-12-31	光明新区公明北环大道南侧。				

（接下表）

（续上表）

编号	建设单位及项目名称	建设日期	建设规模及建设地址	总投资	本年度计划完成投资	资金来源	本年度建设内容
5	深圳市新纶科技股份有限公司	2009-3-1	建筑面积4万平方米，新建集生产、产品研发、实验、产品展示中心和办公于一体的“新纶科技产业园区”。	20100	6700	自筹：2400 贷款：4300	完成土建工程施工、安装，公用工程施工、安装，设备安装调试，设备试运转、试产等。
	涂炭型功能性高分子材料研究与生产建设项目	2011-3-31	光明新区塘明公路南侧。				
6	深圳昊天龙邦复合材料有限公司	2010-1-1	建筑面积约9.7万平方米，新建15条200吨级芳纶复合材料生产线，年产量达到3000吨。	94370	20370	自筹：20370	厂房建设。
	芳纶复合材料项目	2012-12-31	光明新区公明街道。				
7	深圳奥萨医药有限公司	2009-9-1	建筑面积约4.3万平方米，建设研发中心、生产中心等设施，设计产能片剂10亿片/年、胶囊2亿粒/年。	25000	10100	自筹：3100 贷款：7000	完成厂房建设和GMP认证工作。
	生物孵化器三期（奥萨医药产业园建设）项目	2012-9-30	南山区市高新区。				
8	深圳市坪山新区建设管理服务中心	2010-6-18	建筑面积21.9万平方米，建设实验动物中心、医疗器械样机验制中心、GMP生物医药中试中心等。	63353	10000	政府：10000	建筑主体施工。
	国家生物产业基地生物医药企业加速器	2012-3-1	坪山新区金沙片区。				
	新建项目8项						
9	深圳国家高技术产业创新中心	2011-1-15	建设工程实验中心及配套设施，总建筑面积约9.8万平方米。	51202	5000	政府：5000	基础工程及主体施工。
	深圳国家工程实验室大楼	2013-12-31	南山区市高新区。				

（接下表）

（续上表）

编号	建设单位及项目名称	建设日期	建设规模及建设地址	总投资	本年度计划完成投资	资金来源	本年度建设内容
10	深圳市比亚迪锂电池有限公司	2011-1-1	建筑面积约 96.3 万平方米，建设动力电池生产厂房、研发中心等，设计产能 8GWh/年。	500147	100000	自筹 100000	厂房建设。
	铁动力锂离子电池项目	2012-12-31	龙岗区宝龙工业城。				
11	深圳市比亚迪锂电池有限公司	2011-1-1	建筑面积约 6.6 万平方米，建设太阳能电池组件生产厂，分三期建设，设计产能 1 GW，一期 400MW，二期 400MW，三期 200MW。	62000	22000	自筹：22000	厂房建设及设备采购。
	太阳能电池项目	2013-12-31	龙岗区龙岗街道。				
12	深圳市比亚迪汽车有限公司	2011-1-1	建筑面积约 56.2 万平方米，建设 F3DM、E6 新能源汽车关键零部件生产线以及工程设备厂、监测中心。	127832	63916	自筹：63916	厂房建设。
	比亚迪汽车深圳生产基地二期	2012-12-31	坪山新区横坪公路。				
13	深圳市北科生物科技有限公司	2011-3-1	建筑面积约 2 万平方米，建设干细胞库及处理中心、干细胞技术研究中心、药物筛选与评价中心等，新增保存脐血细胞 5 万人份、iPS 细胞五万人份。	20043	8640	自筹：8640	桩基施工、地下室工程及部分主体工程施工。
	北科总部及国际干细胞研发基地	2012-7-31	南山区市高新区。				
14	深圳信立泰药业股份有限公司	2011-2-1	建筑面积约 17.5 万平方米，建设研发中心和生产厂房，设计产能片剂 63.5 亿片/年、胶囊剂 11 亿粒/年。	80572	10000	自筹：10000	厂房建设。
	信立泰药业创新药物产业化基地项目	2015-12-1	坪山新区。				

（接下表）

（续上表）

编号	建设单位及项目名称	建设日期	建设规模及建设地址	总投资	本年度计划完成投资	资金来源	本年度建设内容
15	深圳市康哲药业有限公司	2011-1-15	总建筑面积约 5.3 万平方米,建设新药酪丝亮肽生产基地，设计产能 600 万瓶/年。	35681	18500	自筹：18500	完成项目土建工程及设备采购。
	深圳市康哲药业有限公司新药生产基地建设工程	2012-1-15	坪山新区坑梓街道。				
16	深圳市力能加电站有限公司	2011-1-1	计划建设新能源汽车充电站 47 座，满足大运会新能源汽车示范运行充电需求。	20000	20000	自筹：20000	充电设施建设、设备安装。
	大运会新能源汽车基础设施网络项目	2011-7-31	福田区、罗湖区、南山区、盐田区、龙岗区、宝安区、光明新区、坪山新区。				
	高技术与先进制造业项目 32 项						
	续建项目 22 项						
17	创维平面显示科技（深圳）有限公司	2004-12-1	建筑面积 65 万平方米，新建彩电等家电生产制造基地。	100000	5000	自筹：5000	厂房建设。
	创维科技工业园	2013-11-12	宝安区石岩街道塘头一号路。				
18	深圳国人通信有限公司	2010-6-15	建筑面积 34 万平方米，新建设射频产业化基地厂房及配套设施。	68457	11673	自筹：4673 贷款：7000	项目一期厂房建设。
	国人科技园区	2014-6-15	坪山新区翠景路与锦绣路交会处。				
19	深圳市精细化工产业园区筹建办公室	2005-5-1	园区一期规划面积 13.05 平方公里，其中陆域面积 5.97 平方公里，海域面积 7.08 平方公里。	550000	10000	政府：10000	启动区场坪工程,开展新兴产业基地相关规划工作
	深圳坝光新兴产业基地（原深圳精细化工园区）基础设施建设项目	2015-12-31	龙岗区葵涌街道坝光片区。				

（接下表）

（续上表）

编号	建设单位及项目名称	建设日期	建设规模及建设地址	总投资	本年度计划完成投资	资金来源	本年度建设内容
20	研祥智能科技股份有限公司	2009-11-1	建筑面积 24.5 万平方米，新建嵌入式智能平台 EIP、嵌入式安全平台 ESP、嵌入式 CPU、特种计算机等产品的研发和中试。	100000	23950	自筹：3950 贷款：20000	完成主体结构工程，进行室内安装工程、室外配套工程、幕墙工程、水电、设备安装工程等。
	研祥生产中试基地（研祥科技工业园）建设项目	2012-12-31	光明新区光明高新技术产业园区。				
21	深圳航天东方红海特卫星有限公司	2010-3-13	建筑面积 4.6 万平方米，建设国家微小卫星及应用工程实验室，开展其设计、开发和工程研制等航天高技术研究，建立珠三角地区的微小卫星产学研基地。	20009	10000	自筹：4000 贷款：6000	厂房建设。
	微小卫星产业能力建设	2012-5-20	南山区高新技术园。				
22	深圳市普联技术有限公司	2009-9-11	建筑面积 15.9 万平方米，新建无线路由器和无线网卡系列产品及相关网络通信产品生产基地。	36518	5000	自筹：5000	装饰及安装工程、室外道路和绿化工程。
	无线路由器和无线网卡系列产品及相关网络通信产品生产基地	2011-7-20	光明新区光明街道西片区。				
23	招商局光明科技园有限公司	2008-5-12	建筑面积 52.4 万平方米。	228305	5000	自筹：5000	厂房建设。
	招商局光明科技园科技企业加速器	2017-3-31	光明新区光明高新技术产业园区招商局光明科技园				
24	深南电路有限公司	2010-9-6	建筑面积 4.2 万平方米，建设 40 条 PCBA 生产线。	50532	45500	自筹：15000 贷款：30500	建安及设备调试。
	高端通讯设备电子装联(PCBA)产业化建设	2011-8-15	龙岗区坪地街道高桥工业园东区。				

（接下表）

（续上表）

编号	建设单位及项目名称	建设日期	建设规模及建设地址	总投资	本年度计划完成投资	资金来源	本年度建设内容
25	深圳市住宅工程管理站	2010-9-1	建筑面积 61.9 万平方米，新建管理及研发大厦、国际技术转移大厦、科技研发大厦等。	225581	80000	政府：80000	基坑支护、土石方、主体结构。
	深圳市软件产业基地	2012-12-31	南山区高新南区填海六区。				
26	深圳市盛波光电科技有限公司	2010-5-31	建筑面积 13.3 万平方米，分两期建设，一期项目建设一条幅宽为 1490 ㎜和一条幅宽为 650 ㎜的 TFT-LCD 用偏光片生产线。	185000	53000	自筹：53000	生产厂房、废水处理站、化学品库、门卫和生活配套等建设。
	TFT-LCD 用偏光片项目	2012-5-1	坪山新区坑梓街道聚龙山地区。				
27	深圳奥特迅电力设备股份有限公司	2009-8-1	建筑面积 3.2 万平方米，新建电力用直流和交流一体化不间断电源设备产能将达到 3684 套生产能力。	30470	5000	自筹：5000	土建工程、内部装饰及验收。
	电力用直流和交流一体化不间断电源设备产能扩大项目	2011-11-30	南山区科技园区。				
28	格兰达技术（深圳）有限公司	2009-6-1	建筑面积 7.8 万平方米，新建年产各类半导体装备产品 2000 台套生产能力。	50000	15000	自筹：10000 贷款：5000	厂房建设。
	格兰达半导体装备产业基地	2012-12-31	坪山新区深圳市大工业区翠景路西侧				
29	深圳市中盈贵金属股份有限公司	2008-10-1	建筑面积 53.66 万平方米，新建全球最大、最专业的珠宝生产基地。	139000	30000	自筹：30000	完成主体土建工程，统筹后期工作。
	中盈珠宝工业厂区	2011-8-1	龙岗区南湾街道下李朗。				
30	深圳市讯美科技有限公司	2010-11-8	建筑面积 5 万平方米，新建年产 50 万台套生产线及产品研发中心等。	50000	22480	自筹：15000 贷款：7480	厂房建设。
	红外非致冷热像仪	2012-12-30	南山区高新科技工业园中区园苑大道公园南路口。				

（接下表）

（续上表）

编号	建设单位及项目名称	建设日期	建设规模及建设地址	总投资	本年度计划完成投资	资金来源	本年度建设内容
31	深圳威盛上华科技有限公司	2010-10-20	建筑面积 6.88 万平方米，建设创新科技设计中心、芯片及无线应用设计中心、营运暨销售支持中心。	78033	18136	自筹：18136	前期设计、审核、报建手续（规划、环保、消防、人防、水土保持等）；完成桩基础建设工程，上部结构建设完成 75%。
	威盛深圳创新设计中心	2013-4-20	南山区科技园科技中二路以东，深南大道以北。				
32	深圳市怡化电脑有限公司	2010-8-24	建筑面积 5.1 万平方米，新建公司研发与测试中心。	66042	16500	自筹：16500	实现项目土建主体工程竣工。
	金融自助设备研发、测试中心建设项目	2012-12-31	南山区科技园填海六区。				
33	深圳市迅宝投资发展有限公司	2009-12-31	建筑面积 15.5 万平方米，新建三条可回收食品包装容器生产线，可形成年产 100 亿只能力。	100000	30000	自筹：10000 贷款：20000	厂房及办公楼建设，设备引进，道路及绿化。
	GT 环保食品包装容器	2012-12-31	龙岗区葵涌街道金葵东路迅宝循环经济园。				
34	深圳雷柏科技股份有限公司	2010-8-21	建筑面积 8.1 万平方米，建设 U 型精益生产工艺，自动化装配生产线。	47970	30000	自筹：30000	厂房建设。
	热键无线电脑外设项目	2012-10-10	坪山新区坑梓锦绣东路。				
35	深圳市建筑工务署	2010-4-18	建筑面积 4.34 万平方米，建成我国首个超千万亿次级超级计算中心。	122392	56000	政府：56000	建安及设备调试安装。
	国家超级计算机深圳中心	2011-12-18	南山区大学城东校区西南部。				
36	深圳市赛格导航科技股份有限公司	2010-6-1	建筑面积 5.8 万平方米，新建研发生产楼、1 号制造中心、宿舍、2 号制造中心、3 号制造中心共 5 栋楼。形成年产 15 万台终端，服务 70 万用户的生产服务能力。	22697	5337	自筹：2337 贷款：3000	厂房建设。
	赛格导航科技园	2012-12-31	龙岗区宝龙工业城。				

（接下表）

（续上表）

编号	建设单位及项目名称	建设日期	建设规模及建设地址	总投资	本年度计划完成投资	资金来源	本年度建设内容
37	深圳市华星光电技术有限公司	2010-1-15	总建筑面积 62.9 万平方米，新建一条 8.5 代月产 10 万片 TFT 面板及模组生产线。	2450000	960000	自筹 960000	土建及设备安装工程。
	第 8.5 代 TFT-LCD 面板及模组目	2012-3-15	光明新区。				
38	深圳供电局	2010-5-10	建成 78 座社会充电站与 22000 个充电桩。	95000	20000	自筹：20000	建成 78 座社会充电站与 22000 个充电桩。
	社会公共充电设施建设项目	2012-12-30					
39	深圳市宗正汽车贸易有限公司	2011-3-1	建筑面积 4 万平方米。建设集研发、设计、中试、检测、产品展示、路灯电子远程监控网络枢纽、财务结算中心和总部办公。	53000	15000	自筹：15000	厂房建设。
	深圳市宗正科技 LED 光电创新发展中心	2012-12-30	南山区龙珠大道龙珠路。				
40	深圳中集天达空港设备有限公司	2011-3-30	建筑面积 18 万平方米，新建办公大楼、钢板库、登机桥及其他产品车间等。经济效益：销售 12 亿元，利润大于 1 个亿，新增就业 500 人。	52808	30000	贷款：30000	厂房建设。
	深圳中集天达空港装备科研产业基地	2012-9-1	宝安区福永街道。				
41	深圳广田高科新材料有限公司	2011-1-1	建筑面积 7.4 万平方米，建设木制品加工生产线、幕墙铝合金门窗生产线、轻质干粉砂浆生产线。	28228	15000	自筹：15000	桩基础施工、基础施工、主体结构施工、装饰工程。
	广田新材料厂区	2012-12-31	宝安区松岗街道。				
42	深圳思创光电信息技术有限公司	2011-6-1	建筑面积 8.9 万平方米，建造思创智能远程抄表系统的研发及系列产品的生产基地和部分产业配套设施。	32000	5000	自筹：5000	厂房建设。
	思创抄表系统	2012-10-14	龙岗区大鹏街道龙歧湾。				

（接下表）

（续上表）

编号	建设单位及项目名称	建设日期	建设规模及建设地址	总投资	本年度计划完成投资	资金来源	本年度建设内容
43	深圳市比亚迪汽车有限公司	2011-3-10	建筑面积 10 万平方米，形成 BYD488Q 动力总成 10 万套/年、变速器 10 万套/年及其他零部件产品共 230 万套/年能力，达产后预计年产值人民币 30 亿元。	188455	95000	自筹：95000	项目用地报建、环评、厂房建设、设备采购。
	比亚迪汽车坪山二厂（一期）零部件生产基地项目	2013-10-31	坪山新区。				
44	深圳市飞音通讯技术实业有限公司	2011-3-1	建筑面积 18.2 万平方米，新建高密度、高速 TFT 模组生产线。	70000	10000	自筹：10000	进行建筑工程施工建设，主体工程完成 60%。
	超密度 TFT 彩色液晶模块	2013-3-1	光明新区高新技术产业园区。				
45	深圳中兴发展有限公司	2011-1-28	占地 11 万平方米，建设 14 万平方米的自用型 IC 芯片研发及培训中心。	68000	10000	自筹：5000 贷款：5000	桩基、主体施工。
	中兴国际研发培训中心	2013-4-29	盐田区盐梅路深华石场片区。				
46	深圳市齐心文具股份有限公司	2011-1-1	建筑面积 16.94 万平方米，建设公司总部与研发、生产基地。	50049	25000	自筹：25000	土建施工。
	智能自动化办公设备总部研发生产基地	2012-12-31	坪山新区聚龙山地区，兰景北路与锦绣路交汇处。				
47	深圳市华加日西林实业有限公司	2011-6-30	建筑面积 2.8 万平方米。太阳能边框、家具、影视 LED 约 10001.5 万套（支），散热器、幕墙型材 7500t 。	61876	8000	自筹：8000	本工程建设规模为年产轿车零部件、卡车车厢、太阳能边框、家具、影视 LED 约 10001.5 万套（支），散热器、幕墙型材 7500 吨 ，折合铝合金重量 30000 吨。
	深圳市华加日西林实业有限公司改扩建工程	2013-6-30	坪山新区丹梓大道南。				

（接下表）

（续上表）

编号	建设单位及项目名称	建设日期	建设规模及建设地址	总投资	本年度计划完成投资	资金来源	本年度建设内容
48	中国长安汽车集团股份有限公司　PSA 集团	2011-3-1	建设整车生产四大工艺厂房、发动机工厂，设计产能 20 万辆/年。	840000	200000	自筹 200000	四大工艺厂房建设。
	长安标致合资项目	2012-12-30	宝安区观澜街道。				
	现代服务业项目 31 项						
	续建项目 17 项						
49	太平财产保险有限公司	2010-6-15	占地 8056 平方米，总建面积 13 万平方米。地上 48 层（办公用房、研发业务用房、数据中心、远程监控、营业厅、电话营销中心），地下 4 层。	210000	9000	自筹：9000	完成地下室主体。
	太平金融大厦	2014-12-31	福田区福中三路与益田路交汇处西南角。				
50	中国移动通信集团广东有限公司	2010-10-9	占地 5630 平方米，总建筑面积 10 万平方米（地下 2 万平方米，地上商业面积 8000 平方米，办公面积 7.2 万平方米）。	65000	16000	自筹：16000	完成施工图设计，桩基、地下室施工。
	中国移动深圳信息大厦	2015-1-1	福田中心区 26-3-2 地块。				
51	深圳市航天高科投资管理有限公司	2010-4-1	占地 1.26 万平方米，总建筑面积 19 万平方米，建设总部管理中心、军民两用产业技术研发中心、国际经济技术合作交流中心。	177000	10000	自筹：10000	桩基础工程全部完成，地下室完成正负零。
	航天科技广场	2013-3-30	南山区海德三道以北与后海滨路以东交会处。				
52	深圳市友信崧锋实业有限公司	2010-1-8	占地 4 万平米，总建筑面积 10.7 万平方米，建设冷库、保税仓、出口监管仓、商检服务窗口等配套设施。打造成专业粮油食品物流平台。	38755	20000	自筹：6000 贷款：14000	仓库工程封顶，完成综合楼地下室工程。
	深圳市友信食品物流中心	2012-3-30	龙岗区李朗。				

（接下表）

（续上表）

编号	建设单位及项目名称	建设日期	建设规模及建设地址	总投资	本年度计划完成投资	资金来源	本年度建设内容
53	深圳市美泰国际物流有限公司	2010-1-28	占地 4.9 万平方米，总建筑面积 9.86 万平方米（货运交易场站 3.7 万平方米、物流仓库 3.4 万平方米、信息交易大厅 1.3 万平方米、仓储 1.6 万平方米）。	32000	10000	贷款：10000	一期物流站场主体工程、物流站场安装装修工程。
	深圳美泰国际物流龙岗公路货运枢纽中心工程	2012-3-28	龙岗区南湾街道下李朗社区。				
54	第一创业证券有限责任公司	2010-1-1	占地 4111 平方米，建设总建筑面积约 5 万平方米的自用型甲级写字楼。	57856	10000	自筹：10000	地下室、主体施工。
	第一创业大厦	2013-12-31	福田区福华一路 23-2-2。				
55	中国平安人寿保险股份有限公司	2009-8-29	占地 1.9 万平方米，建设一栋 588 米高，共 115 层的总部型超高层写字楼。总建筑面积 46 万平方米，其中办公面积 32 万平方米，商业面积 5.9 万平方米。	954764	60000	自筹：60000	完成主塔楼及裙楼桩基础，主塔楼地下结构，部分裙楼地下室工程。
	平安国际金融中心	2015-12-31	福田中心区益田路与福华路交会处。				
56	深圳市农产品股份有限公司	2008-8-4	占地 30.3 万平方米，总建筑面积 82 万平方米。主要建设冷链存储及物流区、交易及配送加工区、综合配套及服务区。	180000	40000	自筹：40000	5#、6#楼主体交易区施工，7#、8#楼物流区施工，综合环保工程、冷库工程施工。
	深圳国际农产品物流园	2015-12-31	龙岗区平湖街道白泥坑社区				
57	深圳市粤信尾货物流有限公司	2007-12-1	占地 12.9 万平方米，总建筑面积 38.5 万平方米，建设为尾货交易、展示、仓储、配送、加工等服务的尾货集散、批发中心。	70000	10000	自筹：5000 贷款：5000	一期工程竣工验收，二期工程桩基、主体施工。
	深圳市粤信尾货物流城	2012-12-31	龙岗区南湾街道下李朗社区。				

（接下表）

（续上表）

编号	建设单位及项目名称	建设日期	建设规模及建设地址	总投资	本年度计划完成投资	资金来源	本年度建设内容
58	华南国际工业原料城（深圳）有限公司	2007-8-1	建筑面积约 126 万平方米。建设交易区、仓储区、生活配套区及其他配套设施。	500000	40000	自筹：31000 贷款：9000	完成行政办公楼二期（总部大楼）、皮革二期（华南发展中心）、电子物流区、五化二期、包装二期主体结构及外装饰施工。
	华南国际工业原料城二期	2013-12-30	龙岗区平湖街道华南大道 1 号。				
59	招商证券股份有限公司	2010-5-21	占地 4848 平方米，建设 6 万平方米的甲级自用型总部大厦。	104000	10000	自筹：10000	桩基础、地下室、主体施工。
	招商证券大厦	2012-12-31	福田区福华一路以南,民田路以西。				
60	深圳市深国际华南物流有限公司	2009-12-30	拟建五栋 4～5 层、建筑面积为 11 万平方米的多层仓库；一栋建筑面积为 8530 平方米的配套办公楼；以及停车场、道路、水电管网等配套基础设施。	40000	10000	自筹：10000	仓库及配套工程建设。
	龙华物流园区二期（华南国际物流仓储园区配套项目）	2012-7-6	宝安区民治梅观高速公路东侧。				
61	深圳市福田区建筑工务局	2008-1-16	占地 3.8 万平方米，总建筑面积 28.4 万平方米，集科研、办公、商业、配套公寓为一体的超高层综合建筑群。	169746	20000	自筹：20000	主体工程施工。
	福田科技广场	2012-12-30	福田区深南大道与皇岗路西北角（原福田区委旧址）。				
62	深圳华侨城房地产有限公司	2007-12-28	占地 56.5 万平方米，建设购物中心、曲水湾、椰林沙滩、度假公寓、华侨城湿地公园等五大区域。	300000	70000	自筹：70000	完室内装修、建筑设备安装、景观工程、湿地生态治理等，一期 2011 年 7 月试营业。
	深圳华侨城欢乐海岸	2012-6-30	南山区 2005-013-195 地块。				

（接下表）

（续上表）

编号	建设单位及项目名称	建设日期	建设规模及建设地址	总投资	本年度计划完成投资	资金来源	本年度建设内容
63	深圳证券交易所	2007-11-19	占地 3.9 万平方米，总建筑面积 26.7 万平方米。	361000	60000	自筹：60000	室内外装修工程。
	深圳证券交易所营运中心	2012-8-24	福田中心区 32—1—1。				
64	华安财产保险股份有限公司	2009-10-8	地下 3 层，地上 18 层，总建筑面积 5.84 万平方米，建筑高度 80 米。	54000	10000	自筹：10000	主体施工、设备安装等。
	华安保险总部大厦	2012-12-31	福田区福华一路与民田路交汇处。				
65	深圳市盐田港集团有限公司	2009-8-1	占地 19.7 万平方米，总建筑面积约 48 万平方米，其中仓库面积 42.8 万平方米，建设三个多层钢筋混凝土仓库。	182562	20000	自筹：20000	主体结构、安装工程、室内外装修工程等。
	深圳市盐田港现代物流中心	2014-8-1	盐田区盐田港保税物流园区北片区。				
	新建项目 14 项						
66	生命人寿保险股份有限公司	2011-2-1	占地 8089.94 平方米，建筑面积 12.9 万平方米，建筑高度 200 米，建设公司总部办公大楼。	210000	10000	自筹：10000	基坑开挖和桩基。
	生命保险大厦	2014-12-31	福田中心区金田路与福中一路交汇处东南角。				
67	招商银行股份有限公司	2011-1-31	占地 7594 平方米，总建筑面积 10.6 万平方米，建设地上 35 层及 4 层地下室的自用型办公大楼，包括大堂、银行营业厅、公共服务生活用房和办公用房等。	103605	8000	自筹：8000	完成桩基础施工。
	招商银行深圳分行大厦项目	2014-12-31	福田区，东至民田路，西至鹏程一路，南临深南大道。				

（接下表）

（续上表）

编号	建设单位及项目名称	建设日期	建设规模及建设地址	总投资	本年度计划完成投资	资金来源	本年度建设内容
68	新百丽鞋业(深圳)有限公司	2011-1-15	占地 2963.5 平方米，总建筑面积 3.5 万平方米（商业 6700 平方米，商业性办公 2.83 万平方米），主要用于新百丽公司总部办公。	33000	10000	自筹：10000	桩基、主体施工。
	百丽大厦	2013-6-30	南山区后海滨路东滨路 T107-0012 地块。				
69	深业泰富物流集团股份有限公司	2011-8-30	占地面积 2.8 万平方米，总建筑面积 12 万平方米，主要建设品牌汽车博览中心、展示交易中心以及储运中心。是清水河片区城市更新改造项目之一。	45494	10000	自筹：10000	办理城市更新规划审批，方案设计、施工图设计等。
	清水河国际汽车物流产业园一期	2013-12-30	罗湖区清水河片区。				
70	深圳福田燃机电力有限公司	2011-7-1	占地 3.8 万平方米，地上建筑 16.2 万平方米。工业区改造后重点发展以电子和系统控制应用为主的航空航天产业及相关配套高端服务业。	65000	10000	自筹：5000 贷款：5000	完成方案设计、施工招标，桩基础开工建设。
	深圳福田航电科技产业园	2014-3-1	福田区梅林凯丰路 15 号。				
71	南方基金管理有限公司、博时基金管理有限公司	2011-1-31	占地 7260 平方米，总建筑面积 11 万平方米，拟建自用型超高层写字楼建筑一栋。	78724	15000	自筹：15000	完成施工图设计，桩基、主体施工。
	南方博时基金大厦（暂定名）	2013-12-31	福田中心区益田路与深南大道交会处金融发展用地片区。				
72	中国人寿保险股份有限公司	2011-2-1	占地 5009 平方米，总建筑面积 7.35 万平方米，建设集经营业务、商业、办公于一体的 5A 级中国人寿深圳区域总部办公大楼。	135534	10000	自筹：10000	土方开挖、基坑支护和地下室工程等。
	深圳中国人寿大厦	2014-7-30	福田中心区 23-2-6 地块。				

（接下表）

（续上表）

编号	建设单位及项目名称	建设日期	建设规模及建设地址	总投资	本年度计划完成投资	资金来源	本年度建设内容
73	天虹商场股份有限公司	2011-1-31	占地 6213 平方米，总建筑面积 8 万平方米。地上 5.6 万平方米，共 21 层，1～9 层为商场，10-21 层为写字楼，地下停车场 2.4 万平方米。	33957	10000	自筹：10000	基坑支护及土石方工程、桩基及地下室施工。
	天虹商场股份有限公司总部大厦	2012-12-9	南山区后海中心区，东滨路以北，后海滨路以东。				
74	深圳市住宅工程管理站	2011-1-15	占地 5159 平方米，总建筑面积 8 万平方米，打造创业投资服务平台。	36090	5000	政府：5000	基坑及土石方工程完成，主体结构工程完成 30%。
	深圳创业投资（VC&PE）大厦	2013-12-31	南山区科园路。				
75	鼎和财产保险股份有限公司	2011-6-1	占地 8206 平方米，总建筑面积 16 万平方米（地上 48 层，地下 5 层），含生产业务用房、研发中心、电力仿真实验室、营业大厅、办公用房、展览中心等。	174629	10000	自筹：10000	初步设计、施工图设计、基坑支护设计和支护、开挖。
	鼎和大厦	2015-12-1	福田区福华三路与金田路交汇处。				
76	深圳市人力资源和社会保障局、深圳市建筑工务署	2011-2-28	占地 3.6 万平方米，总建筑面积 8.96 万平方米，建设地上 7 层、地下 2 层的办公楼。	53696	8000	政府：8000	完成场地平整、基坑支护、土方工程、桩基工程等。
	深圳市人才园工程	2014-7-18	福田区竹子林片区。				
77	深圳报业集团	2011-5-5	二期建筑面积 13.7 万平方米，建设书刊印刷基地、印务中心配套工程等。	54000	20000	自筹：10000 贷款：10000	二期桩基础及地下室施工、部分主体施工。
	深圳报业集团龙华印务中心二期	2013-12-1	宝安区清湖工业园。				
78	中国海洋石油总公司	2011-1-28	占地 1.3 万平方米，地上 45 层建筑面积 20 万平方米，地下 5 层建筑面积 6 万平方米，建设中海油南方区域总部。	301755	13000	自筹：13000	完成基坑支护、开挖、工程桩施工，进行地下结构施工。
	中海油大厦	2015-1-28	南山区后海中心区。				

（接下表）

（续上表）

编号	建设单位及项目名称	建设日期	建设规模及建设地址	总投资	本年度计划完成投资	资金来源	本年度建设内容
79	中信银行股份有限公司信用卡中心	2011-4-1	占地 4401 平方米，总建筑面积约 6.4 万平米（地上 24 层约 5 万平方米，地下 4 层），建设自用型综合业务办公楼。	75437	6000	自筹：6000	基坑支护施工，工程桩施工，负四层地下室主体施工。
	中信银行大厦（深圳）项目	2014-10-1	福田中心区 23-2-5 金融发展地块。				
	社会民生工程项目 31 项						
	续建项目 19 项						
80	深圳市宝安区人民政府	2009-5-20	总建筑面积（含地下）约 10 万平方米，4 万坐席，1372 个停车位。	86932	10000	自筹：10000	室外工程、设备调试等。
	宝安区体育场	2011-6-30	宝安区新中心区 N14 地块。				
81	深圳市地铁集团有限公司	2008-12-1	建筑面积 60.2 万平方米，约 11000 套房。	322000	43000	自筹：43000	完成主体结构的 40%。
	前海车辆段上盖政策性住房工程	2013-6-30	南山区前海片区。				
82	五丰食品（深圳）有限公司	2010-1-20	总建筑面积 5.06 万平方米，年屠宰生猪 144 万头，牛 1.5 万头，羊 2.4 万只；加工肉制品 1.2 万吨。	28189	13189	自筹：2815 贷款：10374	计划北厂区春节后完成土建工程，进入设备安装阶段；南厂区春节后进行试生产工作。
	五丰食品(深圳)有限公司龙岗肉类联合加工厂	2011-6-30	龙岗区横岗街道荷坳社区。				
83	华润深圳湾发展有限公司	2008-11-1	总建筑面积 33.5 万平方米，地上 18.8 万平方米，地下 14.7 万平方米。主要建设内容包括体育场、体育馆、游泳馆、运动员接待中心。	218694	28694	贷款：28694	主要完成设备调试、测试赛以及工程尾款支付。
	深圳湾体育中心	2011-7-30	南山区后海片区。				

（接下表）

（续上表）

编号	建设单位及项目名称	建设日期	建设规模及建设地址	总投资	本年度计划完成投资	资金来源	本年度建设内容
84	深圳大学	2007-12-1	建设南校区学生公寓、基础实验室、南校区基础工程及西丽校区、学府医院等。	47600	47600	政府：47600	南校区学生公寓9月竣工；南校区基础工程2月份竣工；1#人行天桥完成主体施工；基础实验室一期、基础实验室三期、综合服务中心、平台及连廊主体施工中；西丽校区、学府医院单体设计中，七通一平施工。
	深圳大学扩建工程	2014-12-31	南山区填海湾六区。				
85	深圳市住宅工程管理站	2010-7-1	总建筑面积为22.67万平方米，拟建13栋33-34层高层住宅楼，共2796户。	80881	23000	政府：23000	地下室结构施工完成，主体结构封顶，屋面工程完成，砌体完成至50%。
	深康村保障性住房住宅区	2013-6-30	南山区安托山片区。				
86	深圳市住宅工程管理站	2009-11-1	总建筑面积为27.28万平方米，地下二层，建9栋33-35层高层住宅楼，共3647户，幼儿园三层。	104696	35000	政府：35000	完成主体结构、砌体工程、屋面工程、外墙抹灰完成40%、门窗工程、室内装饰工程完成20%。
	松坪村三期经济适用房住宅区	2012-12-30	南山区市高新区北区。				
87	深圳市建筑工务署　南方科技大学建设办公室	2010-9-30	用地面积28.44万平方米，总建筑面积23.42万平方米，其中地上面积20.42万平方米，地下面积3万平方米。	248686	30000	政府：30000	完成施工图设计，主体工程施工。
	南方科技大学校园建设工程	2012-6-30	南山区西丽塘朗山片区，位于大学城片区内。				
88	深圳市建筑工务署	2010-8-19	总建筑面积13.9万平方米，设计病床800床。	68646	10000	政府：10000	地上建筑完成60%，安装工程完成20%。
	宝荷医院	2013-12-18	龙岗区龙城街道。				

（接下表）

（续上表）

编号	建设单位及项目名称	建设日期	建设规模及建设地址	总投资	本年度计划完成投资	资金来源	本年度建设内容
89	深圳市建筑工务署	2010-8-18	总建筑面积 9.8 万平方米，新建外科住院楼 1 栋，设计床位 630 床。	56615	5000	政府：5000	地上主体结构完成至第三层。
	北大医院外科住院楼	2014-8-19	福田区。				
90	深圳市建筑工务署	2008-6-18	总建筑面积 35.25 万平方米，2000 张病床。	249709	70000	政府：70000	完成安装、装修工程，基本具备投入使用条件。
	滨海医院	2012-3-31	福田区红树林片区。				
91	深圳市建筑工务署	2010-4-18	总建筑面积 0.94 万平方米，包括博物馆、教科研基地，管理站，12 公里登山道，4.8 公里海岸景观大道等。	22247	10000	政府：10000	所有建设项目全部完成。
	大鹏半岛国家地质公园	2011-12-28	龙岗区南澳街道。				
92	深圳市建筑工务署	2010-8-2	总建筑面积 12 万平方米，项目建成后可满足全市各直机关至少 30 年的档案存储需求。	45003	5000	政府：5000	南区主体封顶，外墙幕墙完成，北区主体完成至 21 层。
	市档案中心	2013-12-31	福田区梅林街道中康片区。				
93	深圳市建筑工务署	2010-8-18	总建筑面积 6.87 万平方米，新建内科综合大楼 1 栋，设计病床位 626 床，停车位 330 个。	37312	5000	政府：5000	主体结构施工至 16 层。
	市第二人民医院内科综合大楼	2014-3-18	福田区笋岗路。				
94	深圳市建筑工务署	2009-3-18	新建住院综合大楼 1 栋，总建筑面积 10.3 万平方米，建成后医院病床数扩至 800 张。	65000	2000	政府：2000	主体封顶，幕墙完成 20%。
	儿童医院	2016-5-18	福田区。				

（接下表）

（续上表）

编号	建设单位及项目名称	建设日期	建设规模及建设地址	总投资	本年度计划完成投资	资金来源	本年度建设内容
95	深圳市建筑工务署	2009-5-18	总建筑面积 26.76 万平方米，办学规模为 8000 名在校生。	110412	15000	政府：15000	装饰工程基本完成，机电安装完成 90%。
	市高级技工学校	2012-4-18	龙岗区龙城街道五联社区。				
96	深圳市土地投资开发中心	2006-9-1	总面积约 5.75 平方公里。建设内容包括防洪排涝设施建设、海（路）堤填筑施工、15 条市政道路和地块陆域形成和软基处理。	264154	62400	政府：62400	中集地块累计完成约 100%，铲湾路（渠）市政工程累计完成 100%，ABCD1 地块累计完成 90%，桂庙路渠二期枢纽软基处理工程累计完成 100%，EFGH 地块累计完成 25%。
	前海填海区	2014-12-1	南山区月亮湾大道以西。				
97	深圳信息职业技术学院	2008-6-1	建筑面积 58.8 万平方米。大运会赛时作为运动员村使用,赛后交由信息学院使用。	250797	68000	政府：68000	5 月份前完成智能化系统建设、教工宿舍、学生宿舍临时砌体建设,新建设垃圾处理站、水泵站、所有临时室内隔断建设，电气、给排水等安装工程、所有绿化、室外工程。6～9 月运行阶段，9～12 月进行信息学院教学功能恢复。
	深圳信息职业技术学院迁址新建工程	2011-5-31	龙岗区龙翔大道以东,龙兴路以南。				
98	深圳市土地投资开发中心	2008-7-1	规划海岸线长 1.2 公里。	96163	30000	政府：30000	A、B、C 段岸堤填筑及岸线整理工程；A、B、C 段陆域形成工程；桥梁工程；10 千伏外线工程；A、B、C 段景观工程。
	深圳湾滨海休闲带	2011-12-31	南山区。				

（接下表）

（续上表）

编号	建设单位及项目名称	建设日期	建设规模及建设地址	总投资	本年度计划完成投资	资金来源	本年度建设内容
99	深圳市地铁集团有限公司	2011-1-30	用地面积 6.59 万平方米，建筑面积 18.18 万平方米，总户数 3208 套，全部为公共租赁用房。	137000	19000	政府：19000	完成 16.7 米结构平台，部分塔楼主体结构封顶。
	蛇口西车辆段上盖保障性住房	2013-12-31	南山区蛇口片区。				
100	深圳市地铁三号线投资有限公司	2011-1-15	总建筑面积 18 万平方米，一期有保障性住房 15 栋、商品房 3 栋，联体 12 层小高层。二期有三栋高层，商铺、配套小学和幼儿园。	92837	34100	政府：34100	转换平台、主体结构施工完成。
	横岗车辆段上盖保障性住房及相关配套工程	2011-12-31	龙岗区横岗街道。				
101	罗湖区建设局（住宅局）	2011-1-31	占地 3.73 万平方米，总建筑面积 15.35 万平方米，建设 2000 套保障性住房。	57000	2000	自筹：2000	正在进行初步设计；争取 2011 年年底前进场平整土地，进入施工阶段。
	莲塘地块罗湖区保障性住房建设项目	2013-12-31	罗湖区莲塘片区。				
102	深圳市罗湖区中医院	2011-7-1	总用地面积 2.5 万平方米，总建筑面积 7.26 万平方米，病床 400 张，停车位 600 个。	53651	1000	政府：1000	方案设计、初步勘探、初步设计、概算编制及审批，详细勘探、施工图设计及审查、标底审计、开工许可，监理招标、施工招标，基础工程建设。
	罗湖区中医院莲塘新院	2014-7-1	罗湖区莲塘片区北部 39-02 地块。				
103	深圳市文学艺术界联合会	2011-8-10	总建筑面积 6.13 万平方米，建设内容包括展厅，讲演厅，研究室，表演厅，图书馆，公共服务，办公和设备用房。	38026	3000	政府：3000	初步设计、概算审批和施工图设计完成，地基与基础工程完成 2/3。
	文学艺术中心	2014-8-10	福田区红荔路南，彩田路西，中银大厦北端。				

（接下表）

（续上表）

编号	建设单位及项目名称	建设日期	建设规模及建设地址	总投资	本年度计划完成投资	资金来源	本年度建设内容
104	深圳市住宅发展事务中心	2011-1-15	总用地面积 2 万平方米，拟安排住宅总套数 720 套，总建筑面积 11.13 万平方米，其中地上建筑面积 7.93 万平方米，地下建筑面积 3.2 万平方米。	36662	7789	政府：7789	完成桩基工程、主体结构工程、18 层以下砌体工程、30 层以下外墙抹灰工程。
	龙华扩展区 0006 地块保障性住房	2013-1-29	宝安区龙华白龙路。				
105	深圳市住宅发展事务中心	2011-1-15	总用地面积 2.88 万平方米，拟安排住宅总套数 1354 套，总建筑面积 9.54 万平方米，其中地上建筑面积 7.54 万平方米，地下建筑面积 2 万平方米。	31265	6590	政府：6590	完成桩基工程、主体结构工程、砌体工程、10 层以下外墙抹灰、16 层以下内墙抹灰。
	龙华扩展区 0007 地块保障性住房	2013-1-29	宝安区龙华白龙路。				
106	深圳市住宅发展事务中心	2011-1-15	总用地面积 5.01 万平方米，拟安排住宅总套数 3360 套，总建筑面积 21.68 万平方米，其中地上建筑面积 17.48 万平方米，地下建筑面积 4.2 万平方米 。	76038	19264	政府：19264	完成桩基工程、主体结构工程、砌体工程、28 层以下抹灰工程、精装修工程 10%，园林工程 50%。
	龙华扩展区 0008 地块保障性住房	2012-8-31	宝安区龙华白龙路。				
107	深圳市住宅发展事务中心	2011-1-15	总用地面积 7.723 万平方米，拟安排住宅总套数 4780 套。总建筑面积 38.09 万平方米，其中地上建筑面积 30.89 万平方米，地下建筑面积 7.2 万平方米。	125279	30757	政府：30757	完成桩基工程、20 层以下主体结构工程、13 层以下的砌体结构工程及相应的水电安装工程。
	龙华扩展区 0009 地块保障性住房	2013-3-2	宝安区龙华白龙路。				

（接下表）

（续上表）

编号	建设单位及项目名称	建设日期	建设规模及建设地址	总投资	本年度计划完成投资	资金来源	本年度建设内容
108	深圳市新建市属医院筹备办公室	2011-1-1	建设规模为 1000 张病床，总建筑面积为 17 万平方米。	85607	10000	政府：10000	开始施工监理招标、总包招标、基坑开挖、基坑支护、桩基础施工。
	新安医院	2013-12-30	宝安区滨海片区湖滨路西侧。				
109	深圳市坪山新区发展和财政局	2011-1-25	总建筑面积 24.23 万平方米。	73068	39222	自筹：39222	完成前期工作，进入施工阶段。
	聚龙山保障性住房一期（地块一）	2012-12-31	坪山新区聚龙山片区青松路与翠景路交叉路口东南侧				
110	深圳市坪山新区建设管理服务中心	2011-1-1	用地面积 56.66 万平方米，建筑面积 21.92 万平方米。	51000	43000	自筹：43000	该项目建议书、可行性研究报告已经批复，选址、用地预审、建设用地方案、建设用地规划许可证等前期工作已完成。完成监理、施工招标，开展基坑、基础施工。
	聚龙山保障性住房一期（地块二）	2012-3-1	坪山新区翠景路东侧 14-5 二宗地块。				
	城市更新 6 项						
	续建项目 1 项						
111	深圳市中航城置业发展有限公司 深圳市中航华城置业发展有限公司	2009-11-30	总建筑面积 31.1 万平方米，其中 D1、D2、G/M、H 地块约为 25 万平方米，O 地块约为 6 万平方米，建设集办公、商业、住宅为一体的城市综合体。	331022	85000	自筹：85000	本年度将完善 D2 地块的用地手续及拆迁工作，D1、G/M、H、O 地块进行建筑主体施工。
	中航城	2012-12-30	福田区深南中路、华富路、振华路及中航路之间。				
	新建项目 5 项						

（接下表）

（续上表）

编号	建设单位及项目名称	建设日期	建设规模及建设地址	总投资	本年度计划完成投资	资金来源	本年度建设内容
112	深圳市长城物流有限公司	2011-5-15	总用地面积 6.6 万平方米，总建筑面积 29.4 万平方米。23 层 1 栋、29 层 1 栋、35 层 1 栋、40 层 1 栋。该项目位于罗湖区笋岗-清水河物流园区东北部。	225845	35000	自筹：10000 贷款：25000	完成拆迁和设计工作，组织实施动工。
	长城国际物流中心	2017-12-15	深圳市罗湖区宝岗北路笋岗仓库一区。				
113	深圳市金地大百汇房地产开发有限公司	2011-1-30	总建筑面积 108.3 万平方米，其中住宅 23 万平方米，商业 22.64 万平方米，其他 60.58 万平方米	920000	30000	自筹：30000	完成全部私房拆迁，所有地块平整，返建物业及销售物业均开工建设，完成土方及部分桩基础施工。
	岗厦河园片区城中村改造项目	2015-12-31	福田区深南大道岗厦村。				
114	招商局蛇口工业区有限公司	2011-1-1	总建筑面积 144 万平方米，建设集客运枢纽、历史文化博览、文化艺术表演、会议展览、商务办公 、娱乐配套及欢乐岛海上活动为一体的综合社区。	1250000	20000	自筹：20000	计划完成临时航道的开挖、围堰工程、22 万 GT 桩基工程的施工。
	蛇口太子湾片区综合开发项目	2020-12-31	南山蛇口一突堤。				
115	深圳市科之谷投资有限公司	2011-3-30	建筑总量为 63.8 万平方米(不含地下部分),产业置换，引进高端产业，发展总部经济。为中心区金融产业发展提供较大规模、较高硬件基础。	407212	15000	自筹：15000	土方外运、桩基施工等。
	赛格日立旧工业区升级改造项目	2015-12-30	福田区皇岗路莲花彩电工业区。				
116	深圳雅宝房地产开发有限公司	2011-1-30	该项目总用地面积 63.85 万平方米，总建筑面积为 105 万平方米。将建成以高科技项目为龙头，先进工业为基础和第三产业发展的产业园。	300000	10000	自筹：10000	方案设计、土方外运、桩基施工等。
	星河雅宝科技创新园	2021-1-30	龙岗区五合大道以东，南坪快速路以北。				

（接下表）

（续上表）

编号	建设单位及项目名称	建设日期	建设规模及建设地址	总投资	本年度计划完成投资	资金来源	本年度建设内容
	轨道交通项目 14 项						
	续建项目 11 项						
117	深圳市地铁集团有限公司	2006-1-1	23.416 双正线公里，共设 15 座车站、1 处车辆段及综合基地、2 座主变电所。	1212566	54658	自筹 54658	完成深大至西乡段设备系统调试工程，车辆段土建工程、设备系统调试工程；完成机场段土建、安装装修工程、设备系统调试工程。
	城市轨道交通 1 号线续建工程	2011-6-30	南山区、宝安区。				
118	深圳市地铁集团有限公司	2007-7-28	由蛇口客运港至世界之窗，线路长 14.5 公里，沿线共设 12 座地下车站。	710000	38430	自筹 38430	工程收尾、验收及整改等。
	城市轨道交通 2 号线首期工程	2011-6-30	南山区。				
119	深圳市地铁集团有限公司	2007-12-20	全长 20.65 双正线公里，设 17 座车站，均为地下站，其中换乘站 7 座，一座停车场。	1281300	188300	自筹 188300	车站附属结构施工、车站及附属结构的安装装修施工、全线设备系统调试、后海停车场工程安装装修、设备系统调试。
	城市轨道交通 2 号线东延线工程	2011-6-30	南山区、福田区、罗湖区。				
120	深圳市地铁集团有限公司	2007-12-21	全长 40.001 双正线公里，设 27 座车站，一个车辆段，一个停车场。	2005800	300000	自筹 300000	车站附属结构工程、安装装修工程、系统设备调试，2011 年 6 月开通试运营。
	城市轨道交通 5 号线工程	2011-6-30	宝安区、龙岗区、罗湖区。				
121	深圳市地铁集团有限公司	2008-7-1	占地面积 26 公顷（不含铁路站房），包括三座地铁车站、交通接驳设施及口岸设施等。	436446	131000	自筹 131000	枢纽配套建筑及东广场的安装装修、景观绿化、设备调试等工程。
	深圳北站综合交通枢纽配套工程	2011-6-30	宝安区。				

（接下表）

（续上表）

编号	建设单位及项目名称	建设日期	建设规模及建设地址	总投资	本年度计划完成投资	资金来源	本年度建设内容
122	深圳市地铁三号线投资有限公司	2008-12-30	总建筑面积为 13.73 万平方米，总投资约 30.2 亿元。	301954	59000	自筹：59000	完成安装装修、景观绿化、设备调试等工程。
	福田综合交通枢纽工程	2011-6-30	福田区。				
123	深圳市地铁三号线投资有限公司	2006-10-1	正线双线轨道 32.86 公里，设地下站 6 座，半地下站 1 座，高架站 15 座。	1131799	70000	贷款：70000	地下区间、铺轨、设备安装调试、装修工程实施。
	城市轨道交通 3 线首期段工程	2011-6-30	龙岗区、罗湖区。				
124	深圳市地铁三号线投资有限公司	2009-1-1	线路全长约 9 公里，设地下站 8 座，其中 7 座车站有换乘要求，另外在中心公园设地下停车场 1 座。	578709	80000	贷款：80000	附属结构、区间、铺轨、设备安装及装修。
	城市轨道交通 3 号线西延段工程	2011-6-30	福田区、罗湖区。				
125	厦深铁路广东有限公司	2008-7-1	大型铁路建设项目，国家 I 级双线电气化铁路，线路长度 357 公里，深圳市境内 46.5 正线公里。	386332	196340	贷款 196340	特大桥完成 7337 成桥米，大桥 536 成桥米，涵洞完成 226 横延米，隧道完成 5092 成洞米，正线铺轨 46.5 公里，站线铺轨 6 公里，铺岔 90 组，房屋（站房）20156 平方米。
	厦深铁路（深圳段）	2012-6-30	龙岗区、福田区、宝安区、坪山新区。				
126	广深港客运专线有限责任公司	2005-12-1	广深港客运专线线路全长 115.769 公里，深圳境内 47.723 公里。	1328315	116813	自筹：85800 贷款：31013	深圳段联调联试完成，开展福田站站房和区间隧道建设。
	广深港客运专线深圳段（含福田站及相关工程）	2012-9-30	宝安区、福田区、光明新区。				

（接下表）

（续上表）

编号	建设单位及项目名称	建设日期	建设规模及建设地址	总投资	本年度计划完成投资	资金来源	本年度建设内容
127	港铁轨道交通（深圳）有限公司	2005-11-4	线路总长 15.8 公里，共设 10 个站，其中 2 个地下站，1 个地面站，7 个高架站，另设车辆段一处。	579907	91770	自筹：91770	全部土建工程完成，机电设备完成安装，装修施工全部完成，车辆采购全部完成，计划 6 月底全线通车。
	城市轨道交通 4 号线续建工程	2011-6-30	福田区、宝安区。				
	新建项目 3 项						
128	深圳市地铁集团有限公司	2011-1-1	全长约 29.8 公里，设站 26 座，其中换乘站 12 座，采用地下敷设方式。	2405000	57600	自筹：57600	车站主体范围内的征地拆迁、交通疏解、管线改迁等前期工作，土建施工。
	城市轨道交通 7 号线工程	2015-12-31	福田区、罗湖区、南山区。				
129	深圳市地铁集团有限公司	2011-1-1	全长 51.2 公里，设 10 座车站，其中换乘站 9 座，一个车辆段，一座停车场。	2849000	26000	自筹：26000	车站主体范围内的征地拆迁、交通疏解、管线迁改等前期工作，土建施工。
	城市轨道交通 11 号线工程	2015-12-31	福田区，南山区，宝安区。				
130	深圳市地铁三号线投资有限公司	2010-1-1	线路长 25.0km，共设 24 座地下车站。	2360000	20000	自筹：20000	开展前期工程，车站维护结构施工。
	城市轨道交通 9 号线工程	2015-12-31	福田区、南山区、罗湖区。				
131	盐田三期国际集装箱码头有限公司	2005-3-1	陆域纵深 600 米，码头岸线长 3297 米，建设 7 万~10 万吨级集装箱专用泊位 5 个，3 万吨级泊位 1 个，设计年吞吐量 370 万 TEU。	1120000	16500	自筹：5775 贷款：10725	继续进行地基处理工程，道路堆场，房屋建筑和公用设施工程，电气安装及其他设施工程的施工。
	深圳港盐田港区集装箱码头扩建工程	2012-12-1	盐田区。				

（接下表）

（续上表）

编号	建设单位及项目名称	建设日期	建设规模及建设地址	总投资	本年度计划完成投资	资金来源	本年度建设内容
132	深圳市机场（集团）有限公司	2008-7-14	机场工程（新建3600米长、60米宽的第二跑道，110KV/10KV供电工程，客货码头迁建工程），空管工程，供油工程，一跑道西区软基处理等建设项目。	181700	20000	政府：20000	继续进行二跑道工程、110千伏输变电线路工程、一跑道西区软基处理工程及空管工程的施工；开展供电工程（二期）的各项前期准备工作。
	深圳机场飞行区扩建工程	2012-12-31	宝安区。				
133	深圳市机场（集团）有限公司	2008-10-1	T3航站楼、停车楼及捷运系统、货运库、机场生产辅助设施及生活设施、特种车辆、站前交通、站坪及配套工程。	1204599	193000	自筹193000	继续进行各项工程的前期准备工作，全面开展T3航站楼工程、贵宾楼工程、停车场及货运库、运营管理区、交通中心、道路桥梁工程、供电工程、能源中心工程、供油工程以及各项相应配套工程的施工。
	深圳机场航站区扩建工程	2012-12-31	宝安区。				
134	盐田西港区码头有限公司	2010-9-1	陆域纵深600米，码头岸线长1142米。新建3个5万吨级集装箱专用泊位，扩建3号泊位，建设相应配套设施，设计年吞吐能力180万TEU。	383800	20000	自筹：7000 贷款：13000	完成土地转让及增资手续，继续深化设计工作；完成2#纳泥塘地基处理工程、3#泊位延长段及4#泊位的施工。
	深圳港盐田港区西作业区集装箱码头工程	2016-6-1	盐田区。				
	机场港口项目4项						
	续建项目4项						

（接下表）

（续上表）

编号	建设单位及项目名称	建设日期	建设规模及建设地址	总投资	本年度计划完成投资	资金来源	本年度建设内容
135	深圳市梅观高速公路有限公司	2010-8-25	全长 19.054 公里。	119622	24534	自筹：24534	道路施工。
	梅观高速公路扩建项目	2013-1-30	龙岗区、宝安区。				
136	深圳高速公路股份有限公司	2009-4-25	本项目路线长 30.45 公里,桥梁占 30.35 公里,一期工程中已批复概算 87.88 亿元。	878874	180000	政府：100000 自筹：80000	路基桥涵工程和路面工程的施工。
	广深沿江高速公路（深圳段）项目	2012-12-31	宝安区、南山区。				
137	深圳华昱投资开发（集团）股份有限公司	2009-12-18	双向六车道高速公路 32 公里。	618158	85000	自筹：85000	道路施工及配套工作。
	深圳市东部过境高速公路	2013-12-31	罗湖区、龙岗区。				
138	深圳华昱清平高速公路有限公司	2010-10-1	双向六车道高速公路 12.749 公里。	174007	30000	贷款：30000	道路施工及配套工作。
	深圳水官高速公路连接线（清平高速公路）工程	2013-4-1	龙岗区。				
139	深圳市地铁三号线投资有限公司	2007-5-1	主线八车道一级公路，设计时速 60 公里/小时。标准路基宽度 70 米。全长 35.978 公里。	419520	50000	政府：50000	绿化等收尾工作。
	国道 205 深圳段改建工程	2011-3-31	龙岗区。				
140	深圳市交通公用设施建设中心	2010-8-26	南起彩梅立交，北至新区大道检查站，主线长 3.25 公里，城市一级主干路，双向六车道，设计时速 60/小时。	92461	10000	政府：10000	隧道和道路工程施工。
	彩田路北延段工程	2012-12-30	福田区、宝安区。				

（接下表）

（续上表）

编号	建设单位及项目名称	建设日期	建设规模及建设地址	总投资	本年度计划完成投资	资金来源	本年度建设内容
141	深圳市交通公用设施建设中心	2007-2-10	城市快速路，线路全长 9.7 公里。	242822	50000	政府：50000	土建工程和绿化、交通设施、机电安装和消防工程等施工。
	丹平快速路一期工程	2011-5-31	罗湖区、龙岗区。				
142	深圳市交通运输委员会	2008-6-1	全长 11.178 公里，路基宽度 36～45 米，双向八车道。	277317	60000	政府：60000	道路施工。
	深圳市南坪快速路（二期）A 段工程	2011-12-31	南山区。				
143	深圳市交通公用设施建设中心	2010-7-17	全线 6.741 公里，城市快速路标准，标准路幅宽 70 米，主线双向六车道带辅道。	96662	10000	政府：10000	道路施工。
	深华快速路工程	2012-7-16	宝安区。				
144	深圳市交通公用设施建设中心	2010-8-23	全长 7.68 公里，设双向八车道，局部双向六车道，总概算投资为 45368 万元。	45368	10000	政府：10000	道路工程和配套及附属工程施工。
	深汕公路改造工程（二期）	2012-8-23	龙岗区、坪山新区。				
145	深圳市交通公用设施建设中心	2009-12-1	深发改[2007]2136 号批复项目总概算 64715 万元。全长 12.545 公里。	64715	15000	政府：15000	主要进行地下管道施工、桥涵施工、路基路面施工、绿化施工。
	深汕公路改造工程（一期）	2011-6-30	坪山新区。				
146	深圳市交通运输委员会	2008-4-28	道路总长 17.8 公里，由疏港道路和地面市政道路组成，其中疏港道路以高架桥为主，采用一级公路建设标准。	233578	50000	政府：50000	道路及配套工程施工。
	深圳西部港区疏港道路工程	2012-6-1	南山区前海片区。				

（接下表）

（续上表）

编号	建设单位及项目名称	建设日期	建设规模及建设地址	总投资	本年度计划完成投资	资金来源	本年度建设内容
147	深圳市交通公用设施建设中心	2009-10-9	主线为城市快速路，长 5 公里，连接线为 I 级主干道，长 1.2 公里，均为双向六车道。	71730	12000	政府：12000	道路施工及配套工程。
	深圳市宝安区田贝至大水坑道路工程	2011-10-9	宝安区。				
148	深圳市交通公用设施管理处	2010-5-6	城市快速路改造，主线双向八车道，全长 19.5 公里，红线宽 78—132 米。	96979	40000	政府：40000	主车道沥青路面，及配套市政工程。
	北环大道（银湖立交—港湾大道段）路面修缮及交通改善工程	2011-5-1	南山区、福田区。				
149	深圳市建筑工务署	2010-9-15	城市快速路，全长 4.552 公里，双向六车道加双向四车道辅道。	104473	7000	政府：7000	软基处理工程。
	机场南路新建工程	2013-6-30	宝安区。				
150	广东博大高速公路有限公司博深分公司	2009-6-29	全长 63.2 公里，全线采用设计速度 100 公里/小时的双向六车道高速公路标准,项目总投资为 85.9 亿元。	187800	30000	自筹：30000	道路施工。
	粤湘高速公路博罗至深圳段	2012-12-30	博罗互通立交至排榜互通立交。				
	宜居环境项目 5 项						
	续建项目 4 项						
151	深圳市宝安区人民政府	2009-11-1	管网长 65 公里。	62024	30000	政府：30000	完成所有六个干管系统的沉井、顶管、开挖埋管、沟渠加盖工程。
	沙井污水处理厂配套污水干管（二期）工程	2012-12-31	宝安区沙井街道、松岗街道。				

（接下表）

（续上表）

编号	建设单位及项目名称	建设日期	建设规模及建设地址	总投资	本年度计划完成投资	资金来源	本年度建设内容
152	深圳市宝安区观澜街道办事处	2009-12-3	敷设管道(DN400-DN2000)48 公里，污水泵站两座。	41679	20000	政府：20000	完成污水干管敷设 20 公里、2 个污水泵站及外线电缆的建设。
	观澜污水处理厂配套污水干管（二期）工程	2011-12-31	宝安区观澜街道。				
153	深圳市宝安区人民政府	2009-6-1	管道总长 39 千米。	24808	20000	政府：20000	完成敷设管线 21 公里、各类检查井 350 座、河道加盖约 1 公里。
	福永污水处理厂配套污水干管（二期）工程	2011-12-31	宝安区福永街道。				
154	盐田三期国际集装箱码头有限公司	2009-1-10	210 台大型龙门吊油改电。	36758	11000	自筹：5270 贷款：5730	继续对所安装的设备进行测试和试运行，并对技术方案作出调整，进而完成所有计划内的箱区和电龙改造。
	盐田港龙门吊油改电工程	2011-12-10	盐田区。				
	续建项目 4 项						
155	深圳市能源环保有限公司	2011-1-1	日处理生活垃圾 3000 吨，配置 2 台 30 兆瓦的汽轮发电机组。	145547	50000	自筹：10617 贷款：39383	建筑工程、安装工程完工，达到一台机组（30 兆瓦）试生产条件。
	深圳市宝安（老虎坑）垃圾发电厂二期工程	2012-11-30	宝安区松岗镇塘下涌老虎坑环境园。				
	资源能源保障项目 9 项						
	续建项目 8 项						
156	深圳市水务局	2007-10-30	总库容 1.42 亿立方米。	101285	5000	政府：5000	1 号坝竣工收尾，2、5 号坝填筑，3、6 号坝基础处理及土方开挖，4 号坝防渗墙施工；连通隧洞、供水隧洞、支洞、放水隧洞掘进，供水隧洞、放水隧洞开始二衬施工。
	公明供水调蓄工程	2013-12-31	光明新区光明、公明，宝安区石岩街道辖区。				

（接下表）

（续上表）

编号	建设单位及项目名称	建设日期	建设规模及建设地址	总投资	本年度计划完成投资	资金来源	本年度建设内容
157	深圳市燃气集团股份有限公司	2009-9-1	门站2座，1座高/次高，5座高/中调压站，140公里高压管线。	258000	46000	自筹：46000	5个场站项目，29公里高压管线建设。
	深圳市天然气高压输配系统工程	2012-12-1	龙岗区、宝安区、南山区、盐田区。				
158	深圳市燃气集团股份有限公司	2006-8-1	3座门站、3座LNG调峰站及5座气化站、33座高/中压调压站、205公里高/次高压、1303公里中压管线。	307000	15000	自筹：15000	进行5个场站项目，12公里高压管线，9公里次高压管线，50公里中压管线的建设。
	深圳市天然气利用工程	2012-12-1	罗湖区、福田区、南山区、盐田区、宝安区、龙岗区、光明新区、坪山新区。				
159	广东电网公司深圳供电局	2007-1-1	在建(56个)：主变容量694万千伏安/线路335公里；前期（81个）：主变容量1924万千伏安/线路809公里。	966724	150000	自筹150000	变电站、线路施工。
	深圳电网重点工程	2015-12-30	罗湖区、福田区、南山区、盐田区、宝安区、龙岗区、光明新区、坪山新区。				
160	深圳抽水蓄能电站建设管理局	2011-2-8	装机容量1200兆瓦。	599060	29315	自筹：5863 贷款：23452	完成上下库连接道路、主体工程（包括输水发电系统土建工程、上水库大坝土建工程）全面开工，签订主机设备合同。
	深圳抽水蓄能电站	2016-11-30	盐田区、龙岗区。				
161	中国石油管道建设项目经理部	2010-1-1	（属保密项目，信息不对外公开）。				
	西气东输二线（东段）管道工程(深圳段)	2013-1-1					

（接下表）

（续上表）

编号	建设单位及项目名称	建设日期	建设规模及建设地址	总投资	本年度计划完成投资	资金来源	本年度建设内容
162	深圳市水务局	2010-8-26	总库容1.86亿立方米，正常蓄水位79米，设计洪水标准500年一遇。	116075	10000	政府：10000	完成2#隧洞、出口竖井施工及闸门安装，2300米输水管线的铺设，1#、2#、9#、10#坝的坝基帷幕灌浆及防渗墙并开始填筑，溢洪道施工，3#隧洞完成900米开挖及初衬，1#、4#、5#隧洞具备进洞条件，部分防汛道路的施工。
	清林径引水调蓄工程	2014-8-26	龙岗区龙城、横岗、坪地街道。				
163	深圳市水务局	2008-7-31	总库容为2188万立方米。	29239	2000	政府：2000	工程施工准备工作、主坝基础开挖、主坝围堰施工、放空底孔开挖。
	深圳市铜锣径水库扩建工程	2012-12-31	龙岗区横岗街道保安社区。				
164	深圳南天电力有限公司	2011-3-1	建设一套S109E燃气一蒸汽联合循环发电机组。	52000	20000	自筹：5000 贷款：15000	完成主辅机设备招投标、施工单位招投标、工程开工前报建工作。
	深圳美视电厂燃油改燃气工程（2#9E机组）	2012-4-1	福田区侨香路。				
	新兴产业项目21项						
	前期项目21项						
165	深圳市绿微康生物工程有限公司		建筑面积约5万平方米，建设工业酶、食品酶、饲料酶生产线，酶工程技术中心等，设计产能脂肪酶1000吨/年、生物酶脱墨剂400吨/年。	23000			办理用地手续、规划设计等前期工作。
	绿微康生物酶研发及产业化基地		意向：宝安区观澜街道。				

（接下表）

（续上表）

编号	建设单位及项目名称	建设日期	建设规模及建设地址	总投资	本年度计划完成投资	资金来源	本年度建设内容
166	深圳一致药业股份有限公司	—	建筑面积9.2万平方米，建设生产厂房、研发中心等设施，设计产能1亿支无菌粉针/年、5000万瓶口服溶液/年。	50000	—	—	规划设计等前期工作。
	深圳一致药业（坪山）医药研发制造基地	—	坪山新区市大工业区。				
167	深圳市开立科技有限公司	—	建筑面积5.5万平方米，建设总部办公研发和彩超生产线及配套设施，设计产能2.2万台/年。	30000	—	—	办理用地手续、规划设计等前期工作。
	彩色多普勒超声成像系统研发及产业化基地	—	意向：光明新区高新技术园。				
168	温斯顿电池制造有限公司	—	建筑面积约11.4万平方米，建设研发中心、生产厂房等设施，设计产能640吨稀土电池正极材料。	50000	—	—	办理用地手续、规划设计等前期工作。
	温斯顿新能源基地	—	意向：宝安区石岩街道。				
169	深圳市能源环保有限公司	—	建筑面积约12.1万平方米，建设总装、装焊、机加工车间等，年产20条垃圾焚烧处理系列设备、30条污泥干化焚烧处理系统设备、40条脱硫废水深度处理系统设备。	20000	—	—	办理用地手续、规划设计等前期工作。
	深圳市新能源环保装备产业基地项目	—	意向：南山区西丽街道南湾工业区片区。				
170	深圳市理邦精密仪器股份有限公司	—	建筑面积9.77万平方米，新建企业研究开发中心、办公用房、试生产车间及其他配套用房和地下车库、设备用房等。	30026	—	—	开展项目用地申请等前期工作。
	企业研究开发中心及产业化基地项目	—	意向：坪山新区国家生物医药产业基地。				

（接下表）

（续上表）

编号	建设单位及项目名称	建设日期	建设规模及建设地址	总投资	本年度计划完成投资	资金来源	本年度建设内容
171	深圳市科聚新材料有限公司	—	建筑面积 15.5 万平方米，设计产能年产汽车轻量化材料 30 万吨、高技术高性能材料 32.1 万吨。	100000	—	—	规划设计等前期工作。
	高分子工程塑料新材料研发生产基地	—	坪山新区坪山街道相关汽车产业园区。				
172	深圳市汇川技术股份有限公司	—	总建筑面积 7.92 万平方米，建设新能源汽车驱动电机控制器生产基地，设计产能 1.58 万台/年。	34500	—	—	办理用地手续、规划设计等前期工作。
	新能源汽车驱动电机控制器研发与产业化	—	意向：南山区市高新区。				
173	深圳市沃特玛电池有限公司	—	建筑面积约 2.8 万平方米，建成日产磷酸铁锂电池 1.6 兆瓦时的生产基地。	30000	—	—	规划设计等前期工作。
	沃特玛电动汽车动力电池组生产基地	—	坪山新区竹坑第一工业区 9 栋、3 栋、4 栋。				
174	深圳市信立泰生物医疗工程有限公司	—	总建筑面积约 7 万平方米，建设冠脉支架研究开发中心和生产厂房，年产 30 万套冠脉金属支架、药物洗脱冠脉支架、冠脉输送球囊导管。	30460	—	—	规划设计等前期工作。
	生物医疗器械研发和生产基地项目	—	坪山新区。				
175	深圳广播电影电视集团	—	占地 3944 平方米，在动漫基地现址上拆除 1 栋 5 层楼建筑，建设 1 栋地上 25 层、地下 3 层，总建筑面积 5.2 万平方米的动漫大厦。	31047	—	—	深化设计，办理拆迁的相关手续，办理土地使用权出让合同，编制概算书等。
	深圳国家动漫画产业基地动漫大厦	—	罗湖区怡景路 2008 号.				

（接下表）

（续上表）

编号	建设单位及项目名称	建设日期	建设规模及建设地址	总投资	本年度计划完成投资	资金来源	本年度建设内容
176	深圳报业集团	—	拟建设总建筑面积5.2万平方米的办公写字楼(地上26层，地下3层)，主要用于报业集团下属新媒体文化项目及入驻企业的生产和运营。	34192	—	—	方案设计及报建等前期工作。
	深圳报业集团新媒体文化产业基地	—	福田区景田生活区3小区(原深圳商报公寓楼址)。				
177	先健科技（深圳）有限公司	—	建筑面积约4万平方米，建设生产厂房、实验室、仓储库房等设施，产品为介入类器械产品。	30000	—	—	规划设计等前期工作。
	介入医疗器械产业化项目	—	意向：光明新区.				
178	深圳中宝天然生物科技发展有限公司	—	建筑面积约3.3万平方米，建设生产厂房、实验室等，设计产能2万吨中兽药/年。	50000	—	—	规划设计等前期工作。
	中宝生物科技产业基地	—	盐田区盐田街道。				
179	深圳市陆地方舟电动车有限公司	—	建筑面积约12万平方米，建设驱动电机、电池管理系统等新能源汽车关键零部件生产基地，设计产能为20万套/年。	57000	—	—	规划设计等前期工作。
	新能源电动汽车关键零部件研发及产业化	—	意向：光明新区公明街道（租赁）。				
180	腾讯科技（深圳）有限公司	—	总建筑面积约26万平方米，建设动漫游戏、移动互联网、搜索研发中心等设施。	296309	—	—	规划设计等前期工作。
	腾讯科技（深圳）有限公司动漫游戏及移动互联网基地	—	南山区市高新区填海六区。				
181	传云网络技术（深圳）有限公司	—	建筑面积4.38万平方米。	108996	—	—	规划设计等前期工作。
	阿里巴巴国际运营总部	—	南山区前海片区。				

（接下表）

（续上表）

编号	建设单位及项目名称	建设日期	建设规模及建设地址	总投资	本年度计划完成投资	资金来源	本年度建设内容
182	传云科技（深圳）有限公司		建筑面积 3.76 万平方米。	99802			规划设计等前期工作。
	阿里巴巴商业云计算中心		南山区前海片区。				
183	百度国际科技（深圳）有限公司		建设百度国际总部、华南总部及研发中心。	200000			规划设计等前期工作。
	百度国际总部、华南总部及研发中心		南山区市高新区。				
184	深圳康泰生物制品股份有限公司		总建筑面积约 14 万平方米，设计产能 1.43 亿支/年、2000 万剂/年。	50200			规划设计等前期工作。
	康泰生物疫苗产业化基地		意向：光明新区。				
185	深圳市五洲龙汽车有限公司		建设新能源客车生产厂房及研发中心，设计产能 1 万辆各类新能源客车。	187980			规划设计等前期工作。
	五洲龙新能源汽车（二期）建设项目		坪山新区沙田片区。				
	高技术与先进制造业项目 19 项						
	前期项目 19 项						
186	皇景光电（深圳）有限公司		建筑面积 4.9 万平方米，光电集团营运总部、LCOS 微型投影模块厂区、WLM 晶圆级相机模块厂区。达产年平均营业收入 333734 万元。	63870			办理用地手续，开展项目前期工作。
	奇景光电园区一期工程		南山区。				
187	深圳市电连精密技术有限公司		建生产制造中心、技术工程中心、.产品检测试验中心。.	21800			办理用地手续，规划设计等前期工作。
	微型化、高可靠性射频连接器及互连系统研发和产业化项目		意向：光明新区高新技术产业园区光桥路车站 10-2-1、10-2-2 地块。				

（接下表）

（续上表）

编号	建设单位及项目名称	建设日期	建设规模及建设地址	总投资	本年度计划完成投资	资金来源	本年度建设内容
188	深圳市银星投资集团有限公司	—	建筑面积 16.96 万平方米，建成后年产值 38.4 亿元人民币，预计增加 4000 就业岗位。	67380	—	—	开展项目用地申请等前期工作。
	激光打印机及耗材的生产与配套	—	—				
189	深圳市三利谱光电科技股份有限公司	—	建筑面积 2.2 万平方米，新建设幅宽为 1490mm 的 TFT 型偏光片生产线，产品主要用于 62 寸及以下液晶平板显示器和 3D 偏光片产品。项目达产后年产能约 400 万平方米。	28043	—	—	办理用地手续，开展项目前期工作。
	宽幅（1490mm）TFT 型偏光片生产线	—	意向：光明新区公明街道公常路 381 号。				
190	深圳市景阳科技股份有限公司	—	建筑面积 7.5 万平方米，建设研发楼、生产车间、仓储物流和员工宿舍.项目建设成达产后当年销售额约为 11 亿元人民币,净利润约为 1.3 亿元人民币。	51021	—	—	办理用地手续，开展前期工作。
	景阳数字视频监控产品基地	—	意向：光明新区高新技术产业园区。				
191	深圳市通产丽星股份有限公司	—	建筑面积 6 万平方米，新建纳米改性塑料年产 4800 吨；PCR 回收料年产 28000 吨；光油年产 100 吨；塑木制品年产 4500 吨。	26373	—	—	办理用地手续，开展项目前期工作。
	环保高新材料的研制及包装级塑料回收再利用	—	意向：龙岗区坪地街道坪西社区。				
192	科通通信技术（深圳）有限公司	—	建筑面积 11.75 万平方米，建设嵌入式产业基地和微软亚太研发集团南方总部。	59037	—	—	办理用地手续，开展项目前期工作。
	深圳嵌入式技术研发服务产业基地暨微软亚太研发集团南方总部项目	—	意向：南山区高新技术园区。				

（接下表）

（续上表）

编号	建设单位及项目名称	建设日期	建设规模及建设地址	总投资	本年度计划完成投资	资金来源	本年度建设内容
193	深圳市格林美高新技术股份有限公司	—	建筑面积 7.5 万平方米，新建成型、压纹等设备，增加塑木型材生产线，可年产 100000 吨塑木型材。	30000	—	—	办理用地手续，开展项目前期工作。
	废弃资源循环再造低碳塑木型材的关键技术研究与产业化	—	意向：宝安区沙井。				
194	深圳市新国都技术股份有限公司	—	建筑面积 4.2 万平方米，建设研发生产基地，主要产品为互联网支付产品、手机支付产品。	55000	—	—	办理用地手续，开展项目前期工作。
	电子支付研发基地及电子支付数据支持中心	—	意向：南山区高新技术园区。				
195	深圳中科纳能科技有限公司	—	建筑面积 17.1 万平方米，新建印刷纳米制版研发生产基地。	81783	—	—	办理用地手续，开展项目前期工作。
	纳米制版建设项目	—	意向：南山区高新技术园区。				
196	深圳欧菲光科技股份有限公司	—	建筑面积 6.16 万平方米，新建年产纯平电容式触摸屏 1200 万片，红外截止过滤片及 镜座组件 2 亿片生产能力，同时建设公司研发总部及资金结算中心。	54912	—	—	办理用地手续，开展项目前期工作。
	欧菲光总部基地及新型光电元器件生产基地项目	—	意向：光明新区高新技术产业园区。				
197	深圳市聚作实业有限公司	—	建筑面积 7.5 万平方米，新建 LED 绿色照明系列产品生产基地。	52020	—	—	办理用地手续，开展项目前期工作。
	“LED 绿色照明系列产品”产业基地建设项目	—	意向：坪山新区高交会成交项目转化园区。				

（接下表）

（续上表）

编号	建设单位及项目名称	建设日期	建设规模及建设地址	总投资	本年度计划完成投资	资金来源	本年度建设内容
198	深圳市中企信星电子商务有限公司	—	建筑面积 6 万平方米，新建研究开发与生产基地。	32023	—	—	办理用地手续，开展项目前期工作。
	深圳电子商务信用之都：技术、标准、服务平台、应用推广及产业园	—	意向：前海片区.				
199	深圳市易思博软件技术有限公司	—	建筑面积 3.5 万平方米，新建软件开发大厦，用作软件研发和外包服务基地。	40088	—	—	办理用地手续，开展项目前期工作。
	易思博软件服务基地	—	意向：南山区科技园。				
200	深圳市繁兴科技有限公司	—	建筑面积 3.35 万平方米，新建年产 1000 台烹饪机器人生产线。	10000	—	—	办理用地手续，开展项目前期工作。
	AIC 烹饪机器人及其精确配菜产品 DR 产业化项目	—	意向：南山区西丽镇丽水路同富裕工业区。				
201	深圳市科陆电子科技股份有限公司	—	建筑面积 17.8 万平方米，新建智能变电站自动化系统、用电管理系统、智能电能表、变频器生产基地。	121282	—	—	办理用地手续，开展项目前期工作。
	智能电网研发与产业基地	—	意向：光明新区。				
202	深圳市怡化电脑有限公司	—	建筑面积 8.65 万平方米，新建年生产现金存取款机 20000 台及其他产品 23200 台的生产能力。	54415	—	—	办理用地手续，开展项目前期工作。
	金融自助设备制造基地建设项目	—	意向：光明新区模具 1 与模具 2 地块。				
203	深圳市光明新区管理委员会	—	总建筑面积 18.79 万平方米，新建 8 栋标准厂房(6 层和 7 层各 4 栋)，1 栋 6 层综合楼，1 层地下停车场等。	46983	—	—	完成用地规划许可、调整用地方案图、方案设计、初步设计、施工图设计等工作，动工建设。
	深圳市光电产业企业加速器	—	光明新区光明街道光明园区三号路北侧、二号路东侧。				

（接下表）

（续上表）

编号	建设单位及项目名称	建设日期	建设规模及建设地址	总投资	本年度计划完成投资	资金来源	本年度建设内容
204	深圳市引进高新技术重大项目领导小组办公室（暂代）	—	建筑面积 13.2 万平方米，新建一条月产 12 万片第 8.5 代 TFT-LCD 玻璃基板精密研磨生产线。	167500	—	—	开展环评审批，规划设计与报建等前期工作。
	旭硝子第 8.5 代 TFT-LCD 玻璃基板项目	—	光明新区。				
	现代服务业项目 16 项						
	前期项目 16 项						
205	深圳市海普瑞药业股份有限公司	—	拟建设企业总部、肝素钠原料统筹中心、肝素钠制剂产业链扩展中心、生物医药技术与信息服务平台与国际合作基地、生物医药注册与认证服务中心、生物医药研究院等。	396812	—	—	办理用地手续，规划设计等前期工作。
	海普瑞生物医药总部工程	—	意向：宝安区（区政府附近）。				—
206	深圳市朗华供应链服务有限公司	—	总建筑面积 5 万平方米，拟新建办公区、设计中心、停车场、理货区、仓储区、国际物流区、展示区、增值加工区等。	37800	—	—	办理用地手续，方案设计等前期工作。
	朗华(物流)供应链外包基地与虚拟生产中心	—	意向：宝安区.				
207	深圳市南方农产品物流有限公司	—	占地 10 万平方米，总建筑面积 20 万平方米。建设具有农产品批发、肉类批发、干货批发、水产品批发、农产品加工配送、花卉集散等功能的物流园区。	65000	—	—	办理土地手续，施工图设计等前期工作。
	深圳国际农产品物流园西区（南方集联国际物流中心）	—	龙岗区平湖街道白泥坑社区。				

（接下表）

（续上表）

编号	建设单位及项目名称	建设日期	建设规模及建设地址	总投资	本年度计划完成投资	资金来源	本年度建设内容
208	深圳市信利康供应链管理有限公司	—	拟建设总建筑面积约10万平方米的全球高端集成电路、光电设备、大型设备供应链物流园区。	33000	—	—	办理用地手续，方案设计等。
	深圳市信利康全球供应链服务物流园	—	意向：龙岗区平湖.				
209	深圳证券交易所	—	初期办学规模500人（年培训量2万人），拟建总建筑面积8.5万平方米的教学中心、会议中心、研究中心、图书中心、学员公寓、体育中心、餐饮及行政办公中心等。	79773	—	—	办理用地手续，完成方案设计、初步设计、施工图设计等前期工作。
	中国资本市场学院	—	意向：南山区西丽湖度假村2010-003-0055（方案号）地块。				
210	深业进智物流发展有限公司	—	拟建设总建筑面积10.8万平方米的分拨中心。一期建设物流大厦（含仓储、商业），二期建设配送中心（含公铁联运、仓储）。	44580	—	—	一期项目用地办理招拍挂手续，二期项目办理城市更新审批手续，项目方案设计等前期工作。
	深业进智现代物流分拨中心（一、二期）	—	罗湖区清水河一路112号。				
211	深圳市建设银行；中国建银投资证券有限责任公司	—	占地7096平方米，建设1栋40层，总建筑面积约10.6万平方米的自用型办公大楼。	190000	—	—	方案设计、施工图设计。
	深圳建设银行大厦	—	福田区中心区31-4-1地块。				
212	深圳市东方银座集团有限公司	—	总建筑面积20万平方米（72层1栋），该项目位于南山区学府路与前海路交会处。拟建成集商务、办公、购物为一体的现代服务业总部。	303833	—	—	方案设计等前期工作。
	现代服务业总部大厦	—	南山区学府路与前海路交会处。				

（接下表）

（续上表）

编号	建设单位及项目名称	建设日期	建设规模及建设地址	总投资	本年度计划完成投资	资金来源	本年度建设内容
213	深圳市华测检测技术股份有限公司	—	拟建设 1 幢总部大楼、2 幢实验室，为华南区 20 万家客户提供涉及工业品检测、消费品检测、贸易保障及生命科学等技术服务，每年可出具 200 万份报告。	35000	—	—	办理用地手续，开展方案设计等前期准备工作。
	华测中国总部及华南检测基地建设项目	—	意向：宝安区新安街道 38-07 M1 片区（园区）。				
214	国信证券股份有限公司	—	占地 5455 平方米，建设总建筑面积 8 万平方米的自用型综合性营运大厦。	85500	—	—	施工图设计等前期工作。
	国信证券大厦	—	福田中心区福华路与民田路交界处 23－2－7 地块。				
215	深圳市今天国际物流技术股份有限公司	—	拟建设公司总部大楼、研发中心大楼、实验基地、生产基地等。	50220	—	—	办理用地手续，方案设计等前期工作。
	今天国际总部基地项目	—	意向：龙岗区				
216	深圳市旗丰供应链服务有限公司	—	占地约 6 万平方米，建设约 12 万平方米的普通仓库、出口监管仓库、高价值库、信息中心与行政配套等。	32950	—	—	方案设计等前期工作。
	深圳旗丰国际供应链电子配送中心	—	龙岗区南湾街道下李朗社区。				
217	深圳市特种设备安全检验研究院	—	拟建总建筑面积 3.5 万平方米的检验业务综合楼、检测试验楼、考试中心、构筑物电梯试验塔等（地上 2.5 万平方米，地下 1 万平方米）。	24037	—	—	概算、工程设计、招标、报建等前期工作。
	深圳市特种设备安全检验测试基地	—	宝安区石岩街道德悦路北侧。				

（接下表）

（续上表）

编号	建设单位及项目名称	建设日期	建设规模及建设地址	总投资	本年度计划完成投资	资金来源	本年度建设内容
218	深圳市安诚宇物流有限公司	—	拟建总建筑面积约7.5万平方米的两栋6层多功能保税仓库、一栋物流综合营运中心以及相关的物流、装卸设备和办公设备等配套设施。	30000	—	—	办理土地招拍挂手续，方案设计等前期工作。
	安诚宇保税物流中心项目	—	意向：坪山新区出口加工区。				
219	深圳深业物流集团股份有限公司	—	总建筑面积（含地下室）约45万平方米，主要建设国际电子物流城、国际物流总部基地、商务公寓及其他相关配套设施。	423094	—	—	方案设计等前期工作。
	深业物流中心	—	罗湖区宝安北路。				
220	深圳市中小企业服务中心	—	拟建设10.4万平方米的科技企业孵化场所、研发与设计中心、公共服务平台、培训中心及配套用房等。	35499	—	—	方案设计及报建等前期工作。
	深圳市科技创业大厦	—	南山区科技园。				
	社会民生工程项目20项						
	前期项目20项						
221	深圳市孙逸仙心血管医院	—	地上建筑5.65万平方米，地下室3.2万平方米，分A、B、C三栋。	60991	—	—	完成施工图设计，启动建设招标工作。
	孙逸仙心血管医院迁址新建	—	南山区朗山路。				
222	深圳市司法局	—	用地面积为20万平方米，总建筑面积为14.06万平方米，收容量4000人左右。	41468	—	—	土地勘察\方案设计等工作。
	市第二劳教所新址建设工程	—	宝安区观澜街道企坪社区。				

（接下表）

（续上表）

编号	建设单位及项目名称	建设日期	建设规模及建设地址	总投资	本年度计划完成投资	资金来源	本年度建设内容
223	深圳市人力资源和社会保障局	—	总建筑面积 15 万平方米，办学规模为 5000 名在校生。	45000	—	—	完成选址、可研、环评、勘察和初步设计等工作。
	市第二高级技工学校新校区建设工程	—	光明新区公明街道将石社区.				
224	当代艺术馆与城市规划展览馆筹建办公室	—	总建筑面积 8 万平方米，其中当代艺术馆约 3.85 万，规划展览馆约 1.96 万，公用面积 0.19 万，地下 2 万。	96283	—	—	完成施工图设计，基础施工准备。
	当代艺术馆与城市规划展览馆	—	福田区中心区 28-4 地块。				
225	深圳市康宁医院	—	建设规模 800 张床，占地面积 9.6 万平方米，建筑总面积 10.7 万平方米。本项目定位于集医疗，教学，科研，防保和康复为一体的现代化精神病专科医院。	70241	—	—	完成施工图设计，开展施工前准备工作。
	市精神病院（健宁医院）	—	坪山新区汤坑社区。				
226	深圳市科学技术协会	—	占地面积 2.5 万平方米，建筑面积 8 万平方米。该项目是我市“十一五”期间规划的大型公益性科学文化设施项目。	166492	—	—	完成项目建筑的初步设计，施工图设计、初勘、详勘、建筑施工招标；完成展教内容的初步设计、深化设计及制作。
	深圳科技馆（新馆）	—	南山区后海中心区。				
227	深圳市大龙园农业科技发展有限公司	—	主要建设内容为珍稀水生动物科普教育大楼和展馆、管理服务大楼、标本馆、救护基地、专家楼、培训楼、主题广场、生态广场，及完善配套设施等。	36136	—	—	项目环评、方案设计规划及规划用地申请工作，工程项目各项申报手续办理等前期工作，以及湿地改造、水生野生动物救护基地、管理服务大楼的建设等工作。
	大龙园珍稀水生动物主题公园	—	罗湖区大望社区新平村。				

（接下表）

（续上表）

编号	建设单位及项目名称	建设日期	建设规模及建设地址	总投资	本年度计划完成投资	资金来源	本年度建设内容
228	深圳市人民医院	—	总面积 10.59 万平方米，病床数 1200 张。	59333	—	—	开展初步设计概算编制等前期工作。
	市人民医院内科住院大楼	—	罗湖区东门北路 1017 号。				
229	深圳市龙岗区大鹏街道办事处	—	建设内容包括考古发掘、重点建筑修缮、市政工程、所城内风貌整治、拆迁居民安置小区等。	30057	—	—	完成设计和投资计划下达以及部分重点建筑修复和市政工程。
	大鹏所城整体保护项目二期工程	—	龙岗区大鹏街道鹏城社区。				
230	深圳市龙岗区布吉街道办事处	—	总建筑面积约 4 万平方米，建设一个集图书馆、文化广场、演艺、文化展示、文化技师辅导、公共娱乐和公共体育馆为一体的公共建筑综合体。	37371	—	—	完成可行性研究报告及施工图概算等的审批,争取年底进入施工阶段。
	布吉文体中心	—	龙岗区布吉街道				
231	深圳市南山区建设局	—	用地面积 0.6 万平方米，容积率 3.1，计容建筑面积 1.9 万平方米，是南山区“文化立区”发展战略的品牌项目。	32370	—	—	完成该项目建筑设计招标提案阶段的工作，确定设计方案。
	南山区文化美术馆	—	南山区正风路北，艺园路东。				
232	深圳市建筑工务署　深圳市口岸办	—	总建筑面积 7.56 万平方米，定位为客货运综合口岸，设计交通量旅客 3 万人/日，车辆 17850 车/日。罗湖区莲塘片区罗沙公路南侧、深圳河北侧。	140094	—	—	完成可研、环评、选址意见书、建设用地规划许可。
	莲塘口岸	—	罗湖区莲塘片区。				

（接下表）

（续上表）

编号	建设单位及项目名称	建设日期	建设规模及建设地址	总投资	本年度计划完成投资	资金来源	本年度建设内容
233	深圳市新建市属医院筹备办公室	—	建筑规模800床位，总建筑面积13.5万平方米。	68850	—	—	上半年完成设计、概算批复，下半年移交工务署动工建设。
	新明医院	—	光明新区光明街道圳美社区。				
234	深圳市新建市属医院筹备办公室	—	总建筑面积17万平方米，设1000张床位。建设一家集医疗、科研、预防于一体的三级甲等肿瘤专科医院。	85000	—	—	办理宗地图，开展方案设计、可行性研究报告编制工作，完成设计方案审批、可研报告审批、概算审批。
	肿瘤医院	—	龙岗区坂田街道。				
235	深圳市农业和渔业局	—	总面积90.14万平方米，设计年卸货量60万吨，新建码头长度2507米，疏浚及回填452.6万立方米，建筑物总面积12.33万平方米。	150154	—	—	开展项目用地申请等前期工作。
	深圳市宝安远洋渔业基地	—	宝安区大铲湾三期北侧、沿江高速以西、机场港区以南的区域。				
236	深圳市坪山新区建设管理服务中心	—	总建筑面积为9.74万平方米，主要建设内容为门急诊大楼（包括科教保健）、住院大楼、医技管理大楼、公寓楼以及相关配套设施。	55000	—	—	年底完成地基基础工程，形象进度完成10%。
	聚龙医院	—	坪山新区坪山街道燕子岭社区。				
237	深圳市坪山新区发展和财政局	—	建设内容包括体育场、游泳馆、多功能全民健身综合馆和多功能体育广场。	43496	—	—	基本完成建设前期的准备工作，并开工建设。
	坪山新区体育中心二期	—	坪山新区坪山街道坪环社区。				
238	深圳市坪山新区发展和财政局	—	总建筑面积为16.81万平方米，其中地上13.21万平方米，地下3.59万平方米。	46776	—	—	完成用地预审、可研、环评、水保等其前期工作。
	坪山新区土地整备拆迁安置区二期工程	—	坪山新区竹坑片区。				

（接下表）

（续上表）

编号	建设单位及项目名称	建设日期	建设规模及建设地址	总投资	本年度计划完成投资	资金来源	本年度建设内容
239	深圳市总工会	—	总建筑面积 8 万平方米，建成后全日制在校生规模为 3000 人，以中等职业教育为主，同时开展职工继续教育、农民工教育、工会干部培训和合作高等学历教育等。	24828	—	—	完成一期土地转让协议签订；完成地质勘探,方案设计和项目概算；完成一期场地三通一平,作好开工准备；取得二期用地方案图。
	深圳市职工继续教育学院校园建设工程	—	坪山新区创景南路以西，银田东路以南。				
240	深圳市青少年活动中心	—	主要建设内容为建筑拆除、改造、新建以及室外广场、管线水电通讯等配套工程，具体包括拆除现有的科技楼、文艺楼、康乐楼及大家乐舞台，改造天象馆。	34048	—	—	完成初步设计审查、编制概算报审，清理场地、基础正式开工、主体施工等。
	深圳市青少年活动中心（青年宫）升级改造工程	—	福田区红荔路 1001 号。				
	城市更新 4 项						
	前期项目 4 项						
241	深圳市罗湖区旧城旧村改造办公室	—	总用地面积 6.29 万平方米，主要对市政基础及配套设施（含交通、标识、环境、市政连廊、地下通道等）更新。该项目先进行 12 项后续专项规划的编制工作，对片区进行深度规划研究。	816900	—	—	完成 12 个后续专项规划的编制及审批工作，开展政府投资项目的环境影响评价和可行性研究报告的编制审批。进行全天候人行系统及其他重要节点方案设计及施工图设计工作。开展人民南二层市政人行通道二期工程建设。
	罗湖“金三角”片区空间资源整合项目	—	笋岗路、红岭路、文锦路、深圳河围合区域内。				

（接下表）

（续上表）

编号	建设单位及项目名称	建设日期	建设规模及建设地址	总投资	本年度计划完成投资	资金来源	本年度建设内容
242	盐田区城中村（旧村）改造办公室	—	用地面积 26.5 万平米，总建筑面积约 148.08 万平方米，该项目“以港兴市”，进一步整合盐田港后方陆域土地资源，为东部现代港口物流业发展提供土地资源。	573001	—	—	整体搬迁的各项前期工作基本完成，涉及普洛斯项目的 2 个自然村已提前拆迁，整体搬迁一期安置工程已经动工，市政府已明确整体搬迁项目政府补贴金额，督促各股份公司签订委托书，尽快开展公开招标工作，全面实施整体搬迁项目。
	盐田三、四村和西山吓村整体搬迁	—	盐田区盐田街道。				
243	华润置地（深圳）有限公司	—	该项目总建筑面积 280 万平方米，是第一批工业改造试点，该项目位于南山区高新技术园区东部。该项目将建成新型现代化高尚商业商务及居住社区，高新园和华侨城景区重要配套基地。	2000000	—	—	正式启动大冲旧改村民物业签约、大冲旧改村民过渡安置小区改造建设工程、非村民物业签约、大冲村东片区的围合管理，实现大部分物业的移交。
	华润大冲旧村改造项目	—	南山区大冲村。				
244	深圳市新天时代投资有限公司 深圳市石厦实业股份有限公司	—	该项目是旧村拆除重建改造，新建筑面积 42 万平方米，包括住宅、公寓、商务办公、商业及配套设施。	172784	—	—	配合地铁施工，地下室底板施工。
	石厦村改造项目	—	福田区石厦村。				
	轨道交通项目 4 项						
	前期项目 4 项						
245	深圳市地铁集团有限公司	—	线路由国贸至小梅沙，全长约 26.4 公里，设站 14 座，其中换乘站 3 座。	1080000	—	—	完成工程可行性研究。
	城市轨道交通 8 号线工程	—	罗湖区、盐田区。				

（接下表）

（续上表）

编号	建设单位及项目名称	建设日期	建设规模及建设地址	总投资	本年度计划完成投资	资金来源	本年度建设内容
246	深圳市地铁集团有限公司	—	占地12公顷，总建筑面积约75万平方米。	406708	—	—	完成设计工作，施工枢纽临时道路、前期工程，路基软基治理工程等
	前海湾综合交通枢纽工程	—	南山区前海。				
247	深圳市地铁三号线投资有限公司	—	线路全长37.3公里，地下段长5.6公里，高架段长31.6公里，地下站2座，高架站17座。	1488000	—	—	开展工可、初步设计及相关课题研究等前期工作。
	城市轨道交通6号线工程	—	宝安区和光明新区。				
248	广东珠三角城际轨道交通有限公司	—	双正线全长56.3公里，深圳境内18.97公里。	360910	—	—	完成初步设计等前期工作
	穗莞深城际轨道交通工程（深圳段）	—	宝安区。				
	机场港口项目3项						
	前期项目3项						
249	鑫科贤实业投资有限公司	—	规划陆域纵深1500米，岸线长2554米。一期工程建设5000吨级散杂货泊位3个，1000吨级多用途泊位3个，设计年吞吐量杂货114万吨、集装箱21.6万TEU。	82366	—	—	办理用海证明等手续，完成现场拆迁补偿、施工图设计及评审、施工招标等前期工作，开展进港通道修筑、西海堤拓宽加固、港后河涌改道及改造等施工准备工作。
	深圳港宝安综合港区一期工程	—	意向：宝安区福永街道。				
250	深圳市航运集团有限公司	—	陆域总面积43.62万平方米，码头岸线长1036米。拟建设17个500吨级的通用泊位，设计年吞吐能力600万吨，主要以矿建材料和水泥运输为主。	59300	—	—	办理用地预审、环评等项目前期工作，开展有关施工准备工作。
	深圳港区东宝河作业区一期码头工程	—	宝安区沙井街道。				

（接下表）

（续上表）

编号	建设单位及项目名称	建设日期	建设规模及建设地址	总投资	本年度计划完成投资	资金来源	本年度建设内容
251	深圳市大铲湾港口投资发展有限公司	—	陆域面积 94.8 万平方米，水域面积 108.7 万平方米，码头岸线长 1700 米，建设 10 万吨级集装箱专用泊位 4 个，设计年吞吐能力为 200 万 TEU。	727108	—	—	待国家发改委审查核准，核准后将全面开展前期工作。
	深圳港大铲湾港区集装箱码头二期工程	—	宝安区西乡街道				
	道路交通项目 1 项						
	前期项目 1 项						
252	深圳市外环高速公路投资有限公司	—	外环项目全长 92.86km，其中深圳段全长 76.04km，拟采用全线 6 车道高速公路建设标准。	1592825	—	—	计划2011年6月份完成初勘、初测外业验收工作，10 月份完成用地预审，12 月份完成初步设计和项目核准。
	深圳外环高速公路深圳段	—	宝安区、光明新区、坪山新区、龙岗区				
	宜居环境项目 6 项						
	前期项目 6 项						
253	深圳钰湖电力有限公司	—	发电装机容量 2×180 兆瓦（改造），制冷装机容量 19000 冷吨，热水供应能力 21.7 万吨/年。	28371	—	—	开展项目的前期准备工作。
	深圳钰湖电力有限公司冷热电联供项目	—	龙岗区平湖街道				
254	深圳市宝安区人民政府	—	管道长 10.54 公里，雍水设施 6 套。	38494	—	—	截污管道开挖、调蓄池建设。
	新圳河一西乡河水环境整治工程	—	宝安区新安街道、西乡街道				
255	深圳市能源环保有限公司	—	垃圾焚烧处理能力为 800 吨/日。	37626	—	—	办理用地手续，开展项目的前期准备工作。
	南山垃圾焚烧发电厂二期工程	—	意向：南山区妈湾大道				

（接下表）

（续上表）

编号	建设单位及项目名称	建设日期	建设规模及建设地址	总投资	本年度计划完成投资	资金来源	本年度建设内容
256	深圳市水务（集团）有限公司	—	污水处理能力远期规模60万立方米/日；一期工程规模拟定40万立方米/日。	94963	—	—	开展项目的前期准备工作。
	福田污水处理厂新建工程	—	福田区福田汽车站04-01片区。				
257	深圳市人居环境委员会	—	占地面积16.7万平方米，工业污水处理规模2万立方米/天，远期6万立方米/天。	50064	—	—	开展项目的前期准备工作。
	西部电镀线路板行业循环经济示范园区	—	宝安区松岗街道江边村犁头嘴。				
258	深圳市水务局	—	治理河段全长约为4.4公里，设计防洪标准为50年一遇。	99069	—	—	开展可行性研究及初步设计概算编制等前期工作。
	深圳河治理四期工程	—	罗湖区罗芳污水处理厂（13+465）至莲塘口岸向上620米（17+930）。				
	资源能源保障项目9项						
	前期项目9项						
259	深圳市油气及其他危险品仓储区规划建设和搬迁整治指挥部办公室	—	仓储规模80万立方米。	130000	—	—	开展项目的前期准备工作。
	光明吊神山成品油仓储区	—	光明吊神山。				
260	深圳市油气及其他危险品仓储区规划建设和搬迁指挥部办公室	—	每年周转量120万吨，仓储规模6万吨。	13000	—	—	开展项目的前期准备工作。
	坪地红花岭其他危险品仓储区	—	坪地红花岭。				
261	深圳市油气及其他危险品仓储区规划建设和搬迁整治指挥部办公室	—	仓储规模1万立方米。	70000	—	—	开展项目的前期准备工作。
	观澜樟坑径液化石油气库（LPG）	—	观澜樟坑径。				

（接下表）

（续上表）

编号	建设单位及项目名称	建设日期	建设规模及建设地址	总投资	本年度计划完成投资	资金来源	本年度建设内容
262	中海石油深圳天然气有限公司	—	接收进口液化天然气300万吨/年。	764551	—		开展项目的前期准备工作。
	深圳迭福液化天然气（LNG）项目	—	龙岗区大鹏街道迭福片区。				
263	中国广东核电集团公司	—	建设2台1000兆瓦级CPR1000型压水堆核能发电机组。	【‘	—	—	取得国家能源局对项目建议书的批复文件，做好环评和安评以及可研报告的送审工作。
	岭澳核电三期扩建工程	—	龙岗区大亚湾核电基地。				
264	深圳市燃气集团股份有限公司	—	储存规模：2座5万立方米储罐，最大储存规模为4万吨。	147000	—	—	签订用地合同。
	深圳市求雨岭天然气安全储备库工程	—	宝安区观澜街道求雨岭。				
265	深圳能源集团股份有限公司	—	拟建以天然气为燃料的3×390MW(9F级)燃气一蒸汽联合循环机组。	385212	—	—	办理用地手续，开展项目的前期准备工作。
	深圳光明燃机电厂（月亮湾电厂改扩建）项目	—	意向：光明新区。				
266	深圳能源集团股份有限公司	—	一期建设2×1000兆瓦超临界洁净煤机组，同步建设脱硫、脱硝和海水淡化。	782413	—	—	取得国家发改委同意项目开展前期工作；开展项目初步设计和施工图设计；开展项目征地、用海手续；开展电厂三大主机、土建和安装招标；开展三通一平前期工程施工。
	深圳能源滨海电厂	—	龙岗区大鹏街道坝光村。				
267	中石油昆仑天然气利用有限公司	—	一期规模为300万吨/年，二期规模为600万吨/年。	800000	—	—	办理用地手续，完成站址选址报告，待广东省、深圳市政府批准后；根据站址批复开展项目前期工作。
	西气东输二线深圳LNG应急调峰站	—	意向：龙岗区大鹏湾。		—	—	—

第三节 环境保护和环境建设

2010 年深圳市环境保护和环境建设的工作以科学发展观为统揽，深入落实《珠江三角洲改革发展规划纲要》，加快推进生态文明建设，人居环境建设工作成效显著。颁布实施《深圳市人居环境工作纲要》，完成人居环境保护与建设“十二五”规划初稿编制，初步构建人居环境工作、“十二五”规划、“十二五”建设项目三级实施体系；编制全国首个地方生态文明建设标准《深圳市生态文明建设指标体系》；完成国家和省下达 2010 年度和“十一五”污染减排任务；完成各项环保考核和“中国人居环境奖”复查工作；全市 335 公里区域绿道全线贯通，完成省下达目标任务的 112%；大运会生态环境保障和国家环境保护模范城市复核迎检准备工作有序推进；召开深莞惠三市环保合作第一次会议；河流综合整治成效获省人大、省政府领导肯定。

一、水污染防治

开展专项执法“雨季行动”。加快推进全市主要水库饮用水源保护区隔离管理工作，已完成石岩、梅林等 9 座水库隔离工程验收。妥善处理铁岗水库九围河污染和深圳水库翻船等突发事件。加强全市主要水库饮用水源水质的监测，全年监测数据显示，饮用水源水质达标率为 100%。

推进河流污染治理，以观澜河、龙岗河、坪山河等跨市河流为重点，实施流域限批，强化工业污染源监管，淘汰重污染企业 20 余家。加快基础设施建设，建成横岭污水处理厂二期工程，新开工和在建污水处理厂 14 座，污水管网建设进展顺利。加大河涌及环境综合整治，完成新洲河综合整治工程。

二、大气污染防治

工业企业废气污染治理方面。稳步推进电厂污染治理，全市现役 11 台燃油机组有 9 台改用液化天然气（LNG）发电，其余 2 台机组也正在停机改造；妈湾电厂 1#、2#机组低氮燃烧器完成改造并投入运行，年削减氮氧化物约 4000 吨；关停锅炉 240 台，60 台锅炉完成“油改气”，年削减二氧化硫约 3000 吨；完成全市挥发性有机物（VOC）重点排放行业调查并编制污染源清单，制订重点行业整治计划，完成了第一批挥发性有机物（VOC）排放重点企业治理示范工程；限期整改油烟污染企业 160 家，完成油烟在线监控试点工程建设 150 家。

机动车排气污染整治方面。在全省率先完成全部 252 家加油站、150 辆油罐车和 6 座储油库油气回收治理；2010 年 9 月 1 日起新车上牌执行国 IV 标准；全力推广在用车排气检测与强制维护制度（I/M）和简易工况法排气检测；加大机动车抽检力度，扩大黄标车限行范围，淘汰黄标车 1.3 万辆。

扬尘污染治理方面。检查建筑施工工地 3910 次，发出整改通知书 124 份，有效控制施工扬尘污染。

三、固体废弃物处置

全市产生工业固体废物 146.44 万吨，处置利用率为 99.82%；其中收集处置利用工业危险废物 38.38 万吨，工业危险废物处置利用率 100%。医疗废物产生 9720.64 吨，比上年增长 22.24%，医疗废物集中处理率 100%。

四、生态保护

认真落实市委市政府《关于加强环境保护建设生态市的决定》，围绕生态市、生态文明建设试点市建设，构建“四带六廊”生态安全网络格局，推进生态区、生态街道、生态工业园区、绿色社区等“生态细胞工程”建设，全面推动生态文明建设进程。

继续推进国家生态文明建设试点工作，积极探讨试点的内容、方式和重点等，编制完成的《深圳市生态文明建设指标体系》作为全国首个地方生态文明建设标准通过专家评审。建立了较具地方特色的生态创建标准体系，修订完善了《深圳市生态街道评价标准》《深圳市生态工业园区建设标准》《深圳市绿色社区考核标准》以及与之配套的考核验收程序。

组织开展"国家生态区""深圳市生态街道"、"深圳市绿色社区""深圳市生态工业园区"创建。罗湖区、南山区通过环保部组织的技术评估和考核验收，福田区通过环保部组织的全国公示。组织对全市首批"深圳市生态街道"进行抽查复查。组织50多个社区参与深圳市绿色社区创建。宝安区桃花源科技创新园等4家工业园区通过"深圳市生态工业园区"专家组考核。深科技彩田工业园区被命名为"深圳市生态工业园区"。

推动"四带六廊"生态安全网络格局建设，"深圳市生态安全体系建设"课题通过专家论证。"四带六廊"建设纳入市政府工作报告和《深圳市人居环境保护与建设"十二五"规划》，"深圳市关键节点生态恢复规划"启动编制。

深圳市自然生态环境得到有力保护。全市建成区绿化覆盖率达45%、人均公共绿地面积16平方米、自然保护区面积达到15544公顷。

五、污染减排

改造现有的雨污合流排水系统，提高现有污水处理厂的负荷率和城镇污水管网覆盖率。强化脱硝设施运行管理，非金属矿物制品业推行低氮燃烧或烟气脱硝示范工程建设，其他行业推行高耗能、高污染燃煤小锅炉的淘汰。组织开展了"十一五"减排情况回顾性评估工作和推进"十二五"污染减排规划课题研究。超额完成国家和省下达的年度和"十一五"污染减排任务。

六、政策法规

环境污染责任保险试点工作纳入《中国保险监督管理委员会深圳市人民政府关于深圳保险创新发展试验区建设的合作备忘录》，主要在危险废物经营行业开展，共有10家企业与保险公司签订了环境污染责任保险合同，保费约50万元，保额约1000万元。

组织编制了《深圳市创建宜居城市工作方案》，明确将宜居城市创建指标纳入环保实绩考核范围。全市有65个社区获省宜居社区称号，4个项目获省"宜居环境范例奖"，"南山商业文化中心区中水、雨水综合利用项目"被评为全省仅有的两个"中国人居环境范例奖"之一，高质量完成了"中国人居环境奖"复查工作。

审议通过了《关于推进住宅产业现代化提升住宅品质的若干规定》；完成了推进保障性住房标准化、系列化研究设计的前期工作；培育、建设25个住宅产业现代化示范基地和项目；大力开展住宅产业现代化的培训宣传，成功主办了第七届深圳"住博会"，参展了第九届北京"住博会"。

七、建设项目环境管理

全市环保系统共对24007个项目进行了审批，否定不符合环保要求的项目1498项，验收环保重点管理项目540项。

制订了环保系统工程建设领域突出问题专项治理工作方案，对2008年以来投资规模3000万元以上项目的环评执行情况进行了全面排查，并督促落实整改要求。

积极服务重大项目建设，积极推动长安标致汽车、轨道交通工程等重大项目建设工作，基本完成全市第一批六十开工项目和第二批二十大开工项目环评审批手续。

召开了全市环评管理工作大会，组织编制了《环境影响评价管理文件汇编》《环境影响评价文件编制技术指引》等管理和技术使用手册，并制定出台了关于"加强环境影响评价管理的意见"等环评管理政策制度。

妥善处理重大环境信访案件，如白鸽湖垃圾焚烧厂项目、南山区向南路荔海春城、葵涌环城西路等多宗重大环境信访案件。

第四节　城市更新

2010 年，在市委、市政府及市城市更新领导小组的正确领导下，深圳城市更新各项工作齐头并进，成效显著。城市更新配套政策不断完善，城市更新制度基本建立，城市更新计划申报常态推进，城市更新项目已形成全面推进的良好局面。

制定并发布施行了《深圳市城市更新项目保障性住房配建比例暂行规定》《拆除重建类城市更新项目操作基本程序（试行）》《拆除重建类城市更新项目房地产证注销操作规则（试行）》《深圳市宝安区、龙岗区、光明新区及坪山新区拆除重建类城市更新单元旧屋村范围认定办法（试行）》《城市更新单元规划审批操作规则（试行）》等一系列城市更新配套政策及相关技术规范，为开展城市更新工作奠定了良好的基础。同时，起草了《深圳市城市更新办法实施细则》，并积极参与全省“三旧”改造政策储备研究起草工作等。

组织编制了《深圳市城市更新专项规划（2010–2015）》，提出了 2010～2015 年深圳城市更新的目标、策略和实施机制。该专项规划经省住房和城乡建设厅备案审查通过。全年审批城市更新单元规划 35 项，涉及用地面积 336 公顷，批准建设用地面积 249 公顷，规划建筑面积 1225 万平方米。

制订了 2010 年城市更新年度计划，并对历年改造计划进行清理。全市 2010 年项目实施计划共包含 93 个项目，改造用地总规模 4.25 平方公里；城市更新单元规划制订计划共包含 174 个城市更新单元，拟拆除重建用地面积 15.3 平方公里；全市 6 个重点研究片区，研究范围 33.6 平方公里。同时，按照市政府的要求，建立了常态申报机制，制定并公布了《深圳市城市更新单元规划制定计划申报指引（试行）》，规范了申报条件和要求等。

目前，拆除重建类改造项目中，福田区渔农村、罗湖区水库新村（局部）、田贝村、莲塘、南山区南光村（一期）、田厦新村等 6 个项目已全面完成；盐田区暗径东村、江屋村（局部）、上渔村、罗湖区蔡屋围金融中心、龙岗区回龙埔（一期）、龙华三联弓村、西乡劳动村等 7 个项目已基本完成，进入外墙装修或预售阶段；福田区新洲村、石厦村、宝安区福永第一工业区、牛栏前旧村、龙岗黄阁坑工业区、爱联岗贝旧村等近 30 个项目正在进行施工建设；另有一批项目正在组织进行拆迁、谈判工作。2010 年 8 月 25 日，在市委市政府的统一部署下，全市 20 项条件成熟的城市更新项目举行了统一开工仪式，为特区成立 30 周年献上一份厚礼，这是深圳历史上最大规模的城市更新项目开工。

2010 年 12 月 24 日，市政府在蔡屋围金融中心改造项目现场召开了全市城市更新工作会议，会上许勤市长作了重要讲话，为“十二五”期间推进城市更新工作指明了方向，并提出了要求。会议发布了《关于深入推进城市更新工作的意见》，该《意见》强调了城市更新对全市发展的战略性意义，提出了“十二五”期间深圳城市更新的工作目标和要求，强化了城市更新对转变发展方式的促进作用，要求每个城市更新单元中确保大于 3000 平方米且不小于拆迁范围用地 15% 的用地，用于建设道路、学校、医院、公交场站、公共绿地等城市公共设施。创造性提出在城市更新中落实创新性产业用房和配建保障性住房等。同时，会议还发布了《深圳市城市更新项目保障性住房配建比例暂行规定》。该《暂行规定》规定列入深圳市城市更新范围的拆除重建类项目须配建保障性住房，配建比例根据所处区域及交通等相关条件不同划分为三类，最高比例达 20%。

第四章　土地市场

第一节 土地资源及利用

根据土地利用变更调查，截至 2010 年 12 月 31 日，深圳市行政区土地总面积 1991.64 平方公里，其中：农用地 929.88 平方公里，占 46.69%；建设用地 893.85 平方公里，占 44.88%，未利用地 167.91 平方公里，占 8.43%。

表 4-1　　深圳市历年土地利用分类构成

单位：平方公里

年份	辖区面积	农用地					建设用地			未利用地	
		耕地	园地	林地	牧草地	其他农用地	居民点及工矿	交通运输用地	水利设施用地	未利用地	其他土地
1995	1948.69	65.32	221.36	720.09	3.91	—	494.86	37.57	—	166.34	239.24
1996	1948.69	64.65	219.14	715.29	3.91	—	499.74	46.80	—	160.66	238.50
1997	1948.69	64.43	218.53	713.22	3.91	—	505.57	46.81	—	158.65	237.57
1998	1948.69	64.16	217.48	706.92	3.89	—	515.57	47.00	—	158.86	234.81
1999	—	—	—	—	—	—	—	—	—	—	—
2000	1952.85	63.72	275.61	644.78	0.66	—	559.32	60.77	—	121.94	226.05
2001	1952.85	61.47	281.57	615.76	1.91	—	597.88	64.21	—	114.71	215.34
2002	1952.84	60.14	302.62	605.10	0.74	113.02	615.10	73.70	60.18	73.51	48.73
2003	1952.84	46.94	290.25	595.03	0.51	91.69	679.35	74.84	60.12	65.76	48.35
2004	1952.84	45.22	277.90	590.04	0.48	86.26	700.79	77.80	60.44	64.68	49.23
2005	—	—	—	—	—	—	—	—	—	—	—
2006	1952.84	40.89	264.21	582.03	1.39	75.64	743.07	89.03	59.73	49.60	47.26
2007	1952.84	38.47	254.23	573.44	1.35	72.42	762.02	98.34	59.60	49.93	43.04
2008	1952.84	38.16	249.91	569.87	1.32	70.41	769.85	102.21	59.46	49.20	42.63
2009	1991.63	31.60	236.50	585.78	0.18	75.81	636.96	207.32	49.57	94.43	73.48
2010	1991.64	31.60	236.50	585.78	0.18	75.82	763.63	80.65	49.57	61.78	106.13

第二节　土地储备

一、管理机构

深圳市土地储备中心是土地储备工作的承办机构，主要履行以下职责：根据本市国民经济和社会发展规划、城市近期建设规划，负责组织对全市土地供需状况的调查，为政府职能部门编制全市土地储备计划、土地储备年度计划提供服务；根据土地储备年度计划制定具体地块的土地储备方案，经报批后组织实施；受政府委托依法适时收购土地；负责对政府依法通过征收、转地、收回、收购、置换等方式取得的土地进行储备管理，及时为市政府批准的建设项目提供土地；负责筹集并按规定使用土地储备资金；负责土地一级开发前期工作。

二、土地储备范围

按照《深圳市土地储备管理办法》（深府第153号令）规定，下列国有土地应当纳入土地储备：政府统一征收后尚未出让的；宝安、龙岗两区城市化转为国有的可建设用地；政府依法收回的；政府以收购、置换等方式取得的；挖山、填海形成的尚未出让的。规划已确定为农业用地、林业用地、城市公园、水库、水源保护区、河道以及海堤管理范围内的土地，并已确定移交给政府相关部门管理的，不纳入土地储备。

因深圳储备土地实行“先管理，后清理”的原则，因而现纳入管理的储备土地仍存在大量的农业用地、林业用地、城市公园、水库、水源保护区、河道以及海堤管理范围内的土地。按照《深圳市国有未出让土地管理暂行办法》（深府〔2010〕122号）规定，从2010年11月1日起，市土地主管部门将规划为农业、水务、城市公园等用地逐步移交给市农业、水务、城管部门管理，市土地储备中心只负责深圳建设用地的管理，亟待构建规划国土、城管、水务、农业部门共同管理国有土地的新机制。

三、储备土地管理

我市储备土地实行统一储备、统一管理。土地储备管理应遵循守土有责、合理利用、规范公开的原则。深圳储备土地由市土地储备中心实施统一管理。目前，市土地储备中心在管储备土地227.21平方公里，其中可建设用地面积101.88平方公里。

根据《深圳市土地储备管理办法》（深府第153号令）、《深圳市土地储备管理办法实施细则》（深国房[2006]775号）的相关规定，市土地储备中心主要采取自行管理、直接委托管理、招标委托管理三种模式对储备土地实施全覆盖式管理。对于储备土地入库后、委托管理招标前的储备土地；已纳入年度土地供应计划的储备土地；在城市建成区内分布零散、不必委托管理的储备土地均由市土地储备中心自行管理，除上述情形外，储备土地实行委托管理方式。委托管理期限最长为两年，期限届满后可以申请续期，但续期期限最长为1年，且只能续期1次。政府储备土地委托管理采取公开招标的方式，由市政府采购中心负责招投标工作。

储备土地的日常管理包括：设立界桩、标志牌、围网、绿化；开展日常巡逻，及时发现并制止违法侵占、破坏储备土地的行为；管理和保护储备土地上的市政设施、基础设施以及其他已补偿的经济作物、构筑物；对危险地块采取安全防护措施，设置警示牌等。

2010年，市土地储备中心结合全市“市容市貌环境提升”工程，大力开展了储备土地整治工作，清理卫生死角210处，消灭“四害”73处，清拆违法乱搭建28起，清理非法饲养7处，清理乱倒淤泥面积 1562 平方米，清除杂草 3630 平方米，完成围墙 1110 米、围网 3.8 万米等工程，绿化储备土地 74.23 万平方米。同时，完成原特区内 5 个危险边坡施工单位和实施单位招标工作；对储备土地上存在的危险边坡、事故多发地段设立了简易的警示牌和标志牌。另外，市土地储备中心还开展了前海片区储备土地清查工作，涉及面积约 2.2 平方公里；完成三洲田 8.93 平方公里土地的移交工作。

四、土地收购

土地收购是指政府为调控土地市场，促进城市土地资源的优化配置，依照程序，从原土地使用权人处购回土地使用权的行为。深圳的土地收购由市土地储备中心统一实施。政府实行土地收购，主要是为盘活存量土地资源，抑制土地炒作，规范土地市场，落实城市总体规划，为建设现代化国际化城市创造良好的条件。

土地收购内容包括土地使用权、地上建筑物、构筑物和附着物。土地收购范围包括：因城市规划的调整，非经营性用地，包括工业用地、仓储物流用地等，改为商业、住宅、办公、酒店等经营性用途需要收购的；因实施城市规划需要收购的；根据土地使用权人申请收购的；土地使用权转让中政府行使优先购买权收购的；国有企业改制需要收购的；旧城、旧村、旧工业区、旧商业区改造需要收购的等六类需要收购的土地。

2010 年，市土地储备中心共收购土地两宗，面积约 7.09 万平方米，当年土地收购总收益为 2.26 亿元。同时，为落实市政府组建土地投融资平台工作，市土地储备中心草拟完成了《深圳市土地投融资平台组建方案》《关于政府储备土地登记证有关问题的请示》。

五、土地储备相关法律政策文件

《土地储备管理办法》由国土资源部、财政部、中国人民银行联合发布，2007 年 11 月 19 日开始实施。

《深圳市土地储备管理办法》（深圳市人民政府令 153 号），2006 年 8 月 1 日起施行。

《深圳市土地储备管理办法实施细则》（深国房[2006]775 号），2007 年 1 月 1 日起实施。

《深圳市土地收购实施细则》（深国房[2007]628 号）。

《深圳市国有未出让土地管理暂行办法》（深府〔2010〕122 号），从 2010 年 11 月 1 日起施行。

第三节　土地出让

2010 年，包括历史用地、原农村用地、行政划拨用地补办出让手续在内，全市共签订出让合同 305 宗，土地面积 1035.97 公顷，比上年增加 64.62%。

从出让方式看，全年协议方式出让 223 宗，土地面积 559.50 公顷，同比增加 41.76%；招标、拍卖、挂牌方式出让 82 宗，土地面积 476.47 公顷，同比增加 103.06%。

从土地用途看，全年出让商服用地 31 宗，土地面积 85.37 公顷，同比增加 592.38%；工矿仓储用地 67 宗，土地面积 382.65 公顷，同比增加 118.54%；公用设施用地 68 宗，土地面积 58.95 公顷，同比增加 31.12%；公共建筑用地 57 宗，土地面积 146.46 公顷，同比减少 28.17%；住宅用地 63 宗，土地面积 145.78 公顷，同比增加 6.53%；交通运输用地 17 宗，土地面积 192.20 公顷，同比增加 301.17%；特殊用地 2 宗，土地面积 24.56 公顷，同比增加 196.26 %。

表 4-2　深圳市 2010 年公开招标、拍卖、挂牌出让土地使用权项目一览

单位：宗、平方米、元、元/平方米

序号	交易日期	宗地号	出让方式	用途	出让年期（年）	位置	土地面积	建筑面积	总地价	地面地价	楼面地价	竞得人	备注
1	2010-1-15	G14315-0115	挂牌	工业用地	50	坪山新区金沙地区	36422.4	80130	19300500	529.91	240.86	深圳市康哲药业有限公司	
2	2010-1-15	G14304-0276	挂牌	工业用地	50	坪山新区金沙地区	40269.99	80540	21046100	522.62	261.31	热键科技（深圳）有限公司	
3	2010-1-15	G13111-0100	挂牌	工业用地	50	坪山新区聚龙山地区	22254.09	55640	13776600	619.06	247.60	深圳市沃尔核材股份有限公司	
4	2010-1-15	G13115-0103	挂牌	工业用地	50	坪山新区聚龙山地区	31870.61	79680	20482900	642.69	257.06	深圳市佳士科技发展有限公司	
5	2010-1-15	G13124-0091	挂牌	工业用地	50	坪山新区竹坑地区	17256.78	34500	9679600	560.92	280.57	深圳市科彩印务有限公司	
6	2010-1-18	A818-0435	挂牌	公共加油（气）站用地	20	宝安区民治街道	3000.42	1000	15300000	5099.29	15300.00	中海油深燃能源有限公司	
7	2010-1-18	G02319-0003	挂牌	工业用地	50	龙岗区宝龙工业区	39816.75	99540	24524600	615.94	246.38	深圳安博电子有限公司	
8	2010-1-18	G02118-0004	挂牌	工业用地	50	龙岗区宝龙工业区	20020.2	50050	12677400	633.23	253.29	深圳市弘海电子材料技术有限公司	
9	2010-1-26	G04309-0211	挂牌	工业用地	50	龙岗区上李朗家电基地	8572.4	18860	16143600	1883.21	855.97	深圳市科伦特科技有限公司	

（接下表）

（续上表）

序号	交易日期	宗地号	出让方式	用途	出让年期（年）	位置	土地面积（平方米）	建筑面积（平方米）	总地价（元）	地面地价（元/平方米）	楼面地价（元/平方米）	竞得人	备注
10	2010-1-26	G10221-0567	挂牌	工业用地	50	龙岗区坪地街道	19840.83	43650	9935300	500.75	227.61	深圳市山胜实业有限公司	
11	2010-1-27	G06103-0114	挂牌	工业用地	50	龙岗区南湾街道	35205.7	77450	23379300	664.08	301.86	深圳市联创科技集团有限公司	
12	2010-1-27	G06105-0247	挂牌	工业用地	50	龙岗区南湾街道	37586.14	82690	24980300	664.61	302.10	深圳市联创科技集团有限公司	
13	2010-1-26	G10203-0485	挂牌	工业用地	50	龙岗区坪地街道	11744.51	23500	5699200	485.27	242.52	深南电路有限公司	
14	2010-1-29	G04309-0212	挂牌	工业用地	50	龙岗区上李朗家电基地	8363.93	18400	17500000	2092.32	951.09	中海信科技开发（深圳）有限公司	
15	2010-1-29	G05609-0007	挂牌	仓储用地	30	龙岗区平湖物流片区	63741.22	140230	27625600	433.40	197.00	深圳市旗丰供应链服务有限公司	
16	2010-1-29	A932-0818	挂牌	工业用地	50	宝安区观澜街道	4832.24	12080	2530200	523.61	209.45	桂盟链条（深圳）有限公司	
17	2010-1-29	A621-0039	挂牌	工业用地	50	光明新区龙大高速东侧、五号路南侧	12704.5	31760	30000000	2361.37	944.58	深圳键桥通讯技术股份有限公司	
18	2010-2-2	T204-0013	挂牌	商业性公共设施用地	50	南山区科苑南路	9772.1	97760	716000000	73269.82	7324.06	深圳市地铁集团有限公司	

（接下表）

（续上表）

序号	交易日期	宗地号	出让方式	用途	出让年期(年)	位置	土地面积（平方米）	建筑面积（平方米）	总地价（元）	地面地价（元/平方米）	楼面地价（元/平方米）	竞得人	备注
19	2010-2-2	T107-0016（B）	挂牌	地下车库	约48	南山区后海滨路、滨海大道南侧	2160.27	1150	12075000	5589.58	10500.00	深圳市航天高科投资管理有限公司	
20	2010-2-2	G16516-0143	挂牌	工业用地	50	龙岗区大鹏高新区	12007.54	24000	6067400	505.30	252.81	深圳市海云天科技股份有限公司	
21	2010-2-8	G11218-0168	挂牌	工业用地	50	坪山新区	481702.7	647000	229574900	476.59	354.83	深圳市比亚迪汽车有限公司	
22	2010-3-2	G17301-1576	挂牌	旅馆业用地	50	龙岗区南澳街道桔钓沙片区	12410.04	3720	62200000	5012.07	16720.43	深圳市中港海宝城投资有限公司	三宗地捆绑出让，总成交价6.22亿元，平均地面地价9347元/平方米；楼面地价17181元/平方米
23	2010-3-2	G17301-1577	挂牌	服务业用地、旅馆业用地	50	龙岗区南澳街道桔钓沙片区	6745.36	4050	68420000	10143.27	16893.83		
24	2010-3-2	G17301-1578	挂牌	旅馆业用地、服务业用地	50	龙岗区南澳街道桔钓沙片区	47386.25	28432	491380000	10369.67	17282.64		
25	2010-3-3	G14210-0182	挂牌	居住用地	70	坪山新区聚龙山地区	200484.32	441065	665000000	3316.97	1507.71	深圳市比亚迪汽车有限公司	
26	2010-3-3	A931-0058	挂牌	工业用地	50	宝安区观澜街道	29338.43	58670	16711600	569.61	284.84	深圳顺络电子股份有限公司	
27	2010-3-3	A913-0111	挂牌	工业用地	50	宝安区观澜街道	42545.93	127640	28105100	660.58	220.19	深圳宝昌电力有限公司	

（接下表）

（续上表）

序号	交易日期	宗地号	出让方式	用途	出让年期（年）	位置	土地面积（平方米）	建筑面积（平方米）	总地价（元）	地面地价（元/平方米）	楼面地价（元/平方米）	竞得人	备注
28	2010-3-3	A913-0112	挂牌	工业用地	50	宝安区观澜街道	29301.9	87900	19238500	656.56	218.87	深圳宝昌电力有限公司	
29	2010-3-30	J213-0301	挂牌	工业用地	50	沙头角深盐路以南	8825.23	44126	40219300	4557.31	911.46	周大福珠宝金行(深圳)有限公司	
30	2010-4-20	T204-0072	挂牌	工业用地	50	南山高新区填海六区	18650.95	266200	198318600	10633.16	745.00	腾讯科技（深圳）有限公司	
31	2010-5-6	T208-0018	挂牌	旅游度假及游乐设施用地	40	南山深圳湾填海区	564668.45	225000	25336900	100.00	112.61	深圳华侨城房地产有限公司	其中可建设用地面积253368.45平方米
32	2010-5-6	G04226-0047	挂牌	仓储用地	50	龙岗区平湖街道	1420.01	2698	892700	628.66	330.87	华南国际工业原料城（深圳）有限公司	
33	2010-5-20	H411-0010	挂牌	公共加油加气站用地	20	罗湖水库地区	3000.09	1000	15090100	5029.88	15090.10	中国石油化工股份有限公司深圳石油分公司	
34	2010-5-20	H411-0013	挂牌	公共加油加气站用地	20	罗湖水库地区	3000.32	1000	16540400	5512.88	16540.40	中国石油化工股份有限公司深圳石油分公司	

（接下表）

（续上表）

序号	交易日期	宗地号	出让方式	用途	出让年期（年）	位置	土地面积（平方米）	建筑面积（平方米）	总地价（元）	地面地价（元/平方米）	楼面地价（元/平方米）	竞得人	备注
35	2010-5-20	G13115-0104	挂牌	工业用地	50	坪山新区坪山街道	49933.45	124830	31049500	621.82	248.73	深圳信立泰药业股份有限公司	
36	2010-7-2	A002-0040	挂牌	商业服务业设施用地	50	宝安区新安街道	21174.67	84600	340000000	16056.92	4018.91	深圳市华侨城酒店集团有限公司	
37	2010-7-2	T204-0122	挂牌	工业用地	50	南山区滨海大道北侧	4827.37	38619	27909800	5781.57	722.70	深圳广晟数码技术有限公司	
38	2010-7-2	G12307-0137	挂牌	工业用地	50	坪山新区聚龙山地区	22082.1	55205.4	48222400	2183.78	873.51	深圳市洲明科技股份有限公司	
39	2010-7-21	G03404-0009	挂牌	电信设施用地	50	龙岗区坂田街道	4500.81	12000	3357000	745.87	279.75	中国联合网络通信有限公司深圳市分公司	
40	2010-7-30	B116-0029	挂牌	商业服务业设施用地	50	市中心区南部	11507.28	128880	613000000	53270.63	4756.36	中国平安人寿保险股份有限公司	
41	2010-8-24	T204-0118	挂牌	工业用地	50	高新区填海六区	4017.36	22175	20355200	5066.81	917.93	深圳市北科生物科技有限公司	
42	2010-8-24	J315-0302	挂牌	工业用地	50	盐田平盐铁路北侧	5273.69	13185	6663500	1263.54	505.38	深圳汉邦多糖生物科技有限公司	

（接下表）

（续上表）

序号	交易日期	宗地号	出让方式	用途	出让年期(年)	位置	土地面积（平方米）	建筑面积（平方米）	总地价（元）	地面地价（元/平方米）	楼面地价（元/平方米）	竞得人	备注
43	2010-8-24	A508-0032	挂牌	工业用地	50	光明高新区	13307.85	33270	24600000	1848.53	739.40	海洋王照明科技股份有限公司	
44	2010-8-24	A621-0042	挂牌	工业用地	50	光明高新区	13184.2	32960	48410000	3671.82	1468.75	深圳市瑞华建设股份有限公司	
45	2010-8-24	A512-0023	挂牌	工业用地	50	光明高新区	13223.32	46280	9362930	708.06	202.31	深圳市美盈森环保科技股份有限公司	
46	2010-8-24	A512-0024	挂牌	工业用地	50	光明高新区	6479.37	22670	12600000	1944.63	555.80	深圳市东维丰电子科技股份有限公司	
47	2010-8-24	A512-0025	挂牌	工业用地	50	光明高新区	9020.18	31570	6326630	701.39	200.40	展辰涂料集团股份有限公司	
48	2010-8-24	G14209-0168	挂牌	工业用地	50	坪山新区聚龙山地区	52275.73	209100	34738400	664.52	166.13	深圳市齐心文具股份有限公司	
49	2010-8-31	G02113-0032	挂牌	工业用地	50	龙岗区龙岗街道	500405.63	1000815	281911300	563.37	281.68	深圳市比亚迪锂电池有限公司	
50	2010-9-2	A220-0030	挂牌	国防加油站用地	20	宝安区福永街道	6991.93	3252	29160000	4170.52	8966.79	中国石油化工股份有限公司深圳石油分公司	

（接下表）

（续上表）

序号	交易日期	宗地号	出让方式	用途	出让年期（年）	位置	土地面积（平方米）	建筑面积（平方米）	总地价（元）	地面地价（元/平方米）	楼面地价（元/平方米）	竞得人	备注
51	2010-9-2	A117-0614	挂牌	国防加油站用地	20	宝安区西乡街道	6997.8	3252	31120000	4447.11	9569.50	深圳市中油润德销售有限公司	
52	2010-9-2	T101-0052	挂牌	市政交通用地（加油加气站）	20	南山区月亮湾大道以南	1512.58	454	12300000	8131.80	27092.51	中海油深燃能源有限公司	
53	2010-9-2	A803-0505	挂牌	公共加油加气站用地	20	宝安区民治街道	3067.8	800	19300000	6291.15	24125.00	中国石油化工股份有限公司深圳石油分公司	
54	2010-9-6	G14313-0412	挂牌	工业用地	50	坪山新区坑梓街道	340031.71	768470	197319900	580.30	256.77	深圳市比亚迪汽车有限公司	
55		G14313-0413					143336.4	299570	75366100	525.80	251.58		
56	2010-9-6	G02411-0009	挂牌	工业用地	50	龙岗区宝龙东地区	17803.77	44510	11344200	637.18	254.87	深圳市实益达科技股份有限公司	
57	2010-9-6	G02411-0010	挂牌	工业用地	50	龙岗区宝龙东地区	19811.3	49530	12658600	638.96	255.57	深圳市宏商材料科技股份有限公司	
58	2010-9-6	G02315-0013	挂牌	工业用地	50	龙岗区龙岗街道宝龙工业城	24169.88	60425	15485800	640.71	256.28	深圳市精密达机械有限公司	

（接下表）

（续上表）

序号	交易日期	宗地号	出让方式	用途	出让年期（年）	位置	土地面积（平方米）	建筑面积（平方米）	总地价（元）	地面地价（元/平方米）	楼面地价（元/平方米）	竞得人	备注
59	2010-9-6	G02315-0014	挂牌	工业用地	50	龙岗区龙岗街道宝龙工业城	15000.24	37500	9610700	640.70	256.29	深圳市福昌电子技术有限公司	
60	2010-9-6	G02315-0015	挂牌	工业用地	50	龙岗区龙岗街道宝龙工业城	19008.36	47520	12051700	634.02	253.61	深圳市群达行精密模具有限公司	
61	2010-9-28	J315-0010	挂牌	工业用地	50	盐田平盐铁路北侧	8057.36	20140	10242200	1271.16	508.55	周大福珠宝金行（深圳）有限公司	
62	2010-9-28	J315-0011	挂牌	工业用地	50	盐田平盐铁路北侧	8208.36	20520	10275200	1251.80	500.74	深圳市中显微电子有限公司	
63	2010-9-28	A931-0062	挂牌	工业用地	50	宝安区观澜街道	5147.2	12860	3272900	635.86	254.50	高新玩具制品（深圳）有限公司	
64	2010-9-30	T204-0129	挂牌	工业用地	50	高新区填海六区	4562.17	39234	2737300	600.00	69.77	深圳赛西信息技术有限公司	
65	2010-9-30	A932-0822	挂牌	工业用地	50	宝安区观澜观光路北侧	996091.49	1294910	1156000000	1160.54	892.73	中国长安汽车集团股份有限公司	
66	2010-10-9	G16516-0144	挂牌	公共加油加气站用地	20	龙岗区大鹏中心区	2999.91	600	10610000	3536.77	17683.33	中国石油化工股份有限公司深圳石油分公司	

（接下表）

（续上表）

序号	交易日期	宗地号	出让方式	用途	出让年期(年)	位置	土地面积（平方米）	建筑面积（平方米）	总地价（元）	地面地价（元/平方米）	楼面地价（元/平方米）	竞得人	备注
67	2010-10-9	G14202-0364	拍卖	交通设施用地(加油加气站)	20	坪山新区坑梓街道	2507.87	803	12620000	5032.16	15716.06	深圳市中油润德销售有限公司	
68	2010-10-9	A512-0022	拍卖	加油加气站用地	20	光明新区光明街道	2780.56	1112	10880000	3912.88	9784.17	深圳市中油润德销售有限公司	
69	2010-10-12	A810-0028	挂牌	酒店用地	50	深圳北站综合交通枢纽配套工程广场	5536.51	18950	54331200	9813.26	2867.08	深圳市地铁集团有限公司	
70	2010-10-12	A806-0378	挂牌	商业用地	40	深圳北站综合交通枢纽配套工程广场	11390.36	19750	369800800	32466.12	18724.09	深圳市地铁集团有限公司	
71	2010-10-15	G14207-0186	拍卖	居住用地	70	坪山新区坑梓街道	53113.15	122160	742000000	13970.17	6074.00	中粮地产集团深圳房地产开发有限公司	
72	2010-10-19	K104-0030	挂牌	居住用地	70	南山区大南山西南侧地铁 2 号线蛇口西车辆段	129651.06	306300	769000000	5931.31	2510.61	深圳市地铁集团有限公司	
73	2010-10-19	G16516-0139	挂牌	工业用地	50	龙岗区大鹏街道	49037.92	73557	43305700	883.11	588.74	深圳市中兴通讯设备有限公司	

（接下表）

（续上表）

序号	交易日期	宗地号	出让方式	用途	出让年期(年)	位置	土地面积（平方米）	建筑面积（平方米）	总地价（元）	地面地价（元/平方米）	楼面地价（元/平方米）	竞得人	备注
74	2010-10-27	A116-0335	一次竞价	居住用地（安居型商品房用地）	70	宝安区西乡街道	24008.78	64820	146900000	6118.59	2266.28	卓越置业集团有限公司	以“定地价、竞房价”一次竞价方式出让，卓越置业集团有限公司以7380元/平方米的投标价竞得
75	2010-10-29	T107-0018	挂牌	商业性办公用地	50	南山区后海中心区	9387.77	43800	392853200	41847.34	8969.25	传云网络技术（深圳）有限公司	
76	2010-10-29	T107-0019	挂牌	商业性办公用地	50	南山区后海中心区	6904	37600	337243900	48847.61	8969.25	传云科技（深圳）有限公司	
77	2010-10-29	A817-0569	挂牌	公共加油加气站用地	20	宝安区民治街道	3002.04	800	21180000	7055.20	26475.00	中国石油化工股份有限公司深圳石油分公司	
78	2010-10-29	A201-0268	挂牌	机场用地	约47	宝安区机场国际航站楼北侧	4288	13000	26520000	6184.70	2040.00	深圳市机场股份有限公司	
79	2010-11-10	A801-0030	挂牌	公共加油加气站用地	20	宝安区民治街道	2730.22	800	19960000	7310.77	24950.00	中海油深燃能源有限公司	
80	2010-11-12	G02113-0021	拍卖	居住用地	70	龙岗区宝荷路南侧	39316.08	117950	645000000	16405.50	5468.42	金地（集团）股份有限公司	

（接下表）

（续上表）

序号	交易日期	宗地号	出让方式	用途	出让年期(年)	位置	土地面积（平方米）	建筑面积（平方米）	总地价（元）	地面地价（元/平方米）	楼面地价（元/平方米）	竞得人	备注
81	2010-11-18	B116-0077	挂牌	商业性办公	50	中心区	4813.45	70000	716800000	148916.06	10240.00	安信证券股份有限公司/民太安保险公估股份有限公司	
82	2010-12-9	J211-0010	挂牌	商业服务业设施用地	50	盐田区沙头角中心区	16595.14	90970	853000000	51400.59	9376.72	万科企业股份有限公司	82-87 六宗地块捆绑出让，万科企业股份有限公司以人民币2963000000元竞得
83	2010-12-9	J211-0011	挂牌	商业服务业设施用地	40	盐田区沙头角中心区	17065.76	26500	339000000	19864.34	12792.45		
84	2010-12-9	J237-0013	挂牌	商业服务业设施用地	50	盐田区沙头角中心区	41600.88	220000	1532200000	36830.95	6964.55		
85	2010-12-9	J237-0016	挂牌	商业服务业设施用地	40	盐田区沙头角中心区	13915.38	7800	112000000	8048.65	14358.97		
86	2010-12-9	J211-0012(B)	挂牌	地下空间（社会停车场＋商业）	40	盐田区沙头角中心区	20464.82	/	103000000	5033.03	/		

（接下表）

（续上表）

序号	交易日期	宗地号	出让方式	用途	出让年期(年)	位置	土地面积（平方米）	建筑面积（平方米）	总地价（元）	地面地价（元/平方米）	楼面地价（元/平方米）	竞得人	备注
87	2010-12-9	J237-0017(B)	挂牌	地下空间（社会停车场）	40	盐田区沙头角中心区	27608.1	/	23800000	862.07	/	万科企业股份有限公司	
88	2010-12-9	J402-0144	挂牌	工业用地	50	盐田区大梅沙成坑片区	102999.81	206000	159691500	1550.41	775.20	深圳华大基因科技有限公司	
89	2010-12-16	G02109-0004	拍卖	居住用地	70	龙岗区宝荷大道与沙丹路交汇处东北侧	46776.52	149700	945000000	20202.44	6312.63	仁恒置地（深圳）有限公司	
90	2010-12-17	G10203-0483	挂牌	工业用地	50	龙岗区坪地街道	17291.84	34580	8943600	517.22	258.64	深圳市万益电子科技有限公司	
91	2010-12-31	A924-0164	挂牌	居住用地（安居型商品房用地）	70	宝安区观澜街道	112092.86	370100	680000000	6066.40	1837.34	中国长安汽车集团股份有限公司	
92	2010-12-31	A924-0165	挂牌	商业服务业设施用地	50	宝安区观澜街道	42064.51	126000	355000000	8439.42	2817.46	中国长安汽车集团股份有限公司	准入产业类别商业服务业
93	2010-12-31	A924-0166	挂牌	工业用地	50	宝安区观澜街道	70608.1	144000	54000000	764.78	375.00	中国长安汽车集团股份有限公司	
合计							5118485.36	9817869.4	15507142860				

表 4-3 深圳市历年签订土地出让合同情况（按出让方式分）

单位：宗、公顷、万元

年份	合计			其中							
	宗数	面积	合同地价	协议		招标		拍卖		挂牌	
				宗数	面积	宗数	面积	宗数	面积	宗数	面积
1987～1993	1636	3782.93		1574	3739.65	59	42.33	3	0.95	—	—
1994	500	1351.00		495	1342.93	3	4.27	2	3.80	—	—
1995	739	1878.55		739	1878.55	—	—	—	—	—	—
1996	668	1249.83		666	1247.14	2	2.69	—	—	—	—
1997	573	1272.73	705005.00	573	1272.73	—	—	—	—	—	—
1998	560	1978.86	573178.00	556	1968.47	2	5.81	2	4.58	—	—
1999	590	969.67	465915.00	584	934.40	6	35.27			—	—
2000	502	1076.58	519649.71	491	1034.29	7	15.56	4	26.73	—	—
2001	524	1250.99	799422.01	514	1146.03	6	79.90	4	25.06	—	—
2002	427	1332.32	428330.00	415	1273.09	2	7.61	10	51.62	—	—
2003	332	1409.62	592594.00	322	1301.60	—	—	10	108.02	—	—
2004	326	1072.97	756300.00	303	938.56	—	—	12	104.67	11	29.74
2005	288	918.92	534862.23	278	856.28	—	—	5	50.70	5	11.94
2006	368	1688.97	1348305.82	342	1570.04	9	65.38	8	34.79	9	18.76
2007	517	1899.27	1615342.08	487	1787.90	2	5.31	—	—	28	106.05
2008	260	543.48	1273288.08	201	264.91	1	2.95	—	—	58	275.62
2009	232	629.31	1266256.49	176	394.67	—	—	3	18.07	53	216.57
2010	305	1035.97	1317358.19	223	559.50	1	2.40	5	14.45	76	459.62

表 4-4　深圳市历年签订土地出让合同情况（按土地用途分）

单位：宗、公顷

年份	合计		其中																	
			商服用地		工矿仓储用地		公用设施用地		公共建筑用地		住宅用地				交通运输用地		水利设施用地		特殊用地	
	宗数	面积	宗数	面积	宗数	面积	宗数	面积	宗数	面积	宗数	面积	经济适用房	宿舍	宗数	面积	宗数	面积	宗数	面积
1987～1993	1690	3784.00	231	151.80	596	1635.45	131（宗）		760.55（公顷）		689	1198.75		45.24	13	17.05			30	20.40
1994	500	1351.01	84	152.29	179	350.73	66（宗）		509.97（公顷）		149	315.54		6.70	7	4.42			15	18.06
1995	739	1878.54	128	96.14	226	451.72	53（宗）		763.85（公顷）		317	542.63		6.61	11	10.03			4	14.17
1996	668	1249.83	97	53.85	180	396.20	103（宗）		191.44（公顷）		266	459.29		9.95	19	147.51			3	1.54
1997	573	1272.72	105	100.67	113	177.70	65（宗）		87.91（公顷）		258	361.33		10.91	27	524.16			5	20.95
1998	560	1976.80	79	79.54	155	332.25	38（宗）		197.75（公顷）		233	404.23		9.80	4	1.16	18	703.64	33	258.23
1999	590	969.65	71	91.34	268	402.21	17（宗）		9.29（公顷）		188	226.65		5.78	7	6.37	2	1.81	37	231.98
2000	502	1076.58	65	42.33	139	359.24	30（宗）		64.28（公顷）		176	259.51		1.62	8	140.17	11	11.08	73	199.97
2001	524	1250.94	68	40.70	167	513.23	55（宗）		100.53（公顷）		154	359.02		2.00	16	81.64	10	7.42	54	148.40
2002	427	1332.32	57	61.64	143	389.22	28（宗）		289.94（公顷）		112	244.24		—	29	86.04	6	2.29	52	258.95
2003	332	1409.62	29	34.47	105	449.75	46	91.18	26	15.43	98	261.56	25.12	—	9	34.35	—	—	19	522.88
2004	326	1072.97	37	62.81	144	539.92	15	58.19	58	162.64	63	177.77	13.16	—	2	63.17	—	—	7	8.47
2005	288	918.92	16	19.90	127	427.94	38	84.86	42	207.36	58	136.14	4.32	0.92	6	12.68	—	—	1	30.04
2006	368	1688.97	47	331.72	150	519.64	55	248.73	34	94.24	68	232.08	—	2.99	11	258.97	—	—	3	3.59
2007	517	1899.27	22	20.59	291	1397.63	74	76.17	48	114.65	57	136.98	0.50		19	146.07	1	0.45	5	6.70
2008	260	543.48	33	20.33	43	154.61	48	39.67	69	146.69	41	122.11	1.70		20	52.57	—	—	6	7.50
2009	232	629.31	20	12.33	37	175.09	47	44.96	49	203.89	49	136.84			24	47.91	—	—	6	8.29
2010	305	1035.97	31	85.37	67	382.65	68	58.95	57	146.46	63	145.78	29.71		17	192.20			2	24.56

注：因土地分类标准发生变化，2002 年及以前的土地分类按以下方式转换为新的地类。原住宅用地、宿舍用地以及以住宅为主的综合楼用地计入新分类标准的住宅用地；原商业、经营性办公用地以及以办公或商业为主的综合楼用地计入商服用地；原工业、仓储用地计入工矿仓储用地；原能源水利用地计入水利设施用地；原非经营性办公用地、公益用地合并计入公用设施用地、公共建筑用地的合并项目中；原交通用地计入交通运输用地；原其他用地均计入特殊用地。

第四节　土地转让

2010 年，深圳市通过有形土地市场转让土地 1 宗，转让土地面积 0.04 公顷，较上年减少 98.8%，成交金额 2216 万元，较上年减少 77.05%。其中，住宅用地 1 宗，实际交易土地面积 0.04 公顷，成交金额 2216 万元。

表 4-5　深圳市历年土地转让情况

单位：公顷、万元

年份	合计		其中							
	面积	金额	商服用地		工矿仓储用地		住宅用地		其他用地	
			面积	金额	面积	金额	面积	金额	面积	金额
2001	34.24	50686.60	0.52	1850.00	7.49	6290.60	26.23	42546.00	—	—
2002	62.72	94922.64	8.29	40148.40	15.72	6374.20	38.71	48400.04	—	—
2003	141.14	283900.00	5.44	44770.00	16.29	11590.50	114.01	219529.50	5.40	8010.00
2004	68.84	182182.15	—	—	18.29	8542.00	50.55	173640.15	—	—
2005	24.70	51206.80	0.67	965.00	5.20	3748.00	14.18	31589.80	4.65	14904.00
2006	4.77	47462.50	1.82	31800.00	1.50	1660.00	1.45	14002.50	—	—
2007	0.95	6931.00	—	—	0.03	81.00	0.92	6850.00	—	—
2008	2.67	2311.00	—	—	2.47	2011.00	0.20	300.00	—	—
2009	3.33	9656.15	1.00	6912	2.25	2444.15	0.08	300.00	—	—
2010	0.04	2216	—	—	—	—	0.04	2216	—	—

表 4-6　深圳市 2010 年公开拍卖、挂牌转让土地使用权项目一览

交易日期	标的名称	交易方式	用途	位置	宗地土地总面积（平方米）	实际交易土地面积（平方米）	宗地总建筑面积（平方米）	成交金额（万元）
2010-12-15	H311-0090 宗地土地使用权共 18%的份额权益	挂牌	居住用地	罗湖区翠竹路	2324.7	418.45	11140	2216

第五节　土地市场管理

土地管理和使用制度

1 月 7 日,《国务院办公厅关于促进房地产市场平稳健康发展的通知》(国办发〔2010〕4 号) 发布，拉开了 2010 年房地产市场调控的序幕。《通知》规定;(1) 城市人民政府要在城市总体规划和土地利用总体规划确定的城市建设用地规模内,抓紧编制 2010－2012 年住房建设规划，重点明确中低价位、中小套型普通商品住房和限价商品住房、公共租赁住房、经济适用住房、廉租住房的建设规模，并分解到住房用地年度供应计划，落实到地块，明确各地块住房套型结构比例等控制性指标要求。房价过高、上涨过快、住房有效供应不足的城市，要切实扩大上述五类住房的建设用地供应量和比例。(2) 国土资源部门要严格土地出让价款的收缴，深化合同执行监管，加强对闲置土地的调查处理，严厉查处违法违规用地和囤地、炒地行为。(3) 进一步加强土地供应管理和商品房销售管理。各地要综合考虑土地价格、价款缴纳、合同约定开发时限及企业闲置地情况等因素，合理确定土地供应方式和内容，探索土地出让综合评标方法。对拖欠土地价款、违反合同约定的单位和个人，要限制其参与土地出让活动。从严控制商品住房项目单宗土地出让面积等。

3 月 8 日,《国土资源部关于加强房地产用地供应和监管有关问题的通知》(国土资发〔2010〕34 号) 规定：(1) 确保保障性住房、棚户改造和自住性中小套型商品房建房用地，确保上述用地不低于(年度)住房建设用地供应总量的 70%。(2) 严格规范商品房用地出让行为。一是严格土地出让条件。市、县国土资源管理部门应依据城市规划部门出具的宗地规划设计条件，拟定出让方案，确定为中低价位普通商品房用地的，方案中要增加房地产主管部门提出的住房销售价位、套数、套型面积等控制性要求，并写入出让合同，约定违约处罚条款。土地使用权人违约的，要追究相应违约责任。各地要按照《限制用地项目目录 (2006 年增补本)》要求，严格控制商品房用地单宗出让面积。条件具备的地方，可以探索房地产用地出让预申请制度。二是严格规范土地出让底价。各地应按规定及时更新基准地价并向社会公布。招标、拍卖、挂牌和协议出让底价应当依据土地估价结果、供地政策和土地市场行情等，集体决策，综合确定。土地出让最低价不得低于出让地块所在地级别基准地价的 70%，竞买保证金不得低于出让最低价的 20%。三是严格土地竞买人资格审查。对用地者欠缴土地出让价款、闲置土地、囤地炒地、土地开发规模超

过实际开发能力以及不履行土地使用合同的，市、县国土资源管理部门要禁止其在一定期限内参加土地竞买。对存在的违法违规用地行为，要严肃查处。四是严格土地出让合同管理。土地出让成交后，必须在 10 个工作日内签订出让合同，合同签订后 1 个月内必须缴纳出让价款 50%的首付款，余款要按合同约定及时缴纳，最迟付款时间不得超过一年。出让合同必须明确约定土地面积、用途、容积率、建筑密度、套型面积及比例、定金、交地时间及方式、价款缴纳时间及方式、开竣工时间及具体认定标准、违约责任处理。

上述条款约定不完备的，不得签订合同，违规签订合同的，必须追究出让人责任。受让人逾期不签订合同的，终止供地、不得退还定金。已签合同不缴纳出让价款的，必须收回土地。要严格控制大套型住房建设用地，严禁向别墅供地。（3）坚持和完善土地招拍挂制度。各地要按照公开、公平、公正的原则和统一、规范的市场建设要求，坚持和完善招拍挂出让制度。房价过高、上涨过快的城市，市、县国土资源管理部门可选择部分地块，按照政府确定的限价房项目采用竞地价办法招拍挂出让土地，发挥抑制房价上涨过快的调节作用。要按照提高土地开发利用效率的原则，探索综合评标的具体方法。在确定土地出让最低价的基础上，将土地价款交付、开发建设周期、中小套型建设要求、土地节约集约程度等影响土地开发利用的因素作为评标条件，科学量化标准，合理确定各因素权重，完善评标专家库，细化评标规则，规范运作，依法依纪严格监督。（4）实施住房用地开发利用申报制度。从 2010 年 4 月 1 日起，市、县国土资源管理部门要建立房地产用地开竣工申报制度。用地者应当在项目开工、竣工时，向国土资源管理部门书面申报，各地应对合同约定内容进行核验。在合同约定期限内未开工、竣工的，用地者要在到期前 15 日内，申报延迟原由，市、县国土资源管理部门应按合同约定认真处理后，可通过增加出让合同和划拨决定书条款或签订补充协议等方式，对申报内容进行约定监管。对不执行申报制度的，要向社会公示，并限制其至少在一年内不得参加土地购置活动等。

4 月 17 日，《国务院关于坚决遏制部分城市房价过快上涨的通知》(国发〔2010〕10 号)规定：（1）增加居住用地有效供应。国土资源部要指导督促各地及时制定并公布以住房为主的房地产供地计划，并切实予以落实。房价上涨过快的城市，要增加居住用地的供应总量。要依法加快处置闲置房地产用地，对收回的闲置土地，要优先安排用于普通住房建设。在坚持和完善土地招拍挂制度的同时，探索“综合评标”、“一次竞价”、“双向竞价”等出让方式，抑制居住用地出让价格非理性上涨。（2）调整住房供应结构。各地要尽快编制和公布住房建设规划，明确保障性住房、中小套型普通商品住房的建设数量和比例。住房城乡建设部门要加快对普通商品住房的规划、开工建设和预销售审批，尽快形成有效供应。保障性住房、棚户区改造和中小套型普通商品住房用地不低于住房建设用地供应总量的 70%，并优先保证供应。（3）确保完成 2010 年建设保障性住房 300 万套、各类棚户区改造住房 280 万套的工作任务。（4）加强对房地产开发企业购地和融资的监管。国土资源部门要加大专项整治和清理力度，严格依法查处土地闲置及炒地行为，并限制有违法违规行为的企业新购置土地。房地产开发企业在参与土地竞拍和开发建设过程中，其股东不得违规对其提供借款、转贷、担保或其他相关融资便利。严禁非房地产主业的国有及国有控股企业参与商业性土地开发和房地产经营业务。对存在土地闲置及炒地行为的房地产开发企业，商业银行不得发放新开发项目贷款，证监部门暂停批准其上市、再融资和重大资产重组等 10 条政策。

9 月 21 日，《国土资源部、住房和城乡建设部关于进一步加强房地产用地和建设管理调控的通知》（国土资发〔2010〕151 号）规定：（1）规范编制拟供地块出让方案。市、县国土资源主管部门要会同住房城乡建设（房地产、规划、住房保障）主管部门，依据土地利用规划和城镇控制性详细规划协调拟定住房用地出让方案。对具备供地条件的地块，规划、房地产主管部门要在接到国土资源主管部门书面函件后 30 日内分别提出规划和建设条件。拟出让宗地规划条件出具的时间逾期一年的，国土资源主管部门应当重新征求相关部门意见，并完善出让方案。土地出让后，任何单位和个人无权擅自更改规划和建设条件。因非企业原因确需调整的，必须依据《城乡规划法》规定的公开程序进行。由开发建设单位提出申请调整规划建设条件而不按期开工的，必须收回土地使用权，重新按招标拍卖挂牌方式出让土地。（2）严格土地竞买人资格审查。国土资源主管部门对竞买人参加招拍挂出让土地时，除应要求提供有效身份证明文件、缴纳竞买（投标）保证金外，还应提交竞买（投标）保证金不属于银行贷款、股东借款、转贷和募集资金的承诺书及商业金融机构的资信证明。根据国发 10 号文件规定，对发现并核实竞买人存在下列违法违规违约行为的，在结案和问题查处整改到位前，国土资源主管部门必须禁止竞买人及其控股股东参加土地竞买活动：存在伪造公文骗取用地和非法倒卖土地等犯罪行为的；存在非法转让土地使用权等违法行为的；因企业原因造成土地闲置一年以上的；开发建设企业违背出让合同约定条件开发利用土地的。（3）严格划拨决定书和出让合同管理。各类住房建设项目应当在划拨决定书和出让合同中约定土地交付之日起一年内开工建设，自开工之日起三年内竣工。综合用地的，必须在合同中分别载明商业、住房等规划、建设及各相关条件。（4）加强房地产用地供应监管。各省（区、市）国土资源主管部门要加强对住房用地出让公告和合同约定内容的适时监管，对市、县发布的公告中存在捆绑出让、超用地规模、“毛地”出让、超三年开发周期出让土地的，要责令立即撤销公告，调整出让方案重新出让。市、县国土资源主管部门要严格执行房地产用地开竣工申报制度，依托土地市场动态监测和监管系统，及时清理开工、竣工的房地产项目，定期对已供房地产用地的开竣工、开发建设条件执行等

情况进行实地巡查，发现有违法违规问题的，必须依法依纪追究责任。（5）严格查处囤地炒地闲置土地行为。省级国土资源主管部门要采取得力措施，督促市、县国土资源主管部门加快查清处理闲置土地。对企业自身原因造成土地闲置的，必须依法坚决查处。对政府及部门原因造成土地闲置的，住房城乡建设部门要积极配合国土资源主管部门，联合限期查办。

对未达到法律法规规定的土地转让条件转让房地产用地等囤地炒地的行为，要及时依法依规严肃查处，应当依法没收违法所得，并处罚款。对违规违法办理相关用地手续的部门和人员，省级国土资源主管部门要按有关规定追究责任人责任。（6）严格查处擅自调整容积率行为。市、县规划主管部门应会同国土资源主管部门，严格按照已确定的容积率指标对开发宗地进行规划许可和建设项目竣工核验。对已供土地分期开发的建设项目，应统一规划设计，各期建设工程规划许可确定的建筑面积的总和，必须符合容积率指标要求。坚决制止擅自调整容积率等问题，严肃查处国家机关工作人员在建设用地规划变更、容积率调整中玩忽职守、权钱交易等违纪违法行为。土地出让必须以宗地为单位提供规划条件、建设条件和土地使用标准，严格执行商品住房用地单宗出让面积规定，不得将两宗以上地块捆绑出让，不得“毛地”出让。拟出让地块要依法进行土地调查和确权登记，确保地类清楚、面积准确、权属合法，没有纠纷。（7）严格制定土地出让的规划和建设条件。市、县规划主管部门应当会同国土资源主管部门，严格依据经批准的控制性详细规划和节约集约用地要求，确定拟出让地块的位置、使用性质、开发强度、住宅建筑套数、套型建筑面积等套型结构比例条件，作为土地出让的规划条件，列入出让合同。对于中小套型普通商品住房建设项目，要明确提出平均套型建筑面积的控制标准，并制定相应的套型结构比例条件。要严格限制低密度大户型住宅项目的开发建设，住宅用地的容积率指标必须大于1。市、县住房城乡建设（房地产、住房保障）主管部门要提出限价商品住房的控制性销售价位，商品住房建设项目中保障性住房的配建比例、配建套数、套型面积、设施条件和项目开竣工时间及建设周期等建设条件，作为土地出让的依据，并纳入出让合同。（8）加大违法违规房地产用地信息公开。省（区、市）国土资源主管部门要按季度将发现和查处违法违规房地产用地的情况，在当地媒体和国土资源部门户网站的中国土地市场网页上向社会公布，接受公众监督，同时将有违法违规行为的房地产企业名单，及时抄送住房城乡建设、国有资产、工商、金融及监管、证券等部门，配合相关部门认真落实国发10号文件有关规定。每季度末，各省（区、市）国土资源主管部门要将有关情况报国土资源部，由国土资源部统一向社会通报。

12月9日，《国土资源部关于严格落实房地产用地调控政策促进土地市场健康发展有关问题的通知》（国土资发〔2010〕204号）规定：（1）严格执行招拍挂出让制度和操作程序，规

范房地产用地出让行为。一是省（区、市）国土资源主管部门要加强对市、县招拍挂出让公告的审查，对发现存在超面积出让、捆绑出让、“毛地”出让、住宅用地容积率小于 1、出让主体不合法等违反政策规定的出让公告，及时责令市、县国土资源主管部门撤销公告，重新拟定出让方案。违反规定出让的，应责令立即终止出让行为，并依法追究责任。二是市、县国土资源主管部门要严格竞买人资格审查，在审查前，要在线查询部、省（区、市）房地产企业土地开发利用诚信档案，对发现竞买人及其控股股东存在伪造公文骗取用地和非法倒卖土地、非法转让土地使用权、因企业原因造成土地闲置一年以上、违背出让合同约定条件开发利用土地等违法违规违约行为的，不得通过竞买资格审查。市、县国土资源主管部门要将审查发现的违法违规违约行为，及时在当地媒体和国土资源部门户网站的中国土地市场网页上向社会公布。在违法违规违约行为查处整改到位前，企业及其控股股东不得参加土地竞买。三是各地要按照公开公平公正、诚实信用、高效便民的原则，在坚持国有土地使用权招标拍卖挂牌出让制度的前提下，积极探索“限房价、竞地价”、“限地价、竞政策性住房面积”、“在商品住宅用地中配建保障性住房”、网上挂牌、用地预申请、一次竞价、综合评标等多种交易形式，总结推广成功经验和做法，改进和完善招拍挂制度内容，进一步发挥招拍挂制度在深化土地要素市场改革、加强土地出让领域反腐倡廉建设和调控房地产市场中的积极作用。（2）加强房地产用地监管，严格落实制度。一是严禁保障性住房用地改变用地性质。保障性住房用地改变用地性质搞商品房开发的，必须依法没收违法所得，收回土地使用权，由市、县国土资源主管部门重新招拍挂出让。坚决制止擅自调整容积率行为。经依法批准调整容积率的，市、县国土资源主管部门应当按照批准调整时的土地市场楼面地价核定应补缴的土地出让价款。省（区、市）国土资源主管部门应对各地房地产用地开竣工申报制度的建立情况进行检查，对未按照国土资发〔2010〕34 号文件规定建立制度的市县，要提出通报批评，限期建立。二是各地务必按照 2010 年上半年房地产用地专项整治的要求和政策标准，进一步加大违法违规房地产用地清理查处力度，加快处置因政府原因造成的闲置土地，促进市场秩序进一步规范。2011 年 1 月中旬前，省（区、市）国土资源主管部门要将因政府原因闲置土地尚未完成整改处置的市县和具体地块信息、闲置原因向社会公告，并采取措施督促市县抓紧落实闲置土地清理工作。

第六节　地价指数

一、指数编制说明

（一）编制对象

深圳市综合地价指数、深圳市住宅用地地价指数、深圳市商业用地地价指数、深圳市工业用地地价指数；罗湖区、福田区、南山区、盐田区的居住、商业、工业用地的地价指数。

（二）指数基期

以 2000 年 12 月 31 日为基期，各类用地类型的指数其基期均设为 100。

（三）指数编制的数据来源

国土资源部部署的深圳市城市地价动态监测项目始于 2007 年，我市 2007 年以后（含 2007 年）的地价指数编制的数据来源于该项目；2007 年以前的数据来自深圳市规划国土委发布的深圳市地价指数。

（四）指数编制办法

由于编制指数所采用的数据分别来自城市地价动态监测和深圳市地价指数，二者的地价水平值的内涵虽然不同，但均能正确反映深圳市土地价格的变化趋势。通过适当的数据处理手段，将两个时期的地价水平值调整为连续可比，并以此计算各期的地价指数。

表 4-7　深圳市历年地价动态监测的土地评估价值指数

类型＼年度	2000	2001	2002	2003	2004	2005	2006	2007	2008	2009	2010			
	4 季	4 季	4 季	4 季	4 季	4 季	4 季	4 季	4 季	4 季	1 季	2 季	3 季	4 季
综合	100	101.05	101.13	103.02	103.83	104.88	137.13	305.65	208.82	278.07	302.68	326.42	341.02	343.43
住宅	100	101.58	101.70	104.23	105.06	106.15	145.79	268.99	204.62	279.64	293.12	301.97	301.33	300.08
商业	100	99.31	99.09	99.59	100.17	100.96	116.59	329.40	213.36	282.05	324.14	371.75	409.87	418.66
工业	100	99.47	100.74	102.34	104.15	106.06	126.49	269.79	158.19	167.13	181.38	192.34	200.74	199.04

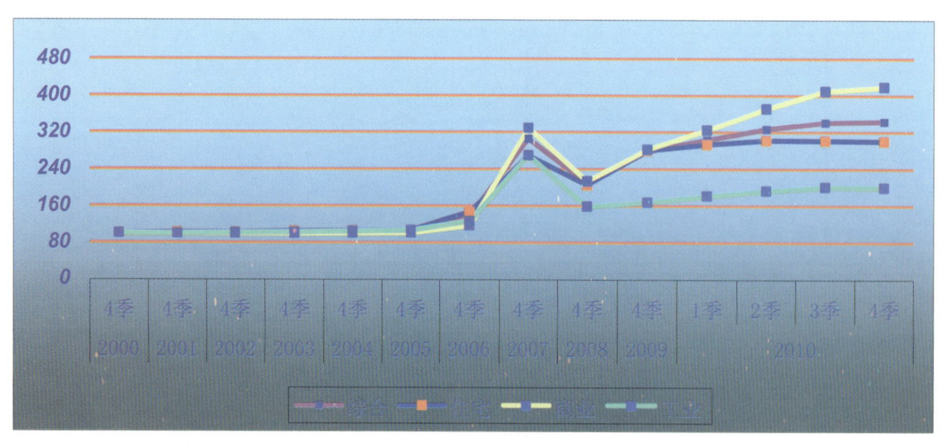

图 4-1　深圳市历年地价动态监测的土地评估价值指数示意图

表 4-8 深圳经济特区历年居住用地地价动态监测的土地评估价值指数														
年度	2000	2001	2002	2003	2004	2005	2006	2007	2008	2009	2010			
区域	4季	4季	4季	4季	4季	4季	4季	4季	4季	4季	1季	2季	3季	4季
罗湖区	100	100.89	99.76	103.59	104.26	104.63	133.66	214.59	198.84	221.75	228.59	249.42	234.87	266.78
福田区	100	99.60	100.00	102.24	103.03	104.28	147.96	279.69	260.21	344.72	348.58	327.43	339.36	335.67
南山区	100	104.29	105.57	106.45	107.54	109.21	156.04	417.29	245.77	378.07	418.08	446.62	427.50	413.70
盐田区	100	105.71	106.42	114.70	116.24	118.38	128.44	242.20	218.52	422.47	430.99	408.66	435.67	445.55

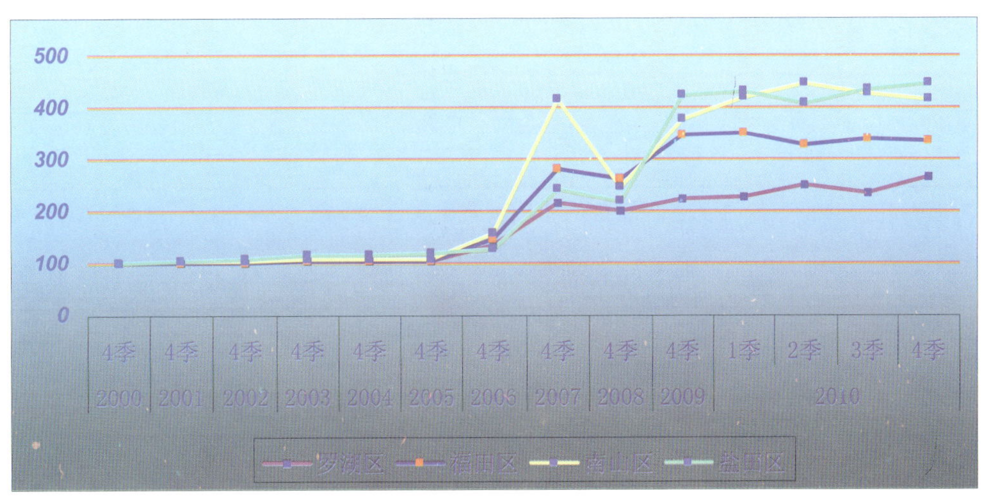

图 4-2 深圳经济特区历年居住用地动态监测的土地评估价值指数示意图

表 4-9 深圳经济特区历年商业用地地价动态监测的土地评估价值指数														
年度	2000	2001	2002	2003	2004	2005	2006	2007	2008	2009	2010			
区域	4季	4季	4季	4季	4季	4季	4季	4季	4季	4季	1季	2季	3季	4季
罗湖区	100	99.41	98.82	99.45	99.49	99.95	101.54	254.47	221.37	220.72	224.18	231.97	237.66	243.85
福田区	100	98.73	97.92	96.47	96.87	97.40	114.64	354.06	247.78	318.90	368.12	409.87	477.96	486.82
南山区	100	99.93	99.71	100.03	100.94	101.80	116.09	381.57	246.37	390.31	475.65	572.71	634.58	641.24
盐田区	100	99.05	99.33	99.16	99.78	100.11	101.18	239.11	211.84	197.54	199.58	207.41	210.40	216.32

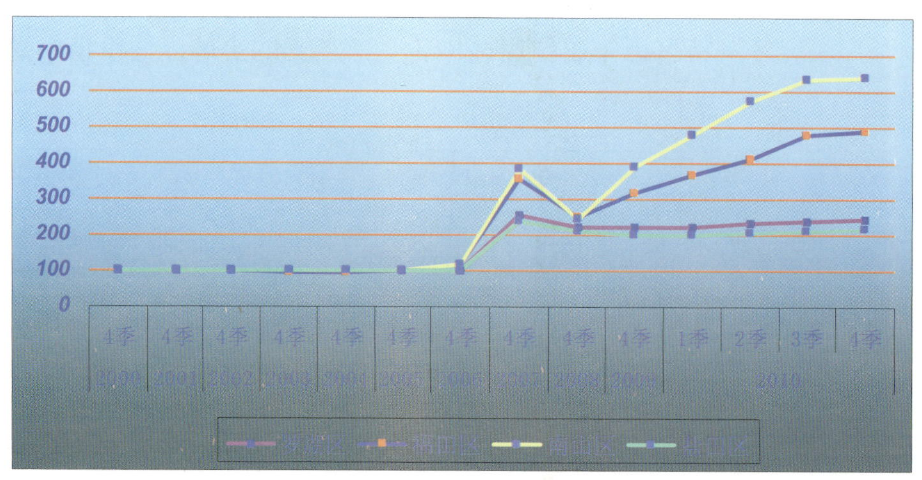

图 4-3　深圳经济特区历年商业用地动态监测的土地评估价值指数示意图

表 4-10　深圳经济特区历年工业用地地价动态监测的土地评估价值指数

年度 / 区域	2000	2001	2002	2003	2004	2005	2006	2007	2008	2009	2010			
	4 季	4 季	4 季	4 季	4 季	4 季	4 季	4 季	4 季	4 季	1 季	2 季	3 季	4 季
罗湖区	100	101.52	102.60	104.33	106.71	108.66	119.69	164.23	154.97	143.47	146.97	150.69	153.01	153.71
福田区	100	100.38	102.47	104.17	105.22	107.11	140.78	327.28	182.44	181.69	215.01	219.15	230.68	224.33
南山区	100	99.54	99.94	101.22	103.54	105.22	117.42	442.21	157.83	153.65	165.94	192.08	193.39	188.60
盐田区	100	105.82	106.06	107.24	110.80	115.06	123.59	183.06	162.41	165.02	170.87	176.10	179.70	181.07

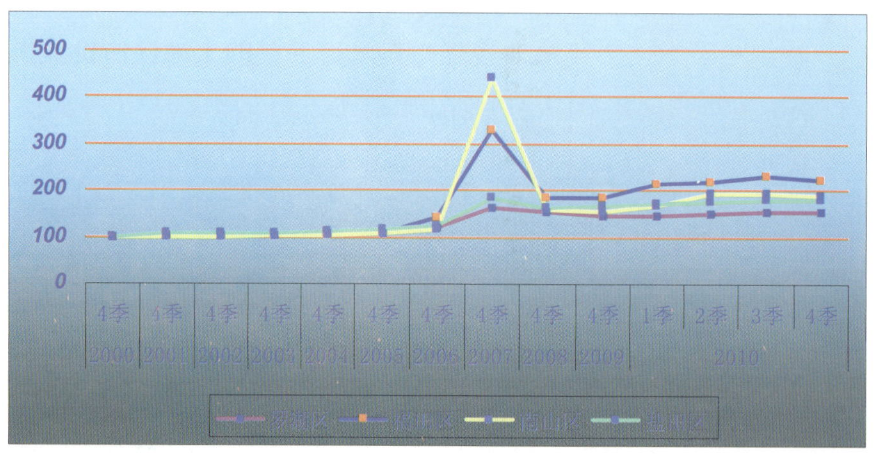

图 4-4　深圳经济特区历年工业用地动态监测的土地评估价值指数示意图

深圳市住宅用地楼面地价图

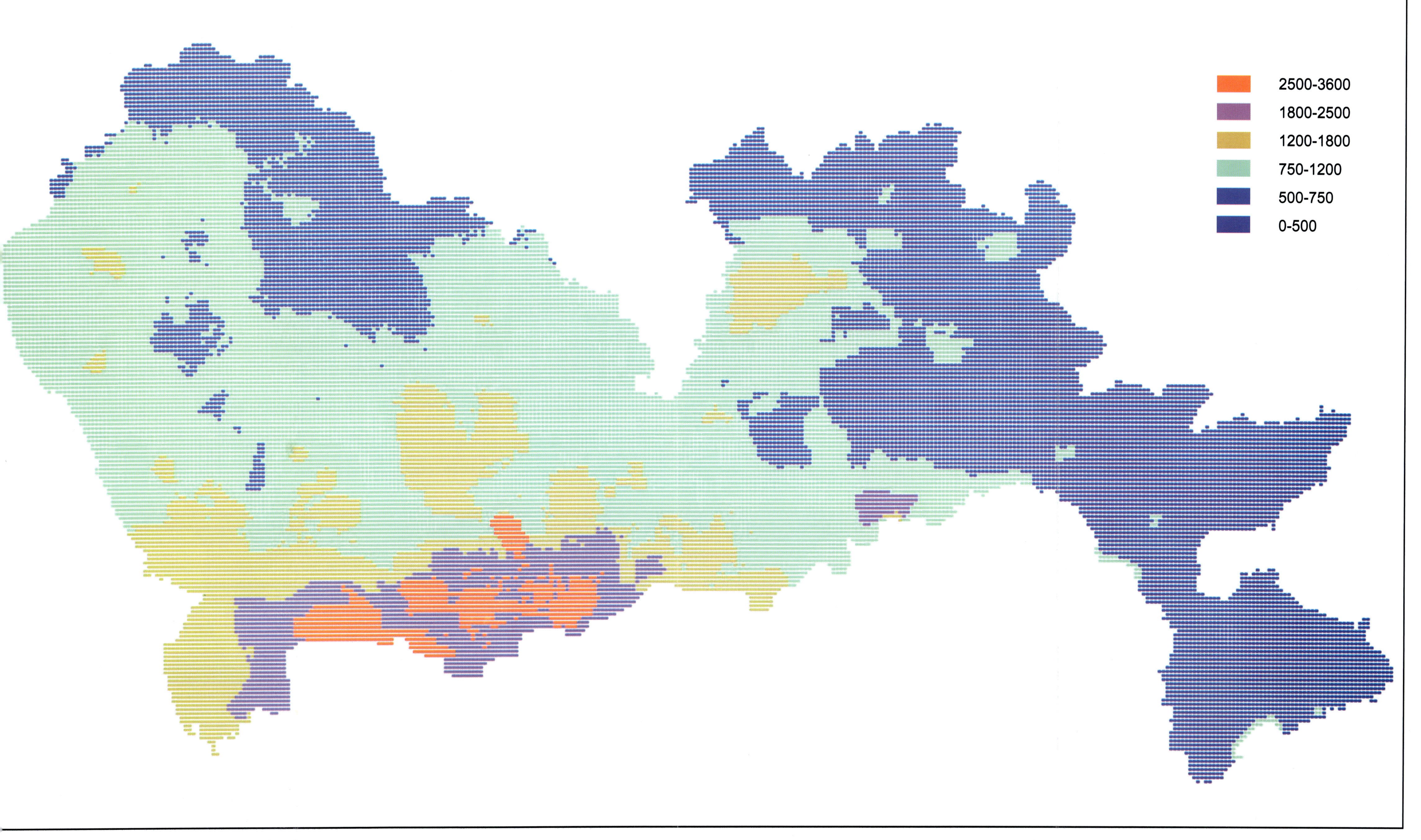

深圳市办公用地楼面地价图

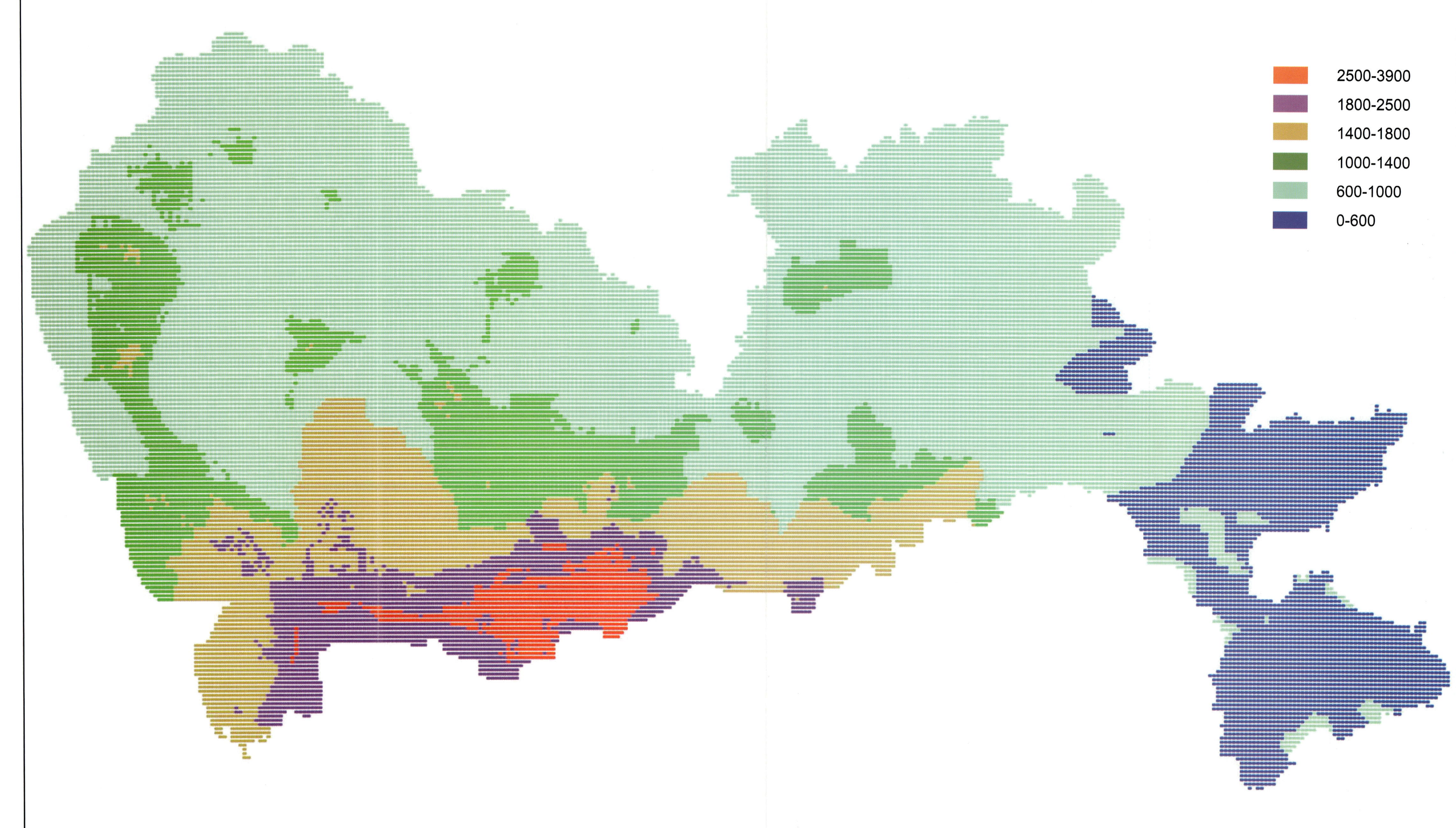

深圳市商业用地楼面地价图

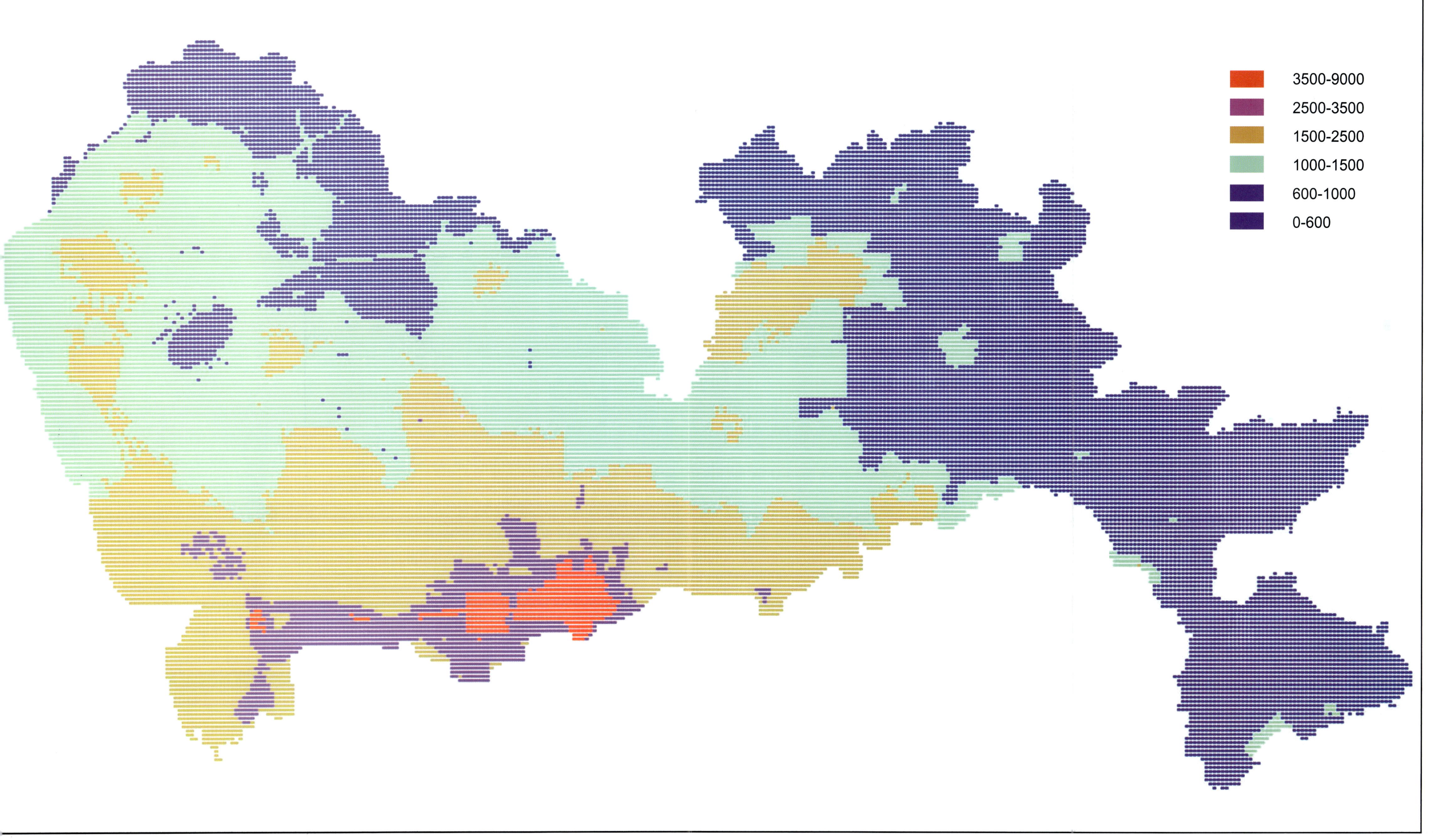

深圳市工业用地楼面地价图

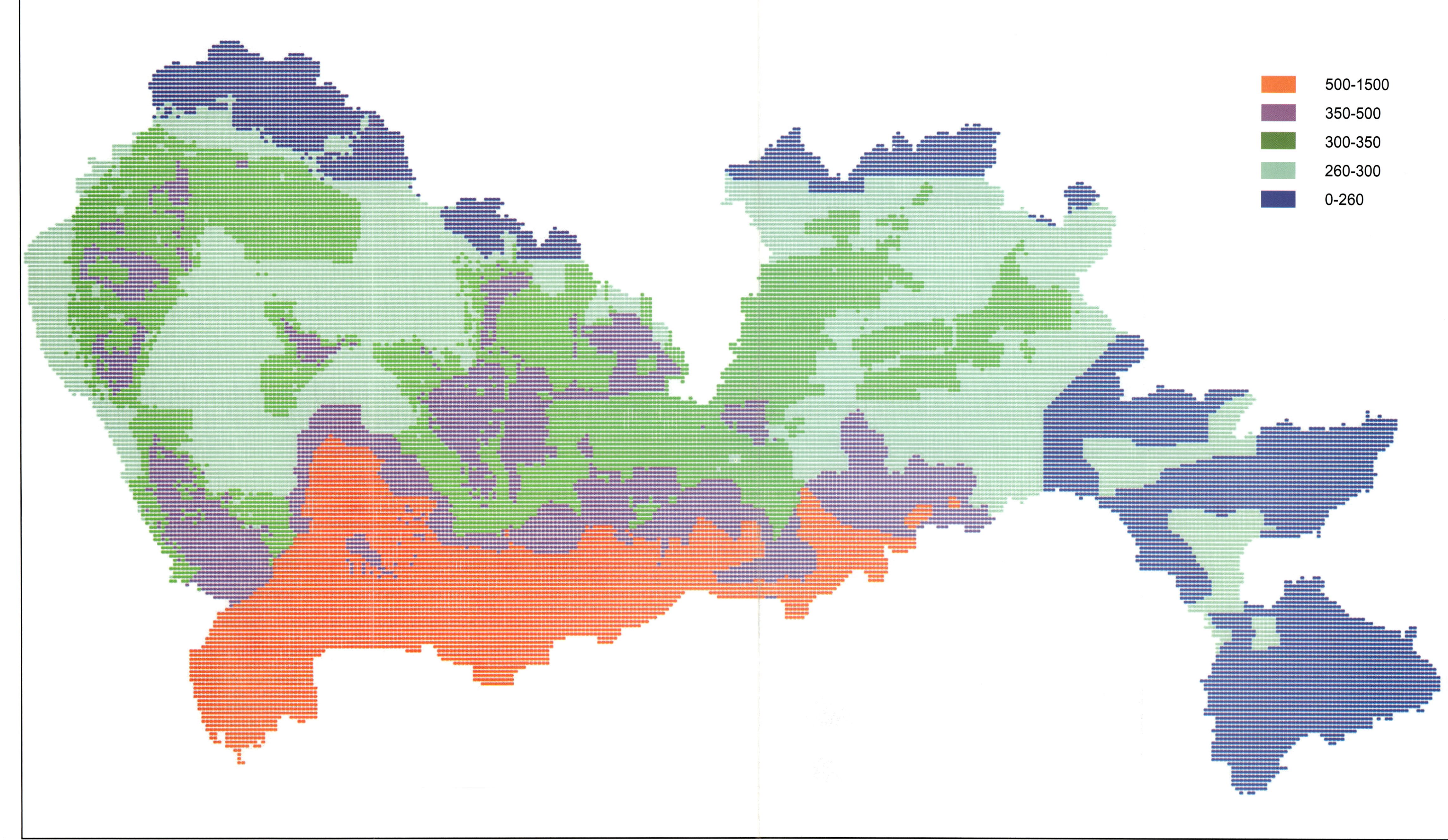

第五章 房地产开发

第一节 房地产开发投资

一、完成投资情况

2010 年，深圳市共完成房地产开发投资 458.47 亿元，同比增加 4.8%。从用途结构看，住宅完成投资 304.89 亿元，同比增加 5.2%，其中，90 平方米以下投资 179.17 亿元，别墅投资 8.87 亿元；办公楼投资 37.90 亿元，同比增长 7.2%；商业用房投资 59.36 亿元，同比增长 11.5%；其他商品房投资 56.32 亿元，同比减少 4.7%。从投资去向看，商品房建设投资 370.88 亿元，占投资总额的 80.89%，同比增长 1.77%；土地购置费、土地开发投资和配套工程投资分别为 60.99 亿元、5.96 亿元和 15.75 亿元。

总体而言，2010 年的房地产开发投资呈现以下特点：一是房地产开发投资规模与上年相比出现小幅增长，投资构成中仍以住宅为主，且所占份额略低于上年水平，90 平方米以下住宅投资额所占比例小幅增长，办公楼和商业用房占比与上年基本持平；其他类商品房份额小幅增长。二是住宅投资有所增长；办公楼及商业用房投资涨幅明显；三是商品房建设投资比上年小幅增长，土地开大投资下降明显，而土地购置费及配套工程投资大幅增长。

表 5-1　　深圳市历年房地产开发完成投资构成（按房屋用途分）

单位：亿元

年 份	本 年 完成投资	其中					
		住 宅	普通住宅	别墅、高档住宅	办公楼	商业用房	其 他
1996	124.83						
1997	136.65	85.50			18.18	14.78	18.19
1998	181.01	117.15			16.45	16.82	30.59
1999	261.45	184.25			19.34	21.34	36.52
2000	271.02	193.96			11.61	23.97	41.48
2001	322.85	220.34			9.25	27.30	65.96
2002	410.36	282.81			16.61	36.99	73.95
2003	449.05	308.76			19.20	49.60	71.49
2004*	434.24	255.84	251.36	4.48	24.51	57.44	96.46
2005	423.69	265.53	229.57	35.96	28.04	53.07	77.04
2006	462.09	325.05	252.30	72.75	30.63	67.39	39.02
2007	461.05	331.73	276.25	55.48	30.08	53.53	45.71
2008	440.49	314.98	227.47	6.08	26.12	51.97	47.42
2009	437.46	289.78	284.29	5.49	35.34	53.22	59.12
2010	458.47	304.89	296.01	8.87	37.90	59.36	56.32

注：从2005年12月起，深圳市国土资源和房产管理局、深圳市统计局分别取消了原房地产统计系统，统一使用新的统计系统，致使2005年统计口径较以前年度发生变化。我们已对2004年度的统计数据做了追溯调整，调整后的口径与2005年相同，2003年及以前年度数据不作调整，下同。

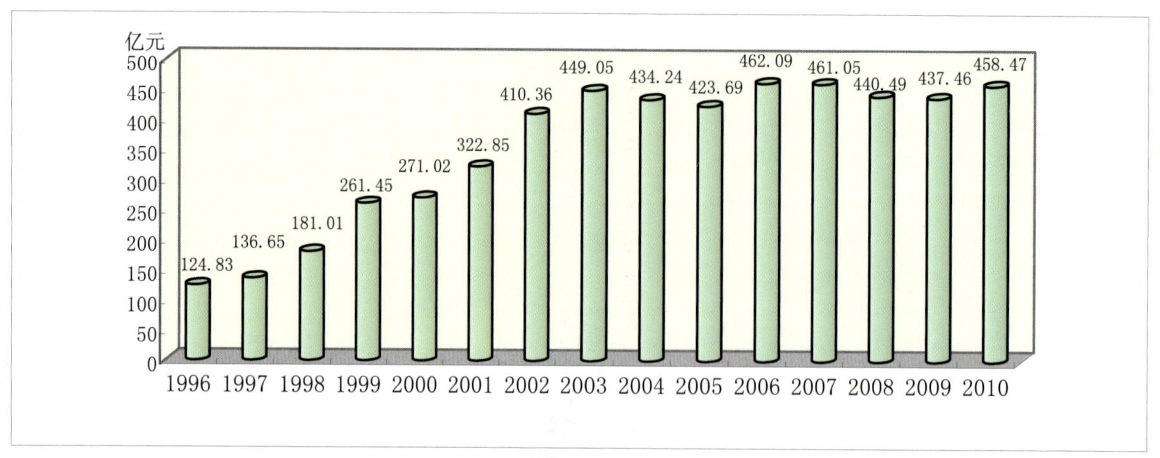

图 5-1　深圳市历年房地产开发完成投资示意

表 5-2 深圳市历年房地产开发完成投资构成（按投资去向分）

单位：亿元

<table>
<tr><th rowspan="3">年 份</th><th rowspan="3">本 年
完成投资</th><th colspan="5">其 中</th></tr>
<tr><th rowspan="2">商品房建设投资</th><th rowspan="2">土地开发投资</th><th rowspan="2">土地购置费</th><th>旧建筑物购置费
（2004 年以前）</th><th>其 他</th></tr>
<tr><th colspan="2">配套工程投资（2004 年以后）</th></tr>
<tr><td>1985 前</td><td>35.27</td><td>29.27</td><td colspan="2">6.00</td><td>—</td><td>—</td></tr>
<tr><td>1986</td><td>9.71</td><td>8.04</td><td colspan="2">1.67</td><td>—</td><td>—</td></tr>
<tr><td>1987</td><td>9.02</td><td>6.94</td><td colspan="2">1.54</td><td>—</td><td>0.54</td></tr>
<tr><td>1988</td><td>6.80</td><td>5.58</td><td colspan="2">1.22</td><td>—</td><td>—</td></tr>
<tr><td>1989</td><td>12.16</td><td>9.37</td><td colspan="2">1.06</td><td>—</td><td>1.73</td></tr>
<tr><td>1990</td><td>11.12</td><td>9.39</td><td colspan="2">1.73</td><td>—</td><td>—</td></tr>
<tr><td>1991</td><td>25.56</td><td>15.42</td><td colspan="2">9.18</td><td>—</td><td>0.96</td></tr>
<tr><td>1992</td><td>71.49</td><td>33.83</td><td colspan="2">35.14</td><td>—</td><td>2.52</td></tr>
<tr><td>1993</td><td>102.77</td><td>69.96</td><td colspan="2">26.98</td><td>—</td><td>5.83</td></tr>
<tr><td>1994</td><td>130.46</td><td>90.17</td><td colspan="2">30.17</td><td>—</td><td>10.12</td></tr>
<tr><td>1995</td><td>103.04</td><td>91.45</td><td colspan="2">11.11</td><td>—</td><td>0.48</td></tr>
<tr><td>1996</td><td>124.82</td><td>99.26</td><td>9.26</td><td>5.72</td><td>—</td><td>10.58</td></tr>
<tr><td>1997</td><td>136.65</td><td>109.91</td><td>7.78</td><td>13.52</td><td>—</td><td>5.44</td></tr>
<tr><td>1998</td><td>181.02</td><td>125.40</td><td>18.68</td><td>34.10</td><td>—</td><td>2.84</td></tr>
<tr><td>1999</td><td>261.45</td><td>198.95</td><td>16.11</td><td>42.46</td><td>—</td><td>3.93</td></tr>
<tr><td>2000</td><td>271.02</td><td>196.54</td><td>25.24</td><td>47.57</td><td>—</td><td>1.67</td></tr>
<tr><td>2001</td><td>322.85</td><td>217.57</td><td>25.07</td><td>80.21</td><td>—</td><td>—</td></tr>
<tr><td>2002</td><td>411.12</td><td>304.00</td><td>26.25</td><td>72.42</td><td>1.02</td><td>7.43</td></tr>
<tr><td>2003</td><td>449.05</td><td>321.04</td><td>37.63</td><td>90.38</td><td>—</td><td>—</td></tr>
<tr><td>2004*</td><td>434.24</td><td>343.93</td><td>11.69</td><td>71.80</td><td colspan="2">6.82</td></tr>
<tr><td>2005</td><td>423.69</td><td>325.57</td><td>24.84</td><td>64.05</td><td colspan="2">9.23</td></tr>
<tr><td>2006</td><td>462.09</td><td>399.58</td><td>6.71</td><td>43.86</td><td colspan="2">11.95</td></tr>
<tr><td>2007</td><td>461.05</td><td>369.46</td><td>10.23</td><td>62.22</td><td colspan="2">19.14</td></tr>
<tr><td>2008</td><td>440.49</td><td>357.27</td><td>6.67</td><td>65.98</td><td colspan="2">10.57</td></tr>
<tr><td>2009</td><td>437.46</td><td>364.42</td><td>7.31</td><td>45.25</td><td colspan="2">20.49</td></tr>
<tr><td>2010</td><td>458.47</td><td>370.88</td><td>5.96</td><td>60.99</td><td colspan="2">15.75</td></tr>
</table>

二、开发资金来源

2010 年，全市商品房开发资金来源合计为 1044.72 亿元，同比减少 0.9%，其中，上年结余 271.63 亿元，占26.0%；本年新增 773.09 亿元，占 74.0%。在新增资金中，国内贷款 199.89 亿元，比上年减少 58.95 亿元，占新增资金的 25.9%，占开发资金来源的19.1%；利用外资10.33 亿元，比上年增加 8.95 亿元；其他资金358.90 亿元，比上年减少 90.69 亿元；自筹资金203.97 亿元，比上年增加 32.02 亿元。

表 5-3　　深圳市历年房地产开发资金来源构成

单位：亿元

开发资金 / 年份	合计	上年末结余资金	本年资金来源小计	国内贷款	银行贷款	非银行机构贷款	利用外资	国家预算内资金	自筹资金	自有资金	其他资金来源	集资（2005年以前）/ 个人按揭贷款（2005年以后）	定金及预收款
1991			39.11	6.43					12.42	12.42	20.26		11.33
1992			97.16	25.37					28.99	28.99	42.80		22.54
1993			175.06	39.05					49.14	49.14	86.87		66.01
1994			189.90	40.01					63.56	63.56	86.33		40.43
1995			194.13	31.43					34.94	34.94	127.76		33.77
1996			187.92	29.46					45.49	45.49	112.97		39.43
1997			207.66	30.91					61.19	61.19	115.56		47.28
1998	309.21	59.43	249.78	60.20			12.50		103.69	59.00	73.39	0.77	62.00
1999	391.66	62.22	329.44	85.56			13.91		95.94	56.59	134.03	4.90	107.45
2000	472.68	85.16	387.52	84.09			15.40		125.91	66.74	162.12	4.75	119.33
2001	638.43	127.16	511.27	129.04			9.99		177.42	94.40	194.82	3.33	153.79
2002	737.97	141.87	596.10	152.99			8.62	6.96	165.23	90.71	262.30	6.72	208.01
2003	715.15	125.45	589.70	163.32			5.23	5.92	163.90	100.32	251.32	9.85	210.79
2004*	842.35	179.00	663.35	149.33			7.03	—	197.98	120.34	309.00	2.06	254.21
2005	867.74	173.73	694.01	159.87	152.98	6.88	2.38	—	216.49	132.76	315.27	72.96	184.10
2006	1008.19	170.34	837.85	229.39	220.61	8.78	8.94	—	174.78	128.64	424.74	158.3	213.91
2007	1043.45	195.53	847.92	169.83	163.91	5.92	11.78	—	241.43	176.60	424.88	154.54	223.97
2008	1016.59	262.22	754.37	289.14	269.55	19.6	1.49	—	203.35	149.52	260.39	97.37	134.64
2009	1054.08	172.32	881.76	258.83	236.39	22.44	1.39	—	171.95	115.09	449.59	223.16	205.02
2010	1044.72	271.63	773.09	199.89	177.72	22.16	10.33	—	203.97	157.18	358.90	184.44	154.67

注：按2005年新的统计口径，删除原“债券”项；原“国内贷款”项包含“银行贷款”和“非银行机构贷款”项，“其他”项包含“定金及预收款”和“集资”项，其中“集资”项改为“个人按揭贷款”项。

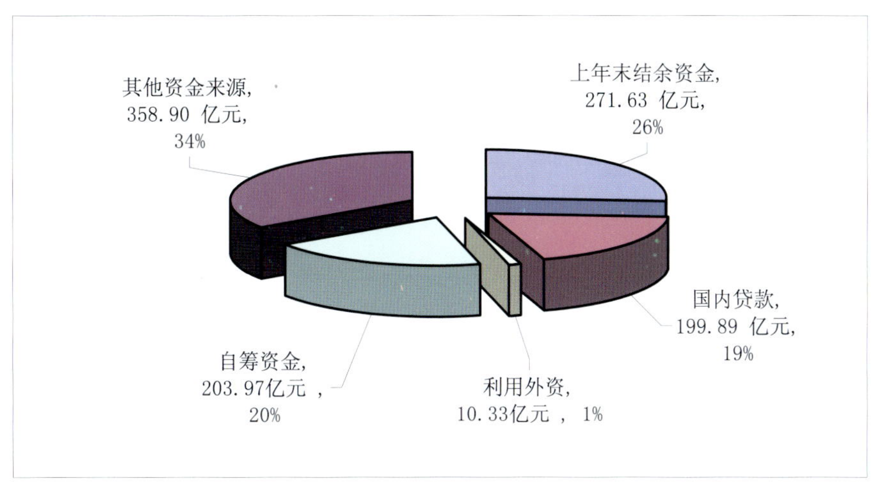

图 5-2 深圳市 2010 年房地产开发资金来源构成示意（亿元）

第二节 商品房开发

一、施工情况

2010 年，全市商品房施工面积2939.94 万平方米，比上年减少 5.5%。从用途结构看，住宅 2025.14 万平方米，同比减少 3.0%，其中 90 平方米以下住宅 1199.64 万平方米，同比增加 5.0%；办公楼 182.36 万平方米，同比减少 3.6%；商业用房 298.62 万平方米，同比减少 9.0%；其他用房 433.82 万平方米，同比减少 14.5%。从区域分布看，罗湖区208.69 万平方米，同比减少 11.74%；福田区252.01 万平方米，同比增加 20.0%；南山区503.31 万平方米，同比减少 8.1%；盐田区 147.81 万平方米，同比增加 6.8%；宝安区 777.90 万平方米，同比减少 5.5%；龙岗区 1050.23 万平方米，同比减少 0.1%。

2010 年，全市商品房新开工面积 470.96 万平方米，比上年减少 3.7%。按用途分，住宅 355.17 万平方米，同比增加 8.3%，其中 90 平方米以下住宅 242.62 万平方米，同比增加 15.6%；办公楼 15.26 万平方米，同比减少 48.8%；商业用房 38.69 万平方米，同比减少 36.3%；其他用房 61.85 万平方米，同比减少 12.4%。

表 5-4　　深圳市历年商品房施工及新开工面积（按用途分）

单位：万平方米

面积＼年份	施工面积	新开工	其中							
			住宅	新开工	办公楼	新开工	商业用房	新开工	其他	新开工
1985 前	1091.95		711.19		121.38		148.51		110.87	
1986	503.65		327.37		51.37		58.49		66.42	
1987	331.12		201.23		33.77		45.03		51.09	
1988	345.93		193.17		45.28		57.05		50.41	
1989	392.33		201.29		55.00		63.35		72.69	
1990	304.62		192.15		31.07		41.43		39.97	
1991	467.82		279.00		47.72		73.62		67.48	
1992	950.06		601.10		101.91		139.21		107.84	
1993	1396.44		909.51		152.43		199.92		134.58	
1994	1298.82		868.86		132.75		176.36		120.85	
1995	1371.06		844.20		214.51		187.71		124.64	
1996	1495.27	337.43	940.61	233.99	238.93		193.68		122.05	
1997	1454.17	386.35	966.18	300.60	181.76		185.17		121.05	
1998	1646.38	490.17	1218.86	393.52	130.58	17.86	180.07	39.46	116.87	39.33
1999	2142.88	745.15	1629.11	620.05	140.44	13.44	245.46	56.49	127.87	55.17
2000	2182.66	737.56	1661.57	577.62	111.56	26.05	230.30	68.83	179.23	65.06
2001	2462.75	884.86	1916.02	712.40	97.26	22.88	240.43	69.52	209.04	80.06
2002	2672.46	944.54	2100.82	730.94	100.54	44.13	251.47	104.85	219.63	64.62
2003	2737.48	957.62	2053.24	715.42	136.82	25.96	291.97	102.43	255.46	113.80
2004*	3120.25	1025.55	2257.68	766.91	147.78	25.32	379.15	123.24	335.64	110.09
2005	3058.90	1054.19	2152.58	753.90	155.67	39.90	370.34	127.15	380.31	133.25
2006	3122.09	798.12	2157.39	609.46	171.88	19.91	385.71	69.98	407.11	98.77
2007	3160.94	876.40	2185.53	621.91	189.65	40.06	337.42	72.94	448.34	141.49
2008	3276.30	752.60	2210.36	471.80	201.55	46.61	346.45	84.90	517.94	149.28
2009	3112.36	489.18	2087.47	328.04	189.09	29.82	328.27	60.70	507.53	70.63
2010	2939.94	470.96	2025.14	355.17	182.36	15.26	298.62	38.69	433.82	61.85

表 5-5　　深圳市历年商品房施工及新开工面积（按区域分）

单位：万平方米

年度	全市合计		其中											
			罗湖区		福田区		南山区		盐田区		宝安区		龙岗区	
	施工面积	新开工	施工面积	新开工	施工面积	新开工	施工面积	新开工	施工面积	新开工	施工面积	新开工	施工面积	新开工
1996	1495.27	337.43	613.06		403.72		254.20		—	—	119.62		104.67	
1997	1454.17	386.35	435.48		445.27		214.29		—	—	163.51		195.62	
1998	1646.38	490.17	418.11	86.01	494.91	164.04	330.98	97.96	36.94	17.82	165.19	64.86	200.25	59.49
1999	2142.88	745.15	453.11	89.92	730.92	299.14	424.17	150.99	30.59	3.87	211.46	84.27	292.63	116.96
2000	2182.66	737.56	397.62	96.85	805.69	228.35	427.64	167.59	35.94	15.31	218.40	100.26	297.37	129.19
2001	2462.75	884.86	362.10	78.05	826.86	246.27	573.90	264.05	24.95	8.43	282.69	150.85	392.25	137.21
2002	2672.46	944.54	462.31	138.63	786.34	259.01	639.00	244.53	65.08	48.46	328.44	90.18	391.29	163.73
2003	2737.48	957.62	397.26	127.68	824.59	216.22	703.52	241.24	43.00	21.99	422.07	214.23	347.05	136.26
2004*	3120.25	1025.55	468.19	107.02	780.80	151.10	734.89	211.49	75.24	33.25	631.78	300.11	429.35	222.57
2005	3058.90	1054.19	333.72	24.81	667.26	208.29	513.84	205.98	76.90	37.99	865.27	319.96	601.91	257.17
2006	3122.10	798.12	329.37	15.49	517.48	68.99	586.94	123.74	94.44	42.61	859.65	271.85	734.22	275.43
2007	3160.94	876.40	192.83	36.93	399.24	38.69	605.41	211.70	98.01	25.03	895.09	203.18	970.36	360.87
2008	3276.30	752.60	251.50	87.76	314.70	52.23	689.70	153.94	125.00	57.60	880.40	195.60	1015.00	205.47
2009	3112.36	489.18	236.45	44.61	315.12	24.29	547.83	144.97	138.36	34.27	823.30	126.67	1051.31	114.36
2010	2939.94	470.96	208.69	4.15	252.01	25.97	503.31	70.63	147.81	9.97	777.90	225.07	1050.23	135.17

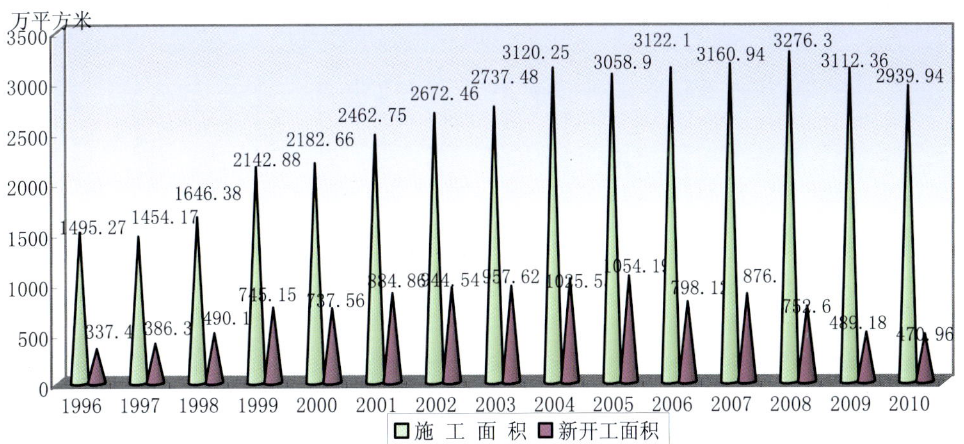

图 5-3　深圳市历年商品房施工及新开工面积示意

表 5-6 深圳市历年商品住宅施工及新开工面积（按区域分）

单位：万平方米

年度	全市合计		其中											
			罗湖区		福田区		南山区		盐田区		宝安区		龙岗区	
	施工面积	新开工	施工面积	新开工	施工面积	新开工	施工面积	新开工	施工面积	新开工	施工面积	新开工	施工面积	新开工
1996	940.61	233.99	347.33	70.20	250.09	65.30	174.21	29.80	—	—	87.44	37.20	81.54	31.49
1997	966.19	300.60	237.37	81.16	273.69	93.19	165.71	42.08	—	—	128.07	36.07	161.35	48.10
1998	1218.86	393.52	260.12	73.49	374.92	127.10	270.92	87.25	10.97	4.20	142.18	53.03	159.75	48.45
1999	1629.11	620.05	296.32	71.19	554.69	239.43	342.16	133.76	19.92	2.87	175.80	71.47	240.23	101.33
2000	1661.57	577.62	285.72	89.65	597.46	162.23	332.88	125.67	27.39	10.63	175.48	78.10	242.65	111.34
2001	1916.02	712.40	275.80	55.96	601.09	193.36	462.80	214.99	21.84	7.36	239.78	128.77	314.71	111.96
2002	2100.82	730.94	355.90	91.73	597.23	197.49	515.49	204.67	56.80	41.30	259.59	69.78	315.80	125.97
2003	2053.24	715.42	301.35	100.55	558.07	149.27	578.47	186.29	34.06	15.93	334.69	172.03	246.60	91.35
2004*	2257.68	766.91	338.23	74.16	475.46	104.1	588.86	157.97	59.12	23.84	475.38	224.27	320.63	182.57
2005	2152.58	753.90	223.81	15.85	381.07	118.42	386.88	148.67	62.14	29.63	649.78	241.17	448.90	200.17
2006	2157.39	609.46	214.92	11.94	234.09	39.79	427.71	91.89	65.28	33.06	664.24	216.75	551.16	216.03
2007	2185.53	621.91	140.07	29.85	164.23	14.68	410.94	139.10	62.79	14.20	686.70	180.82	720.80	243.26
2008	2210.36	471.80	150.37	43.58	117.13	25.99	448.52	83.14	89.86	48.16	677.53	139.01	726.95	131.92
2009	2087.47	328.04	141.77	28.92	123.98	17.16	351.73	78.30	101.65	31.58	627.46	87.05	740.88	85.03
2010	2025.14	355.17	118.27	2.80	95.00	11.90	338.69	56.73	111.41	7.68	602.01	185.16	759.76	90.89

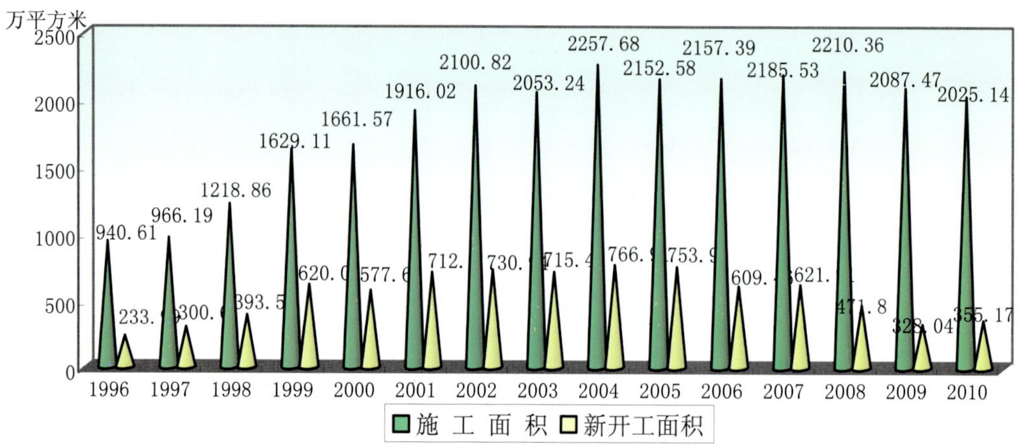

图 5-4 深圳市历年商品住宅施工及新开工面积示意

表 5-7　深圳市历年办公楼施工及新开工面积（按区域分）

单位：万平方米

年度	全市合计		其中													
			罗湖区		福田区		南山区		盐田区		宝安区		龙岗区	
	施工面积	新开工	施工面积	新开工	施工面积	新开工	施工面积	新开工	施工面积	新开工	施工面积	新开工	施工面积	新开工
1996	238.93	—	135.10	—	69.66	—	30.22	—	—	—	0.59	—	3.36	—
1997	181.76	—	99.39	—	61.49	—	14.36	—	—	—	2.58	—	3.94	—
1998	130.58	17.86	57.46	0.43	36.35	11.05	18.99	1.90	8.12	0.03	0.87	0.85	8.79	3.60
1999	140.44	13.44	50.09	5.03	55.70	4.12	20.59	2.11	1.19	0.05	1.84	0.77	11.03	1.36
2000	111.56	26.05	32.05	0.03	54.09	18.30	17.92	5.19	0.47	0.00	3.41	2.54	3.62	0.00
2001	97.26	22.88	18.13	3.59	52.75	13.26	15.55	4.37	—	—	2.58	1.02	8.25	0.64
2002	100.54	44.13	23.01	10.74	56.20	26.67	9.59	2.48	1.67	1.67	2.46	1.05	7.61	1.52
2003	136.82	25.96	22.01	1.29	91.07	18.11	12.98	4.54	—	—	3.16	—	7.59	2.01
2004*	147.78	25.32	21.17	7.27	115.78	16.42	9.57	1.53	0.33	0.07	0.24	—	0.69	0.03
2005	155.67	39.90	15.55	—	119.23	34.31	9.78	0.47	0.38	0.07	6.52	1.24	4.20	3.81
2006	171.88	19.91	19.52	—	125.87	10.94	18.38	6.75	0.38	—	6.76	2.22	0.98	—
2007	189.65	40.06	5.72	0.70	119.12	9.06	35.08	15.53	8.02	8.02	16.03	1.17	5.69	5.58
2008	201.55	46.61	24.60	18.50	106.45	9.95	33.00	10.79	2.60	—	23.50	5.57	11.40	1.80
2009	189.09	29.82	26.58	5.68	94.99	0.00	47.18	20.22	2.88	0.28	13.91	2.01	3.56	1.63
2010	182.36	15.26	26.28	—	84.96	1.91	41.90	0.90	1.46	—	13.18	2.44	14.58	10.00

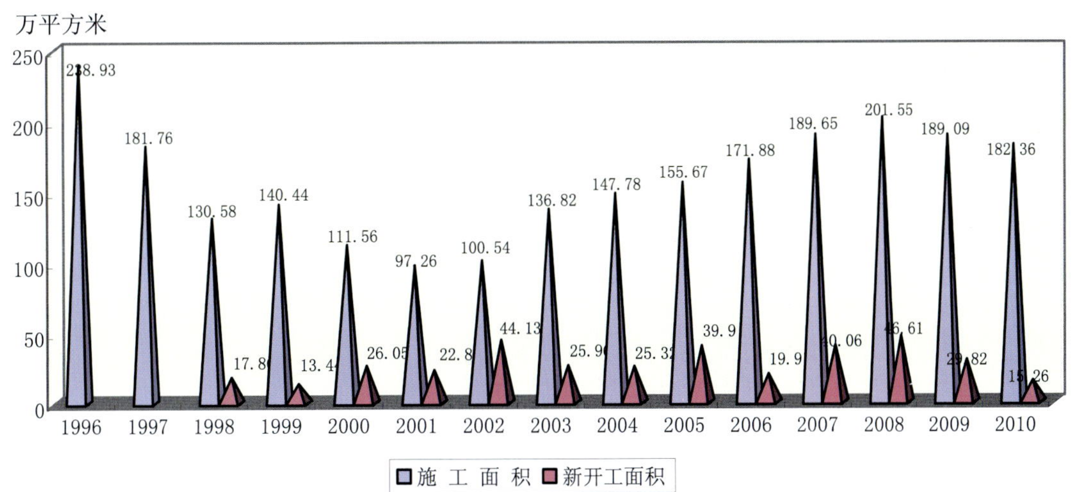

图 5-5　深圳市历年办公楼施工及新开工面积示意

表 5-8　深圳市历年商业用房施工及新开工面积（按区域分）

单位：万平方米

年度	全市合计		其中												
			罗湖区		福田区		南山区		盐田区		宝安区		龙岗区		
	施工面积	新开工	施工面积	新开工	施工面积	新开工	施工面积	新开工	施工面积	新开工	施工面积	新开工	施工面积	新开工	
1996	193.68	—	86.95	—	40.22	—	24.60	—	—	—	30.50	—	11.51	—	
1997	185.17	—	62.89	—	61.58	—	18.70	—	—	—	26.51	—	15.49	—	
1998	180.07	39.46	57.86	5.74	42.27	11.37	28.81	4.18	1.53	1.01	20.75	10.01	28.84	7.17	
1999	245.46	56.49	66.93	6.81	69.45	24.45	41.35	7.75	8.70	0.95	24.79	5.80	34.23	10.92	
2000	230.30	68.83	52.91	5.04	62.60	18.71	44.46	15.29	3.42	1.61	31.57	14.81	35.34	13.36	
2001	240.43	69.52	38.04	10.57	80.12	17.40	41.55	13.62	2.14	0.37	28.29	13.08	50.29	14.48	
2002	251.47	104.85	53.44	22.61	63.64	23.02	44.27	18.08	3.54	2.99	38.15	7.63	48.43	30.52	
2003	291.97	102.43	45.37	14.75	83.88	15.35	45.24	21.53	4.91	2.56	46.70	17.36	65.87	30.88	
2004*	379.15	123.24	60.86	18.33	86.03	9.68	72.14	32.05	8.61	4.68	75.81	33.54	75.7	24.96	
2005	370.34	127.15	56.37	6.73	75.16	28.61	59.54	27.14	8.63	6.13	92.1	39.72	78.55	18.81	
2006	385.71	69.98	58.66	1.18	77.29	10.57	71.82	7.47	19.22	3.35	68.53	16.84	90.20	30.57	
2007	337.42	72.94	35.15	5.40	51.99	7.17	70.47	21.67	12.94	1.29	68.82	14.75	98.05	22.66	
2008	346.45	84.90	43.78	13.49	44.37	10.95	77.56	17.31	16.49	5.76	67.50	17.28	96.75	20.11	
2009	328.27	60.70	41.75	2.51	45.36	1.29	51.54	17.79	17.54	1.06	70.18	23.82	101.91	14.23	
2010	298.62	38.69	43.59	1.31	37.83	2.97	42.96	2.55	14.65	1.39	52.61	7.13	106.97	23.34	

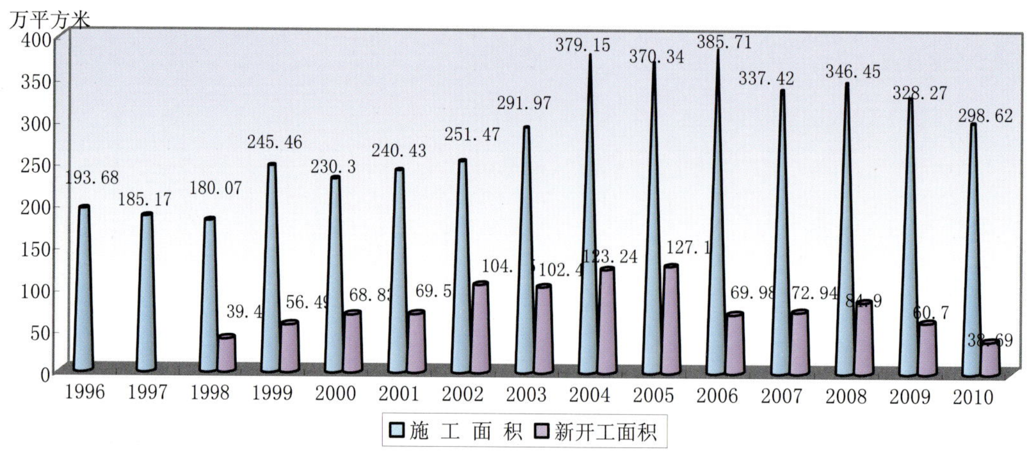

图 5-6　深圳市历年商业用房施工及新开工面积示意

二、竣工情况

2010 年，全市商品房竣工面积 344.43 万平方米，比上年减少 14.3%。

按用途分，住宅251.11 万平方米，同比减少 6.8%，其中 90 平方米以下148.16 万平方米，同比增加 14%；办公楼 32.05 万平方米，同比增加 28.0%；商业用房 25.27 万平方米，同比减少 21.5%；其他用房 36.00 万平方米，同比减少 52.1%。

从区域分布看，罗湖区0.24 万平方米，同比减少 57.0%；福田区20.12 万平方米，同比减少 65.7%；南山区 70.61 万平方米，同比减少 24.6%；盐田区9.85 万平方米，同比减少 63.5%；宝安区 120.97 万平方米，同比增加 20.2%；龙岗区122.64 万平方米，同比增加 0.9%。

表 5-9　深圳市历年商品房竣工面积（按用途分）

单位：万平方米

年份	竣工面积	其中			
		住宅	办公楼	商业用房	其他
1985 前	434.91	238.71	54.38	54.82	87.00
1986	181.27	97.37	24.19	12.57	47.14
1987	134.37	84.80	10.96	4.28	34.33
1988	103.90	62.33	5.19	7.27	29.11
1989	180.29	109.11	9.01	12.62	49.55
1990	133.41	84.40	8.67	12.34	28.00
1991	150.44	91.22	7.93	11.21	40.08
1992	198.40	130.90	9.20	14.70	43.60
1993	281.46	196.75	11.51	21.32	51.88
1994	311.10	206.50	10.01	39.90	54.69
1995	311.55	216.38	34.24	36.98	23.95
1996	394.32	250.51	42.50	48.58	52.73
1997	327.04	243.19	34.22	29.57	20.06
1998	441.97	353.29	24.86	39.79	24.03
1999	571.46	467.36	20.03	59.16	24.91
2000	652.26	551.59	13.54	49.01	38.12
2001	770.58	621.91	24.06	68.65	55.96
2002	915.30	763.64	13.16	65.70	72.80
2003	994.52	778.34	46.08	88.66	81.44
2004*	1012.39	772.20	35.66	105.54	99.00
2005	945.78	704.44	18.70	96.67	125.97
2006	848.89	581.87	36.83	126.63	103.56
2007	630.46	434.70	32.38	73.74	89.64
2008	629.73	443.77	27.55	59.79	98.62
2009	402.01	269.54	25.05	32.2	75.22
2010	344.43	251.11	32.05	25.27	36.00

表 5-10　　深圳市历年商品房竣工面积（按区域分）

单位：万平方米

年份	竣工面积	其中					
		罗湖区	福田区	南山区	盐田区	宝安区	龙岗区
1996	394.32	118.29	130.13	82.81	—	31.54	31.55
1997	327.04	81.31	109.89	68.72	—	30.75	36.37
1998	441.97	96.18	114.30	83.48	6.89	62.93	78.19
1999	571.46	108.78	158.01	107.54	12.57	75.17	109.39
2000	652.26	117.03	209.42	112.43	6.45	94.59	112.34
2001	770.58	113.04	270.78	171.80	4.15	82.00	128.81
2002	915.30	179.76	199.15	261.14	20.64	125.41	129.20
2003	994.52	130.51	275.03	264.51	14.16	161.53	148.77
2004*	1012.39	105.71	263.55	341.72	21.06	172.83	107.52
2005	945.78	149.96	203.91	157.39	37.16	213.11	184.24
2006	848.89	91.89	176.36	159.17	27.36	228.39	165.71
2007	630.46	15.02	109.78	125.57	25.78	243.53	110.78
2008	629.73	58.10	32.20	214.30	8.10	179.03	138.00
2009	402.01	0.57	58.69	93.58	26.98	100.63	121.56
2010	344.43	0.24	20.12	70.61	9.85	120.97	122.64

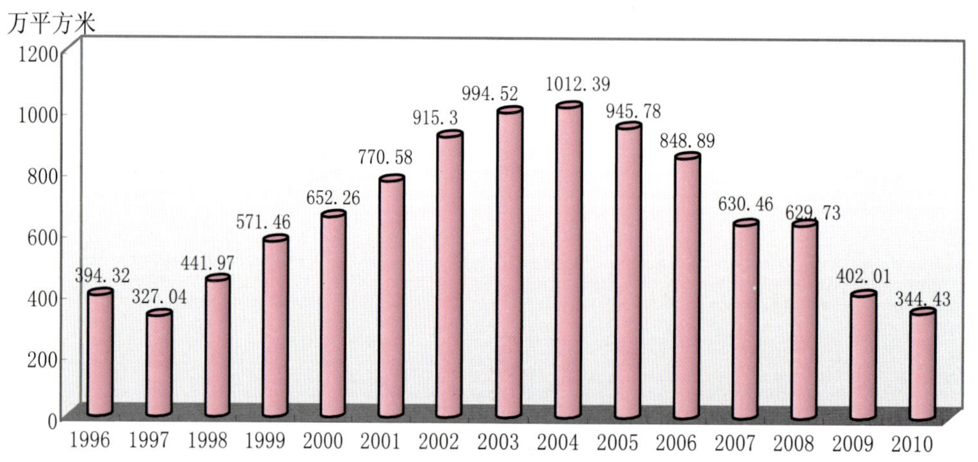

图 5-7　深圳市历年商品房竣工面积示意

表 5-11　深圳市历年商品住宅竣工面积（按区域分）

单位：万平方米

年　份	竣工面积	其　　中					
		罗湖区	福田区	南山区	盐田区	宝安区	龙岗区
1996	250.51	70.18	70.54	59.80	—	26.44	23.55
1997	243.19	51.59	83.56	55.52	—	23.33	29.19
1998	353.29	61.74	96.47	69.53	3.25	53.92	68.38
1999	467.36	83.17	120.98	95.03	5.85	66.52	95.81
2000	551.59	102.27	175.02	90.83	5.55	82.66	95.26
2001	621.91	90.65	208.59	137.61	3.39	70.56	111.11
2002	763.64	156.59	170.49	202.54	18.97	101.34	113.71
2003	778.34	91.36	212.78	219.75	12.11	125.88	116.45
2004*	772.20	92.29	174.00	276.80	16.82	124.06	88.22
2005	704.44	91.43	156.66	124.72	31.95	159.97	139.70
2006	581.87	52.86	93.92	106.94	18.52	170.58	139.04
2007	434.70	10.90	53.34	87.83	14.20	180.82	87.60
2008	443.77	41.30	17.00	126.30	7.13	150.03	102.01
2009	269.54	0.00	26.41	58.75	9.91	87.17	87.30
2010	251.11	0.24	4.05	47.05	9.35	98.34	92.07

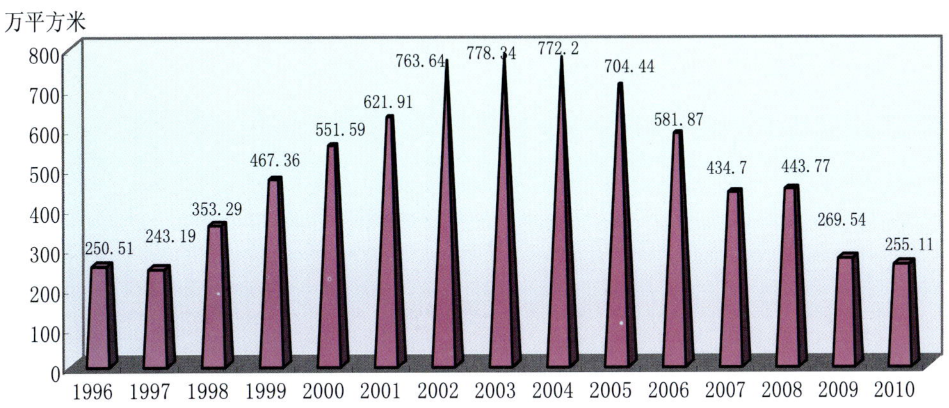

图 5-8　深圳市历年商品住宅竣工面积示意

表 5-12　　深圳市历年办公楼竣工面积（按区域分）

单位：万平方米

年份	竣工面积	其中					
		罗湖区	福田区	南山区	盐田区	宝安区	龙岗区
1996	42.50	19.88	12.28	9.99	—	0.25	—
1997	34.22	18.00	12.51	2.77	—	0.45	0.49
1998	24.86	11.44	5.15	7.54	0.15	—	0.58
1999	20.03	5.79	11.67	0.67	0.86	0.59	0.45
2000	13.54	0.53	6.90	2.79	0.29	0.38	2.65
2001	24.06	5.52	8.18	10.00	—	0.31	0.05
2002	13.16	1.21	5.14	6.01	—	0.80	—
2003	46.08	16.42	23.15	4.62	—	1.89	—
2004*	35.66	0.15	30.18	4.57	—	0.24	0.52
2005	18.71	10.83	4.09	3.49	0.07	—	0.23
2006	36.83	7.85	24.73	3.60	0.37	0.29	—
2007	32.38	0.75	16.26	12.13	—	3.23	—
2008	27.55	—	7.76	16.13	—	0.94	2.72
2009	25.05	—	15.37	6.18	2.60	0.90	—
2010	32.05	—	9.90	8.17	—	3.97	10.01

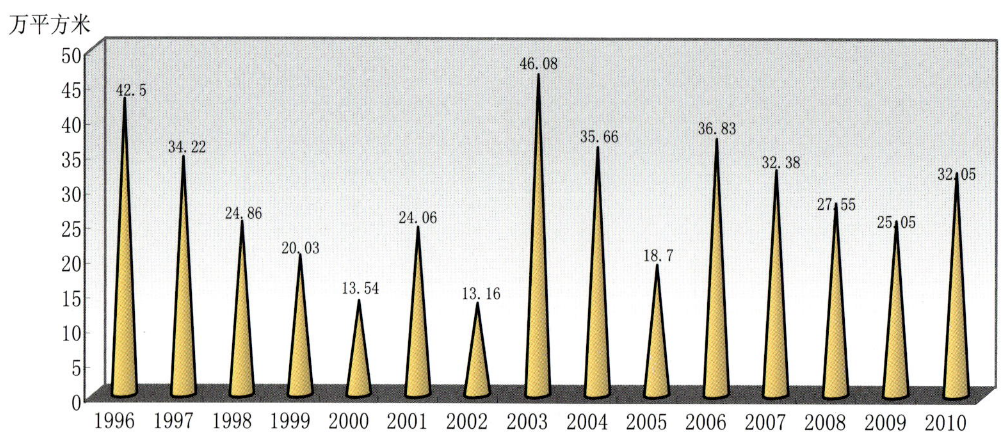

图 5-9　深圳市历年办公楼竣工面积示意

表 5-13　深圳市历年商业用房竣工面积（按区域分）

单位：万平方米

年份	竣工面积	其中					
		罗湖区	福田区	南山区	盐田区	宝安区	龙岗区
1996	48.58	14.74	21.06	4.31	—	4.06	4.41
1997	29.57	7.66	8.18	6.68	—	4.30	2.75
1998	39.79	13.70	6.51	2.87	—	8.89	7.82
1999	59.16	12.27	15.79	7.32	5.72	6.48	11.57
2000	49.01	8.68	12.86	9.90	0.26	8.08	9.23
2001	68.65	11.90	21.45	14.13	0.49	8.12	12.56
2002	65.70	11.87	10.85	20.16	1.22	11.88	9.72
2003	88.66	13.53	13.98	12.96	1.52	24.22	22.44
2004*	105.54	7.25	21.35	32.05	1.95	31.58	11.36
2005	96.67	27.33	17.37	13.26	1.69	11.26	25.76
2006	126.63	21.74	32.00	25.15	5.65	27.82	14.27
2007	73.74	1.20	15.25	19.56	8.88	16.66	12.18
2008	59.79	2.79	1.30	35.49	0.57	10.47	9.17
2009	32.2	0.57	1.05	8.45	9.38	5.21	7.56
2010	25.27	—	0.38	9.50	0.51	7.41	7.47

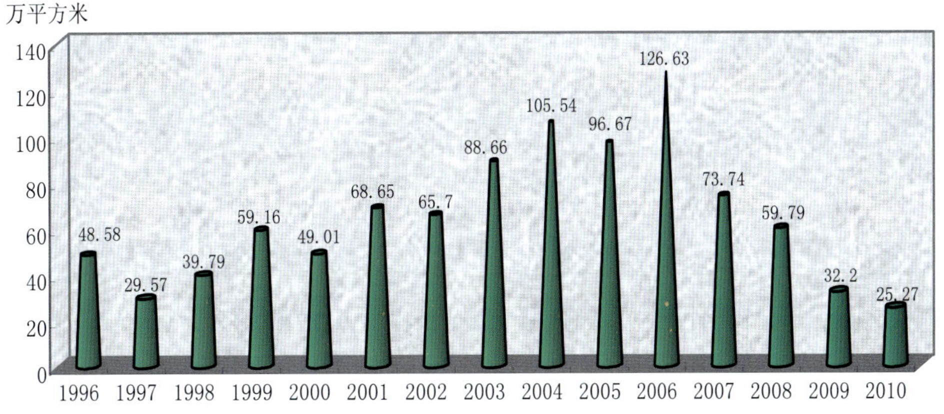

图 5-10　深圳市历年商业用房竣工面积示意

第三节　保障性住房建设与管理

一、2010 年保障性住房建设情况

为贯彻落实国家大力实施保障性安居工程的战略部署，2010 年，我市实际安排和筹集建设保障性住房 5.11 万套，新开工保障性住房 5.24 万套，比原来确定的 2 万套保障性住房建设任务翻了一番。2011 年，根据国家和广东省的决策部署，全年将开工建设 7.3 万套保障性住房，再一次实现开工总量比原计划翻番，保障性安居住房建设规模和建设速度创历史最高纪录。

二、2010 年保障性住房管理情况

（一）2010 年保障性住房分配情况

廉租住房连续五年实现应保尽保，2010 年深圳享受廉租住房货币补贴家庭 1474 户，实物配租 231 户；2009 年底开始组织开展第二次保障性住房申请受理工作，受理 2007 年以前符合本市户籍低收入新申请家庭 8148 份申请，2010 年底公示合格的申请家庭（含单身人士）为 5206 户，将通过实物和补贴等方式予以保障。

（二）2010 年保障性住房政策实施情况

在户籍困难家庭住房“应保尽保”之后，经深圳市人大会议通过、省人大会议批准，《深圳市保障性住房条例》2010 年 7 月 1 日正式施行。同时，住房保障由“注重生存型保障”向“生存型保障和发展型保障并重”转变，保障重点转向户籍“夹心层”家庭和人才群体家庭，进一步扩大了住房保障的范围，赋予住房保障以新的内涵、新的功能。2010 年 5 月 14 日深圳市委市政府出台《关于实施人才安居工程的决定》（深发〔2010〕5 号）。作为人才安居工程的试点探索，深圳于 2010 年底启动“十百千万”计划，在半年内先后安排提供 10 个人才住房项目，为 100 多家企业提供 1000 余套人才公共租赁住房和约数万余人才发放租房补贴。

各类人才	实物供应	货币补贴
杰出人才	免租入住 200 平方米左右住房，在深圳工作居住满 10 年，赠予产权；作出特殊贡献的，在深工作居住满 5 年，赠予产权。	——
领军人才	免租入住 150 平方米住房 3 年，轮候购买安居型商品房。	购买市场商品房，按照 150 平方米购房总价的 50% 提供购房补贴，补贴由政府和用人单位分别承担 40% 和 10%。在深圳工作居住满 10 年，所购商品房产权可转让。
高级人才	租住公共租赁住房，期限最长不超过 3 年，轮候购买安居型商品房。	正高级为 2000 元/月，副高级为 1500 元/ 月，享受租房补贴期限最长不超过 3 年。
中初级人才	租住公共租赁住房，期限最长不超过 3 年，轮候购买安居型商品房。	博士 1000 元/月、硕士 500 元/ 月、学士 200 元/ 月，享受租房补贴期限最长不超过 3 年。

2010 年，住房和城乡建设部等七部委出台了《关于加快发展公共租赁住房的指导意见》（建保〔2010〕87 号），我市继续重点发展公共租赁住房，“十一五”期间，共安排建设筹集约 10 万套公共租赁住房，占保障性住房安排建设总量约 60%。

三、“十一五”住房保障工作创新举措

（一）创新政策支持，保障建设用地和资金

在土地供应方面，深圳通过新增用地、盘活存量土地、城市更新改造、用地功能调整、地铁上盖物业综合利用等各种方式，确保保障性住房

用地供应，力争实现保障性住房新增用地滚动供应，在每年安排新增供应约 100 公顷居住用地中，都有约4成的新增用地用于保障性住房建设。在建设资金方面，我市主要通过财政资金、社会资金以及各种专项资金方式统筹，2011 年，深圳将落实市本级保障性住房建设资金 36 亿元，其中市财政投入达 21 亿元，为进一步扩大建设资金筹集渠道，深圳正在研究建立住房保障投融资平台，计划以现有住房租赁中心每年 1.5 亿租金收益，申请银行融资 15 亿元，以租养息。同时，建立和完善保障性住房专项资金管理制度，探索建立运用住房公积金、保险资金、信托资金、房地产投资信托基金等方式，拓展保障性住房融资渠道。

（二）创新建设模式，确保工程质量和效益

保障性住房建设时间紧、任务重、要求高，必须创新建设模式，才能确保工程质量、进度和效益。一是采用代建总承包等项目法人代建模式，引入品牌开发商作为总承包单位参与保障性住房建设，既缓解了保障性住房资金难题，又提高了项目管理的进度和效益。比如龙华保障性住房项目，总套数 10103 套，实行房地产企业代建总承包模式，并采用联合体投标方式，吸引万科、金地、富通等品牌开发商，一次招标即确定最优的代建总承包、勘察、设计和施工企业组合，大大加快了项目进度。二是在安居型商品房建设中，采用“限房价、竞地价”或“定地价、竞房价”的方式，确定开发建设单位，通过市场机制，有效实现了限制房价或降低房价的目的。三是鼓励企业利用自有土地建设保障性住房或投资建设经营保障性住房。比如南山建工村，采取政府提供用地、企业出资建设的方式，作为公共租赁住房提供给驻深建工企业员工租住，效果良好；中兴通讯公司利用中兴通讯工业园配套用地，出资建设约 6700 套公共租赁住房，优先解决了本企业职工住房困难。四是强化质量管理机制。将保障性住房作为质量安全监管的重点，进一步提高质量标准，引入业主自主查验，推行逐套验收，确保工程质量。同时，在保障性住房建设中，全面推行绿色建筑标准，高起点打造绿色小区。

（三）创新分配管理，严格准入退出机制

确保分配公平是住房保障的“生命线”。早在 2007 年，我市就率先全国建立了“三级审核，两次公示”和“九查九核”的审查程序。在 2009 年市政府大部制改革中，成立市住房和建设局，进一步强化政府的住房保障职能，在住房保障规划计划、房源筹集、资金落实、申请审核、定价定租、后续管理等方面，形成了一套相对科学的住房保障管理工作机制。《深圳市保障性住房条例》进一步明确了住房保障申请、审核、公示、轮候及退出机制。最近，深圳针对住房保障申请过程中出现的虚假申报行为，已经启动行政处罚程序，对多名违规申请人依法处罚。

（四）创新保障渠道，扩大保障性住房供应

深圳在政府投资、政策引导等方式之外，还根据深圳实际情况，积极拓宽保障性住房的筹建渠道。深圳规定，新供商品房用地和城市更新用地项目，总量上配建不低于住房总建筑面积 30% 的安居型商品房。根据《深圳市城市更新项目保障性住房配建比例暂行规定》，城市更新项目必须配建其批准住宅建筑面积的 5%～33% 为保障房（含安居型商品房）；原为工业用地调整功能建设保障性住房项目，其保障性住房建筑面积占项目总建筑面积的比例不得低于 80%。同时，深圳将依法没收可以用于居住的违法建筑用作保障房，征收原农村经济组织违规建设的统建楼用作产业配套用房，既扩大了保障性住房的来源，又解决了历史遗留问题。

（五）创新保障手段，有效改善非户籍住房困难群体的居住环境

“十一五”期间，通过开展“物业管理进社区”及消防、配套设施改善等工作，深圳完成对

1600 个城中村综合整治，提升了以非户籍人口为主要租住地的城中村居住环境，惠及人数约 500 万人；通过没收违法建筑、征收原农村集体经济组织统建楼用于产业配套用房，提升了产业园区员工和其他外来务工人员的居住条件。

第四节　开发成本

深圳市建设工程造价管理站自 2006 年 6 月起，以该月各类建设工程单位工程造价为基期（基期指数定为 100）按月发布新的造价指数。同时，以 1993 年 12 月为基期的造价指数终止发布。

表 5-14　深圳市建设工程 2006 年 6 月基期造价

类别	项目	基期指数	平均成本（元/平方米）	样本成本区间（元/平方米）
建安工程	多层住宅	100	1282	860～1620
	高层住宅	100	1961	1568～2553
	多层写字楼	100	1900	1210～2280
	高层写字楼	100	2488	1990～3100
	工业建筑	100	1175	940～1411
	公共建筑	100	1451	866～1914
市政工程	给水管道工程	100	1861	1428～2190
	排水管道工程	100	1737	1319～2024
	道路工程（沥青混凝土路面）	100	6030	5567～6796
	道路工程（混凝土路面）	100	6233	5789～7076
	高架桥工程	100	60330	54290～66380

表 5-15	深圳市 2010 年建筑工程造价指数									
类别	建安工程						市政工程				
项目	多层住宅	高层住宅	多层写字楼	高层写字楼	工业建筑	公共建筑	给水管道工程	排水管道工程	道路工程（沥青混凝土路面）	道路工程（混凝土路面）	高架桥工程
月份＼基数	2006 年 6 月为 100										
1	119.38	117.31	114.84	113.87	120.49	116.43	111.71	120.49	129.52	119.48	114.24
2	119.21	116.86	114.49	113.39	116.12	116.10	115.01	125.72	129.46	119.48	113.63
3	120.26	118.54	115.77	114.56	117.63	117.55	116.11	125.73	131.39	119.66	116.43
4	121.65	121.13	117.81	116.45	120.20	119.77	117.92	126.57	131.71	119.77	119.83
5	121.39	120.14	116.82	115.59	119.09	118.65	115.84	126.57	131.60	119.73	118.59
6	120.61	119.29	116.10	114.98	118.21	117.82	114.56	126.56	131.44	119.69	117.75
7	120.08	118.75	115.65	114.59	117.69	117.37	112.86	126.56	131.39	119.66	117.12
8	123.12	122.12	118.30	116.80	120.79	120.64	115.60	128.87	134.10	120.42	121.08
9	127.67	126.36	122.13	120.32	124.78	124.90	119.92	133.16	138.84	124.97	124.48
10	127.65	126.28	122.09	120.31	124.62	125.13	119.92	133.16	138.81	124.97	124.10
11	128.92	127.93	123.41	121.46	126.27	126.56	120.08	133.22	139.37	125.00	125.93
12	131.49	130.84	125.49	123.35	128.56	129.19	120.13	133.71	141.30	126.86	129.14

表 5-16	深圳市 2010 年建安和市政工程材料费指数	
类别	建安工程	市政工程
月份＼基数	2006 年 6 月为 100	
1	107.80	107.46
2	107.34	106.88
3	109.43	109.97
4	112.72	113.67
5	111.30	112.11
6	110.18	111.07
7	109.48	110.15
8	113.69	115.46
9	115.19	117.07
10	115.14	116.72
11	117.24	118.50
12	120.74	122.10

表 5-17　　深圳市 2010 年建设成本费用占总投资比率

单位：%

序号	费用项目	内 容 说 明	多层住宅	高层住宅
一	施工前期费	如果是有偿使用政府已开发好的土地，可在计入地价的同时扣除下列 1、2 项费用。	14.80	13.75
1	征地及拆迁补偿费	征地费和红线内需要拆迁的原有各种建筑物、构筑物、青苗、树木、鱼塘、养殖场等的补偿和拆迁。	7.20	5.87
2	土地平整及临时设施费	按设计需要挖、填的土石方工程费、场地平整费(如有挡土墙的应算在内)，临时道路、临时供水、供电设施(含临时发电机发电、打井抽水等)以及建设单位发生的设施费用。	2.37	2.09
3	勘查设计费	进行工程水文、地质勘查和红线坐标测量、定点、埋设桩界等发生的各项费用；土地开发工程、建设安装工程及区内配套工程的设计、审图费用。	3.42	4.12
4	其他规费	包括安检、监理、咨询等费用。	1.81	1.67
二	建筑安装费	指单位项目的土建、安装工程费用。	69.67	67.26
1	桩基础工程费	包括沉管灌注桩、冲孔桩、钻孔桩、挖孔桩、钢板、管桩等（如是天然基础则并入主体工程费，此项不存在）。	5.76	5.76
2	土建工程费	包括结构工程和室内外装修工程，如天然基础、混凝土及钢筋混凝土工程、砖石工程、楼地面工程、屋面工程、装饰工程、钢结构工程、门窗工程及其他零星工程等，外加脚手架搭设费用。 关于二次设计 、二次装修的工程费用，若由开发企业负责，费用计算在内；若由业主自行装修，费用不能算入。	54.66	50.01
3	安装工程费	主要指水、电、煤气、空调、消防、电梯等设备购置及其安装的工程费用，通讯部分目前只包括电话线的埋管，其余由深大电话公司负责，费用由用户的电话初装费收取；水电安装应包括洁具、厨具和公用天线的费用，室外线管计至建筑物 2 米以内；水包括供水、排水、污水；消防包括烟感、温感、花洒等。	9.25	11.49
三	区内配套工程费	指小区内的配套工程。	8.16	10.18
1	区内道路工程	指区内小道（非市政道路），多数为混凝土路面，宽度在 10 米以内，包括路灯等设施。	1.58	1.70
2	区内给排水工程	指建筑物 2 米以外的区内供水管道、阀门及井、消防栓，如有水泵房、储水池亦应包括在内，建筑物 2 米以外的区内污水、排水管道、污水井、雨水井、化粪池、排水沟、渠（明渠、暗渠）等。	1.35	1.50
3	区内供电工程	包括变、配电所的设备、材料及安装费用、土建工程、辅助工程费用，供电部分的电线、电缆、变压器、开关、电缆沟等。	1.44	1.63
4	区内园林绿化费	包括区内绿化场地的花草、树木各项费用。	1.73	1.88
5	区内公共设施费	区内设置公共娱乐设施所支付的费用，如环廊、街心公园、凉亭、游泳池、篮球场、网球场、羽毛球场、停车场。	2.07	3.47
四	管理费、利息	—	7.37	8.81
1	管理费	开发、建设过程中的管理费用。	2.78	2.74
2	利息	未收预售款的按施工前期费、建筑安装工程费、区内配套工程费之和计息。工期包括施工前期的时间。	4.59	6.08

表 5-18　深圳市近年各类建筑工程成本费用增加值

项目		增加值				
		2006 年	2007 年	2008 年	2009 年	2010 年
1．桩基础	多层建筑	55～65	55～65	55～66	55～66	55～66
	高层建筑	90～120	90～120	90～120	90～120	90～120
2．基础土方（运距 5 公里内）		12～18	12～18	12～18	12～18	12～18
3．一般水电安装	住宅	106～128	106～128	106～128	106～128	106～128
	厂房	70～80	70～80	70～80	70～80	70～80
	高层建筑	220～265	220～265	220～265	220～265	220～265
4．电梯	商品住宅	150～180	150～180	150～180	150～180	150～180
	手扶梯	200	200	200	200	200
5．空调（元/冷吨）		9500～12000	9500～12000	8000～11000	8000～11000	8000～11000
6．消防		60～80	60～80	60～80	60～80	60～80
7．通讯		10～20	10～20	10～20	10～20	10～20
8．室外配套		110～150	110～150	110～150	110～150	110～150
9．煤气管道		10～20	10～20	10～20	10～20	10～20
11．玻璃幕墙（明框）		450～800	450～800	450～800	450～800	450～800
12．玻璃幕墙（隐框）		1000～1300	1000～1300	900～1300	900～1300	900～1300
13．对讲机系统		15～25	15～25	15～25	15～25	15～25
14．电视天线		4～8	4～8	4～8	4～8	4～8
15．勘察、设计费用		50～80	50～80	50～80	50～80	50～80

注：各类建筑的装饰标准和特征详见深圳市建设工程造价管理站编写的《建设工程价格信息》2010 年各期“各类工程特征及标准”。

第六章 房地产二级市场

第一节 市场管理

一、市场监管

2010年，国家和地方出台了一系列房地产宏观调控政策，深圳市房地产市场整体发展平稳，与2009年相比，成交量明显回落，成交价格涨幅放缓，市场走势朝着调控的方向发展。2010年，随着房地产市场的发展，房地产开发企业和中介机构违规经营的行为也日趋增加，深圳在积极贯彻落实国家房地产宏观调控政策，在市场整顿和规范市场秩序上，建立和完善房地产市场日常监管工作制度，进一步推动行业管理法制化进程。

（一）针对近年来市场出现的新情况和新问题，积极推进房地产市场管理立法工作

深圳市规划和国土资源委员会草拟并上报深圳市政府审议通过了《深圳市房地产市场监管办法》，于2010年9月1日正式发布实施。通过不断完善市场法制化、制度化建设，规范市场主体的经营行为；完善房地产市场信息系统，实施动态监控；加强开发项目手册制度建设，推动房地产经纪从业人员持证上岗及执业签字制度；完善房地产预售款监管和二手房购房资金监管制度。

（二）开展房地产市场秩序专项整治工作，进一步建立和完善房地产市场日常巡查制度

为贯彻落实《国务院关于坚决遏制部分城市房价过快上涨的通知》（国发[2010]10号）及深圳市政府办公厅《关于印发深圳市贯彻落实国务院文件精神坚决遏制房价过快上涨的意见的通知》（深府办[2010]36号）和《关于印发深圳市房地产市场秩序专项整治工作方案的通知》（深府办[2010]37号）的有关政策精神，深圳市规划和国土资源委员会制订了《关于贯彻落实〈关于印发深圳市贯彻落实国务院文件精神坚决遏制房价过快上涨的意见的通知〉和〈关于印发深圳

市房地产市场秩序专项整治工作方案的通知〉的工作方案的通知》（深规土〔2010〕308 号），于 2010 年上半年开展了房地产市场秩序专项整治工作。深圳市规划和国土资源委员会根据房地产开发企业、中介机构的自查情况，并结合市民群众投诉及举报问题，对房地产开发项目销售现场和中介机构的地铺开展全面检查。通过地毯式检查，完成我市 153 个在售楼盘和 483 家经纪机构和分支机构的检查工作。检查中发现大部分楼盘项目能够按规定在售楼现场张贴相关文件，而部分项目仍存在未张挂或张贴预售证原件、房地产证、房屋销控表、套房面积审核表，及未按要求网上填写认购书等问题。经纪机构存在着未悬挂备案证书或无备案证书、未悬挂二手房购房指引、从业人员无证上岗、未明示收费标准等问题。对于检查中发现的违法违规行为，深圳市规划国土委各管理局现场发出整改通知书，督促企业限期整改。累计发出整改通知书 152 份，其中开发企业 42 份，中介机构 110 份。

（三）加强宣传，充分发挥舆论监督和宣传效用

一是在报纸上发布市场秩序整治工作进展，侧重宣传典型案例的曝光；二是制作电视短片，在电视台播放，侧重专项整治行动展示；三是制作宣传海报《致购房者的一封信》，侧重购房须知等普及性知识，除在全市在售楼盘、中介机构地铺张贴外，还依靠街道办力量在各居民小区张贴，真正做到广而告之；四是在深圳广播电台 89.8 早新闻播出温馨提示，拓宽宣传的受众面；五是在外网设立宣传专栏；六是编写《房地产管理工作简报》，重点关注房地产宏观调控信息、市场整治信息、市场动态及规划调研工作。

（四）借助协会平台，开展行业自律工作

倡导房地产开发企业、经纪机构和评估机构自觉维护行业市场秩序，通过签订行业自律规范公约形式向社会公开承诺。全年，共有 107 家房地产开发企业、85 家房地产经纪机构及 56 家房地产估价机构分别签署了行业自律公约，承诺接受社会监督。

（五）组织开展房地产开发企业、经纪和估价机构的年度检查工作

全年，全市共有 588 家房地产开发企业、238 家房地产经纪机构、54 家估价机构参加了 2010 年（2009 年度）年检。

（六）积极推进问题楼盘处理工作

全市 52 个问题楼盘中，已解决的问题楼盘有 46 个，剩下的 6 个正在处理中。截至 2010 年底，由于协调得当，发现和处理问题及时，6 个尚未解决的问题楼盘，已经有 2 个正在办理。剩余 4 个也都在积极的处理过程中。

二、商品房预售管理

2010 年，全市商品房批准预售面积 482.03 万平方米，比上年减少 15.8%。其中，住宅 393.42 万平方米，减少 16.6%；办公楼 15.73 万平方米，减少 64.1%；商业用房 47.96 万平方米，增加

5.3%。

从区域分布看，罗湖区 19.84 万平方米，比上年减少 35.5%；福田区 19.80 万平方米，减少 70.0%；南山区 85.23 万平方米，减少 40.5%；盐田区 6.82 万平方米，减少 57.4%；宝安区 148.70 万平方米，增加 31.1%；龙岗区 201.65 万平方米，减少 0.6%。

表 6-1　深圳市历年商品房批准预售面积（按用途分）

单位：万平方米

年　度	批准预售面积	其　中			
		住　宅	办公楼	商业用房	其　他
1992	134.00	96.45	16.68	13.96	6.91
1993	281.62	211.21	22.70	39.04	8.67
1994	425.06	241.30	103.15	53.94	26.67
1995	331.80	248.07	23.94	48.73	11.06
1996	463.30	305.63	88.57	64.43	4.67
1997	429.68	349.54	24.00	43.77	12.37
1998	603.64	498.60	28.73	70.87	5.44
1999	616.86	538.77	26.54	44.97	6.58
2000	660.45	577.90	12.34	50.45	19.76
2001	722.46	647.14	3.32	65.02	6.98
2002	1058.29	961.42	23.75	71.88	1.24
2003	870.29	716.90	44.69	98.45	10.25
2004	953.19	806.48	30.34	82.84	33.53
2005	894.35	711.58	40.02	101.44	41.31
2006	807.28	694.57	34.40	72.81	5.49
2007	646.17	589.20	9.91	47.06	—
2008	778.54	666.47	20.34	60.40	31.33
2009	572.18	471.96	43.84	45.56	10.83
2010	482.03	393.42	15.72	47.96	24.93

表 6-2　深圳市历年商品房批准预售面积（按区域分）

单位：万平方米

年　度	批准预售面积	其中					
		罗湖区	福田区	南山区	盐田区	宝安区	龙岗区
1992	134.04	76.26	31.40	26.36	—	—	—
1993	281.62	115.81	107.70	58.11	—	—	—
1994	425.06	140.39	124.29	51.56	—	80.70	28.12
1995	331.80	60.97	50.05	67.10	—	79.89	73.79
1996	463.30	103.62	152.31	48.75	—	63.76	94.86
1997	429.68	82.30	127.51	64.91	—	79.86	75.10
1998	603.64	162.91	180.54	103.60	—	73.15	83.44
1999	616.86	149.86	217.97	78.38	6.44	49.07	115.16
2000	660.45	92.76	208.81	153.05	22.14	72.91	110.78
2001	722.46	142.22	150.86	147.19	11.97	135.17	135.05
2002	1058.29	107.47	306.64	258.03	26.05	165.86	194.24
2003	870.29	88.97	169.51	318.81	28.34	155.41	109.25
2004	953.19	91.54	222.42	220.48	13.41	207.30	198.04
2005	894.35	99.14	159.21	122.10	24.09	285.71	204.09
2006	807.28	44.17	103.00	158.38	28.18	285.59	187.95
2007	646.17	17.96	53.88	111.76	25.75	190.11	246.71
2008	778.54	30.24	51.12	129.76	23.18	299.64	244.60
2009	572.18	30.74	66.03	143.23	16.01	113.38	202.79
2010	482.03	19.84	19.80	85.23	6.82	148.70	201.65

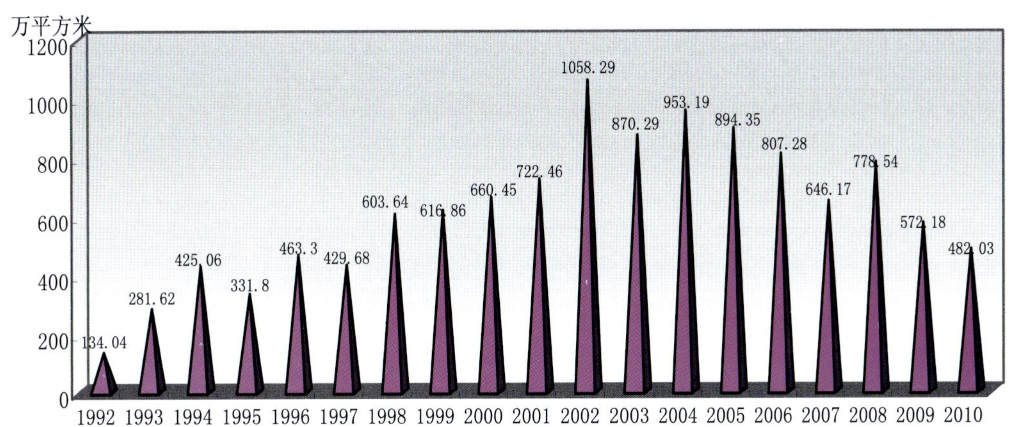

图 6-1　深圳市历年商品房批准预售面积示意

表 6-3　深圳市历年商品住宅批准预售面积（按区域分）

单位：万平方米

年　度	批准预售面积	其中					
		罗湖区	福田区	南山区	盐田区	宝安区	龙岗区
1992	96.45	54.90	24.41	17.14			
1993	211.21	85.48	79.58	46.15			
1994	241.30	78.17	70.24	46.86		21.59	24.44
1995	248.07	35.97	33.87	55.39		64.15	58.69
1996	305.63	34.29	95.23	41.75		51.20	83.14
1997	349.54	54.54	107.23	53.71		67.03	67.03
1998	498.60	129.12	143.61	90.00		64.80	71.07
1999	538.77	129.34	186.06	71.07	5.22	44.46	102.62
2000	577.90	83.17	176.34	139.29	18.41	64.48	96.21
2001	647.14	132.10	139.08	135.39	10.68	117.86	112.03
2002	961.42	99.98	271.90	242.95	25.10	150.29	171.20
2003	716.90	75.35	116.65	281.66	23.44	134.31	85.49
2004	806.48	85.39	163.56	205.14	12.22	177.13	163.04
2005	711.58	83.13	88.43	108.64	19.17	240.38	171.84
2006	694.57	39.50	68.53	128.40	25.04	262.59	170.51
2007	589.20	15.95	46.34	98.24	24.99	177.28	226.40
2008	666.47	24.73	28.57	115.18	21.55	266.13	210.30
2009	471.96	29.70	22.53	120.74	13.49	106.89	178.61
2010	393.42	13.49	15.56	56.14	5.81	126.91	175.51

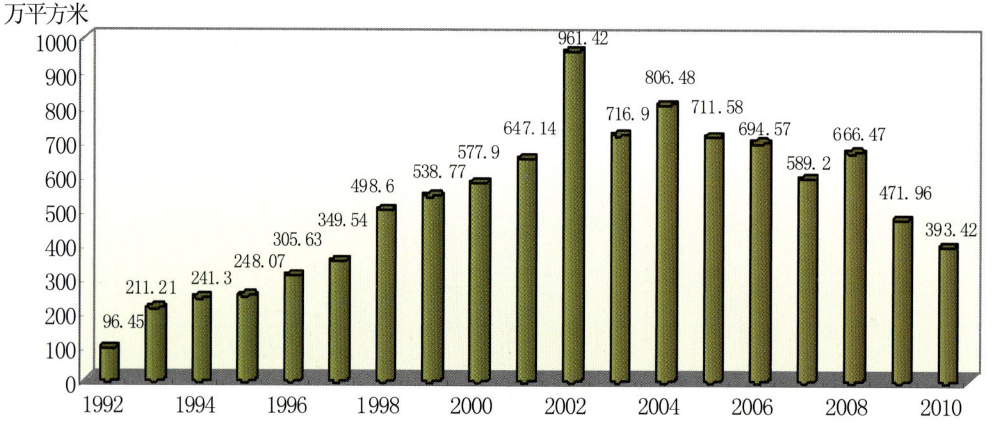

图 6-2　深圳市历年商品住宅批准预售面积示意

表 6-4　　深圳市历年办公楼批准预售面积（按区域分）

单位：万平方米

年　度	批准预售面积	其中					
		罗湖区	福田区	南山区	盐田区	宝安区	龙岗区
1992	16.69	13.54	—	3.15	—	—	—
1993	22.70	11.97	8.75	1.98	—	—	—
1994	103.15	36.37	24.86	0.39	—	41.53	—
1995	23.94	12.21	10.74	0.64	—	0.15	0.20
1996	88.57	49.07	31.01	3.85	—	4.36	0.28
1997	24.00	13.70	5.44	4.86	—	—	—
1998	28.73	10.14	15.24	3.29	—	—	0.06
1999	26.54	8.03	14.72	1.25	0.88	0.19	1.47
2000	12.34	2.35	5.07	2.85	1.85	—	0.22
2001	3.32	0.72	1.96	0.30	—	—	0.34
2002	23.75	—	20.85	1.91	—	—	0.99
2003	44.69	0.69	35.39	6.46	0.12	1.26	0.77
2004	30.34	0.39	26.08	2.24	—	0.31	1.32
2005	40.02	0.18	34.53	3.70	0.10	—	1.51
2006	34.40	0.93	26.95	5.09	—	0.95	0.49
2007	9.91	—	3.00	6.91	—	—	—
2008	20.34	—	12.54	0.83	—	6.96	—
2009	43.84	—	30.35	8.72	—	1.96	2.81
2010	15.73	4.71	0.00	5.73	—	1.99	3.30

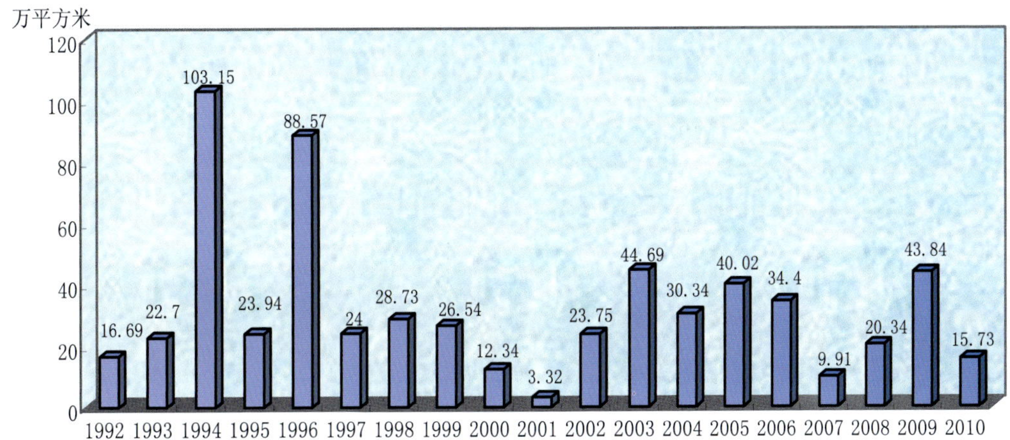

图 6-3　深圳市历年办公楼批准预售面积示意

表 6-5　深圳市历年商业用房批准预售面积（按区域分）

单位：万平方米

年　度	批准预售面积	其　中					
		罗湖区	福田区	南山区	盐田区	宝安区	龙岗区
1992	13.96	7.82	3.30	2.84	—	—	—
1993	39.04	18.37	12.94	7.73	—	—	—
1994	53.94	17.67	17.06	2.01	—	13.52	3.68
1995	48.73	12.79	5.43	6.90	—	13.55	10.06
1996	64.43	20.26	21.42	3.15	—	8.19	11.41
1997	43.77	14.06	4.44	4.72	—	12.83	7.72
1998	70.87	23.66	16.29	10.32	—	8.35	12.25
1999	44.97	12.49	14.41	2.25	0.33	4.41	11.08
2000	50.45	6.75	8.14	10.90	1.88	8.43	14.35
2001	65.02	9.40	9.82	7.21	1.29	17.31	19.99
2002	71.88	7.49	12.65	13.17	0.95	15.57	22.05
2003	98.45	10.36	16.00	28.98	3.04	18.34	21.73
2004	82.84	5.06	9.13	11.96	0.28	24.17	32.24
2005	101.44	5.45	10.60	7.60	2.89	42.49	32.41
2006	72.81	2.09	7.44	24.55	3.14	21.65	13.95
2007	47.06	2.01	4.53	6.61	0.76	12.83	20.31
2008	60.40	5.51	4.43	7.73	1.63	26.54	14.55
2009	45.56	1.04	6.50	13.51	—	4.53	19.98
2010	47.96	1.64	0.06	11.90	1.01	17.57	15.78

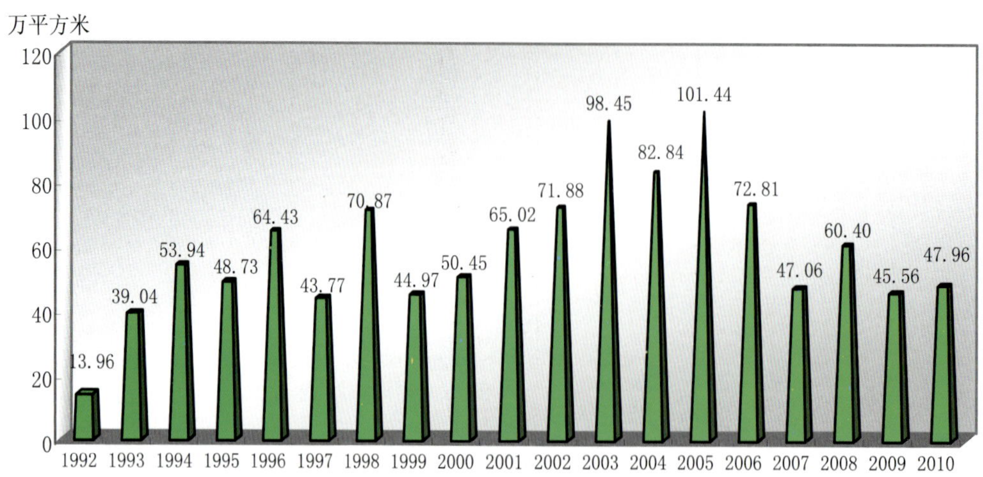

图 6-4　深圳市历年商业用房批准预售面积示意

表 6-6

深圳市 2010 年颁发《房地产预售许可证》项目一览

单位：平方米

序号	预售许可证号	项目名称	开发企业	项目位置	批准预售面积	其中			
						住宅	办公楼	商业	其他
1	深房许字（2010）宝安 001 号	观澜湖比佩亚大宅一期	深圳观澜湖房地产开发有限公司	宝安区观澜街道高尔夫大道	15767.29	15767.29			
3	深房许字（2010）宝安 003 号	水榭春天花园	深圳市水榭花都房地产有限公司	宝安区民治街道人民南路	50320.02	46962.65		3357.37	
5	深房许字（2010）宝安 005 号	财富港大厦	深圳恒丰房地产有限公司	宝安区西乡街道宝源路	90943.04	53837.1	19862.52	17243.42	
7	深房许字（2010）宝安 007 号	万科金域华府（南地块）	深圳市万科兴业房地产开发有限公司	民治街道新区大道东侧	14768.47	14768.47			
9	深房许字（2010）宝安 009 号	潜龙曼海宁花园(南区)	深圳市潜龙实业集团有限公司	宝安区大浪街道新区大道东侧	89723.7	81778.17		7945.53	
11	深房许字（2010）宝安 011 号	天健时尚空间名苑	深圳市天健房地产开发实业有限公司	宝安区新安街道兴华西路	42328.13	35332.88		6995.25	
13	深房许字（2010）宝安 013 号	水榭春天花园	深圳市水榭花都房地产有限公司	宝安区民治街道人民南路	99096.27	99096.27			
15	深房许字（2010）宝安 015 号	金地上塘道花园	深圳市金地新城房地产开发有限公司	宝安区民治街道布龙路	66909.03	64910		1999.03	
17	深房许字（2010）宝安 017 号	城市阳光花园	深圳市合能房地产开发有限公司	深圳市宝安区龙华街道大浪南路东侧	22343.95	17126.24		5217.71	
19	深房许字（2010）宝安 019 号	莱蒙水榭山花园	深圳市水榭花都房地产有限公司	宝安区龙华街道梅龙南路西侧	14637.3	14637.3			
21	深房许字（2010）宝安 021 号	玉湖湾花园	深圳市玉湖房地产开发有限公司	宝安区西乡街道银田路	88062.49	80548.5		7513.99	
23	深房许字（2010）宝安 023 号	招商华侨城曦城	深圳招商华侨城投资有限公司	宝安区新安街道广深高速公路东侧	17917.29	17917.29			
25	深房许字（2010）宝安 025 号	城市峰尚花园	深圳市德业基投资集团有限公司，深圳市新生辉投资有限公司，深圳市盐田股份合作公司，深圳市共乐股份合作公司，深圳市乐群股份合作公司	宝安区西乡街道西乡大道北侧	15566.22	13112.81		2453.41	

（接下表）

（续上表）

序号	预售许可证号	项目名称	开发企业	项目位置	批准预售面积	其中			
						住宅	办公楼	商业	其他
27	深房许字（2010）宝安 027 号	魅力时代花园	深圳市银星房地产开发有限公司、深圳市宝源股份合作公司	宝安区西乡街道西乡大道与新湖路交会处	231657.61	162163.65		69493.96	
29	深房许字（2010）福田 002 号	深业泰然雪松大厦	深业泰然（集团）股份有限公司	福田区泰然工业区	41801.1				41801.1
31	深房许字（2010）福田 004 号	四季山水花园二期	深圳市新世界房地产开发有限公司、深圳上梅林实业股份有限公司	福田区龙尾路东	49211.17	49211.17			
33	深房许字（2010）福田 006 号	龙轩豪庭	深圳市华嵘世纪投资有限公司、深圳市水围实业股份有限公司	福田区福强路皇岗公园一街	26185.83	26185.83			
35	深房许字（2010）龙岗 002 号	城南雅筑	深圳市龙岗长海实业有限公司	龙岗街道	24649.5	19425.1		5224.4	
37	深房许字（2010）龙岗 004 号	凯旋湾花园(一期)	深圳市鼎昌实业有限公司	龙岗区南澳盘仔径	7171.52	7171.52			
39	深房许字（2010）龙岗 006 号	千林山居	深圳市万科道霖投资发展有限公司	龙岗区龙城街道	10453.56	10453.56			
41	深房许字（2010）龙岗 008 号	花语岸花园	深圳市坤祥投资有限公司	龙岗区布吉街道	24408.93	24408.93			
43	深房许字（2010）龙岗 010 号	阳光天健城	深圳市天健房地产开发实业有限公司	龙岗中心城黄阁路	87269.11	87269.11			
45	深房许字（2010）龙岗 012 号	东方沁园	深圳市建设控股龙岗房地产有限公司	龙岗中心城	19183.09	18080.57		1102.52	
47	深房许字（2010）龙岗 014 号	千林山居	深圳市万科道霖投资发展有限公司	龙岗区龙城街道	1111.61	1111.61			
49	深房许字（2010）龙岗 016 号	第五园（四期）	深圳市万科南城房地产有限公司	龙岗区坂田街道雅园路	8998.55	8998.55			
51	深房许字（2010）龙岗 018 号	公园大地花园	深圳市鸿荣源房地产开发有限公司	龙岗区中心城 29 区	9874.35	9874.35			
53	深房许字（2010）龙岗 020 号	滨海阳光园	深圳市鹏锦生投资发展有限公司	龙岗区大鹏街道迎宾路 18 号	18783.77	11255.72		7528.05	
55	深房许字（2010）龙岗 022 号	御峰园	深圳和记黄埔龙岗地产有限公司	龙岗区平湖街道	17343.98	17343.98			
57	深房许字（2010）龙岗 025 号	千林山居	深圳市万科道霖投资发展有限公司	龙岗区龙城街道	27486.02	27486.02			

（接下表）

（续上表）

序号	预售许可证号	项目名称	开发企业	项目位置	批准预售面积	其中			
						住宅	办公楼	商业	其他
63	深房许字（2010）龙岗 031 号	振业城	深圳市振业（集团）股份有限公司	龙岗区横岗街道	46681.49	45716.01		965.48	
65	深房许字（2010）龙岗 033 号	万科金色半山花园	深圳万科华昱花园房地产开发有限公司	龙岗区坂田街道	52604.74	51594.25		1010.49	
67	深房许字（2010）龙岗 035 号	泽洋园	深圳市龙岗田段心股份合作公司、深圳市雪麟实业发展集团有限公司	龙岗区龙岗街道	34012.69	26624.98		7387.71	
69	深房许字（2010）龙岗 037 号	朝阳里雅苑	深圳市裕德丰投资发展有限公司	龙岗区龙城街道	21584.12	19650.61		1933.51	
71	深房许字（2010）龙岗 039 号	信义湛宝大厦	深圳市信义房地产开发有限公司	龙岗区横岗街道	71714.83	45994.33		25720.5	
73	深房许字（2010）龙岗 041 号	深业紫麟山花园	深业南方地产（集团）有限公司	龙岗区龙城街道	110240.41	104525.65		5714.76	
75	深房许字（2010）龙岗 043 号	东方瑞景苑	深圳市世纪丰源投资发展有限公司	龙岗区龙岗街道	71750.84	55947.08		15803.76	
77	深房许字（2010）龙岗 045 号	御峰园	深圳和记黄埔龙岗地产有限公司	龙岗区平湖街道	13646.63	13646.63			
79	深房许字（2010）龙岗 047 号	万科金色半山花园	深圳万科华昱花园房地产开发有限公司	龙岗区坂田街道	28297	28297			
81	深房许字（2010）龙岗 049 号	首创八意府	深圳市尚模发展有限公司	龙岗区龙城街道	72700.38	66742.99		5957.39	
83	深房许字（2010）龙岗 051 号	万科金色半山花园	深圳万科华昱花园房地产开发有限公司	龙岗区坂田街道	12704.22	12704.22			
85	深房许字（2010）龙岗 053 号	千林山居	深圳市万科道霖投资发展有限公司	龙岗区龙城街道	29443.4	29443.4			
87	深房许字（2010）龙岗 055 号	和谐家园	新锦安实业发展（深圳）有限公司	龙岗区布吉街道	80952.77	80952.77			
89	深房许字（2010）龙岗 057 号	凤冠华庭	深圳市德基房地产开发有限公司	龙岗区平湖街道凤凰大道	4423.02	3990.22		432.8	
93	深房许字（2010）罗湖 003 号	鸿隆世纪广场	鸿隆地产集团有限公司	罗湖区深南中路与和平路交会处西北角	59158.14	6136.27	47066.3	5955.57	

（接下表）

（续上表）

序号	预售许可证号	项目名称	开发企业	项目位置	批准预售面积	其中			
						住宅	办公楼	商业	其他
95	深房许字（2010）南山 001 号	蛇口花园城五期	深圳招商房地产有限公司	工业八路	26219.15	25834.78		384.37	
97	深房许字（2010）南山 003 号	侨城馨苑	深圳华侨城房地产有限公司	南山区香山西街与沙河东路交会处	33270.07	32046.21		1223.86	
99	深房许字（2010）南山 005 号	智慧广场	深圳市中核兴业实业有限公司	侨香路	95854.54				95854.54
101	深房许字（2010）南山 007 号	鼎太风华社区	鼎太房地产开发(深圳)有限公司、深圳市半岛股份有限公司	前海路西、桂庙路南	37131.79	37131.79			
103	深房许字（2010）南山 009 号	田厦翡翠明珠花园	深圳市田厦实业股份有限公司	南山大道与桃园路交会处	66368.71	22305.28	20961.64	4414.67	18687.12
105	深房许字（2010）南山 011 号	四季丽晶公寓	深圳市恒隆泰房地产开发有限公司，深圳市安泰房地产经纪有限公司	南新路	10358.44	10358.44			
107	深房许字（2010）南山 013 号	半山语林公寓	深圳市奥康德投资开发有限公司	西丽珠光村	6389.77	6389.77			
109	深房许字（2010）南山 015 号	岸芷汀兰花园	深圳市利安投资发展有限公司	南山区科技大道东高新南环路南	41393.34	41393.34			
111	深房许字（2010）南山 017 号	向南瑞峰花园	深圳市厚显德投资有限公司、深圳市向南实业股份有限公司、深圳市厚德实业有限公司	桂庙路北、南光路西	64991.88	47008.7		17983.18	
113	深房许字（2010）坪山 001 号	嘉宏湾花园	深圳天俊实业股份有限公司	坪山街道六和社区	8070.86	3863.21		4207.65	
115	深房许字（2010）坪山 003 号	嘉宏湾花园	深圳天俊实业股份有限公司	坪山街道六和社区	21883.52	21883.52			
117	深房许字（2010）盐田 002 号	天涛轩	深圳市大梅沙实业股份有限公司，深圳市京基房地产股份有限公司	盐田区大梅沙	10716.44	10716.44			
119	深房许字（2010）盐田 004 号	山海阳光园（二期）	深圳市山海园林有限公司	盐田区沙头角园林路北侧	9522.25	9060.38		461.87	

第二节　二级市场转让

一、概述

2010年,全市二级市场商品房销售472.60万平方米。其中，现楼销售109.94万平方米，楼花销售362.66万平方米。从用途结构看，住宅384.09万平方米，办公楼21.67万平方米，商业用房40.98万平方米，其他用途房屋25.86万平方米。从区域结构看，罗湖区15.86万平方米，福田区37.56万平方米,南山区95.67万平方米，盐田区13.52万平方米，宝安区127.10万平方米，龙岗区182.88万平方米。从销售对象看，个人购房427.82万平方米，所占比重为90.52%。其中，个人购买商品房面积427.82万平方米，所占比重为90.52%；商品房外销面积24.27万平方米，所占比重为5.14%，其中个人外销面积21.18万平方米，所占比重为4.48%。

2010年，全市二级市场商品房销售套数49968套。按用途区分，住宅41702套，办公楼1470套,商业用房4897套,其他用途房屋1899套。

2010年,全市二级市场商品房实现销售收入937.76亿元。其中，住宅销售收入772.12亿元，办公楼50.50亿元，商业用房66.61亿元，其他用途房屋50.53亿元。

2010年末，全市二级市场现楼空置面积134.36万平方米，同比减少5.1%。从用途结构看，住宅53.15万平方米，同比减少16.4%；办公楼9.00万平方米，同比减少41.6%；商业用房51.83万平方米，同比减少4.6%；其他用途房屋20.38万平方米，同比增加55.8%。从区域分布看，罗湖区23.00万平方米，同比减少19.2%；福田区31.51万平方米,同比减少9.0%；南山区16.52万平方米，同比减少43.6%；盐田区8.71万平方米，同比增加144.1%；宝安区33.34万平方米,同比增加72.0%；龙岗区21.25万平方米，同比减少19.2%。

（一）2010春交会

2010中国深圳（春季）房地产交易会（总第34届）暨第五届中国（深圳）城市土地展（以下简称“2010春交会·土地展”）于2010年5月1日至5日在深圳会展中心1号馆举办。该展会由深圳市土地房产交易中心主办,展会展览面积22000平方米，展位近1000个，参展单位约100多家，涉及泛珠三角、长三角、环渤海、中西部城市约50个。本届展会以市场需求为导向，通过专业化运作，营造精细化多层次全方位的展览，实现房地产一、二、三级市场联动，构筑公开、公平、公正的交易交流与宣传推广综合运营平台。

1.以“变局·机会”为主题，致力于为百姓提供公开、透明、全面的市场信息，构筑公开、公平、公正的置业平台

本届春交会房地产参展商约50家，展出楼盘约50个。既包括以和记黄埔、深物业、振业、

佳兆业、天健、绿景、益田、新世界、潜龙为代表的深圳房企，也包括以惠州金融街、海南雅居乐、东莞富盈、惠州富力为代表的外地开发商。参展楼盘中深圳项目与外地项目各占50%。

此外，二手房展区吸引了中联、世华等品牌中介联展，展会实现一手房、二手房联动。

2.以“共鸣·共赢”为主题推进完善中小城市土地交易平台构建及相关服务

根据2009年中央经济工作会议关于“当前要把工作重点放在加强中小城市和小城镇发展上”的精神，2010春交会土地展在筹备上采取“贯彻中央经济工作会议精神，以市场需求为导向”的策略，以“共鸣·共赢——服务中国土地第五年”为主题，着力邀请房地产热点区域三、四线城市参展，以协助参展城市通过展会平台进行城市战略推广。本届土地展参展城市约50个，以三四线城市居多，参展城市包括重庆、成都、合肥、苏州、常州等大中型城市和辽宁、山东、河北、河南、安徽、湖北、四川、海南等省中小型城市。

（二）2010秋交会

2010中国深圳（秋季）房地产交易会（总第35届）于10月1日至5日在深圳会展中心1号馆举办。该展会由深圳市土地房产交易中心主办，展会展览面积22000平方米，展位近1000个，参展单位约100多家，参展房地产项目91个。

本届展会积极响应党中央、国务院及市委、市政府关于坚决遏制房价过快上涨的一系列文件精神和要求，以“关注民生民计，实现和谐安居”为主题，借助19年积聚的品牌影响力，面向广大市民、专业观众以及国内外众多媒体，大力宣传倡导“和谐人居”、“科学发展”等理念，积极引导百姓市民理性置业，促进我市房地产市场健康发展，充分发挥了展会作为产业发展助推器的市场实效平台作用。

1.平台作用影响华南区域，提供市民更多购房选择

2010秋交会对珠三角乃至华南区域的影响进一步扩大，参展主体由以往的以深圳房地产市场为主，转变为外地项目占大多数（参展楼盘中深圳占26%；香港占39%；泛珠三角占35%）。通过引进外地项目，展会展出项目表现出不同区域与价格的圈层结构，充分体现“为深圳人提供更多购房选择”的服务宗旨。

2.平台实效贴近民生需求，生活化、公益化、互动性成展会特色

（1）房地产展区设置精细化，按不同需求细分展区为品牌房产展区（传统综合房产展区）、绿色生态物业展区和教育物业公益展，有效引导市民理性置业。尤其是教育物业公益展，综合深圳117所省一级学校的信息进行公益展示，为众多家长提供了良好的教育资源与信息交流公益平台。

（2）注重展会的公益性，加强政策宣传导向，邀请深圳市住房和建设局、深圳市人居和环境委员会分别举办住房保障展和住宅产业化试点城市展，继续倡导市民理性置业、环保居住等理念。

（3）加强展商与观众互动，让展会的主导者由组委会演变为参展商与观众，动员各参展商组织举办各类活动30场，其中房地产专业论坛11场，亲民主题公众活动19场。

表 6-7　　深圳市历年商品房销售面积（按用途分）

单位：万平方米

年　份	销售面积	其　　中			
		住　宅	办公楼	商业用房	其　他
1985 年前	362.25	228.05	34.61	43.30	56.29
1986	63.70	45.29	6.91	3.16	8.34
1987	111.26	73.28	2.82	4.62	30.54
1988	107.39	68.74	6.44	5.37	26.84
1989	90.67	50.77	1.82	2.72	35.36
1990	77.14	56.32	2.31	1.54	16.97
1991	112.54	97.13	2.10	0.63	12.68
1992	151.46	96.00	9.00	10.00	36.46
1993	180.17	140.89	5.85	9.58	23.85
1994	246.93	183.28	13.29	17.14	33.22
1995	274.59	209.07	17.37	16.89	31.26
1996	324.92	261.13	32.33	21.23	10.23
1997	405.44	336.70	28.88	27.40	12.46
1998	432.22	372.38	22.06	19.85	17.93
1999	541.84	492.51	15.02	26.20	8.11
2000	611.37	556.82	12.19	26.32	16.04
2001	643.47	593.72	11.01	27.40	11.34
2002	791.70	724.41	17.94	46.36	2.99
2003	877.85	811.90	19.54	39.37	7.04
2004	908.62	802.58	26.90	58.09	21.05
2005	993.20	901.13	28.49	53.48	10.10
2006	797.65	705.82	38.27	45.96	7.60
2007	555.16	500.40	20.87	30.64	3.25
2008*	466.97	413.69	5.59	33.63	14.06
2009	874.18	793.45	24.96	33.70	22.07
2010	472.60	384.09	21.67	40.98	25.86

注：从 2008 年起，现楼销售由专门的系统单独统计，因此，各类商品房现楼销售量及销售总量的统计口径与以前年度有所不同，下同。

表 6-8　深圳市历年商品房销售面积（按区域分）

单位：万平方米

年份	销售面积	其中					
		罗湖区	福田区	南山区	盐田区	宝安区	龙岗区
1996	324.92	99.68	98.36	55.32	—	25.99	45.47
1997	405.44	95.18	126.57	70.27	—	54.48	58.94
1998	432.22	90.89	135.99	75.68	7.69	54.63	67.34
1999	541.84	118.53	162.69	94.89	12.10	71.62	82.01
2000	611.37	86.13	200.59	125.39	7.57	78.65	113.04
2001	643.47	110.75	165.28	140.62	9.01	95.21	122.60
2002	791.70	129.45	206.81	182.60	9.67	127.22	135.95
2003	877.85	120.49	206.30	236.85	25.45	149.76	139.01
2004	908.62	83.90	164.74	285.04	17.32	186.40	171.22
2005	993.20	103.11	210.36	171.05	22.85	283.84	210.99
2006	797.65	54.19	124.47	131.46	18.64	258.76	210.12
2007	555.16	35.27	69.30	72.47	17.96	189.16	171.00
2008*	466.97	19.00	28.54	81.75	15.59	169.12	152.98
2009	874.18	45.46	69.72	190.53	20.20	263.34	284.93
2010	472.60	15.86	37.56	95.67	13.52	127.10	182.88

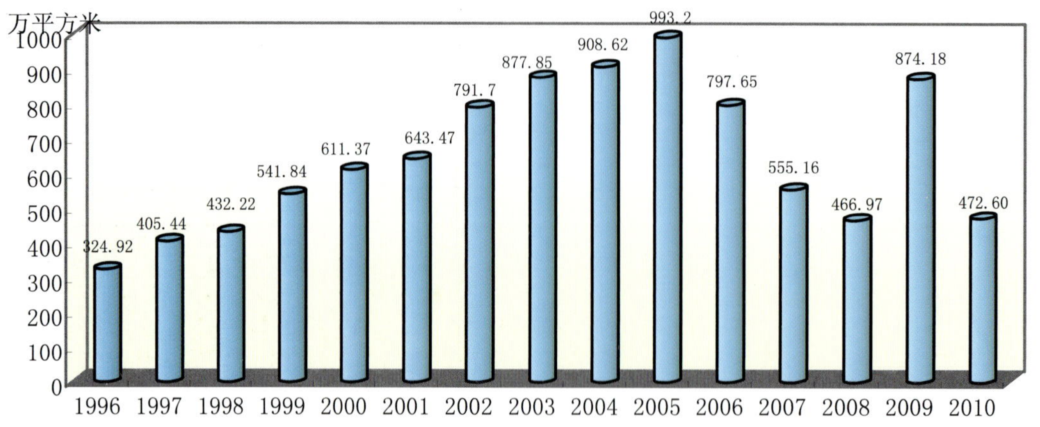

图 6-5　深圳市历年商品房销售面积示意

表 6-9　深圳市历年商品房现楼销售面积（按用途分）

单位：万平方米

年　份	销售面积	其中			
		住　宅	办公楼	商业用房	其　他
1993 年及以前	1256.53	856.47	71.86	80.92	247.28
1994	150.29	108.21	3.93	10.21	27.94
1995	167.32	130.42	3.23	10.41	23.26
1996	186.46	150.65	21.90	9.53	4.38
1997	243.68	199.41	19.17	15.41	9.69
1998	265.34	228.30	11.31	11.25	14.48
1999	213.18	190.37	5.77	14.44	2.60
2000	236.66	205.57	5.18	17.31	8.60
2001	259.87	241.16	3.13	10.02	5.56
2002	308.10	276.74	9.24	20.64	1.48
2003	335.62	299.61	8.85	21.44	5.72
2004	359.52	312.39	12.95	26.94	7.24
2005	140.61	125.80	1.13	11.16	2.53
2006	195.82	182.12	0.31	12.88	0.51
2007	86.74	60.85	10.05	14.59	1.25
2008*	49.30	24.43	0.71	15.73	8.43
2009	161.62	133.20	2.75	19.36	6.30
2010	109.94	70.95	3.33	25.64	10.03

表 6-10　深圳市历年商品房楼花销售面积（按用途分）

单位：万平方米

年　份	销售面积	其中			
		住　宅	办公楼	商业用房	其　他
1994	96.64	75.07	9.36	6.93	5.28
1995	107.27	78.65	14.14	6.48	8.00
1996	138.46	110.48	10.43	11.70	5.85
1997	161.76	137.29	9.71	11.99	2.77
1998	166.88	144.08	10.75	8.60	3.45
1999	328.66	302.14	9.25	11.76	5.51
2000	374.71	351.25	7.01	9.01	7.44
2001	383.60	352.56	7.88	17.38	5.78
2002	483.60	447.67	8.70	25.72	1.51
2003	542.23	512.29	10.69	17.93	1.32
2004	549.10	500.58	13.18	26.72	8.62
2005	852.59	775.33	27.36	42.32	7.57
2006	601.83	523.78	37.96	33.08	7.01
2007	468.42	439.55	10.82	16.05	2.00
2008	417.67	389.26	4.88	17.90	5.63
2009	712.56	660.25	22.2	14.33	15.77
2010	362.66	313.15	18.34	15.34	15.84

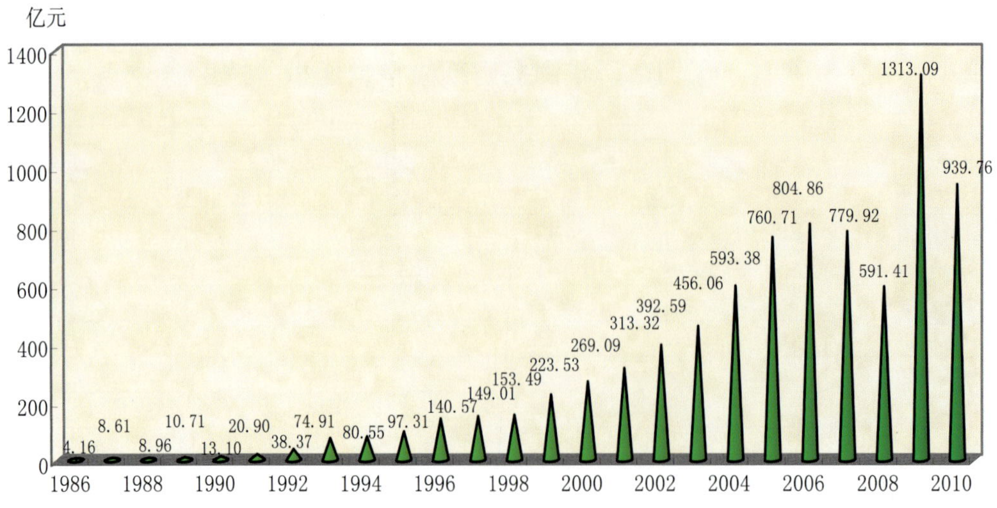

图 6-6　深圳市历年商品房销售收入示意

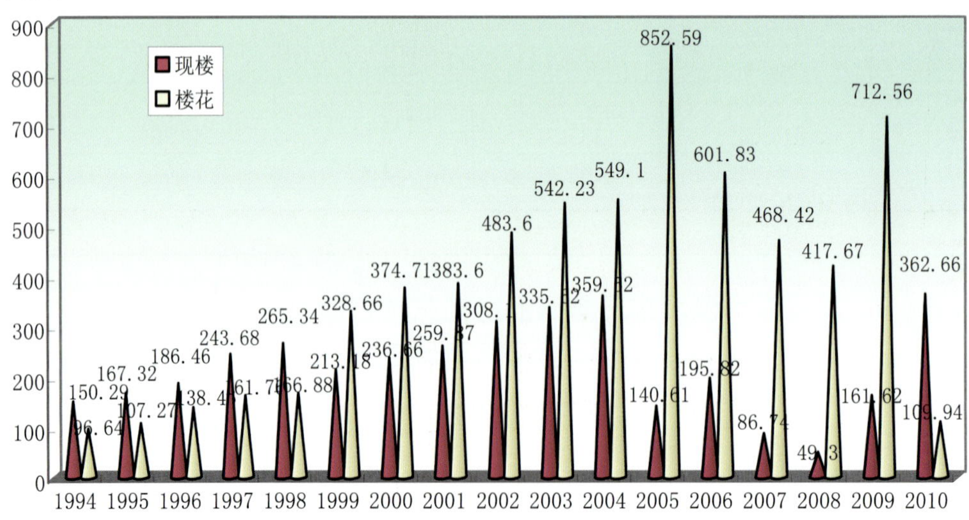

图 6-7　深圳市历年商品房现楼、楼花销售面积示意

表 6-11　深圳市历年商品房现楼空置面积（按用途分）

单位：万平方米

年　份	空置面积	其中			
		住　宅	办公楼	商业用房	其　他
1996	328.68	191.94	40.31	55.20	41.23
1997	258.69	137.34	48.69	48.66	24.00
1998	332.38	205.42	49.26	52.99	24.71
1999	274.80	154.77	50.21	57.02	12.81
2000	251.48	158.29	33.69	46.65	12.85
2001	228.53	143.41	18.77	53.77	12.58
2002	246.84	169.18	12.72	46.81	18.13
2003	241.06	161.02	21.60	46.49	11.95
2004	251.53	138.15	21.62	71.25	20.51
2005	191.51	90.24	14.38	63.44	23.45
2006	185.41	69.63	23.98	66.41	25.39
2007	152.66	59.22	15.81	55.30	22.33
2008	231.58	121.16	15.02	69.22	26.18
2009	141.64	63.60	15.41	49.56	13.08
2010	134.36	53.15	9.00	51.83	20.38

表 6-12　深圳市历年商品房现楼空置面积（按区域分）

单位：万平方米

年　份	空置面积	其中					
		罗湖区	福田区	南山区	盐田区	宝安区	龙岗区
1996	328.68	105.18	92.03	55.88	—	49.30	26.29
1997	258.69	78.56	55.41	59.13	—	37.47	28.12
1998	332.38	77.15	80.62	78.33	3.97	62.03	30.28
1999	274.80	81.96	56.63	53.07	8.37	38.42	36.35
2000	251.48	71.08	72.25	39.54	3.43	32.28	32.90
2001	228.53	67.79	49.88	35.32	3.56	39.22	32.76
2002	246.84	62.09	57.45	45.90	7.40	38.24	35.76
2003	242.06	57.37	76.70	39.98	7.28	38.91	21.82
2004	251.53	60.11	79.83	42.42	12.13	22	35.05
2005	191.51	46.46	56.42	21.81	11.26	30.27	25.29
2006	185.41	48.47	57.02	26.31	7.40	12.79	33.42
2007	152.66	32.39	42.48	21.38	3.50	16.29	36.32
2008	231.58	33.72	36.14	43.70	6.87	46.78	64.37
2009	141.64	28.45	34.65	29.30	3.57	19.38	26.29
2010	134.36	23.01	31.52	16.52	8.71	33.35	21.25

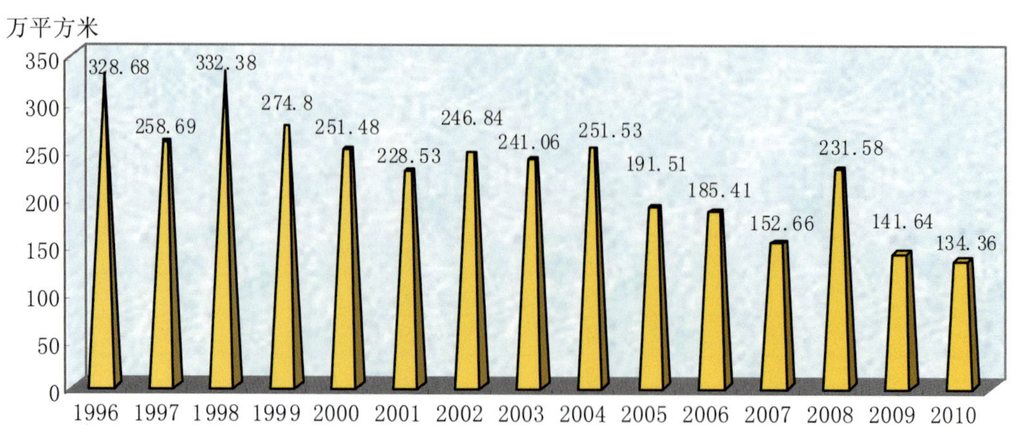

图 6-8　深圳市历年商品房现楼空置面积示意

二、住宅

2010 年，全市住宅销售面积 384.09 万平方米。从区域结构看，罗湖区 8.42 万平方米，福田区 18.63 万平方米，南山区 75.55 万平方米，盐田区 13.23 万平方米，宝安区 111.33 万平方米，龙岗区 156.94 万平方米。龙岗区住宅销售面积居全市首位，占全市销售量的 40.86%；其次是宝安区占 28.98%；南山区位列第三，占 19.67%。

2010 年，住宅（由于现楼系统暂未统计户型数据，户型结构数据均为楼花销售数据）的销售户型结构以一房、二房、三房住宅为主。其中，单身公寓占 0.87%，一房占 24.16%，二房占 23.15%，三房占 18.59%，四房占 7.52%，四房以上的占 1.92%，复式占 7.44%，其他户型占 7.35%。从销售对象看，2010 年个人住房购房比重为 97.83%。全年实现住宅外销面积 19.68 万平方米，占住宅销售比重的 5.12%。

2010 年末，全市住宅空置面积 53.15 万平方米，较上年末减少 10.45 万平方米。其中，罗湖区空置 5.59 万平方米，比上年末减少 3.49 万平方米；福田区 11.45 万平方米，减少 4.78 万平方米；南山区 7.15 万平方米，减少 7.72 万平方米；盐田区 5.72 万平方米，减少 5.14 万平方米；宝安区 17.96 万平方米，增加 4.91 万平方米；龙岗区 5.25 万平方米，减少 4.54 万平方米。

表 6-13　深圳市历年商品住宅销售面积（按区域分）

单位：万平方米

年 份	销售面积	其中					
		罗湖区	福田区	南山区	盐田区	宝安区	龙岗区
1996	261.13	71.87	82.35	43.19	—	21.26	42.46
1997	336.70	71.23	106.75	61.63	—	43.31	53.78
1998	372.38	75.29	111.06	70.61	3.80	50.07	61.55
1999	492.51	109.57	147.54	88.59	6.36	64.24	76.21
2000	556.82	77.17	181.94	114.95	6.80	69.70	106.26
2001	593.72	97.85	155.44	135.20	7.97	86.75	110.51
2002	724.41	119.80	186.29	173.18	9.38	111.31	124.45
2003	811.90	111.08	186.59	222.60	24.29	142.53	124.82
2004	802.58	83.78	125.29	270.81	17.26	167.84	137.60
2005	901.13	100.15	172.73	157.75	21.77	266.25	182.49
2006	705.82	53.30	78.88	120.27	17.28	243.20	192.90
2007	500.40	31.37	49.23	63.83	17.55	176.40	162.02
2008*	413.69	22.53	24.78	64.60	13.83	150.67	137.28
2009	793.44	44.26	42.71	177.04	23.21	244.09	262.13
2010	384.09	8.42	18.63	75.55	13.23	111.33	156.94

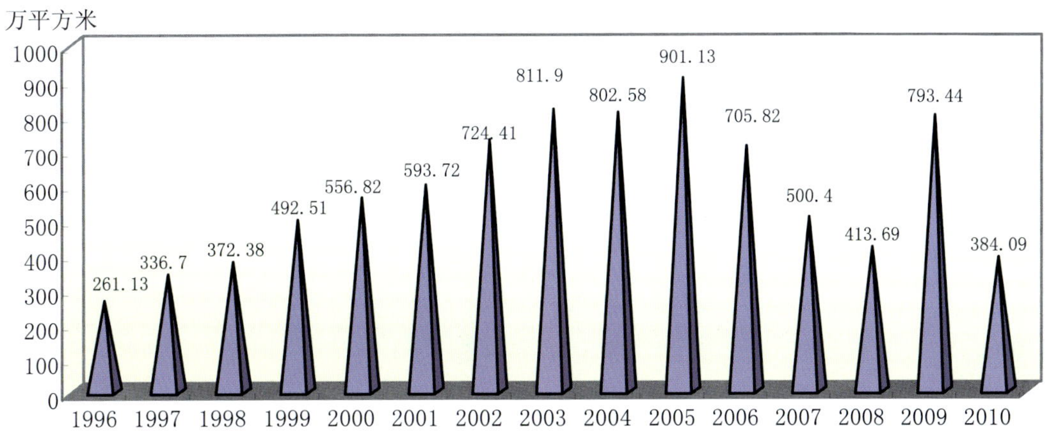

图 6-9　深圳市历年商品住宅销售面积示意

表 6-14　深圳市历年商品住宅现楼销售面积（按区域分）

单位：万平方米

年　份	销售面积	其中					
		罗湖区	福田区	南山区	盐田区	宝安区	龙岗区
1996	150.65	38.04	42.85	32.09	—	12.08	25.59
1997	199.41	46.59	60.74	41.39	—	25.77	24.92
1998	228.30	33.39	65.48	50.50	0.95	36.82	41.16
1999	190.37	31.98	55.66	39.39	1.26	36.77	25.31
2000	205.57	36.01	54.04	43.20	3.47	36.98	31.87
2001	241.16	33.51	69.15	63.12	1.58	41.41	32.39
2002	276.74	64.07	71.04	40.58	2.59	53.86	44.60
2003	299.61	44.95	67.40	76.40	10.12	40.46	60.29
2004	312.39	36.32	102.26	84.18	7.52	53.37	28.74
2005	125.8	22.10	49.78	18.47	6.31	5.72	23.41
2006	182.12	10.66	22.09	36.08	5.18	60.80	47.31
2007	60.85	9.45	6.56	21.30	1.13	8.78	13.64
2008*	24.43	6.04	3.67	7.14	0.78	3.99	2.81
2009	133.19	10.36	10.48	36.78	3.59	33.62	38.36
2010	70.95	2.42	6.17	19.28	5.70	18.49	18.88

表 6-15　深圳市历年商品住宅楼花销售面积（按区域分）

单位：万平方米

年　份	销售面积	其中					
		罗湖区	福田区	南山区	盐田区	宝安区	龙岗区
1996	110.48	33.83	39.50	11.10	—	9.18	16.87
1997	137.29	24.64	46.01	20.24	—	17.54	28.86
1998	144.08	41.90	45.58	20.11	2.86	13.25	20.38
1999	302.14	77.59	91.88	49.20	5.09	27.48	50.90
2000	351.25	41.16	127.90	71.75	3.33	32.72	74.39
2001	352.56	64.34	86.29	72.08	6.39	45.34	78.12
2002	447.67	55.73	115.25	132.60	6.79	57.45	79.85
2003	512.29	66.13	119.19	146.20	14.17	102.07	64.53
2004	549.10	68.68	92.44	186.22	13.06	115.09	73.61
2005	775.33	85.26	144.65	136.29	18.47	233.85	156.81
2006	523.70	42.64	56.79	84.19	12.10	182.4	145.59
2007	439.55	21.92	42.67	42.53	16.42	167.62	148.38
2008	389.26	16.49	21.11	57.46	13.05	146.68	134.47
2009	660.25	33.90	32.23	140.26	19.62	210.47	223.77
2010	313.15	6.00	12.45	56.27	7.53	92.83	138.06

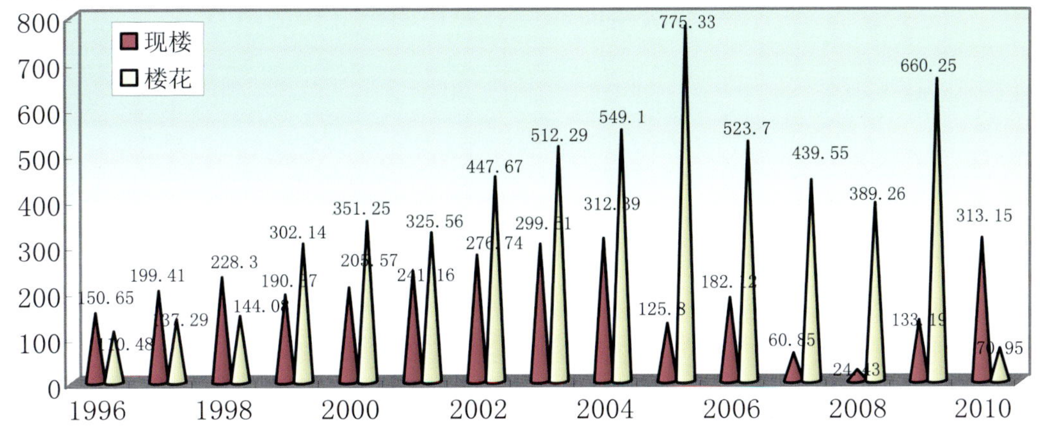

图 6-10　深圳市历年商品住宅现楼、楼花销售面积示意

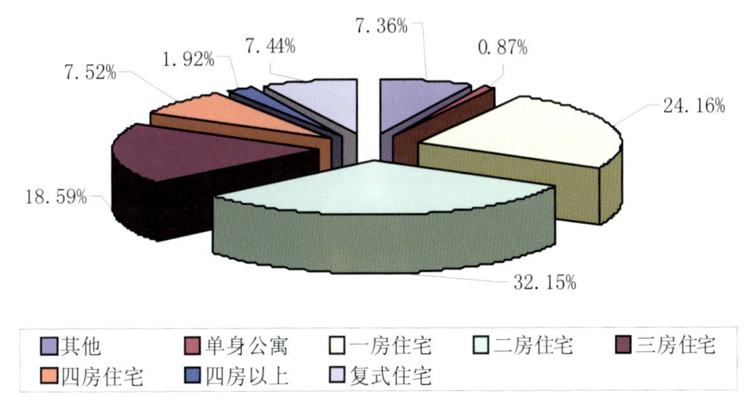

图 6-11　深圳市 2010 年已售楼花商品住宅户型构成示意（按建筑面积）

表 6-16　深圳市历年商品住宅外销面积（按区域分）

单位：万平方米

年　份	销售面积	其中					
		罗湖区	福田区	南山区	盐田区	宝安区	龙岗区
1996	16.76	8.56	5.63	1.71	—	0.21	0.65
1997	23.06	11.46	9.57	0.65	—	0.01	1.37
1998	28.95	8.99	4.49	2.11	0.96	6.08	6.32
1999	48.33	23.85	9.37	2.15	1.56	2.95	8.45
2000	58.48	11.45	24.57	5.51	1.33	4.47	11.15
2001	52.01	18.32	17.35	1.86	2.04	4.48	7.96
2002	52.90	21.12	19.59	4.02	1.11	0.97	6.09
2003	54.63	13.68	23.81	3.85	8.88	1.25	3.17
2004	41.07	7.13	14.59	7.61	3.54	4.29	3.91
2005	56.76	14.54	6.71	12.25	2.70	12.07	8.49
2006	44.50	6.12	7.52	8.17	0.53	11.97	10.19
2007	32.27	2.97	6.35	3.64	0.75	10.77	7.79
2008*	16.73	4.80	1.96	4.03	1.77	3.11	1.05
2009	39.36	6.18	3.27	9.81	2.06	8.72	9.32
2010	19.68	0.81	2.05	5.26	0.85	5.40	5.30

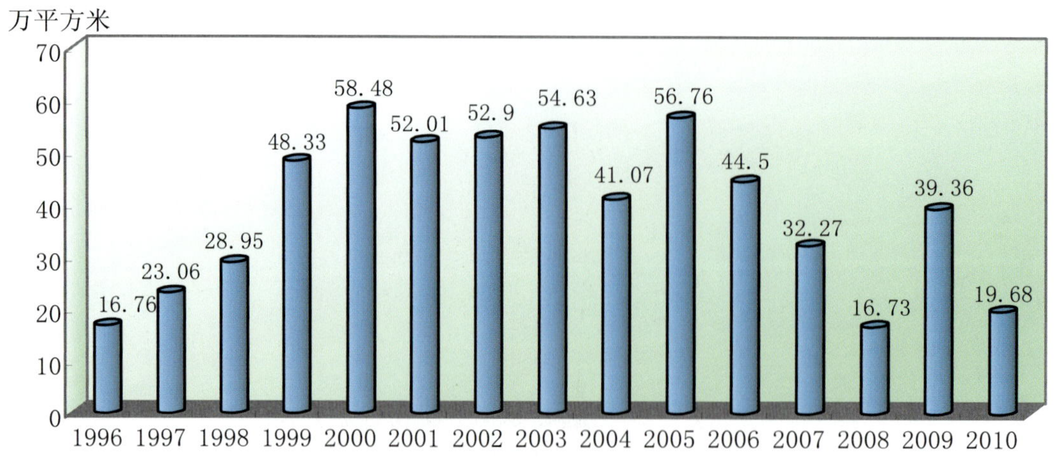

图 6-12　深圳市历年商品住宅外销面积示意

表 6-17　深圳市历年商品住宅现楼空置面积（按区域分）

单位：万平方米

年　份	空置面积	其　中					
		罗湖区	福田区	南山区	盐田区	宝安区	龙岗区
1996	191.94	50.38	55.04	36.60	—	33.67	16.25
1997	137.34	31.22	22.39	43.28	—	25.27	15.18
1998	205.42	32.16	50.64	50.29	2.40	47.26	22.67
1999	154.77	29.17	27.88	38.86	2.17	28.02	28.67
2000	158.29	29.77	46.36	27.92	2.62	25.73	25.89
2001	143.41	38.50	30.56	20.61	2.83	29.58	21.33
2002	169.18	38.62	34.84	30.68	6.91	32.07	26.06
2003	161.02	29.30	54.17	29.89	6.35	28.74	12.57
2004	138.15	27.21	34.63	27.36	8.85	16.31	23.79
2005	90.24	20.20	17.95	9.71	6.77	24.97	10.64
2006	69.63	22.80	12.26	11.59	1.85	6.80	14.33
2007	59.22	11.41	7.26	14.17	0.48	7.00	18.90
2008	121.16	9.66	9.40	35.80	3.90	32.30	30.10
2009	63.60	9.08	16.23	14.87	0.58	13.05	9.79
2010	53.15	5.59	11.45	7.15	5.72	17.96	5.25

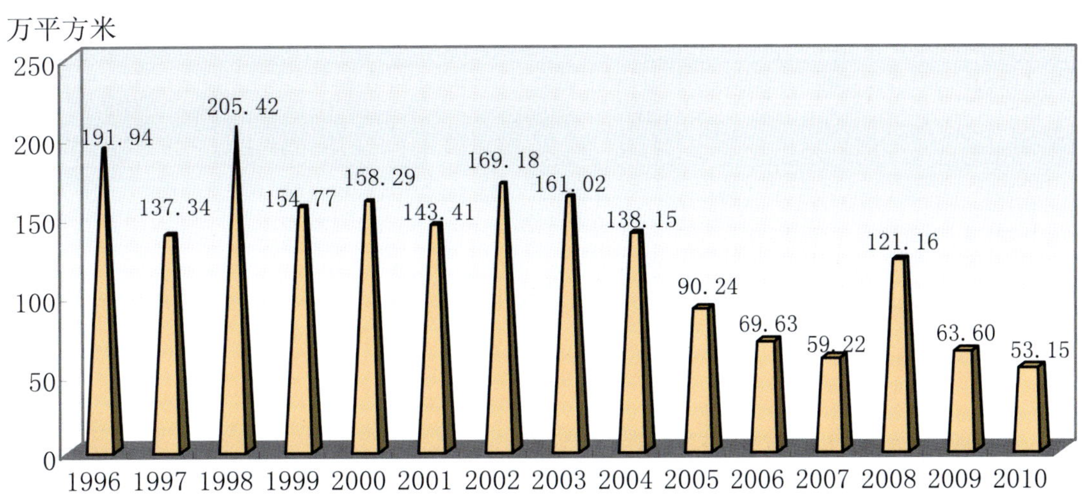

图 6-13　深圳市历年商品住宅现楼空置面积示意

三、办公楼

2010 年，全市办公楼销售面积 21.67 万平方米。其中，罗湖区5.16 万平方米，福田区7.86 万平方米，南山区4.43 万平方米，宝安区 2.04 万平方米，龙岗区 2.18 万平方米。

2010 年，深圳办公楼空置 9.00 万平方米，比上年末减少 6.41 万平方米。从空置的区域分布看，罗湖区 3.20 万平方米，比上年末减少 0.55 万平方米；福田区 0.88 万平方米，减少 2.85 万平方米；南山区 4.14 万平方米，减少 3.52 万平方米；宝安区 0.63 万平方米，增加 0.51 万平方米；龙岗区 0.15 万平方米，与去年持平。

表 6-18　深圳市历年办公楼销售面积（按区域分）

单位：万平方米

年　份	销售面积	其中					
		罗湖区	福田区	南山区	盐田区	宝安区	龙岗区
1996	32.33	14.35	8.80	9.18	—	0.00	0.00
1997	28.88	13.06	9.34	3.59	—	1.39	1.50
1998	22.06	7.60	12.11	0.94	0.31	0.00	1.10
1999	15.02	3.70	9.30	0.63	1.33	0.06	0.00
2000	12.19	3.95	6.15	1.50	0.05	0.13	0.41
2001	11.01	5.77	2.91	0.66	0.14	0.01	1.52
2002	17.94	3.39	12.63	1.37	0.29	0.02	0.24
2003	19.54	2.16	13.72	1.69	—	1.45	0.53
2004	26.90	—	23.11	3.66	—	0.0099	0.12
2005	28.49	0.0013	22.19	5.04	—	0.54	0.72
2006	38.27	0.06	32.32	5.64	—	—	0.25
2007	20.87	0.61	15.51	3.80	—	0.87	0.08
2008*	5.60	0.07	1.89	1.96	—	1.68	—
2009	25.01	0.02	17.20	3.21	—	4.17	0.41
2010	21.67	5.16	7.86	4.43	—	2.04	2.18

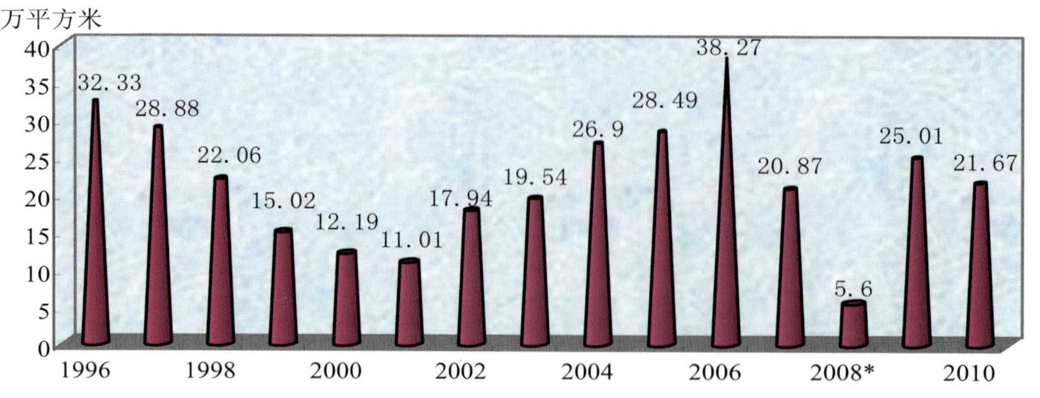

图 6-14　深圳市历年办公楼销售面积示意

表 6-19　深圳市历年办公楼现楼销售面积（按区域分）

单位：万平方米

年　份	销售面积	其中					
		罗湖区	福田区	南山区	盐田区	宝安区	龙岗区
1996	21.90	5.78	6.94	9.18	—	—	—
1997	19.17	4.57	9.04	2.67	—	1.39	1.50
1998	11.31	2.64	6.79	0.94	0.31	0.00	0.63
1999	5.77	1.11	2.64	0.63	1.33	0.06	0.00
2000	5.18	1.24	2.43	1.00	—	0.10	0.41
2001	3.13	0.67	1.57	0.19	0.14	0.01	0.55
2002	9.24	2.69	5.84	0.28	0.29	—	0.14
2003	8.85	2.16	5.36	0.30	—	1.03	—
2004	13.72	—	13.06	0.54	—	—	0.12
2005	1.13	—	0.95	—	—	—	0.18
2006	0.31	0.01	0.22	0.08	—	—	—
2007	10.05	0.15	9.51	0.39	—	—	—
2008*	0.71	0.07	0.33	0.31	—	—	—
2009	2.76	0.02	1.26	0.81	—	0.67	—
2010	3.33	1.02	0.88	1.01	—	0.42	—

表 6-20　深圳市历年办公楼楼花销售面积（按区域分）

单位：万平方米

年　份	销售面积	其中					
		罗湖区	福田区	南山区	盐田区	宝安区	龙岗区
1996	10.43	8.57	1.86	—	—		—
1997	9.71	8.49	0.30	0.92	—		—
1998	10.75	4.96	5.32	—	—		0.47
1999	9.25	2.59	6.66	—	—		—
2000	7.01	2.71	3.72	0.50	0.05	0.03	—
2001	7.88	5.10	1.34	0.47	—	—	0.97
2002	8.70	0.70	6.79	1.09	—	0.02	0.10
2003	10.69	—	8.36	1.39	—	0.42	0.53
2004	13.18	—	10.05	3.12	—	0.01	—
2005	27.36	0.0013	21.24	5.04	—	0.54	0.54
2006	37.96	0.05	32.10	5.56	—	—	0.25
2007	10.82	0.46	6.00	3.41	—	0.87	0.08
2008	4.88	—	1.56	1.65	—	1.68	—
2009	22.25	0	15.94	2.4	0	3.5	0.41
2010	18.34	4.14	6.98	3.42	0	1.62	2.18

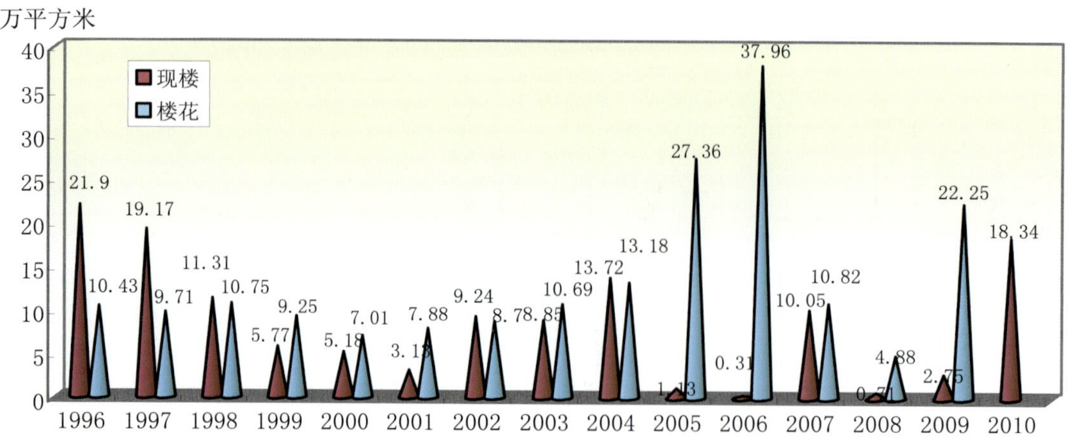

图 6-15　深圳市历年办公楼现楼、楼花销售面积示意

表 6-21　　深圳市历年办公楼现楼空置面积（按区域分）

单位：万平方米

年　份	空置面积	其中					
		罗湖区	福田区	南山区	盐田区	宝安区	龙岗区
1996	40.31	28.49	3.96	6.09	—	1.77	—
1997	48.69	29.01	11.92	4.76	—	1.25	1.75
1998	49.26	26.86	12.15	9.65	0.49	0.06	0.05
1999	50.21	25.95	12.93	5.25	4.80	0.90	0.38
2000	33.69	18.48	10.01	1.83	0.35	0.33	2.69
2001	18.77	3.48	8.62	2.87	0.38	0.29	3.13
2002	12.72	5.57	4.25	2.49	0.37	—	0.04
2003	21.60	9.98	8.12	1.41	—	0.89	1.19
2004	21.62	9.63	9.00	1.25	—	0.24	1.51
2005	14.38	5.17	6.83	0.79	0.07	0.91	0.62
2006	23.98	7.39	15.50	0.52	—	—	0.58
2007	15.81	3.76	11.23	0.06	—	—	0.76
2008	15.02	7.40	6.76	0.19	—	—	0.67
2009	15.41	3.75	3.73	7.66	—	0.12	0.15
2010	9.00	3.20	0.88	4.14	—	0.63	0.15

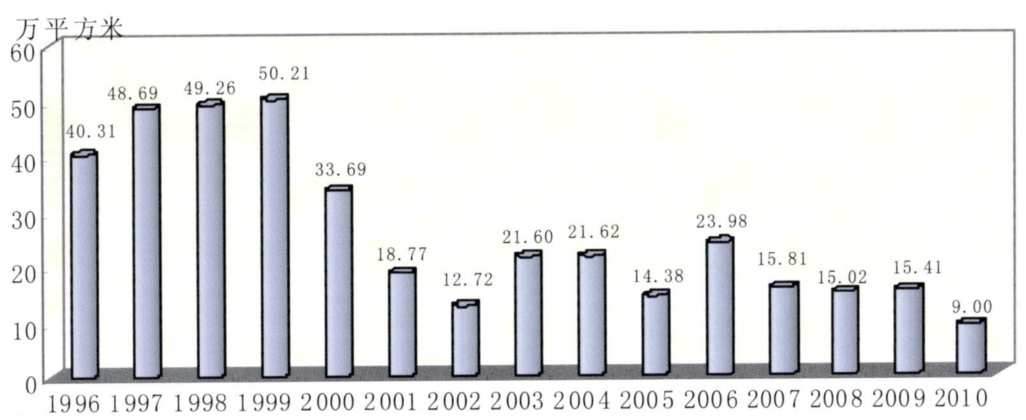

图 6-16　深圳市历年办公楼现楼空置面积示意

四、商业用房

2010年，全市共销售商业用房40.98平方米。其中，罗湖区1.71万平方米，福田区2.95万平方米，南山区8.17万平方米，盐田区0.29万平方米，宝安区12.84万平方米，龙岗区15.02万平方米。

2010年末，全市商业用房空置面积51.83万平方米，比上年末增加2.27万平方米。其中，罗湖区8.71万平方米，比上年末减少2.15万平方米；福田区12.68万平方米，增加1.73万平方米；南山区3.59万平方米，减少1.46万平方米；盐田区 1.70 万平方米，与去年持平；宝安区11.27万平方米，增加5.22万平方米；龙岗区13.87万平方米，减少1.08万平方米。

表 6-22　深圳市历年商业用房销售面积（按区域分）

单位：万平方米

年份	销售面积	其中					
		罗湖区	福田区	南山区	盐田区	宝安区	龙岗区
1996	21.23	11.49	2.66	1.32	—	4.38	1.38
1997	27.40	8.75	4.48	2.48	—	9.54	2.15
1998	19.85	5.34	3.70	2.00	0.08	4.04	4.69
1999	26.20	5.26	2.15	2.91	4.43	5.85	5.60
2000	26.32	3.21	3.88	4.64	0.72	7.57	6.30
2001	27.40	4.92	3.42	2.59	0.28	8.23	7.96
2002	46.36	6.15	6.52	6.53	—	15.89	11.27
2003	39.37	6.61	4.82	7.62	1.16	5.51	13.66
2004	58.09	0.94	8.16	9.66	0.15	17.79	21.39
2005	53.48	2.93	9.20	8.55	1.17	16.77	14.86
2006	45.96	0.72	7.88	6.92	1.16	15.02	14.26
2007	30.64	3.28	1.64	4.85	0.41	11.89	8.57
2008*	33.63	0.83	2.49	10.26	0.60	7.30	12.15
2009	33.69	0.74	3.65	3.85	0.82	14.90	9.73
2010	40.98	1.71	2.95	8.17	0.29	12.84	15.02

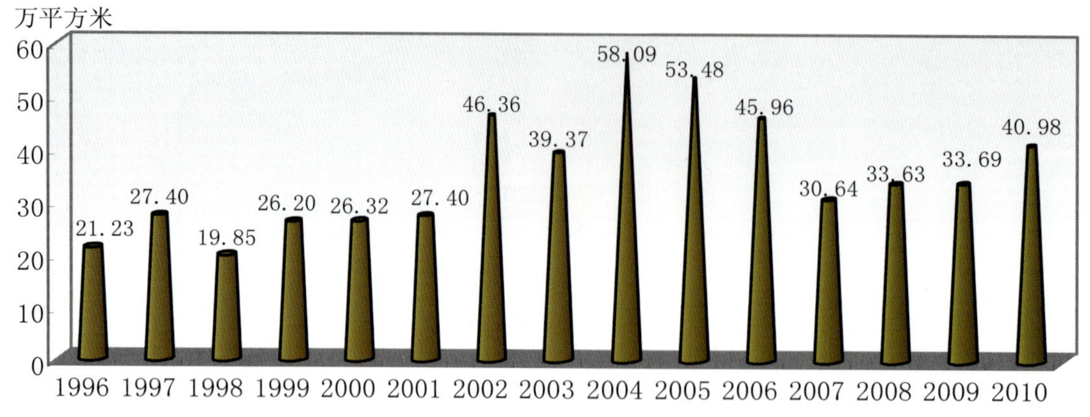

图 6-17　深圳市历年商业用房销售面积示意

表 6-23　深圳市历年商业用房现楼销售面积（按区域分）

单位：万平方米

年份	销售面积	其中					
		罗湖区	福田区	南山区	盐田区	宝安区	龙岗区
1996	9.53	3.48	2.22	0.79	—	2.47	0.57
1997	15.41	3.56	4.17	1.46	—	4.82	1.40
1998	11.25	2.69	1.64	1.71	0.05	2.90	2.26
1999	14.44	2.01	0.82	1.24	4.23	3.64	2.50
2000	17.31	2.41	2.36	2.79	0.25	5.17	4.33
2001	10.02	1.26	2.52	1.25	0.09	4.35	0.55
2002	20.64	3.31	4.68	3.98	—	5.69	2.98
2003	21.44	5.02	3.38	4.88	1.16	2.10	4.91
2004	26.94	0.94	5.83	4.93	0.15	10.19	4.9
2005	11.16	1.82	3.17	0.4	0.16	2.02	3.58
2006	12.88	—	2.31	3.89	0.02	3.49	3.17
2007	14.59	2.86	0.54	2.18	0.24	3.70	5.07
2008*	15.73	0.60	1.06	8.07	0.09	2.45	3.46
2009	19.36	0.57	1.91	3.09	0.67	7.75	5.37
2010	25.64	0.85	1.23	6.94	0.23	7.07	9.33

表 6-24　深圳市历年商业用房楼花销售面积（按区域分）

单位：万平方米

年　份	销售面积	其　中					
		罗湖区	福田区	南山区	盐田区	宝安区	龙岗区
1996	11.70	7.99	0.44	0.55	—	1.91	0.81
1997	11.99	5.19	0.31	1.02	—	4.72	0.75
1998	8.60	2.65	2.06	0.29	0.03	1.14	2.43
1999	11.76	3.25	1.32	1.67	0.20	2.21	3.11
2000	9.01	0.80	1.52	1.85	0.47	2.40	1.97
2001	17.38	3.66	0.90	1.34	0.19	3.88	7.41
2002	25.72	2.84	1.84	2.55	—	10.20	8.29
2003	17.93	1.59	1.44	2.74	—	3.41	8.75
2004	31.15	—	2.33	4.73	—	7.6	16.49
2005	42.32	1.11	6.03	8.15	1.01	14.75	11.28
2006	33.08	0.72	5.57	3.03	1.14	11.53	11.09
2007	16.05	0.42	1.10	2.67	0.17	8.19	3.50
2008	17.90	0.23	1.43	2.19	0.51	4.85	8.69
2009	14.33	0.17	1.74	0.76	0.15	7.15	4.36
2010	15.34	0.86	1.72	1.23	0.07	5.77	5.70

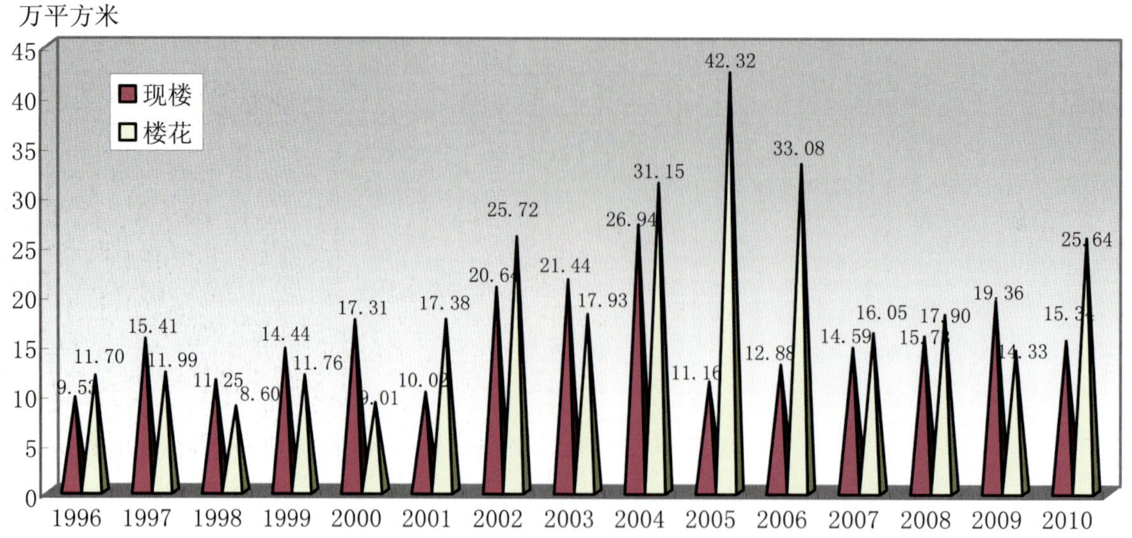

图 6-18　深圳市历年商业用房现楼、楼花销售面积示意

表 6-25　深圳市历年商业用房现楼空置面积（按区域分）

单位：万平方米

年　份	空置面积	其　中					
		罗湖区	福田区	南山区	盐田区	宝安区	龙岗区
1996	55.20	14.40	22.76	4.87	—	8.27	4.90
1997	48.66	13.62	14.47	8.69	—	7.00	4.88
1998	52.99	10.84	13.50	12.55	0.59	10.69	4.82
1999	57.02	20.73	13.46	7.56	1.40	7.99	5.88
2000	46.65	14.78	13.16	9.25	0.46	5.24	3.76
2001	53.77	17.05	10.63	10.06	0.34	9.10	6.59
2002	46.81	13.95	13.48	8.41	0.12	5.50	5.35
2003	46.49	13.20	14.41	4.12	0.40	8.19	6.18
2004	71.25	19.57	23.77	11.94	2.18	5.72	8.09
2005	63.44	18.41	19.53	6.99	3.13	4.21	11.16
2006	66.41	13.27	18.02	8.01	4.27	5.75	17.10
2007	55.3	12.62	17.08	4.96	1.73	3.93	14.98
2008	69.22	12.12	14.08	5.15	1.68	7.23	28.96
2009	49.56	10.86	10.95	5.05	1.70	6.05	14.95
2010	51.83	8.71	12.68	3.59	1.70	11.27	13.87

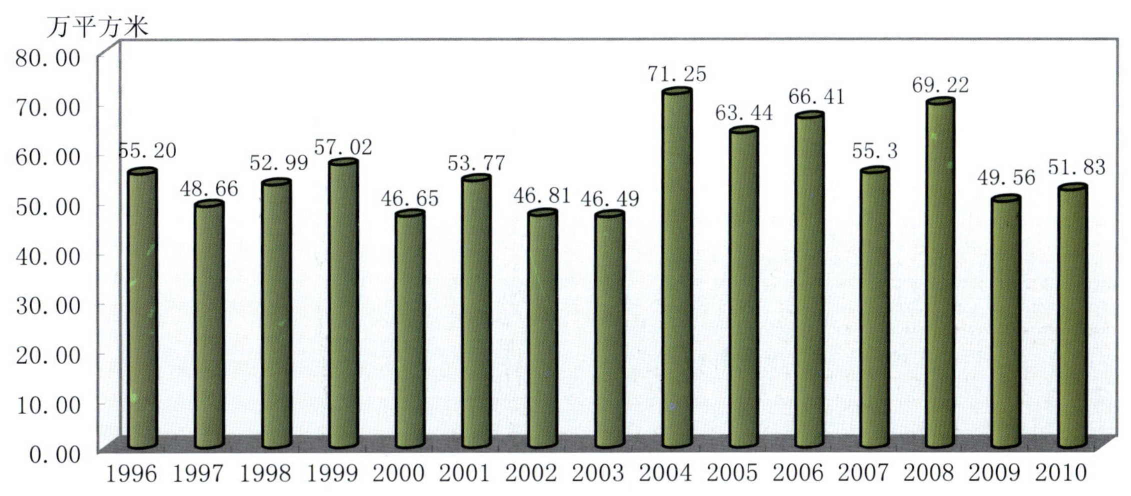

图 6-19　深圳市历年商业用房现楼空置面积示意

第三节 商品房价格

一、楼花均价

2010年，在全市楼花交易中，住宅均价（按建筑面积，下同）20296.97元/平方米，比上年上涨36.6%；办公楼24797.27元/平方米，上涨3.7%；商业用房23346.27元/平方米，上涨12.1%；其他商品房24787.23元/平方米，上涨94.1%。

在全市楼花住宅交易价格结构方面。从户型看，单身公寓22833.73元/平方米，一房住宅19883.94元/平方米，二房住宅19664.18元/平方米，三房住宅16387.23元/平方米，四房住宅19353.26元/平方米，四房以上住宅15964.52元/平方米，复式住宅29420.20元/平方米，其他户型26869.59元/平方米。从价位结构看，4000元/平方米以下的商品住宅套均面积为70.01平方米，销售面积占住宅销售总面积的0.15%；4000～6000元/平方米的套均面积为114.78平方米，占0.41%；6000～8000元/平方米的套均面积为83.39平方米，占3.63%；8000～10000元/平方米的套均面积为82.30平方米，占7.80%；10000～15000元/平方米的套均面积为93.46平方米，占31.62%；15000元/平方米以上的套均面积为86.22平方米，占56.39%。区域结构看，罗湖区均价23469.94元/平方米，比上年上涨3.8%；福田区29248.26元/平方米，上涨26.0%；南山区30848.57元/平方米，上涨57.1%；盐田区40860.07元/平方米，上涨61.1%，宝安区19943.70元/平方米，上涨45.3%；龙岗区14166.39元/平方米，上涨47.2%。

表 6-26	深圳市 2010 年商品住宅楼花价位结构						单位：%
价位（元/平方米）	全　市	罗湖区	福田区	南山区	盐田区	宝安区	龙岗区
4000 以下	0.14	—	—	—	—	0.01	0.26
4000～6000	0.43	0.03	—	—	—	0.04	0.90
6000～8000	3.76	0.05	0.29	—	—	5.30	4.61
8000～10000	8.02	0.12	0.00	0.17	0.97	5.93	13.35
10000～15000	32.27	92.97	0.33	1.06	41.64	21.86	52.85
15000 以上	55.37	6.79	99.38	98.70	57.39	66.87	28.02
合　计	100.00	100.00	100.00	100.00	100.00	100.00	100.00

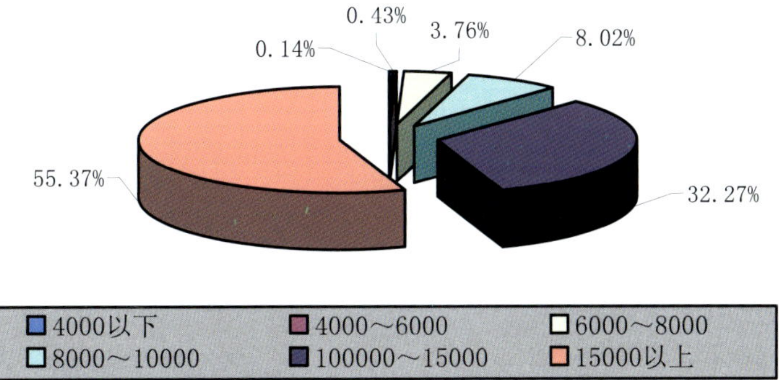

图 6-20　深圳市 2010 年商品住宅楼花价位结构示意

表 6-27	深圳市 2010 年各区商品住宅楼花交易均价					单位：元/平方米
月份	罗湖区	福田区	南山区	盐田区	宝安区	龙岗区
1	26997.89	33335.42	33232.46	29729.04	23443.77	13029.64
2	24718.9	28900.9	32435.3	65069.37	20729.91	13364.2
3	24355.45	28265.27	32238.06	42004.86	20825.16	13346.01
4	23517.81	28904.77	31935.05	41230.75	20054.33	13474.81
5	23004.6	28760.42	31093.01	42557.35	20177.85	13366.1
6	23002.38	28509.03	30396.62	41985.76	20290.03	13369.03
7	23240.71	28509.03	30124.39	41723.62	20330.98	13334.12
8	22895.54	28493.6	29898.15	41000.66	19976.19	13415.25
9	23003.51	28405.55	29935.74	43111.22	20455.76	13498.85
10	23103.85	28424.17	30574	40555.48	20084.69	13906.11
11	23219.65	28892.55	30891.09	40988.23	20155.22	14038.55
12	23469.94	29248.26	30848.57	40860.07	19943.7	14166.39

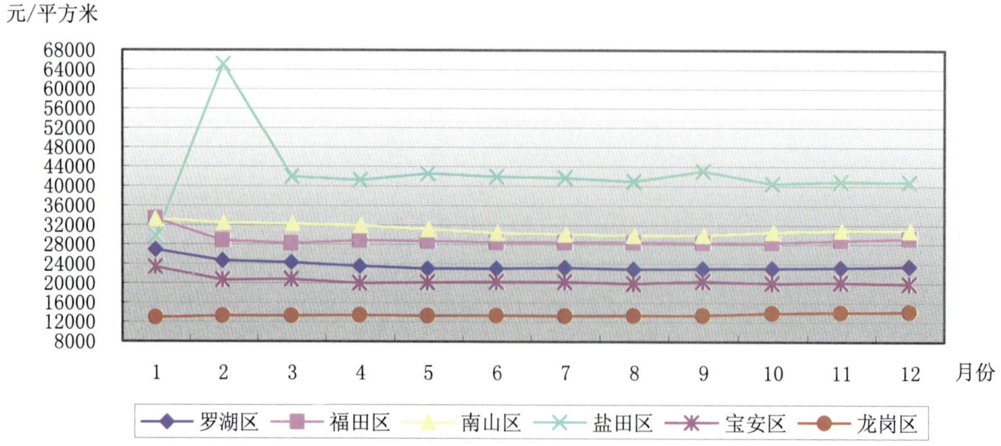

图 6-21 深圳市 2010 年各区商品住宅交易均价走势示意

表 6-28 深圳市历年各区商品住宅楼花交易均价

单位：元/平方米

区域 / 年份	全 市	罗湖区	福田区	南山区	盐田区	宝安区	龙岗区
2005	7040.10	8310.06	9091.75	8699.96	7806.48	5386.20	5287.98
2006	9230.35	10000.89	13844.69	12122.02	9454.05	8318.74	6456.87
2007	13369.62	16945.31	18442.15	18012.20	14183.50	12214.13	10477.11
2008	12794.20	18745.32	18691.89	17500.49	25786.33	11651.80	9112.44
2009	14857.68	22607.77	23216.16	19636.50	25366.62	13726.51	9626.79
2010	20296.97	23469.94	29248.26	30848.57	40860.07	19943.70	14166.39

表 6-29 深圳市历年商品住宅二级市场楼花交易均价

单位：元/平方米

月份 / 年份	1	2	3	4	5	6	7	8	9	10	11	12
2004	6076.95	5939.06	5780.40	5827.59	5788.30	5843.72	5841.06	5867.65	5918.63	5915.99	5946.10	5997.52
2005	6184.40	6354.15	6415.99	6443.18	6527.51	6547.90	6558.48	6585.33	6639.64	6716.84	6958.43	7040.10
2006	7949.54	8032.86	8126.14	8075.54	8421.07	8638.46	8744.26	8911.35	8952.97	8992.94	9081.24	9230.35
2007	10871.73	11039.67	11377.87	11339.73	11905.88	12293.15	12564.15	12803.17	13069.93	13211.62	13281.03	13369.62
2008	15080.25	15321.35	14699.39	13628.66	12815.94	12789.26	13276.58	13428.99	13289.13	13216.88	13254.92	12794.20
2009	11458.58	11175.43	11085.63	11458.65	11723.15	12184.68	12571.14	13069.02	13388.79	13977.99	14426.46	14857.68
2010	23117.28	23496.97	22675.94	21911.58	21582.77	21194.68	20901.37	20574.71	20578.42	20416.42	20451.90	20296.97

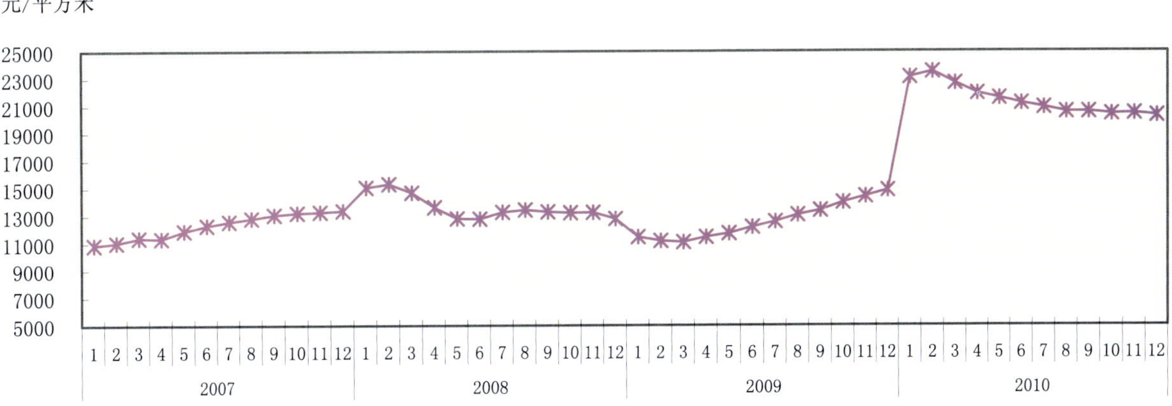

图 6-22　深圳市历年商品住宅二级市场交易均价走势示意

表 6-30　　深圳市历年办公楼二级市场楼花交易均价

单位：元/平方米

月份 年份	1	2	3	4	5	6	7	8	9	10	11	12
2004	9048.94	8921.50	9106.34	9202.17	9468.89	9713.42	9728.49	9694.10	9388.63	9371.56	9534.22	10016.14
2005	11349.76	12401.15	11754.07	11416.34	11416.16	11659.97	11691.22	11749.71	11715.96	11806.02	11919.81	12490.88
2006	13769.71	13609.60	14953.27	14717.61	14681.74	14259.21	14541.70	14547.47	14818.20	14901.88	15260.07	16014.52
2007	22401.55	22725.95	22478.15	22134.05	22714.38	22571.37	22981.82	23256.66	23745.90	23783.97	23563.47	23534.82
2008	29119.30	26011.77	26432.08	20679.83	20572.23	20426.08	20415.95	20607.17	20614.95	21154.59	20605.49	20397.43
2009	24523.80	24209.51	23425.56	22812.03	22774.31	20929.29	18453.42	19051.31	22271.49	22999.63	23660.57	23919.90
2010	22911.75	24151.91	23764.47	25756.19	25233.58	25595.00	25828.30	25576.42	24045.28	24161.99	24557.87	24797.27

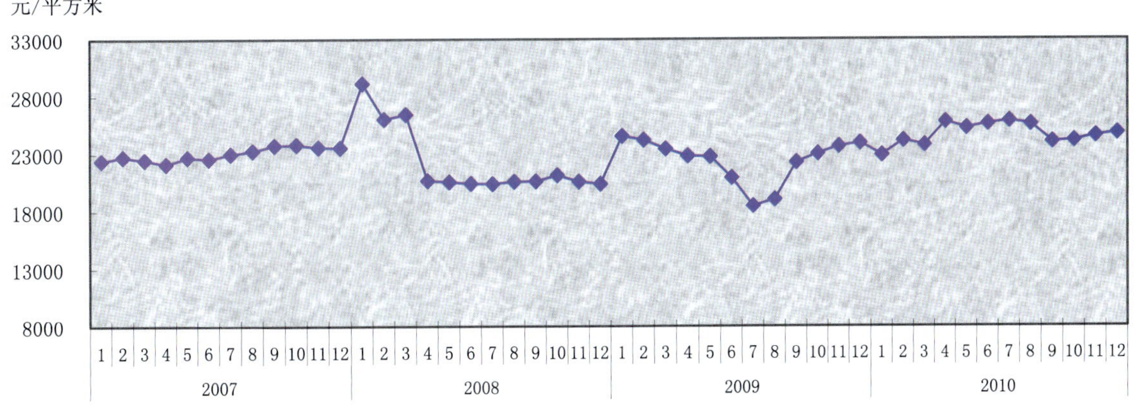

图 6-23　深圳市历年办公楼二级市场交易均价走势示意

表 6-31　　深圳市历年商业用房二级市场楼花交易均价

单位：元/平方米

年份＼月份	1	2	3	4	5	6	7	8	9	10	11	12
2004	12127.96	11033.18	12768.96	12159.84	11980.09	12332.23	12481.55	12483.56	13294.31	12887.17	12827.27	12426.49
2005	17303.51	16156.49	15121.7	14937.23	14833.24	14332.43	14247.38	14626.88	14972.97	15179.91	15292.44	15611.48
2006	12412.66	13084.52	13093.38	15389.65	16711.27	17218.37	16639.35	16939.03	17537.66	18038.86	17846.76	18409.63
2007	18086.3	18313.7	18626.85	17948.96	19508.59	21417.1	21554.25	21119.08	19568.83	19233.34	19233.74	19102.28
2008	14568.35	15122.11	10534.65	10539.73	10955.56	11190.83	12155.84	12533.49	12764.77	12511.31	12127.07	12832.98
2009	14807.03	15423.39	18423.15	18442.4	18830.06	19518.77	18649.21	19843.65	19568.39	19680.2	20209.16	20826.52
2010	38837.22	38250.56	33606.93	29047.55	29780.52	27893.56	21679.38	22092.99	21982.44	21653.55	22515.77	23346.27

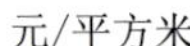

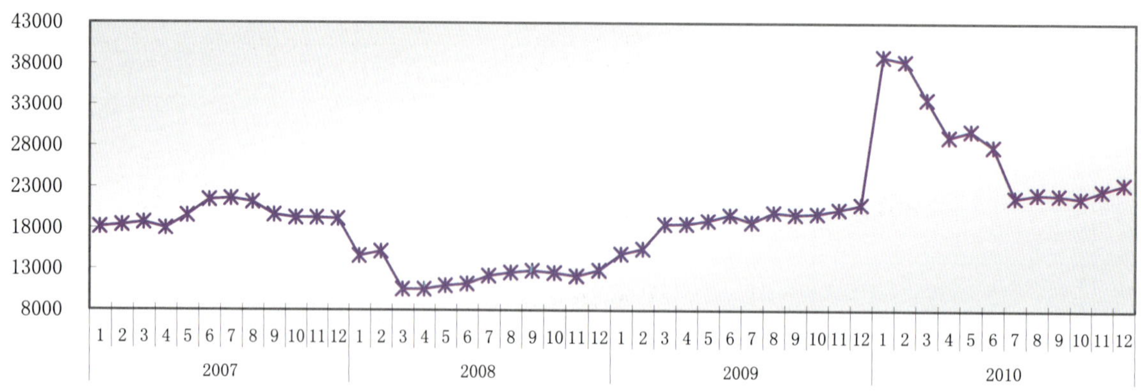

图 6-24　深圳市历年商业用房二级市场交易均价走势示意

二、现楼均价

2010 年，在全市现楼交易中，住宅均价（按建筑面积，下同）19243.06 元/平方米，同比去年上涨 26.74%，办公楼 15112.29 元/平方米，同比去年下降 28.90%，商业用房 12010.54 元/平方米，同比去年下降 3.24%，其他现楼商品房 11248.90 元/平方米，同比去年下降 16.02%。

在全市现楼住宅交易价格结构方面。从价位结构看，4000 元/平方米以下的商品住宅套均面积为 94.81 平方米，销售面积占住宅销售总面积的 13.38%；4000～6000 元/平方米的套均面积为 121.21 平方米，占 3.91%；6000～8000 元/平方米的套均面积为 114.80 平方米，占 17.24%；8000～10000 元/平方米的套均面积为 99.31 平方米，占 12.26%；10000～15000 元/平方米以上的套均面积为 93.68 平方米，占 14.24%；15000 元/平方米以上的套均面积为 150.21 平方米，占 38.97%。从区域结构看，罗湖区均价 16760.10 元/平方米；福田区 20994.53 元/平方米；南山区 31485.82 元/平方米；盐田区 15798.90 元/平方米；宝安区 15638.85 元/平方米；龙岗区 11061.08 元/平方米。

表 6-32　　深圳市 2010 年商品住宅现楼价位结构

单位：%

价位（元/ 平方米）	全　市	罗湖区	福田区	南山区	盐田区	宝安区	龙岗区
4000 以下	13.38	23.18	42.71	19.37	2.80	6.10	5.97
4000～6000	3.91	19.74	3.55	5.75	0.00	1.24	3.95
6000～8000	17.24	0.94	0.67	0.38	0.11	32.93	32.04
8000～10000	12.26	1.73	2.78	0.37	7.58	14.10	28.67
10000～15000	14.24	5.57	2.63	3.06	59.73	18.08	13.20
15000 元以上	38.97	48.85	47.67	71.08	29.78	27.55	16.18
合　计	100.00	100.00	100.00	100.00	100.00	100.00	100.00

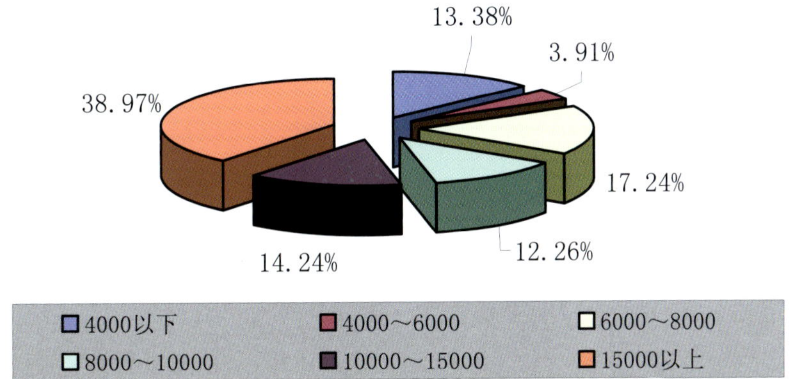

图 6-25　深圳市 2010 年商品住宅现楼价位结构示意

表 6-33　　深圳市 2010 年各区商品住宅现楼交易均价

单位：元/平方米

月份	罗湖区	福田区	南山区	盐田区	宝安区	龙岗区
1	20856.37	3897.50	16300.67	15914.40	22471.96	8147.15
2	18900.21	6269.59	18375.13	15299.98	20859.71	8527.79
3	18931.33	7927.03	23180.41	14916.07	19563.83	9121.52
4	19084.19	7735.99	21907.67	15033.55	17289.89	9272.82
5	19233.59	9634.43	20373.74	14873.00	18461.58	9350.58
6	19409.18	12347.50	21772.25	15395.14	17523.95	9392.97
7	19604.82	12188.69	22163.71	15024.42	16572.97	9835.95
8	18045.31	12280.27	23682.79	15173.92	16582.54	10135.75
9	18114.41	15596.49	25678.36	15003.63	16519.93	10056.25
10	17922.87	17227.57	26502.07	15127.26	15507.80	10707.12
11	17770.22	18171.98	27614.51	15438.20	15636.96	10968.06
12	16759.98	20994.46	31485.87	15798.98	15638.85	11061.10

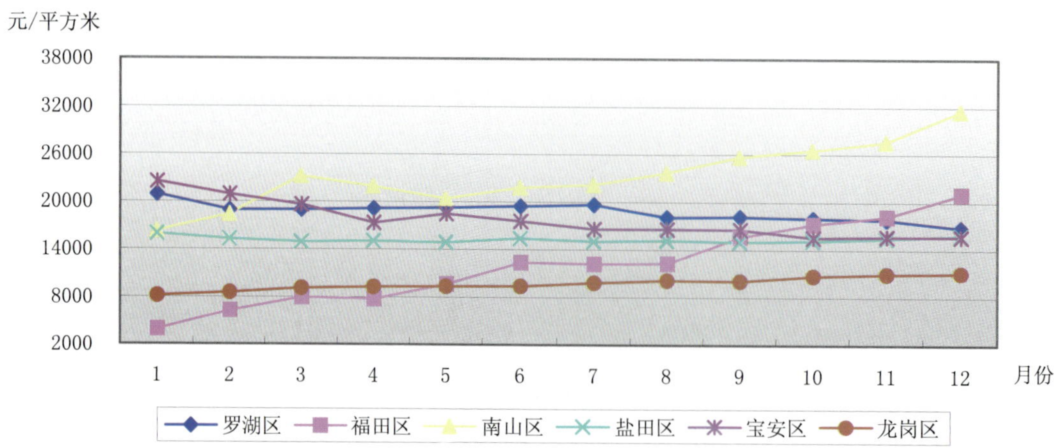

图 6-26　深圳市 2010 年各区商品住宅现楼交易均价走势示意

表 6-34　深圳市 2009～2010 年各区商品住宅现楼交易均价

单位：元/平方米

区域 年份	全　市	罗湖区	福田区	南山区	盐田区	宝安区	龙岗区
2009	14315.29	17676.25	11938.96	18538.87	20757.03	16024.26	7907.31
2010	19243.06	16760.10	20994.53	31485.82	15798.90	15638.85	11061.08

表 6-35　　深圳市历年商品住宅二级市场现楼交易均价

单位：元/平方米

年份＼月份	1	2	3	4	5	6	7	8	9	10	11	12
2004	6076.95	5939.06	5780.40	5827.59	5788.30	5843.72	5841.06	5867.65	5918.63	5915.99	5946.10	5997.52
2005	6184.40	6354.15	6415.99	6443.18	6527.51	6547.90	6558.48	6585.33	6639.64	6716.84	6958.43	7040.10
2006	7949.54	8032.86	8126.14	8075.54	8421.07	8638.46	8744.26	8911.35	8952.97	8992.94	9081.24	9230.35
2007	10871.73	11039.67	11377.87	11339.73	11905.88	12293.15	12564.15	12803.17	13069.93	13211.62	13281.03	13369.62
2008	15080.25	15321.35	14699.39	13628.66	12815.94	12789.26	13276.58	13428.99	13289.13	13216.88	13254.92	12794.20
2009	12301.37	13346.81	13121.84	13069.25	12826.54	13155.57	13337.52	13792.32	13983.16	13977.83	14007.14	14284.25
2010	13054.52	14018.55	15543.11	15730.43	15905.65	16398.65	16381.53	16920.46	17750.62	17908.99	18083.10	19243.08

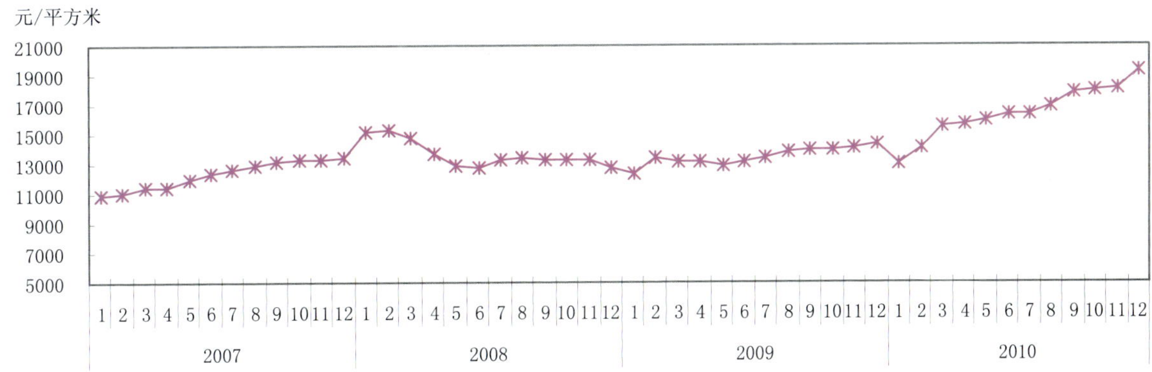

图 6-27　深圳市历年商品住宅二级市场现楼交易均价走势示意

表 6-36　　深圳市 2009～2010 年各区办公楼现楼交易均价

单位：元/平方米

年份＼区域	全　市	罗湖区	福田区	南山区	盐田区	宝安区	龙岗区
2009	21256.21	905.50	23576.51	20267.91	—	18563.54	—
2010	15112.29	3107.97	23627.77	17699.03	—	19983.26	—

表 6-37　　深圳市 2009～2010 年各区商业用房现楼交易均价

单位：元/平方米

年份＼区域	全　市	罗湖区	福田区	南山区	盐田区	宝安区	龙岗区
2009	12413.04	14495.20	24791.43	13991.30	20834.05	9571.36	9927.42
2010	12010.54	28168.67	30365.89	13454.24	23139.00	9677.91	8548.85

三、价格指数

系统升级说明：深房地指数系统经过几年的运行，起到了一定的反映房地产市场形势、辅助宏观调控的效果。从 2007 年 1 月起，深房地指数与深圳房地产综合指数系统的价格指数部分一致，每季度或每年结束后 15 天内发布。由于数据库的不断完善，现进行全面的系统升级，自 2009 年开始，对 2001 年至今的全部数据进行了梳理，优化了计算方法。除了二手住宅价格指数外，此次指数均为重新计算所得。其中，新建住宅价格指数、商业及办公价格指数均根据特征根价格法进行价格修正后计算，但不同物业类型，其价格影响因素均有所不同；考虑到不同类型的物业价格存在较大差异及不同质现象，不再进行综合价格指数的计算。

价格指数计算说明：价格指数计算采用了特征根价格法，新建住宅价格指数选用的标准住房为：罗湖区 10 楼（多层为 4 楼）100 平方米的三房，即将所有交易数据均修正到标准住房的水平再进行计算和比较，以期获得剔除了地段、面积、楼层和户型等影响的价格，获得单纯由市场变化而引起的价格波动。商业价格指数选用的标准物业为：位于四类商圈一层的裙楼商铺；办公价格指数选用的标准物业为：位于三类办公区域临近地铁 15 楼的办公楼，另外，由于办公楼交易主要集中于福田和南山，区域办公楼价格指数计算只计算该两区。

编制对象：深圳市新建住宅、二手住宅、新建办公楼和新建商业用房。

样点来源：新建住宅价格指数、新建办公价格指数、新建商业价格指数数据来源为备案登记系统；二手住宅价格指数来源为房地产权登记系统。

样点信息：每个样本点共采集物业类型、建筑时间、成交时间、楼层总数、样点所在楼层、建筑面积、户型、所在位置、X 坐标和 Y 坐标等 10 个指标信息。

指数基期：以 2001 年第一季度为基期，基期指数均设定为 100 点，基期新建住宅标准价格为 6250 元/平方米，基期二手住宅标准价格为 3871 元/平方米，基期商业标准价格为 12540 元/平方米，基期办公楼标准价格为 8922 元/平方米。

发布内容：深圳市各行政区及全市的新建住宅价格指数、二手住宅价格指数、新建商业价格指数及新建办公楼价格指数。

表 6-38　深圳市历年二级市场房价指数

年度	季度	住　宅	办　公	商 业
2001	Q1	100.0	100.0	100.0
	Q2	100.3	98.4	100.0
	Q3	100.1	96.8	110.8
	Q4	100.6	95.1	115.3
2002	Q1	101.2	93.5	126.9
	Q2	104.2	91.9	136.9
	Q3	103.6	90.3	133.3
	Q4	101.5	89.1	128.3
2003	Q1	109.0	85.4	125.0
	Q2	111.7	90.7	128.0
	Q3	112.4	96.1	130.5
	Q4	116.1	101.1	133.9
2004	Q1	116.4	103.8	138.1
	Q2	119.1	107.2	139.4
	Q3	120.4	105.9	137.1
	Q4	123.7	103.0	136.7

（接下表）

（续上表）

年度	季度	住 宅	办 公	商 业
2005	Q1	120.6	97.4	149.7
	Q2	123.8	94.3	158.1
	Q3	131.5	91.1	174.3
	Q4	137.7	94.7	184.7
2006	Q1	132.0	101.6	196.6
	Q2	149.7	113.7	206.4
	Q3	159.6	117.7	215.7
	Q4	170.1	121.7	221.5
2007	Q1	188.3	127.6	224.4
	Q2	216.9	144.5	234.8
	Q3	256.6	175.9	259.6
	Q4	267.2	202.6	256.0
2008	Q1	278.4	236.6	233.7
	Q2	268.7	244.0	213.4
	Q3	258.9	251.7	225.1
	Q4	236.2	228.8	229.3
2009	Q1	239.9	227.4	214.7
	Q2	246.7	226.0	200.2
	Q3	260.8	239.4	217.2
	Q4	288.1	269.4	234.6
2010	Q1	317.3	285.6	242.8
	Q2	300.3	309.8	256.1
	Q3	329.1	294.0	234.9
	Q4	342.7	298.4	253.4
注：由于新建办公楼数据从 2002 年开始，2002 年以前数据为指数平滑处理所得。				

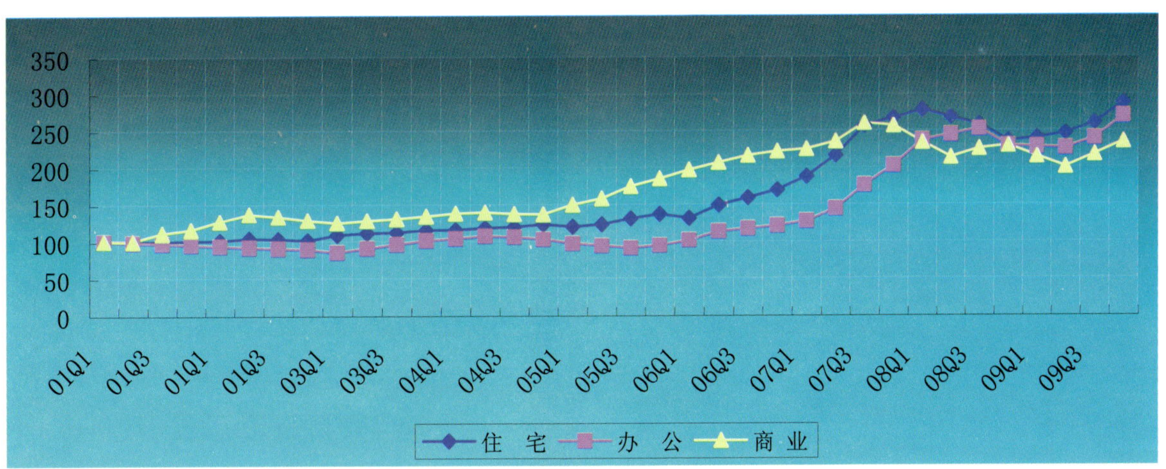

图 6-28 深圳市二级市场房价指数示意

表 6-39 深圳市历年住宅二级市场价格指数

年度	季度	罗湖区	福田区	南山区	盐田区	宝安区	龙岗区
2001	Q1	91.8	99.6	101.0	60.3	53.8	69.7
	Q2	91.8	99.6	101.0	60.3	53.8	63.1
	Q3	93.8	99.6	91.7	60.3	54.7	62.6
	Q4	98.0	114.2	93.7	75.7	55.5	61.2
2002	Q1	103.0	114.8	81.4	94.1	58.7	60.1
	Q2	105.0	112.3	85.9	89.1	66.0	62.5
	Q3	106.8	110.1	86.3	81.4	61.6	64.0
	Q4	107.1	109.0	83.9	83.9	60.9	62.4
2003	Q1	108.3	104.6	80.9	79.5	60.8	63.3
	Q2	110.9	112.2	83.2	91.6	60.0	63.3
	Q3	114.2	111.9	83.6	87.3	58.9	61.7
	Q4	121.6	113.2	84.3	95.1	62.0	64.2
2004	Q1	120.2	109.5	82.5	108.3	61.3	65.3
	Q2	122.0	121.3	84.7	118.9	62.1	63.9
	Q3	121.0	115.9	86.7	130.5	63.8	66.4
	Q4	121.4	108.7	94.2	140.3	68.5	71.5
2005	Q1	133.0	117.4	95.8	138.4	74.9	74.3
	Q2	127.1	121.9	104.4	110.3	76.6	75.3
	Q3	124.7	119.8	146.9	97.4	82.2	79.2
	Q4	129.9	154.2	131.1	94.2	81.9	86.2
2006	Q1	136.9	164.7	129.1	90.3	89.1	82.8
	Q2	136.3	183.3	169	95.3	98.2	92.8
	Q3	150.8	190	158.3	139.4	110.8	100.6
	Q4	161.8	222.5	151.2	179.6	123.6	105.4
2007	Q1	160.7	212.1	149.6	145.9	117.9	106.3
	Q2	224.8	239.4	191.9	155.5	148.2	130.0
	Q3	253.7	287.1	271.6	244	170.2	159.9
	Q4	285.6	330.3	364.5	262.3	215.4	144.2
2008	Q1	295.4	333.5	257.1	233.5	169.2	145.8
	Q2	277.0	289.5	232.9	194.9	149.0	137.0
	Q3	287.1	287.9	239.5	206.1	136.2	125.2
	Q4	220.2	235.9	213.1	172.0	123.2	113.5
2009	Q1	223.7	257.2	211.9	180.9	130.1	107.4
	Q2	213.3	272.9	224.0	188.5	139.6	119.4
	Q3	242.1	329.4	254.6	206.7	161.2	121.8
	Q4	257.4	333.1	286.3	214.1	180.6	145.0
2010	Q1	298.5	340.5	325.4	234.2	200.1	150.0
	Q2	293.4	359.2	284.9	249.0	196.5	155.6
	Q3	313.0	356.6	331.9	257.7	194.9	176.8
	Q4	345.3	402.8	357.5	261.6	175.0	197.2

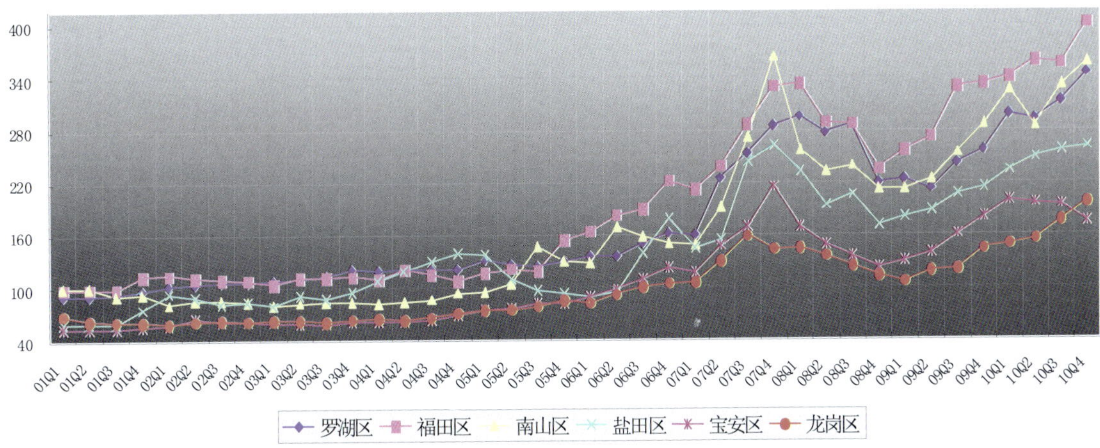

图 6-29 深圳市历年住宅二级市场价格指数示意

四、交易价格抽样

表 6-40　　深圳市 2010 年新推住宅楼盘一览

类型	区域	项目名称
多层住宅	宝安	观湖园、万科金域华府（南地块）、溪山美地园、中粮澜山花园
	龙岗	滨海阳光园、朝阳里雅苑、星河时代花园、御峰园、十二橡树庄园（一期）
	罗湖	文星阁
小高层住宅	宝安	桃源峰景园
	龙岗	滨海阳光园、第五园（六期）、东方沁园、深业紫麟山花园
高层住宅	宝安	财富港大厦、城市峰尚花园、城市阳光花园、凤凰花苑、高发西岸花园、花乡家园、华海雅苑、金地上塘道花园、金域豪庭、潜龙曼海宁花园(南区)、水榭春天花园、桃源峰景园、天健时尚空间名苑、万科金域华府（南地块）、玉湖湾花园、招商澜园、魅力时代花园
	福田	澳新亚大厦、哈尔滨大厦、龙轩豪庭、四季山水花园二期
	龙岗	滨海阳光园、朝阳里雅苑、城南雅筑、大芬油画苑、第五园（六期）、第五园（四期）、东方沁园、东方瑞景苑、凤冠华庭、公园大地花园、海轩广场、和谐家园、花语岸花园、嘉宏湾花园、景和园、慢城、千林山居、深业紫麟山花园、十二橡树庄园（一期）、首创八意府、万科金色半山花园、信义湛宝大厦、阳光天健城、御府名筑花园、阅山华府、泽洋园、振业城、振业峦山谷花园、正中时代广场、中海康城花园、中海康城花园（二期）、怡龙枫景园
	罗湖	凤凰印象花园、鸿隆世纪广场、兰亭国际公寓
	南山	岸芷汀兰花园、半山海景.兰溪谷（二期）、半山语林公寓、鼎胜山邻居、鼎太风华社区、丽湾商务公寓、铭筑荔苑、前海豪苑、侨城馨苑、蛇口花园城五期、四季丽晶公寓、太古城花园（北区）、田厦翡翠明珠花园、万豪御景苑、香山里花园（一期）、向南瑞峰花园
	盐田	东港印象家园(B 区)、山海阳光园（二期）
别墅	宝安	观湖园、莱蒙水榭山花园、观澜湖比佩亚大宅一期、招商华侨城曦城
	南山	半山海景·兰溪谷（二期）
	盐田	东部华侨城天麓八区、天涛轩

表 6-41　深圳市 2010 年公开发售商品住宅项目一览（含新推介楼盘）

类别	区域	项目名称（含新推介的楼盘）
多层住宅	罗湖区	文星阁
	盐田区	金山碧海花园
	宝安区	观澜湖比佩亚大宅二期、桂景园、龙泽榕园、中粮澜山花园
	龙岗区	滨海阳光园、朝阳里雅苑、千林山居、十二橡树庄园（一期）、星河时代花园、洋畴湾花园、御峰园、振业城
小高层住宅	罗湖区	雅翠轩
	南山区	百丽湾花园、首地容御花园
	盐田区	金山碧海花园、万科东海岸社区（二区）
	宝安区	桃源峰景园、熙龙湾花园（N10 区）
	龙岗区	城市立方花园、第五园（六期）、东方沁园、公园大地花园、深业紫麟山花园
高层住宅	罗湖区	安业馨园、东方颐园、凤凰印象花园、航天晴山月名园、湖溪大厦、华商时代公寓、金翠园、兰亭国际公寓、幸福里雅居
	福田区	澳新亚大厦、东方新天地广场、哈尔滨大厦、皇御苑、绿景广场、盛唐商务大厦、四季山水花园、四季山水花园二期、御河堤花园
	南山区	岸芷汀兰花园、半岛城邦花园(二期)、半山海景·兰溪谷（二期）、半山语林公寓、纯水岸（七期）、德意名居(二期)、德意名居（一期）、鼎胜山邻居、鼎太风华社区、恒立心海湾花园、鸿威海怡湾畔花园、君汇新天花园、浪琴半岛花园、雷圳碧榕湾海景花园、丽湾商务公寓、铭筑荔苑、前海豪苑、侨城馨苑、三湘海尚花园二期、三湘海尚花园一期、蛇口花园城五期、十五峯花园、首地容御花园、四海公寓、四季丽晶公寓、太古城花园(北区一期)、太古城花园(南区)、太古城花园（北区）、田厦翡翠明珠花园、万豪御景苑、香山里花园（一期）、向南瑞峰花园、颐安阅海台、园景园名苑、中海阳光玫瑰园、曦湾华府、东港印象家园(B 区)
	盐田区	金山碧海花园、绿色盐港家园、山海阳光园（二期）
	宝安区	宝田雅苑、碧海富通城、财富港大厦、城市峰尚花园、凤凰花苑、福侨花园、高发西岸花园、宏发美域花园、花乡家园、花样年花郡家园、华海雅苑、金地梅陇镇花园、金地上塘道花园、金域豪庭、锦明花园、龙岸花园、畔山御景花园、潜龙曼海宁花园(南区)、深物业新华城美花园、圣莫丽斯花园、书香门第上河坊广场、水榭春天花园、桃源峰景园、天健时尚空间名苑、湾上六座花园、万骏汇商务公寓、万科金域华府（南地块）、熙龙湾花园（N10 区）、溪山美地园、兴达华府、玉湖湾花园、招商澜园、中海西岸华府、中海西岸华府（南区）
	龙岗区	东方沁园、东方瑞景苑、公园大地花园、海轩广场、海语山林花园、和谐家园、花语岸花园、华业玫瑰郡、嘉宏湾花园、家和盛世花园、景和园、君悦龙庭、龙翔花园、摩尔城、千林山居、瑞华园、润筑园、森雅谷、上品雅园、深业东城上邸、深业紫麟山花园、盛龙花园、十二橡树庄园（一期）、首创八意府、万科金色半山花园、信义湛宝大厦、阳光天健城、依山郡花园、御府名筑花园、阅山华府、泽洋园、振业城、振业峦山谷花园、中海康城花园、中航鼎尚华庭、茗萃园二期、茗萃园三期、怡龙枫景园
别墅	盐田区	东部华侨城天麓八区、东部华侨城天麓九区、东部华侨城天麓六区、天涛轩、万科东海岸社区(二区)
	宝安区	观湖园、观澜湖比佩亚大宅一期、桂景园、黄金大厦、莱蒙水榭山花园、龙岸花园、畔山御景花园、招商华侨城曦城
	龙岗区	嘉宏湾花园、凯旋湾花园(一期)、龙兴商业广场、水晶之城、洋畴湾花园

表 6-42　深圳市 2010 年住宅二级市场销售价格抽样

单位：元/平方米

房屋类型	物业名称	位置	挂牌月份	最高价	最低价	平均价
罗湖区						
小高层住宅	文星阁	罗湖区春风路文星小区(向西路以北)	3	17240	9500	12829
	雅翠轩	罗湖区莲塘一号路西侧	1	9100	3000	6042
高层住宅	安业馨园	罗湖区延芳路	1	25544	9000	13062
	东方颐园	中兴路北侧	1	25581	17648	21948
	凤凰印象花园	罗湖区凤凰路与清平路南侧	11	29525	19197	24385
	航天晴山月名园	罗湖区罗沙路北、莲塘长岭沟	3	25850	17068	22763
	湖溪大厦	罗湖区湖贝路西段	4	13431	13357	13395
	华商时代公寓	罗湖区笋岗北路	1	11937	10260	11030
	金翠园	罗湖区田贝二路	1	33236	18224	25187
	兰亭国际公寓	罗湖区罗沙路与延芳路交会处东南角	4	34355	9998	22459
	幸福里雅居	罗湖区宝安南路以西	1	42448	24984	37190
福田区						
高层住宅	澳新亚大厦	深圳市福田区彩田路	10	36464	28706	32511
	东方新天地广场	深南路与彩田路交会处	1	51943	32458	39591
	哈尔滨大厦	北环大道南	1	28857	16067	22497
	皇御苑	皇岗路与滨河路交界东南	1	39161	18461	25399
	绿景广场	深南大道与香蜜湖路交界东南侧	1	34451	11500	16400
	盛唐商务大厦	福田区车公庙泰然九路	3	17984	16992	17498
	四季山水花园	福田区龙尾路	1	29100	20951	26743
	四季山水花园二期	福田区龙尾路东	11	42795	28428	34653
	御河堤花园	福田区红岭南路	1	34699	22853	28330
南山区						
高层住宅	岸芷汀兰花园	南山区科技大道东高新南环路南	12	45036	32383	37379
	半岛城邦花园(二期)	南山区蛇口东角头金世纪路	1	36610	18677	28839
	半山海景•兰溪谷(二期)	工业大道与工业四路交界西南	9	48952	28426	35492
	半山语林公寓	西丽珠光村	11	20425	12841	15987
	纯水岸（七期）	华侨城香山中街西侧	2	88683	59459	73546
	德意名居(二期)	西丽动物园路	3	16625	16625	16625
	德意名居（一期）	南山区动物园路	1	21000	8000	14561
	鼎胜山邻居	南山区龙珠大道北	12	19595	19137	19376
	鼎太风华社区	前海路西、桂庙路南	9	34377	26800	28431
	恒立心海湾花园	南山区港湾大道南	1	27987	9644	18780
	鸿威海怡湾畔花园	蛇口东填海区	1	126331	23896	41699
	君汇新天花园	南山区后海滨路	1	46088	29819	36098
	浪琴半岛花园	南山区滨海大道与科苑路交会处东北角	2	80000	11227	54465
	丽湾商务公寓	前海路与兴海大道交会处	4	21570	6000	15071
	铭筑荔苑	东滨路以南、前海路以东	12	28988	20490	24361

（接下表）

（续上表）

房屋类型	物业名称	位置	挂牌月份	最高价	最低价	平均价
高层住宅	前海豪苑	南山区学府路与前海路交汇处	5	33850	19120	25012
	侨城馨苑	南山区香山西街与沙河东路交汇处	5	34035	14774	21872
	三湘海尚花园二期	南山区东滨路	1	107744	29899	64989
	三湘海尚花园一期	南山区东滨路	1	99693	24809	43793
	蛇口花园城五期	工业八路	1	32392	22513	26200
	十五峯花园	龙珠六路	1	45788	21499	29207
	首地容御花园	南山区华侨城北缘路北	1	42766	20391	30257
	四海公寓	南山区蛇口湾厦村北侧	2	21507	10770	14524
	四季丽晶公寓	南新路	10	28385	20452	23919
	太古城花园(北区一期)	南山区后海滨路	1	44185	27117	34072
	太古城花园(南区)	南山区蛇口东填海区工业八路南	1	32463	13000	24154
	太古城花园（北区）	南山区蛇口东填区工业八路	9	43291	29577	36609
	田厦翡翠明珠花园	南山大道与桃园路交会处	9	38212	22878	26537
	万豪御景苑	兴海大道	11	28350	14450	21935
	香山里花园（一期）	侨香路南侧	9	50990	27150	35794
	向南瑞峰花园	桂庙路北、南光路西	12	27446	18249	22539
	颐安阅海台	南山区工业八路（蛇口东填海区）	3	44015	44015	44015
	园景园名苑	南山区爱榕路	1	12164	12164	12164
	中海阳光玫瑰园	南山区月亮湾大道	1	28032	16540	20786
	曦湾华府	南山区蛇口工业八路	1	62549	45718	51618
盐田区						
多层住宅	东部华侨城天麓八区	盐田区三洲田片区	1	153635	90288	128404
	东部华侨城天麓九区	盐田区	1	88770	85696	87250
	东部华侨城天麓六区	盐田区大梅沙片区盐坝高速公路以北	1	86129	79065	81849
	天涛轩	盐田区大梅沙	1	100000	50142	62290
	万科东海岸社区(二区)	盐田区大梅沙高速公路北侧	1	18007	18007	18007
小高层住宅	金山碧海花园	盐田港后方陆域西片区	1	19499	10813	14861
	万科东海岸社区（二区）	盐田区大梅沙高速公路北侧	1	45283	38355	41778
高层住宅	东港印象家园(B区)	盐田区东海道	9	17073	12014	14378
	金山碧海花园	盐田港后方陆域西片区	1	25271	12205	16225
	绿色盐港家园	盐田区明珠大道	1	14381	9602	11840
	山海阳光园（二期）	盐田区沙头角园林路北侧	10	19470	14500	17340
别墅	东部华侨城天麓八区	盐田区三洲田片区	1	153635	90288	128404
	东部华侨城天麓九区	盐田区	1	88770	85696	87250
	东部华侨城天麓六区	盐田区大梅沙片区盐坝高速公路以北	1	86129	79065	81849
	天涛轩	盐田区大梅沙	1	100000	50142	62290
宝安区						
多层住宅	桂景园	松岗街道松岗大道	1	19484	15192	17894
	黄金大厦	宝安区新安街道宝民路东侧	1	7116	3374	4112
	莱蒙水榭山花园	宝安区龙华街道梅龙南路西侧	1	80395	47885	63784
	龙岸花园	民治街道五和南路西侧	1	62795	57674	59528
	畔山御景花园	松岗街道松安路东北侧	1	14884	14222	14558

（接下表）

（续上表）

房屋类型	物业名称	位置	挂牌月份	最高价	最低价	平均价
小高层住宅	龙泽榕园	龙华街道建设路	4	11000	8500	8833
	桃源峰景园	宝安区西乡街道前进二路东侧	10	21498	16420	18475
	熙龙湾花园（N10 区）	深圳市宝安中心区 N10 区	1	66363	6000	37655
	中粮澜山花园	西乡街道西乡大道北侧	1	18894	14703	16589
高层住宅	宝田雅苑	深圳市宝安区西乡街道铁仔路	1	14568	10014	12175
	碧海富通城	西乡街道西乡大道	3	13635	10488	12195
	财富港大厦	宝安区西乡街道宝源路	1	20640	11735	17297
	城市峰尚花园	宝安区西乡街道西乡大道北侧	11	14727	10100	12114
	凤凰花苑	宝安区福永街道白石厦	11	9799	6462	8105
	福侨花园	福永街道宝安大道东侧	1	11318	8949	9965
	高发西岸花园	新安街道创业路与裕安西路交会处	5	29900	10613	21774
	宏发美域花园	公明街道华发路东北侧	1	13471	11947	12614
	花乡家园	宝安中心区宝安大道西南侧	6	25059	15267	19523
	花样年花郡家园	宝安中心区宝安大道西南侧	1	16021	12268	13559
	华海雅苑	宝安区西乡街道宝源路西南侧	10	19959	15376	17501
	金地上塘道花园	民治街道布龙公路	1	27909	12670	17425
	金域豪庭	福永街道新城大道东侧	4	13506	7689	9991
	锦明花园	西乡街道银田	1	12975	5000	10139
	龙岸花园	民治街道五和南路西侧	1	25568	13602	20916
	畔山御景花园	松岗街道松安路东北侧	1	11656	6263	7701
	潜龙曼海宁花园(南区)	宝安区大浪街道新区大道东侧	5	24842	18581	20787
	深物业新华城美花园	龙华街道梅龙路西侧	4	17791	11519	15601
	圣莫丽斯花园	宝安区龙华街道玉龙路西侧	1	35823	10000	27411
	书香门第上河坊广场	民治街道梅观高速公路西侧	1	22581	8391	18294
	水榭春天花园	宝安区民治街道人民南路	1	39641	14195	19565
	桃源峰景园	宝安区西乡街道前进二路东侧	10	19649	12439	14305
	天健时尚空间名苑	宝安区新安街道兴华西路	5	31287	15167	22935
	万骏汇商务公寓	西乡街道广深高速公路西侧	1	13500	8695	11012
	万科金域华府（南地块）	民治街道新区大道东侧	1	42735	21747	27004
	熙龙湾花园（N10 区）	深圳市宝安中心区 N10 区	1	45097	6000	30465
	溪山美地园	龙华街道梅观高速公路东侧	1	16680	7693	11746
	玉湖湾花园	宝安区西乡街道银田路	9	20256	10082	14117
	招商澜园	观澜街道大和路西侧	1	16782	9383	11234
	中海西岸华府	宝安区松岗街道沙江路	1	7942	5266	6808
	中海西岸华府（南区）	宝安区松岗街道沙江路	1	7704	5915	6885
别墅	观湖园	观澜街道四黎路	1	41716	19652	32376
	观澜湖比佩亚大宅一期	宝安区观澜街道高尔夫大道	1	44830	29190	36699
	桂景园	松岗街道松岗大道	1	19484	15192	17894
	莱蒙水榭山花园	宝安区龙华街道梅龙南路西侧	1	80395	47885	63784
	龙岸花园	民治街道五和南路西侧	1	62795	57674	59528
	畔山御景花园	松岗街道松安路东北侧	1	14884	14222	14558
	招商华侨城曦城	宝安区新安街道广深高速公路东侧	1	103379	40547	72898

（接下表）

（续上表）

房屋类型	物业名称	位置	挂牌月份	最高价	最低价	平均价
龙岗区						
多层住宅	嘉宏湾花园	坪山办事处六和社区	1	32383	30693	31340
	凯旋湾花园(一期)	龙岗区南澳盘仔径	1	101017	42562	63060
	龙兴商业广场	龙岗中心城	1	3000	3000	3000
	水晶之城	横岗镇	1	8230	5258	6558
	洋畴湾花园	南澳街道	1	153175	22576	60455
小高层住宅	城市立方花园	龙岗区龙城街道	1	19600	9803	14018
	第五园（六期）	龙岗区坂田街道	8	29870	20478	25241
	东方沁园	中心城	5	16676	12566	13687
	公园大地花园	龙岗区中心城 29 区	1	29595	14380	24556
	深业紫麟山花园	龙岗区龙城街道	10	18106	14000	15348
高层住宅	奥林华府（二期）	中心城黄阁中路	1	19438	6500	14282
	朝阳里雅苑	深圳市龙岗区龙城街道	10	16975	11232	13804
	城南雅筑	龙岗街道	1	10724	7134	8186
	城市立方花园	龙岗区龙城街道	1	16359	9257	13112
	大芬油画苑	布吉街道	5	7350	4969	5412
	大山地花园	龙岗区横岗街道	3	32514	7316	22614
	第五园(五期)	龙岗区坂田街道	3	23142	18492	21080
	第五园（六期）	龙岗区坂田街道	8	37507	17424	22698
	第五园（四期）	龙岗区坂田街道雅园路	3	29358	18286	20788
	东方沁园	中心城	5	17912	11076	13933
	东方瑞景苑	龙岗区龙岗街道	10	13673	8486	10101
	公园大地花园	龙岗区中心城 29 区	1	31902	10589	16691
	海轩广场	龙岗区布吉街道	12	21961	14417	19095
	海语山林花园	葵涌街道	1	11203	7246	8612
	和谐家园	龙岗区布吉街道	12	27778	16567	21107
	花语岸花园	龙岗区布吉街道	1	15505	3020	12809
	华业玫瑰郡	龙城街道回龙埔社区	1	9415	7448	8581
	嘉宏湾花园	坪山办事六和社区	9	15906	8771	9967
	家和盛世花园	龙岗区龙城街道	1	22236	10000	14478
	景和园	布吉街道	1	26389	12684	20378
	君悦龙庭	龙岗区中心城	1	21492	9153	12333
	龙翔花园	中心城	1	7372	6100	6986
	摩尔城	龙岗街道	1	18058	10497	14601
	千林山居	龙岗区龙城街道	3	20897	7776	14172
	润筑园	龙岗区横岗街道	1	10423	4889	9133
	森雅谷	横岗街道	3	9791	4800	8058
	上品雅园	坂田街道	1	18121	9000	13974
	深业东城上邸	龙岗区坪山街道	1	9823	6670	7978
	深业紫麟山花园	龙岗区龙城街道	1	16639	8097	11603
	盛龙花园	龙城街道	1	13345	6921	9923
	十二橡树庄园（一期）	坂田街道	5	22320	14131	17337
	首创八意府	龙岗区龙城街道	11	16438	10058	11845
	万科金色半山花园	龙岗区坂田街道	10	37056	14541	19153
	信义湛宝大厦	龙岗区横岗街道	11	21982	12065	14974

（接下表）

（续上表）

房屋类型	物业名称	位置	挂牌月份	最高价	最低价	平均价
	阳光天健城	龙岗中心城黄阁路	1	16460	9811	11954
	依山郡花园	龙城街道	1	12346	10689	11519
	御府名筑花园	深圳市龙岗区龙城街道	10	16971	12444	14777
	阅山华府	龙岗	1	13606	7898	10690
	泽洋园	龙岗区龙岗街道	9	11790	8906	9948
	振业城	龙岗区横岗街道	1	17326	9242	11827
	振业峦山谷花园	龙岗区宝荷路	1	10155	6395	8257
	中海康城花园	龙岗区中心城黄阁坑北通道和如意路交会处	1	14400	8893	11097
	中航鼎尚华庭	龙岗区坪地街道	1	6311	5713	6006
	茗萃园二期	龙岗区平湖街道	1	10512	6407	8010
	茗萃园三期	平湖街道	1	17346	7074	9021
	怡龙枫景园	龙岗区龙岗街道	9	14164	8687	11262
别墅	嘉宏湾花园	坪山办事处六和社区	1	32383	30693	31340
	凯旋湾花园(一期)	龙岗区南澳盘仔径	1	101017	42562	63060
	洋畴湾花园	南澳街道	1	153175	22576	60455

表 6-43 深圳市 2010 年公开发售办公楼项目一览(含新推介楼盘)

区域	项目名称（含新推介的楼盘）
福田区	东方新天地广场、绿景广场、时代科技大厦、耀华创建大厦、中央西谷大厦、卓越世纪中心
南山区	汉京大厦、田厦翡翠明珠花园、星海名城七期
宝安区	财富港大厦、万骏经贸大厦
龙岗区	珠江广场

表 6-44　深圳市 2010 年二级市场办公楼销售价格抽样

单位：元/平方米

区域	项目名称	位置	挂牌月份	最高价	最低价	均价
罗湖区	鸿隆世纪广场	深南中路与和平路交会处西北角	4	31161	16500	21205
福田区	东方新天地广场	深南路与彩田路交会处	11	72729	55820	61232
福田区	绿景广场	深南大道与香蜜湖路交界东南侧	1	39359	11500	23830
福田区	时代科技大厦	深南大道与农园路交界东北侧	2	20801	17499	19528
福田区	耀华创建大厦	深南大道	1	32108	17999	25659
福田区	中央西谷大厦	福田区滨河大道南沙嘴路以东	1	37024	22924	27533
福田区	卓越世纪中心	福田区福华三路与金田路交会处	3	54678	24015	43754
南山区	汉京大厦	登良路南侧	4	32973	23045	27544
南山区	田厦翡翠明珠花园	南山大道与桃园路交会处	9	29379	24508	27269
南山区	星海名城七期	前海路与深南大道交会处	12	33928	24756	28963
宝安区	财富港大厦	宝安区西乡街道宝源路	10	7600	7600	7600
宝安区	万骏经贸大厦	宝安区新安街道宝兴路西侧	1	34500	23839	28083
龙岗区	珠江广场	龙岗龙翔大道与建设路交汇处	1	18761	14210	16281

表 6-45　深圳市 2010 年公开发售商业用房项目一览（含新推介楼盘）

区域	项目名称
罗湖区	凤凰印象花园、鸿隆世纪广场
福田区	哈尔滨大厦
南山区	鼎胜山邻居、丽湾商务公寓、铭筑荔苑、前海豪苑、侨城馨苑、蛇口花园城五期、太古城花园（北区）、田厦翡翠明珠花园、万豪御景苑、香山里花园（一期）、向南瑞峰花园、星海名城七期
宝安区	财富港大厦、城市峰尚花园、城市阳光花园、凤凰花苑、高发西岸花园、花乡家园、华海雅苑、金地上塘道花园、金域豪庭、潜龙曼海宁花园(南区)、水榭春天花园、桃源峰景园、天健时尚空间名苑、万科金域华府（南地块）、玉湖湾花园、招商澜园、魅力时代花园
龙岗区	滨海阳光园、朝阳里雅苑、城南雅筑、大芬油画苑、东方沁园、东方瑞景苑、凤冠华庭、海轩广场、嘉宏湾花园、景和园、慢城、千林山居、深业紫麟山花园、首创八意府、万科金色半山花园、信义湛宝大厦、阳光天健城、御府名筑花园、阅山华府、泽洋园、振业城、振业峦山谷花园、正中时代广场、中海康城花园（二期）、怡龙枫景园

表 6-46 深圳市 2010 年二级市场商业用房销售价格抽样

单位：元/平方米

区域	项目名称	位置	挂牌月份	最高价	最低价	均价
罗湖区	东方颐园	中兴路北侧	1	111185	29805	69141
	凤凰印象花园	罗湖区凤凰路与清平路南侧	12	182398	46506	104424
	航天晴山月名园	罗湖区罗沙路北、莲塘长岭沟	5	28668	18262	24427
福田区	金翠园	罗湖区田贝二路	3	244581	40000	59234
	丰盛町地下阳光街	福田区车公庙	1	196850	110120	154194
	哈尔滨大厦	北环大道南	7	45270	45262	45269
	绿景广场	深南大道与香蜜湖路交界东南侧	6	13652	13652	13652
南山区	德意名居(二期)	西丽动物园路	2	25530	13298	20733
	德意名居（一期）	南山区动物园路	1	49648	8000	21991
	恒立心海湾花园	南山区港湾大道南	8	55924	21112	35925
	中海阳光玫瑰园	南山区月亮湾大道	6	51531	24080	34686
盐田区	八佰麓居	盐田区	3	24000	22998	23638
	皇庭玺园	盐田区大梅沙	12	86744	38641	66509
	山海阳光园（二期）	盐田区沙头角园林路北侧	12	39000	35000	36607
宝安区	宝田雅苑	深圳市宝安区西乡街道铁仔路	1	25500	10000	14472
	碧湾雅园	西乡街道新安路西侧	1	42000	42000	42000
	城市峰尚花园	宝安区西乡街道西乡大道北侧	11	51191	33393	37220
	翠景居	西乡街道宝民二路东侧	4	43455	25330	34182
	金地梅陇镇花园	宝安区龙华街道牛栏前村	3	46415	40838	43109
	畔山御景花园	松岗街道松安路东北侧	7	25500	8738	13791
	深物业新华城美花园	龙华街道梅龙路西侧	6	43436	14686	27694
	书香门第上河坊广场	民治街道梅观高速公路西侧	6	6600	4666	6581
	桃源峰景园	宝安区西乡街道前进二路东侧	10	17929	14207	15968
	万科金域华府（南地块）	民治街道新区大道东侧	6	97251	41918	52061
	万科金域华府一期	民治街道新区大道东侧	1	49067	42236	44829
	熙龙湾花园（N10 区）	深圳市宝安中心区 N10 区	9	15000	10000	10522
	中粮万福阁	宝安区西乡街道流塘路	2	9553	8807	9004

（接下表）

（续上表）

区域	项目名称	位置	挂牌月份	最高价	最低价	均价
龙岗区	城南雅筑	龙岗街道	4	11219	11205	11212
	大鹏曼湾广场	大鹏街道	1	22272	9800	15102
	第五园(五期)	龙岗区坂田街道	5	34865	23010	26749
	第五园（四期）	龙岗区坂田街道雅园路	5	33961	26262	30688
	东方沁园	龙岗中心城	10	44562	16319	34761
	东方瑞景苑	龙岗区龙岗街道	1	55000	28000	36347
	海语山林花园	葵涌街道	5	28116	18265	21241
	鸿润豪苑	龙岗区南湾街道	5	10600	9000	9792
	华业玫瑰郡	龙城街道回龙埔社区	3	18316	12401	14710
	嘉宏湾花园	坪山办事六和社区	9	60006	9641	23049
	君悦龙庭	龙岗区中心城	9	33184	17619	26099
	康达尔蝴蝶堡	布吉街道大芬	1	22821	22487	22676
	龙兴商业广场	龙岗中心城	7	7500	6500	7230
	千林山居	龙岗区龙城街道	1	19840	10742	18026
	润筑园	龙岗区横岗街道	11	37492	28213	31950
	森雅谷	横岗街道	3	32763	4470	10333
	上品雅园	坂田街道	6	41282	19757	25456
	深业东城上邸	坪山街道	1	15208	13633	14307
	深业紫麟山花园	龙岗区龙城街道	6	27966	13003	16921
	御府名筑花园	龙岗区龙城街道	12	33000	31600	32144
	振业城	龙岗区横岗街道	1	22441	18463	20573
	中海康城花园	龙岗区中心城黄阁坑北通道和如意路交会处	10	52292	23450	33173
	茗萃园二期	龙岗区平湖街道	1	28125	23494	25612
	茗萃园三期	平湖街道	6	28842	14659	19545

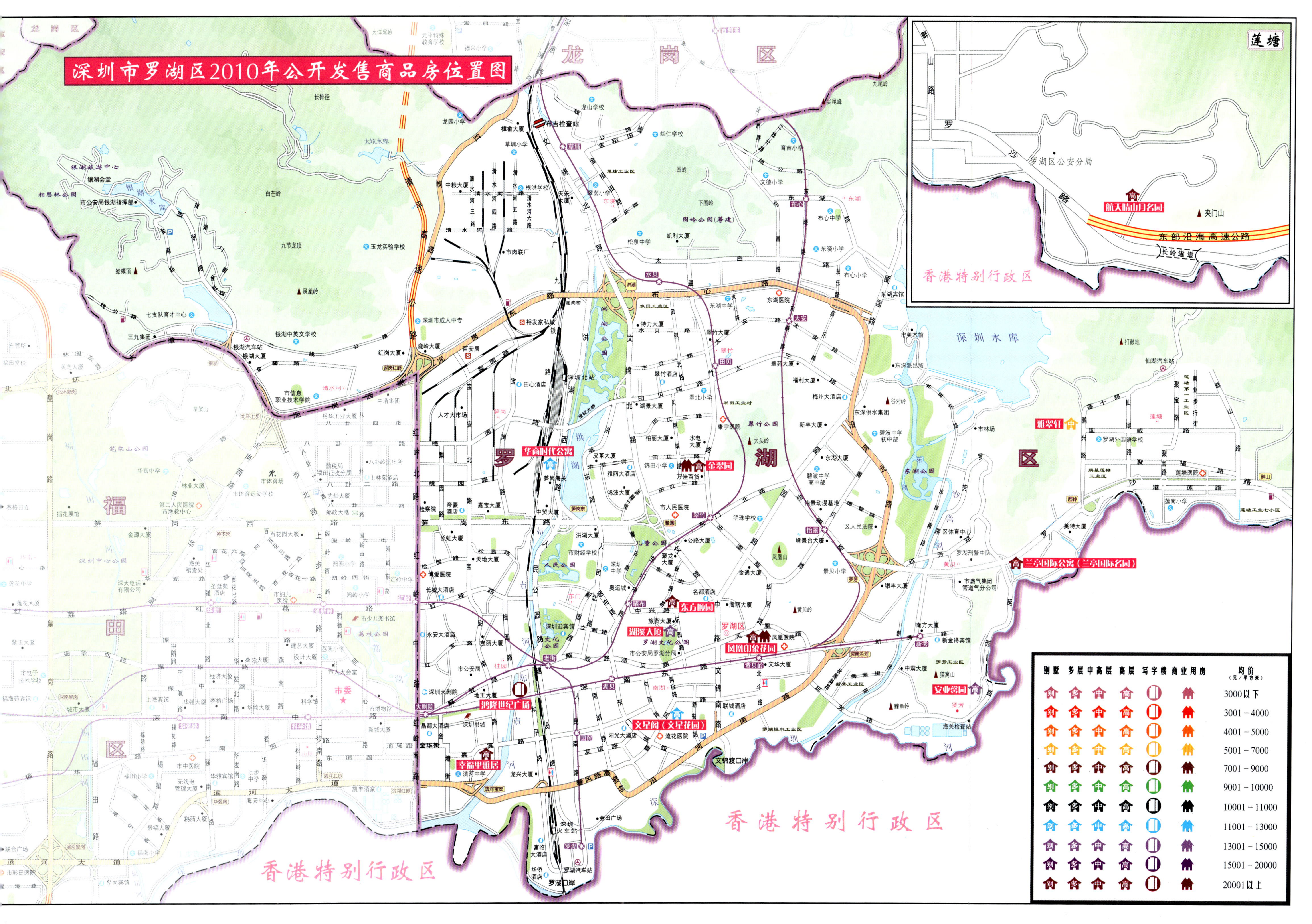

深圳市罗湖区2010年公开发售商品房位置图
龙岗区
罗湖区
福田区
香港特别行政区
深圳水库
莲塘
罗湖区公安分局
航天晴山月名园
夹门山
东部沿海高速公路
长岭隧道
雅翠轩
华商时代公寓
金翠园
三亭国际公寓（三亭国际名园）
东方颐园
湖溪大厦
凤凰印象花园
安业馨园
鸿隆世纪广场
文星阁（文星花园）
幸福里雅居
罗湖口岸
文锦渡口岸
深圳火车站
银湖旅游中心
洪湖公园
东湖公园
儿童公园
人民公园
罗湖文化公园
别墅
多层
中高层
高层
写字楼
商业用房
均价（元／平方米）
3000以下
3001－4000
4001－5000
5001－7000
7001－9000
9001－10000
10001－11000
11001－13000
13001－15000
15001－20000
20001以上

深圳市福田区2010年公开发售商品房位置图
四季山水花园二期（新世界四季山水）
四季山水花园
哈尔滨大厦（七街公馆）
时代科技大厦
绿景广场(NEO企业大道)
百丽湾花园
丰盛町地下阳光街
耀华创建大厦
深业泰然雪松大厦
盛唐商务大厦
中央西谷大厦
东方新天地广场
御河堤花园
澳新亚大厦（首座）
卓越世纪中心
皇御苑
梅林水库
福
田
区
南
山
区
罗
湖
区
市政府
市民中心
深圳湾
香港特别行政区
别墅 多层 中高层 高层 写字楼 商业用房
均价 (元/平方米)
3000以下
3001－4000
4001－5000
5001－7000
7001－9000
9001－10000

深圳市南山区2010年公开发售商品房位置图

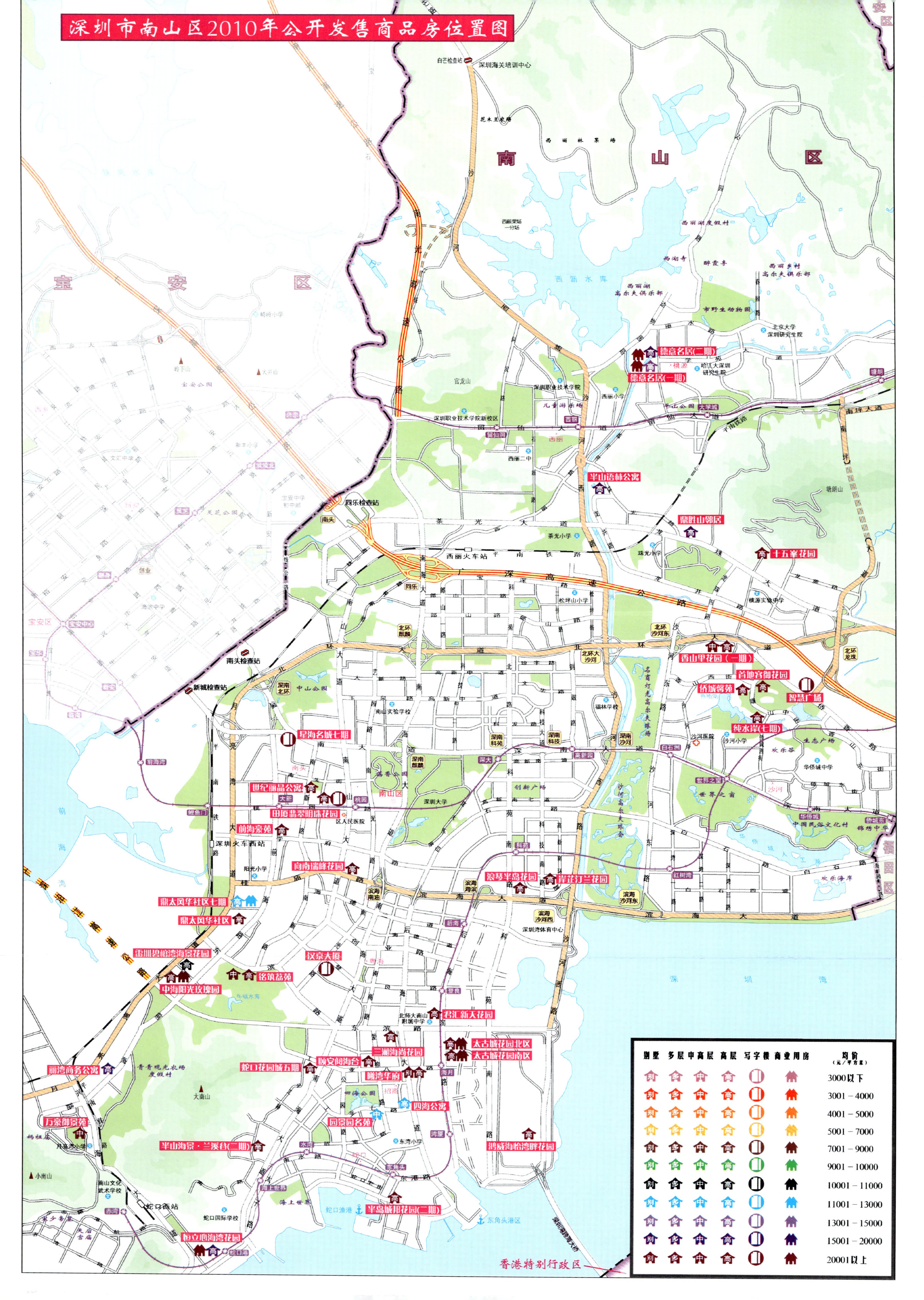

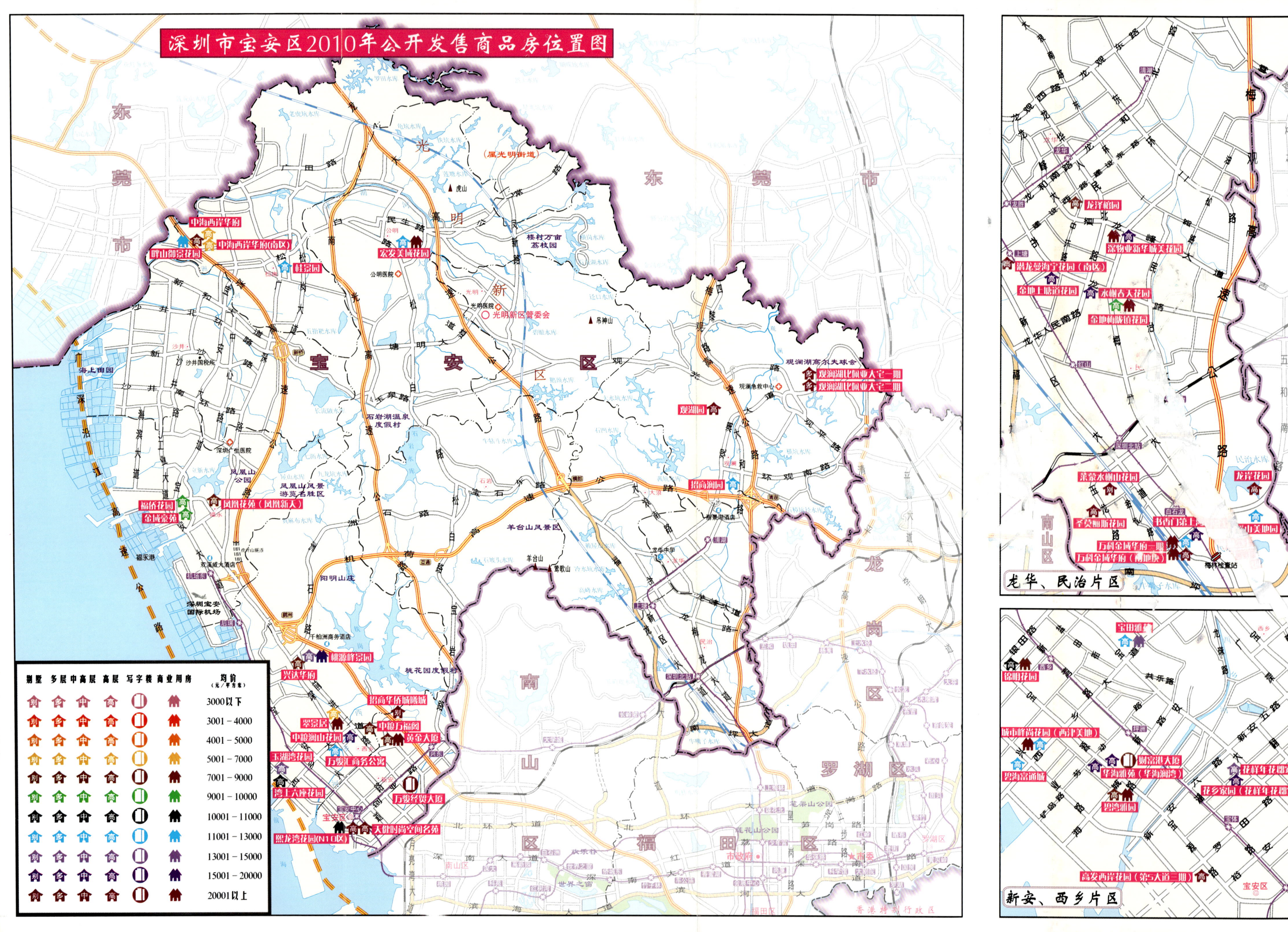

深圳市宝安区2010年公开发售商品房位置图
中海西岸华府
中海西岸华府(南区)
畔山御景花园
君景园
宏发美域花园
观澜湖比佩亚大宅一期
观澜湖比佩亚大宅二期
观湖园
招商澜园
福侨花园
金域豪苑
凤凰花苑（凤凰新人）
兴达华府
柳源峰景园
招商华侨城曦城
翠景居
中粮万福阁
中粮澜山花园
黄金大厦
玉湖湾花园
万骏汇商务公寓
湾上六座花园
万骏经贸大厦
天健时尚空间名苑
熙龙湾花园(N10区)
别墅
多层
中高层
高层
写字楼
商业用房
均价（元/平方米）
3000以下
3001－4000
4001－5000
5001－7000
7001－9000
9001－10000
10001－11000
11001－13000
13001－15000
15001－20000
20001以上
龙洋祖园
深物业新华城美花园
湖龙曼海宁花园（南区）
金地上塘道花园
水榭春天花园
金地梅陇镇花园
莱蒙水榭山花园
圣莫丽斯花园
书香门第上河坊
万科金域华府一期
万科金域华府（南地块）
龙岸花园
山美地园
龙华、民治片区
宝田雅筑
锦明花园
城市峰尚花园（西津美地）
碧海富通城
财富港大厦
华海雅苑（华海翔湾）
花样年花郡家园
花乡家园（花样年花郡家园）
碧湾雅园
高发西岸花园（第5大道三期）
新安、西乡片区
宝安区
东莞市
宝安区
光明新区管委会
南山区
福田区
罗湖区
龙岗区
深圳宝安国际机场

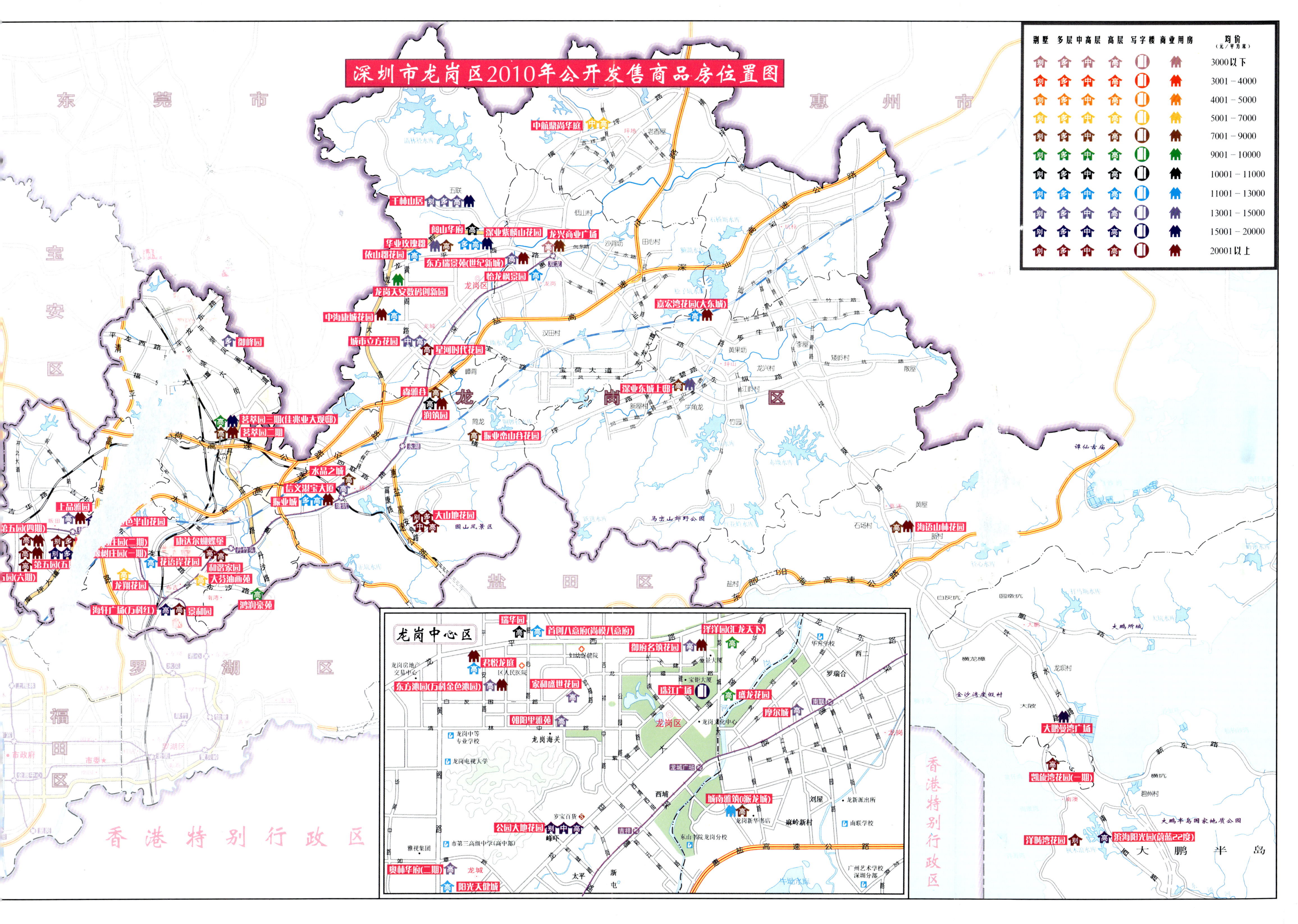

深圳市龙岗区2010年公开发售商品房位置图
别墅 多层 中高层 高层 写字楼 商业用房
均价（元/平方米）
3000以下
3001－4000
4001－5000
5001－7000
7001－9000
9001－10000
10001－11000
11001－13000
13001－15000
15001－20000
20001以上
东莞市
惠州市
宝安区
龙岗区
盐田区
罗湖区
福田区
香港特别行政区
大鹏半岛
中航鼎尚华庭
千林山居
阅山华府
深业紫麟山花园
龙兴商业广场
华业玫瑰郡
依山郡花园
东方瑞景苑(世纪新城)
怡龙枫景园
龙岗天安数码创新园
中海康城花园
御峰园
城市立方花园
星河时代花园
嘉宏湾花园(大东城)
深业东城上邸
森雅谷
润筑园
振业峦山谷花园
茗萃园二期(佳兆业大观邸)
茗萃园二期
水晶之城
信义湛宝大厦
振业城
大山地花园
海语山林花园
上品雅园
第五园(四期)
第五园(五
园(六期)
康达尔蝴蝶堡
花语岸花园
和谐家园
大芬油画苑
龙翔花园
海轩广场(万科红)
景和园
鹏润豪苑
大鹏曼湾广场
凯旋湾花园(一期)
洋畴湾花园
滨海阳光园(蔚蓝22度)
龙岗中心区
瑞华园
首创八意府(尚模八意府)
洋洋园(汇龙天下)
御府名筑花园
君悦龙庭
东方沁园(万科金色沁园)
家和盛世花园
珠江广场
盛龙花园
摩尔城
朝阳里雅苑
城南雅筑(新龙城)
公园大地花园
奥林华府(二期)
阳光天健城

深圳市盐田区2010年公开发售商品房位置图
东港印象家园（B区）
绿色盐港家园
金山碧海花园
八伯都区
山海阳光园（二期）
东部华侨城大侠谷八区
万科东海岸社区（二区）
皇庭玺园
大梅沙海滨公园
香港特别行政区
盐田区
龙岗区
罗湖区
骑马岭
盐田检查站
盐田港区
盐田港湾
沙头角湾
大鹏湾
小梅沙湾
大梅沙湾
三洲塘水库
红花岗水库
恩上水库
正坑水库
梧桐山
梧桐山宾馆
深圳外国语学校高中部
东部沿海高速公路
海山公园
明思克航母世界
沙头角口岸
小梅沙大酒店
小梅沙度假村
别墅
多层
中高层
高层
写字楼
商业用房
均价（元/平方米）
3000以下
3001－4000
4001－5000
5001－7000
7001－9000
9001－1000
10001－110
11001－130
13001－150
15001－200
20001以上

第四节 房地产金融

一、总体概况

2010年末，深圳市国内金融机构本外币房地产贷款余额5383.64亿元，比年初增加757.93亿元，同比增长16.39%。其中：房地产开发贷款余额1290.26亿元，比年初增加218.23亿元，同比增长20.36%；购房贷款余额4060.45亿元，同比增长14.74%。

（一）房地产贷款余额持续增长，贷款增速显著放缓

2010年1～12月，深圳房地产贷款余额逐月上升。1季度增长较快，环比增加404.24亿元。4月份《国务院关于坚决遏制部分城市房价过快上涨的通知》（国发[2010]10号）发布以后，房地产贷款增长明显放缓，2季度环比仅增加184.65亿元。伴随着9月末房地产调控加码，房地产贷款增速进一步放缓，3季度、4季度环比新增不断分别为92.23亿元、76.82亿元，呈不断下降之势。

（二）房地产贷款余额占各项贷款比重上升

2010年末，房地产贷款余额占各项贷款的比例为32.88%，较2009年高1.58个百分点。房地产贷款增量占当年贷款总增量的38.79%，占比较2009年高11.39个百分点，表明房地产金融市场供需有所增加，房地产调控面临较大的困难。

（三）个人住房贷款稳步增长但增速下滑

2010年，房地产开发贷款余额比年初增加232.08亿元，增长20.76%；个人住房贷款增长14.84%，其中新建个人住房贷款增长8.05%，再交易个人住房贷款余额1973.23亿元，比年初增加363.53亿元，增幅22.58%。受差别化住房信贷政策等房地产调控政策影响，尽管个人住房贷款余额稳步增长，但增速同比出现较大幅下降。2010年6、7、8三个月个人住房贷款增量连创历史新低，增速同比大幅下降。

(四)房地产贷款质量总体良好，开发贷款风险凸显

截至2010年12月末，深圳市银行业房地产不良贷款余额38.97亿元，比上月增加4.76亿元，比年初增加3.10亿元。其中，房地产开发贷款不良贷款余额18.83亿元，比上月增加8.01亿元，比年初增加6.01亿元，不良贷款率为1.41%，比上月增加0.61个百分点，比年初增加0.25个百分点；个人住房贷款不良贷款余额16.71亿元，比上月减少2.37亿元，比年初减少0.69亿元，不良贷款率0.42%，比上月减少0.06个百分点，比年初下降0.08个百分点。

二、金融机构存贷款情况

2010年末，深圳市金融机构（含外资金融机构）存款余额21937.89亿元，贷款余额16808.12亿元。

表 6-47 深圳市历年金融机构存贷款情况

单位：亿元

年　份	存款余额	贷款余额
1979	1.01	0.75
1980	2.03	1.35
1981	4.37	2.39
1982	6.37	6.30
1983	11.26	11.95
1984	34.98	45.10
1985	30.26	53.70
1986	55.11	73.09
1987	80.85	106.52
1988	131.74	153.62
1989	137.63	178.98
1990	194.69	238.62
1991	300.92	279.75
1992	550.46	370.71
1993	657.35	501.59
1994	933.37	642.14
1995	1202.92	786.34
1996	1533.46	965.20
1997	1822.70	1202.58
1998	2216.32	1551.60
1999	2558.99	1848.16
2000	3168.85	2291.52
2001	4091.17	2859.54
2002	4952.73	3512.48
2003	6145.75	4618.41
2004	7197.41	5355.25
2005	9486.71	7596.75
2006	10616.01	8353.80
2007	12729.68	10121.37
2008	14260.94	11234.05
2009	18357.47	14783.39
2010	21937.89	16808.12

表 6-48 深圳市历年金融机构贷款利率

利率执行起始时间	短期贷款(流动资金贷款)(年利率%)		中长期贷款(固定资产贷款)(年利率%)						个人住房贷款(年利率%)					罚息利率(日利率万分之)	
	6个月以下	6个月~1年	1~3年(含3年)		3~5年(含5年)		5年以上		1~3年(含3年)	3~5年(含5年)	5~10年(含10年)	10~15年(含15年)	15年以上	逾期	挤占挪用
			技改	基建	技改	基建	技改	基建							
1991.04.21	8.100	8.640	8.480	9.000	8.460	9.540	8.460	9.720	—	—	—	—	—	加息20%	加息20%
1993.06.01	9.702	10.296	10.098	11.880	10.098	13.266	10.098	13.464	—	—	—	—	—	加息20%	加息20%
1993.07.11	9.900	12.078	12.798	13.464	12.078	15.246	12.078	15.444	—	—	—	—	—	加息20%	加息20%
1995.01.01	9.900	12.078	12.798	14.184	12.798	15.966	12.798	16.164	—	—	—	—	—	加息20%	加息20%
1995.07.01	11.088	13.266	14.850		16.632		16.830		—	—	—	—	—	4.000~6.000	6.000~8.000
1996.05.01	10.404	11.745	14.058		15.984		16.758		—	—	—	—	—	4.000	6.000
1996.08.23	9.828	10.791	11.754		12.519		13.293		—	—	—	—	—	4.000	6.000
1997.10.23	8.415	9.504	10.017		10.593		11.268		9.504	10.017	10.593	11.268	—	4.000	6.000
1998.03.25	7.722	8.712	9.630		10.404		11.079		8.712	9.630	10.404	11.079	11.304	4.000	6.000
1998.07.01	7.227	7.623	7.677		8.037		8.172		7.623	7.677	8.037	8.172	8.334	4.000	6.000
1998.12.07	6.732	7.029	7.227		7.587		7.722		7.029	7.227	7.587	7.722	7.812	3.000	6.000
1999.06.10	5.580	5.850	5.940		6.030		6.210		5.85	5.940	6.030	6.211	6.331	2.100	5.000
1999.09.21			5.940		6.030		6.210		5.31		5.58			2.100	5.000
2002.02.21	5.040	5.310	5.490		5.580		5.760		4.77		5.04			2.100	5.000
2004.10.29	5.221	5.581	5.760		5.850		6.120		4.95		5.31				
2005.03.17									5.184	5.265	5.51				
2006.04.28	5.40	5.85	6.03		6.12		6.39		5.427	5.508	5.751				
2006.08.19	5.58	6.12	6.30		6.48		6.84		5.355	5.508	5.814				
2007.03.18	5.67	6.39	6.57		6.75		7.11		5.585	5.738	6.044				
2007.05.19	5.85	6.57	6.75		6.93		7.19		执行相应档次法定贷款利率						
2007.07.21	6.03	6.84	7.02		7.20		7.38								
2007-08-22	6.21	7.02	7.20		7.38		7.56								
2007.09.15	6.48	7.29	7.47		7.65		7.83								
2007.12.21	6.57	7.47	7.56		7.74		7.83								
2008.09.16	6.21	7.20	7.29		7.56		7.74		个人住房贷款利率下限为相应档次贷款基准利率的0.85倍						
2008.10.09	6.12	6.93	7.02		7.29		7.47								
2008.10.27	6.12	6.93	7.02		7.29		7.47		个人住房贷款利率下限为相应档次贷款基准利率的0.7倍						
2008.10.30	6.03	6.66	6.75		7.02		7.2								
2008.11.27	5.04	5.58	5.67		5.94		6.12								
2008.12.23	4.86	5.31	5.4		5.76		5.94								
2010.10.20	5.1	5.56	5.6		5.96		6.14								
2010.12.26	5.35	5.81	5.85		6.22		6.4								

注：2009年金融机构贷款利率未作调整

第七章　房地产三级市场

第一节　三级市场转让

一、三级市场交易情况

2010 年，全市三级市场交易 123669 宗，同比减少 21.5%；面积 1119.40 万平方米，同比减少 20.4%。其中，住宅 923.40 万平方米，减少 24.8%；办公楼 35.03 万平方米，增加 19.7%；商业用房 68.21 万平方米，增加 28.1%；其他用途房屋 92.76 万平方米，减少 3.5%。

从区域结构看，罗湖区 24069 宗、面积 195.32 万平方米，同比分别减少 31.2%、25.8%；福田区 26220 宗、232.93 万平方米，同比分别减少 28.1%、29.9%；南山区 20686 宗、200.80 万平方米，同比分别减少 19.4%、17.8%；盐田区 3166 宗、28.08 万平方米，同比分别减少 10.8%、9.2%；宝安区 23804 宗、面积 228.78 万平方米，同比分别减少 13.3%、13.2%；龙岗区 25724 宗、233.49 万平方米，同比分别减少 12.3%、13.8%。

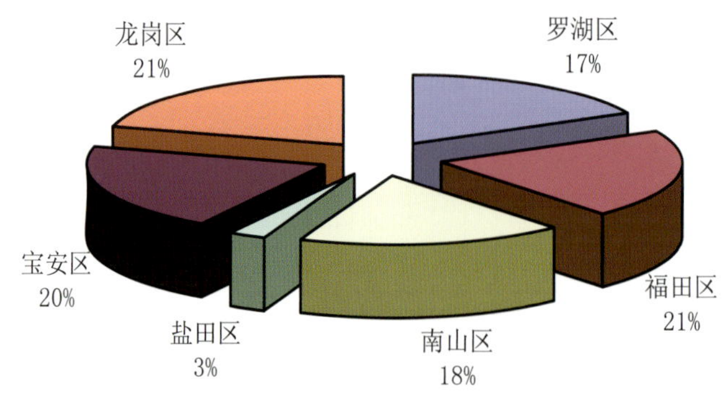

图 7-1　深圳市 2010 年房地产三级市场交易面积区域分布示意

表 7-1 深圳市历年房地产三级市场交易情况（按区域分）

单位：宗、万平方米

年份	合计		罗湖区		福田区		南山区		盐田区		宝安区		龙岗区	
	宗数	面积	宗数	面积	宗数	面积	宗数	面积	宗数	面积	宗数	面积	宗数	面积
1996	2649	40.61	1560	20.63	431	5.21	416	5.99	—	—	187	1.49	55	7.29
1997	4851	55.23	2508	31.54	1396	9.76	625	9.04	—	—	241	3.16	81	1.73
1998	5987	100.40	2423	39.00	1720	24.00	1034	22.00	144	3.40	367	3.00	299	9.00
1999	7565	149.40	2820	53.60	2151	47.70	1408	22.20	160	7.40	542	8.40	484	10.10
2000	11277	196.60	4565	69.80	2821	43.00	2029	44.00	207	2.70	801	15.90	854	21.20
2001	18853	249.88	6458	76.15	4910	68.80	3629	42.54	465	6.74	1651	29.74	1740	25.91
2002	26629	340.49	8163	91.35	8054	96.34	4776	58.85	537	10.74	2283	40.94	2816	42.27
2003	40899	496.83	11851	133.71	11775	122.61	7233	83.72	1223	18.64	3563	69.13	5254	68.99
2004	59871	732.71	15239	160.62	16055	177.99	11924	127.35	1212	30.21	6131	99.99	9310	136.54
2005	73532	841.29	15827	162.70	20449	227.35	15750	167.62	1401	14.95	8757	108.71	11348	159.97
2006	95506	1013.16	21585	201.11	25085	260.29	19000	192.60	2100	19.41	13197	155.20	14539	184.55
2007*	119957	1089.01	27094	206.84	29074	265.7	21574	200.95	3198	25.88	20703	192.36	18314	197.28
2008*	45851	495.43	10860	97.69	10902	111.53	7888	93.74	1168	10.50	7509	93.21	7524	88.76
2009	157495	1405.27	35000	263.31	36476	332.33	25676	244.14	3551	30.93	27446	263.62	29346	270.94
2010	123669	1119.40	24069	195.32	26220	232.93	20686	200.80	3166	28.08	23804	228.78	25724	233.49

注：2008 年三级市场数据统计口径变更为只包含市场交易数据，不包括其他产权转移数据，2007 年的数据按变更后新的可比口径进行调整，2006 年及以前年度数据未作调整，下同。

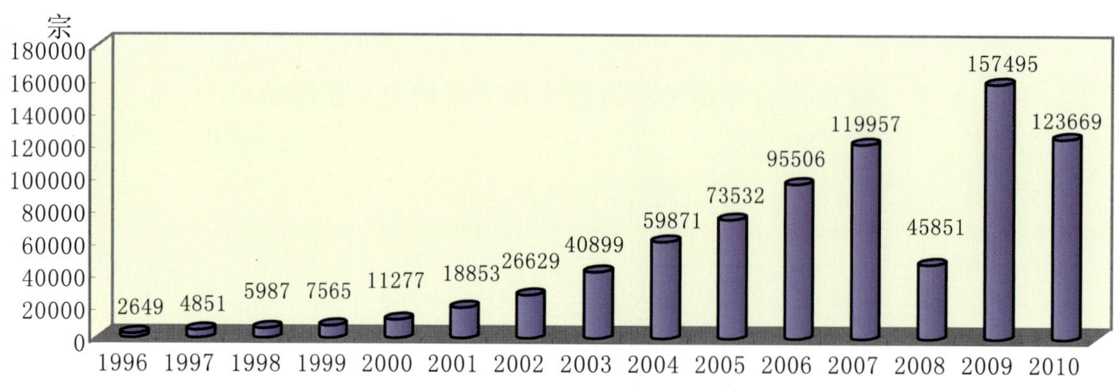

图 7-2　深圳市历年房地产三级市场交易宗数示意

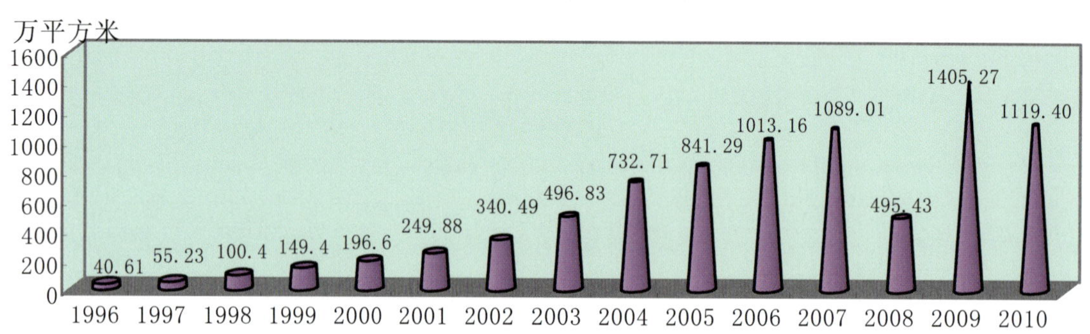

图 7-3　深圳市历年房地产三级市场交易面积示意

二、三级市场住宅交易情况

2010年，全市三级市场住宅交易111121宗、面积923.40万平方米，同比分别减少23.8%和24.7%。从区域结构看，罗湖区21338宗、面积151.45万平方米，同比分别减少33.8%、32.8%；福田区22690宗、面积186.07万平方米，同比分别减少31.5%、33.6%；南山区19000宗、面积166.92万平方米，同比分别减少20.0%、23.8%；盐田区2860宗、面积21.70万平方米，同比分别减少14.6%、18.2%；宝安区21839宗、面积195.06万平方米，同比分别减少15.1%、18.1%；龙岗区23394宗、面积202.20万平方米，同比分别减少15.7%、15.2%。

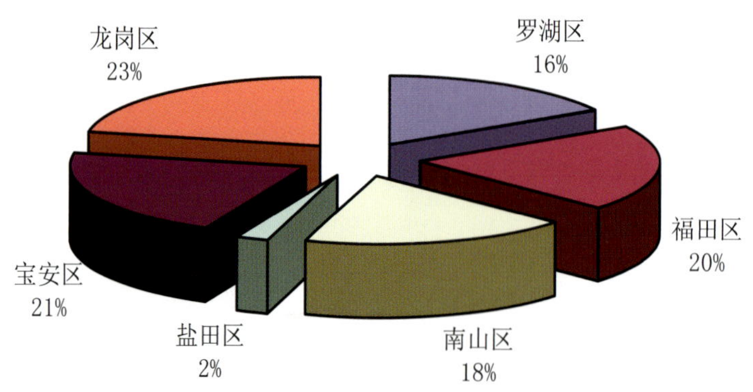

图 7-4　深圳市 2009 年三级市场住宅交易面积区域分布示意

表 7-2　　深圳市历年三级市场住宅交易情况（按区域分）

单位：宗、万平方米

年份	合计		罗湖区		福田区		南山区		盐田区		宝安区		龙岗区	
	宗数	面积	宗数	面积	宗数	面积	宗数	面积	宗数	面积	宗数	面积	宗数	面积
2004	53259	474.53	13103	107.78	14612	130.62	10757	99.81	1212	9.55	4993	47.48	8582	79.29
2005	65541	595.67	13601	109.48	18483	170.33	13986	129.97	1251	10.19	7555	72.81	10665	102.89
2006	84976	737.63	18670	141.59	22268	198.54	17377	160.13	1858	15.11	11062	101.25	13741	121.01
2007*	108270	884.61	23957	164.66	25960	213.68	20000	178.26	2925	21.99	18037	157.82	17391	148.2
2008*	41307	350.93	9475	69.18	9730	86.25	7139	65.93	1114	8.30	6793	60.77	7056	60.50
2009	145863	1226.58	32214	225.40	33139	280.06	23758	219.02	3350	26.52	25646	237.26	27756	238.32
2010	111121	923.40	21338	151.45	22690	186.07	19000	166.92	2860	21.70	21839	195.06	23394	202.20

第二节　三级市场交易价格

2010 年，全市三级市场交易均价 6055.04 元/ 平方米（按建筑面积，下同），同比上涨 2.6%。其中，住宅 5835.82 元/平方米，同比上涨 0.1%；办公楼 9864.12 元/平方米，同比上涨0.3%；商业用房 10672.60 元/平方米，同比上涨 1.8%。

从区域结构看，罗湖区 6446.24 元/平方米，福田区 7354.10 元/平方米，南山区 6763.94 元/平方米，盐田区 6378.92 元/平方米，宝安区 5342.21 元/平方米，龙岗区 4481.73 元/平方米。

表 7-3　　深圳市 2010 年房地产三级市场交易均价（按区域分）

单位：元/平方米

	全市	罗湖区	福田区	南山区	盐田区	宝安区	龙岗区
全市均价	6055.04	6446.24	7354.10	6763.94	6378.92	5342.21	4481.73
住　宅	5835.82	6062.07	6623.69	6438.41	7106.45	5596.59	4538.38
办公楼	9864.12	7071.12	11713.58	11815.15	4000.00	6160.84	2555.56
商业用房	10672.63	10248.49	14153.04	14808.49	4510.34	8803.04	7833.71
其　他	3403.30	5132.20	5075.66	5068.26	3354.04	1107.01	1336.71

表 7-4　深圳市历年房地产三级市场交易均价（按区域分）

单位：元/平方米

年份＼区域	全市	罗湖区	福田区	南山区	盐田区	宝安区	龙岗区
2000	3144.97	3699.96	4541.55	2789.46	2492.46	1706.90	1121.99
2001	3022.28	4220.35	4021.27	2826.65	2489.55	1250.62	1107.58
2002	3038.43	3812.62	4239.49	3013.03	1696.71	1303.90	1317.78
2003	3157.20	3937.37	4562.50	3406.51	1872.98	1521.34	1526.44
2004	3527.27	4075.46	4929.10	4007.70	1991.06	1804.08	2198.62
2005	4052.59	4671.36	5417.90	4459.49	3527.09	2331.80	2274.80
2006	4507.34	5331.01	6111.64	4819.21	5035.03	2716.95	2471.42
2007*	5385.14	6214.27	7051.68	5763.52	5387.17	3597.34	3629.06
2008*	5263.65	5557.52	6623.92	6367.83	4953.33	3470.12	3985.13
2009	5902.88	6300.56	7123.67	6537.4	5687.68	5212.62	4143.46
2010	6055.04	6446.24	7354.1	6763.94	6378.92	5342.21	4481.73

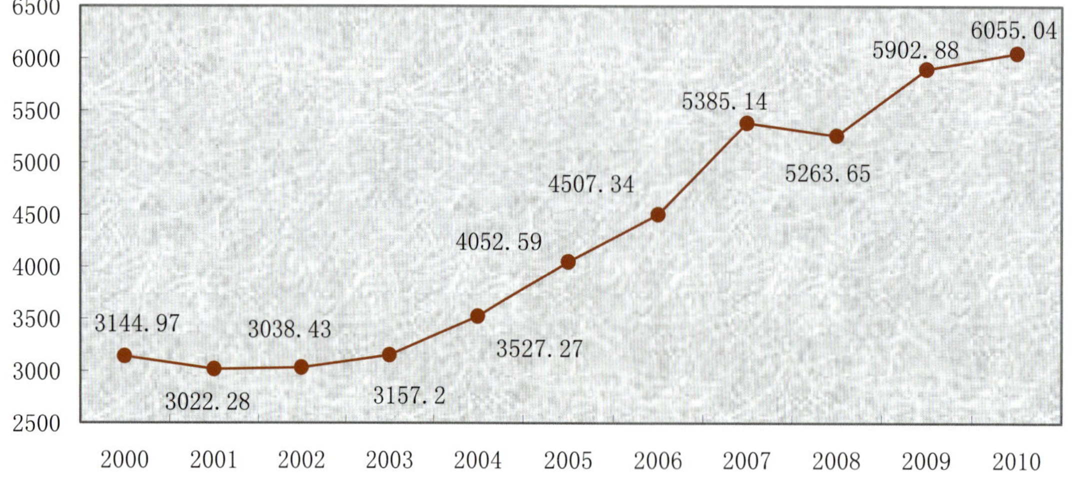

图 7-5　深圳市历年房地产三级市场交易均价走势示意

表 7-5　　深圳市历年三级市场住宅交易均价

单位：元/平方米

年度＼月份	1	2	3	4	5	6	7	8	9	10	11	12
2004	3585.33	3612.09	3713.55	3722.33	3763.00	3792.94	3817.49	3839.75	3834.70	3852.88	3861.68	3890.80
2005	4096.30	4111.35	4123.85	4177.97	4254.87	4312.14	4302.17	4307.50	4281.01	4288.64	4301.50	4283.92
2006	4447.64	4437.87	4441.44	4503.55	4593.31	4639.78	4658.58	4665.77	4679.03	4711.06	4730.08	4757.79
2007*	4994.33	5117.97	5191.14	5194.74	5230.22	5311.56	5388.82	5390.95	5394.63	5395.71	5407.29	5402.00
2008*	5571.40	5638.48	5794.97	5898.32	5951.03	5943.05	5863.68	5836.53	5826.00	5792.96	5761.64	5682.30
2009	5584.20	5584.20	5657.67	5678.22	5694.7	5738.78	5759.72	5811.46	5787.4	5784.71	5772.90	5777.54
2010	5867.83	5805.64	5762.86	5728.45	5782.53	5789.15	5773.91	5761.47	5793.11	5807.20	5834.21	5835.82

图 7-6 深圳市历年三级市场住宅交易均价走势示意

表 7-6 深圳市历年三级市场住宅交易价格指数

年度	季度	罗湖区	福田区	南山区	盐田区	宝安区	龙岗区
2001	Q_0	118.52	126.86	96.86	89.61	57.04	60.30
	Q_1	116.85	127.04	98.86	85.35	59.57	60.64
	Q_2	113.70	129.08	102.86	83.83	56.43	60.06
	Q_3	112.59	129.39	104.38	83.67	57.28	60.09
	Q_4	113.88	125.74	107.55	83.51	58.13	60.12
2002	Q_1	115.18	128.84	102.31	85.35	58.98	60.16
	Q_2	117.99	131.94	100.07	87.18	59.82	60.19
	Q_3	116.93	129.51	99.21	89.03	58.28	62.97
	Q_4	120.62	130.77	98.35	90.88	64.50	65.75
2003	Q_1	121.51	131.10	97.48	92.72	65.79	68.53
	Q_2	124.73	131.44	96.62	94.57	67.34	71.32
	Q_3	127.18	139.93	101.88	93.59	67.74	70.68
	Q_4	126.98	142.98	103.06	100.05	68.90	72.32
2004	Q_1	129.31	147.40	105.26	108.21	69.88	73.40
	Q_2	133.08	148.40	107.45	101.53	70.85	74.47
	Q_3	132.38	149.97	112.59	107.69	78.92	77.83
	Q_4	134.92	150.30	127.36	114.34	83.39	86.67
2005	Q_1	139.00	154.49	131.23	111.22	85.08	90.41
	Q_2	136.60	151.46	130.21	118.72	86.77	93.88
	Q_3	140.83	156.21	129.03	118.48	86.44	95.45
	Q_4	146.87	159.97	129.97	114.47	88.57	99.71
2006	Q_1	154.00	164.66	137.86	122.09	90.91	103.51
	Q_2	161.17	168.09	139.90	127.28	95.25	105.12
	Q_3	164.89	170.18	140.28	131.62	97.40	114.84
	Q_4	167.24	177.35	133.58	143.46	98.68	116.93
2007	Q_1	170.63	181.17	150.80	135.01	103.08	118.23
	Q_2	178.07	181.44	153.36	131.97	106.88	129.41
	Q_3	181.05	179.52	156.29	132.86	109.30	144.29
	Q_4	182.64	188.63	162.18	128.31	116.02	141.19
2008	Q_1	179.27	189.83	170.35	140.44	122.44	147.45
	Q_2	175.30	185.35	160.01	136.41	124.61	144.20
	Q_3	168.61	178.05	154.45	123.14	124.14	115.95
	Q_4	180.91	185.16	164.83	141.79	125.71	117.65
2009	Q_1	181.98	186.78	165.73	137.31	129.00	119.28
	Q_2	182.64	188.97	170.43	141.15	130.16	122.58
	Q_3	180.56	187.67	170.31	147.60	134.36	126.56
	Q_4	192.74	194.40	181.97	157.58	138.20	132.79
2010	Q_1	191.90	195.85	177.44	159.48	139.06	132.86
	Q_2	193.57	196.25	179.10	165.20	142.83	134.05
	Q_3	192.61	196.78	184.28	167.14	143.82	140.44
	Q_4	197.32	207.00	189.97	174.75	148.62	141.09

表 7-7　　深圳市 2010 年三级市场住宅销售价格抽样

单位：平方米 元/平方米

区域	项目名称	位置	房屋类型	面积	挂牌月份	挂牌价
罗湖区	百仕达花园三期	布心路北侧	高层	66.38	2	16139
	宝湖名园	东湖路	高层	88.61	2	15532
	铂金时代公寓	罗湖区南湖路西	高层	45.94	4	16516
	彩世界家园	罗湖太白路	高层	101.34	2	14309
	长丰苑	罗湖区春风路	高层	76.37	2	12396
	翠沁阁	东门北路	高层	191.77	1	19281
	翠山花半里雅筑	罗湖区布心片区	高层	61.8	7	14782
	丹枫白露苑	罗湖深南东路	高层	95.22	2	13562
	东方.尊峪花园	莲塘罗沙路	高层	181.14	1	24964
	东方都会大厦	沿河路以东	高层	25.58	2	13810
	东悦名轩	童乐路西南侧	高层	39.12	1	15653
	都市名园	宝安南路	高层	64	2	17830
	都心名苑	翠园街与中兴路交界东南	高层	63	1	14137
	风格名苑	宝安路与红桂路交界东北	高层	51.22	1	16977
	合正锦湖逸园	文锦北路与洪湖一街交会处	高层	76.75	1	18788
	洪湖东岸家园	文锦北路东	高层	74	9	13317
	鸿翠苑	罗湖区金稻田路	高层	122.6	7	14060
	鸿翔花园二期	松园北街西侧	高层	44.71	2	17575
	湖滨阁	怡景路	高层	102.46	7	18737
	湖馨苑	洪湖西路西侧	高层	41	3	16904
	华景园御庭轩	罗湖区莲塘国威路东	小高层	138.98	4	19663
	嘉年华名苑	罗湖区晒布路	高层	68.08	7	17038
	金碧苑二期	罗湖区银湖路 2 号	高层	179.77	7	17236
	金城华庭	凤凰路北	高层	94.83	1	16682
	金色年华家园	莲塘聚福路	高层	65.21	1	15511
	金祥佳园	罗湖区德兴路	小高层	86	1	10762
	朗钜御风庭	文锦路与春风路交会处	高层	32	1	14675
	乐扬枫景阁	深南大道南	高层	55.51	6	18088
	联城美园	深南东路与南极路交会处	高层	39	2	18470
	绿茵庭苑	草埔翠茵小学路	多层	64	4	8594
	罗湖金岸	沿河南路	高层	42.69	2	14349
	美景花园大厦	罗湖区洪湖公园门口	高层	56	4	10386
	鹏城花园二期	罗湖区布心东湖路与太白路交会处	多层	80	3	8850
	沁芳名苑	中心区民田路	高层	124.87	10	28414
	天俊大厦	东门南	高层	84	2	13326
	天越翔园	国威路与聚宝路交会处	高层	70.21	2	14566

（接下表）

（续上表）

区域	项目名称	位置	房屋类型	面积	挂牌月份	挂牌价
罗湖区	梧桐山新居	东门路与文锦路交会处	多层	52.45	1	12785
	雅翠轩	罗湖区莲塘一号路西侧	小高层	87.7	8	15266
	雅馨居	宝安路东侧	高层	53.95	1	14622
	阳光绿地家园	爱国路水库新村	高层	56.82	1	17912
	阳光新干线家园	罗湖区沿河路	高层	39.5	2	15532
	银晖名居	罗湖区金碧路	高层	33.94	4	12150
福田区	百花园二期	百花一路	高层	155.34	2	30294
	半山御景华庭	梅观高速公路西南	小高层	86	4	20117
	彩田居	上梅林梅华路与梅村路交会处	小高层	230.99	8	23801
	长景阁	福田区新洲路	高层	94.88	4	13260
	长乐花园	福田区百花四路	高层	91	2	20013
	城市杰座名苑	香蜜路与侨香路交会处	高层	42.42	2	20923
	城市绿洲花园二期	深南路田面村	高层	168.69	3	24538
	城市主场公寓	八卦岭片区	高层	45	1	15987
	城投福滨苑	红岗路西侧	高层	112.86	12	24356
	城投青莲公寓	皇岗公园居住区	高层	40	3	16758
	城中雅苑	福华三路南侧	高层	118	1	29321
	鼎诚大厦	福田区中航路 9 号	高层	69.18	2	24742
	东方时代广场	华强北路	高层	77.98	1	17539
	东方欣悦居	福民路	小高层	89.81	2	16278
	东海花园二期	农科中心深南大道北	小高层	133	1	25026
	东海十八居	深南大道农科中心内	高层	137.59	1	30581
	都会 100 大厦	中航路东	高层	35.66	1	19782
	飞扬时代大厦	华发南路	高层	79.66	2	17808
	风临左岸名苑	农林路西侧	小高层	90	1	19049
	福民佳园	福民路与金田路交会处	高层	127	3	20816
	橄榄绿洲家园	福田区景田路	高层	193.46	9	26694
	国泰豪园	景田一片区	高层	116.68	5	21324
	瀚盛花园	梅林水厂西侧	高层	136.87	1	19958
	浩铭财富广场	深南大道北侧	高层	41.48	1	23270
	合正瑞园	福田八卦四路红岭路口	高层	95.22	1	14446
	蝴蝶谷名苑	福田区侨城东路紫竹三道	高层	212.17	4	42835
	花里林居	福田区彩田北	高层	92.48	4	20012
	华强广场	华强北	高层	50.74	3	28903
	华泰香逸名园	香梅路	高层	72	6	19618
	皇都广场	滨河路与益田路交会处东南侧	高层	68.22	1	14697
	皇庭彩园	福田区莲花路冬瓜岭	高层	67.06	2	16242
	皇庭世纪花园	滨河大道与益田路交会处	高层	45	2	18583

（接下表）

（续上表）

区域	项目名称	位置	房屋类型	面积	挂牌月份	挂牌价
福田区	皇御苑三期	皇岗路与滨河路交界东南	高层	70	3	19423
	金港豪庭	新闻路与景田路交会处	高层	64.54	1	19666
	金色家园二期	福田区莲花路	高层	120	3	21391
	金色假日名苑	红荔西路与景田路交界西南	高层	56	3	18023
	金怡华庭	金田路与福民路交会处	高层	28.51	2	19446
	金域蓝湾二期	福荣路与滨河大道交界东南	高层	150.1	1	23864
	景福大厦	福田区滨河路	高层	95.56	1	10022
	凯旋豪庭	红荔西路与新洲路交界西北	高层	41.04	8	20539
	蓝天绿都家园	梅林路与皇岗路交界西南	高层	31.51	3	11584
	朗晴馨洲	深南路与新洲路交会处东南侧	高层	85.92	4	14624
	丽阳天下名苑	新洲路	高层	42.17	1	17160
	岭尚时代园	八卦四路	高层	58.87	4	13965
	绿洲丰和家园	福田区石厦北一街 7 号	高层	43	2	17511
	迷你新居	北环大道与新洲路交界东北侧	高层	45	3	14614
	香诗美林花园	福田区深南大道北侧园博园旁	高层	79.98	2	22304
	香榭里花园二期	农科中心农园路	小高层	171.73	1	30111
	香雅园	梅林水厂西侧	高层	64	11	25616
	香域中央花园	农园路与侨香路交会处	高层	187.76	1	40129
	怡枫园	莲花路和景田路交界西南	高层	61.64	2	16780
	颐林雅院	上梅林中康北路	多层	83.22	1	13649
	艺丰花园	彩田北路西侧	多层	79.16	1	9150
	益田豪园居	深南路与益田路交界西南	高层	119.98	1	17854
	雨田村二期	莲花路与雨田路交会处	小高层	107.01	1	15857
南山区	澳城花园	后海滨路与东港路交界西北	小高层	149.06	1	33004
	半山翠林花园	西丽珠光路万佳百货旁	高层	85.15	8	15943
	保利城花园二期	南油大道东、创业路北	高层	85.94	4	17249
	滨海之窗花园	滨海大道与后海大道交会处	高层	192	1	32248
	缤纷年华家园	南山区艺园路	高层	79.82	1	17460
	仓前锦福苑	南山区华侨城香山街	多层	69.61	4	11354
	城市假日花园	南山区龙珠大道北侧	高层	124.49	1	16684
	城市印象家园	深南大道北中山园路西	高层	97.08	1	15831
	创世纪滨海花园	南油大道东、桂庙路北	小高层	143.76	1	14513
	纯海岸雅居	滨海大道与沙河西路交会处	高层	85.24	3	26401
	翠谷居	沿山路与工业四路交会处	高层	137.86	1	21042
	鼎胜林栖园	南山区龙井路	小高层	102.63	9	16331
	金色海琴苑	南山区商业文化中心区	高层	78	3	13275
	京光海景花园	南山区东滨兴南路	高层	126.7	1	10625
	俊峰丽舍花园	南山区龙珠大道北	高层	99.72	2	15439

（接下表）

（续上表）

区域	项目名称	位置	房屋类型	面积	挂牌月份	挂牌价
南山区	科苑学里揽翠居	南山区铜鼓路西、科苑中学北	高层	241.97	3	16661
	浪琴半岛花园	滨海大道与科苑路交会处东北角	高层	89.77	4	35764
	雷圳碧榕湾名苑	蛇口工业八路南	多层	93.55	1	11389
	龙佳园	南光路与登良路交会处	多层	32.93	1	11784
	美丽湾商住楼	南山区南油路	高层	46	3	13282
	美庐锦园	白石洲片区	高层	84.68	3	19760
	米兰第二季公寓	南山区花果路与招商东路交会处	高层	71	1	14712
	名家富居	南头片区，艺园路西	高层	74	1	17366
	南光城市花园	南山大道以东、海德二道以南、创业路以北	高层	41.16	2	17207
	诺德假日花园	月亮湾大道与西部通道交会东北角	高层	146	3	16520
	浅水湾花园	滨海大道北	高层	181.42	1	29824
	青春家园	商业文化中心区	高层	84.07	1	14930
	荣超侨香诺园	南山区沙河新塘	高层	135	3	26461
	如意家园	常兴路与桃园路交会处	高层	109	7	14210
	桑泰丹华园	南山区桃源街道办旁	高层	84	3	16627
	山海翠庐	后海路东、登良路北	小高层	117.28	1	14581
	山水情家园	荔湾路东，内环路南	高层	104.12	1	13192
	四海宜家大厦	南山区工业七路南公园路西	高层	121.14	6	17385
	苏豪名厦	南山区桃园路北	高层	65.62	2	10112
	天地峰景园	龙珠大道与龙珠七路交会处以东	高层	140	1	15929
	天鹅堡	南山区华侨城片区	高层	251.55	1	36075
	天海豪景苑	深圳南山区蛇口工业七路旁	高层	233	11	20179
	天骄华庭	蛇口工业八路南	小高层	152.34	1	25350
	天悦园	南山商业文化中心区内	高层	126.3	2	18995
	湾厦凯宁阁	南山区科苑南路东	多层	65.63	6	12922
	万象新园	桂庙路北，南光路西	高层	100	2	13177
	旺海怡苑	南新路以西、荔园路以北	高层	72	3	12016
	望海汇景苑	荔香公园西侧	高层	98.88	3	14515
	西海明珠花园	南油大道西、粤海路北	高层	90.34	1	17616
	西海湾花园	创业路以南、后海路以西	多层	35	1	17996
	西湖林语名苑	丽山路与丽水路交界处	高层	122	2	17882
	熙湾俊庭	南山科技园高新十一道	高层	130	5	28961
	曦湾华府	南山区蛇口工业八路	高层	89	9	33725
	现代城华庭	南山区创业路与南光路交会处	高层	125.65	1	13464
	现代城梦想家园	南油大道与龙城路交会处	高层	63.66	3	14102
	香瑞园	南油大道东、创业路北	高层	87	2	15753
	香榭峰景苑	南山龙珠大道与龙珠七路交会处	小高层	69.37	1	13913

（接下表）

（续上表）

区域	项目名称	位置	房屋类型	面积	挂牌月份	挂牌价
南山区	向南海德大厦	南山区南新路	高层	87.6	1	15652
	心语家园	前海路东	高层	39.78	1	11876
	新保辉大厦	南山后海南油大厦	高层	61.03	3	13953
	新德家园	前海路与学府路交会处	高层	37.91	2	16656
	星海名城五期	深南大道与前海路交会处	高层	58.35	2	15542
	学林雅院	南山区商业文化中心片区	高层	104	3	16797
	阳光荔景	南山大道与荔园路公安分局对面	高层	141.04	6	20353
	漾日湾畔	南光路与登良路交会处	高层	120	2	21454
	怡然天地居	南山区龙珠大道与龙珠四路交会处	多层	78.39	3	11902
	英达·钰龙园	南新路与深南大道交会处	高层	69	1	14624
	映月湾花园	南山区后海大道路东、工业五路北面	高层	129.8	1	24252
	雍华府	工业八路北、四海路东	小高层	253.93	8	23788
	雍景轩	深南大道南，前海路西	高层	191	4	20793
	育德佳园	后海路东、登良路北	小高层	94	3	16764
	御景东方花园	深圳湾二路与白石路交会处	高层	149.02	2	27017
	园景园名苑	南山区蛇口工业七路	高层	73.5	4	19499
	中爱花园	南山区龙珠七路与龙苑路交会处	高层	77.47	3	14459
	中海阳光玫瑰园	南山区月亮湾大道	高层	77	10	19154
	中信红树湾花城	南山区荔湾路	高层	170.67	2	36630
盐田区	宝桐居	沙头角梧桐路西侧	小高层	128.79	10	11519
	碧海蓝天明苑	深盐路和海涛路交会处	高层	99	1	11966
	碧桐海苑	海山路与梧桐路交会处的东南侧	高层	70.13	1	12685
	泊岸雅苑	大梅沙金沙街	小高层	60	1	16286
	东部翠海轩	梧桐路	小高层	51.64	1	10861
	东部山海家园	沙头角海山路	高层	113.33	5	21043
	东海丽景花园	东海大道	高层	30	3	9214
	东海龙腾公寓	盐田区东海道北侧	多层	85.76	12	10415
	东和海韵园	盐田区沙头角板块	多层	100.08	1	12457
	东埔海景花园三期	海景路西、金融路南	高层	184	9	29506
	海滨假日雅居	盐田区深盐路与北山大道交会处	高层	33	1	17356
	瀚海东岸家园	盐田区沙头角沙盐路南侧	高层	118.11	3	15178
	和亨家家园	东海道	高层	67.8	3	7839
	和亨雅园	盐田区北山道与宏安路交会处	多层	40	4	7289
	花样年花港家园	盐田区明珠大道北	高层	42	1	12953
	皇家海湾公馆	海景路与海山路交会处	高层	449.44	5	59790
	金港盛世华庭	盐田路与东海道交界西南	高层	41	2	11223
	金海雅居	北山道南侧	高层	66.97	12	8890
	金水湾御园	盐田区北山道和盐田路交叉路口处	高层	34	1	11402

（接下表）

（续上表）

区域	项目名称	位置	房屋类型	面积	挂牌月份	挂牌价
盐田区	蓝郡广场	盐田区沙头角海景二路	高层	149.15	4	31532
	蓝田壹站华苑	沙头角叶屋西街与深盐路交会处	小高层	49.6	2	10357
	盛世名门家园	盐田区沙头角沙盐路南侧	高层	71	1	14615
	天琴湾	大梅沙崎头岭	低层	75.57	10	62609
	桐林花园	盐田区梧桐路沙头角	多层	235	1	19537
宝安区	龙泽榕园	龙华街道建设路	小高层	106.33	11	9635
	绿海名居	宝安区西乡街道西乡大道南侧	高层	97.71	4	10209
	梅花新园	龙华街道民治	小高层	261.56	4	10004
	美丽 365	龙华街道东环二	小高层	102.78	1	9916
	美丽 AAA 花园	宝安区龙华街道东环二	高层	108.57	1	13294
	七里香榭花园	宝安区龙华街道人民南路	小高层	105.15	2	13955
	潜龙花园	龙华街道中环	小高层	83.24	4	9077
	日出印象花园	龙华街道布龙公路南侧	多层	75.25	1	10461
	深物业新华城美花园	龙华街道梅龙路西侧	高层	73	7	10357
	圣莫丽斯花园	民治街道民丰路与梅龙路交会处	多层	286.33	4	25057
	时代景苑二期	福永街道广深公路东侧	高层	101	3	6672
	世纪春城四期	龙华街道民福路东侧	高层	68.46	2	11929
	书香门第上河坊广场	民治街道办梅观高速公路西侧	高层	65.91	5	18097
	松涛大厦	松岗街道办事处旁边	小高层	99.3	12	7900
	桃源盛世园	宝安区西乡街道广深公路东侧	高层	108.94	2	10874
	天骄世家	宝城 76 区锦花	小高层	164.2	2	8953
	天琴阁	宝安区西乡大道与新湖路交会处	高层	78.55	3	11124
	湾上六座花园	西乡街道兴业路	高层	74.63	4	13040
	万科金域华府一期	民治街道新区大道东侧	高层	88.72	1	19943
	西岸观邸花园	宝安中心区 N7 区	高层	115.2	1	18605
	西城丰和家园	西乡街道西乡大道西侧	高层	114.19	2	9248
	西城品阁	新安街道建安路	小高层	46	1	11172
	西城上筑花园	宝安中心区 N5 区	高层	75.56	2	15645
	溪山美地园	龙华街道梅观高速公路东侧	高层	88.87	7	15794
	香缇雅苑	龙华街道东环一路	高层	90.47	3	8551
	新华苑二期	龙华街道龙华文化广场对面	高层	63.94	2	9570
	星河丹堤花园	宝安区龙华街道梅观高速公路东北侧	小高层	200.05	2	32103
	幸福海岸	宝安区中心区 N15 区	小高层	249.63	1	17364
	雅乐居	西乡街道广深公路东侧西部开发区	高层	41.7	4	7930
	阳光海湾花园	宝安区西乡街道宝源路西南侧	高层	112.25	2	13400
	阳光新境园	宝安区龙华街道梅龙南路东侧	高层	83.25	2	11271

（接下表）

（续上表）

区域	项目名称	位置	房屋类型	面积	挂牌月份	挂牌价
宝安区	银泉花园	龙华街道人民路东侧	小高层	97.17	3	8554
	御景湾花园	新安六路与创业路交会处	高层	99.86	4	12736
	煜丰泽花园广场	龙华街道龙观	多层	81.33	2	5999
	招商澜园	观澜街道大和路西侧	高层	51.07	12	11903
	中海西岸华府	宝安区松岗街道沙江路	高层	85.49	1	6885
	中航格澜花园	宝安区观澜街道大和路西侧	小高层	87.1	1	9106
	中粮澜山花园	宝安区西乡街道西乡大道北侧	高层	140.53	12	13462
	棕榈堡花园	宝安区沙井街道万丰路东侧	高层	114.75	1	9017
龙岗区	奥林华府	龙岗区龙城街道黄阁路	高层	131.54	3	9941
	宝龙花园	龙岗区布吉街道东门头	高层	57.53	1	5577
	碧湖玫瑰园	龙岗中心城	小高层	135	2	8315
	超群大厦	龙岗区布吉深惠路旁	小高层	66.57	9	5760
	创富时代名苑	龙岗区平湖街道凤凰大道侧	高层	68.03	5	7807
	翠峰丽景	龙岗区平湖街道	多层	88	2	7147
	大山地花园	横岗街道	高层	82.59	2	7340
	德兴花园	龙岗区布吉街道草埔	多层	75.84	2	6528
	第五园八期	龙岗区坂田街道	高层	77.98	3	14738
	叠翠新峰花园	鹏达路与鹏达商业街交会处	小高层	96.97	1	6772
	东部明珠雅苑	龙岗区大鹏街道	多层	85.39	10	9606
	东方半岛花园	布吉大芬村	高层	70.78	1	6854
	东方沁园	龙岗中心城	多层	200.13	1	7634
	东方盛世花园	龙岗区布吉街道	高层	110.02	4	11414
	东方御花园	龙岗中心城	高层	151.18	3	9429
	翡翠明珠花园	龙岗街道爱联村	低层	89.37	6	5919
	翡翠星光园	布吉街道白鸽笼	高层	54.46	2	9337
	风临四季花园	龙岗街道	小高层	104.67	3	7318
	富民阁	龙岗区坪地街道	小高层	98.54	1	5515
	公园大地花园	龙岗区中心城 29 区	小高层	111.72	1	13483
	桂芳园	布吉街道	多层	61.83	1	10158
	海语山林花园	葵涌街道	高层	85.91	9	8542
	和通花园	龙岗区布吉大芬村	小高层	65	3	6891
	和兴花园二期	龙岗中心城清林中路	小高层	102.09	5	8377
	横岗城市中心花园	横岗街道	多层	117	1	7404
	鸿基花园三期	龙城街道	小高层	77.8	1	10856
	鸿润豪苑	龙岗区南湾街道	高层	63.94	8	12758
	花半里花园	龙岗中心城	小高层	109.01	1	10054
	华浩源二期	布吉街道	小高层	90.65	3	8084
	锦冠华庭	平湖街道	小高层	114.72	2	8602

（接下表）

（续上表）

区域	项目名称	位置	房屋类型	面积	挂牌月份	挂牌价
龙岗区	锦龙名苑	龙岗区龙岗街道南联社区	小高层	143.5	4	7940
	锦绣东方花园	龙岗中心城	高层	112.5	1	10483
	劲嘉龙园印象名苑	龙岗区龙城街道	高层	64.88	4	7670
	康达尔蝴蝶堡	布吉街道大芬	高层	88.88	3	13791
	康乐花园	龙岗区横岗街道	多层	65.08	11	6109
	蓝钻风景花园	宝龙工业城	小高层	53	2	7812
	龙城国际花园	龙岗中心城	高层	135.74	1	10319
	龙城华府	龙岗区龙城 34 区	高层	52.44	1	7496
	慢城	龙岗区布吉街道	高层	121.64	1	10426
	茗萃园一期	龙岗区平湖街道良安田社区	小高层	90.9	2	6748
	南澳湾花园	龙岗区南澳街道	多层	97	9	5765
	南景豪庭	布吉街道南岭村	高层	59.98	1	8919
	欧景花园三期	龙城街道	高层	134.5	3	11950
	万科四季花城五期	龙岗布吉坂田	多层	104.95	8	14421
	万隆苑	布吉街道	多层	65.1	6	6927
	文雅豪庭	布吉街道办东北侧	小高层	74.75	2	9028
	新鸿花园	龙岗中心城	多层	100.15	3	6091
	新亚洲花园	龙岗中心城	小高层	97.5	2	8620
	鑫园广场	龙岗区葵涌街道	高层	89.72	5	5490
	信和爱琴居	布吉大芬村，紧临深惠公路	高层	78	2	8818
	星光之约花园	布吉街道坂田村	多层	73.07	2	9218
	雅庭名苑	松岗街道中心区	多层	72.3	1	6347
	阳光翠园	龙华街道梅龙南路东侧	高层	99.87	1	6735
	阳光第五季花园	龙岗区坂田街道	小高层	77.52	1	10399
	阳光广场	龙岗街道	小高层	72.73	1	6205
	怡康家园	龙华街道东环二	高层	94	1	9444
	颐景峰苑	龙岗区龙岗街道	高层	67.69	4	9405
	茵悦之生花园三期	布吉街道	高层	89	1	10351
	英郡年华花园	龙岗梅林路南侧	高层	67.03	2	10983
	盈翠家园	布吉街道	多层	67.08	2	8554
	又一村花园	龙岗区西环南路	多层	41	2	6372
	御豪苑	龙岗街道	高层	171.78	12	8582
	园景花园	龙岗区中心城四号路旁	小高层	103.53	4	5875
	月朗苑	布吉街道坂田村	高层	69.36	2	12441
	悦城花园	龙岗区中心城	高层	128.23	2	9355
	振业城	龙岗区横岗街道	多层	84.65	2	15032
	志健时代广场	深惠路、茂盛路、四联路的交会处	高层	37.22	1	7467
	紫薇苑	龙岗中心城	多层	144.61	1	8546

表 7-8 深圳市 2010 年三级市场办公楼交易价格抽样

单位：平方米、元/平方米

区域	项目名称	位置	房屋类型	面积	挂牌月份	挂牌价
罗湖区	创展中心	翠竹路	高层	144	8	21250
	鸿昌广场	深南东路与文锦南路交会处	高层	331	5	11820
	华民大厦	人民南路	高层	109	1	8230
	地王大厦	深南东路与宝安南路交会处	高层	272	11	29040
福田区	爱地大厦	福田中心区	高层	1001	5	13000
	彩虹新都海鹰大厦	福华路	高层	122	8	12400
	创建大厦	车公庙	高层	101	3	27800
	创新科技广场	福田天安数码城内	高层	480	4	19800
	凤凰大厦	海田路	高层	123	6	35300
	光大银行大厦	竹子林四路紫竹七道	高层	1373	1	17600
	国际商会中心大厦	国际商会大厦	高层	133	12	49000
	国际文化大厦	华强南	高层	76	7	19600
	杭钢富春商务大厦	深南大道与泰然大道交会处	高层	275	4	26000
	航都大厦	华富路	高层	110	4	21340
	浩铭财富广场	深南大道和农园路交会处	高层	61	1	23930
	江苏大厦	益田路	高层	199	4	27750
	江西世纪豪庭	车公庙地铁口附近	高层	448	6	18030
	金谷二号	车公庙	高层	377	10	25210
	金运世纪大厦	深南中路与广深高速公路交界东南	高层	170	12	38500
	金中环商务大厦	福华路与金田路交会处	高层	80	4	33120
	经贸中心	金田路与福中路交界	高层	244	6	36120
	联合广场	滨河大道	高层	89	6	16040
	诺德金融中心	福田中心区福中三路	高层	1990	12	48970
	鹏基商务时空	八卦岭	高层	288	8	31250
	赛格广场	华强路	高层	411	6	39270
	赛格科技园	华强路	高层	1465	8	15560
	上步大厦	上步路	高层	347	3	13270
	深圳国际文化大厦	华强南	高层	145	6	18510
	世界世贸广场	华强北	高层	511	1	13900
	天安数码时代大厦	福田区车公庙	高层	470	12	29930
	现代商务大厦	深圳市福田区金田路与福华路交会处	高层	131	4	50980
	新华保险大厦	民田路西侧	高层	638	4	30890
	新世界商务中心	中心区益田路与福中路交会处	高层	598	5	39580
	星河世纪大厦	侨城东路西、白石洲路北	高层	92	5	31010
	阳光高尔夫大厦	深南大道和香蜜湖路交会处	高层	150	9	29950

（接下表）

(续上表)

区域	项目名称	位置	房屋类型	面积	挂牌月份	挂牌价
福田区	英龙展业大厦	新安街道宝民路与裕安路交会处	高层	707	1	25030
	中深花园	彩田路	高层	163	4	12350
	中心商务大厦	福田中心区	高层	1570	10	30490
	中银大厦	彩田路	高层	263	10	14070
	卓越大厦	深圳中心区新洲路与深南路交会处的东南侧	高层	120	12	40110
	卓越时代广场	中心区益田路与福华路交会处	高层	107	10	51210
南山区	海岸大厦	南山商业文化中心区	高层	129	9	29450
	天利中央广场	后海大道与海德三道交会处	高层	246	10	31700
宝安区	冠利达大厦	宝安30区	高层	201	8	9500
龙岗区	龙岗天安数码创新园	龙岗中心城	高层	407	10	9950

表7-9 深圳市2010年三级市场商业用房销售价格抽样

单位：平方米、元/平方米

区域	物业名称	位置	房屋类型	面积	挂牌月份	挂牌价
罗湖区	东门天地大厦	东门中路	高层	88	3	163807
罗湖区	方海商苑	人民北路	多层	25	11	80000
罗湖区	洪湖花园	洪湖路	高层	378	9	47619
罗湖区	嘉宝田花园	笋岗东路	高层	55	7	38182
罗湖区	金湖花园	金湖路	多层	89	1	14719
罗湖区	庐山大厦	春风路与沿河路交会处东侧	高层	613	10	43328
罗湖区	鸿基花园	罗湖区金稻田路	高层	37	10	27784
福田区	城市主场公寓	八卦岭	高层	49	12	23469
福田区	缔梦园三期	景田	高层	20	10	25000
福田区	鼎诚国际	华强北	高层	283	8	210601
福田区	飞扬时代大厦	华发南路	高层	23	10	88696
福田区	花里林居	彩田北	高层	114	12	35088
福田区	金燕园	梅华路与中康路交会处	高层	55	8	31091
福田区	骏皇名居	福强路东	高层	80	11	38750
福田区	鹏益花园	八卦岭	高层	61	12	25082
福田区	庆典大厦	彩田南路	高层	1054	7	23719
福田区	玮鹏花园	上步中路与深南中路交会处	高层	50	4	29600
福田区	熙园	香蜜湖路与莲花西路交会处	多层	35	9	40400
福田区	振业翠海花园	农科中心内	高层	154	9	55195
福田区	百兴苑	福田区梅华路	高层	37	10	40541
南山区	缤纷年华家园	艺园路东	高层	53	11	73585
南山区	常兴广场	常兴北路与桃源路交会处	高层	5	6	19800

(接下表)

（续上表）

区域	物业名称	位置	房屋类型	面积	挂牌月份	挂牌价
南山区	大陆庄园	南新路	多层	740	11	56486
南山区	东方海雅居	创业路南	高层	3754	10	25306
南山区	广博星海华庭	后海大道与工业七路交会处	高层	196	1	20918
南山区	海岸大厦	南山商业文化中心区	高层	61	12	184426
南山区	海典居	南油大道与创业路交会处	高层	258	3	46162
南山区	海韵嘉园	蛇口后海湾海滨旁	高层	156	4	50064
南山区	鸿洲文鼎家园	深南大道与南新路交会处	高层	4	6	19688
南山区	汇宾广场	蛇口半岛内环路	高层	5	6	10400
南山区	金晖大厦	南海大道	高层	52	11	20192
南山区	晶品居	麒麟路东	高层	15	11	16667
南山区	康乐大厦	南山大道与学府路交界处	高层	1620	1	50310
南山区	兰丽花园	中山园路	多层	73	4	39726
南山区	南海城中心	南油创业路与南山大道交会处	小高层	245	4	49796
南山区	前海金岸大厦	桃园路、南新路交会处	高层	526	10	48099
南山区	世纪假日广场	南山华侨城片区世界之窗对面	高层	77	11	119221
南山区	中海深圳湾畔花园	南山白石洲	高层	10	1	21500
南山区	时代骄子大厦	南山大道和学府路交会处	高层	16	3	38125
南山区	太子山庄	南山大道与内环路交会处	多层	2451	8	9800
南山区	蔚蓝海岸社区二期	南山后海路	高层	50	5	30000
南山区	西海湾花园	南油大道与创业路交会处	高层	114	9	92959
南山区	香榭峰景苑	龙珠大道与龙珠七路交会处	高层	156	8	58205
南山区	新保辉大厦	南油大道	高层	38	5	67368
南山区	阳光荔景	南山大道与荔园路交会处	高层	20	11	28500
南山区	保利城花园	南山区商业文化中心区内	高层	8	11	17250
盐田区	海都花园	沙头角深盐路	高层	408	11	31373
宝安区	白金假日公寓	宝安中心区海城路	高层	47	5	39787
宝安区	宝城花园	西乡新湾路与海城路交会处	多层	35	12	59429
宝安区	宝兴花园	宝安 81 区宝民二路	多层	36	10	9722
宝安区	春华四季园	龙华梅观高速公路东侧	高层	72	10	27222
宝安区	风临洲苑	宝安大道与创业一路汇处	高层	54	12	43333
宝安区	凤凰雅居	前进二路与宝田一路交会处	高层	56	6	8211
宝安区	福中福花园	新安大道与宝源路交会处	多层	32	3	25312
宝安区	福中福商业城	新湖大道与新安大道交会处	多层	60	12	21833
宝安区	富盛苑	宝安大道宝安中心区翻身路	多层	76	10	7961
宝安区	富通蟠龙居	宝安区西乡新城大道	高层	6	11	39333
宝安区	富源商贸大厦	创业路与翻身大道交会处	高层	125	9	53600
宝安区	海天花园	翻身路与创业一路交会处	多层	112	1	30179
宝安区	洪福雅苑	宝安 46 区翻身路	小高层	228	4	54825

（接下表）

（续上表）

区域	物业名称	位置	房屋类型	面积	挂牌月份	挂牌价
宝安区	华美丽苑	民治路与布龙公路交会处	多层	44	10	23864
宝安区	华翔居	宝安区 47 区上川路	多层	88	7	31818
宝安区	佳华豪苑	石岩街道石岩大道西侧	高层	118	12	39831
宝安区	金玲花园	龙华建设路与和平路交会处	多层	39	4	15128
宝安区	金泰花园	宝安创业路宝城 45 区	多层	46	6	17391
宝安区	可乐园	石观路与外环路、福龙路交会处	多层	76	12	15553
宝安区	丽景城	前进二路与西乡大道交会处	多层	48	12	53333
宝安区	绿海名居	西乡大道南侧	高层	207	6	21928
宝安区	绿海名苑	西乡街道西乡大道西北侧	小高层	37	9	36432
宝安区	美丽家园	东环二路与建设路交会处	多层	27	10	16667
宝安区	青春庭园	宝民二路与榕村路交会处南侧	多层	60	8	21133
宝安区	庆华花园	宝城 42 区	多层	55	4	19455
宝安区	琼珠花园	龙华街道华旺	多层	40	6	10750
宝安区	如意豪庭	石岩街道如意路	高层	30	7	16667
宝安区	赛龙豪轩	龙华街道东环一路东侧	多层	95	11	36842
宝安区	尚都花园	新湖路与裕安一路交会处	高层	9	11	27778
宝安区	深宝花园	宝安区 45 区	多层	1640	1	7622
宝安区	圣淘沙骏园	西乡大道与新湖路交会处	高层	47	12	63830
宝安区	石鸿花园	宝安 40 区翻身路	高层	6	10	26667
宝安区	世纪春城二期	龙华街道民治大道民福路旁	高层	71	11	32394
宝安区	双龙花园	西乡大道西乡立交旁	多层	41	6	11215
宝安区	松盛大厦	宝安区松岗街道胜利街	多层	60	11	15083
宝安区	松涛花园	宝安区松岗佳华商场旁	多层	42	8	4286
宝安区	泰安花园	宝安上川路宝城 48 区	多层	35	5	6542
宝安区	泰华豪园	宝民路与泰豪商业街交会处	多层	69	12	34783
宝安区	泰华锦绣城	翻身路与上川路交会处	高层	150	4	24000
宝安区	桃源居	宝安西乡前进二路	多层	35	1	16571
宝安区	桃源盛世园	西乡前进二路与洲石路交会处	高层	35	8	51714
宝安区	天骄世家	锦花路与西乡大道交会处	高层	110	7	17091
宝安区	万家灯火花园	梅林关口	多层	61	3	30492
宝安区	文汇花园	宝城二十九区宝民路	多层	113	12	23274
宝安区	文乐花园	宝安 45 区翻身路	高层	35	9	19429
宝安区	五米阳光	龙华人民路与和平路交界处	高层	51	12	101961
宝安区	西海岸花园	翻身路、宝安大道交会处	小高层	41	3	23171
宝安区	贤基大厦	宝民二路	高层	663	10	10558
宝安区	香缤广场	建安路东侧	高层	40	11	33250
宝安区	香缇雅苑	龙华东环一路	高层	110	12	34278
宝安区	新华苑	东环二路与建设路交会处	多层	71	9	32113

（接下表）

（续上表）

区域	物业名称	位置	房屋类型	面积	挂牌月份	挂牌价
宝安区	幸福海岸	宝安区中心区 N15 区	高层	67	2	39254
宝安区	玉华花园	龙华街道人民北路	小高层	910	1	13187
宝安区	裕宝大厦	建安一路与新安二路交会处	高层	39	3	7385
宝安区	煜丰泽花园广场	龙观路与东环一路交会处	多层	7	9	12857
宝安区	中海西岸华府	松岗沙江西路与朗碧路交会处	高层	29	11	18552
宝安区	中航格澜郡	观澜大和路与工业大道交会处	高层	47	9	47617
宝安区	中航格澜阳光花园	观澜街道大和路与工业大道交会处	多层	851	12	28507
宝安区	中航阳光新苑	新区大道与石龙路交会处	高层	90	8	17111
龙岗区	又一村花园	布吉大靓路	多层	41	8	5366
龙岗区	碧湖玫瑰园	龙岗中心城清林路	多层	53	6	16604
龙岗区	布吉中心广场	布吉中心吉华路	高层	12	10	17500
龙岗区	叠翠新峰花园	鹏达路与鹏达商业街交会处	高层	52	11	12692
龙岗区	富康苑	龙岗区龙城中路	多层	40	7	19000
龙岗区	桂芳园六期	布吉街道深惠路	多层	7	5	15714
龙岗区	和兴花园	清林中路与爱心路交会处	小高层	107	9	19159
龙岗区	横岗城市中心花园	横岗街道红棉一路	高层	38	8	16842
龙岗区	金运家园	中心兴路与金运路交会处	小高层	53	5	27358
龙岗区	劲嘉.龙园印象名苑	龙兴大道与龙平东路交会处	高层	69	9	26957
龙岗区	九州家园	龙岗街道南联路龙河路交会处西	高层	91	7	16484
龙岗区	丽湖花园	上水径布龙路	多层	41	12	6463
龙岗区	龙城国际花园	龙岗区中心城龙福西路	高层	35	4	27657
龙岗区	隆盛花园	横岗街道四联村	高层	3117	11	23003
龙岗区	美利达新村	平安路与龙平西路交会处	多层	32	8	12344
龙岗区	南岭花园	南岭大道南岭村	多层	40	4	10125
龙岗区	欧景城华庭北区	龙岗清林东路吉祥中路交会处东	高层	44	9	22045
龙岗区	尚景华园	龙岗中心城龙福路	多层	53	7	16981
龙岗区	世纪华厦	布吉中兴路	高层	23	7	15652
龙岗区	顺景花园	龙城街道龙平西路南侧	高层	53	11	16981
龙岗区	万科四季花城	龙岗布吉坂田	高层	60	1	16667
龙岗区	榭丽花园	龙城中路与龙河路交会处	多层	76	10	20263
龙岗区	新鸿花园	龙翔大道与吉祥路交会处	多层	63	10	28254
龙岗区	新亚洲花园	龙翔大道与吉祥中路交叉处	小高层	53	7	16981
龙岗区	信义假日名城	布吉街道百鸽路	多层	78	6	42436
龙岗区	雅景苑二期	红棉一路与连心路交会处	小高层	43	6	23256
龙岗区	愉园新苑	清林东路与吉祥路交会处	高层	13	10	12154
龙岗区	志健时代广场	深惠公路与茂盛路交会处	高层	28	9	26714
龙岗区	紫薇花园	龙岗吉祥中路	多层	228	11	23237
龙岗区	紫薇苑二期	龙岗吉祥中路	高层	51	12	35294

表 7-10 深圳市 2010 年人民法院委托拍卖住宅价格抽样

区域	物业名称	位置	楼层	面积（平方米）	拍卖底价（万元）	拍卖成交价（万元）	成交单价（元/平方米）
罗湖区	集建国际名园	友谊路	21	45.87	499066	630000	13734
	都心名苑	翠园街与中兴路交界东南	23	40.02	544697	560000	13993
	聚龙大厦	文锦中路	12	56.34	611852	660000	11715
	今日家园	东湖路	15	67.62	710010	760000	11239
	梧桐山新居	东门路与文锦路交会处	5	50.81	506888	610000	12006
	银座公寓	东门南路西	4	37.53	406684	530000	14122
	缤纷时代家园	东门中路	25	39.86	503830.4	610000	15304
	东方都会大厦	沿河北路	29	35.2	475798	500000	14205
	港岛银座大厦	解放路北侧	8	57.81	859426	859426	14866
	丹枫白露苑	深南东路	30	94.86	1285068	1480000	15602
	凯悦华庭	罗湖区春风路	18	67.86	801928	980000	14441
	金祥悦园	罗湖区红岗北路	4	67.41	640395	640395	9500
	华清园	罗沙路口	4	74.32	544736	680000	9150
	名骏豪庭	罗沙路南	28	68.85	796565	796565	11570
	鸿翔花园	笋岗路南侧	6	34.77	405695	490000	14093
福田区	汇港名苑	滨河路	13	51.29	738542	750000	14623
	玮鹏花园	上步中路与深南中路交会处	4	101.5	1667201	2670000	26305
	佳兆业中心	福田区深南中路	7	69.02	1118124	1150000	16662
	港丽豪园二期	彩田路与滨河大道交会处	15	60.35	1110440	1390000	23032
	五洲星苑	福田区新闻路	14	40.82	755170	790000	19353
	名津广场	落马洲大桥与深圳河交会处	10	62.39	1003231	1160000	18593
	南光捷佳大厦	深南中路	33	86.47	1086063	1260000	14572
	漾福居	福华路南	22	70.02	946671	1370000	19566
	润裕山景豪苑	沿河路以东	10	81.6	1244400	1540000	18873
	益田花园 D 区	玉园路东侧	20	57.18	582628	760000	13291
南山区	光彩新世纪家园	创业路南、南光路西	13	90.91	962919	1340000	14740
	半岛城邦花园	东角头	2	84.1	1334230	1470000	17479
	海韵嘉园	公园路与望海路交界东北	20	76.84	907470.4	1340000	17439
	山水情家园	荔湾路东，内环路南	7	82	918400	1050000	12805
	鸣溪谷	沿山路与工业六路交会处	8	138.11	3021074	3021074	21874
	瑞景华庭	内环路北	10	55.06	480123.2	530000	9626

（接下表）

（续上表）

区 域	物业名称	位 置	楼 层	面积（平方米）	拍卖底价（万元）	拍卖成交价（万元）	成交单价(元/平方米)
南山区	城市山谷花园	铜锣路	9	44	486077	570000	12955
	金晖大厦	南海大道西、粤海路南	9	45.8	423192	480000	10480
	深圳湾畔花园	南山大道与学府路交会处	32	98.43	1679860	1930000	19608
	怡然天地居	龙珠大道与龙珠四路交会处	1	64.96	649600	740000	11392
	信和自由广场	南山区南油大道东侧	9	87.21	1130242	1290000	14792
	金色海琴苑	南山区商业文化中心区	15	80.72	723252	880000	10902
	荟芳园	深圳南山南油大道	14	120.38	845549	990000	8224
盐田区	金港盛世华庭	盐田路	22	54.3	423607	510000	9392
	东海丽景花园	东海大道	22	28.89	196676	260000	9000
	南方明珠花园二期	东海大道十号小区	4	102.13	811934	811934	7950
	海语东园	泰宁路北侧	6	55.37	487256	520000	9391
	和亨中心广场	明珠大道和盐北四街交会处	4	53.56	336356.8	420000	7842
	海阔.凌海	盐梅路与内环路交界	2	66.93	910696	970000	14493
	云顶天海花园	迎宾路与内环路交界西北	4	30.93	279292.8	380000	12286
宝安区	春华四季园	龙华街道	3	142.27	1564970	1820000	12793
	可乐园	龙华街道	2	37.77	264390	280000	7413
	中海西岸华府	松岗街道	9	51.35	362201	390000	7595
	桃源盛世园	西乡街道	8	126.75	1178395	1250000	9862
	幸福海岸	宝安中心区	26	183.98	2502128	3100000	16850
	深业*新岸线	宝安中心区	14	122.02	1405670	1860000	15243
	时代景苑二期	福永街道广深高速东侧	13	72.01	342117	420000	5833
	金石雅苑	福永街道广深公路西侧	2	72.59	319396	400000	5510
	立新湖花园	福永街道广深公路西侧	8	178.52	481290	570000	3193
	苹果园	龙华街道	4	43.03	365755	390000	9063
	翠景居	西乡街道	8	36.96	192192	220000	5952
	美丽 365	龙华街道东环二	1	120.75	917700	970000	8033
	万家灯火花园	龙华街道梅观高速	7	135.58	1269040	1370000	10105
	万家灯火花园	龙华街道梅观高速	7	135.58	1269040	1370000	10105
	富盈门花园	西乡街道	8	72.39	442707.2	630000	8703
	新阳丽舍	龙华街道	3	39.12	179013	179013	4576
	宝安山庄	松岗街道江边村	5	88.69	295653	330000	3721
	桃源居 12 区	西乡街道广深公路东侧	9	158.75	1071512	1190000	7496
	弘雅花园三期	新安街道建安路	3	124.74	1166319	1166319	9350
	冠城世家	新安街道前进路	18	120.67	1303236	1620000	13425

（接下表）

（续上表）

区域	物业名称	位置	楼层	面积（平方米）	拍卖底价（万元）	拍卖成交价（万元）	成交单价（元/平方米）
龙岗区	长江花园	中心城20区	2	75.34	376700	390000	5177
	榭丽花园	龙岗街道龙河路	2	69.97	401138	460000	6574
	东方半岛花园	布吉大芬	10	74.04	466452	510000	6888
	桂芳园	布吉街道	7	50.96	471778	580000	11381
	华兴苑	龙岗街道龙岗路	5	88.06	394508	470000	5337
	德兴城	龙岗区布吉街道水径	4	79.86	319440	430000	5384
	龙城华府	龙岗区龙城34区	2	76.11	475596	510000	6701
	水岸新都	龙岗街道新生村	6	81.56	639430	720000	8828
	德沁苑	龙岗区龙岗街道南联	7	67.78	391497.6	490000	7229
	锦龙名苑	龙岗区龙岗街道南联社区	3	134.7	768328	768328	5704
	平湖满庭芳	龙岗区平湖街道凤凰大道侧	6	89.12	414363.1	414363.1	4649
	鸿景春天花园	龙岗街道	6	108.46	501519	620000	5716
	九州家园	龙岗街道	6	133.08	723955	750000	5636
	天健现代城	龙岗中心城	14	89.69	578240	830000	9254
	盛龙花园	龙岗中心城东	7	98.96	491831	500000	5053
	宏兴苑	龙岗中心城	7	108.57	538507	620000	5711
	东都雅苑	平湖街道	5	47.92	184880	184880	3858
	水晶之城	横岗街道荷坳村	2	68.27	365577	510000	7470
	叠翠新峰花园	龙岗街道吓岗村	1	66.53	392000	510000	7666
	盈富家园	大工业区燕子岭	6	75.67	280221	360000	4757
	志健时代广场	横岗村	20	71.98	576560	576560	8010
	新城花园	龙岗街道新生村	3	98.48	291500	310000	3148
	隆盛花园	横岗街道四联村	9	96.22	582869	700000	7275
	中城康桥花园二期	布吉街道	17	84.72	540517	670000	7908
	锦城星苑	龙岗街道	2	31.8	148634	148634	4674
	吉祥来花园	龙岗街道	4	70.93	461045	520000	7331
	爱地花园	龙岗中心城	8	73.35	233546	250000	3408
	海逸雅居	龙岗中心城	7	115.85	710222.4	820000	7078

表 7-11　深圳市 2010 年人民法院委托拍卖办公楼价格抽样

区域	物业名称	位置	楼层	面积（平方米）	拍卖底价（万元）	拍卖成交价（万元）	成交单价（元/平方米）
罗湖区	中民时代广场	笋岗路	11	208.45	1613403	1613403	7740
	森威大厦	新安路	5	40.71	318750	390000	9580
	太平洋商贸大厦	嘉宾路	23	2134.72	14004282	20200000	9463
	天俊大厦	东门南路西	9	771.94	6793072	7040000	9120
	外贸集团大厦	中兴路	20	115.4	755870	810000	7019
	中建大厦	深南东路	20	1021.3	7027259	7027259	6881
福田区	深勘大厦	上步中路	11	179.09	1907667	1907667	10652
	万基商务大厦	福华路	23	337.57	3510728	3880000	11494
	华丰大厦	新洲路	18	112.78	902240	1080000	9576
	联合广场	滨河路	37	289.56	3011424	3011424	10400

表 7-12　深圳市 2010 年人民法院委托拍卖商业用房价格抽样

区域	物业名称	位置	楼层	面积（平方米）	拍卖底价（万元）	拍卖成交价（万元）	成交单价（元/平方米）
罗湖区	聚福花园	莲塘罗沙路	1	85.02	2053870	3470000	40814
	港岛银座大厦	解放路北侧	1	16.83	103404	130000	7724
福田区	联合广场	滨河路	4	2081	8152537	8152537	3918
	玉福楼	东园路北	2	1185.53	7597825	9190000	7752
南山区	汇宾广场	内环路以南	1	37.64	356068.8	550000	14612
	保利城花园	南油大道东、创业路北	2	1753.13	22984236	23180000	13222
宝安区	金成时代家园	宝安大道	1	77.45	1510275	1930000	24919
	赛龙豪轩	龙华街道东环一路东侧	1	116.19	1161900	1880000	16180
	松涛花园	松岗街道东方村	1	43.59	139488	139488	3200
	泰华豪园	西乡街道宝民路	1	494.12	5692262	6470000	13094
	桃源居 14 区	西乡街道	1	153.27	2516693	2950000	19247
	白金酒店公寓	笋岗仓库内	1	7.89	53680	53680	6804
	文乐花园	新安街道	1	35.8	297498	460000	12849
龙岗区	翡翠星光园	布吉街道白鸽笼	4	2927.74	19112800	19112800	6528
	国都花园	布吉街道东门头	2	22.21	333150	400000	18010
	爱地花园	中心城	1	48.04	408340	408340	8500
	龙兴商业广场	龙岗中心广场	2	14.94	62838	75000	5020

第三节　房地产转让税费

房地产转让税费分为二级市场转让税费、三级市场转让税费和政策性住房换证登记税费。房地产二级市场转让税费，是指房地产建设方作为转让人对所建房地产的第一次转让过程中所发生的税费；房地产三级市场转让税费，是指在房地产二级市场转让后再转让过程中发生的税费；政策性住房换证登记税费，是指符合规定条件的政策性住房转商品房登记过程中发生的税费。

表 7-15　深圳市 2010 年房地产二级市场转让税费

序号	税（费）名称	税（费）率	计算基数	收取对象	征收部门
1	销售营业税	5%	合同销售价	转让方	税务机关
2	城市建设维护税	1%	营业税	转让方	税务机关
3	印花税	免征或 0.5‰	合同销售价	双方	登记机关代征
4	房地产证贴花	5 元		受让方	登记机关
5	企业所得税	15%	所得额	转让方	税务机关
6	契税	1.5%或 3%	合同销售价	受让方	登记机关代征
7	登记费	个人 50 元/证 单位 80 元/证		受让方	登记机关
8	交易手续费	商品房住宅：3 元/平方米		转让方	登记机关
		住宅以外的房地产：6 元/平方米		双方各 50%	
9	教育费附加	3%	营业税	转让方	税务机关
10	土地增值税	别墅、度假村、酒店式公寓 1%；其他房地产 0.5%	销售收入	转让方	税务机关

注：

1. 契税：个人购买自用普通住房的，按登记价值 1.5%的税率征收，其他土地房屋权属转移一律按 3%的税率征收。
2. 印花税：A、个人销售或购买住房暂免征收印花税；B、其他情形按登记价值 0.5‰计征。
3. 登记费：申请人为单位的每证 80 元，申请人为个人的每证 50 元。
4. 房地产交易手续费：新建成商品住房的房地产交易手续费按 3 元/平方米收取，经济适用房的房地产交易服务费减半计收，由转让方承担；住房以外的房地产交易服务费按 6 元/平方米收取，由交易双方各承担 50%。

*普通住房须同时满足以下条件：同时满足以下条件的为“普通住房”，即住宅小区建筑容积率在 1.0 以上、单套住房套内建筑面积 120 平方米以下或单套建筑面积 144 平方米以下、实际成交价格低于同级别土地住房平均交易价格 1.44 倍以下。

5. 城市建设维护税税率自 2010 年 12 月调整为营业税的 7%.

表 7-14　深圳市 2010 年政策性住房换证登记税费

序号	税（费）名称	税（费）率	计算基数		征收部门
1	国有土地收益金	1%	房改购买价		登记机关代征
2	印花税	0.05%	登记价		登记机关代征
3	登记费	50 元	件		登记机关

表 7-15　深圳市 2010 年房地产三级市场转让税费

序号	税（费）种	计 算 基 数	收取对象	税（费）率	征 收 部 门
1	销售营业税	实际销售金额全额或实际销售金额减去原登记价的差价	转让方	5%	登记部门代征
2	城市建设维护税	营业税	转让方	1%	登记部门代征
3	教育费附加	营业税	转让方	3%	登记部门代征
4	印花税	实际销售金额	转让方	0.05%	登记部门代征
			受让方	0.05%	
5	个人（单位）所得税	实际转让收入金额减去房地产原价、转让住房过程中缴纳的税金及有关合理费用的余额	转让方	个人 20%	登记部门代征
				单位 15%	税务部门征收
6	契　税	实际销售金额	受让方	1.5%或 3%	登记部门代收
7	土地增值税	房地产转让收入金额减去该房地产原价以及转让环节发生的各项税费后的余额	转让方	30%～60%	登记部门代收
8	登记费	件	受让方	个人 50 元 单位 80 元	登记部门收取
9	房地产交易手续费	建筑面积	转让方	每平方米 3 元	登记部门收取
			受让方	每平方米 3 元	
10	《房地产证》贴花	本	受让方	5 元	登记部门代收

注：

1. 契税：个人购买自用普通住房的，按登记价值 1.5%的税率征收，其他土地房屋权属转移一律按 3%的税率征收。

2. 营业税：个人购买住房五年内销售的，全额计征营业税。个人购买普通住宅五年后销售的，销售价等于或低于原价，未产生营业税的，不需向税务部门申请减免。个人购买普通住宅五年后销售，销售价高于原登记价的，提交税务部门免税证明后免征营业税，否则差额计征营业税。个人购买非普通住宅五年后销售，售价高于原价的，差额计征营业税。

3. 印花税：对个人销售或购买住房暂免征印花税。

4. 土地增值税：

（1）对个人销售住房暂免征收土地增值税。

（2）房地产转让收入：以房地产转让合同确定的价格为准。扣除项目包括房地产原价、转让环节税费。房地产原价：包括原房地产权属登记价格，以及转让方原购入该房地产时缴纳的印花税、契税和支付的登记费、中介费。转让环节税费：转让方在本转让环节缴纳的营业税、印花税、城建税、教育费附加，以及转让房产支付的交易服务费、中介费。有关税费以合法有效税票、发票和财政收据上注明的数额为准。

（3）征收税率：

①土地增值税实行 4 级累进税率：

A、 增值额未超过扣除项目金额 50%的部分，税率为 30%。

B、增值额超过扣除项目金额 50%、未超过扣除项目金额 100%的部分税率为 40%。

C、增值额超过扣除项目金额 100%、未超过扣除项目金额 200%的部分税率为 50%。

D、增值额超过扣除项目金额 200%的部分税率为 60%。

上述每级“增值额未超过扣除项目金额”的比例，均包括本比例数。

②土地增值税税额的计算：可按增值额乘以适用的税率减去扣除项目金额乘以速算扣除系数的简便方法计算，具体公式如下：

A、增值额未超过扣除项目金额 50%，土地增值税税额：增值额×30%

B、增值额超过扣除项目金额 50%，未超过 100%的，土地增值税税额：增值额×40% – 扣除项目金额×5%

C、增值额超过扣除项目金额 100%，未超过 200%的，土地增值税税额：增值额×50% – 扣除项目金额×15%

D、增值额超过扣除项目 200%的，土地增值税税额：增值额×60% – 扣除项目金额×35%

公式中的 5%、15%、35%为速算扣除系数。

5. 房地产交易手续费：按 6 元/平方米收取，由交易双方各承担 50%。

6. 所有减免税项目由纳税人向主管税务部门申请，国土房管产权登记单位凭主管税务机关减免税批文办理减免税手续。

*同时满足以下条件的为“普通住房”：即住宅小区建筑容积率在 1.0 以上、单套住房套内建筑面积 120 平方米以下或单套建筑面积 144 平方米以下、实际成交价格低于同级别土地住房平均交易价格 1.44 倍以下。

7. 城市建设维护税税率自 2010 年 12 月调整为营业税的 7%

第八章　房屋租赁

第一节　租赁管理

一、概述

2010 年，深圳市流动人口和出租屋管理部门在各级党委政府和政法综治部门的领导下，坚持以科学发展观为指导，认真贯彻落实党的十七大和市五次党代会精神，紧紧围绕市委、市政府工作的中心任务，以维护社会和谐稳定、促进房屋租赁市场健康发展为目标，以深化社会管理创新为动力，以开展出租屋清理整治和流动人口信息采集大会战为契机，不断加大管理服务工作的力度，全市上下团结一致、齐心协力，抓重点，攻难关，出实招，闯新路，推动流动人口和出租屋管理服务工作迈上了一个新的台阶。全年共采集流动人口信息 1652.6 万条，注销 1385.6 万条；排查通报各类隐患信息 108.2 万宗；查处违法租赁案件 5200 宗，罚款 619.8 万元；办理房屋租赁合同登记、备案 30 余万份，新增管理面积 3169.2 万平方米，累计达 23757.2 万平方米；征收房屋租赁税费 13 亿元，比上年增长 11.3%。通过全面加强人口管理、租赁管理、综合管理和税费征收工作，有效地维护了社会稳定和市场秩序，促进了社会治安状况的好转。

2010 年，坚持把流动人口信息采集当作各项工作的突出重点来抓，根据流动人口快速回升的态势，积极采取有效措施，着力抓早、抓好、抓实，确保流动人口底数清楚、管控有力。一是扎实开展信息采集大会战。根据全市统一部署，上半年，深圳市流动人口和出租屋管理部门组织全系统力量集中开展了为期两个月的信息采集大会战。按照网格化管理和七天周期的要求，对辖区出租屋多次进行地毯式清查，尤其对登记管

理比较薄弱的住宅区和工厂内部居住人员进行了重点采集，确保信息采集登记不留死角。行动期间，全市共出动管理员 52 万人次，核查出租屋 680 万套间次，采集流动人口信息 473.7 万条，注销 336.6 万条，两个月信息变更率达 35%，特别是一些后进地区的信息采集率、注销率有了明显提高。二是积极推进信息申报工作。在全面推行五种管理模式的基础上，紧紧抓住出租屋业主、物业公司和用人单位等关键环节，认真实施流动人口信息业主申报制度，着力扭转流动人口管理工作的被动局面。为了方便信息申报，与有关部门合作开通了短信申报和网络申报平台，完善了信息申报方式；督促当事人落实了楼管员和信息员；同时，对信息申报工作进行了广泛宣传。经过积极努力，已有越来越多的当事人开始主动申报人口信息。三是不断完善网格化管理措施。以社区为单位，将辖区出租屋和流动人口划片包干到每一个管理员，定人、定岗、定责，实行精细化管理；管理员巡查走访日清、月结，逐日填写工作日志，作为绩效考核的依据。对包干管理的出租屋和流动人口，合理安排登记时间，实行弹性工作制，既不出现遗漏，又不随意扰民。对排查发现的重点出租屋和高危人员，及时纳入管控范围，进行重点防范。全年共列管丙类出租屋 15683 套间、C 类人员 24596 名。四是认真搞好专项督查工作。按照分级负责的原则，由市、区、街道分别抽调专人组建督查队伍，定期对信息采集工作进行专项督查，发现问题，及时督促整改。对个别信息采集率明显偏低的，以专报形式通报有关部门，限期进行整改；对一些地方普遍存在的不重视老人、儿童信息采集、不及时注销人员信息等问题，及时以各种方式提醒警示，明确了规范要求。一年来，市督查组共实地督查 36 个街道、40 个社区，上门抽查出租屋 1412 套间、核查人员 6825 名，有力地促进了管理工作。全年共新采集人口信息 1652.6 万条，注销 1385.6 万条，分别比上年增长 55%和 15.6%。截至 12 月底，累计登记出租屋 560 万套间，登记流动人口 1204.4 万人。

2010 年，大力开展出租屋和重点场所清理整治行动。一是从严排查出租屋隐患。根据综合管理的要求，逐级将出租屋隐患排查任务落实到每一个管理员，特别对容易发生问题的“房中房”、“十元店”、“六小场所”和地下加工厂等重点场所，时刻保持高度警惕，发现问题及时通报并协助进行整改，防患于未然；对个别无合法身份证件、无固定住所、昼伏夜出、行为反常的高危人员，认真落实跟踪管理措施。以社区为单位，建立出租屋隐患登记台账，密切跟踪各类隐患问题整改情况；对治安、消防、无证经营隐患突出的重点区域，及时提请有关部门进行集中整治。一年来，全市共采集通报各类隐患信息 108.2 万宗，比上年净增 34.8 万宗。二是主动协调整改隐患问题。根据大部制改革情况，积极与相关部门协调沟通，就各类隐患信息采集通报问题进行反复研究，进一步明确了隐患信息通报的具体内容，落实了相关部门的工作责任。针对个别基层部门接收隐患信息的消极现象，及时进行协调督导，疏通了隐患信息通报反馈渠道。一些区通过制定出租屋综合整治考核验收标准，将整治工作纳入政府绩效评估指标体系进行考核；并利用新闻媒体对个别重点整治区域进行公示，让群众参与监督整治。经过积极努力，全年共接到相关部门反馈信息 103.8 万宗，平均反馈率达 95.9%，协助整改治安隐患 12.9 万宗、消防隐患 42.1 万宗、违法经营问题 25 万宗，解决计生问题 3.6 万宗。三是大力开展集中整治行动。在综治部门的组织协调下，积极参加各类有针对性的清理整治行动，着力从源头上解决好影响社会治安和城市管理的突出问题，维护社会稳定。一年来，共出动管理员 38.68 万人次，参加各类集中整治行动 19703 次，突击清查出租屋 267.7 万套间，协助抓获犯罪嫌疑人 1168 名，清除消防隐患 48402 处，清理无证经营 19085 宗，清理黑网吧、黑诊所、制假窝点 2775 个。通过开展出租屋和重点场所清理整治百日行动，有效地净化了城中村社会环境，避免了各类重大安全事故的发生。

2010 年，积极推进信息化建设和居住证常态化管理。一是全面升级信息系统。在市、区各级共同努力下，由市发展改革部门批准立项的新的流动人口和出租屋管理信息系统于年初开发完成并上线运行，通过硬件配备、软件升级、电脑员培训、问题反馈和处理完善，保证了新、旧系统的顺利转换和正常运转。新的信息系统作为全市流动人口和出租屋综合管理基础信息平台，以房屋编码为入口，承载了人口和房屋租赁管理

的所有关联业务，包括楼栋及房屋基础信息的建立与维护，出租人、承租人和居住人员信息录入与管理，居住证地址改写，房屋租赁合同登记备案和租赁税费征收等全部业务，无论是业务涵盖范围或是信息处理水平均处于国内领先地位。二是不断深化信息服务工作。依托现有信息资源和技术手段，积极开展“织网工程”，通过全市政务信息平台，建立信息互联互通机制，主动为相关部门提供基础信息服务。对公安、市场监管、社保、计生、教育等部门提供人口、房屋编码和租赁合同信息，做到了实时、动态传输；与公安局居住证和网上追逃系统每天进行流动人口信息交换比对，有效地提高了信息使用价值。三是积极搞好房屋编码和居住证常态管理。与市规划国土委合作，制定深圳市房屋编码标准，并对现有房屋编码规则进行调整。根据新的规则，定期组织人员对房屋现状进行普查，随时对房屋编码进行补充更新，主动做好房屋编码的告知工作。全年共新增房屋编码 24796 栋、71.6 万套间，累计达 67.3 万栋、969.9 万套间。同时，利用自身职能优势，主动承担居住证地址的改写任务，对管理员采集的人口信息，按照同时录入信息系统、同时与居住证信息进行比对、同时进行地址改写的要求，及时进行住址改写，做到了人屋结合、动态管理、相互验证。

2010 年，依法搞好房屋租赁管理和税费征收。一是加强市场调查研究。面对通货膨胀和宏观调控对房地产市场带来的影响，为了维护正常的市场交易秩序，促进房屋租赁市场健康稳定发展，进一步加大了市场调研和服务工作力度。市租赁办通过组建专业调查队伍，在全市设立 15000 个信息采集点，每季度对全市房屋租赁市场进行一次全面调查，形成分析报告，提供相关部门作决策参考，并通过新闻媒体向社会公布，为市民群众提供租房依据。对供过于求、严重空置或市场租金上涨幅度过大的房屋类型，及时发布市场预警；认真测算公布了 2010 年度房屋租赁指导租金标准。由于收集的市场信息全面、准确，提供的分析报告和指导租金权威、可靠，有效地发挥了市场引导作用。截至 12 月底，全市房屋租赁总面积增加到 4.43 亿平方米，全年实现租金交易额 500 多亿元。二是依法规范市场行为。根据市场发展变化情况，认真做好房屋租赁

合同的登记备案工作。重新制定下发《深圳市房屋租赁管理业务规范》，定期对合同登记备案情况进行实地抽查；积极配合教育、文化部门开展房屋租赁合同专项核查，全面清理不合格租赁合同，防止合同造假行为；加强与市场监管部门的工作协调，完善工商业出租屋登记备案、查询手续，主动为其开通租赁合同查询第二渠道；积极做好前期准备，着手实施《房屋租赁凭证》制度；认真做好房屋租赁纠纷的调解工作。全年共办理合同登记、备案 30 万份，累计纳管房屋 2.38 亿平方米，比上年增长 13.3%。三是切实搞好税费征收。主动到辖区开展市场调查，及时了解掌握各类房屋租赁的真实情况，发现新增物业，及时纳入规范管理；结合辖区具体实际，全面推行私房租赁税费核定征收，积极开展合同办理、税费征收“一站式”服务；加强税费征收全过程监督管理，严格规范税费征收程序，全面推行网络征管措施；积极与税务、市场监督管理等部门沟通协调，主动帮助基层管理所解决好合同办理和税费征收方面遇到的实际问题，努力提高工作效率。通过积极努力，全年共征收房屋租赁税费 13 亿元，比上年增长 11.3%。其中管理费 6.7 亿元，增长 8.6%；代征税 6.3 亿元，增长 14.2%，均创历史新高。

2010 年，继续加大行政执法力度。一是积极转变执法思路。紧紧围绕中心工作，积极调整执法思路，开拓案件类型，逐步将执法工作的重点从单纯追求案件数量向扩大行政处罚相对人数量和案件均衡发展方向转变。对人均租住房屋面积达不到最低标准、不主动申报人口信息、不配合出租屋管理的当事人，主动进行调查处理，形成执法攻势，扩大宣传效果。同时，将行政执法与信息督查工作紧密结合起来，相互借力，互为促进，以行政执法促进流动人口管理工作。一些区抓住百日整治和信息采集大会战的有利时机，积极开展集中执法活动，有效地减少了工作阻力。为鼓励群众举报违法租赁线索，经市政府批准，颁布实施了《深圳市房屋租赁违法案件举报奖励办法》。二是切实规范执法行为。为加强执法监督、确保办案质量，及时研究制定了新类型案件处理操作程序，为基层执法工作提供指导；下发《关于进一步规范不予处罚及撤案工作的通知》，从严规范立案、处罚和撤案行为，明确不予处罚及以撤案形式结案的，不作为执法任务进行统计；一些区将一般案件审批权限下放到街道管理所，进一步缩短了办案周期；坚持定期例会和案卷检查制度，及时交流办案经验，遇到疑难案件，共同会商解决，确保每宗案件做到事实清楚、证据确凿、法理充分，经得起各方面的检验。一年来，各区上诉到法院的租赁案件，均胜诉告终。三是不断深化执法工作。积极参与市人大、市法制办组织的立法调研活动，草拟了《深圳经济特区房屋租赁条例》修订稿，提出了《深圳市出租屋管理若干规定》修改意见；主动与法院保持联系，及时了解各类诉讼案件的审理情况，争取对执法工作的理解和支持；认真办理各部门的业务来往文件，及时对《深圳市农城化历史遗留违建的处理决定》等法规文件提出修改意见，确保了房屋租赁执法工作与相关工作协调一致。全年共办结各类违法租赁案件 5200 宗，罚款 619.8 万元，追缴税费 214.1 万元，其中罚款五千元以上案件 194 宗。

2010 年，深入做好宣传教育工作。一是加强新闻媒体宣传。市、区各级按照统一的宣传口径，主动向报纸、杂志、电视、广播、网站等新闻媒体投放宣传稿件，全年共刊发各类宣传报道 680 多篇。市租赁办专门制作流动人口和出租屋管理法规、知识宣传片和公益广告，在电视台播放；一些区和街道通过与报纸、电视、电台合作，集中对出租屋整治工作进行系列报道，进一步扩大了宣传效果。二是主动派发宣传资料。市办印制 100 万张出租屋管理法规政策彩色宣传单张，制作3万个宣传伞和环保宣传袋，印制一批宣传漫画，通过基层网点和管理员上门派发给出租屋业主和承租人。同时，设计制作一批出租屋管理法规宣传灯箱广告，在流动人口集中的社区宣传张贴，并选择一些热点线路，制作公交移动看板，图文并茂地宣传法规、政策。各区、各街道印制大量宣传资料，包括出租屋燃气燃具安全使用宣传单张等，及时派发给辖区群众，有效地提高了群众的安全意识。三是适时开展集中宣传活动。在信息采集大会战和清理整治行动期间，组织基层管理部门在街道路口和人员密集场所张挂、张贴横幅、标语，组织举办广场宣传活动，面对面进行宣传发动；并利用基层服务大厅的多媒体设备，滚动宣传相关法规知识，不断深化宣传工作。通过大张旗鼓的宣传教育，进一步营造了有利的社会环境，扩大了流动人口和出租屋管理工作的社会影响。

二、租赁管理情况

2010年，全市共办理房屋租赁合同登记、备案52.25万份，纳入管理的房屋出租总面积23757.15万平方米，较上年增长13.34%。按区域分，原特区内4853.14万平方米、占20.437%，原特区外18904.01万平方米、占79.57%；按房屋所有权性质分，私人出租7328.48万平方米、占30.85%，单位（含行政事业、各类企业、经济组织、社会团体等）出租16428.67万平方米、占69.15%；按房屋用途分，住宅3845.27万平方米，办公用房1814.31万平方米，商业用房4421.18万平方米，厂房12992.29万平方米，仓库228.49万平方米，其他455.61万平方米。

2010年，全市房屋租金交易总额656亿元。管理部门代征私人房屋租赁税6.34亿元，较上年增长14.23%；征收房屋租赁管理费6.69亿元，较上年增长8.6%。

2010年，全市共办结行政处罚案5200宗，罚款619.84万元，追缴租赁税费214.12万元；调解租赁纠纷571宗，涉及金额396.77万元。

截至2010年12月底，全市共登记住宅出租屋549.31万套（间），采集录入暂住人口信息1204.42万人。

表8-1 深圳市2010年房屋租赁管理情况

单位：万平方米

分类			面积
市场出租房屋	全市		23757.15
	其中	原特区内	4853.14
		原特区外	18904.01

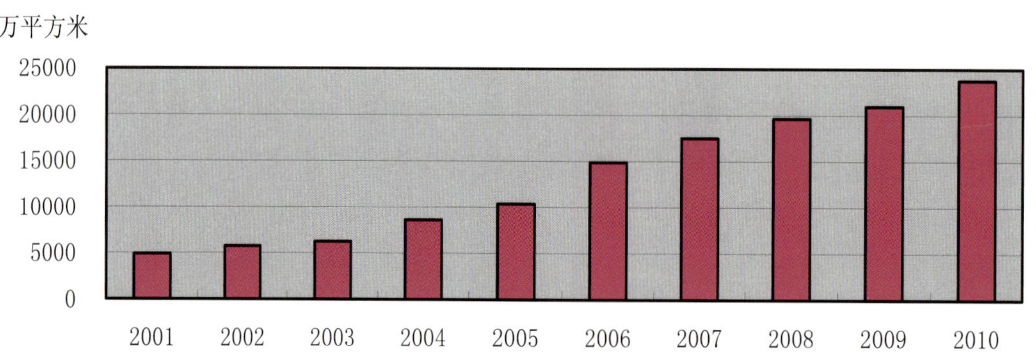

图8-1 深圳市历年房屋租赁管理面积示意

表 8-2　深圳市历年房屋租赁管理面积（按区域分）

单位:万平方米

年份	出租面积	其中							
		罗湖区	福田区	南山区	盐田区	宝安区	龙岗区	光明新区	坪山新区
1996	947.09	413.82	397.17	136.10					
1997	1226.00	1060.00				166.00			
1998	1532.50	356.00	699.51	300.95	22.96	153.08			
1999	2617.65	491.53	787.87	301.10	52.77	382.18	602.00		
2000	4006.11	679.97	885.85	383.42	10.63	1243.00	803.24		
2001	4886.38	453.57	1003.16	498.02	8.97	1762.45	1160.21		
2002	5741.00	529.15	1180.00	690.85	100.00	1911.00	1330.00		
2003	6263.06	523.59	1192.70	513.87	83.90	2169.00	1780.00		
2004	8585.59	636.70	857.13	883.94	137.20	3731.59	2339.03		
2005	10390.54	684.71	1129.41	996.63	166.50	4905.39	2507.90		
2006	14883.91	977.12	1750.07	1331.28	278.69	6371.99	4174.76		
2007	17531.05	1053.60	1876.00	1420.91	280.77	6945.58	5109.89	844.30	
2008	19646.72	1074.37	1666.00	1536.25	311.15	7868.26	6229.31	961.38	
2009	20961.39	1618.01	1081.29	1598.41	307.09	8439.56	5365.09	1038.68	1513.26
2010	23757.15	1835.09	1081.29	1654.09	282.67	9716.37	6306.74	1199.07	1681.83

表 8-3　深圳市历年房屋租赁管理面积（按性质分）

单位:万平方米

年份	出租面积	其中	
		私人出租	单位出租
1996	947.09	329.80	617.29
1997	1226.00	228.22	997.78
1998	1532.50	315.41	1064.09
1999	2617.65	666.50	1951.15
2000	4006.11	1106.81	2899.30
2001	4886.38	1002.43	3883.95
2002	5741.00	880.76	4860.24
2003	6263.06	1142.82	5120.24
2004	8585.59	1114.62	7470.97
2005	10390.54	1602.57	8787.97
2006	14883.91	3892.16	10991.75
2007	17531.05	4699.40	12831.65
2008	19646.72	5453.53	14193.19
2009	20961.39	6240.65	14720.74
2010	23757.15	7328.48	16428.67

注：1996～1998 年“其中”栏数据仅限原特区内。

表 8-4 深圳市历年房屋租赁管理面积（按用途分）

单位:万平方米

年 份	出租面积	其中				
		住 宅	办公楼	商业用房	厂房仓库	其 他
1996	947.09	421.08	119.16	144.46		262.39
1997	1226.00					
1998	1532.50	524.00	209.03	296.60		502.87
1999	2617.65	803.78	257.73	462.34		1093.70
2000	4006.11	1137.56	441.07	686.80		1740.68
2001	4886.38	937.27	502.07	957.08		2489.96
2002	5741.00	446.33	612.98	1138.54		3543.15
2003	6263.06	318.50	501.82	1029.54		4413.20
2004	8585.59	577.43	677.04	1407.92		5923.20
2005	10390.54	657.56	816.41	1952.75		6963.82
2006	14883.91	2240.70	996.30	2389.68	8975.47	281.76
2007	17531.05	2621.25	1286.72	2908.72	10416.95	297.41
2008	19646.72	3079.00	1307.77	3427.27	11500.75	331.93
2009	20961.39	3803.94	1409.12	3631.89	11741.51	374.93
2010	23757.15	3845.27	1814.31	4421.18	13220.78	455.61

注：1997 年未有分功能数据，因此不予列明。

表 8-5 深圳市历年房屋租赁纠纷调解一览表

年 份	调解租赁纠纷（宗）	涉及金额（万元）
2004	384	1257.00
2005	499	3031.55
2006	404	3268.62
2007	219	538.75
2008	231	497.71
2009	333	445.85
2010	571	396.77

表 8-6	深圳市 2010 年行政、企事业、团体房屋租赁税（费）率				
序号	税费名称	税（费）率	计算基数	收取对象	征收范围
1	房产税	12%	（A）租金	出租人	除企业、自然人外的所有出租房屋的法人、团体
		1.20%	（B）房产原值*70%	出租人	出租人为企业单位并按年度交纳
2	营业税	5%	租金	出租人	除企业、自然人外的所有出租房屋的法人、团体
3	企业所得税	15%	租金-已纳税金-费用	出租人	房屋出租的企业（含涉外）、事业单位和团体
4	教育费附加	7%	营业税	出租人	出租房屋的法人、团体和自然人
5	城市建设维护费	3%	营业税	出租人	同上
6	印花税	0.1%	租金	出租人	同上

表 8-7	深圳市 2010 年私人房屋租赁税一览		
税率	计算基数	收取对象	征收范围
4.10%（月租金收入＜5000 元）	租金	出租人	出租房屋的自然人
6.09%（月租金收入≧5000 元）	租金	出租人	出租房屋的自然人

表 8-8	深圳市 2010 年房屋租赁管理费一览			
租类	费率	计算基数	收取对象	征收范围
合同登记	2%	租金	出租人	所有出租人
合同备案	3%	租金	出租人	所有出租人

第二节 租赁价格

一、综合行情

（一）住宅

2010年，全市纳入管理的住宅面积为3845.27万平方米，同比增加1.09%，各区所占比重分别为：福田5.74%、罗湖7.73%、南山5.92%、盐田2.65%、宝安37.41%、龙岗26.20%、光明新区1.14%、坪山新区13.2%。

全市住宅租赁均价为42元/平方米，同比上涨13.5%。全市住宅租金量呈上涨态势，其中，南山和龙岗同比涨幅最大；福田、罗湖和南山涨幅居前；盐田区涨幅最小。如果说罗湖区租金的强劲涨势受益于良好的商业支持，那么福田则是因其无可比拟的、强大的商务支撑优势。

根据市场调查显示，各区的情况是：罗湖区住宅租赁均价为46元/平方米，同比上涨9.5%。其中，蔡屋围片区单价接近58元/平方米，东门其次，翠竹和笋岗单价也在47元/平方米左右，莲塘、银湖和黄贝单价在40元/平方米左右，东晓、东湖和泥岗单价在36元/平方米左右。就部分波动较大的热点楼盘来看，百仕达花园租赁均价为50元/平方米；风格名苑租赁均价为65元/平方米；鹏兴花园、鸿翔花园、名骏豪庭、嘉宝田花园等也别有3.0～4.5%不等的涨幅。福田区住宅租赁均价为53元/平方米，同比上涨12.8%。其中，中心区住宅均价达到64元/平方米；车公庙和香蜜湖其次,均价在60元/平方米左右。八卦岭、石厦、园岭和保税区在51元/平方米左右，此外，新洲、黄木岗、梅林也有4.0～5.0%的涨幅。就部分热点楼盘来看，水榭花都依然是全市租金最高的住宅小区之一，租赁均价达96元/平方米左右，相对平稳，基本上没什么变化；而雅颂居的租赁均价也高达93元/平方米左右，大涨9.9%左右；此外，黄埔雅苑、金域蓝湾、益田村、东海花园、梅林一村等等也有3.0～5.6%的涨幅。南山区住宅租赁均价为48元/平方米，同比上涨18.5%，是全市各区中同比涨幅最大的。其中，红树湾片区是南山租金最高的片区，均价在71元/平方米左右；其次是华侨城片区，均价在60元/平方米左右；此外，西丽、后海、南油、科技园和前海片区也分别有2.0～4.5%不等的涨幅。就部分热点楼盘来看，波托菲诺水岸租赁均价高达94元/平方米，是全市涨幅最大的小区；半岛城邦租赁均价为67元/平方米；中信红树湾租赁均价为83元/平方米。此外，南海玫瑰园、星海名城、波托菲诺天鹅堡、鼎太风华、阳光棕榈园等也有2.0～3.4%的上涨。盐田区住宅租赁均价为36元/平方米，同比上涨12.5%，是全市涨幅最小的片区，主要是受季节性影响较大，全区租金基本上处于稳定略升的状态。其中，沙头角片区涨幅略大，梅沙片区甚至还略有下浮，海山和盐田片区变化幅度不大，基本上保持平衡。宝安区住宅租赁均价为30元/平方米，同比上涨11.1%。其中，观澜富士康周边片区涨幅较大；

宝安中心区租赁均价为 33 元/平方米；民治、龙华、西乡等片区也分别有 3～6%的上涨。但松岗、公明、石岩等片区涨幅很小，基本上维持在稳中略升的平衡状态。就部分热点楼盘来看，第五大道租赁均价为 34 元/平方米；尚都租赁均价为 36 元/平方米,是宝安涨幅最大的两个楼盘；深业新干线租赁均价为 32 元/平方米；此外，锦绣江南、世纪春城、鑫茂花园、桃源居、金地梅陇镇等也分别有 2.0～3.6%的涨幅。龙岗区租赁均价为 26 元/平方米，同比上涨 18.2%。其中，龙岗中心区租赁均价为 22 元/平方米；布吉片区租赁均价为 24 元/平方米；坂田、横岗、南湾也分别有 1.9～3.8%的上涨。但坪地、葵涌、坑梓、大鹏、南澳等片区波动幅度不大，基本保持稳定。就部分热点楼盘来看，中海怡美山庄租赁均价为 21 元/平方米；茵悦之生租赁均价为 27 元/平方米；此外，桂芳园、四季花城、春华四季园、万科城等也分别有 2.0～4.5%不等的涨幅。

（二）商业用房

2010 年，全市纳入管理的商业用房面积为 4421.18 万平方米，同比增加 21.73%，各区所占比重分别为福田 12.78%、罗湖 8.61%、南山 10.23%、盐田 1.41%、宝安 30.09%、龙岗 29.79%、光明新区 2.81%、坪山新区 4.28%。

商业租赁均价为 222 元/平方米，同比上涨 26.1%，继续保持上升态势。各区情况差异不大，罗湖去年涨幅惊人，租金基数明显偏大，因此，上涨幅度相对要偏小一些，但租金绝对值依然遥遥领先于其余各区。东门及整个蔡屋围片区商业气氛日趋浓厚，租赁成交活跃，商圈变得更加成熟，凸显深圳商业核心地位。福田华强北一如既往繁荣，福田中心区也愈成气候，新放盘的商铺租金涨幅高达 10%以上。南山文化中心片区商铺租金上涨最为明显，由于其连接前海与后海湾的特殊地理位置，一些商铺租赁均价上涨 20%以上，该片区商用物业（含写字楼）目前是位居福田中心区、罗湖蔡屋围之后，全市租金第三高位的区域，发展后劲十足。关外地铁沿线商铺空置率的持续下降，加上通胀及业主持有成本不断提高的预期，将进一步加快商铺租金的上涨速度。

（三）办公楼

2010 年，全市纳入管理的办公楼面积为 1814.31 万平方米，同比增加 28.75%，各区所占比重分别为福田 34.16%、罗湖 12.85%、南山 14.65%、盐田 1.12%、宝安 16.34%、龙岗 18.08%、光明新区 1.04%、坪山新区 1.76%。

全市写字楼租赁均价为 109 元/平方米，同比上涨 22.5%，部分写字楼上涨 10%以上。其中南山文化中心和福田中心区涨势明显；其次是中心西区和国贸片区。至 2010 年底深圳写字楼已连续 7 个季度上涨，在新入市高品质写字楼项目带动下，业主普遍提高租金报价。空置率降为 8.9%，同比回落了 0.6%个百分点，空置率低于上海、北京和广州等其它一线城市，但高于毗邻的香港。

近年来，深圳的总部经济日趋发达，中小企业蓬勃发展，需求旺盛，写字楼市场持续升温，租金上涨迅速，且整体入驻情况较为稳定。福田区写字楼租金均价为 121 元/平方米，继续高居其他各区之首，同比上涨 23.5%。其中中心区和中心西区是深圳市写字楼档次最高、密度最大的片区。其中，位于中心区的嘉里建设广场顶层单位创出了深圳写字楼租金的新高，达到了 240 元/平方米；卓越世纪中心 1 号楼租金起价也达到了 200 元/平方米。这些新入市的豪华写字楼号称超甲级写字楼，直接抬高了全市写字楼的租赁均价，连续几个季度以来，深圳写字楼租金已处于稳步上升的通道中，而且这个上升周期至今尚未看到头。此外，皇岗商务中心起租 180 元/平方米以上，单月出租量超过一万平方米，短期内出租率超过 6 成。而那些老牌的甲级写字楼也水涨船高，安联大厦、诺德中心和新世纪中心租赁均价达 170 元/平方米，上涨 9.5%；赛格广场均价

195元/平方米；中心西区均价上涨5.8%，喜年中心和本元大厦租到120元/平方米左右，盛唐大厦均价115元/平方米，有色大厦100～120元/平方米，金润大厦和财富广场110元/平方米左右。罗湖区写字楼租赁均价89元/平方米，同比上涨25.4%。其中，地王大厦租赁均价125元/平方米，嘉里中心均价120元/平方米。蔡屋围片区的京基100从4月份开始已正式启动对外招租，目标直指世界500强企业，租金起价260元/平方米，将直接刷新深圳写字楼的最高租价，其作为深圳新地标的同时，也宛如一个高高耸立的深圳写字楼的租金风向标。此外，罗湖人民南片区地处商业繁华地段，改造后环境得到了整体提升，形成了高雅的城市格调以及气派的都市风貌，多年来的发展积淀形成了浓厚的商业氛围，加上交通便利，写字楼租金又处于相对低位，大部分在60～80元/平方米左右，因而空置率很低。南山区写字楼租赁均价为88元/平方米，同比上涨18.9%。其中，南山文化中心片区随着环境的不断改善，商业气氛越来越浓厚，已成为深圳的后起之秀，片区写字楼均价同比上涨18.5%。海岸城西座平均上涨15元/平方米，达到120元/平方米以上，涨幅达14%左右；南油的汉京国际平均租金也达到了100～110元/平方米。

（四）厂房仓库

2010年，全市纳入管理的厂房面积为12992.29万平方米，同比增加12.7%，各区比重分别为福田2.13%、罗湖0.77%、南山5.29%、盐田0.63%、宝安49.76%、龙岗26.73%、光明新区7.63%、坪山新区7.05%；全市纳入管理的仓库面积为228.49万平方米，同比增长7%，各区比重分别为福田0.81%、罗湖15.14%、南山2.81%、盐田6.08%、宝安33.22%、龙岗31.9%、光明新区1.49%、坪山新区8.56%。

2010年，深圳厂房主要集中在宝安和龙岗二区，关内厂房已越来越少，许多旧厂房都在进行改造升级，成片成栋地变成了商业中心、餐饮娱乐、农贸市场以及办公场地等。新型工业园区厂房普遍受到青睐，而功能单一的老旧厂房将被逐渐淘汰。全市厂房租金总体保持平稳，波动不大；吸纳性较好，空置率创下了1998年危机以来的新低。宝安区厂房租赁均价为15元/平方米，

比上年同期上涨1元/平方米。龙华、民治、大浪、西乡、福永等地厂房出租率高，多数工业区已趋于饱和状态，租金一般在15～20元/平方米之间；而松岗、公明等地的租金要略低一些，空置率也相对要高一些。龙岗区租赁均价为12元/平方米，比上年同期上涨2元/平方米。布吉工业园区一楼租金约在19元/平方米左右；横岗、平湖一楼在14～16元/平方米居多；坪地、坪山、坑梓一楼在13元/平方米左右。但一些老旧厂房租金一般在10元/平方米以下，甚至6～7元/平方米也不少。龙岗还有许多独院厂房，但以简陋的居多，一般在10元/平方米以下。近段时期以来，深圳的新增厂房数量很少，经济危机后空置的厂房经过二年多的吸纳，加上一部分更新改造移作他用，目前供需已趋于平衡，租金涨幅不大，预计短期内将依然维持稳中略升的态势。

二、租赁价格抽样

表 8-9 深圳市 2010 年多层住宅租赁价格抽样

单位：元/平方米・月

位置	物业名称	楼层	租金	位置	物业名称	楼层	租金
罗湖区							
东晓街道	东晓花园	3	21	桂园街道	建设集团大院	2	41
东湖街道	新平村	2	14	翠竹街道	水贝村	2	25
笋岗街道	笋岗新村	4	20	清水河街道	清水河村	2	25
黄贝街道	华侨新村	3	18	南湖街道	文星花园	3	35
莲塘街道	坳下村	1	43	东门街道	湖贝北坊	2	24
福田区							
园岭街道	园岭新村	3	40	沙头街道	沙尾东村	3	25
梅林街道	上梅林新村	4	25	福田街道	上围一村	2	31
南园街道	巴登新村	8	48	华富街道	莲花一村	2	23
华强北街道	通新岭	4	22	莲花街道	莲花北	7	25
福保街道	石厦东村	4	40	香蜜湖街道	建业 1 栋单身公寓	3	26
南山区							
粤海街道	海文花园	6	15	南山街道	北头村西街	4	16
招商街道	赤湾工业园宿舍	8	10	桃源街道	龙井村西区	6	24
南头街道	华侨新村	1	46	沙河街道	白石洲西二坊	7	32
西丽街道	白芒村	4	10	蛇口街道	南水村	4	20
盐田区							
沙头角街道	进出口公司宿舍	3	13	盐田街道	社排上围村	2	15
沙头角街道	沙栏吓村	4	13	梅沙街道	小梅沙村	4	10
海山街道	梧桐路 2005 号	5	25	沙头角保税区	第一生活区	5	21
宝安区							
福永街道	兴围社区南三巷 8 号	3	8	松岗街道	东方社区西山村西区	3	10
民治街道	上塘隔圳新村	4	15	沙井街道	共和福和路西八巷	4	11
龙华街道	油园新村南 4 巷	3	23	大浪街道	新围新村	2	10
观澜街道	章阁社区洛延燕综合楼	2	11	西乡街道	河西二坊	2	10
新安街道	洪浪北路 17 号洪浪公寓	6	16	石岩街道	石龙社区石龙新村一区	3	17
龙岗区							
龙城街道	爱联陂头背村一区	6	6	平湖街道	辅城坳社区新村 2 栋	5	10
南湾街道	宝岭社区和通花园	4	9	坂田街道	泓瀚苑	4	35
布吉街道	盘龙村二巷	5	11	大鹏街道	布新社区石桥五巷	2	5

（接下表）

（续上表）

位置	物业名称	楼层	租金	位置	物业名称	楼层	租金
南澳街道	南隆社区百花园	3	13	龙岗街道	龙东社区源盛路61号	4	4
葵涌街道	高源社区新源路九巷	5	6	横岗街道	安良社区油甘园路	4	7
光明新区							
公明街道	竹园社区旧区二巷一号	5	7	公明街道	长春中路98号长春花园	4	15
光明街道	翠湖社区北区湖畔住宅	4	6	光明街道	荔园住宅区	1	17
坪山新区							
坪山街道	六联社区宝珠路31号	2	10	大工业园区	金牛西路盈富家园	4	12
坑梓街道	金沙社区长隆二区一巷5号	2	8				

表 8-10　　深圳市 2010 年高层住宅租赁价格抽样

单位：元/平方米 • 月

位置	物业名称	楼层	租金	位置	物业名称	楼层	租金
罗湖区							
东门街道	旺业豪苑	19	31	笋岗街道	湖景花园	10	25
东湖街道	新平村	2	14	清水河街道	星湖花园	10	26
黄贝街道	海富花园	18	24	南湖街道	国际名园	14	49
东晓街道	今日家园	16	29	莲塘街道	松源大厦	7	14
翠竹街道	特力大厦	24	28	桂园街道	鸿翔花园	20	34
福田区							
园岭街道	长乐花园	13	34	沙头街道	江西世纪豪庭	10	61
园岭街道	长城大厦	21	45	梅林街道	蓝天绿都家园	14	44
福田街道	城中雅苑	16	63	香蜜湖街道	香荔绿洲	15	80
南园街道	红岭大厦	24	28	华富街道	莲花一村	13	45
华强北街道	都会 100 大厦	26	73	福保街道	中港城新银阁	20	25
南山区							
招商街道	蛇口花园城叠翠轩	8	31	南山街道	向南茗苑	2	24
桃源街道	俊峰丽舍花园	4	25	南山街道	心语家园	15	20
南头街道	愉康大厦	23	40	沙河街道	御景东方	29	140
粤海街道	创世纪滨海花园	21	61	蛇口街道	半岛城邦	33	91
盐田区							
沙头角街道	东埔福苑	13	20	海山街道	海涛花园	2	18
沙头角保税区街道	保税区第二生活区 6 栋	2	17	盐田街道	幸福湾	16	33
梅沙街道	湖心岛公寓	4	18				
宝安区							
福永街道	时代景苑	16	21	新安街道	天悦龙庭	20	34
沙井街道	富通丽沙花都	5	30	新安街道	宝豪华庭	13	32
西乡街道	海语西湾花园	13	25	松岗街道	宝利豪庭	29	40
龙岗区							
龙城街道	天健花园	14	25	布吉街道	京南华庭	7	40
龙城街道	新亚洲花园	4	29.5	布吉街道	龙园意境华府	13	20
龙岗街道	颐景峰苑	4	18	横岗街道	隆盛花园	9	23
龙岗街道	榭丽花园	32	29	坂田街道	中海日辉台花园	11	32

表 8-11 深圳市 2010 年办公楼租赁价格抽样

单位：元/平方米·月

位置	物业名称	楼层	租金	位置	物业名称	楼层	租金
罗湖区							
南湖街道	商检大厦	22	57	黄贝街道	海关大厦	3	102
东湖街道	梧桐山横排岭村	3	16	东晓街道	海鹰大厦	3	15
莲塘街道	名骏豪庭	14	30	笋岗街道	笋岗大厦	19	34
翠竹街道	特力大厦	20	30	东门街道	粮食大厦	5	58
桂园街道	百汇大厦	23	44	清水河街道	金祥都市花园	2	21
福田区							
福保街道	南方国际广场	19	45	莲花街道	天威花园	21	40
园岭街道	长盛大厦	10	85	沙头街道	上沙创新科技园	3	30
华强北街道	赛格广场	33	69	华富街道	现代演艺中心	3	50
南园街道	新城大厦	6	65	香蜜湖街道	财富广场	10	90
福田街道	投资大厦	10	80	梅林街道	多丽科技楼		
南山区							
招商街道	赤湾石油大厦	9	60	南山街道	南油商服大厦	5	40
西丽街道	百旺大厦	4	23	桃源街道	光前村内 A2 栋综合楼	5	20
南头街道	西海明珠花园	23	41	沙河街道	市长交流大厦	21	80
南头街道	西海明珠花园	23	59	蛇口街道	海湾路二号大院	1	19
粤海街道	粤海大厦	12	45				
盐田区							
沙头角街道	邮电大厦	7	25	盐田街道	中铁物流大厦	5	50
沙头角保税区	保发大厦	25	50	梅沙街道	爱琴海	11	38
海山街道	深盐路 2001 号办公楼	2	27	盐田港保税区	嘉里盐田港物流中心	3	75
宝安区							
民治街道	龙塘华侨新村	13	27	松岗街道	东方上报美丽嫦大厦	3	13
石岩街道	水田社区第三工业区	1	10	沙井街道	沙二怡安花园	17	15
龙华街道	华联社区郭吓村一区	2	17	大浪街道	同富邨工业区	1	15
西乡街道	新安五路利康隆大厦	5	30	观澜街道	大富工业区圣阳科技园	4	10
新安街道	建安路东侧新华书店综合大楼	3	38	福永街道	兴围第一工业区	2	20

（接下表）

（续上表）

位置	物业名称	楼层	租金	位置	物业名称	楼层	租金
龙岗区							
坂田街道	东村6巷	1	13	大鹏街道	同富工业区	4	10
布吉街道	西环路5号3号宿舍楼	5	24	南澳街道	南澳湾花园	2	10
龙城街道	爱联社区爱新小区	6	10	横岗街道	安良社区油田路	2	10
葵涌街道	高源社区高源商业城	6	15	龙岗街道	龙东社区中和街	2	10
南湾	宝岭社区桂芳园16栋瑞香阁	8	11	平湖街道	鹅公岭社区宝鹅工业区	3	10
光明新区							
公明街道	红花路25区37栋	5	16	光明街道	翠湖社区清怡花园农行楼	8	15
公明街道	长春中路98号长春花园	2	13				
坪山新区							
坪山街道	南布社区西坑工业区厂房	2	10	坑梓街道	金沙社区金沙路东2号	1	8
坪山街道	六联社区迎西一巷1号	2	10				

表8-12　深圳市2010年商业用房租赁价格抽样

单位：元/平方米·月

位置	物业名称	楼层	租金	位置	物业名称	楼层	租金
罗湖区							
南湖街道	钻石时代	1	356	黄贝街道	文华大厦	4	35
东湖街道	大望村	1	40	莲塘街道	坳下村	1	66
东门街道	湖贝西坊	1	71	翠竹街道	贝丽花园	4	89
东晓街道	东兴四号大院	1	50	桂园街道	松园大楼	1	80
福田区							
园岭街道	长城大厦15栋	1	172	华强北街道	四川大厦	3	66
福保街道	石厦西村	1	100	沙头街道	沙尾西村	1	50
南园街道	埔尾村	1	100	莲花街道	莲花北村	1	87
香蜜湖街道	财富广场	1	193	华富街道	美莲花园	1	80
福田街道	航天大厦	1	239				
南山区							
粤海街道	滨福世纪广场	1	70	沙河街道	御景东方花园裙楼	2	130
招商街道	太子广场	1	33	桃源街道	长源村工业C区	1	15
南山街道	华联花园裙楼商铺	1	25	南头街道	时代骄子大厦	2	110
西丽街道	白芒村南	1	17	蛇口街道	滨海苑11号利安楼	1	200
盐田区							
沙头角街道	鹏湾丽苑	2	27	沙头角保税区	保税区第四生活区	1	21

（接下表）

（续上表）

位置	物业名称	楼层	租金	位置	物业名称	楼层	租金
梅沙街道	大梅沙村	1	30	海山街道	棕榈湾花园	1	65
盐田街道	幸福湾	1	50				
宝安区							
民治街道	龙塘西五巷	1	35	松岗街道	大田洋工业区	1	20
民治街道	上塘松仔园	1	35	大浪街道	新围新村	1	50
龙华街道	三联墩背市场	1	20	大浪街道	嘉义源科技园	1	20
龙华街道	弓村康乐花园	1	20	福永街道	兴围社区中七巷	1	23
新安街道	宝雅花园	1	20	福永街道	兴华路北	1	35
龙岗区							
龙城街道	爱联社区宝荷路宏昌综合楼	1	30	布吉街道	何屋村横向南街	1	38
葵涌街道	高源社区高源路	1	19	坂田街道	吉华路水牛城	1	25
大鹏街道	布新社区布新农贸市场	1	17	南湾街道	宝岭社区颂雅苑	1	40
平湖街道	白坭坑社区塘边路	1	16	横岗街道	安良社区油甘园路	1	14
龙岗街道	龙东社区源盛新村	1	22	南澳街道	东涌红树林商铺	1	35
坪地	六联社区石碧新区四巷	1	10				
光明新区							
公明街道	长兴科技工业园	1	25	光明街道	光明农场旧市场街	1	45
公明街道	荣裕发商业城			光明街道	美景花园		
坪山新区							
坪山街道	南布社区上南路商业区	1	20	坑梓街道	金沙社区狮岭路四巷	1	10
坪山街道	燕子岭生活区B区1号建筑1层	1	24				

表 8-13　深圳市 2010 年工业厂房租赁价格抽样

单位：元/平方米·月

位置	物业名称	楼层	租金	位置	物业名称	楼层	租金
罗湖区							
东晓街道	布心特力工业区	1	16	黄贝街道	新秀村工业区	6	31
东湖街道	梧桐山横排岭村	1	8	清水河街道	湘源工业区	6	20
翠竹街道	特力工业区	1	60	莲塘街道	金田工业区	5	20
笋岗街道	华建工业厂房	3	25				
福田区							
华强北街道	工艺大厦	6	65	莲花街道	华泰综合楼	5	57

（接下表）

（续上表）

位置	物业名称	楼层	租金	位置	物业名称	楼层	租金
园岭街道	八卦岭工业区厂房	3	50	沙头街道	金地工业区	4	32
福田街道	福田村大门坊	1	33	华富街道	皇岗北路理光厂房	1	25
香蜜湖街道	竹子林建业工业区	1	25				
南山区							
南头街道	安乐工业区	4	18	蛇口街道	海湾路二号大院	2	16
招商街道	兴华工业大厦	3	37	桃源街道	长源村工业 D 区	4	12
南山街道	中兴工业城	5	48	西丽街道	牛成第二工业区	2	10
沙河街道	东方科技园华科大厦	5	30	粤海街道	后海工业区	3	18
盐田区							
沙头角街道	东宏晟工业楼	2	13	海山街道	太平洋工业区	8	16
沙头角保税区	保税区工业区 20 栋	9	18	盐田街道	北山工业区 3 栋	3	15
梅沙街道	小梅沙工厂区	3	9				
宝安区							
民治街道	上塘工业区	1	12	松岗街道	东方侯坑工业区	1	8
民治街道	上塘东二业区	1	11	松岗街道	东方大田洋工业区	3	8
龙华街道	油松第六工业区	3	10	大浪街道	西森裕泰科技园	1	10
龙华街道	鹏峰发工业区	4	10	大浪街道	新锐明工业区	3	10
新安街道	东联工业区	2	13.5	福永街道	兴华路轻工厂房	1	10
龙岗区							
坂田	雪村吉华高新科技园	4	10	布吉街道	太子工业区	6	10
龙城街道	爱联嶂背二村玉盘工业园	2	7.5	南湾街道	宝岭社区和通工业厂房	6	10
葵涌街道	第三工业区	2	7	龙岗街道	内榕树塘工业园	1	7
大鹏街道	布新社区同富工业区	4	5	横岗街道	安良社区油甘排村	2	7
平湖街道	白坭坑社区	3	7	坪地街道	六联社区新围村	3	5
光明新区							
公明街道	西田社区锦绣工业园	3	9	光明街道	柑山工业区光达塑料化工厂	1	10
坪山新区							
坪山街道	六联社区飞美路	1	5	坑梓街道	金沙社区金康路 59 号	1	8

第三节　指导租金

《深圳经济特区房屋租赁条例》第十一条规定："市主管机关应根据房屋租赁市场价格水平定期颁布房屋租赁指导租金。当事人可参照指导租金，约定租金数额"，第十五条规定："税务部门和区主管机关征收有关税金或收取房屋租赁管理费时，以指导租金作为计算基数；租赁合同约定的租金高于指导租金时，以合同约定的租金为计算基数……"。根据以上规定，市房屋租赁管理办公室组织调查、测算、制定了《深圳市 2010 年房屋租赁指导租金》，其适用于深圳市 2010 年的分地段、分用途的指导租金水平。

表 8-14

福田区 2010 年房屋租赁指导租金汇总表

单位：元/平方米·月

街道行政区域	路段号	区域位置 \ 指导租金 \ 用途	住宅				办公		商业					厂房			仓库
									高层		多层						
			带电梯	不带电梯	平房	别墅	高层	多层	一楼	二楼以上	一楼	二楼以上	简易	一楼	二楼以上	简易	
园岭街道行政区域	1	华强北路以东，上步中路以西，笋岗路以南，红荔路以北	35	30			55	35	90	60	100	50					
	2	上步中路以东，红岭中路以西，笋岗路以南，红荔路以北	30	25			25	20	150	70	130	40					
	3	泥岗西路以东，上步北路以西，笋岗西路以北（百花二期、体育场）					50	55	51	0	120	80					
	4	八卦二路（上步北路以东，红岭北路以西，八卦二路以南，笋岗西路以北）	35	28			40	30	90	40	80	40		65	30		
	5	八卦三路（上步北路以东，红岭北路以西，八卦三路以南，八卦二路以北）	35	30			60	35	85	42	110	45		70	30		
	6	八卦四路（八卦五街以东，红岭北路以西，泥岗西路以南，八卦三路以北）	30	25			38	35	80	40	90	40		60	30		
华强北街道行政区域	1	赛格广场					100		800	90							
	2	潮流前线地铁商铺							200								
	3	电子科技大厦					90		200	90							
	4	华强北路沿街两侧的房屋	50	40			70		300	80	200	85		100	45		40
	5	华强北路以东,华发北路以西,红荔路以南，深南中路以北	45	38			50	40	200	70	200	80		90	45		40
	6	华发北路以东,燕南路以西，红荔路以南，深南中路以北	45	35			50	35	100	60	100	70		90	40		35
	7	燕南路以东，上步中路以西，红荔路以南，深南中路以北	40	35			50	40	100	55	110	60					
	8	红岭中路以东，上步中路以西，红荔路以南，深南中路以北	40	30			50	35	100		100						
	9	华富路以东，华强北路以西,红荔路以南，深南中路以北	40	35			50	40	130	60	100	60		100	45		
	10	华富路以东南，华强北路以西,红荔路以北	35	30			50	40	100	60	100	60		70	35		

（接下表）

（续上表）

街道行政区域	路段号	指导租金 区域位置 \ 用途	住宅				办公		商业					厂房			仓库
			带电梯	不带电梯	平房	别墅	高层	多层	高层		多层		简易	一楼	二楼以上	简易	
									一楼	二楼以上	一楼	二楼以上					
南园街道行政区域	1	华强南路以东，上步南路以西，深南中路以南，南园路以北	30	27			35	30	260	70	100	50					
	2	上步南路以东，红岭南路以西，深南中路以南，南园路以北(中信广场除外)	28				50		150	90	150						
	3	华强南路以东，上步南路以西，南园路以南，滨河路以北	28	25			30	28	140	35	100						
	4	上步南路以东，红岭南路以西，南园路以南，东园路以北	28	25			30	28	170	50	135	45					
	5	华强南路以东，上步南路以西，滨河路以南，深圳河以北	28	20			30	28	100	30	55	38					
	6	上步南路以东，红岭南路以西，东园路以南，深圳河以北	28	20			35	28	70	30	80	40					
	7	中信广场					90		350	200							
华富街道行政区域	1	皇岗路以东，华富路以西，笋岗西路以南，深南中路以北	23	23			30	30	70	45	130	100					
	2	皇岗北路以东，泥岗西路以西，北环大道以南，笋岗西路以北	28	23			33	30	90	40	100	50					
	3	彩田路以东，皇岗路以西，北环大道以南，深南大道以北	25	23			33	30	180	100	140	90		20	18		
	4	田面村、城市绿洲花园	55														
福田街道行政区域	1	福田路以东，华强南路以西，深南中路以南，福华路以北	25	20	20		40	35	160	60	100	45					
	2	福田路以东，华强南路以西，福华路以南，滨河路以北（福星花园高层、福滨苑高层除外）	30	25	20		35	28	150	55	100	45					
	3	无委大厦	28						70	25							
	4	福星花园高层	25				38		60	25							
	5	福滨苑高层	30				38		70	40							
	6	滨河路以南，广深高速公路以东至南直至深圳河（含皇岗口岸）	30	25			40	25	70	35	70	30					
	7	彩田路以东，福田路以西，深南路以南，滨河路以北（高科利大厦、岗厦东片区除外）	30	20			45	35	160	60	95	40					

（接下表）

（续上表）

街道行政区域	路段号	指导租金 用途 / 区域位置	住宅				办公		商业					厂房			仓库
			带电梯	不带电梯	平房	别墅	高层	多层	高层		多层		简易	一楼	二楼以上	简易	
									一楼	二楼以上	一楼	二楼以上					
福田街道行政区域	8	高科利大厦	30				30		40	35							
	9	岗厦东片区	30				40		50	40							
	10	福强路以东至南，滨河路以南，广深高速公路以西至北	25	20			45	30	80	30	85	35					
	11	新洲路以东，彩田路以西，深南大道以南，滨河大道以北	35	20			80	25	100	70	40	30		13	12		
	12	金田路以东，滨河大道以南，福民路以北	25					25	40	20	35	20					
	13	益田路以东，福民路以南，福强路以北	40	30			50	35	120	60	120	60					
	14	益田路以东，金田路以西，福民路以南，福强路以北	40	30			45	40	120	60	120	60					
	15	益田路以东，金田路以西，滨河大道以南，福民路以北	30	22			40	35	80	50	50	40					
沙头街道行政区域	1	劲松大厦、苍松大厦					65		100	80				100	65		
	2	天安科技创业园、创新科技广场一期二期、云松大厦、海松大厦、水松大厦、盛唐大厦					70		100	80				100	70		
	3	泰然201—213栋厂房、泰然501—503栋厂房、中联通泰厂房									100	50		100	50		
	4	天发大厦、天展大厦、天济大厦、天经大厦、天吉大厦、天祥大厦、天安**301—304**栋厂房									100	55		100	55		
	5	有色大厦、大庆大厦					75		140	100							
	6	英龙大厦、杭钢富春商务大厦、金运世纪、创建大厦、安徽大厦					75		110	95							
	7	喜年中心、数码时代大厦					80		140	100							
	8	金润大厦、本元大厦					80		150	100							
	9	天安高尔夫花园、天安公寓	45	35			50		100								
	10	泰然安华小区		25				50			50			55	40		

（接下表）

（续上表）

街道行政区域	路段号	区域位置 \ 用途 指导租金	住宅				办公		商业					厂房			仓库
			带电梯	不带电梯	平房	别墅	高层	多层	高层		多层		简易	一楼	二楼以上	简易	
									一楼	二楼以上	一楼	二楼以上					
沙头街道行政区域	11	都市阳光名苑、世纪豪庭（江西大厦）					60		110	65							
	12	泰安轩A座B座、泰康轩、泰然宿舍101—108栋	45	35					100		100						
	13	趣园	80														
	14	新沙社区	30	25													
	15	金城社区	40	30			50		130								
	16	丰盛町地铁商业街									300						
	17	新洲南路以西，滨河路以南，福荣路以北(含金地、沙尾工业区)	25	20			45		80	40	80	40		35	20		
福保街道行政区域	1	益田路以西，新洲南路以东，滨河路以南，福民以北	25	20			45	30	80	50	70	40					
	2	福民以南，益田路以西，福强路以北，新洲南路以东	25	20			45	30	80	50	70	40					
	3	新洲南路以东，福强路以南，福荣路以北，益田路以西	28	25					75	45	60	35					
	4	福强路以南，国花路以西，绒花路以北，益田路以东	25	23			40	30	75	45	60	35					
	5	福荣路以南，益田路以西，绒花路以北，新洲南路以东	25	23			40	30	75	45	60	35					
香蜜湖街道行政区域	1	香蜜湖路以东，香梅路以西，北环大道以南，深南大道以北	40	30	20	65	60	40	80	60	80	40	30				
	2	侨城东路以东，农林路以西，侨香路以南，深南大道以北（东海花园、招商银行大厦、深国投广场除外）	40	30	20	65	80	50	150	70	100	50	40	30	20	20	
	3	侨城东路以东，香蜜湖路以西，侨香路以北，北环大道以南	30	20	18	50	40	35	60	40	50	35	20	20	18	18	
	4	东海花园，招商银行大厦	60			65	130		200		300	130					
	5	深国投广场（山姆会员店除外）					120		200	180	200	180					
	6	水榭花都、香榭里花园、中旅国际公馆、香域中央、香蜜湖一号、熙园	50			65											
	7	农林路以东，香蜜湖路以西，侨城东路以南，深南大道以北	50	30	20	65	90	50	180	90	180	90	40				
	8	丰盛町地铁商业街									300	200					

（接下表）

（续上表）

街道行政区域	路段号	指导租金 用途 / 区域位置	住宅				办公		商业					厂房			仓库
									高层		多层						
			带电梯	不带电梯	平房	别墅	高层	多层	一楼	二楼以上	一楼	二楼以上	简易	一楼	二楼以上	简易	
莲花街道行政区域	1	新洲路以东，彩田路以西，红荔路以南，深南大道以北（中银花园除外）	35				100		180	80	130	80					
	2	新洲路以东，彩田路以西，红荔路以北，北环大道以南	25	21			40		80	35	80						
	3	香梅路以东，新洲路以西，北环大道以南，深南大道以北（特区报业大厦除外）	25	21			50		100	40	100	40		30	20		
	4	中银花园	25				60		80	30							
	5	特区报业大厦					80										
	6	新世界商务中心					130		260	110							
梅林街道行政区域	1	梅华路段	28	25			35	28	70		70	50		35	22	20	20
	2	梅林路段	28	25			35	28	70	60	70	50		35	22	20	20
	3	梅丽路段、梅山路段	25	20			28	20	50		50	35		25	20		
	4	中康路段	25	20			28	20	50		50	35		25	20		
	5	林园路段		15							30			20	15		
福田保税区	1	深圳福田保税区围网内工业厂房区					45	40						30	25		30

表 8-15

罗湖区 2010 年房屋租赁指导租金汇总表

单位：元/平方米·月

街道行政区域	路段号	区域位置 \ 指导租金 \ 用途	住宅				办公		商业					厂房			仓库
			带电梯	不带电梯	平房	别墅	高层	多层	高层一楼	高层二楼以上	多层一楼	多层二楼以上	简易	一楼	二楼以上	简易	
南湖街道	1	东门南路以东，深南东路以南，文锦南路以西，深圳河以北。	40	30			55	35	300	100	220	80					
	2	南湖路以东，深南东路以南，东门南路以西，深圳河以北。	40	30			55	50	300	150	250	120					
	3	人民南路以东，深南东路以南，南湖路以西，深圳河以北。	45				55	40	350	150	320	150					
	4	和平路以东，深南东路以南，人民南路以西，深圳河以北。（含口岸、火车站片区）	40	35			45	40	360	150	360	120					
	5	布吉河以东，深南东路以南，和平路以西，深圳河以北。	35	30			45	40	220	90	180	70			20		
	6	罗湖商业城									600	260					
												中庭 600					
	7	嘉里中心					120										
	8	世界金融中心	70				110		250	100							
黄贝街道	1	爱国路-文锦路以东，怡景路以南，沿河路-延芳路-新秀河以西，深圳河以北。	26	22		50	40	35	110	85	100	80					
	2	黄贝岭村片区		20							100						

（接下表）

（续上表）

街道行政区域	路段号	指导租金 区域位置 \ 用途	住宅				办公		商业					厂房			仓库
			带电梯	不带电梯	平房	别墅	高层	多层	高层		多层		简易	一楼	二楼以上	简易	
									一楼	二楼以上	一楼	二楼以上					
黄贝街道	3	爱国路以东，东湖公园以南，莲塘广岭以西，怡景路-罗沙路以北。	25	20			35	30	75	50	65	42					
	4	沿河路-延芳路-新秀河以东，罗沙路以南，深圳河以西，深圳河以北。	22	20	15		35	30	90	70	75	30		25	15	12	
	5	京广中心大厦	26				46										
翠竹街道	1	翠竹路以东，布心路以南，东晓路以西，太宁路以北。	45	30			45	40	150	70	150	70					
	2	文锦路以东，布心路以南，翠竹路以西，田贝四路以北。	35	25			30		150	65	90			35	30	25	
	3	文锦路以东，田贝四路以南，翠竹路以西，东门北路以北。	35	25			30	30	120	60	150	50			25		
	4	翠竹路以东，太宁路以南，爱国路以西，东门北路以北。	35	25			35	30	140	60	120			35	30		
	5	文锦路以东，东门北路以南，爱国路以西。	35	25			35	30	120	60	95						
笋岗街道	1	洪湖公园以东，洪湖公园以南，文锦北路以西，笋岗东路以北。	25	20			35	28	100	55	100	50	55		22		
	2	红岭北路以东，泥岗东路以南，广深铁路（东西线）-梨园路-宝岗路以西，笋岗东路以北。	25	20			35	30	100	45	90	40		30	20	22	
	3	宝岗路以东，广深铁路（东西线）以南，广深铁路（南北线）以西，笋岗东路以北。	25	20			30	30	90	35	80	35					
	4	广深铁路（南北线）以东，泥岗东路以南，洪湖公园以西，笋岗东路以北。	20	20			22				30						

（接下表）

（续上表）

街道行政区域	路段号	区域位置 \ 指导租金 \ 用途	住宅				办公		商业					厂房			仓库
			带电梯	不带电梯	平房	别墅	高层	多层	高层		多层		简易	一楼	二楼以上	简易	
									一楼	二楼以上	一楼	二楼以上					
桂园街道	1	红岭中路以东，笋岗路以南，公园路以西，红桂路以北。	32	25	25		33	31	86	46	70	45					
	2	红岭中路以东，红桂路以南，宝安南路以西，深南东路以北。	35	26	25		40	33	80	70	82	60					
	3	宝安南路以东，红桂路以南，公园路-建设路以西，深南东路以北。	30	25	23		33	32	110	90	110	90					
	4	红岭南路以东，深南东路以南，布吉河以西，深圳河以北。	33	25	23		40	30	200	180	83	60					
	5	地王大厦	70				110		600	280							
	6	华润大厦及万象城					150		600	280							
东门街道	1	建设路以东，立新路-新园路以南，东门中路以西，深南辅道以北。	35	25			35	30	550	300	600	450					
	2	公园路以东，笋岗东路以南，东门中路以西，立新路-新园路以北。	30	25			35	30	200	150	200	100					
	3	东门中路以东，文锦中路以南，文锦中路以西，湖贝路以北。	30	25	18		30	25	300	150	300	150					
	4	建设路以东，深南辅道-湖贝路以南，文锦中路以西，深南东路以北。	35				40	30	300	150	300	150					
	5	罗湖商务中心					70		330	190							
	6	太阳广场						40			650	300					
莲塘街道	1	东湖公园—罗芳村以东，西岭山以南，鹏兴路以西，莲塘河以北	22	18	15		35	35	60	30	60	30		25	18	15	
	2	鹏兴路以东，梧桐山以南，聚宝路以西，罗沙路以北。	25	18			35	25	100	60	90	30		35	25	15	
	3	坳下村以东，梧桐山以南，畔山路以西（不含祥和花园），罗沙路以北。	25	15	15		35	25	200	90	200	90		35	25	15	

（接下表）

（续上表）

街道行政区域	路段号	区域位置（用途 / 指导租金）	住宅				办公		商业					厂房			仓库
			带电梯	不带电梯	平房	别墅	高层	多层	高层		多层		简易	一楼	二楼以上	简易	
									一楼	二楼以上	一楼	二楼以上					
莲塘街道	4	聚宝路以东（含祥和花园、D小区），梧桐山（仙湖）以南， 畔山路以西（不含莲塘村），罗沙路以北。	25	18			35	28	120	80	120	50		35	25	15	
	5	莲南小学以东，罗沙路以南（含凤雅台、玉雅居），梧桐山隧道以西，深圳河以北。	22	15	15		30	25	70	40	50	30		35	25	15	
	6	祥和花园一期、二期	25	18			35	25	200	90	200	90					
东湖街道	1	东晓路以东，布心路以南，爱国路以西，太宁路以北。	25	20			30	25	60	40	80						
	2	东湖路以东，布心长岭分水线以南，沙湾路以西，太白路以北。	35	25					105	45	75						
	3	东晓路以东，布心长岭分水线以南，爱国路以西，布心路以北；布心村；水围村。	30	25				25			60	30		20	18		
	4	大望村、梧桐山村片区。		12							30	20		8	8	8	
	5	插花地片区：金湖、金鹏、金岭。	25	20					65		58						
	6	百仕达东郡、乐湖	75						320	280							
东晓街道	1	布吉路以东，翠山路-围岭公园以南，东昌路以西，布心路以北。	25	20			25	20	150	60	95	40		45	25		
	2	东昌路以东，看守所以南，东晓路以西，布心路以北。	30	16			25	25	90	35	65	30		40	20	20	
	3	布吉路以东，二线关以南，东昌路以西，翠山路-围岭公园以北。	22	16			25	18	65	35	60	30		40	23		
	4	广深铁路以东，布吉海关以南，布吉路以西，泥岗路以北。	25	15			30				85	65					
	5	插花地片区：木棉岭、木棉花、马山、马岗、港发。		12							35						
清水河街道	1	福田区交界（鸡公山）以东，金湖路以南，红岗路以西，北环路-泥岗路以北。	25	20	20	40	45	35	74	60	65	45	43	25	23	19	
	2	红岗路以东，环仓路以南，布吉路以西，泥岗路以北。	29	20	18		40	25	83	33	63	33	38	20	18	13	
	3	红岗路以东，龙岗布吉以南，广深铁路以西，环仓路以北。	29	20	20		40	23	78	33	55	33	38	25	18	17	
	4	插花地片区：玉龙、龙湖。	25	18	18		28	28	40	33	40	28	28	20	15	13	

表 8-16

南山区 2010 年房屋租赁指导租金汇总表

单位：元/平方米·月

街道行政区域	路段号	区域位置 \ 指导租金 \ 用途	住宅				办公		商业					厂房			仓库
			带电梯	不带电梯	平房	别墅	高层	多层	高层		多层		简易	一楼	二楼以上	简易	
									一楼	二楼以上	一楼	二楼以上					
南头街道	1	常兴路、学府路、桃园路、南新路、荔馨村、桃苑公寓、天虹商场、百安居、南景苑	28	22			36	30	150	60	180	50					
		西海明珠、发展银行大厦、教育信息大厦、海岸时代公寓	38	22			50		150	60	180	50					
		新海大厦、愉康大厦、荟芳园、金桃园大厦、时代骄子	28	20		35	40	35	120	50	80	45	50				
		南光路、红花路、南山大道、愉康花园	28				35	30	120	50	60	35					
	2	艺园路、玉泉路、科创中心、软件园、新豪方大厦、名家富居	25	20			65	50	120	50	65	30					
		深南大道、嘉南美地苑、前海华庭、东方新地、钰龙园、鸿洲新都、悠然天地	25	20			40	30	100	45	70	35					
		北环路、马家龙工业区、黎明工业区、塘尾小区		15			40	30	60	40	50	35	20	24	20		20
		前海路、南头街、星海名城、绿海名都、港湾丽都、前海花园	35	25			45	40	120	40	150	35					
		同乐村、建工村、关口路、大新村、龙屋村、义学街、南头城		20	20			30			60	30	30	18	16		20
		中山园路、南山大道、北环路		20	15		40	30	50	30	40	30		26	20		20
粤海街道	1	高新技术产业园南区、创维大厦、TCL 大厦、飞亚达大厦、联想大厦、方大集团、九洲大厦、迈瑞大厦、恒立听海花园、浅水湾花园、滨福世纪广场、纯海岸、锦缎之滨	52	/	/	/	40	40	120	90	100	80	/	40	40	/	/
	2	科技园区、科发路、维用大厦、长城科技大厦、深南花园、汇景花园	38	28	/	/	40	40	95	50	75	45	/	47	42	/	30
	3	麻雀岭工业区、中钢集团、上汽大厦、凯丽花园、豪方花园、缘来居、晶品居	37	28	/	/	33	28	85	60	70	55	/	39	34	/	/

（接下表）

（续上表）

街道行政区域	路段号	区域位置 \ 用途 指导租金	住宅				办公		商业					厂房			仓库
			带电梯	不带电梯	平房	别墅	高层	多层	高层		多层		简易	一楼	二楼以上	简易	
									一楼	二楼以上	一楼	二楼以上					
粤海街道	4	朗景园、莱英花园、城市山谷、英伦名苑	35	28	/	/	40	40	60	50	45	40	/	/	/	/	/
	5	南海大道东、创业路中、滨海大道南、海德一、二、三道、文心一、二、三路；鹏龙大厦、南山书城、茂业大厦、华彩天成、金钟大厦、青春家园、保利城、海岸城、西海湾花园、海岸城东、西座、保利文化广场、天利中央商务广场一、二期	29				70		200	90							
	6	滨海大道南、后海大道、环西路、东滨路、登良路东、南商路；美墅蓝山、城市印象、海印长城、海岸明珠、佳嘉豪苑、滨海之窗、漾日湾畔、观海台、浪琴屿、蔚蓝海岸1～4期、海洋之心、瑞铧苑、育德佳园、招商名仕、文德福、南海花园、海逸苑、名苑居、金海岸、华英大厦、深蓝公寓、梦想家园、粤海大厦、雅仕荔景苑、南油大厦、海晖大厦、信和自由广场、新一代国际公寓、东滨华苑、南油商业街	26	21		50	60	55	120	70	90	50					
	7	华明路、兴南路、龙城、登良路中、学府路东、滨海大道北；南油A、B区、龙城花园、炬建大厦、粤海综合市场、后海花园、京光大厦、后海统建楼、后海村、怡海花园、学林雅苑、海文花园、桂庙村、粤海门村、创世纪滨海花园、锦隆花园	24	18				55	70	40	70	40	60	21	17		13
南山街道	1	学府路、南光路、桂庙路、南山大道两侧、创业路、现代城华庭、深华园、锦福苑、新绿岛、西海花城、南新路、康乐大厦、光彩新天地、常兴路、顺天大厦、怡园大厦	30	22			43	35	150	60	150	45		23	20		17
	2	南海大道西侧、南油一二三四工业区、南山工业区、新保辉、四达大厦、海王大厦、西海湾大厦、鸿瑞花园、缤纷假日、海典居、贵航大厦	30	25			45	35	130	50	100	45	50	25	20		18

（接下表）

（续上表）

街道行政区域	路段号	指导租金（用途）/ 区域位置	住宅				办公		商业					厂房			仓库
			带电梯	不带电梯	平房	别墅	高层	多层	高层 一楼	高层 二楼以上	多层 一楼	多层 二楼以上	简易	一楼	二楼以上	简易	
南山街道	3	天安工业村		23				40						35	30		20
南山街道	4	粤海工业区、中兴工业城、桂庙路、东滨路西、登良路、龙佳园、惠中名苑、瑞景华庭、前海路、阳光棕榈园、中联大厦、前海明珠、福临苑	28	22			40	35	100	40	70	45		25	23		18
南山街道	5	荔湾路、月亮湾大道、农城化自然村，南源、向南、荔山工业区	22	19	18		35	30	80	60	60	45	40	20	16		15
招商街道	1	赤湾石油大厦、海运大厦、南开厂房、赤湾石油基地、南海油脂、赤湾花园、赤湾公寓、海曦楼、赤湾商业街、港湾生活小区、海天楼	25	20	15		60	30			35	25	20	25	20		25
招商街道	2	港湾大道、南港大道两侧、招港大厦、SCT 大厦、集装箱码头、龙港小区、赤湾村、农贸市场		18	12		60	35			50	25		30	25	10	25
招商街道	3	蛇口海上世界、新时代广场、南海酒店、碧涛苑别墅、海滨花园商业中心商铺、太子路商业城、南山宾馆、半山名店坊、南海意库、海涛大厦、招北商铺、科技大厦	50	35		50	90	55	120	50	120	80		50	45		
招商街道	4	海洋石油大厦、华府假日大厦、华达大厦、工业区大厦、金融中心、海滨花园商业中心、顺发办公楼、碧涛苑公寓、南海小筑别墅、招商大厦、发展中心大厦	30	28		50	60	40	110	50	90	70					
招商街道	5	高山花园、海滨花园、海景广场、太子宾馆、水湾大厦、荔园小区、水湾 B、C 区、兴龙大厦、振兴工业大厦、兴华工业大厦、碧涛苑俱乐部、桃花园、蓬莱花园、海洋星苑、蓝月湾畔、海琴苑、半岛花园 A 区、数码大厦	30	28			35	33	80	40	65	40		35	25		
招商街道	6	雍华府、兰园小区、花园城三期、花果山大厦、招北商铺、四海宜家	32	25			30	50	120	80	100	60					

（接下表）

（续上表）

街道行政区域	路段号	区域位置 \ 指导租金 \ 用途	住宅				办公		商业					厂房			仓库
			带电梯	不带电梯	平房	别墅	高层	多层	高层		多层		简易	一楼	二楼以上	简易	
									一楼	二楼以上	一楼	二楼以上					
招商街道	7	金竹园南北座、兰园商住楼、榆园、雍华府临街商铺、花果山小区、振兴小区、招北小区、翠竹园、龙尾村、税务综合楼、	27	25			25	30			80	40					
	8	花园城商业中心、花园城一期商铺、兰园大厦、紫竹园商铺、鲸山、龟山、半山海景别墅、兰溪谷、明华中心、翠谷居、鸣溪谷、天海豪景苑	60	25		60	75		150		120	80					
	9	海月花园一、二、三期、天骄华庭、花半里临街商铺、悠然居、百盈医疗器械园、中建工业大厦、佳利泰大厦、公用事业综合楼、陆氏工业大厦、创业大厦、火炬大厦、南山大厦、联合大厦、玫瑰园商铺、紫竹园商铺	35	25			45	40	100	50	90	40		35	30		
	10	华彩花园、安南花园、利信综合楼、科健大厦、华达工业大厦、宝耀厂房、日海科技大厦、华达宿舍楼、明华楼、招行宿舍、四海市场综合楼、欣荔苑、中农大厦、龙电 A、B 区、南园工业大厦、龙华大厦、半山社区中心	25	22			30	50	80	30	70	35		26	20		
	11	桂园小区、爱榕园小区、榆园小区、农资楼、招商社区大厦、后海批发市场楼、四海光大路、紫竹园小区、四海小区、槟榔园、景园大厦、翠薇园、水湾综合楼、文竹园、半岛花园 B 区、怡庭园、青少年活动中心	25	25			35	50	65	40	65	40					
	12	除以上地段其他区域（含工业一至九路、南海大道、后海大道、招商路、兴华路、四海路、公园路、太子路、爱榕路、水湾路、沿山路、荔园路）	20	18			30	28			40	30		20	18		
桃源街道	1	桃源村、俊峰丽舍、城市假日、郁金香家园、梅州大厦、天地峰景、香瑞园、学城绿园、高发工业区、怡然天地居	22	20			30	25	65	52	50	40		25	20		18
	2	皇庭香格里、龙福苑、水木华庭、中爱花园、桑泰丹华、西湖林语、东明花园	23	20			30	25	68	55	55	45		25	20		

（接下表）

（续上表）

街道行政区域	路段号	区域位置 ＼ 指导租金 ＼ 用途	住宅				办公		商业					厂房			仓库
			带电梯	不带电梯	平房	别墅	高层	多层	高层		多层		简易	一楼	二楼以上	简易	
									一楼	二楼以上	一楼	二楼以上					
桃源街道	3	龙井村、光前村	18	16			25	22	50	45	40	35	20	20	18	16	15
	4	龙辉花园、龙联花园、龙都花园、龙都名园、润城花园	20	18			25	20	60	50	35	30					
	5	体育中心	20	18			30	25	65	60	60	50					
	6	宝珠花园、花半里、朗苑、塘朗雅苑	25	22			35	30			80	50					
	7	丽珠花园、珠光宾馆、珠光村	18	15			25	20			40	30		18	14		12
	8	欧陆经典	20	18			25		50	45							
	9	新屋村、田寮工业A区、丽岛工业区	18	15				20			35	30		18	14	12	12
	10	平山村	25	20		25	30	25	55	40	45	40	25	25	17		
	11	平山工业园、平山大园工业区		15				20			45	40	25	25	17		
	12	民企科技园、红花岭工业南北区		15				20			50	45		28	19		
	13	红花岭工业西区、圳宝		15				20			50	45		25	17		
	14	塘朗村	20	18			28	25	60	50	48	42		25	18		16
	15	长源村		8	8			15			15	13	11	12	11	10	10
西丽街道	1	松坪山高新北区、东部物业综合楼、航天微电机大厦、松坪山住宅区、松坪山商业街		20			40	30			60	45		35	30		18
	2	南国丽城南面、西丽北路两边、众冠花园北面	20	18			35	30	80	70	75	65		22	20		13
	3	南国丽城东面、留仙大道西面沿街、新围旺棠工业区	20	18			38	35	70	60	65	60		20	18		13
	4	新围村、官龙村、九祥岭村	18	18			35	30	45	35	45	30		21	19		12
	5	留仙洞村、留仙洞村关外	16	16			30	25	45	35	40	30		20	17		12
	6	茶光村、文光村、珠光苑	20	15			30	25	60	40	60	40		25	20		18
	7	西丽路沿街、新光路沿街、丽苑一、二、三村、华昌大厦	20	20			40	35	65	40	60	40		25	18		15
	8	西丽湖路两边、西丽沁园路两边		15	12			23			30	25		22	16		

（接下表）

（续上表）

街道行政区域	路段号	区域位置＼指导租金＼用途	住宅				办公		商业					厂房			仓库
			带电梯	不带电梯	平房	别墅	高层	多层	高层一楼	高层二楼以上	多层一楼	多层二楼以上	简易	一楼	二楼以上	简易	
西丽街道	9	大磡村、大磡王京坑村		15	12			20			22	18		15	12	10	10
西丽街道	10	白芒村		16	12			25			30	25		20	15	11	
西丽街道	11	麻磡村、牛成村、麻磡工业区		16	12			25			28	25		18	15	11	12
西丽街道	12	白芒关外（阳光、翻身、新健兴、百旺信、丽河等工业区）		16	12			26			35	32		20	16		15
蛇口街道	1	深圳湾片区（东滨路以南、后海滨路以东）、望海路、南海玫瑰花园、半岛城邦花园	40	35	30	100	60	50	100	80	80		60				
蛇口街道	2	蛇口新街、招商路、渔村路（蛇口新街至蛇口老街段）、蛇口步行街、公园南路、春树里、港湾花园、滨海苑、曙光花园、南苑小区	30	25	25		50	50	80		70		60	30	25		30
蛇口街道	3	蛇口老街、湾厦路、花果路、海昌街、商乐街、海韵嘉园、海尚国际、海湾花园、海畔雅居、米兰一季、米兰二季、蓝漪花园、春天广场	30	25	25	80	50	50	70		65		60				30
蛇口街道	4	后海大道、工业七路、后海公馆、澳城、广博星海华庭、弘都世纪公寓、广物花园、金色阳光雅居、东帝海景家园、金色海琴苑、永乐新村、万丰园、雷岭机关楼、招东小区	30	25	25		50	50	65		60		60				30
蛇口街道	5	湾厦村、海湾村、渔一村、渔二村、围仔西、雷公岭、荣村、南水村		25				40			60						30
沙河街道	1	纯水岸、天鹅堡、益田假日广场、中信红树湾花园、百仕达红树西岸、瑞河耶纳汀兰鹭榭花园、欢乐谷、华侨城购物中心、东方花园别墅区、锦绣花园二期、锦绣花园三期、汉唐大厦	90			110	100	80	140	80	300	250					
沙河街道	2	锦绣花园一期、东方花园、丹霞阁、湖滨花园裙楼、海景花园、中旅广场、云飞阁、东部菜市场、西部菜市场、锦绣中华、民俗村、世界之窗、海景酒店、华侨城步行街、沃尔玛、新侨大厦、乐宾百货、汇文楼、荔海楼、美加广场、假日湾华庭、荔园新村、世界花园、一辉花园、文昌街、生态广场、香年广场	45	30			50	40	200	150	200	150					

（接下表）

（续上表）

街道行政区域	路段号	用途 指导租金 区域位置	住宅				办公		商业					厂房			仓库
			带电梯	不带电梯	平房	别墅	高层	多层	高层		多层		简易	一楼	二楼以上	简易	
									一楼	二楼以上	一楼	二楼以上					
沙河街道	3	光华街、光桥街、中新街、香山村、松山村、佛山街、桂花苑、侨城东街、芳华苑、荔枝苑	45	30				40			65	35					
	4	华侨城东部工业区、中航工业区、建工村、高发东方科技园、美景工业苑、恒通水泥厂、金众工业区小区、华侨城仓库	30	25				30			60	40	30	45	30	20	30
	5	深圳湾畔、桂花苑、御景东方花园裙楼、国际市长交流中心、侨城豪苑、世纪村、美庐锦园、沙河街	45	25		50	80	55	200	150	200	150					
	6	东园综合楼、金三角大厦、绿景公寓、侨洲花园、沙河商场、联发大厦、华侨城仓库、新堂花园	45	25		50	45	30	100	70	65	50	60	42	30	15	20
	7	白石洲村、新塘村、上白石村、下白石村、沙河工业区、	25	23			28	28			60	25	60	25	19	15	15

注：高新技术产业园区协议类厂房适用限制性调剂价格，不适用于本指导租金。

表 3-17

盐田区2010年房屋租赁指导租金汇总表

单位：元/平方米·月

街道行政区域	路段号	用途 指导租金 区域位置	住宅				办公		商业					厂房			仓库
			带电梯	不带电梯	平房	别墅	高层	多层	高层		多层		简易	一楼	二楼以上	简易	
									一楼	二楼以上	一楼	二楼以上					
沙头角街道	桥东	瀚海翠庭、桥东街、海涛路	28	15	12		30	25	80	25	50	10	20	15	15	11	14
		公园路、金融路、桥东丽苑、桥东中区、桥东东区		15	12			25			50	10	20	15	15	13	14
		海滨花园、沙头角购物中心	22	13			25	18	30	10	30	10	15	16	16		15
		天富花园、山海华庭、连富路、深沙路(桥东辖区双号门牌)、田荣路	18	14	12		25	18	40	15	40	10		16	16		15
		金融路一巷、金融路二巷、滨源二巷、沙居委楼.田心市场		14	12			18			30	10	15	13	13	11	12
		盛世名门(金融路一巷)	25				28		120	60							
		盛世名门(沙深路)	25				28		100	60							
		盛世名门(沙盐路)、沙盐路桥东辖区单号门牌	25	15			28	20	150	60	70	30					
	田心	沙盐路(田心辖区双号门牌)、东埔福苑	25	16	13		25	20	90	30	60	10	20	16	16	13	15
		碧桐湾、恩上路、官上路、恩上村、恩上一街/二街	26	15	13		25	20	30	20	50	10	20	15	15	13	14
		田心东路、建工大厦、深沙路东北侧(田心辖区双号门牌)	25	16	13		25	20		20	50	15	20	15	15	13	14
		工业东南街、稳盛大厦、兴田街、粤和街、和田街、田心一街/二街		15	13			20			40	10	20	15	15	12	13
		天丰公寓、沙富小区、深沙路西南侧(田心辖区单号门牌)、深盐路(单号门牌)		13	12			18			40	10	15	12	12	11	12
	沙头角	梧桐路东至看守所、36小区、29小区、山泉小区	20	14	20			20			25	10	25	13	13	11	12
		深盐路(双号门牌)、蓝田一站、元墩东、西街	28	14	20		30	20	45	20	30	10	25	13	13	11	12
		梧桐路西至看守所、园林路、24小区、向园路、25小区、宝桐居、桐海雅庭	20	14	20		25	20	35	15	30	10	25	13	13	11	12

(接下表)

（续上表）

街道行政区域	路段号	用途 / 指导租金 / 区域位置	住宅				办公		商业					厂房			仓库
			带电梯	不带电梯	平房	别墅	高层	多层	高层		多层		简易	一楼	二楼以上	简易	
									一楼	二楼以上	一楼	二楼以上					
沙头角街道	沙头角	梧桐苑、梧桐山花园、山海阳光、桐辉居	20	14	20		25	20	35	15	30	10	25	13	13	11	12
		云深处	38			38											
		梧桐山隧道口、罗沙路、径口村、元墩头村民自建房		13	15			18			25	10	25	12	12	10	12
	东和	公园路、金融路、东和路、诗宁大厦、诗宁里、诗宁别墅、官路吓村一座至五座	17	15	12	15	25	25	60	20	50	10	20	15	15	12	14
		官吓路、沙盐路(东和辖区)、沙中宿舍、瀚海东岸(官吓路)	24	15	12		25	25	120	30	60	10	20	15	15	12	13
		瀚海东岸(沙盐路)、官路吓村村民自建房、梅花楼	24	14	12		25	25	160	30	30	10	15	13	13	11	12
		官吓路47号、25号		15	12			25			40	10	15	15	15	12	14
	中英街	海傍街、阳和街、横头街、大王巷、创意大厦、沙栏吓村、沙头街、碧海苑、碧海园花园、海港别墅	15	13			20	18	45	15	30	10	20	13	13	11	11
		环城路、步步街、桥头街、南天花园、海天园、海韵园、大兴巷、中英街	15	13			20	18	55	15	50	10	20	13	13	11	11
盐田街道	盐田港区	沙盐路、海港大厦、国际侯工楼	18	13	10		55	50	60	50	50	25	40	15	13	12	15
		沿港路、盐田港区内、同运集运楼、检疫楼	18	13	10		50	40	50	40	40	25	40	15	13	12	15
		盐田国际新行政办公楼					55	40	60	40							
		旧水产研究所			10		40	35	45	25	40	25	35	13	12	11	13
	盐田社区	海鲜街一期									90	80	40				15
		海鲜街二期、联裕综合楼		15	12		30	30			40	20	35				15
		盐田老街、旧墟镇内、渔民新村、山边村、沙头村、四合院		15	12		35	30			45	30	30	13	12	11	15
		北山路口、金海雅居、海港城、法院大楼、盐田市场、蔚蓝海湾苑、书香文苑	18	16	13		40	35	50	30	45	30	35	13	12	11	15

（接下表）

（续上表）

街道行政区域	路段号	区域位置 \ 指导租金 \ 用途	住宅 带电梯	住宅 不带电梯	住宅 平房	住宅 别墅	办公 高层	办公 多层	商业 高层 一楼	商业 高层 二楼以上	商业 多层 一楼	商业 多层 二楼以上	商业 简易 二楼以上	厂房 一楼	厂房 二楼以上	厂房 简易	仓库
盐田街道	沿港社区	沿港路、海滨假日、边检大楼	18	16	13		40	35	50	30	45	30	35	13	12	11	15
		沿港新村		15	12		40	35	50	30	45	30	35	13	12	11	15
		沙岗圩、杨梅新村、黄必围		15	12		35	30	50	30	45	30	35	13	11	10	13
		北山道、星港名苑、宏业大厦、裕民大厦、裕民宿舍楼、和亨雅园	18	16	13		40	35	50	35	45	30	35	13	11	10	13
		北山工业区、旧地税楼、旧国税楼		16	13		35	30	50	35	45	30	35	16	13	10	13
		洪安围、吉麻湖		16	12		35	35	45	35	40	30	35	13	12	10	13
		华侨新村一、二期	18	16	13		40	35			45	30	35	13	12	10	13
	东海社区	东海道、中铁物流、五号仓、中铁大厦、依山时代	18	16	13		40	35	50	30	45	30	35	15	13	10	15
		南方明珠一期、九号小区、东海龙腾	18	16	13		40	35	55	30	50	30	35	15	13	10	15
		南方明珠二期、南方明珠市场	18	15	13		40	35	45	30	45	30	35				15
		天利明园、东海丽景一、二期	18	15	13		40	35	50	35	50	30	35				15
		东海道社排门店、洪安二街、社排村上围、下围、小布村内		15	13		35	30	45	25	40	25	30				13
	明珠社区	北山道、轮训队、石头围老围		15	13			35	45	30	45	30	35				15
		东海道、裕宏花园、裕鹏阁、朝阳围市场、金斗岭	18	16	13		40	30	50	35	50	30	35	15	13	12	15
		和亨家家园、和亨中心广场、花样年花港，幸福海	18	16	13		40	30	55	35	55	35	35				15
		盐田路、麓港国际、裕达华庭、金水湾	18	16	13		40	35	60	35	60	35	35				15
		金港盛世华庭	20	16	13		45	35	70	40	60	35	40				15
		明珠路、裕泰办公楼、					35	30	50	30	50	25	35				15
		永安路		15	12		35	30	50	30	45	25	35				14
		三村老围、新围、上围、下围、江屋、龙眼园、朝阳围、石头围		15	12		35	30	45	30	40	25	30				13

（接下表）

（续上表）

街道行政区域	路段号	用途 / 指导租金 / 区域位置	住宅				办公		商业					厂房			仓库
			带电梯	不带电梯	平房	别墅	高层	多层	高层		多层		简易	一楼	二楼以上	简易	
									一楼	二楼以上	一楼	二楼以上	二楼以上				
盐田街道	永安社区	东海道、物流园区、恒盛辉、鸿基、勤辉、怡和仓	18	16	12		40	35	50	40	50	30	35	16	15	12	18
		鑫群大厦、新港大厦	18	16	12		35	30	55	30	50	30	35				15
		西禾树、坜背、四村新老围、伯公树、老圹		13	12		35	30			45	30	30	15	13	12	15
		永安路16号小区		13	12		35	30			45	30	35	15	13	12	15
海山街道	海涛	海涛路、东和路、太平洋住宅区、鹏湾二村、海涛花园	19	16			27	27	75	35	65	30					
		翠堤雅居、棕榈湾花园、海景花园、海天明月居、东和大厦	22	19			29	29	75	35	65	30					
	鹏湾	深盐路、东和路、鹏湾一村	21	17			27	27	100	45	100	45					
		碧海蓝天、海天一色	22	19			29	29	95	40	75	35					
	田东	海山路、深盐路、海山居、海荣居、海月居、东部阳光、华逸园、倚山花园、海都大厦、碧桐海苑、东部山海家园	21	19	15		29	27	95	45	95	45		18	16		16
		翠景花园、供电大楼、海鹏苑、45小区	19	16	15		27	25	75	35	75	35					
		梧桐路、瑞林苑、50号小区、翠海轩	19	16	15		27	25	65	35	60	30					
	梧桐	深盐路东段、海山路、七村集资楼、劳动局综合楼、叶屋村集资楼、沙鑫大厦	19	16	15		27	25	115	55	115	55					
		香径东路、香径南路、井头东街、井头南街、劳动生活一、二所	19	15	15		27	25	85	40	80	35					
		深盐路西段、梧桐路、海山一巷、海鹏工业区、暗径正巷	19	15	15		27	25	55	25	50	25		18	18		18
		井头西街、沙井头村	19	15	15		27	25	55	25	40	20					
		叶屋东街、叶屋村	19	15	15		27	25	55	25	30	15					
梅沙街道	1	盐葵路(大梅沙段)	20	15	10	25	25	25	70	50	65	50	50		10		
	2	盐葵路(滨海、小梅沙段)	20	15	10	25	20	20	50	30	50	30	35		10		
	3	环湖心岛区域	20	15			30	30	70	50	70	50			10		

（接下表）

（续上表）

街道行政区域	路段号	指导租金 / 区域位置 \ 用途	住宅				办公		商业					厂房			仓库
			带电梯	不带电梯	平房	别墅	高层	多层	高层		多层		简易	一楼	二楼以上	简易	
									一楼	二楼以上	一楼	二楼以上					
梅沙街道	4	东海岸社区	20	15	10	25	25	25	70	50	65	50	35		10		
	5	东部华侨城	30	20	20	35	30	30	80	50	80	50	50				
	6	梅沙辖区其他区域	20	10	10	25	20	20	40	25	40	25	30	10	10		
沙头角保税区	1	厂区					20							23	17		18
	2	黄金珠宝大厦					23							25	25		
	3	保发大厦					30		38	38							
	4	生活区		15							30	30					
	5	第一生活区7号楼		15							35	32					
	6	海关楼					25										
	7	保税区配餐中心											8				
盐田港保税区	1	盐田港保税区						55			35						45

表 8-18

宝安区 2010 年房屋租赁指导租金汇总表

单位：元/平方米·月

街道行政区域	路段号或社区	区域位置（指导租金／用途）		住宅				办公		商业					厂房			仓库
				带电梯	不带电梯	平房	别墅	高层	多层	高层一楼	高层二楼以上	多层一楼	多层二楼以上	简易	一楼	二楼以上	简易	
新安街道行政区域		4区	主街道、前进二路、兴华路	20	15	/	/	28	20	50	30	40	25	/	/	/	/	/
			主街道、龙井路	20	15	/	/	28	20	50	30	40	25	/	/	/	/	/
			小区内	18	13	/	/	28	15	30	20	30	20	/	/	/	/	/
		7区	主街道、建安路	15	12	/	/	25	25	90	40	90	40	25	15	12	/	12
			主街道、兴华路	15	12	/	/	25	20	80	30	80	30	25	14	12	/	12
			主街道、新圳路	15	12	/	/	25	20	80	30	80	30	25	14	12	/	12
			主街道、宝民路	15	12	/	/	25	25	50	30	50	30	25	14	12	/	12
			小区内	15	/	/	/	20	20	30	20	30	20	15	14	12	/	12
		8区	主街道、兴华路	20	15	/	/	25	20	80	30	80	30	/	/	/	/	/
			主街道、建安路	20	15	/	/	30	20	90	40	90	40	/	/	/	/	/
			主街道、新圳路	20	15	/	/	30	20	80	30	80	30	/	/	/	/	/
			主街道、前进路	20	15	/	/	30	20	40	30	50	30	/	/	/	/	/
			小区内	20	15	/	/	26	20	30	25	30	20	/	/	/	/	/
		9区	建安路、宝民路、兴华路、主街道	20	15	/	/	30	20	90	40	90	40	/	/	/	/	/
			宝民路白金酒店公寓、广场大厦	20	/	/	/	35	/	55	35	55	35	/	/	/	/	/
			小区内	15	15	/	/	20	20	40	25	40	25	/	/	/	/	/
		10区	兴华路、建安一路主街道	20	18	/	/	20	20	90	40	90	40	/	/	/	/	/
			前进路主街道	20	18	/	/	20	20	50	30	50	30	/	/	/	/	/
			小区内	15	15	/	/	20	20	40	30	40	30	/	/	/	/	/

（接下表）

（续上表）

街道行政区域	路段号或社区	区域位置（指导租金 / 用途）		住宅 带电梯	住宅 不带电梯	住宅 平房	住宅 别墅	办公 高层	办公 多层	商业 高层一楼	商业 高层二楼以上	商业 多层一楼	商业 多层二楼以上	商业 简易	厂房 一楼	厂房 二楼以上	厂房 简易	仓库
新安街道行政区域		21区	主街道、公园路	18	13	/	/	30	25	40	20	40	20	/	/	/	/	/
			主街道、前进路	18	13	/	/	30	/	50	40	50	30	/	/	/	/	/
			小区内	18	13	/	/	25	20	30	20	30	20	/	/	/	/	/
		25区	裕安路	15	13	/	/	20	20	50	25	50	25	/	/	/	/	/
			创业路	15	15	/	/	20	20	60	30	60	30	/	/	/	/	/
			前进路	15	15	/	/	20	20	60	30	60	30	/	/	/	/	/
		29区	建安路	20	15	/	/	20	18	60	30	60	30	/	/	/	/	/
			宝民路一侧	18	15	/	/	20	16	60	30	60	30	/	/	/	/	/
			上川路一侧	18	15	/	/	20	16	50	30	50	30	/	/	/	/	/
			小区内	15	13	/	/	20	16	45	25	45	25	/	/	/	/	/
		30区	建安一路	20	15	/	/	25	20	60	30	60	30	/	/	/	/	/
			前进一路	20	15	/	/	30	25	70	40	70	40	/	/	/	/	/
			冠利达大厦	20	15	/	/	35	30	80	40	80	40	/	/	/	/	/
			上川路	20	15	/	/	25	20	70	70	40	30	/	/	/	/	/
		31区	上合路	25	15	/	/	25	15	60	30	60	30	/	/	/	/	/
			上川路	20	10	/	/	20	15	50	25	50	20	/	/	/	/	/
			怡园路	20	10	/	/	25	15	40	25	40	20	/	/	/	/	/
			前进路	25	10	/	/	25	20	70	30	70	30	/	/	/	/	/
			裕安路	20	10	/	/	20	10	/	/	30	20	/	/	/	/	/
			小区内	20	10	/	/	20	10	20	15	20	15	/	16	12	0	0
		34区	前进路、建安路、宝民路	20	18	/	/	25	20	70	30	70	30	/	18	15	10	10
			流塘路段	18	15	/	/	20	15	35	20	35	20	/	15	12	10	10

（接下表）

（续上表）

街道行政区域	路段号或社区	区域位置（指导租金／用途）		住宅				办公		商业					厂房			仓库
				带电梯	不带电梯	平房	别墅	高层	多层	高层		多层		简易	一楼	二楼以上	简易	
										一楼	二楼以上	一楼	二楼以上					
新安街道行政区域			上川路	/	13	/	/	/	20	/	/	50	20	/	/	/	/	/
		35区	上川路	20	15	/	/	20	15	50	25	50	25	/	/	/	/	/
			上川路6栋、7栋	20	10	/	/	20	15	50	25	70	30	/	/	/	/	/
			前进路	20	10	/	/	25	20	60	25	60	25	/	/	/	/	/
			怡园路	20	10	/	/	20	15	50	25	50	25	/	/	/	/	/
			新四安路	20	10	/	/	20	15	35	25	35	20	/	/	/	/	/
			小区内	20	10	/	/	20	15	25	15	25	15	/	16	12	/	/
		38区	中南花园	20	/	/	/	20	/	20	/	/	/	/	/	/	/	/
			新锦安花园	20	/	/	/	20	/	40	/	/	/	/	/	/	/	/
			翻身路边	/	/	/	/	/	/	/	/	/	50	/	/	/	/	/
			小区内	/	13	/	/	/	15	/	/	35	/	/	10	/	/	/
			自建房	/	10	/	/	15	15	/	/	/	/	/	/	/	/	/
		39区	主要街道及花园外围	/	/	/	/	/	/	40	/	40	/	/	/	/	/	/
			小区内	/	13	/	/	/	15	/	/	20	/	/	10	/	/	10
			自建房	/	10	/	/	15	15	/	/	/	/	/	/	/	/	/
		40区	主要街道及花园外围	/	/	/	/	/	/	60	/	60	/	/	/	/	/	/
			小区内	20	15	/	/	20	15	/	/	20	/	/	10	/	/	10
			自建房	/	10	/	/	15	15	/	/	/	/	/	/	/	/	/
		41区	翻身路边、甲岸路边	/	/	/	/	/	/	/	/	55	/	/	/	/	/	/
			小区内及其他区域	20	10	/	/	20	15	/	/	20	/	/	10	/	/	10
			自建房	/	10	/	/	15	15	/	/	/	/	/	/	/	/	/

（接下表）

（续上表）

街道行政区域	路段号或社区	区域位置（指导租金 / 用途）		住宅				办公		商业					厂房			仓库
				带电梯	不带电梯	平房	别墅	高层	多层	高层 一楼	高层 二楼以上	多层 一楼	多层 二楼以上	简易	一楼	二楼以上	简易	
新安街道行政区域		42区	翻身路边	/	/	/	/	/	/	/	/	60	/	/	/	/	/	/
			小区内	20	13	/	/	20	15	/	/	20	/	/	10	/	/	10
			自建房	/	10	/	/	15	15	/	/	/	/	/	/	/	/	/
		43区	兴华一路边	/	/	/	/	/	/	/	/	40	/	/	/	/	/	/
			翻身路边	/	/	/	/	/	/	/	/	60	/	/	/	/	/	/
			小区内	/	13	/	/	/	15	/	/	20	/	/	10	/	/	10
			自建房	/	10	/	/	15	15	/	/	/	/	/	/	/	/	/
		44区	翻身路边	/	/	/	/	/	/	/	/	60	/	/	/	/	/	/
			小区内	20	13	/	/	20	15	/	/	20	/	/	12	/	/	10
			自建房	/	10	/	/	15	15	/	/	/	/	/	/	/	/	/
		45、46、48、50区	主要街道两侧	20	15	10	/	20	15	60	25	50	20	30	12	10	8	10
			小区内(自建房)	20	10	8	/	20	10	30	20	25	15	15	12	10	8	10
		83、84、N15、N16、N17、N18、N19区	主要街道两侧	20	15	/	/	20	15	65	25	50	20	/	/	/	/	/

（接下表）

（续上表）

街道行政区域	路段号或社区	指导租金 / 用途 / 区域位置		住宅				办公		商业					厂房			仓库
				带电梯	不带电梯	平房	别墅	高层	多层	高层		多层		简易	一楼	二楼以上	简易	
										一楼	二楼以上	一楼	二楼以上					
新安街道行政区域			以上小区内	20	15	/	/	20	15	35	20	30	15	/	/	/	/	/
		3区	主街道	/	15	/	/	30	30	40	20	40	20	/	/	/	/	/
			小区内	20	10	/	/	30	25	30	20	30	20	/	/	/	/	/
		5区	主街道、建安路	15	13	/	/	/	20	/	/	50	30	/	/	/	/	/
			主街道、新圳路	15	13	/	/	/	20	/	/	35	15	/	/	/	/	/
			小区内	20	10	/	/	/	15	/	/	20	15	/	/	/	/	/
		6区	主街道	20	15	/	/	30	30	40	30	35	20	/	/	/	/	/
			小区内	15	13	/	/	25	20	40	25	35	20	/	/	/	/	/
		12区	主街道	18	15	/	/	35	25	/	/	40	20	/	/	/	/	/
			小区内	15	10	/	/	30	20	/	/	20	15	/	/	/	/	/
		19区	主街道、兴华路	13	13	/	/	/	20	/	/	40	20	/	/	/	/	/
			主街道、公园路、新安二路	18	13	/	/	/	20	/	/	35	20	/	/	/	/	/
			小区内	/	10	/	/	/	18	/	/	25	20	/	/	/	/	/
		13区	广深公路旁、小区内	15	12	/	/	18	15	30	20	30	20	/	15	12	10	10
			宝民路	16	13	/	/	25	20	50	30	50	30	/	15	12	10	10
		24区	建安一路、宝民路主街道	15	13	/	/	20	15	50	30	50	30	/	/	/	/	/
			小区内	15	13	/	/	20	15	30	20	30	20	/	/	/	/	/
		32区	新安三路	20	12	/	/	25	15	50	20	40	20	/	/	/	/	/
			上川路	20	10	/	/	20	13	50	23	40	20	/	/	/	/	/
			裕安路	20	12	/	/	25	15	20	15	20	15	/	/	/	/	/
			小区内	20	12	/	/	25	15	20	15	20	15	/	/	/	/	12
		36区	怡园路	20	10	/	/	15	/	/	/	35	15	/	/	/	/	/

（接下表）

（续上表）

街道行政区域	路段号或社区	区域位置		住宅				办公		商业					厂房			仓库
			用途/指导租金	带电梯	不带电梯	平房	别墅	高层	多层	高层一楼	高层二楼以上	多层一楼	多层二楼以上	简易	一楼	二楼以上	简易	
新安街道行政区域			新安四路	20	10	/	/	13	/	/	/	20	13	/	/	/	/	/
			上川路	20	10	/	/	/	13	/	/	35	15	/	/	/	/	/
			小区内	20	10	/	/	25	13	/	/	20	15	/	16	10	/	12
		71区	创业二路	20	10	/	/	/	20	/	/	30	20	/	16	12	/	12
			创业一村	20	10	10	/	/	15	/	/	25	20	/	16	12	/	12
			小区内	20	10	10	/	/	15	/	/	25	20	/	16	12	/	12
		72区	创业路	20	10	10	/	/	20	/	/	25	15	/	16	12	/	12
			小区内	20	10	10	/	/	10	/	/	30	25	/	16	12	/	12
		73区	佳华新村	20	10	/	/	20	15	40	15	40	15	/	/	/	/	/
			流塘路	20	10	/	/	20	15	40	20	40	20	/	/	/	/	/
			新安四路	20	10	/	/	20	15	40	20	40	20	/	/	/	/	/
			怡园路	20	10	/	/	20	15	30	20	30	20	/	/	/	/	/
			小区内	20	10	/	/	20	15	20	10	20	10	/	16	12	/	/
		74区	宝安新村	20	10	/	/	20	10	30	10	30	20	/	/	/	/	/
			流塘路	20	10	/	/	20	10	30	20	30	20	/	/	/	/	/
			怡园路	20	10	/	/	20	20	30	20	30	20	/	/	/	/	/
			小区内	20	10	/	/	20	10	20	15	20	15	/	16	12	/	/
		82.47.49区	主要街道两侧	20	15	/	/	20	10	50	25	40	10	25	12	10	8	10
			小区内（自建房）	20	10	/	/	20	15	35	20	30	15	15	/	/	/	/
		N5区	西城上筑等主要路段	/	/	/	/	/	/	60	/	/	/	/	/	/	/	/
			小区内	20	/	/	/	25	/	30	/	/	/	/	/	/	/	/

（接下表）

（续上表）

街道行政区域	路段号或社区	区域位置		住宅				办公		商业					厂房			仓库
				带电梯	不带电梯	平房	别墅	高层	多层	高层 一楼	高层 二楼以上	多层 一楼	多层 二楼 以上	简易	一楼	二楼以上	简易	
新安街道行政区域		N7区	西岸观邸	20	/	/	/	25	/	30	/	/	/	/	/	/	/	/
		N8区	金泓凯旋城	20	/	/	/	25	/	40	/	/	/	/	/	/	/	/
		N26区	主要街道两侧	/	/	/	/	50	/	65	50	/	/	/	/	/	/	/
		2区	主街道	/	13	/	/	/	25	/	/	35	20	/	/	/	/	/
			小区内	/	13	/	/	/	20	/	/	25	18	/	/	/	/	/
		11区、37区	晶美花园商业街	/	10	/	/	/	15	/	/	40	/	/	10	/	/	10
			小区内	/	10	/	/	/	15	/	/	28	/	/	10	/	/	10
			自建房	/	10	/	/	15	15	/	/	/	/	/	/	/	/	/
		14区	主街道	/	10	/	/	/	25	/	/	30	20	/	/	/	/	/
			小区内	/	10	/	/	/	20	/	/	25	15	/	/	/	/	/
		16区	主街道	15	10	/	/	25	20	/	/	35	25	/	/	/	/	/
			小区内	15	10	/	/	20	15	/	/	25	20	/	/	/	/	/
		18区	主街道	/	13	/	/	/	25	/	/	30	20	/	/	/	/	/
			小区内	/	13	/	/	/	20	/	/	20	15	/	/	/	/	/
		20区	主街道	20	15	/	/	30	25	30	20	30	20	/	/	/	/	/
			小区内	20	15	/	/	20	20	25	20	25	20	/	/	/	/	/
		22区	主街道	/	13	/	/	20	20	/	/	30	25	/	15	12	/	12
			小区内	/	13	/	/	20	18	/	/	25	20	/	15	12	/	12
		23区	主街道	20	13	/	/	25	20	30	20	30	20	/	15	12	/	12

（接下表）

（续上表）

街道行政区域	路段号或社区	区域位置		住宅 带电梯	住宅 不带电梯	住宅 平房	住宅 别墅	办公 高层	办公 多层	商业 高层 一楼	商业 高层 二楼以上	商业 多层 一楼	商业 多层 二楼以上	商业 简易	厂房 一楼	厂房 二楼以上	厂房 简易	仓库
新安街道行政区域			小区内	20	13	/	/	20	20	25	20	25	20	/	15	12	/	12
		26区	主街道	18	13	/	/	20	20	40	20	30	20	/	15	12	12	10
			小区内	18	13	/	/	20	15	20	20	20	20	/	15	12	/	10
		27、28区	主街道	15	13	/	/	20	20	30	20	30	20	/	15	12	12	12
			小区内	15	13	/	/	20	15	20	15	20	15	/	15	12	/	12
		33区	新安三路	20	10	10	/	25	13	30	15	20	15	/	/	/	/	/
			上川路	20	10	10	/	25	13	25	15	20	15	/	/	/	/	/
			裕安路二路	20	10	10	/	25	13	/	/	25	15	/	16	12	/	/
			大宝路	20	10	10		25	13	/	/	25	15	/	/	/	/	/
			小区内	20	10	10	/	25	13	/	/	25	15	/	/	/	/	/
		67区	67区	/	/	/	/	/	20	25	20	25	20	/	18	13	/	12
		68区	68区	/	/	/	/	/	20	/	/	/	/	/	18	13	/	12
		69、70区	69区、70区	/	/	/	/	/	20	/	/	25	20	/	18	13	/	12
西乡街道行政区域	一类	河西路、荔园路		12	12	12	/	30	30	130	50	130	50	/	15	13	/	15
		永安商业城		12	12	12	/	30	30	70	50	70	50	/	15	13	/	15
		鸿隆、御龙居		16	15	14	/	30	30	60	35	60	35	/	16	11	/	11
		白金公寓、码头北路、缤纷世界、万骏汇、友情基地		25	20	/	/	25	25	60	48	60	30	/	/	/	/	15
		圣源华庭、颐合花园		15	10	/	/	20	20	50	20	40	20	/	/	/	/	15
		天琴阁、名城花园、蟠龙居、绿海名居、新源花园		20	15	/	/	20	20	40	20	40	20	/	/	/	/	15

（接下表）

（续上表）

街道行政区域	路段号或社区	用途 / 指导租金 / 区域位置	住宅				办公		商业					厂房			仓库
			带电梯	不带电梯	平房	别墅	高层	多层	高层		多层		简易	一楼	二楼以上	简易	
									一楼	二楼以上	一楼	二楼	以上				
西乡街道行政区域		F518创意园、蘅芳苑、蜀风路、利华楼、宝源居	10	10	8	/	20	15	40	20	40	20	/	/	/	/	10
		宝源商业城	10	10	/	/	20	15	40	20	40	20	/	/	/	/	10
		安顺路、劳动路	10	10	/	/	15	15	50	20	50	20	/	/	/	/	15
		泰华阳光海花园、槟城西岸、金港华庭	25	/	/	/	25	25	60	30	60	30	/	/	/	/	20
		宝安大道、大益广场、兴业路	20	10	/	/	20	20	58	28	58	28	/	/	/	/	15
		富通城二、三、四、五期、锦明花园、圣陶沙骏园、兴华花园、碧海名园、中信湾花园、非常公馆	20	15	/	/	20	20	38	18	38	18	/	/	/	/	12
		西乡大道、盐田街、金海路	10	10	/	/	15	15	48	20	48	20	/	/	/	/	10
		固戍一路	8	7	/	/	20	20	50	25	50	30	25	13	11	10	10
		南昌第二新村（东区、西区）	8	7	/	/		20	/	/	50	28	/	14	11	10	10
		宝安大道固戍路段	8	7	/	/	20	20	48	25	48	25	25	13	11	10	10
		航城工业区星光集团（新安第二工业区）	10	7	7	/	15	15	38	28	38	28	/	13	11	8	7
		桃源居1区、桃源居7区	20	/	/	/	/	/	50	33	/	/	/	/	/	/	/
		桃源居3区	20	/	/	/	/	/	95	45	/	/	/	/	/	/	/
		桃源居2区、9区	20	/	/	/	/	/	60	33	/	/	/	/	/	/	/
		桃源居11区	22	/	/	/	/	/	145	/	/	/	/	/	/	/	/
		桃源居12区11栋、13区、14区	20	18	/	/	/	/	58	/	/	/	/	/	/	/	/
		桃源居12区12栋、13栋、4区	22	20	/	/	/	/	80	/	/	/	/	/	/	/	/
		桃源居15区	22	/	/	/	/	/	75	/	/	/	/	/	/	/	/
		桃源居16区	22	/	/	/	/	/	80	/	/	/	/	/	/	/	/
		桃源居17区	22	/	/	/	/	/	/	/	/	/	/	/	/	/	/

（接下表）

（续上表）

街道行政区域	路段号或社区	用途 / 指导租金 / 区域位置	住宅				办公		商业					厂房			仓库
			带电梯	不带电梯	平房	别墅	高层	多层	高层		多层		简易	一楼	二楼以上	简易	
									一楼	二楼以上	一楼	二楼	以上				
西乡街道行政区域	二类	河东路、码头号北路、龙吟路 真理街、常盛街、鸣乐街、巡抚街、广深路、文乐工业区	12	12	12	/	30	30	60	40	60	40	/	15	13	/	15
		鸣东街、兴发楼、柳竹园、 西乡市场、海滨新村、宝凌路、亭林大厦	12	12	12	/	30	30	60	40	60	40	/	15	13	/	15
		天骄世家、泰华明珠、泰华豪园、丽景城、青春庭园、富盈门、建安二路、农批市场、富瑰园、西城丰和	16	15	14	/	28	28	50	35	50	35	/	/	/	/	11
		新安四路、宝民二路、榕树路（金达花园）、富东花园、宝民花园、东方雅苑、广深公路西乡段（双号）、前进二路（含金庄园）怡翠花园、流塘路（嘉华花园）、宝雅苑、西乡地税路段（含锦花路）航城工业区、翠景居、麻布社区62区、流塘大厦、幸福花园、凤凰雅居、骏丰苑	13	12	12	/	22	22	40	30	40	30	25	12	11	10	11
		乐群二路、翠景花园	10	10	10	/	15	15	35	15	20	15	/	/	/	/	10
		新安市场、景福新村、鸣东街、明珠花园	10	10		/	15	15	30	15	20	15	/	/	/	/	10
		共乐路、双龙花园	10	10	8	/	15	15	25	15	20	15	/	/	/	/	10
		银田路、新湾路	15	10	/	/	15	15	35	15	35	15	/	/	/	/	12
		海灏华庭、香缇湾花园、海湾明珠花园、碧海湾小区	15	15	/	/	20	20	38	18	38	18	/	/	/	/	12
		绿海名苑	15	/	/	/	20	/	28	/	/	/	/	/	/	/	12

（接下表）

（续上表）

街道行政区域	路段号或社区	区域位置（用途 / 指导租金）	住宅				办公		商业					厂房			仓库
			带电梯	不带电梯	平房	别墅	高层	多层	高层 一楼	高层 二楼以上	多层 一楼	多层 二楼以上	简易	一楼	二楼以上	简易	
西乡街道行政区域		共和工业路、铁仔路、银田工业区、乐群工业区、共乐工业区	15	/	/	/	15	/	38	15	/	/		14	13	/	12
		南昌第一新村、南昌第三新村	/	7	/	/		20	/	/	40	23		13	11	10	10
		航城大道、	/	7	/	/	/	25	/	/	28	18	/	14	11	8	7
		勤辉路、安骏路、迪福路、恒南路	/	7	/	/	/	15	/	/	28	18	/	13	11	/	7
		南昌旧村	6	5	/	/	/	20	/	/	30	20	/	13	11	10	10
		红湾市场、西荣工业区路段、红湾新村（一、二、三区）、朱坳市场、朱坳工业区、西井路段	8	7	5	/	/	20	/	/	30	20	/	13	11	10	10
		东财工业区、塘西新村综合楼	8	7	/	/	/	20	/	/	28	20	/	13	11	10	10
		塘西新村、茶树新村	8	7	5	/	/	18	/	/	28	18	/	14	11	/	7
		沙边新村、兴发花园、沙边市场、南昌路、公园路	7	6	/	/	/	20	/	/	28	18	/	13	11	/	7
		上围园新村、下围园新村	/	7	/	/	/	15	/	/	28	18	/	14	11	/	7
		石街新村、新世纪工业区	/	7	/	/	/	10	/	/	18	13	/	13	11	8	7
		海滨新村、塘东旧村、东山旧村	6	5	/	/	/	20	/	/	18	12	/	13	11	10	10
		沙湾新村	/	5	/	/	/	10	/	/	18	13	/	11	10	/	7
		石街旧村、茶西旧村、茶树旧村、塘西（一、二、三区）、沙湾村、沙边旧村、沙边西区、公园新村、井湾村、延康路、其他	/	4	/	/	/	10	/	/	18	13	/	13	11	/	7

（接下表）

（续上表）

街道行政区域	路段号或社区	用途 / 指导租金 / 区域位置	住宅				办公		商业					厂房			仓库
			带电梯	不带电梯	平房	别墅	高层	多层	高层 一楼	高层 二楼以上	多层 一楼	多层 二楼以上	简易	一楼	二楼以上	简易	
西乡街道行政区域	三类	渔业村、轻铁东、轻铁西　径贝新村、饭堂门、河东花园兰香园、桂花园、河东新村 自由七队、径贝华侨新村、同富楼、蚝业巷、乐园小区、龙珠山顶、龙珠花园、龙珠市场、新湖花园	12	12	12		30	30	40	30	40	30		15	13		15
		福中福、码头路、雅涛花园、安泰花园、半岛明苑	12	12	12		30	30	40	30	40	30		15	13		15
		麻布旧村、径贝旧村、翻身一队、河西一至四坊、沙头坊	12	12	12		30	30	40	30	40	30		15	13		15
		新城广场、庄边社区、金雅园（含河西工业区）、臣田社区（含金碧花园、宝兴花园、宝田一路）、流塘社区（含荔景新村、流塘旧村工业路、荔园一路、流塘东区、南区、西区、北区、中区）、凤凰岗社区、铁岗社区、安源居	12	11	11		16	16	30	26	30	26	20	12	11	10	11
		新乐村、乐园新村、黄屋村、艇巷村、白石村	10	10	8		15	15	20	13	20	13					10
		徐屋村、流仙洞、马鞍山小区、宝莲新村、宝乐新村	10	10	8		15	15	20	13	20	13					10
		劳动一队A.B.C区、劳动二队、宝源二区、南沙新村东、中、西	10	10	8		15	15	20	13	20	13					10
		上塘、下塘、海城新村A.B.C区、海城名苑	8	8	8		15	15	20	13	20	13					8
		高树围	10	10	/	/	15	15	23	13	/	/	/	/	/	/	10

（接下表）

（续上表）

街道行政区域	路段号或社区	区域位置 \ 指导租金 \ 用途	住宅				办公		商业					厂房			仓库
			带电梯	不带电梯	平房	别墅	高层	多层	高层 一楼	高层 二楼以上	多层 一楼	多层 二楼以上	简易	一楼	二楼以上	简易	
西乡街道行政区域		盐田新一村、盐田一村、盐田南区、盐田新二村、盐田新三村、牛湾新村、牛湾旧村、银田新村、海乐花园	10	10	8	/	15	15	18	13	18	13	/	/	/	/	8
		西成工业区、崩山工业区、伟信达工业区、愉盛工业区、安华小区、西发工业区、宝源第二工业区	/	/	/	/	/	/	/	/	/	/	/	14	13	/	/
		三围中路、南路、工业路	7	6	/	/	20	20	28	20	28	20	15	12	11	10	11
		三围东区、南区、西区、北区、西路、北路	7	6	/	/	20	20	25	20	25	20	15	12	11	10	11
		三围怡宝花园、江庭居、阳光新区、机场开发区	15	10	/	/	20	20	30	25	30	25	15	12	11	10	11
		钟屋一路	7	6	/	/	20	20	31	18	31	18	15	12	11	7	10
		钟屋二路、三路 、钟屋工业区	7	6	/	/	20	20	28	18	28	18	15	12	11	7	10
		钟屋新村 、沙边	7	6	/	/	20	20	23	18	23	18	15	12	11	7	10
		霸王工业区	11	10	/	/	20	20	23	18	23	18	15	12	11	7	10
		金达花园 、达利花园	20	15	/	/	20	20	28	18	28	18	15	12	11	7	10
		锦绣花园、翠湖花园	11	10	/	/	20	20	18	13	18	13	15	12	11	7	10
		黄田路、大夫天路 、兰花路	7	6	/	/	20	20	31	20	31	20	15	12	11	7	10
		兰花路东 、桃园路、甲田岗 、 岗贝工业区	7	6	/	/	20	20	23	18	23	18	15	12	11	7	10
		农贸市场 、荔园	11	10	/	/	20	20	18	13	18	13	15	12	11	7	10
		后瑞爱民路 、兴宇路	7	6	/	/	20	20	28	20	28	20	15	15	11	7	10

（接下表）

（续上表）

街道行政区域	路段号或社区	区域位置 \ 指导租金 \ 用途	住宅				办公		商业					厂房			仓库
			带电梯	不带电梯	平房	别墅	高层	多层	高层 一楼	二楼以上	多层 一楼	二楼	简易 以上	一楼	二楼以上	简易	
西乡街道行政区域		后瑞新瑞北区 、新一、二、三区	7	6	/	/	20	20	23	18	23	18	15	12	11	7	12
		后瑞新村、村南、村北、 瑞康路	7	6	/	/	20	20	23	18	23	18	15	12	11	7	10
		草围一路、第二工业区	7	6	/	/	20	20	23	18	23	18	15	12	11	7	10
		草围二路 、三路 、 龟山路	7	6	/	/	20	20	20	18	20	18	15	12	11	7	10
		鹤洲恒丰工业城内	14	12	/	/	/	15	/	/	40	/	/	15	12	/	15
		鹤洲商住楼	/	8	/	/	/	8	/	/	35	/	/	/	/	/	6
		鹤洲社区新村	/	8	/	/	/	8	/	/	30	/	/	/	/	/	6
		鹤洲社区旧村	/	6	/	/	/	6	/	/	20	/	/	/	/	/	5
		鹤洲社区大道工业区	/	/	/	/	/	8	/	/	32	/	/	13	9	7	8
		九围社区九围路段	/	8	/	/	/	8	/	/	25	/	/	11	10	9	10
		九围社区新村	/	8	/	/	/	8	/	/	22	/	/	11	10	/	8
		黄麻布社区勒竹角同富街	/	9	/	/	/	10	/	/	35	/	/	/	11	/	9
		黄麻布社区勒竹角商业街	/	9	/	/	/	12	/	/	40	/	/	/	/	/	7
		黄麻布社区新村西区	/	6	/	/	/	8	/	/	20	/	/	/	/	/	7
		黄麻布社区工业街	/	7	/	/	/	8	/	/	22	/	/	11	8	/	9
福永街道行政区域	一类	白石厦大道（芳华二路路口至107国旁边）、福永大道（农商行至怀德南路）	16	11	8	/	32	25	60	37	60	37	33	10	9.5	9	16
		福永大道(福永桥底至农商行)两侧、政丰南路(福永供电所至白石厦大道)两侧、福永汽车站至宝利来酒店周边区域、白石厦市场内及周边区域、白石厦路两侧	15	10	8	/	26	21	52	30	52	30	33	10	9.5	9	10

（接下表）

（续上表）

街道行政区域	路段号或社区	区域位置 \ 指导租金 \ 用途	住宅				办公		商业					厂房			仓库
			带电梯	不带电梯	平房	别墅	高层	多层	高层 一楼	二楼以上	多层 一楼	二楼	简易 以上	一楼	二楼以上	简易	
福永街道行政区域	一类	和平综合市场周边及东侧（一至二巷）、和平怡佳商场周边、华东服装城、天欣花园一至三期、万福人家、金域豪庭、福海科技工业园、凤凰富源街（107国道至小学球场两侧）、凤凰森林公园商业、华伦厂、康之宝（主要干道）	15	10	8	/	25	21	52	29	52	29	33	10	9.5	9	10
		福永大道(怀德南路至福新街)两侧、白石厦广场(兴达商业街)、龙洲百货石厦路(白石厦大道至福永大道)两侧、永兴坊(主要干道)两侧、龙翔山庄内及两侧、龙翔路(迪欧咖啡至上岛咖啡）、和平市场内、凤凰山大道（高速路桥西起至凤凰山脚）、凤凰兴业路（宝田大厦至汉池电子厂两侧）、腾丰大道、凤凰综合市场周边、凤凰创业路、凤业四路、凤业五路、凤业六路、德丰街(中心小学至福永市场、德芳路、福海大道商业街(C排)、兴华路（1～29号及100号后）、天福路两侧	14	10	8	16	25	19	40	25	40	25	33	10	9.5	9	10

（接下表）

（续上表）

街道行政区域	路段号或社区	用途 指导租金 区域位置	住宅				办公		商业					厂房			仓库
			带电梯	不带电梯	平房	别墅	高层	多层	高层 一楼	高层 二楼以上	多层 一楼	多层 二楼以上	简易	一楼	二楼以上	简易	
福永街道行政区域	一类	政丰北路(波士顿至白石厦大道)路段两侧、东区永丰一、二路、淇誉路、永丰商业街、新塘工业区(主要干道边) 、北环路(波士顿至107国道段)、时代景苑(主要干道边、金石雅苑(主要干道边)、福永花苑(主要干道边)、立新湖小区(主要干道边)、白石厦裕华园（东、西主要干道边)、白石厦东区文明路、美华路、 龙翔路(龙翔山庄至上岛咖啡)、福海科技工业园(A区)、福海大道（天福路口至新兴工业区二区）、新和富和路、欧联路、万利达工业园、晖信工业园、福安广场、骏丰工业园商铺、和平美盛工业园商铺、新和二区主街	12	10	8	/	24	19	35	24	35	24	29	10	9.5	9	10
	二类	芳华一、二路、龙腾街、怀德北路、怀德南路（其余段）、政丰南路、立新南路、洋田路、(怀德饮食广场)、怀德翠岗工业园七区、怀德商贸城、咸田众乐百货、怀德新村宝德楼、怀德路干头建材市场、福永立新路、西环路、福一路、水禾田市场对面、和平工业大道（凤塘大道与桥和路）、凤塘大道（工业大道到福园一路）、新塘路、福围物流园、福围小学路口至宝安大道、福海市场、荔园路、富通工业园、	12	9	8	/	24	19	35	24	35	24	27	10	9	9	10

（接下表）

（续上表）

<table>
<tr><th rowspan="3">街道行政区域</th><th rowspan="3">路段号或社区</th><th rowspan="3">用途
指导租金
区域位置</th><th colspan="4">住宅</th><th colspan="2">办公</th><th colspan="5">商业</th><th colspan="3">厂房</th><th>仓库</th></tr>
<tr><th rowspan="2">带电梯</th><th rowspan="2">不带电梯</th><th rowspan="2">平房</th><th rowspan="2">别墅</th><th rowspan="2">高层</th><th rowspan="2">多层</th><th colspan="2">高层</th><th colspan="2">多层</th><th>简易</th><th rowspan="2">一楼</th><th rowspan="2">二楼以上</th><th rowspan="2">简易</th><th rowspan="2"></th></tr>
<tr><th>一楼</th><th>二楼以上</th><th>一楼</th><th colspan="2">二楼 以上</th></tr>
<tr><td rowspan="2">福永街道行政区域</td><td rowspan="2"></td><td>惠明盛工业园、永和路北（桥和路与重庆路）、桥和路（工业大道与福园一路）、重庆路（同富裕与福园二路）、荔园路（永和路北和福园一路）、和平路（永和路与福园一路）、福园一路（凤塘大道与蚝业路）、桥头综合市场周边、桥头市场内、福永水厂周边、蚝业路两侧、桥荣路两侧、塘尾社区超市（综合市场）、塘尾迎春路、塘尾民联商场、桥塘路新源工业小区、桥塘路、塘尾影剧院、塘尾家乐百货、江氏大厦、听涛雅苑、兴华路北30～100号、塘尾工业大道、永和路（荔园路与桥和路）</td><td rowspan="2">12</td><td rowspan="2">9</td><td rowspan="2">8</td><td rowspan="2">/</td><td rowspan="2">22</td><td rowspan="2">15</td><td rowspan="2">32</td><td rowspan="2">20</td><td rowspan="2">32</td><td rowspan="2">20</td><td rowspan="2">27</td><td rowspan="2">10</td><td rowspan="2">9</td><td rowspan="2">9</td><td rowspan="2">10</td></tr>
<tr><td>怀德新村、咸田、芳华(一至三区内)、怀德翠岗工业园三至五区(内)、新和悦康路、桥新商业街、新和商业北街、天福路两侧（新和一区至二区）、新和(一、二区一巷）、新和（第一、二、三、八工业区内）、福围东街、福围西街、福海停车楼、福围市场商住街、灶下路、桥和路两侧、永和路、同富裕路（桥和路至重庆路）、中信工业城商铺、征程二路、凤凰西区、白石厦裕华园(东、西小区内)、龙腾阁小区、白石厦横巷、石龙头新村旧村、</td></tr>
</table>

（接下表）

（续上表）

街道行政区域	路段号或社区	区域位置 \ 指导租金 \ 用途	住宅				办公		商业					厂房			仓库
			带电梯	不带电梯	平房	别墅	高层	多层	高层一楼	高层二楼以上	多层一楼	多层二楼以上	简易	一楼	二楼以上	简易	
福永街道行政区域		白石厦东区龙王庙A～E栋、白石厦东区新塘工业区(内)、白石厦东区文圣明果场主要干道、东区永泰西路、白石厦东区新开发区、香江家具城、宝桥旧货市场、美盛新村外围、桥南新区、桥南育才路、榕树路、福新街、福二路															
	三类	福永新村、马山村、翠竹街、福新路、聚福园、福园二路、福尔园建1-2期，大洋路3-B区福安二期宿舍、福永第一、二、三工业区（内）、福永新江路、福三路、裕华路、裕华西、景芳路、新田大道279号至水库路口、锐明工业区、蓝天科技园、金丰工业区、德金工业园、桥头七号路、天福路、兴围市场内、翠湖工业园	11	9	7	/	22	15	30	18	30	18	27	9.5	9	8	9
		新田大道（水库路口至征程一路两侧）稔田商业街、稔田南区（旧路）、稔田北路两侧灶下片区、桥头新村、福山工业区、福盈工业区、桥头工业大道、重庆路、和沙路、兴围路（村委至107道口）、兴业一路、福围路商业街、福海二路、福中路、福中工业园、广厦路、凤凰岑下路、凤凰（第一～四）工业区、凤凰育才路、	11	9	7	/	19	17	26	17	26	17	25	9.5	9	8	9

（接下表）

（续上表）

街道行政区域	路段号或社区	区域位置 \ 指导租金 \ 用途	住宅				办公		商业					厂房			仓库
			带电梯	不带电梯	平房	别墅	高层	多层	高层 一楼	二楼以上	多层 一楼	二楼	简易 以上	一楼	二楼以上	简易	
福永街道行政区域		新和（一、二区住宅区）、新和华达新村、新和商业街旧街、正强码头、煜硕码头、景山花园、德兆花园内围、兴隆楼、工业南路（稔田统建楼）、黄屋二区															
	四类	福永新旧围、荔丰路、杨候庙区、桥荣二区、同富裕市场范围及周边、玻璃围新村、同益新村、和顺新村、海滨小区、和安小区、稔田市场内新田碧湖新村（外围）、翠岗一区至二区、新和居委周边、新和东区西环路、新和旧市场、塘尾（富华、福源、新源、美诚、聚源、鸿兴、富城、富源、富民、鹏洲、正丰、金星）工业区、翠海工业区、惠龙科技园、华丰科技园、塘尾东路（新华楼、怡景楼）、荔园路、建安路、南玻集团、和沙路（塘尾段）、天福路（塘尾）、凤凰（A、B、C、H、东区）住宅区内、环村路两侧、凤凰旧村新建楼、塘尾西路、茶亭路、前进路、接福路、兴业东路（塘尾路段）、兴业北路（塘尾路段）、万里路两侧、塘兴中路、塘尾（八区、十区、十一区、十三区、十五区、二十四区、二十五区）、凤塘大道（塘尾中路）、福安广场、新田大道287号至平成阁、美盛新村内、建安路、灶下村	10	9	7	/	18	14	25	17	25	17	25	9	8.5	8	9

（接下表）

（续上表）

街道行政区域	路段号或社区	区域位置 \ 指导租金 \ 用途	住宅				办公		商业					厂房			仓库
			带电梯	不带电梯	平房	别墅	高层	多层	高层		多层		简易	一楼	二楼以上	简易	
									一楼	二楼以上	一楼	二楼	以上				
福永街道行政区域		大洋花园、稔田西区、塘仔工业区两侧、碧湖新村内围、新田大道（原新田旧区）、福围（下沙南、下沙、广生）、兴围（中、南、西、新）、新和东、西区、新和三区住宅区侧、新和三区旧商业街后面、翠岗（一、二小区）	9	8	7	/	14	14	23	15	23	15	21	9	8	8	9
	其他	怀德（大村、旧村）、福永（梁屋、庄屋、陈屋）旧村、白石厦旧村、桥头（黄屋、桥西老区）、塘尾各小区旧屋村、塘尾（九区、十二区、十四区内）、凤凰旧村、和平旧屋村、稔田旧村、新田旧区及各社区内未改造的两层以下的旧平房、各社区内两层或两层以下旧厂房	9	8	7	/	14	11	21	15	21	15	19	8	8	8	9
沙井街道行政区域	一类	上星裕富苑、上寮金诺大厦、上寮城市丽都、上寮花园、南坡小区、丽沙花都、创新花园、棕榈堡花园、禧园、万丰新丰苑	20	15	10	30	/	/	/	/	/	/	/	/	/	/	/
		上星裕富苑、广场一号、丽沙花都、创新花园、棕榈堡花园、禧园、万丰新丰苑	/	/	/	/	20	20	/	/	/	/	/	/	/	/	/
		新沙路上星至沙井段、南埔路至107国道段、环镇路（东塘段）、东塘街、步涌同富裕工业区、鹏程花园、凤凰大厦、步涌工业路、明珠一、二路、兴业大厦	/	/	/	/	/	/	45	20	45	20	40	/	/	/	/

（接下表）

（续上表）

街道行政区域	路段号或社区	指导租金 用途 / 区域位置	住宅				办公		商业					厂房			仓库
			带电梯	不带电梯	平房	别墅	高层	多层	高层		多层		简易	一楼	二楼以上	简易	
									一楼	二楼以上	一楼	二楼	以上				
沙井街道行政区域	一类	金源工业区、上兴工业区、步涌北方永发工业区、步涌同富裕工业区、步涌工业A～D区、民主西部工业园、和一北方永发工业区、沙塘北方永发工业区	/	/	/	/	/	/	/	/	/	/	/	12	10	10	10
	二类	上星莲塘中区、东区、上寮1~5区、北边区、上星龙头、上星隔陂、上星四村新区、南环路、上寮石九路、坑尾路、太平南、太平北、上寮岗仔路东升楼、上南蒲鱼尾路、上北路、宏前路、企路范围、黄埔（一、二、三区）、洪田新村、南洞央田路、南洞中路、南洞东路、南洞满寿路、南洞黄埔路、南洞华盛厂后平房、南洞废品站后平房、林坡坑平房、洪田新丰泽工业园、洪田旧村、洪田安置文明小区、沙二西环新村、田园之家、东乐花园、金钻华庭、星光华庭	10	7	7	20	/	/	/	/	/	/	/	/	/	/	/
		广深路、北环路、新桥、中心路、新桥工业区、新二工业区、新二、南环路、万安路、万丰村前路、丰洋路、万丰中路、市民广场、新沙路（坣岗段）、坣岗大厦、东业苑、盈耀楼、恒耀楼、步涌新村、金钻华庭、星光华庭、沙二西环新村、田园之家、东乐花园、鹏程花园、凤凰大厦、东塘永东兴大厦	/	/	/	/	18	13	/	/	/	/	/	/	/	/	/

（接下表）

（续上表）

街道行政区域	路段号或社区	区域位置（指导租金／用途）	住宅				办公		商业					厂房			仓库
			带电梯	不带电梯	平房	别墅	高层	多层	高层 一楼	高层 二楼以上	多层 一楼	多层 二楼以上	简易	一楼	二楼以上	简易	
沙井街道行政区域	一	华凌路、南环路蚝三工业区、上寮商业街、洪田坑尾塘路、上寮批发市场周边、上寮岗仔路东升楼、上南蒲鱼尾路、上北路、宏前路、企路范围、金置丰、洪田新丰泽工业园、中心路、丽沙花都、创新花园、棕榈堡花园、禧园、后亭沙松路、大埔路、广深路、新二路、东业苑、盈耀楼、恒耀楼、步涌工业A-D区、新和大道（步涌段）、辛居路、辛安路、辛养文化街、蚝乡路、帝堂路、锦绣路、沙井大街（东塘、沙一、沙二段）、金钻华庭、星光华庭、田园之家、上下围工业区、帝堂工业区、蓝天科技园、沙一西部工业园、万安工业区、东塘永东兴大厦、西环路	/	/	/	/	/	/	30	15	30	15	25	/	/	/	/
		南环路蚝三工业区、上南蒲鱼尾路、上北路、宏前路、企路范围、洪田新丰泽工业园、新桥工业区、芙蓉工业区、新二工业区、觉园工业区、茅洲山工业区、坣岗松山工业区、西部工业园、菱塘工业区、沙头松山工业区、大王山工业区、沙头工业区、马安山（第一、第二）工业区、和一和二工业区、沙头九九工业区、上星第三工业区、万丰第三工业区、大朗山工业区、	/	/	/	/	/	/	/	/	/	/	/	10	8	9	8

（接下表）

（续上表）

街道行政区域	路段号或社区	用途 / 指导租金 / 区域位置	住宅				办公		商业					厂房			仓库
			带电梯	不带电梯	平房	别墅	高层	多层	高层 一楼	高层 二楼以上	多层 一楼	多层 二楼以上	简易	一楼	二楼以上	简易	
		大洋田工业区、九八工业区、大钟岗工业区、白竹山工业区、沙一西部工业园、万安工业区、长兴工业区、鼎丰工业区、安托山工业区、鑫鑫田工业区、沙四高新科技园、东宝工业区、沙三创业工业园、上下围工业区、帝堂工业区、蓝天科技园															
沙井街道行政区域	三类	新桥（洋下、洋仔、陂口）、新二（新二路、大阁、新龙）、上星向西旧屋村、上星路、觉园工业区、茅洲山工业区、坐岗松山工业区、坐岗园林新村、觉园新村、后亭新村、东边坑、衙边社区、沙坐社区、东塘社区、沙一社区、沙二社区、沙三社区、沙二新村、步涌社区、蚝一社区、辛养社区、围仔新村、围浅小区、共和社区、民主新村、民主商业街、茭塘新村、和一新村、马安山新村、沙头南园小区、大王山新村、骏园小区、沙头西园小区	10	6	6	/	/	/	/	/	/	/	/	/	/	/	/
		衙边、辛养、坐岗、后亭、民主新村、阳光小城、沙二新村、围仔新村、围浅小区、民主商业街	/	/	/	/	15	10	/	/	/	/	/	/	/	/	/

（接下表）

（续上表）

街道行政区域	路段号或社区	用途 / 指导租金 / 区域位置	住宅				办公		商业					厂房			仓库
			带电梯	不带电梯	平房	别墅	高层	多层	高层 一楼	高层 二楼以上	多层 一楼	多层 二楼以上	简易	一楼	二楼以上	简易	
沙井街道行政区域		上星路、寮丰路、芙蓉工业区、新桥工业区、新二工业区、黄埔（一、二、三区）、油厂路、上寮石九路、坑尾路、太平南路、太平北、南洞央田路、南洞中路、南洞东路、南洞满寿路、南洞黄埔路、万丰仁爱路、晨光路、万家荫路、工人路、公园南路、万丰第三工业区、大朗山工业区、大洋田工业区、万丰九八工业区、万丰万安路、万丰村前路、丰洋路、万丰中路、市民广场、南环路（万丰段至南沙段）、坣岗村前路、坣岗大道、觉园工业区、茅洲山工业区、坣岗松山工业区、和二市场、沙民商业街、金沙市场、马安山市场、沙坣、衙边、民主商业街、沙井大街（沙三至沙四段）、环镇路、环形一路、东宝工业区、沙二新村、围仔新村、围浅小区	/	/	/	/	/	/	20	15	20	15	20	/	/	/	/
		衙边工业区、共和工业区	/	/	/	/	/	/	/	/	/	/	/	8	7	7	7
	四类	民主社区、沙四社区、共和旧村、新二旧村、新桥旧村、万丰社区旧村、马安山旧村、沙井旧村、大王山旧村、和一、和二旧村、沙头旧村	/	6	5	/	/	/	/	/	/	/	/	/	/	/	/
		沙坣、沙一、沙三、沙四、共和、民主	/	/	/	/	10	8	/	/	/	/	/	/	/	/	/
		衙边旧村、沙一、蚝一、沙四	/	/	/	/	/	/	15	10	15	10	10	/	/	/	/

（接下表）

（续上表）

街道行政区域	路段号或社区	区域位置（指导租金 \ 用途）		住宅				办公		商业					厂房			仓库
				带电梯	不带电梯	平房	别墅	高层	多层	高层		多层		简易	一楼	二楼以上	简易	
										一楼	二楼以上	一楼	二楼	以上				
沙井街道行政区域	其他	南环路(上南段)、107国道（上南段）、新沙路1-61号（单号）、上寮农贸批发市场、上南大街		/	/	/	/	/	/	70	50	70	50	/	/	/	/	/
松岗街道行政区域	一类	松岗一、二、三开发区、松瑞路段	中心区	12	10	5	/	15	15	40	20	40	20	30	/	/	/	10
			次中心区	10	8	5	/	13	13	35	15	35	15	25	/	/	/	9
			边缘区	8	7	4	/	11	11	30	12	30	12	20	/	/	/	8
		楼岗大道、山门路、燕罗路	中心区	12	8	5	/	15	15	40	20	40	20	25	10	9	9	10
			次中心区	10	8	4	/	13	13	30	15	30	15	20	8	7	9	9
			边缘区	8	7	4	/	11	11	25	12	25	12	18	7	7	8	8
		松环路花果山、红星、松岗、楼岗、洪桥头、山门	中心区	12	8	5	10	15	15	35	15	35	15	25	10	9	9	9
			次中心区	9	6	4	8	13	13	30	15	30	13	20	8	8	8	8
			边缘区	8	5	4	6	11	11	20	10	20	10	18	7	7	7	8

（接下表）

（续上表）

街道行政区域	路段号或社区	区域位置	区域位置	住宅				办公		商业					厂房			仓库
		指导租金	用途	带电梯	不带电梯	平房	别墅	高层	多层	高层		多层		简易	一楼	二楼以上	简易	
										一楼	二楼以上	一楼	二楼	以上				
松岗街道行政区域	二类	溪头沙江路	中心区	10	9	/	/	/	13	/	/	30	15	18	/	/	/	9
			次中心区	9	8	/	/	/	10	/	/	25	13	18	/	/	/	9
			边缘区	8	8	/	/	/	10	/	/	20	10	15	/	/	/	8
		溪头天云路、溪头八工业区	中心区	10	8	/	/	/	13	/	/	25	13	18	9	8	8	8
			次中心区	9	8	/	/	/	10	/	/	20	12	18	8	8	8	7
			边缘区	8	8	/	/	/	10	/	/	20	10	18	8	8	8	7
		溪头B区、溪头旧村	中心区	8	8	/	/	/	11	/	/	20	12	20	9	8	8	7
			次中心区	8	8	/	/	/	10	/	/	20	12	18	8	8	8	7
			边缘区	8	8	/	/	/	10	/	/	20	10	15	8	8	8	7
		东方社区内、潭头社区内		9	6	6	8	12	10	25	12	20	10	15	8	7	8	7
		立业路中心区、东方楼岗头	中心区	12	10	7	/	15	12	30	15	30	12	20	/	/	/	8
			中心区以外	10	8	6	/	12	10	25	12	25	10	18	/	/	/	8
		东方大道、广深公路边、松裕路、潭头商住区、蚌岗大街	中心区	12	10	8	10	13	12	25	15	25	12	20	10	8	8	7

（接下表）

（续上表）

街道行政区域	路段号或社区	区域位置	区域位置	住宅 带电梯	住宅 不带电梯	住宅 平房	住宅 别墅	办公 高层	办公 多层	商业 高层 一楼	商业 高层 二楼以上	商业 多层 一楼	商业 多层 二楼以上	商业 简易	厂房 一楼	厂房 二楼以上	厂房 简易	仓库
松岗街道行政区域			次中心区	10	8	7	8	10	10	20	12	20	10	18	8	8	8	7
		东方工业区、潭头工业区	中心区	10	8	6	/	12	10	/	/	20	10	20	10	8	8	7
			中心区以外	8	7	5	/	10	9	/	/	18	10	18	7	7	7	7
	三类	沙浦工业区、沙浦永兴花园、沙浦围、碧头工业区、江边工业区	中心区	10	9	/	/	15	13	25	/	23	15	20	9	8	8	8
			次中心区	10	9	/	/	13	12	20	/	20	15	20	9	8	8	8
			边缘区	8	8	/	/	10	10	20	/	20	10	15	8	8	8	8
		朗下村、碧朗路、江边村、碧头旧村、许屋、沙浦村	中心区	9	9	/	/	15	12	20	/	23	12	20	9	9	8	8
			次中心区	9	8	/	/	13	12	20	/	20	12	18	9	8	8	8
			边缘区	8	8	/	/	10	10	20	/	20	10	15	9	8	8	8
	四类	燕罗大道、罗田市场、广田路	中心区	12	10	8	/	15	15	25	20	25	15	20	10	9	8	8

（接下表）

（续上表）

街道行政区域	路段号或社区	区域位置（指导租金／用途）		住宅				办公		商业					厂房			仓库
				带电梯	不带电梯	平房	别墅	高层	多层	高层		多层		简易	一楼	二楼以上	简易	
										一楼	二楼以上	一楼	二楼	以上				
松岗街道行政区域			次中心区	/	9	8	/	12	12	20	15	20	12	18	9	8	8	8
		惠明盈工业园、星辉工业城、罗田第一工业城		10	9	8	/	13	12	25	20	20	15	20	9	8	8	8
		燕川、塘下涌、罗田工业区	中心区	10	8	7	/	12	12	25	20	15	15	12	9	8	8	7
			次中心区	9	7	7	/	10	9	20	15	20	12	11	8	8	8	7
		燕川社区、塘下涌社区、罗田社区	中心区	10	9	7	/	10	9	20	15	20	12	12	9	9	8	7
			次中心区	/	/	/	/	10	9	20	15	20	11	11	8	8	7	7
	其它	宝利来商业街	中心区	15	10	/	/	18	13	60	20	40	20	/	/	/	/	/
			次中心区	10	8	/	/	12	10	40	15	25	15	/	/	/	/	/
石岩街道行政区域	一类	如意路佳华豪苑		25	\	\	\	\	\	100	\	\	\	\	\	\	\	\
		河滨北路佳华豪苑、民致富步行街亿康文体城		25	\	\	\	\	\	80	35	70	\	\	\	\	\	\
		径塘路宏发科技工业园、宏发电子厂、佳特利工业园(鸿隆工业园)、中运泰科技工业园、宝石工业园		\	9	\	\	\	\	\	\	25	15	\	15	11	\	13
		石岩大道佳华豪苑、宝石南路（宁远学校至河滨花园）、石岩大道		25	9	\	\	\	\	60	35	40	20	\	12	9	\	11
		民致富办公楼及步行街、宝石东路(万联至宝燃油站)两旁		25	9	\	\	\	\	40	25	40	20	\	10	8	\	10

（接下表）

（续上表）

街道行政区域	路段号或社区	区域位置 \ 指导租金 \ 用途	住宅				办公		商业					厂房			仓库
			带电梯	不带电梯	平房	别墅	高层	多层	高层 一楼	高层 二楼以上	多层 一楼	多层 二楼以上	简易	一楼	二楼以上	简易	
石岩街道行政区域	一类	如意豪庭	20	\	\	\	\	\	40	\	\	\	\	\	\	\	\
		宝石南路（原石岩宾馆两旁）、万联商场、河滨商业城、东海楼、福如楼、如意路食街、南城商场、官田花园、宝石南路美华大厦	\	9	\	\	\	\	\	\	55	30	\	\	\	\	\
		塘头大道东海百货商场、升平路（三鑫玻璃至新艾美特）	\	9	\	\	\	\	\	\	35	20	\	\	\	\	\
		官田市场、河滨花园	\	9	\	\	\	\	\	\	30	20	\	\	\	\	\
		台贸工业区、同富康工业区、创维工业区、创维商业街、三联工业区	\	8	\	\	\	\	\	\	25	15	\	12	10	\	10
		同富裕工业区	\	8	\	\	\	\	\	\	25	15	\	10	9	\	8
		添好工业区、宝路科技园、宝路工业区、石岩老街、田心大道、上屋大道、园岭大道、爱群路、西山路、光明路、松白路两旁	\	8	\	\	\	\	30	15	25	15	\	10	9	8	
		宝石西路两旁、宝石南路（青年东路口至变电站）、青年东路、罗租路（第五工业区至国惠康）、如意路	10	8	\	\	\	\	\	\	30	20	\	12	9	8	10
		罗租大道、石岩市场、天宝路商业街、青雅居花园、白芒加油站、宝石东路(水田段)两旁	15	8	\	\	\	\	30	\	30	15	\	12	9	\	12

（接下表）

（续上表）

街道行政区域	路段号或社区	区域位置 \ 指导租金 \ 用途	住宅				办公		商业					厂房			仓库
			带电梯	不带电梯	平房	别墅	高层	多层	高层 一楼	高层 二楼以上	多层 一楼	多层 二楼以上	简易	一楼	二楼以上	简易	
石岩街道行政区域	二类	宝石南路（宁远学校至艾美特）、青年西路、洲石公路、建兴路、罗租工业大道、如意路、创业路、育德路、官田中心区、梨园新村、羊台山路、北环路两旁、长城路、山城商业街、旺达彩印旁商业街、横坑工业区、简龙坳工业区、富达工业园、水田村新村(兰姜)、水田新村大道两旁、塘头大道两旁、（新辉、新时代、应人石、玉山、山城、黄峰岭、石头山、浪心、第五、梨园、万大、龙马、圳宝、创富）工业区	\	8	\	\	\	\	30	15	25	15	\	12	9	9	10
		应人石市场（A、B排）、应人石香象路丰南花园、塘头又一村1排、水田新村、塘头裕兴百货、（新柯成、崇基、塘头第一、二、三、游氏、三民、早进）工业区、砖厂村、龙眼山村、罗租中新村、信宜新村、浪心新村、浪心村	\	8	\	\	\	\	\	\	25	15	\	11	8	\	10
		荔湖花园、上下屋新村、田心新村、园岭新村、坑尾新村、应人石市场（C、D排）、天宝路、塘头老市场、福景新村、石景花园、福景市场、水田村新村（兰姜）十区后面、石泉商业街、变电站、王家庄市场、河滨花园、河滨南路、众兴路、塘坑村、黎光村、北环（南、北区）、官田新村、港湖花园、捷家宝路、月明街工业区	\	8	6	\	\	\	\	\	20	15	\	11	8	8	10

（接下表）

（续上表）

街道行政区域	路段号或社区	用途 指导租金 区域位置	住宅				办公		商业					厂房			仓库
			带电梯	不带电梯	平房	别墅	高层	多层	高层		多层		简易	一楼	二楼以上	简易	
									一楼	二楼以上	一楼	二楼	以上				
石岩街道行政区域	二类	金三角、山城后门、坑尾大道、罗租上、下新村、黄峰岭、桥头岭、港湖新村、车头村、浪西村、石龙仔新村大道两旁、石岩新村、坳背龙新村	\	7	6	\	\	\	\	\	20	12	\	10	8	8	7
	三类	料坑工业区、恒胜亿工业区、麻布路口、料坑大道、料坑村、麻布村、田心老村、上下屋老村、园岭老村、料坑朗日工业区、麻布工业区	\	7	6	\	\	\	\	\	20	12	\	8	7	\	8
		石龙仔市场旁、元径新村、塘头又一村（2—9排）、塘头又一村别墅区、塘头新围1排、径贝村、上下排村、田心村、应人石新村（1～6排）、应人石老村路口1～7栋、水田民营工业园	\	7	\	\	\	\	\	\	15	10	\	10	8	8	10
		应人石新村7排后	\	7	\	\	\	\	\	\	12	\	\	10	8	8	10
		元径村、三祝里村、水田老村、石龙仔老村、坑尾老村、上下排老村、径贝老村、信宜老村、官田老村、塘坑老村、黎光老村、应人石老村、石龙仔新村、石龙大道、水田第（一至四）工业区、水田下湾工业区、塘头新围2排后、塘头新二村	\	6	\	\	\	\	\	\	12	10	8	10	7	8	5
	四类	应工（1～2）街	\	\	\	\	\	\	\	\	\	\	\	7	5	\	7

（接下表）

（续上表）

街道行政区域	路段号或社区	用途 / 指导租金 / 区域位置	住宅				办公		商业					厂房			仓库
			带电梯	不带电梯	平房	别墅	高层	多层	高层 一楼	高层 二楼以上	多层 一楼	多层 二楼以上	简易	一楼	二楼以上	简易	
观澜街道行政区域	观城社区	中航格兰郡商业街B501～B615号、1001～1045号	15				15				50	25		8	7		
		大和路商务大厦					25		35	25							
		观澜大道马坜段、岗头段		6				7			35	15		8	7		
		大航人民路两边、马坜新村第一排		6				7			30	15		8	7		
		中航格兰郡商业街二楼、第二排至第四徘、大航中心花园、大航中心市场		6				25			25	15		8	7		
		大和南环路大和工业区段第一排		6				15			20	12		8	7		
		大和路大和四队至大和二队段(两边两侧)、大和田寮至锦鲤工业区段(两边两侧)、大和路马坜段(两边两侧)、大和路区段(两边两侧)		6				12			20	12		8	7		
		马坜环观中路段(两边两侧)、横坑路边两侧第一排、岗头东王商业步行街、荷叶榕市场、大航锦鲤一村、二村路边第一排	6					10			20	12		8	7		
		大和综合楼至富士施乐段(路边第一排)、横坑环观中路河西至河东段(路边第一排)	6					10			18	10		8	7		
		大航锦鲤一村第三排、田寮村道路两侧、岗头山寮住宅区、第二工业区道路两边	6					8			15	10		8	7		
		河西新村路边两侧、河东村道路两侧、陈屋村路边两侧	6					6			12	8		8	7		

（接下表）

（续上表）

街道行政区域	路段号或社区	指导租金／用途 区域位置	住宅				办公		商业					厂房			仓库
			带电梯	不带电梯	平房	别墅	高层	多层	高层		多层		简易	一楼	二楼以上	简易	
									一楼	二楼以上	一楼	二楼	以上				
观澜街道行政区域	观城社区	岗头东王围、陈屋围、马坜东区、西区、河东村、河西村、河东新围、河东新村、河西新村、大航西区、锦鲤一、二村、田寮围、马坜新村、大和二队至五队(全部在住宅区第二排以后)	6					6			10	6		8	7		
	新澜社区	新澜社区汇食街一期、升华二街		8				10			50	20		8	7		
		升华一街		8				10			40	15		8	7		
		商业步行街第三段131～180号、华园1～3巷、观澜大道民乐福～马坜段、众安街45～75号		8				10			35	12		8	7		
		景平路第二段2～22号、观澜大道桂兰新段457～481号、翠澜新村		8				10			30	10		8	7		
		观澜大道民乐福～吓呃段		8				10			30	10		8	7		
		食品路、大东门街1～61号、沿河东路、沿河西路		8				10			25	10		8	7		
		玫园新村、布新路两侧、大坑龙工业区第一排、桂花路1～56号		6				10			20	10		8	7		
		新东街1～12号、赤花路1～67号、大东门街1--61号、鲤鱼岭		6				10			15	10		8	7		
		吓呃围仔小区、三栋屋小区、万安堂村住宅区、大布巷住宅区内、教师村、仲光园小区、玫园新村、桂兰新村、桂花园小区		6				10			10	10		8	7		

（接下表）

（续上表）

街道行政区域	路段号或社区	区域位置＼指导租金＼用途	住宅				办公		商业					厂房			仓库
			带电梯	不带电梯	平房	别墅	高层	多层	高层 一楼	高层 二楼以上	多层 一楼	二楼	简易 以上	一楼	二楼以上	简易	
观澜街道行政区域	黎光社区	黎光市场、新工业区、老工业区		7	6		15	10			25	15		9	8		
		新围、老围路口至收费站段		7	6		12	10			15	10		9	8		8
		贵园街段		7	6		10	9			12	10		9	8		8
	库坑社区	库坑市场、中心老村、泗黎路口广澜工业园(海林酒店)、同富裕工业区、陂新村超市至捷坤工业园		7	6		15	10			25	20		9	8		
		樟企路陂新村段、新围皇帝印工业区		7	6		12	10			20	15		9	8		18
		陂新居民小组、围仔办公室旁、诚光工业区、中心新村第一排、樟企路陂老村段		6	5		10	9			15	10		9	8		9
		新围居民小组、围仔居民小组、水围居民小组、陂老居民小组、中心新村第二排至第五排		6	5		8	7			10	9		9	8		9
		新围新村、坳背居民小组		6	5		7	6			9	8		9	8		9
	福民社区	核电路、龙观大道(江、松路段)		7	6			14			25	10	10	9	8	7	7
		人民路(体育中心段)、福民市场、公园路、龙观大道(武馆路段)		6	5	28		13			25	10	10	8	7	7	7
		人民路(西段)、福民路、福前路、龙观大道(竹、田段)、泗黎路、佳盛商场旁、竹村市场		6	5			11			25	10	10	8	7	7	7
		迎侨花园、银河新村、滨河花园		8	6			11			20	10	10	8	7	7	7

（接下表）

（续上表）

街道行政区域	路段号或社区	用途 / 指导租金 / 区域位置	住宅				办公		商业						厂房			仓库
			带电梯	不带电梯	平房	别墅	高层	多层	高层		多层		简易		一楼	二楼以上	简易	
									一楼	二楼以上	一楼	二楼	以上					
观澜街道行政区域	福民社区	茜坑老村子市场、茜坑新村村道两旁、田背一组市场、狮径一组办公楼、外经工业园门口、鸿发工业园路段		6	5			10			20	10	10		8	7	7	7
		田背路、田茜路、武馆村		6	5			10			15	10	10		8	7	7	7
		丹坑村、松元围、江围村、茜坑老围、茜坑新村、田背一组、田背二组、竹村、悦兴围一、二组、狮径一、二组、冼屋村、村里面		6	5			10			15	9			10	8	7	7
	大水坑社区	大兴社区富士康南门到大一村丹乐小区路段、大三社区富士康中门到新万悦商场、万盈佳商场、家家乐商场路段、新斜山富士康宿舍路段、浪漫新城到大三村市场步行街路段	7	7			15	15	20	20	20	20			8	8		7
		大兴社区大一村万和商场到大二村市场路段、桔塘社区桔黄工业区兆利花园到富士康中门路段、大三社区大三村新村1～138栋范围路段	6	6			12	12	15	15	15	15			8	8		7
		大兴社区大一村住宅区路段、大二村住宅区路段、大二村东升小区路段、大一村到大二村篮球场路段、大三社区大三村139～203栋范围路段、312--450栋范围路段、桔塘社区新塘村统建楼到大水坑市场路段、新塘村市场和新塘村住宅区路段、桔岭老村住宅区路段、桔岭新村住宅区路段、桔岭老村置业小区路段	6	6			10	10	12	12	15	12			8	8		7

（接下表）

（续上表）

街道行政区域	路段号或社区	区域位置（指导租金/用途）	住宅				办公		商业					厂房			仓库
			带电梯	不带电梯	平房	别墅	高层	多层	高层 一楼	高层 二楼以上	多层 一楼	多层 二楼以上	简易	一楼	二楼以上	简易	
观澜街道行政区域	福民社区	大三社区大三村BDC国际厂对面204到213栋范围路段、大三村金奥小区214～301栋范围路段	4	4			8	8	8	8	8	8		8	8		7
	章阁社区	章阁社区富士康北门到隆添利广场、万联广场、天富广场、民联广场、中港星广场、星河广场、富士康星源宿舍路段、富士康北门到志扬广场路段	7	7			18	18	20	20	20	20		8	8		7
		章阁社区章阁村新村1～169栋范围路段、章阁村澜园小区路段、塘前村众盈富小区路段、章阁村市场路段	6	6			15	15	15	15	15	15		8	8		7
		章阁社区章阁老村住宅区路段、塘前新村、塘前老村住宅区路段、塘前村市场路段	6	6			10	10	12	12	12	12		8	8		7
	松元厦社区	松元市场、宝地利、松元商业街、建材市场A栋、新华大厦、车站、观澜大道		8	7			9			30	16		9	8	8	8
		育才路、高尔夫大道、观平路(转盘至加贸厂路口)、观光路、德胜路(福楼路口至松元工作站)、大布头路(观平路接口至铿达厂)、河南新村路(加贸厂路口至河南新村214号)、环观中路(观平路接口至建利厂)、海神工业区门口店铺、同富裕工业区		8	7			9			25	13		9	8	8	8
		旭玫新村、大布新村前排、河南新村前排、向西新村前排、太兴新村前排、中心新村前排、大布头路(铿达厂至昌玮工业区)、昌玮工业区、越兴工业区		7	6			8			25	10		8	7	7	7

（接下表）

（续上表）

街道行政区域	路段号或社区	区域位置 \ 指导租金 \ 用途	住宅				办公		商业					厂房			仓库
			带电梯	不带电梯	平房	别墅	高层	多层	高层 一楼	高层 二楼以上	多层 一楼	多层 二楼以上	简易	一楼	二楼以上	简易	
观澜街道行政区域	松元厦社区	大布新村、河南新村、中心新村、向西新村、上围新村30号前、鹅公碑、虎地排、大布头村		7	6			8			20	10		8	7	7	7
		上围新村新建部、大布头过后二排、上围老村、中心老村、向西老村、福楼老村、河南老村		6	6			8			15	8		8	7	7	7
	桂花社区	桂花社区桂新路(富佳百货同兴业服装城)		8			17	13	30	20	30	20					
		桂花社区桂花路(豪佳厂前)、桂花农贸市场、星花社区		8	7		16	12	30	20	30	20					
		第二市场、观光路(裕花城)		8	7		15	12	30	20	30	20					
		桂花社区桂花路110--190号(桂花新村路段)、惠民一路、观光路(污水处理厂对面)、星花社区庙一市场、桂花路(庙一、庙二、蚌岭路段)、大坪社区章企路(福兴厂至库坑交界)、佳怡工业区		7	6		14	11	25	20	25	20		8	8	7	7
		桂花社区桂花路1～109号、桂新路、第六工业区、新石英钟桥街南巷(全段)、星花社区庙溪新村(对松堂对面住宅)、大坪社区章企路(桂花桥公园对面)		6	5		13	10	25	15	20	15		8	8	7	7
		桂花社区惠民二路、星花社区庙溪工业区、启威厂对面住宅区、大坪社区章企路(企坪路段)、沙企路(第一排)		6	5		12	9	20	10	20	10		8	8	7	7

（接下表）

（续上表）

街道行政区域	路段号或社区	用途 / 指导租金 / 区域位置	住宅				办公		商业					厂房			仓库
			带电梯	不带电梯	平房	别墅	高层	多层	高层		多层		简易	一楼	二楼以上	简易	
									一楼	二楼以上	一楼	二楼	以上				
观澜街道行政区域	桂花社区	桂花社区贵湖塘住宅区、放马埔住宅区、新石桥老村南一巷、南二巷、南三巷、星花社区庙一住宅区、庙二住宅区、大坪社区大沙河住宅区、企坪住宅区		6	5		12	9	15	9	15	10		8	8	7	7
		桂花社区新石桥住宅区、桂花新村(第二排起)、豪佳厂前(第二排起)、赤花岭住宅区、星花社区蚌岭住宅区、大湖住宅区		6	5		10	8			12	9		8	8	7	7
		桂花社区贵湖塘老村、放马埔老村、赤花岭老村、新石桥老村、蚌岭老村、大湖老村、大沙河老村、大坪社区庙溪新村(第二排起)		6	5		9	7			11	8		8	8	7	7
	樟坑径社区	樟坑径市场门口两旁、安澜大道白石排段、下围工业区一路、金澜广场前段		7				8			25			8	8		8
		樟坑径市场对面、安澜大道下围村段、新樟路白鸽湖老围段、下围工业区金澜广场后段、侨安工业园附近、上坑社区民爱科技园附近、牛角龙工业区		6				7			20			8	7		7
		上坑社区宝业路、上围工业区前排、白鸽湖路、白鸽湖白龙头		6				6			15			8	7		7
		下湖社区下围村、上坑社区上围新村、长坑长兴路、下湖社区下围工业区新村		6				6			12			7	7		6
		上围村、长坑村、下围村、白鸽湖村、上围工业区、下围工业区等偏僻处		5				5			10			7	7		6

（接下表）

（续上表）

街道行政区域	路段号或社区	区域位置 \ 指导租金 \ 用途	住宅				办公		商业					厂房			仓库
			带电梯	不带电梯	平房	别墅	高层	多层	高层 一楼	二楼以上	多层 一楼	二楼	简易 以上	一楼	二楼以上	简易	
观澜街道行政区域	新田社区	新田市场		7				10			35	15		8	7		8
		新田商业步行街、新樟路口百利达城、观平路新安居花园段		7				8			25	15		8	7		8
		观平路谷湖龙段、观平路牛轭岭段、观平路田心段、牛轭岭A区、第二市场		7				8			20			8	7		7
		公坑廊工业区前段、新樟路潮回楼、君新工业区前排、新樟路加油站对面、吉坑路口新樟路日发段、创新工业园、新丰路前段		6				7			15			8	7		7
		公坑廊工业区后段、新丰路后段、观平路消防中队两侧、牛轭岭B区、新湖北街前段		6				7			15	10		8	7		7
		牛轭岭工业一路、新湖北街后段、观平路段转盘段、新樟路元一村前排		5				7			15	10		7	7		7
		牛轭岭村、新丰新村、谷一村、谷二村、元一村、元二村、元三村、吉坑村、老一村、老二村、老三村、老村、沙博新村等偏僻处		5				6			10			7	7	7	6
	牛湖社区	广培社区高尔夫球会赛维纳会所	100					90									
		石马径社区牛湖市场第一排、第二排	7								30	20					
		启明社区和谐购物广场、广场两侧、南岳工业园	7.5					9			30	20	20	10	8	8	9

（接下表）

（续上表）

街道行政区域	路段号或社区	指导租金 / 用途 / 区域位置	住宅				办公		商业					厂房			仓库
			带电梯	不带电梯	平房	别墅	高层	多层	高层 一楼	高层 二楼以上	多层 一楼	多层 二楼	简易 以上	一楼	二楼以上	简易	
观澜街道行政区域	牛湖社区	广培社区牛湖市场对面居委综合楼	7					8			25	20					
		启明社区牛湖老村门口(佳德乐商场、金风厂宿舍一楼)	7					8			25	15					
		石马径社区牛湖市场第三排、第四排、金石路金电厂对面第一排	8					9			25	15		9	8	7	8
		启明社区宝裕公司门口右侧、宝裕公司内	7.5					8.5			25		20	9	7	7	8
		启明社区永丰恒工业区、商铺	7					9			25		20	10	8	7	8
		广培社区高尔夫大道两旁、龙岗区粮食工业园	7.5					8			25		20	9	7	8	8
		大水田社区工业园B区第1排、原侨福厂商铺	8					9			25	15		9	7	7	8
		大水田社区工业园B区第二排以后、鸿宇发工业园	7.5					8			20	15		9	7	7	9
		广培社区南兴工业园、深德技校、宝湖工业区	7					8			25		15	9	8	7	9
		石马径社区牛湖市场后面第一排、广培社区裕新路吓围段	8					9			25	15		9	7	7	8
		启明社区观天路明澜公司工业园、老二新工业区(观天路)	7					8			25			10	8	7	8
		石马径社区君新路石三工业区、鸿景鹏、胜顺工业园	7.5					8			25			10	8	7	8.5
		大水田社区版画基地段	7.5					9			25			9	7	7	8

（接下表）

（续上表）

街道行政区域	路段号或社区	用途 / 指导租金 / 区域位置	住宅				办公		商业					厂房			仓库
			带电梯	不带电梯	平房	别墅	高层	多层	高层		多层		简易	一楼	二楼以上	简易	
									一楼	二楼以上	一楼	二楼	以上				
观澜街道行政区域	牛湖社区	启明社区兴业路桑德厂对面、顺兴百货旁	7					8			20	12	12	9	7	7	8
		大水田社区工业区A区、石马径社区石新路	7					8			20		15	9	7	7	8
		启明社区兴业路老二小区路段	7					8			15	10	12	8	7	7	8
		广培社区新村坳顶段、木头湖路段	7					8			15		12	9	7	7	8
		广培社区新村方埔路段、兴业路大水田路段	7					8			15		12	8.5	7	7	7
		石三村围合式小区、石一村金电厂对面小区、坳顶围合式小区、石二村围合式小区、石一村新旧住宅区	8					8			12		10	8	7	7	8
		俄地吓围合式小区、吓围小区、木头湖小区、方一、方二新住宅区、大水田新住宅区、石二村旧住宅区	7		6						10		10	8	7	7	8
		木头湖旧区、老一村、老二村旧区、坳顶旧住宅区、老一村山顶新区	6		5						10		10	8	7	7	8
	君子布社区	君龙社区市场第一排、市场对面第一排、步行街前排		7	5			9			30	20	25				
		君新社区铭可达物流中心						10						15			15
		君龙社区市场里面									20		20				
		君龙社区村委对面一排、村委门口两侧		7	5			9			20		15				
		君龙社区龙兴路、环观南路旁、凌屋工业区、凌屋小区路段第一排		7	5			9			20	15		8	8	8	8
		君龙社区广范厂到君新社区鸿业厂路段、君新社区环观南路老围路段		7	5			9			15			8	8	7	8

（接下表）

（续上表）

街道行政区域	路段号或社区	区域位置 \ 指导租金 \ 用途	住宅				办公		商业					厂房			仓库
			带电梯	不带电梯	平房	别墅	高层	多层	高层 一楼	二楼以上	多层 一楼	二楼	简易 以上	一楼	二楼以上	简易	
观澜街道行政区域	君子布社区	君新社区黄贝坑路段、老围小区、田心小区		6	5			8			10			8	8	7	8
		君龙社区凌屋小区、龙兴小区、君新路田心段		6	5			8			15			8	8	7	8
		君龙社区张一、张二新住宅区		6	5			8			10			8	7	7	7
大浪街道行政区域	一类	龙观西路（鹊山段）、和平路(龙胜段）、建设西路(龙胜段）、工业西路(龙胜段）	12	9	10	12	25	20	50	25	50	20	/	11	10	10	10
		龙胜大厦、凯豪大厦、龙胜商业大厦、国王大酒店、大浪商业中心	11	9	8	10	20	20	50	25	50	20	/	11	10	10	10
	二类	华旺路、龙胜西路、大浪南路（浪口段）、华艺市场、大浪综合市场、龙胜市场、桂冠华庭、潭罗村综合办公楼、华发路（金盈新村段）	10	9	8	10	22	20	40	25	40	20	/	11	10	10	9
	三类	联润路、英泰路、华悦路、华昌路、教育一路、华盛路、华霆路、美宝路、大船坑路、华荣路、华繁路、潭罗路、华达路、浪口路、创艺路、华兴路、爱义路、鹊山路、高峰路、春华路、早禾路、快速路、云峰路、华宁路西、宝华路（龙胜段）、同胜同富裕工业区、河坑口工业区、下横朗春长工业区、石观工业区、下横朗第二工业区、光浩工业区、康发科技园、大浪同富邨工业园、澳华工业园、同富裕工业园、龙泉科技工业园、远业工业园、特发科技园、联恒商业城、龙华村市场后排、上横朗综合楼、潭罗市场、元芬新村、岭头新一村、桃苑新村	10	9	8	9	20	15	30	20	30	15	/	11	10	10	9

（接下表）

（续上表）

街道行政区域	路段号或社区	区域位置 \ 指导租金 \ 用途	住宅				办公		商业					厂房			仓库
			带电梯	不带电梯	平房	别墅	高层	多层	高层		多层		简易	一楼	二楼以上	简易	
									一楼	二楼以上	一楼	二楼	以上				
大浪街道行政区域	四类	浪花路、鲤鱼路、天诚路、龙南路、新侨塘工业区一、二路、华宁路东、教育二路、下岭排路、大浪南路（新围段）、工业园路、石凹第二工业区、龙城工业区、潮回楼工业区、佳利工业区、龙胜工业区、赖屋山新村东区、金盈新村小区、桃苑新村小区、赤岭头新一村小区、龙胜新村小区、元芬新村小区、浪口一、二区、浪口八、九区、同胜住宅小区、潭罗A、B、C、区、赖屋山新村东区、羊台山庄、赤岭头新二村、羊龙新村、上早新村、鹊山新一、二村、龙胜新村A、B、C、D、E区、泥头咀村、水围村、新围村、三合华侨新村、石凹村、玉田新村、下早新村、中保富裕新村、上横朗新村、白云山新村、潭罗新一村、茶角坎新村	9	8	7	9	15	15	20	15	20	15	/	10	10	10	8
	五类	沿河路、水泰路、上岭排工业区、玉壶新村、宝山新村、黄麻埔村、罗屋围村、三合村、福轩新村、上岭排村、下岭排村、宝龙新村、下横朗新村、陶吓新村、凯滨新村	/	7	6	/	10	10	15	10	15	10	/	9	9	9	7

（接下表）

（续上表）

街道行政区域	路段号或社区	用途 / 指导租金 / 区域位置	住宅				办公		商业					厂房			仓库
			带电梯	不带电梯	平房	别墅	高层	多层	高层 一楼	高层 二楼以上	多层 一楼	简易 二楼	简易 以上	一楼	二楼以上	简易	
龙华街道行政区域	一类	人民路两旁、美丽AAA、天虹商场	15	13	11	15	40	35	80	50	75	40	40	12	10	10	10
		华富市场、金龙华广场、美丽365花园前排、大润发商场、富通天骏(两边)、花园大街(中行路段)、南方明珠商业城、金銮时代广场、江南华府、富士康北门伍屋村	15	11	10	15	35	30	70	30	60	25	25	12	10	10	10
	二类	龙观西路(路两边)、龙观东路前排(路两边)、金碧世家、盛地龙泉、梅苑新村、和平花园、美丽365花园、青年城邦、新城市花园、劲力明珠花园、大信花园、新城市明珠、华富市场前排、龙鹏大楼、瓦窑排、东源阁、富豪新村、油富商城	10	11	10	15	30	25	60	25	50	20	25	12	10	10	10
	三类	三联路(路两边)、花园新村、油松市场、桦润馨居、优品建筑、美丽家园、新华苑、弘城阁、三联路、东环一路、东环二路、建设路、清泉路、龙华车站、宾馆花园、东和花园、康华苑、南国丽园、赛龙豪轩、潮回楼、海荣豪苑、弓村新村、康乐花园、康华苑、华侨苑、超汇花园、绿茵华庭、百联公寓、泽华大厦、梅龙苑、丹枫雅苑、龙泽榕园、民清路、皇嘉商业大厦、油松路两旁、旭日小区、盘龙新村、香提雅苑、油松市场	10	10	9	15	25	20	50	20	40	20	25	12	10	10	9

（接下表）

（续上表）

街道行政区域	路段号或社区	用途/指导租金/区域位置	住宅				办公		商业					厂房			仓库
			带电梯	不带电梯	平房	别墅	高层	多层	高层 一楼	高层 二楼以上	多层 一楼	多层 二楼	简易 以上	一楼	二楼以上	简易	
龙华街道行政区域	四类	大浪南路(路两边)、景乐新村、景华新村、景龙新村、双桥花园、金侨花园、福景花园、中环花园、碧波花园、锦绣花园、水斗老围、龙泉花园、宝华路、乐景花园、清湖村、玉翠新村、东环花园、金玲花园、景乐市场、伍屋村、福景花园、中环花园、东华明珠园、华松花园、集瑞小区、港侨新村、富泉新村、云都别墅、和平路两旁、硅谷动力工业园、清湖工业区、东和花园、工业西路、工业东路、煜丰泽花园、鸿大工业园、宝卫工业区、福茂新村、油福新村、嘉逸花园、宇峰苑、龙翔花园、第十工业区、金庸阁、新碑新村、富联新村A、B区、清湖市场、华联大厦、园鸿工业园、梦丽园工业园、圳宝工业园、盛世江南、东埔龙、梅龙路、彩煌工业园、胜立工业园、文化街、东吴工业区、卫东龙工业园、港工龙工业园、腾龙花园、龙腾阁、共和新村、华雅科技工业园、良基商业大厦、共和小区、共和花园、东升小区、油园新村、瑞丰小区、华侨新村、金利城科技工业园、新阳丽舍、松和新村、华油工业区油松第二工业区、俊龙新村、上油松、下油松、水斗新围	10	9	8	15	20	20	40	20	30	20	20	10	10	10	9

（接下表）

（续上表）

街道行政区域	路段号或社区	区域位置 / 指导租金 / 用途	住宅				办公		商业					厂房			仓库
			带电梯	不带电梯	平房	别墅	高层	多层	高层		多层		简易	一楼	二楼以上	简易	
									一楼	二楼以上	一楼	二楼	以上				
龙华街道行政区域	其他	河背村、郭吓村、姜头村、龙园新村、荔园新村、锦绣新村、鲤鱼路、狮头岭、山咀头、墩背、墩背学校、鲤鱼塘、龙马新村、玉石新村、高坳新村、中海科技公司村、振华工业园、河背工业区、老围工业区、郭吓工业区、三联工业区、墩背工业区、第八工业区、牛地埔村、老围、弓村、富联新村C、D区、十工业区、荔苑新村、六工业区、第三四工业区、宝华工业区、联华工业区、共和工业区、伍屋村工业区、卫东龙工业区、老围村、水斗新围、龙苑新村	8	7	6	9	16	12	24	16	20	12	12	8	7	7	6
龙华街道行政区域	注：各村路两边，以路为主计算 花园类(办公、住宅)带电梯可适当上调1～2类别计算																
民治街道行政区域	一类	民治大道万众城、人民北路锦绣江南、人民北路前排、民治大道鑫茂花园、民丰路鑫茂花园前段	16	13	/	18	30	30	65	35	65	35	/	13	11		10
民治街道行政区域		民治大道前段、梅陇镇、阳光新境、幸福枫景、民治农贸市场、鑫茂花园、民宝路前段、世纪春城四期、民旺路至沙吓村路段、世纪春城民安路段	15	13	/	18	30	30	60	35	60	35	/	13	11	9	10

（接下表）

（续上表）

街道行政区域	路段号或社区	区域位置 ＼ 指导租金 ＼ 用途	住宅				办公		商业					厂房			仓库
			带电梯	不带电梯	平房	别墅	高层	多层	高层 一楼	高层 二楼以上	多层 一楼	多层 二楼	简易 以上	一楼	二楼以上	简易	
民治街道行政区域	二类	万众城步行街和商业街、牛栏前市场、万众城建材广场、民治商业广场、潜龙花园、春华四季园、东二办公楼、七里香榭、鑫茂公寓、世纪春城民兴路段8号地块	15	13	/	18	30	30	55	35	55	30	/	13	11	9	10
		惠鑫公寓、鑫海公寓、华星大厦、苹果园、丰润花园、玉华花园、银泉花园、兴万和广场、梅龙路、世纪春城梅龙路边、东泉新村梅龙路边、南源新村梅龙路边、向南一区民宝路边、东边老村民治大道边、水尾新村民治大道边、横岭二区民治大道边、龙胜路、榕苑花园、潜龙苑、世纪春城民田路边6、7号地块、鑫茂花园A1栋-A2栋	15	13	/	16	30	30	50	35	50	25	/	13	12	9	9
		东边市场、沿河南路商业街、横岭一五区民治大道路边、民治大道后段、白石龙市场、滢水山庄一二期、潜龙阁、民乐路、民乐一区主道、民乐新村、民乐花园、万家灯火、民乐翠园、中环路、东二市场、东一综合楼、东二综合楼、南景新村、民田路边	14	13	/	16	30	30	45	30	45	25	/	13	12	9	9
		龙胜东路、西头市场前排商铺、民田路、民福路、宝山工业区、澳门新村、白石龙一区主道、民乐老村主道、横岭四区市场、鑫茂花园B栋、民康路皓月花园	14	12	/	16	25	25	40	30	40	25	/	13	12	9	9

（接下表）

（续上表）

街道行政区域	路段号或社区	区域位置 \ 指导租金 \ 用途	住宅				办公		商业					厂房			仓库
			带电梯	不带电梯	平房	别墅	高层	多层	高层 一楼	高层 二楼以上	多层 一楼	多层 二楼以上	简易	一楼	二楼以上	简易	
民治街道行政区域	三类	勤芬路、工业西路、工业东路、风和日丽、日出印象、布龙公路前排、上塘农贸市场、骏景华庭、华美丽苑、布龙路华侨公寓、民兴路、梅花山庄、馨园一二期、梅花新园、皓月花园、碧水龙庭、民康路、白石龙一区、书香门第、丰泽湖山庄、世纪春城	14	12	/	16	25	25	35	25	35	20	/	13	12	9	8
		建设西路、宇丰城、西头新村、榕树苑、隔圳新村、龙塘市场、松仔园、南源新村、东泉新村、沙吓村、水尾村、东边村、塘水围一二三区、向南村、华侨新村、沙元埔、樟坑一二三区、横岭一二三四五区、民乐老村、民乐一区、嘉龙山庄、阳光新苑、汇龙苑、中航香水郡、东一村、东二村、万众生活村、白石龙二区、龙屋工业区、世纪春城女人街内铺	14	12	10	15	25	25	35	25	30	20	15	13	12	8	8
		向南华侨新村（创业花园）、龙塘村、简上村、逸秀新村、民治南路	12	10	9	/	18	18	25	18	25	15	15	12	10	8	7
	其他	其他范围	11	9	8	/	15	15	20	15	20	12	12	11	10	8	6

表 8-19

龙岗区 2010 年房屋租赁指导租金汇总表

单位：元/平方米·月

街道行政区域	路段号	区域位置 \ 指导租金 \ 用途	住宅				办公		商业					厂房			仓库
									高层		多层						
			带电梯	不带电梯	平房	别墅	高层	多层	一楼	二楼以上	一楼	二楼以上	简易	一楼	二楼以上	简易	
平湖街道行政区域	1	新村一、二、三区、松园、虎岭 、罗山、建筑公司、横头山、犁头寮、井头岭、科园路、塘口大街、平龙西路、洋坑路、惠华西路、杉坑路、山厦村、大围村、楼下村、小塘口村、大井路、南油花园、内环路、香山路、井和路、山厦路		6	5			8			10	8	10	6	7	6	7
	2	白银路、塘滩路、大园路、二区、一区、顶头布路、横东岭路、沿河北路、新朗仔、高坳路、麻布路、远丰路、皋平路、良白路、泥九坑路、布新路、大山路、莲塘路、红花园、井头村、井头村、新西路、新荔一路	5	5	5	6	8	8	10	8	10	8	8	7	6	6	6
	3	工业大道、岐龙一巷、育才一路、嘉城路、同富路、辅岐路、岐岭一、二村、岐岭新村、岐康路、岐新一路、岐康一巷、凤岐路、岐横路、岐岭市场、阳光路、新生路、邝屋路、朝阳路		6	6			8			8	7	6	8	7	6	9
	4	新桥一、二、三路、辅城坳二区、平龙西路、新桥新村、永沛厂对面、新村、立新街、岭南路、新源巷、岭北一、二巷、嘉湖路、塘龙路、长龙东、西路、坳背路		6	6			8			8	8	6	8	8	6	6
	5	力元路、创力路、新厦大道		6	5			8			8	8	8	7	7	6	7
	6	平龙东路 25～239 号、平龙东路 239 号一平龙东路五联路上(郭先焕院）、,东都雅苑	8	6	5			10			15	10	12	7	7	6	7

（接下表）

（续上表）

街道行政区域	路段号	区域位置（用途 / 指导租金）	住宅				办公		商业					厂房			仓库
			带电梯	不带电梯	平房	别墅	高层	多层	高层一楼	高层二楼以上	多层一楼	多层二楼以上	简易	一楼	二楼以上	简易	
平湖街道行政区域	7	力新一、二、三、四巷；力元吓二、三区、惠华花园；168花园、吉平一、二、巷、民盛路；民盛一、二、三、巷；力元吓一区；力东路、草坪路；草埔一、二、三、四、五巷；草坪一、二路；华昌路；力元一巷、凤凰大道；景泰一巷、二巷；永华街、爱建路、华昌路2～32号		6	5			8			8	8	8	7	7	6	7
	8	新木门口旁、物业新村门口、榄树下工业区、三八八工业区、物业新村（单间、木板间、车房）、丹平路、白天鹅路、市场、大皇公平房、良白路(万佳分厂～倍光工业区)、爱良路、横岭新村、白天鹅路、兴良路、老村楼(平、瓦房)、大松园（新、老村）		6	5			8	9	8	7	6	6	6	6	6	7
	9	市场、园岭北路、东深公路95～165号、凤凰工业园、风门园工业区		7				9			11	9	8	9	8	6	5
	10	松园、松园围、东门路、春湖工业区、围岭卡口、水库周边、丹平路、明光路、东深公路、天鹅路、兴达路、高宝路、（坪龙、天鹅、信鹅、宝鹅）工业区、向阳路、新南大岭工业区、善德路、丹平公路、坪龙大街、（求水岭、世纪、倍光）工业区、长排路、伟光路、大竹园、向南路、长兴路、大岭、坪龙1、2路、104区		8	7			9			10	8	9	7	6	6	7
	11	守珍街（107～201、108～138号）		7				8			45	18		7	7		7
	12	新风北街、荔园街1～92号、平荔东街、双拥街、守珍街（140～224、203～385、286～386号）	8	7				8			25	12		7	7		8

（接下表）

（续上表）

街道行政区域	路段号	区域位置 \ 指导租金 \ 用途	住宅				办公		商业					厂房			仓库
			带电梯	不带电梯	平房	别墅	高层	多层	高层一楼	高层二楼以上	多层一楼	多层二楼以上	简易	一楼	二楼以上	简易	
平湖街道行政区域	13	北门街、富民街、统建街、新风南街（48～86、53～119 号）、裕和南街、平湖大街（165～271、224～358 号）、荔园街 91～135 号、平湖大街(双号)		7				8			15	9		7	7		8
	14	宝新街（1～23，2～36 号）、新风南街（1～51 号）、谊昌路、建设路、景新北街、新乐街、新立街、裕和北街	8	7				8			15	9		7	7		8
	15	平园路、荔香街、顺昌街、宝新街（38～62，25～51 号）、凤凰大道(单号)、新园路、春怡南街、新民北街、南园一、二路		7				8			12	8		7	7		8
	16	丽华巷、爱民巷、民康街、新园巷、宝新街、鸿昌巷、长盛街、安然巷、鸿盛街、建设巷 1～14 巷、天河路、天景巷 1～6 号、景林巷 1～6 巷、景林巷 1～6 巷、岭下路 1～18 号、文山巷 1～18 号、宏泰街 1～62 号、裕新巷 1～17 号、裕新二巷 1～13 号、全富苑 1～13 号、新村 1～6 巷、东乐东路 1～68 号、友城西路 1～19 号、仙城路 2～24 号、同乐路 2～17 号、东乐路 1～17 号、华美街、新村路、新乐巷 1～6、源屋巷、新风巷 1～6、华泰街、横岭路		7				8			9	8		7	7		7
	17	源屋围老屋、北门坳老屋、新村老屋、伍屋围老屋			3						6			5	5		4
	18	凤凰大道(姿整路段)、翠峰丽景、满庭芳	10	8			15	15	18	15	18	15			7		7
	19	湖新街、湖新巷、大皇公新村、竹高塘路、竹高塘新村、西门吓路、麻布村、共和路、大围、松柏围路、万福路、河包围、芳坑路、富民工业区、隔圳东、西路、横岭一、二街、新祠堂路、联发街、麻石路、高原路、石井头、石巷路、祠堂巷、新祠堂老村		7				10			13	10		9	8	7	7

（接下表）

（续上表）

街道行政区域	路段号	区域位置＼指导租金＼用途	住宅				办公		商业					厂房			仓库
			带电梯	不带电梯	平房	别墅	高层	多层	高层		多层		简易	一楼	二楼以上	简易	
									一楼	二楼以上	一楼	二楼以上					
平湖街道行政区域	20	岭根吓旧区、彩姿南北路、上木古一、二巷、工坑工业区、新河路、新河住宅、新木路、平新南北路、上木古（老围、园径）、宝来工业区、步行街、市场		6	5			8			9	7		8	7	6	6
	21	新围仔、江屋、老围、益民村、益民新村、水围一、二路、乐新路、书香路、书香东（西）巷、富新路、祥和路		6	5				9	8	9	7	6	6	6	6	8
	22	老村新区、文新路、新木路、占米岭工业区、新村、平新南路、新康路、新园工业园、老村路、文新路、老村新区、老村二区、老村工业园一路、文昌路、木古老村		6	5			8	9	8	9	7	6	6	6	6	8
	23	平新北路、晶业路、佳业路、联港路、辅岐路、平湖大街、富安街、平安大道、简头街简平巷、昌平街益民路、昌盛街、平荔街、金利街		8	6			10			10	8		7	6	6	7
	24	任屋新村片区、同富路、任屋路1～18巷（老村）、福星街、振业路东与北、水门村、砖厂、新和路、教长布街、永昌街、平益巷、述昌街、大和路、建新路、水门路、停车场片区、大新东、西、黎公井老屋、新联路、新老屋、建新路、长福路、福明路、平湖老街、新南路、井仔巷、上下大街、新林街、恒安（新）街、荔枝岭老村、大同巷、荣华街	10	7	6			9			9	7	7	9	7	7	7
布吉街道行政区域	1	布吉中心广场、吉华路（布吉段）、莲花路、德兴城、国都	22	14			35	15	250	30	200	35					
	2	何屋村、格塘村、李屋村、老圩村、龙岭路、一村街、湖南路	13	10			35	15	100	20	100	25					
	3	桂芳园东大街、中兴路、深惠路、长青街、长盛街、布吉中心花园、大世纪花园、布沙路、吉政路、宝龙	15	10			35	15	120	60	90	35	20	12	10		

（接下表）

（续上表）

街道行政区域	路段号	用途 / 指导租金 / 区域位置	住宅				办公		商业					厂房			仓库
			带电梯	不带电梯	平房	别墅	高层	多层	高层		多层		简易	一楼	二楼以上	简易	
									一楼	二楼以上	一楼	二楼以上					
布吉街道行政区域	4	大芬油画村（老围东、老围西、新芬街、新围街、芬丽街）、三联玉石街	20	15				20			70	35	10	12	10		
	5	三九万隆苑商铺、西环路、布李路、翠枫豪园、龙园意境、慢城、金排、东方半岛、可园、龙珠、国展苑、康达尔、德兴、湖光山舍、青青家园	12	9			20	15			50	20			10		
	6	荣超路段、信义路段、京南路段、东西干道（桔子坑段）	16	12			15		60	30	55	26	30				
	7	锦龙路段、罗岗路段、木棉湾路段		9			13		30	20	30	15	30	12	10		
	8	吉华路商业街（水径段）、中海怡翠、阳光花园、龙富花园、茵悦之生	20	12				20	35	20	30	15		12	10		
	9	杓妈岭工业区、桔子坑村、格塘新村、凤凰山庄	12	10					35		35	27		12	10		
	10	丽湖花园、上水花园、金沙花园、华兴工业区、石龙坑、吉华	12	9				18	25		20		10	12	10		
	11	新兴街、长吉路、长龙花园、长龙路、新民路、新龙路		8							55						
	12	三联、水径老围、甘坑、新梅子园、大坡头、华龙、大靓、细靓、甘李路、秀峰工业区、东心岭、钱排		9				13	10		20	15	10	35	10		
坂田街道行政区域	1	万科城、四季花城、阳光第五季	25	20		40	25	20	60	30	50	25					
	2	吉华路、五和中路、五和南路、坂雪岗大道、雪岗南路、雪岗北路、长发西路、冲之大道	18	14			18	14	60	25	50	20		13	10		12
	3	民营市场、大同市场、岗头市场、家和花园、长发中路、光雅园路、南坑路、南坑北路、上雪科技城	18	14			18	14			45	18		13	10		12
	4	花园新村、岗头新围仔、坂田村、荔园新村、和磡村、布龙路	17	13			17	13			40	17		13	10		12

（接下表）

（续上表）

街道行政区域	路段号	用途 指导租金 区域位置	住宅				办公		商业					厂房			仓库
			带电梯	不带电梯	平房	别墅	高层	多层	高层 一楼	高层 二楼以上	多层 一楼	多层 二楼以上	简易	一楼	二楼以上	简易	
坂田街道行政区域	5	中海日辉台、台湾花园、金洲嘉丽园、万科第五园、富豪花园、中海月朗苑、珠江地产、星光之约、天景山庄	20	15			20	15	40	20	35	16					
	6	上雪村、下雪村、象角塘、马蹄山、禾坪岗、中心围、风门坳、杨美村、水斗坑、大发埔、光雅园、南坑村、大光勘、禾塘光、河背村、坂田新围仔	16	12			16	12			30	15		13	10		12
南湾街道行政区域	1	沙平北路 442～444 号		10							40						
	2	沙平北路 500 号		10							35						
	3	丹平东一巷 5 号									50				10		
	4	丹平东二巷 1 号		10							35						
	5	丹平东六巷 8 号													10		
	6	丹平东八巷 17 号													10		
	7	丹平东二巷 21 号		10							35						
	8	黄金坑		10							20						
	9	东大街,祥云苑,颂雅苑	18	15							100						
	10	龙泉别墅				40					80						
	11	中兆花园	13	15							50						
	12	桂芳园	20	16			30	25									
	13	南景豪庭	16						80								
	14	和通花园		16										10			1
	15	泰雅苑	17	15													

（接下表）

（续上表）

街道行政区域	路段号	区域位置 \ 指导租金 \ 用途	住宅				办公		商业					厂房			仓库
			带电梯	不带电梯	平房	别墅	高层	多层	高层		多层		简易	一楼	二楼以上	简易	
									一楼	二楼以上	一楼	二楼以上					
南湾街道行政区域	16	原善窝		15					30								
	17	富璟花园	15						25								
	18	农民公寓	16														
	19	南岭东路	15						30								
	20	南晶小区	15						30								
	21	南新小区		15					30								
	22	龙山路		15													
	23	南新路		15					35								
	24	南园路		15					35								
	25	商住楼、禾地		15													
	26	岭排		15													
	27	健民小区		15					30								
	28	老禾坪		15					30								
	29	环湖路、南岭西路、畲头窝、原善窝		15					30								
	30	黄金南路、黄金北路		15					30								
	31	高凹顶、健民路		15					30								
	32	南岭南路		15					30								
	33	普强花园	15	10							15						
	34	新塘西		10							15						
	35	布沙路		10							30						

（接下表）

（续上表）

街道行政区域	路段号	区域位置 \ 指导租金 \ 用途	住宅				办公		商业					厂房			仓库
									高层		多层						
			带电梯	不带电梯	平房	别墅	高层	多层	一楼	二楼以上	一楼	二楼以上	简易	一楼	二楼以上	简易	
南湾街道行政区域	36	南和新村、南和新村北巷、南和路		10							15						
	37	大坑上村、南和大坑上村北巷		10							15						
	38	山水苑		12							15						
	39	发展公司		10							15						
	40	金桔苑		15							20						
	41	南和公司		12							20			10	8	5	6
	42	粤强公司									15			10	8	5	6
	43	鸿润豪苑	15								20						
	44	玉岭花园	20	15					30		30						
	45	南岭花园综合市场										25					
	46	阳光翠园	17	12						30							
	47	龙山路商业街											40				
	48	南岭花园		11							26						
	49	岭园路									30						
	50	龙山工业区												18	16		
	51	南威中心		11					26								
	52	水山缘	15						30								
	53	百门前工业区		15							30			16	15		
	54	新塘西		15							25						
	55	南和公司		12							20						

（接下表）

（续上表）

街道行政区域	路段号	区域位置 \ 指导租金 \ 用途	住宅				办公		商业					厂房			仓库
									高层		多层						
			带电梯	不带电梯	平房	别墅	高层	多层	一楼	二楼以上	一楼	二楼以上	简易	一楼	二楼以上	简易	
南湾街道行政区域	56	普强花园	17	15					20		20		12				12
	57	南和新村、南和新村北巷、南和大坑上村北巷、南和路、大坑上村		15							20						
	58	山水苑		15					20								
	59	发展公司		15													
	60	金桔苑		17													
	61	康桥花园、怡乐花园、左庭右院、紫薇花园、物流园	18	15			15	15	40	25	40	25		15	12	10	12
	62	沙平北路、沙平南路、深惠路		12	10		12	12	25	15	25	12	10	13	11	10	10
	63	园墩小区、新洲小区	15	10	10		12	12	25	13	20	10	10	13	11	10	10
	64	中新路、宝丹路	10	10	10		13	12	23	12	20	10	10	13	11	10	10
	65	树山背、苏房街、河背路、岭背东（西）、恋珠东（西）、丹竹路	12	10	10		12	12	25	12	20	12	10	13	12	10	10
	66	河背路、宝雅路、草堆街	12	10	10		12	12	25	15	25	15	12	13	11	9	10
	67	苏房街、塘尾南（北）区、丹竹路、丹河南路、	13	12	10		12	12	25	13	25	13	10	14	12	9	11
	68	沙湾市场、桂花路、沙湾路、沙平北路、沙平南路、兰花路	13	11	10		12	12	30	15	30	15	10	14	12	10	10
	69	沙湾河花园、官塘小区、兰花路	12	11	10		12	12	25	13	25	15	9				9
	70	中坊、东坊、西坊、	13	10	10		11	12	23	13	25	10	9				9
	71	东坊南（北）、厦园路、兰花北巷	12	10	10		12	12	23	13	25	10	10				10
	72	河滨路、花园街、兴华路、沙湾市场		10	10		10	12	25	13	25	11	10	13	11	10	10
	73	沙岭小区、墙背街	12	10	10		12	12	23	15	30	10	10				10
	74	大块麻、东门头、吉盛路、吉龙南（北）	12	10	10		11	12	25	15	25	13	10				10

（接下表）

（续上表）

街道行政区域	路段号	区域位置（指导租金／用途）	住宅				办公		商业					厂房			仓库
			带电梯	不带电梯	平房	别墅	高层	多层	高层		多层		简易	一楼	二楼以上	简易	
									一楼	二楼以上	一楼	二楼以上					
南湾街道行政区域	75	麦田、下龙街、裕昌路		10	10		11	12	25	15	26	12	10	13	11	10	11
	76	吉厦街		10	10		11	10	30	15	25	12	10	13	11	10	11
	77	虾公岭		7	6				8		8						
	78	下李南		7	6				15		15						
	79	市场		6	6				9		9						
	80	中心围西一区/华侨新村		6	5				8		8						
	81	刘屋、对门岗东、西、下李北		7	6				10		10						
	82	花屏、石禾塘		6	5				7		7						
	83	中心围西二区/东区中区		7	5				7		7						
	84	澳头/李澳街、深朗南/北区、水背坑、大坑肚		7	5				8		8						
	85	下李朗工业区、下李朗新工业区、下李朗联创工业区												11	9		
	86	下李朗下李南路工业区、上李朗第一工业区												10	8		
	87	外经贸工业区、莱茵工业区、上李朗第二工业区												12	10		
	88	上李朗工业区、中盛科技												13	10		
	89	商业街			7						18						
	90	住宅一区、住宅二区、瓦窑路			6						16						
	91	田心路、田心围小区、大雚埔			5						16						
	92	沙塘布翠山西片区		8			12		15	12				10	8		8
	93	沙塘布翠山东片区		8													
	94	沙塘布老村片区		7	6												
	95	沙塘布翠山路					10		15	12				10	8		

（接下表）

（续上表）

街道行政区域	路段号	区域位置 \ 指导租金 \ 用途	住宅 带电梯	住宅 不带电梯	住宅 平房	住宅 别墅	办公 高层	办公 多层	商业 高层 一楼	商业 高层 二楼以上	商业 多层 一楼	商业 多层 二楼以上	商业 简易	厂房 一楼	厂房 二楼以上	厂房 简易	仓库
南湾街道行政区域	96	新塘东、上园、樟富、樟树	12	7					15	12				12	10		10
	97	布沙路、坪埔路	12	7					20	12				12	10		10
	98	樟富北路		10							22	15					
	99	新村		8							13	9					
	100	老村		7							8	7		12	10		
横岗街道行政区域	1	志健时代广场(茂盛路)	18				33	30	150	60							
	2	志健时代广场(内铺)、卓越城市中心花园 10 栋（丽晶中心）	18					30	100	60							
	3	新亚洲广场、隆盛花园 S1、S2 商场、卓越城市中心花园、新世界广场、志健时代广场(四联路)	15	15				22	68	54	51	34					
	4	松柏路（前段）、六约购物中心、锦冠华城、锦绣花园	15	10				25	55	50	80	45	30	7		6.5	7
	5	礼耕路、六和路、振业城、中海怡美山庄、红棉二路、六约路	17	11		10		23			55	34		7	7	6.5	7
	6	深惠路（横岗段）、牛始埔路、创新路、六约路(后)、四联路、红棉路、贤乐路、茂盛路、连心路、联建楼、得宜一街、名门世家	14	9		8		20			37	27	25	7	7	6.5	7
	7	塘坑路、埔厦路、深怡路、深竹路、丰塘路、兴旺路、联盛巷红花街、保康路、富康路、新丰路、隆盛花园 S3、恒丰路		8				18	25	20	32	26	20	7	7	6.5	7
	8	228 工业区、横岗工业区、龙塘工业区、华茂工业区、仙桃源工业区、金龙工业区、金源路、塘坑路、悦民路、太兴街、松柏路（后段）		8				16			29	23	19	7	7	6.5	7
	9	深坑路、宸庆路、贤东路、华乐路、坳背路、红棉三路、红棉四路、金塘路、长金路、宸和路、六联路、得宜二街、水晶城		7				15			24	16	18	7	7	6.5	7

（接下表）

（续上表）

街道行政区域	路段号	指导租金 区域位置 \ 用途	住宅				办公		商业					厂房			仓库
			带电梯	不带电梯	平房	别墅	高层	多层	高层 一楼	高层 二楼以上	多层 一楼	多层 二楼以上	简易	一楼	二楼以上	简易	
横岗街道行政区域	10	贤合路、新塘坑路、茂兴路、腾昌一路、富利时路、腾昌二路、广达路、桂坪路、荷坳路、梧岗路、联合路、排榜路、安良路、金源一路、二路、求康路、康乐路、马竹路		7				14			23	16	14	7	7	6.5	7
	11	宝桐路、横坪路、惠盐路、新园路、塘厦巷、旱塘二路、旱塘三路、安兴路、良华街、人工湖、保康路、红花二区、大康路		6				12			20	15	13	7	7	6.5	7
	12	西湖路、谭面路、安康路、教育路、环竹路、凤凰路、山子下路、马六路、东都车城（荷坳）		5				11			17	12	12	7	7	6.5	7
	13	八斗路、龙兴路、太湖路、大康路、环山路、莘野路、沙荷路、沿河路、万凤路、创业路、太围路、沙坪路、荔园路、油甘园路、安居路、永湖路、坳新路、新坡塘路		5				10			14	8	9	7	7	6.5	7
龙城街道行政区域	1	万佳百货、世贸百货、公园大地、天虹商场、新城市建设大厦、天安数码城	/	/	/	/	45	30	80	40	80	40	30	/	/	/	/
	2	紫薇公寓、风临国际、丽景鸿都	16	12	/	/	30	30	40	40	30	30	30	/	/	/	/
	3	宝钜大厦、岁宝百货、妇女儿童活动中心、邮政大厦、港澳城、碧湖大酒店、紫薇苑、新亚洲、罗马公园、锦绣东方、龙城国际	16	12	/	/	30	25	60	40	50	30	30	/	/	/	/
	4	碧湖花园、紫薇花园、清林路、龙福路、龙翔大道中心城段、公园路、吉祥路、吉祥来、和顺苑、满园、欧景花园	16	12	/	/	30	25	50	35	40	30	30	/	/	/	8
	5	海逸雅居、翡翠明珠、龙城华府、中海康城、奥林华府、大公馆、龙岗区体育中心	16	12	/	/	30	20	50	25	40	20	35	/	/	/	8
	6	黄阁翠苑、嘉欣园、顺景、园景、雅庭、龙翔花园、丽江花园	15	11	/	/	25	20	45	25	35	20	25	/	/	/	8

（接下表）

（续上表）

街道行政区域	路段号	区域位置 \ 指导租金 \ 用途	住宅				办公		商业					厂房			仓库
			带电梯	不带电梯	平房	别墅	高层	多层	高层 一楼	高层 二楼以上	多层 一楼	多层 二楼以上	简易	一楼	二楼以上	简易	
龙城街道行政区域	7	欧景城、花半里、东方沁园、东方御花园、尚景欣园、天健现代城、天健郡城、志联佳、君悦龙庭、水蓝湾	16	12	/	/	30	25	40	30	35	30	30	/	/	/	8
	8	万象天成、龙园印象、天集雅苑、中央悦城	15	/	/	/	25	/	40	25	40	25	30	/	/	/	/
	9	龙福一村、尚景、康馨园、城龙、宏福路、天健、愉园、宏兴苑、福园、和兴、汽车总站、鸿基花园、东都花园、余岭山庄、和田世居、美丽达、香林玫瑰园、爱心路、爱地、创业园、万科清林径	15	10	/	/	20	20	40	30	35	25	20	9	8	7	8
	10	嶂背步行街、A 区步行街、晨光路、如意路、前进工业巷、园湖路、如意南路、嶂背大道、深惠路、宝荷路、白灰围一路	/	10	6	/	/	15	/	/	40	20	40	9	8	7	8
	11	爱都路、爱华路、金华街、金龙巷、爱新西一巷、龙翔大道、华美中路	/	10	6	/	/	15	/	/	30	18	20	9	8	7	8
	12	盛龙路、盛平中路、盛平南路、龙平东路	/	13	/	/	/	15	/	/	35	25	30	8	7	6	6
	13	佳盛苑、富康苑、育龙庭、盛龙花园、招商依山郡、玫瑰郡、楚丰广场、阳光广场	13	10	/	/	/	10	/	/	30	20	20	/	/	/	/
	14	新陂路、新丰路、锦苑路、怡苑路、军田路、爱新路、新屯中路、蒲新中路、德馨楼、金荣街、创业路、清辉路、华兴路、阁溪路	/	10	6	/	/	12	/	/	25	18	20	9	8	7	8
	15	嶂背工业区、台湾工业区、龙腾工业区、石龙头工业区、黄阁坑工业区、台中工业区、新屯工业区、白灰围工业区、大围工业区等工业厂房	/	10	6	/	/	15	/	/	25	15	20	9	8	7	8
	16	兴宁花园	/	10	6	/	/	12	/	/	25	15	20	/	/	/	8

（接下表）

（续上表）

街道行政区域	路段号	区域位置 \ 指导租金 \ 用途	住宅				办公		商业					厂房			仓库
									高层		多层						
			带电梯	不带电梯	平房	别墅	高层	多层	一楼	二楼以上	一楼	二楼以上	简易	一楼	二楼以上	简易	
龙城街道行政区域	17	学园路、龙西中路、龙平西路	/	7	5	/	/	12	/	/	30	25	15	8	7	7	6
	18	五联路、盛华路、齐心路、连心路、朱古石路、移民新村、龙西大发新区、松子岭、清水路、龙西新村、对面岭、友谊路、新联路、同心小区、回龙埔新工业区、盛丰路、富民路、龙埔路	/	7	5	/	/	12	/	/	20	15	15	8	8	7	6
	19	建新村、陂头背、前进、田寮、西湖、岗贝、老西、新西、新屯、蒲排、太平、石火、嶂一、嶂二、新秀新村、斜吓、白灰围、大围、A区、B区、如意小区	/	10	6	/	/	12	/	/	20	15	15	9	8	7	7
	20	长江花园、佳馨苑、禾田小筑、新龙岗花园、欧意轩、竹韵苑	13	10	/	/	/	15	/	/	25	15	12	/	/	/	/
	21	松元角、民盛路、荔枝园、务地埔、将军帽、田段心、官新合、龙西伟龙达小区、陈屋二区、塘背坜、龙城北路、龙西东路、陈屋、杨屋、郭屋、徐屋、龙西老围、回龙埔老围、李屋、吓屋、吓一、吓二、吓四、上角环新村、松元头、瓦窑坑、岭背坑、朱古石、协平、南蛇坑、玉湖、白沙水、楼吓、石溪、松子路、玉田路、陂头肚等	/	7	5	/	/	10	/	/	15	10	13	8	7	6	6
	22	东森花园	/	10	/	/	/	10	/	/	12	10	10	/	/	/	/
龙岗街道行政区域	1	龙盈泰商业中心、五洲风情									150	80					
	2	人人购物广场、柏龙商业中心									100	50					
	3	龙平东路、龙兴街		7	5			25			80	30		8	7		
	4	南联路、龙园路（南联段）、龙平路、第二市场、华兴苑	12	7	5		20	20	65	30	60	30		8	7	8	8
	5	兴隆街、万兴街、民昌街、富佳路、龙河路、鹏达花园、平南路、榭丽花园、九州家园、龙平东路		7	5			20			50	25		8	7	8	8

（接下表）

（续上表）

街道行政区域	路段号	指导租金（用途／区域位置）	住宅				办公		商业					厂房			仓库
			带电梯	不带电梯	平房	别墅	高层	多层	高层 一楼	高层 二楼以上	多层 一楼	多层 二楼以上	简易	一楼	二楼以上	简易	
龙岗街道行政区域	6	华西街、龙昌街、向银路、龙城南路、龙园路（龙岗段）、石桥头街、银威路		7	5			20			45	25		8	7	8	8
	7	鹏达路、华西街、太和街、源盛路北、文化街、大新街、龙心街、东湖街、金龙街、桥西街、桥东街、东鹏街、利民市场、圩肚街、植物园路（南联段）、罗瑞合南街、南联新市场、南通道、第六工业区（南联）	12	7	5			20	40	25	40	25	20	7	6	7	7
	8	深惠路、怡丰路、沙坪街、风临四季、鹏达路		7	5			18			35	20		7	6		
	9	龙园路（东段）、龙城大道、新生路、集银皮革广场、深惠路（新生段）、创富时代、龙东农贸市场、深汕路（龙东段）、莱茵路、源盛路南		7	5			18			30	18		7	6	7	7
	10	西二村、向东路、乐园路、罗福街、简一村、简二村 大坑路、新生路、东湖街、梅岗市场、瑞隆街、第一市场、深汕路（同乐段）、瑞记路、东鹏街、龙南路、罗瑞合村、龙升路、龙湖路、新桥街		7	5			15			25	15	15	7	6	7	7
	11	炳坑路、沙梨园、西一村、巫屋村、广安街、植物园路（南约段）、东升新路、乐园路、同力路、同德路、同心路、田祖上街、沙平街、兴东大街、兴桥路、福宁路、瑞记路、龙城南路南段、向银路南段、牛伴岭		7	5			13			20	15		7	6	7	7
	12	吓坑村、浪背村、池屋村、水流田村、老大坑村、仙人岭村、田祖上村、车村、低山村、桥东街、东一村、东二村、东三村、兰水路、育贤路、大埔一路、大埔二路、刘屋路、邱屋路、银珠路、杨梅岗、罗卜坝、洪围、上圩、上福路、罗福路、上宁、其他路段		7	5			10			15	10		7	6	5	7
	13	宝龙工业区、阳光广场、蓝钻风景		7	5			12			30	20	15	10	8	8	9

（接下表）

（续上表）

街道行政区域	路段号	区域位置（指导租金／用途）	住宅				办公		商业					厂房			仓库
			带电梯	不带电梯	平房	别墅	高层	多层	高层 一楼	高层 二楼以上	多层 一楼	多层 二楼以上	简易	一楼	二楼以上	简易	
坪地街道	1	圩镇范围（包括深惠路二旁圩镇范围、坪地市场等到周边地段）	15	12	10	12	15	12	40	25	40	20	30	7	6	5	7
	2	益民街、地新街、西湖苑小区周边、中航地产、柠檬时代小区周边等地段	15	12	10	12	15	12	30	18	30	18	20	7	6	5	7
	3	兴华路、富民路、教育路、吉祥路、发展路、富高西路、富高东路、振兴路、文明路、同心路和各社区市场周边等地段	15	12	10	12	15	15	25	15	25	15	15	8	7	7	6
	4	高桥工业区地段			10	20	15	15	15	10	15	10		8	7		7
	5	各社区、居民小组主要道路、物业小区周边地段	10	7	6	12	10	10	12	10	12	10	10	7	5	5	6
	6	各主要工业区周边地段	10	10	8	12	10	10	13	13	13	10	8	7	5	5	5
	7	其他地段	5	5	4	12	7	7	8	8	8	8	5	5	4	4	4
葵涌街道行政区域	1	东门、德华花园		7	3			12			14		5				
	2	双伍村		5	3						20		5				
	3	新岭村、荔园路、屯围路、横头新村、葵新北路、欧角、第三工业区、丰树山东一村、丰树山村、石场村		7							19	16	6	6.5	6.5		
	4	葵坪北路、黄榄坑新村、松树村		7				17			20		5				
	5	葵坪北路(车站)、葵新南路		5				20			25		7				
	6	屯围村、万兴中路、葵政西路、葵政东路		5	4			15			25	20	7				
	7	横头老村		4	3			12					4				
	8	金葵小区、金葵二区		5				5			10		5				
	9	商业东街		5				7			10		7				
	10	商南、商业街南路		4							5						
	11	白石岗路、澳头村		4	4								6				

（接下表）

（续上表）

街道行政区域	路段号	区域位置 \ 指导租金 \ 用途	住宅				办公		商业					厂房			仓库
			带电梯	不带电梯	平房	别墅	高层	多层	高层一楼	高层二楼以上	多层一楼	多层二楼以上	简易	一楼	二楼以上	简易	
葵涌街道行政区域	12	虎地排村、兴华路、金业路		3	2			6			5			6	6	6	
	13	新二路、东新路、新二西、新二东、东新南、东新东		2	2						2						
	14	商业街		10				8			25	10					
	15	金兴小区、葵兴小区		5				6			10	6					
	16	三溪西路、担水北路、下心径路、葵坪北路、第一工业区、三溪工业路		6	4			8			10	7		7	5	4	4
	17	葵新南路、葵新北路		5	4			8			20	10		7	5	4	4
	18	老街、市场、横街、旭日路、担水南路、葵政路东		6	4			8			30	12					
	19	葵民路、华强路、曾屋		7	6						12						
	20	石碑村、围布路、中新村、延安路		7	6			8			10						
	21	三溪西路、三溪中路、福新北路、福新南路、福田、福塘南路、福塘北路、金业路		6	5			8			8	5		7	5	4	4
	22	新屋仔		5	4						6						
	23	同富裕工业区、奔康工业区、葵新北路						6			15			7	7		
	24	商业步行街		6				11			13						
	25	高圳头、谭屋村		8	8		15	15	20	20	15	15	10	8	8	6	5
	26	深水田		5	5		10	10	10	10	10	10	5				
	27	土洋东路、海景路、洋西路、猪水岭、土洋第二工业区、洋南二路、土洋新市场		7	4			5			6	6	5		8		
	28	沙渔涌街、土洋后背山		5	3						7						
	29	洋沥北路、土洋中路、吓门、土洋洋环路、土洋西路、洋业路		6	4	20		5			6	4	4	7	7		

（接下表）

（续上表）

街道行政区域	路段号	区域位置 ＼ 指导租金 ＼ 用途	住宅				办公		商业					厂房			仓库
									高层		多层						
			带电梯	不带电梯	平房	别墅	高层	多层	一楼	二楼以上	一楼	二楼以上	简易	一楼	二楼以上	简易	
葵涌街道行政区域	30	官湖片区		6	4			4			5		4	6	6		
	31	溪涌老村、溪涌新村、盐村(老村)、盐新南、盐新北		3	2			5			4		3	5	5		
	32	上洞村、深葵路		3	2			5					4				
	33	万科				50											
	34	金海滩				20											
大鹏街道行政区域	1	鹏新东路、新乐街、新园街、王母市场、水头海鲜街		5	3			25			25	15	20				
	2	迎宾路、岭南路、王母南街、建设路、王母老街、迎宾北路、鹏新西路、鹏兴街、下圩街、榕树街、鹏城市场、鹏飞路、岭澳市场		5	3			18			18	15	15				
	3	中山路、布新村、人民路		5	3			15			15	10	10				
	4	第一工业区、第二工业区、第三工业区、第四工业区、第六工业区、同富工业区、振发工业区、鹏城工业区、王母工业区		5	3			10			15	10	10	7	6	6	5
	5	其他		5	3			10			10	8	10	7	6	6	5
南澳街道行政区域	1	俄公小组、半天云小组		4				13			14	11	10				
	2	南澳街（咸鱼街除外）、马坑小组、輋吓小组、南渔新村、创业路、新创路、关厂小区、双拥码头		5.5	3.5			13			14	11	10				
	3	同富路		9.5				10			15	12	10				5
	4	富民路、人民路		6				10			16	16	10				5
	5	南澳街（咸鱼街）		6							22	22	20				
	6	海港路、金融街		10				12	12		17	17	10				
	7	百花园、教育小区、枫南路、沙坑小组、关厂路、南澳老街		5	3.5			10			10		6				

（接下表）

（续上表）

街道行政区域	路段号	区域位置 \ 指导租金 \ 用途	住宅				办公		商业					厂房			仓库
			带电梯	不带电梯	平房	别墅	高层	多层	高层		多层		简易	一楼	二楼以上	简易	
									一楼	二楼以上	一楼	二楼以上					
南澳街道行政区域	8	海滨花园		6.5					15		14	14	14				
	9	上企沙、下企沙		6	4.5			13			13	13					
	10	海滨南路、水产大厦、同富工业区、第一工业区		5	4						10			6	6		
	11	水头沙社区		6	5			12	10		11	8	8	6	6		6
	12	东渔社区居民小组内		5							8		6				
	13	新大社区、东山社区各居民小组内		5	3.5						8		6				
	14	东渔社区海鲜街、东山社区杨梅坑		6							11		10				
	15	东涌社区、西涌社区各居民小组内		5	2.5			5			6.5		5				
	16	东涌社区海边、西涌社区海边		6	6			7			12		12				

表 8-20

光明新区 2010 年房屋租赁指导租金汇总表

单位：元/平方米·月

街道行政区域	路段号	区域位置＼指导租金＼用途	住宅				办公		商业					厂房			仓库
			带电梯	不带电梯	平房	别墅	高层	多层	高层一楼	高层二楼以上	多层一楼	多层二楼以上	简易	一楼	二楼以上	简易	
光明街道	一类	新市场、汇食街、高正豪景、新农贸商场、市场大街	/	9	7	/	/	18	/	/	25	20	13	8	8	7	7
光明街道	二类	光明大街、中心区（东区、西区、北区）、碧眼（包括碧眼新村）、白琥坜、竹园、糖厂、科技楼、清怡、荔园、柑山、美景、新围、笔架山、侨新花园、滨河苑、旧市场、圳美同富裕工业园	/	7	6	/	/	15	/	/	20	15	13	7	7	6	6
光明街道	三类	东周、木墩、迳口、圳美、白花、恒泰裕工业园及周围	/	6	5	/	/	10	/	/	18	13	10	6	7	6	5
光明街道	四类	黄泥坑、石介头、羌下、新坡头、上其、茶林、凤凰、红坳	/	6	5	/	/	10	/	/	13	10	9	6	6	6	4
光明街道	其他		/	4	5	/	/	8	/	/	10	/	9	5	4	4	3
公明街道	上村、下村、圩镇、马山头、根竹园、薯田埔、李松蓢、西田、合水口	建设西路南星大厦，明安街，公园路，合水口三和百货及附近	16	11			23	15			30	25					
公明街道	上村、下村、圩镇、马山头、根竹园、薯田埔、李松蓢、西田、合水口	综合市场及周边范围,雍景城商铺，富豪花园（B 区），康乐路，广雅花园	15	10			22	14			30	20					
公明街道	上村、下村、圩镇、马山头、根竹园、薯田埔、李松蓢、西田、合水口	红花路 25 小区，长春中路	15	10			22	14			29	20					
公明街道	上村、下村、圩镇、马山头、根竹园、薯田埔、李松蓢、西田、合水口	建设西路，合水口（福庄路），薯田埔（福华路）	15	10			22	14			28	20					
公明街道	上村、下村、圩镇、马山头、根竹园、薯田埔、李松蓢、西田、合水口	宝安路，迎春街，兴发路环发商业街，民生路，富豪花园其他区	13	10			15	12			25	20					
公明街道	上村、下村、圩镇、马山头、根竹园、薯田埔、李松蓢、西田、合水口	长春花园（住宅，外围商铺），龙盘花园，建设东路	13	10			15	12			25	18					
公明街道	上村、下村、圩镇、马山头、根竹园、薯田埔、李松蓢、西田、合水口	合水口（新村，福东路），薯田埔（福华南一巷，福前路，福康路，西环路）	12	9			15	12			23	18					
公明街道	上村、下村、圩镇、马山头、根竹园、薯田埔、李松蓢、西田、合水口	松白公路，人民路，公平街，康乐路南四巷，南环路，迎宾路，西田（西田东路，新村，第三工业区）；合水口（马田北路，上屯，下屯，柏溪路）；圩镇工业区，上村（永康路），马山头（永春街，富利路）；石观工业园，松柏工业园	12	9	7		13	10			20	15	12	10	8	8	9

（接下表）

（续上表）

街道行政区域	路段号	用途／指导租金／区域位置	住宅				办公		商业					厂房			仓库
			带电梯	不带电梯	平房	别墅	高层	多层	高层		多层		简易	一楼	二楼以上	简易	
									一楼	二楼以上	一楼	二楼以上					
公明街道		马山头（振兴街，第二工业区）；红花路社区居委会第二工业区；根竹园（三角塘、大江、大秀坑、横坑、东江仔工业区）；上村（上莑工业区，上莑第二、三工业区，五联队工业区，上南、下南、永南工业区）；民生路段厂房	12	9	7		13	10			20	15	10	9	8	8	9
		薯田埔（福庄路，南环路，福华路，福南路，福康路）；马山头（马山头路，人民南路）；根竹园（马园路，南环路）；上村（长春北路），下村社区，合水口（旧工业区，泥围工业区，上屯银郎工业区）；李松蓢东区	11	7	6		13	8			18	15	10	9	8	8	8
		上村（民生路，下莑路，下莑新村，莲塘工业城，第一、二、三工业区，元山工业区）；根竹园（马园路）；李松蓢（蓢新路，河堤路，炮台路，公园住宅，屋园路，金蓢路，城德轩科技园）；马山头工业区（第二工业区除外）；下村（下村路，力丰、第一、二、三、五、六工业区及商业楼，水贝路及下村路商业楼）；怡景工业区，建设西路南一巷，西田金三角，薯田埔（工业区，福庄花园，新兴路，市场商铺）	10	6	5			8			20	15		9	8	8	8
		共和街，解放街，长春花园（内部商铺），元山路，上村（下莑旧村，永北新村）	8	6	5			8			13	10		8	7	7	7
		上村（下南路，永南路）；西田（工业区及工业区内商住楼，西田东路商住楼，西田旧村）；马山头（长乐街）；李松蓢（工业区，新村，西区，围后住宅区）	8	6	4			8			10	8		8	7	7	7
		上村（永北旧村，上南旧村）；各社区其他地段	7	4	3						7	5		7	6	6	6

（接下表）

（续上表）

街道行政区域	路段号	指导租金/用途 区域位置	住宅				办公		商业					厂房			仓库
									高层		多层						
			带电梯	不带电梯	平房	别墅	高层	多层	一楼	二楼以上	一楼	二楼以上	简易	一楼	二楼以上	简易	
公明街道	楼村	南边坑新村、绘猫路	12	7				12			16	12	13	8	7	8	7
		公常路、第一工业区（明卓科技工业园、浩轩工业园、陈文礼工业园、滨海明珠工业园、狮山工业园）、鲤鱼河工业园	12	7				12			15	11	12	8	7	8	7
		楼村新村、第二工业区（耙塘、同富裕、晨光工业园）、凤新路	10	5				10			13	9	10	7	6	7	6
		旧村西片、第一工业区（一、二、三、四、五、六路，木墩路，工业路，楼新一路）	10	5	4			6			9	5	6	7	6	7	6
		旧村南片、楼村社区其他地段	7	4	4			5			5	4	5	7	6	7	6
	田寮、玉律、长圳、红星、甲子塘	田寮社区（商业街、各工业区厂房）	8	6	5			30			35	30		9	7	7	9
		田寮社区（第五工业区商铺）；长圳社区（第三工业区厂房）	8	6	5			25			30	25		9	7	7	9
		田寮社区（市场街、环田路、第三、七工业区商铺）；长圳社区（长圳大道）	8	6	5			20			25	20		8	7	7	8
		田寮社区（警民路、田盛路、田湾路、文明路、长塘路、田明街、田寮大道、第一工业区商铺、塘口工业区商铺）；长圳社区（长新街、长华街、长圳路、沙头巷、长兴科技工业园）；甲子塘社区（新村）	8	6	5			16			20	16		8	7	7	8
		玉律社区（玉泉东路、玉律大道、大洋路、玉星路、羊栏山工业区、各区住宅）	7	5	4			14			18	14		8	7	7	8
		玉律社区（综合市场、第二、五、六工业区商铺、第六工业区厂房）；长圳社区（旧街、长升路、第四工业区）；红星社区（红日路、玉星路）	7	5	4			14			15	10		8	7	7	8
		田寮社区（田亭路、松柏路段）；甲子塘社区（旧村、甲子塘路、大园街、第一、二工业区厂房）；玉律社区（玉泉西路、三区）	7	5	4			12			13	10		8	7	7	8

（接下表）

（续上表）

街道行政区域	路段号	区域位置 \ 指导租金 \ 用途	住宅				办公		商业					厂房			仓库
			带电梯	不带电梯	平房	别墅	高层	多层	高层一楼	高层二楼以上	多层一楼	多层二楼以上	简易	一楼	二楼以上	简易	
公明街道		玉律社区（第四工业区）；长圳社区（长富路、沙头巷工业区）；红星社区（星湖路、红星路、星工一、二路、第一工业区）	7	5	4			12			12	9		8	7	7	8
		各社区其他地段	7	5	4			10			10	8		7	6	6	7
	将石、东坑、塘尾、塘家	将石社区（明景园、新围商业街）	8	5			14	12			20	16		8	7	8	8
		将石社区（沙河、新围、水墩街、南庄旧村、新村、南庄中心街、华发商业街、将围旧村将石路、将家路）；东坑社区（鹏凌路、鹏飞路、东升路、长丰工业园）；塘尾社区（面前岭一排、村前路）	8	5			14	12			18	14		8	7	8	8
		塘尾社区（第一、二、三工业区、兴华、莲塘、宝塘工业区，银海、华一工业园）；塘家社区（汇业科技园）	8	5			14	12			16	14		8	7	8	8
		将石社区（大围，塘下围，将围，上石家，下石家，南环工业区，公明医院旁），东坑社区（东隆路，东发路，东旭路）；塘尾社区（新村）	8	5			13	11			16	12		8	7	8	8
		将石社区（塘下围东周路）；东坑社区（雅明街，宝亿街）；塘尾社区（面前岭二至五排，高墩，沙田坑，塘前路，宝塘工业区）；石围（油麻岗、坪岗工业区，水库路）	8	5			13	11			15	12		7	6	6	6
		塘家大道	8	5			13	11			13	10		7	6	6	6
		将石社区（第一工业区、同富工业区）；塘家社区（新村、旧村、张屋）；将围（第一、二工业区）	8	5			13	11			11	8		7	6	6	6
		东坑社区（东茂路）；塘家社区（观光路）；将石社区（综合市场）；各社区其他地段	8	5			13	11			10	8	8	7	6	6	6

表 8-21

坪山新区 2010 年房屋租赁指导租金汇总表

单位：元/平方米・月

街道行政区域	路段号	区域位置 \ 指导租金 \ 用途	住宅				办公		商业					厂房			仓库
									高层		多层						
			带电梯	不带电梯	平房	别墅	高层	多层	一楼	二楼以上	一楼	二楼以上	简易	一楼	二楼以上	简易	
坪山街道	1	向阳路、金锋路、黄沙坑、大万路		9	8			10			15	10		8	8	6	7
坪山街道	2	沙湖同富路、黄竹坑路、禾寮、复兴、同裕路、汤坑三路、汤坑同富路、同富西路、汤坑二路、坪葵路旁、金龟金地路、浪尾路、新和路、甲片路、长安街、金牌路、新强路、名成路、德昌街、马安岭路		13	9			15			20	10	8	7	7	5	10
坪山街道	3	桥东、桥西（建设路）东胜街、民安路、向荣街、深汕路、迎春路		15	8			50			50	20		9	8	7	7
坪山街道	4	为民街		8	5			50			70	20	10	9	8	5	6
坪山街道	5	国泰路		18	13			75			80	10		9	8	6	10
坪山街道	6	沙新路、龙新路、民强路、沙坑路、永丰路、南顺路、风顺路、江岭街、河唇路、沙梨园路、竹青路、金竹路、三栋路、竹坑路、罗丰路、沙堂路、坪环路、马峦路、十字街、彩虹路、景新街、新兰街、新丽街、立新东路、人民街、振兴街、中兴东西区、团结路、立北、马东、马西、学湖浪、金碧路、龙勤路、沙湖路、新屋路、汤坑路、宝珠路、横岭塘路、宝西路、金宝路		9	5			20			20	20	20	8	8	6	7
坪山街道	7	福民路、新榕路、振碧路、锦华路、同富裕工业区、金山路、金田路、横塘路、碧岭一路、田村路、立新西路、东纵路		9	20			40			35	15	20	8	8	6	8
坪山街道	8	上南路、恩达街、下南路、上南布（西坑工业区）、大同路、新开路、石湖路		15	12			30			30	10	10		7		6
坪山街道	9	同富路、坪葵路		8	7			25			25	10	8	7	7	6	6

（接下表）

（续上表）

街道行政区域	路段号	区域位置 \ 指导租金 \ 用途	住宅：带电梯	住宅：不带电梯	住宅：平房	住宅：别墅	办公：高层	办公：多层	商业：高层一楼	商业：高层二楼以上	商业：多层一楼	商业：多层二楼以上	商业：简易	厂房：一楼	厂房：二楼以上	厂房：简易	仓库
坪山街道	10	东门大街、中兴路、和平路		18	10			30			45	25	10	9	8	5	10
	11	茜坑路、科技路、老围路、金牛路、上坝路		12				35			35	10	10	9	8		7
	12	建设路		15	8			120			140	50	35	9	8	5	20
	13	泰富中心广场（内铺）						60			120	80	20				20
	14	泰富中心广场（外铺）						65			120	90	30				20
	15	泰富华庭	30		10			30			100	80	50				20
	16	宝山第二、三、四、五工业区厂房													7		
	17	各自然村及外驻单位		6	10						15	10	15	7	7	5	6
坑梓街道	1	田脚一区、东巷、西巷、立新路、沙田南路、丹梓大道(沙田段)、深汕路(沙田段)、李中一路、廖和路、李中二路、彩田路、田脚二区、梓田一二路、联兴路、昂俄路、东坑、西坑、井水龙.三角楼.水库路		7	6			9			10	8	10	7	7	6	5
	2	沙田北路、秀沙路、丹梓大道、狮岭路(金沙辖区)、工业区(老坑) 深汕路(老坑段)、松子坑		8	6			10			12	8	10	7	7	6	5
	3	丹梓大道(金沙段)、深汕路(金沙段)、金沙路		7	6			11			11	11	10	7	7	6	7
	4	人民东路(金沙段) 长隆一、二、三区、东联路、金康路、荣田新村、薛屋新村、青排新村、龙山住宅区、五岭东、西区、石田路		7	6			10			10	10	10	7	7	6	7
	5	人民西路 91～137 号、文化新村、三角屋、育新街、吉祥路、光祖北路、湖心村、利民新村、裕民村、深汕路(居委段)、梓荣路		8	8			7			20	11		8	8	5	7
	6	人民西路 139 号以上、宝梓中路、人民中路、深汕路、宜卓路、明冠路、梓明路、双秀巷、梓横西路、龙窝路、龙田同富裕小区、 龙兴北路、新屋下陂路门店、龙兴南路、龙湾市场、综合大楼、盘龙路段		8	8			7			15	11	15	7	7	5	7

（接下表）

（续上表）

街道行政区域	路段号	区域位置（指导租金 / 用途）	住宅				办公		商业					厂房			仓库
			带电梯	不带电梯	平房	别墅	高层	多层	高层 一楼	高层 二楼以上	多层 一楼	多层 二楼以上	简易	一楼	二楼以上	简易	
坑梓街道	7	红岭路、梓横西路、宝红路、狮岭路、红岭小区		7	7			6			10	10	10	6	6	4	4
	8	人民西路32～68号、深汕路445～725号、人民西路(居委段)、梓兴路		8	8			10			30	10	20	7	7	6	5
	9	光祖北路、宝梓路 秀新路 新发街 深汕路403～443号		8	8			10			25	10	15	7	7	6	5
	10	人民西路(金田风华苑)西区1、2号楼	15					20			100	20					
	11	人民西路(金田风华苑)西区3、4号楼	15					20			30	20					
	12	各自然村厂房		6	6			7			7	7	6	7	7	6	5
园区	1	燕子岭生活区、海昱生活区、启兴生活区、鑫荔生活区等		16				25			25						
	2	盈富家园、万科东郡	20				30		30								
	3	出口加工区内												13	12		13
	4	大工业区												11	10		10

第九章　房地产权登记

房地产登记，是指由法定机构将申请人的房地产权利记载于政府特定的簿册上，颁发房地产权利证书的一种法律制度，也是加强房地产管理、保障房地产当事人合法权益的一项基本制度。主要包括房地产初始登记、二级转移登记、三级转移登记、抵押登记、安居房换证登记、预售备案登记等。

2010 年，深圳市房地产权登记中心完成全市产权系统一体化的改造，整合了原特区内，宝安区和龙岗区 3 个数据库和系统，形成全市统一的产权业务数据库和产权系统；配合市人大、市政府做好与《中华人民共和国物权法》相配套的地方性法规或规章的立法工作，对《深圳经济特区房地产登记条例》、《产权登记标准化操作手册(2010 版)》进行了修订；根据 2010 年 3 月 1 日起实施的《深圳市海上构筑物登记暂行办法》，编写《海上构筑物登记操作规程》及其他配套性文件，全面开展海上构筑物登记业务；编写了《深圳市处理房地产登记历史遗留问题操作规程(指引)》等系列配套文件，开展对各种问题楼盘的排查摸底工作，重点解决富豪花园、金侨花园、华侨花园、南兴公寓等一批历史遗留问题；开展了宝安区产权档案扫描工作，目前已经扫描了 2 万多卷并已做到同步归档，并对产权登记系统中福田区、南山区的查封历史数据进行清理；采取印制《家庭成员情况申报表》等表格，充分发挥报纸、广播电视、网络等媒体的作用和开辟专栏、专题，做好向群众解释工作等措施，贯彻落实深府《关于进一步贯彻落实国务院文件精神坚决遏制房价过快上涨的补充通知》精神；完善信访诉求表达方式并保持其持续有效运行，最大限度地将信访问题解决在萌芽状态，在市中级法院成立了“法院查控网”协助查询点，实现查控被执行人网络化的目标。2010 年，共办理各类信访件 1119 宗，接访群众 6100 多人次，及时化解了大量的信访问题，得到了省市有关部门的肯定，深圳市房地产权登记中心获得了“深圳市集中清理执行积案活动先进集体”称号。

第一节　初始登记

《深圳经济特区房地产登记条例》规定，凡未经登记机关确认其房地产权利、领取房地产权证书的土地使用人及其地上建筑物、附着物的所有人应当申请房地产权的初始登记；凡同深圳市土地主管部门签订了土地使用权出让合同，并付清了地价款，取得土地使用权的土地使用人，应自付清地价款之日起 30 日内向登记部门申请土地使用权的初始登记；自取得该宗土地的地上建筑物、附着物竣工验收备案证明之日起 60 日内向登记部门申请房地产权初始登记。

2010 年，全市共办理房地产权初始登记1305 宗，面积为 1450.58 万平方米。其中，罗湖 10 宗、面积 28.5 万平方米；福田 17 宗、面积 41.62 万平方米；南山 22 宗、面积 73.18 万平方米；盐田 6 宗、面积 9.24 万平方米；宝安 564 宗、面积 904.58 万平方米；龙岗 686 宗、面积 393.46 万平方米。

表 9-1　深圳市历年房地产初始登记情况

单位：宗、万平方米

年份	辖区	宗数	面积	用途分类						
				住宅	工业仓储(2004年以前)		商业金融	公共建筑	市政绿化	其他
					(2004年以后)					
					办公楼	工业仓储				
1993	全市	846	962.60	618.04	202.88		95.31	9.04	—	37.33
1994	全市	1551	1921.76	1274.02	376.55		201.47	43.44	2.82	23.46
1995	全市	5003	7232.31	3818.10	838.82		129.50	153.47	28.54	2263.88
1996	全市	9028	5844.83	927.85	608.51		61.02	172.16	33.69	4041.60
1997	全市	13502	4235.97	1040.45	722.77		470.49	55.61	2.65	1944.00
1998	全市	1403	1838.77	827.63	497.96		90.38	50.99	—	371.81
1999	全市	5106	1920.80	1365.70	442.40		38.14	9.48	0.52	64.54
2000	全市	2132	882.19							
2001	全市	1368	3210.95	1144.82	1502.44		163.41	13.10	—	387.18
2002	全市	3097	5374.75	1209.70	3244.56		195.46	9.00	—	716.03
2003	全市	1683	1865.93	1064.19	267.46		340.39	27.68	—	166.21
2004	全市	7067	1871.78	507.6	144.95		53.46	8.30	—	59.13
2005	全市	4601	1553.13	634.74	70.81	463.17	268.72	1.61	0.64	113.44
2006	全市	3900	1132.95	390.34	41.55	475.28	50.93	3.19	—	171.66
2007	全市	4612	1532.41	369.22	38.31	928.31	64.27	1.64	—	130.67
2008	罗湖区	3	14.64	7.69	2.23	—	2.85	—	—	1.87
	福田区	10	40.40	8.12	—	4.52	—	0.26	—	27.49
	南山区	22	43.26	3.93	—	11.78	9.47	—	—	18.08
	盐田区	11	13.03	—	0.58	3.03	5.99	—	—	3.42
	宝安区	393	955.45	268.80	11.85	530.48	9.78	0.15	—	134.39
	龙岗区	1007	255.59	37.26	4.39	198.20	2.23	—	—	13.51
	全市	1446	1322.37	325.80	19.05	748.01	30.32	0.41	—	198.76
2009	罗湖区	8	14.55	12.33	0	0.96	0.69	0	0	0.57
	福田区	10	38.34	19	0.46	3.16	15.38	0	0	0.35
	南山区	25	73.08	23.16	11.12	23.87	4.92	0.07	0	9.94

（接下表）

（续上表）

年份	辖区	宗 数	面 积	用途分类						
				住 宅	工业仓储(2004年以前) (2004年以后)		商业金融	公共建筑	市政绿化	其 他
					办公楼	工业仓储				
2009	盐田区	5	9.62	0.58	0.85	5.44	0.21	0	0	2.53
	宝安区	400	885.79	232.07	20.71	562.9	5	0.26	0	64.88
	龙岗区	1157	688.56	33.7	8.66	615.6	1.48	0.79	0	28.33
	全 市	1605	1709.94	320.84	41.8	1212	27.68	1.12	0	106.6
2010	罗湖区	10	28.5	14.83	0	0.3	2.34	0	0	11.03
	福田区	17	41.62	2.97	7.68	3.31	20.51	0	0	7.16
	南山区	22	73.18	31.99	0	22.02	6.82	0	0	12.35
	盐田区	6	9.24	1.49	0	7.07	0	0	0	0.68
	宝安区	564	904.58	178.07	14.05	633.86	4.77	0.78	0	73.04
	龙岗区	686	393.46	24.91	2.8	348.37	7.16	0.8	0	7.43
	全 市	1305	1450.58	254.26	24.53	1014.93	41.6	1.58	0	111.69

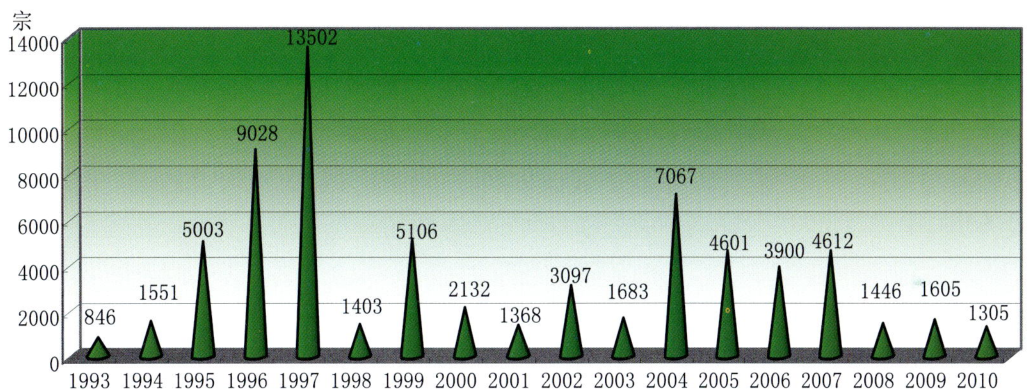

图 9-1 深圳市历年房地产初始登记宗数示意

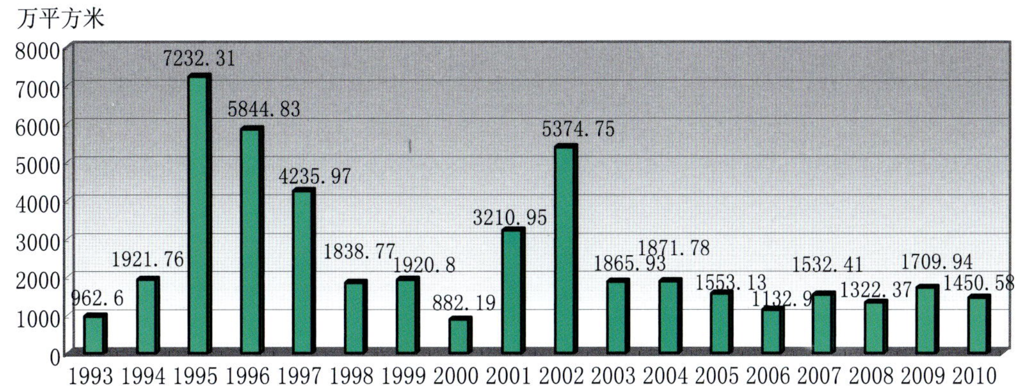

图 9-2 深圳市历年房地产初始登记面积示意

第二节 转移登记

一、二级市场转移登记

相关法律法规规定，凡已办理初始登记的房地产，包括开发企业销售的市场商品房，企事业单位房改出售的住房，市、区住宅局销售的安居房、集资房、拆迁赔偿房等，均应办理房地产转移登记。一般此类转移登记称之为二级市场转移登记。

2010 年，全市共办理二级市场转移登记 83204 宗、登记建筑面积 807.16 万平方米。其中，罗湖 7520 宗、面积 73.15 万平方米；福田 6686 宗、面积 77.16 万平方米；南山 18159 宗、面积 156.8 万平方米；盐田 1705 宗、面积 16.37 万平方米；宝安 21635 宗、面积 216.94 万平方米；龙岗 27499 宗、面积 266.74 万平方米。

表 9-2 深圳市历年房地产二级市场转移登记情况

年份	辖区	宗数	面积（万平方米）	登记金额（亿元）		
				人民币	港币	美元
1993	全 市	4304	70.56	3.810	4.200	0.003
1994	全 市	13634	97.01	34.350	11.820	0.350
1995	全 市	45731	760.95	119.950	23.400	—
1996	全 市	42579	1097.08	77.560	8.980	—
1997	全 市	43804	514.86	176.480	47.620	—
1998	全 市	70982	775.60	286.480	53.470	0.047
1999	全 市	52005	516.70	169.100	23.900	0.024
2000	全 市	44773	617.30	167.000	13.200	0.040
2001	全 市	88776	856.75	398.730	26.450	—
2002	全 市	122936	947.14	490.020	10.700	—
2003	全 市	129573	1247.82	647.800	16.880	—
2004	全 市	158290	1040.60	467.900	34.900	25.200
2005	全 市	120842	1145.29	664.480	14.007	0.207
2006	全 市	127370	1147.81	771.115	14.265	0.073
2007	全 市	104934	1001.15	939.839	5.060	0.190
2008	罗湖区	6904	58.77	62.368	0.299	—
	福田区	12838	111.99	176.728	0.106	—

（接下表）

（续上表）

年份	辖区	宗数	面积（万平方米）	登记金额（亿元）		
				人民币	港币	美元
2008	南山区	13369	131.06	172.546	0.360	—
	盐田区	1864	17.19	22.732	0.055	—
	宝安区	23791	251.31	247.503	0.757	—
	龙岗区	19543	166.76	153.339	0.059	—
	全　市	78309	737.08	835.216	1.636	—
2009	罗湖区	7612	69.82	83.291	0.142	—
	福田区	8746	85.13	116.176	0.067	—
	南山区	15362	165.83	257.064	0.23	—
	盐田区	2993	25.87	48.127	0.59	—
	宝安区	22551	243.92	291.457	0.266	—
	龙岗区	28416	270	218.748	0.133	—
	全　市	85680	860.57	1014.863	1.428	—
2010	罗湖区	7520	73.15	107.935	0.123	—
	福田区	6686	77.16	119.015	0.046	0.002
	南山区	18159	156.8	281.519	0.013	—
	盐田区	1705	16.37	30.422	—	—
	宝安区	21635	216.94	258.2	0.068	—
	龙岗区	27499	266.74	241.814	0.091	—
	全　市	83204	807.16	1038.905	0.341	0.002

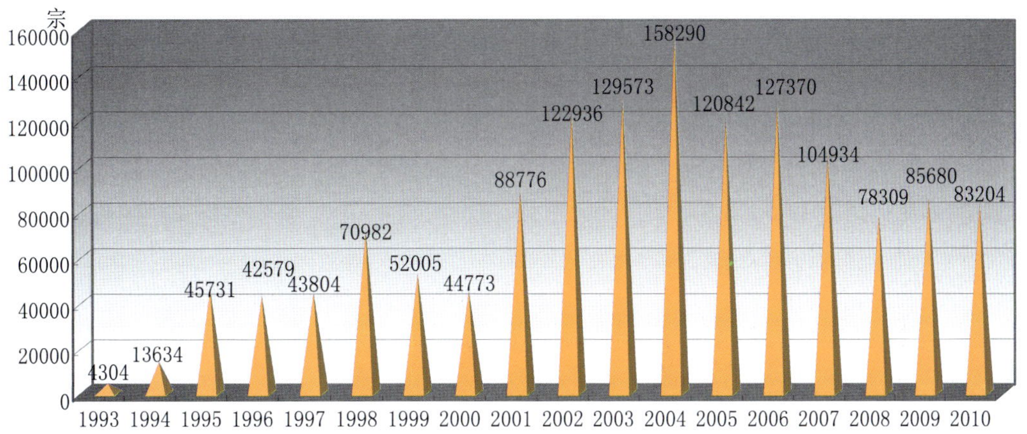

图 9-3　深圳市历年房地产二级市场转移登记宗数示意

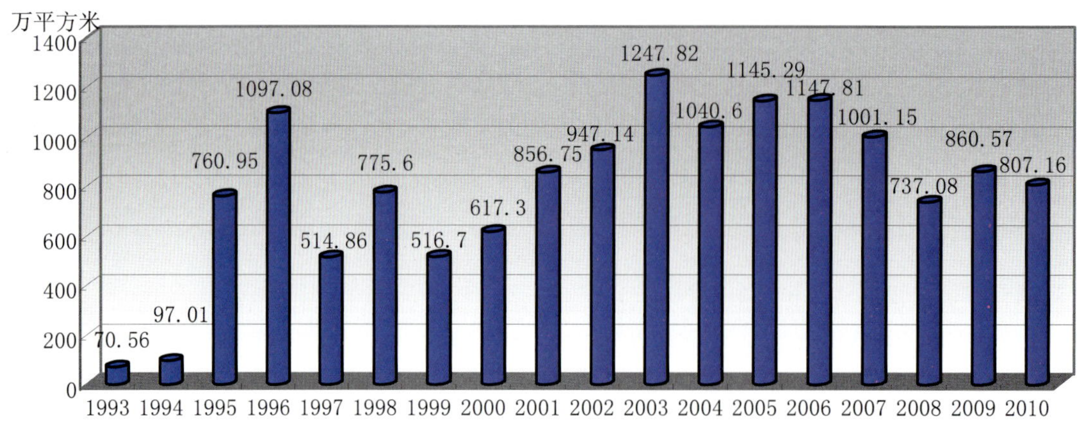

图 9-4 深圳市历年房地产二级市场转移登记面积示意

二、三级市场转移登记

《深圳经济特区房地产转让条例》规定，凡房地产在已办理二级市场转移登记后又发生转移的，应再次办理转移登记，如房地产买卖、赠与、交换、继承，人民法院判决、裁定的强制性转移和依照法律、法规规定作出的其他强制性转移登记，以及《深圳经济特区房地产转让条例》中规定的其他视为转让的情况等。一般此类及其以后发生的转移登记称之为三级市场转移登记。

2010 年，全市共办理三级市场转移登记 129271 宗，登记建筑面积 1263.15 万平方米。其中，罗湖 25503 宗、面积 211.42 万平方米；福田 27659 宗、面积 254.6 万平方米；南山 21770 宗、面积 221.47 万平方米；盐田 3179 宗、面积 35.29 万平方米；宝安 24516 宗、面积 269.38 万平方米；龙岗 26644 宗、面积 270.99 万平方米。

表 9-3 深圳市历年房地产三级市场转移登记情况

年份	区域		宗数	面积（万平方米）
1993	全市		364	2.96
1994	全市		388	4.82
1995	全市		1421	16.99
1996	全市		2592	28.23
1997	全市		4858	55.23
1998	全市		5987	100.40
1999	全市		7565	149.40
2000	全市		11277	196.60
2001	全市		18853	249.88
2002	全市		26629	340.49
2003	全市		40899	496.83
2004	全市		60047	602.04
2005	全市		73532	841.29
2006	全市		95506	1013.16
2007	全市		126690	1253.08
2008	**全市**		**50776**	**595.44**
	其中	罗湖区	12381	118.52
		福田区	12204	134.15
		南山区	8743	103.76
		盐田区	1284	17.41
		宝安区	8126	114.20
		龙岗区	8038	107.40
2009	**全市**		**162876**	**1544.19**
	其中	罗湖区	36713	289.7
		福田区	37697	352.23
		南山区	26556	268.05
		盐田区	3673	32.81
		宝安区	28076	288.95
		龙岗区	30161	312.45
2010	**全市**		**129271**	**1263.15**
	其中	罗湖区	25503	211.42
		福田区	27659	254.6
		南山区	21770	221.47
		盐田区	3179	35.29
		宝安区	24516	269.38
		龙岗区	26644	270.99

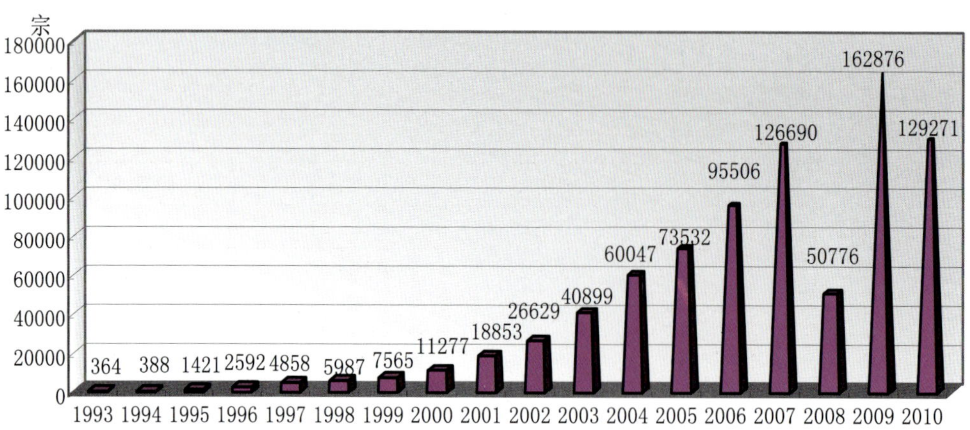

图 9-5　深圳市历年房地产三级市场转移登记宗数示意

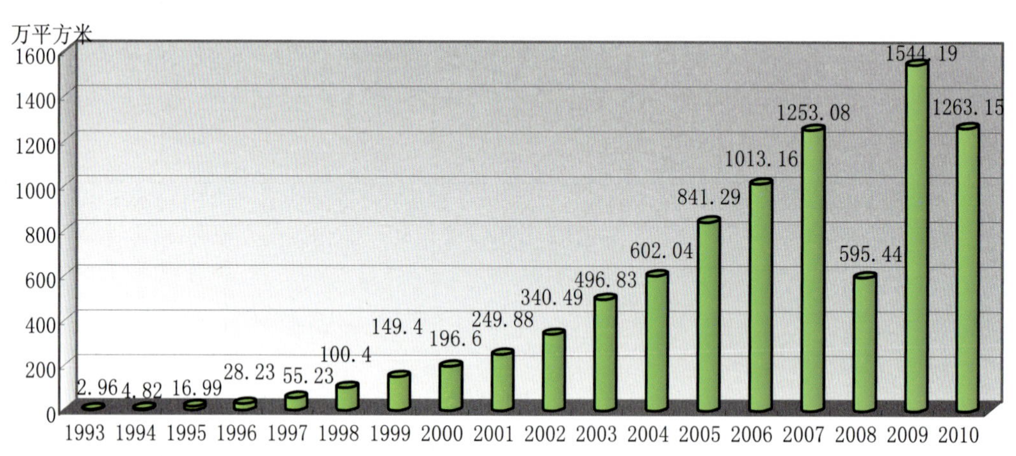

图 9-6　深圳市历年房地产三级市场转移登记面积示意

第三节　抵押登记

相关法律规定，凡债务人或第三人以其合法拥有的房地产作为担保物向债权人提供债务履行担保的，当事人应于抵押合同生效之日起15日内办理房地产抵押登记。

2010年，全市共办理楼花抵押登记33374宗，面积315.21万平方米，抵押登记金额为人民币451.308亿元、港币8.844亿元、美元0.059亿元；办理现楼抵押登记155893套，面积4598.26万平方米，抵押登记金额为人民币2857.692亿元、港币27.058亿元、美元1.057亿元。

表 9-4　深圳市历年现楼抵押登记情况

年份	辖区	宗数	面积（万平方米）	登记金额（亿元）		
				人民币	港币	美元
1994	全　市	1442	554.33	47.590	13.690	1.110
1995	全　市	4099	2666.03	209.240	74.230	4.180
1996	全　市	5412	2331.29	305.050	39.400	6.430
1997	全　市	6393	1757.01	229.500	40.440	9.790
1998	全　市	9069	1842.00	212.660	35.220	0.920
1999	全　市	8996	1546.00	109.000	22.100	1.800
2000	全　市	10358	1681.00	100.600	9.500	1.200
2001	全　市	26057	1937.37	138.830	24.020	2.030
2002	全　市	37349	1841.12	316.770	24.600	0.720
2003	全　市	50225	1959.64	427.000	43.060	0.900
2004	全　市	88119	696.60	334.600	8.700	43.500
2005	全　市	77702	2405.07	665.980	14.490	0.790
2006	全　市	162815	3180.30	1122.550	9.400	0.574
2007	全　市	212143	4091.67	1884.561	20.205	1.100
2008	罗湖区	1244	11.02	14.080	1.207	—
	福田区	2223	121.56	20.084	0.791	—
	南山区	3918	35.19	43.400	0.803	—
	盐田区	1212	9.75	14.735	0.373	—
	宝安区	12078	842.56	193.753	1.602	0.036
	龙岗区	13255	908.08	192.889	1.082	0.255
	全　市	**33930**	**1928.16**	**478.941**	**5.858**	**0.291**
2009	罗湖区	38171	558.02	491.519	1.945	0.595
	福田区	47309	913.1	960.667	4.762	0.355
	南山区	38044	713.54	778.823	3.153	0.11
	盐田区	5244	105.49	80.369	0.182	0.27
	宝安区	41905	1723.32	539.888	1.372	0.08
	龙岗区	41599	1485.57	634.665	1.031	0.233
	全　市	**212272**	**5499.04**	**3485.931**	**12.445**	**1.643**
2010	罗湖区	25360	447.05	423.892	9.499	0.225
	福田区	31586	724.36	850.819	8.15	0.457
	南山区	26489	496.26	566.813	5.901	0.077
	盐田区	3635	62.13	53.505	0.185	0.001
	宝安区	32342	1477.77	527.315	0.997	0.155
	龙岗区	36481	1390.69	435.348	2.326	0.142
	全　市	**155893**	**4598.26**	**2857.692**	**27.058**	**1.057**

表 9-5 深圳市历年楼花抵押登记情况

年份	辖区	宗数	面 积（万平方米）	登记金额（亿元）		
				人民币	港币	美元
1993	全 市	902	5.42	2.840	1.010	—
1994	全 市	1272	22.15	6.840	3.710	—
1995	全 市	3006	56.03	8.240	5.020	—
1996	全 市	4067	36.25	37.350	13.580	6.340
1997	全 市	11282	213.84	76.070	19.00	1.010
1998	全 市	23747	272.69	152.450	15.640	0.040
1999	全 市	38498	675.00	34.700	2.500	0.250
2000	全 市	54466	1034.67	35.200	2.640	0.140
2001	全 市	63719	959.22	123.220	0.950	0.060
2002	全 市	62452	702.61	111.730	4.880	0.020
2003	全 市	81897	1223.01	161.580	4.010	0.030
2004	全 市	56205	1113.10	543.580	6.110	0.008
2005	全 市	80447	666.09	336.930	8.266	0.028
2006	全 市	62743	570.29	375.070	5.670	0.088
2007	**全 市**	**54291**	**504.83**	**452.821**	**5.959**	**0.058**
2008	罗湖区	12559	299.42	210.002	2.647	0.107
	福田区	17026	493.63	383.404	4.441	0.250
	南山区	11780	355.78	272.794	2.027	0.140
	盐田区	1530	44.04	35.597	0.202	0.165
	宝安区	8908	90.35	70.143	0.461	—
	龙岗区	11595	104.66	67.967	0.191	—
	全 市	**63398**	**1387.88**	**1039.907**	**9.969**	**0.662**
2009	罗湖区	2665	23.72	27.704	4.503	0.028
	福田区	2510	111.83	46.643	0.679	0.006
	南山区	12580	108.01	140.752	2.042	0.012
	盐田区	1708	15.17	23.873	0.11	0
	宝安区	18878	193.49	177.971	0.633	0.028
	龙岗区	20987	200.65	267.904	0.524	0
	全 市	**59328**	**652.87**	**684.847**	**8.491**	**0.074**
2010	罗湖区	1152	10.68	21.594	1.311	0.01
	福田区	2234	22.19	37.32	0.626	0.003
	南山区	5638	60.84	129.13	2.284	0.021
	盐田区	817	8.92	19.953	1.747	0
	宝安区	10284	89.64	129.067	1.781	0.018
	龙岗区	13249	122.94	114.244	1.095	0.007
	全 市	**33374**	**315.21**	**451.308**	**8.844**	**0.059**

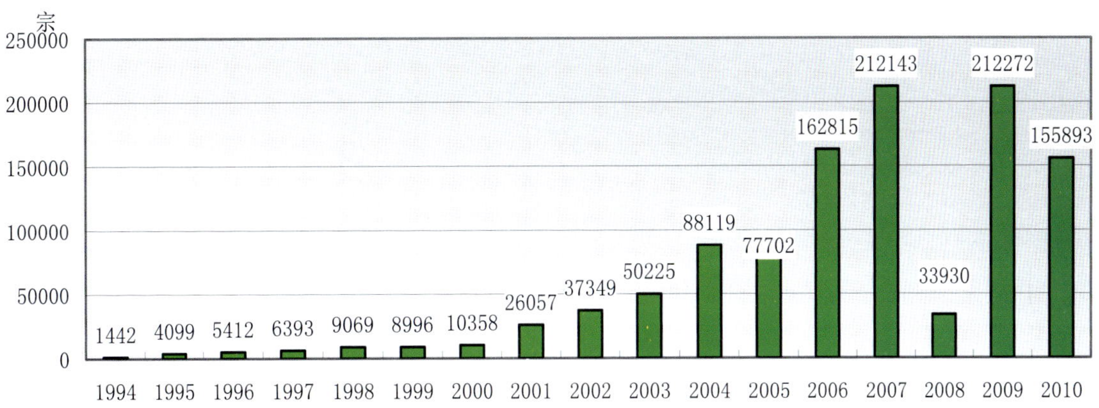

图 9-7 深圳市历年现楼抵押登记宗数示意

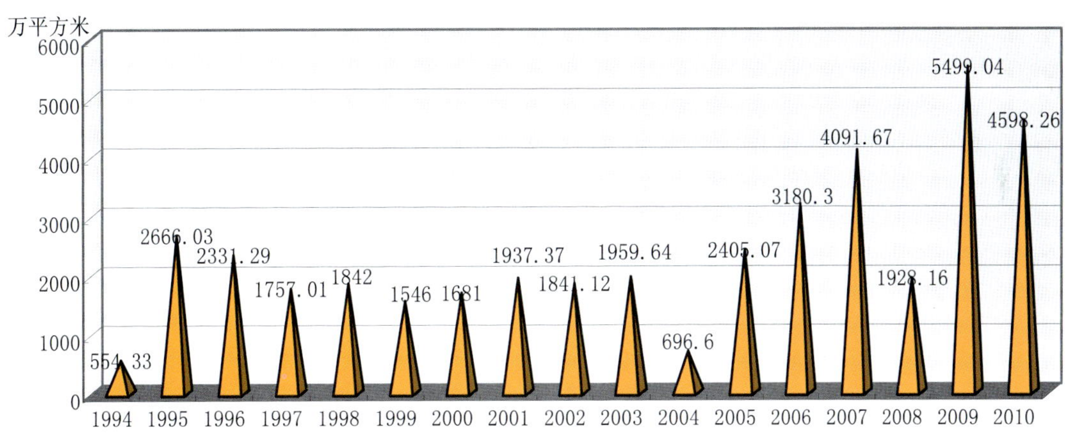

图 9-8 深圳市历年现楼抵押登记面积示意

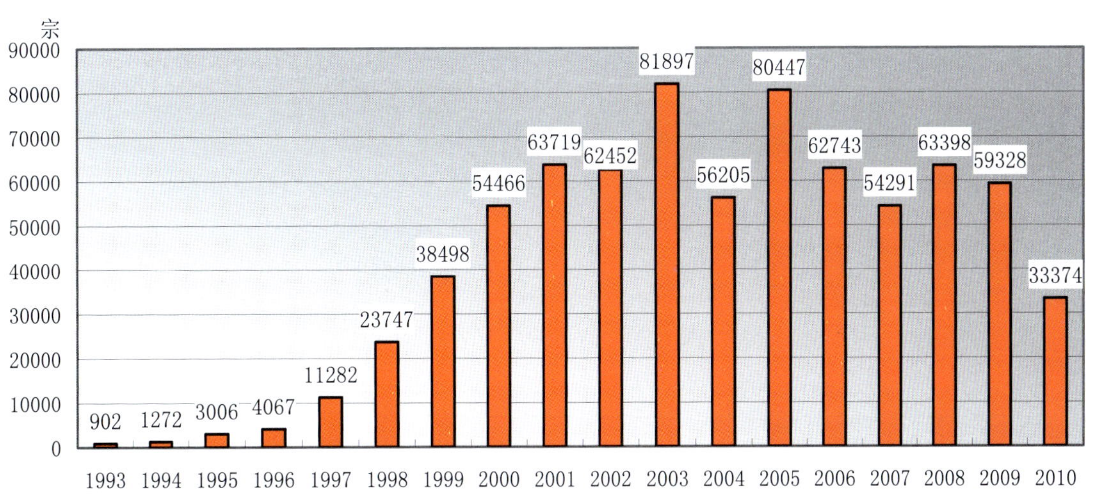

图 9-9 深圳市历年楼花抵押登记宗数示意

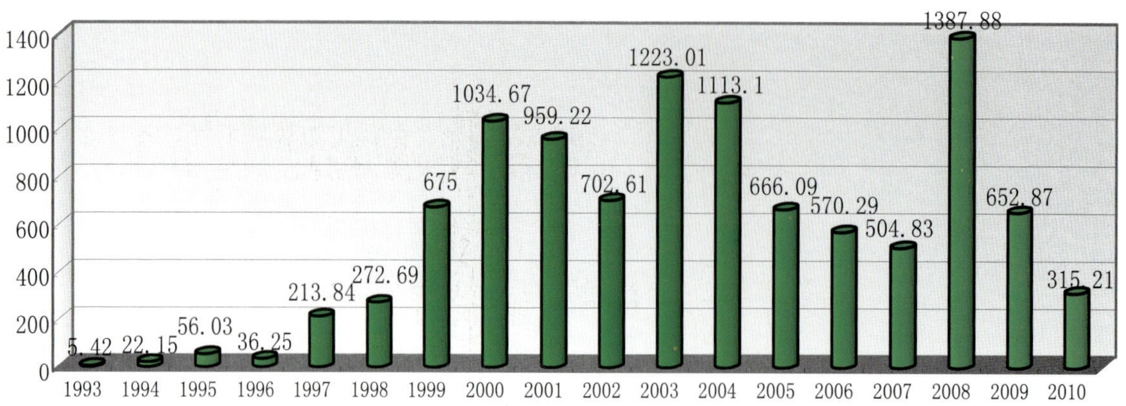

图 9-10 深圳市历年楼花抵押登记面积示意

第四节 安居房换证登记

《深圳市国家机关事业单位住房制度改革若干规定》(市政府第 88 号令)规定，从 2007 年 7 月 1 日起，深圳市安居房在经批准后可取得全部产权并进入市场。

2010 年，全市共办理安居房上市登记 5302 份，登记建筑面积 47.13 万平方米。其中，罗湖 1018 份、面积 8.82 万平方米；福田 1935 宗、面积 17.22 万平方米；南山 1612 份、面积 14.45 万平方米；盐田 163 份、面积 1.41 万平方米；宝安 500 份、面积 4.53 万平方米；龙岗 74 份、面积 0.69 万平方米。

第十章　测绘地籍管理

第一节　测绘行业与市场管理

一、测绘行业管理

2010 年 9 月至 10 月，深圳市规划和国土资源委员会成立测绘质量监督工作组，配合广东省国土资源厅检查组完成深圳市甲、乙级测绘资质单位和部分丙级单位测绘的质量监督检查工作。12 月底，测绘质量监督工作组完成 16 家丙、丁级测绘单位产品类和非产品类的检查工作，全市测绘资质单位年度测绘质量监督检验及资质审查结果已上报广东省国土资源厅。在检查工作中，对测绘涉密资料着重进行了保密性检查。

表 10-1　　深圳市注册的测绘单位名单

序号	单位名称	序号	单位名称
甲级			
1	深圳市爱华勘测工程有限公司	6	深圳市长勘勘察设计有限公司
2	深圳市凯立德科技股份有限公司	7	深圳地质建设工程公司
3	深圳市勘察研究院有限公司	8	深圳市水务规划设计院
4	深圳市蓝天鹤测绘有限公司	9	深圳市中正测绘科技有限公司
5	深圳市勘察测绘院有限公司	10	深圳市地籍测绘大队
乙级			
11	深圳市工勘岩土工程有限公司	21	深圳市多维测绘技术有限公司
12	深圳市创天舆信息技术有限公司	22	深圳市科地测绘科技有限公司
13	深圳市华韵测绘科技有限公司	23	深圳市南湖勘测技术有限公司
14	深圳市易图资讯有限公司	24	深圳市百纳九州科技有限公司
15	深圳市岩土综合勘察设计有限公司	25	深圳市活力天汇科技有限公司
16	深圳市协鹏工程勘察有限公司	26	深圳市神州龙资讯服务有限公司
17	深圳市中地软件工程有限公司	27	深圳市麦科瑞地理信息技术公司
18	深圳市国测测绘技术有限公司	28	深圳市嘀咕网科技有限公司
19	深圳市越铁测量技术开发有限公司	29	深圳市好山水测绘科技有限公司
20	深圳市正元勘测有限公司		
丙级			
30	深圳市大华勘测技术有限公司	36	深圳市广核地测绘有限公司
31	深圳市南华岩土工程有限公司	37	深圳市地大科技开发有限公司
32	深圳市智兆科技有限公司	38	深圳市中恒达勘测技术有限公司
33	深圳市恒泽基测绘技术有限公司	39	深圳市红日龙工程测量有限公司
34	深圳市标为测绘技术有限公司	40	深圳市中铭勘测工程有限公司
35	深圳市广汇源水利勘测设计有限公司	41	深圳市广通测绘有限公司
丁级			
42	深圳市小鑫子测绘技术有限公司		

二、地图市场管理

2010 年，市规划和国土资源委员会组织完成了地形图修补测基础测绘工程。其中原特区内 1:1000 数字化地形图修测 30.812 平方公里，市政道路地下管网数据 609.801 公里；龙岗片区地形图修补测 66.259 平方公里，市政地下管线 849.886 公里，E-GPS 点 110 个、水准测量 128.31 公里。同时结合深圳市地形图动态修补测工作的实际需要，组织开展了《动态修补测管理和质检体系建立》项目研究，旨在对动态修补测管理模式进行完善，对竣工测量技术标准及入库流程进行修订和规范，并开展地形外业测量数据入库技术研发，提高地形图动态修补测工作效率。年内，该项目按计划顺利推进。

2010 年，深圳市规划和国土资源委员会继续推进地图编制工作，基本完成《深圳·香港地图集》的编制。3 月，完成编制深港地图的前期准备工作。7 月，深港地图集编制、印刷及出版项目在深圳市政府采购中心完成公开招标，同时聘请地图编制技术顾问和法律顾问，并向香港特别行政区地政总署购买了香港地区数码地图。截至 2010 年底，完成图集结构设计及主体部分的编绘，并报中国地图出版社进行出版审核，预计 2011 年 5 月出版。

为迎接即将在深圳举办的第 26 届世界大学生夏季运动会，2010 年 5 月，深圳市规划和国土资源委员会启动《深圳交通旅游图》编制项目，完成地图编制的前期工作。年内该项目按计划顺利实施。截止年底，已完成地图编制的公开招标工作，预计至 2011 年 6 月《深圳交通旅游图》出版。

三、测绘成果应用管理

2010 年，深圳市规划国土房产信息中心对测绘档案管理制度进行了修订，重点对测绘成果档案整理规范进行了完善，并对各测绘业务部门档案资料的形成、积累、整理、立卷和移交归档工作进行全程指导和监督。

第二节　基础测绘

一、基础测绘工程实施

完成原特区内 2010 年地形图修测 30.812 平方公里，市政道路地下管网数据 609.801 公里；龙岗片区地形图修补测 66.259 平方公里，市政地下管线 849.886 公里，E-GPS 点 110 个、水准测量 128.31 公里，检查为优。

二、测绘成果应用服务

2010 年对外提供 210 批次测绘成果，包括地形图 44000 幅，管线资料 27100 公里，航空、卫星影像图 1532 幅，地籍资料 740384 宗，专题图 20 幅。地形图重复利用率 641%，地下管线重复利用率 116%，影像数据重复利用率 366%。

第三节　日常地籍

一、上报并运行第二次土地调查成果

深圳市规划和国土资源委员会认真做好第二次土地调查的数据汇总分析工作。经过全面细致的工作，深圳市第二次土地调查成果数据已于 2010 年 3 月 5 日上报广东省国土资源厅，并将成果数据纳入全委图形管理系统运行。

二、全国“一张图”工程建设

根据国土资源部和广东省国土资源厅要求，深圳市规划和国土资源委员会完成了深圳市2009年全国“一张图”工程建设258个监测图斑的外业调查工作，并通过省厅检查组的检查。

表10-2　深圳市监测图斑核查信息汇总表

行政区域	图斑个数	图斑个数(调整后)	面积（亩）	真图斑个数（调整后）	真图斑面积（亩）	伪图斑个数（调整后）	伪图斑面积（亩）
罗湖区	8	8	184.87	8	184.87	0	0.00
福田区	4	6	155.17	3	134.37	3	20.80
盐田区	5	5	57.10	5	57.10	0	0.00
南山区	24	27	1492.74	13	599.42	14	893.32
宝安区	108	115	4318.77	73	3347.09	42	971.68
龙岗区	109	89	5663.40	74	4215.60	15	1447.80
合计	258	250	11872.04	176	8538.45	74	3333.59

1. 深圳市规划和国土资源委员会认真做好“二调”专项检查工作。根据国土资源部及广东省国土资源厅的通知要求，对本市“二调”的项目执行和经费使用情况进行了专项检查。通过检查，全市项目执行金额符合项目预算的相关批复文件，款项使用预算符合实际，项目实施严格按照预算执行，预算执行方案和执行结果都符合项目总体目标要求，专款专用，不存在挤占、挪用项目资金问题。

2. 深圳市规划和国土资源委员会认真做好2010年度土地变更调查工作。2010年的变更调查工作，从广东省国土资源厅转发文件到深圳市上报成果的时间不足两个月，比往年增加了工作内容，并且2010年变更调查采用二调的“三上两下”的工作流程和模式，对变更调查数据的质量要求更高。深圳市规划和国土资源委员会成立领导小组和工作小组，要求规划、耕地保护、土地利用、执法监察、地籍等多部门按照职责分工，各司其职，各负其责，密切配合，通力合作。

第四节　地籍、房产与拆迁测绘

一、地籍测绘

地籍测绘包括地籍核查、建设用地地界测放点、宗地图与宗地附图制作、变更调查及地籍数据清理等内容。2010年度，共完成地籍测绘任务2639项，其中制作宗地图与证书附图1387宗；完成地界测（放）点10842个；开展了5个片区的土地确权试点工作；完成全市2010年农转用实施方案报批840个地块约15.08平方公里的勘测定界测绘工作；完成全市1.2万亩基本农田改造范围现状地形测绘工作。此外，开展了季度新增建设调查及全市102平方公里范围的年度土地变更调查工作。

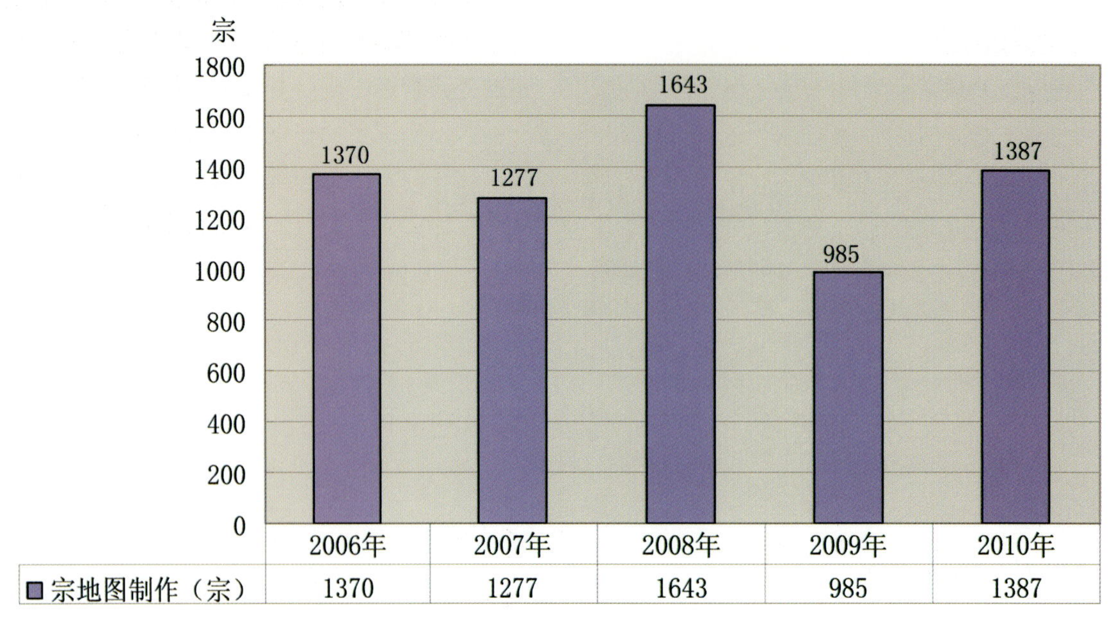

图 10-1 近 5 年完成宗地图制作情况

二、房产测绘

2010 年度共完成房屋建筑面积测绘（包括预售、竣工、分割）3157.93 万平方米，其中完成阳光天健城、金地上塘道、皇岗世纪中心等项目竣工测绘 1932.93 万平方米；完成宝能中航商业中心、振业城、御峰园等项目预售测绘（含图纸测算）843.67 万平方米，现状及分割测绘 381.33 万平方米。

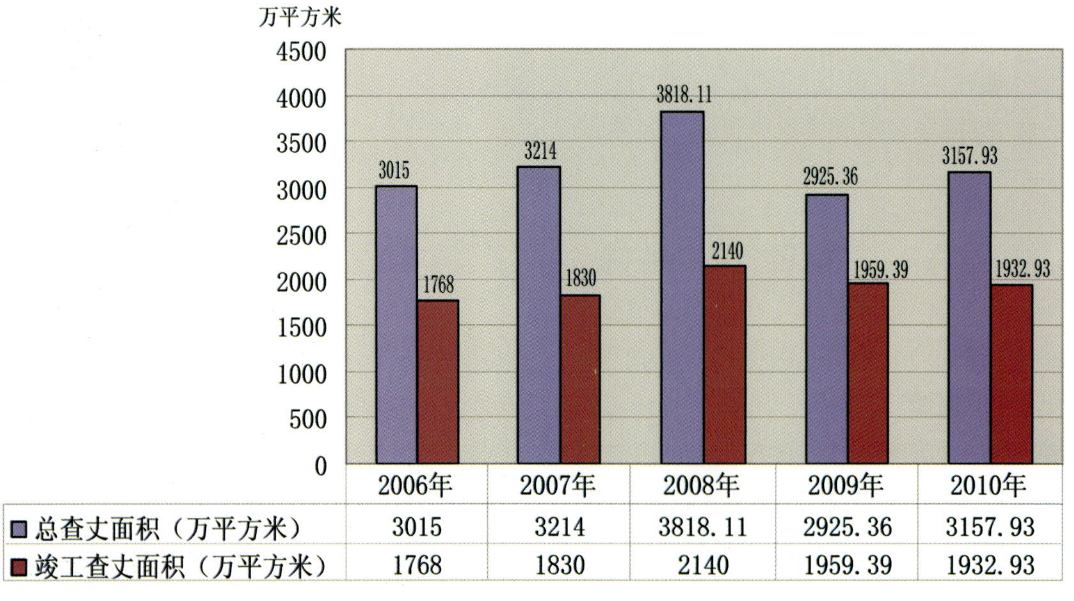

图 10-2 近 5 年完成房产测绘情况

三、拆迁测绘

2007 年 2 月，深圳市人民政府发布第 161 号令，自当年 3 月 5 日起执行《深圳市公共基础设施建设项目房屋拆迁管理办法》，规定："公共基础设施建设项目房屋拆迁中的查勘、测绘工作应当委托市政府设立的地籍测绘机构实施。法律、法规另有规定或者特殊情况需要的，拆迁人可以委托具备法定资质和良好信誉的其他测绘机构进行查勘、测绘。" 2010 年度，深圳市地籍测绘大队完成包括东湖水库大望村、梧桐山综合治理工程、海上田园风光核查工程、观澜人民医院、罗芳公园等拆迁测绘项目 89 项。

第五节　城市规划测量

一、城市规划测量的主要内容

城市规划测量的依据是《广东省实施中华人民共和国城市规划法办法》和《深圳市城市规划条例》。

（一）建设工程开工验线。即批准的建筑设计方案在实地放桩定位后的复核工作，主要检查建筑物定位是否与批准的建筑设计图相符，是否符合《深圳市建设用地规划许可证》或相关规划设计要点（退红线要求）。验线合格需要在《深圳市建设工程规划许可证》或《桩基础报建证明书》上作记录。

（二）建设工程竣工测量。主要为建设工程规划、消防、人防等验收提供具有法律效力的基础数据，其成果主要包括《建设工程竣工测量报告》和《房屋建筑面积测绘报告》（竣工测绘）两部分。《建设工程竣工测量报告》包括的内容有：测量说明、建筑物退红线距离、层数、层高、现状图，并在图上标注宗地红线和界桩点坐标、室内外地坪标高、建筑物基底形状、房角点坐标及四至范围等；《房屋建筑面积测绘报告》（竣工测绘）包括计算（复核）说明、建筑面积汇总表、公用面积分户汇总表、房屋建筑面积分户汇总表、分户平面图、分户编号及位置图等。

（三）市政工程竣工测量。检查城市规划区内的道路、桥梁、隧道、轨道、交通设施等公共设施工程的竣工是否符合《建设工程规划许可证》及经核准的施工图（如发生对规划有影响的设计变更，手续是否完备合法）中有关规划方面的指标和内容。

二、2010 年完成城市规划测量情况

2010 年共完成工程验线 562 项；完成建设工程竣工测量 542 项，完成竣工面积测绘 1932.93 万平方米。

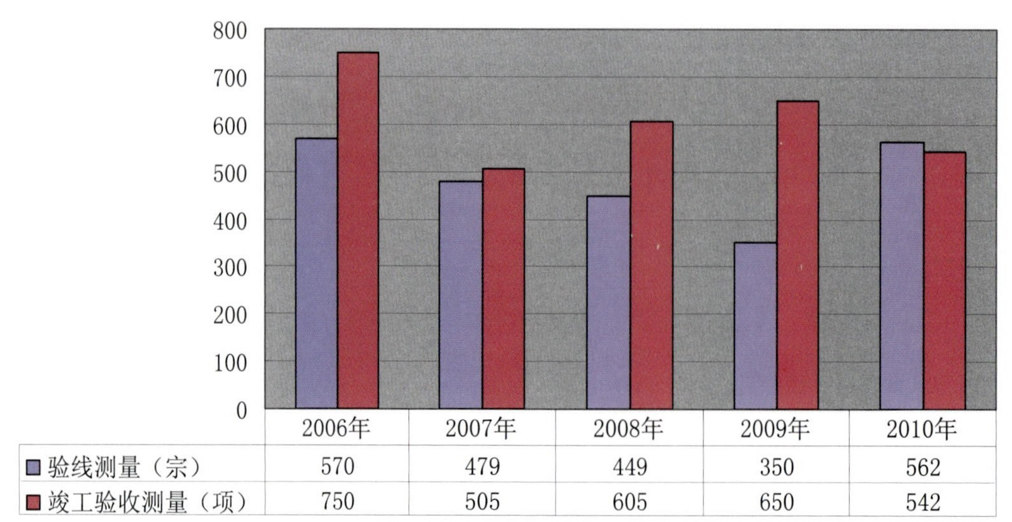

	2006年	2007年	2008年	2009年	2010年
■验线测量（宗）	570	479	449	350	562
■竣工验收测量（项）	750	505	605	650	542

图 10-3　近 5 年完成城市规划测量情况

第六节　行业协会

深圳市测绘学会（以下简称学会）成立于 1997 年 5 月，是深圳市各测绘单位科学技术工作者的学术性、专业性群众团体，业务主管部门是深圳市规划和国土资源委员会（以下简称规划国土委），由深圳市民政局登记管理。2010 年，学会主要开展了以下工作：

结合规划国土委举办“2010 能力提升年”系列主题活动，加强组织建设，在学术交流、对外合作交流、业务培训、测绘文化建设方面取得较好的成绩。

为提高测绘队伍整体技术、学术水平，学会组织全市测绘单位参加国家测绘局举办的地图审核与互联网地图安全审校人员培训 2 次，共计培训人数 53 人；邀请中国科学院、中国工程院院士、国家级有突出贡献的专家、中国测绘和航空摄影与遥感领域的泰斗李德仁教授来深作“从数字地球到智慧地球”专题讲座。同时做好青年学术和技术带头人的选拔培养工作，2010 年向国家测绘局推荐青年学术带头人 3 名。

5 月，学会组织召开了第三届四次常务理事会和第四次会员代表大会，选举产生新一届理事和常务理事。

6 月，学会组织协办第六届海峡两岸测绘发展研讨会指导委员会第二次会议，国家测绘局副局长、中国测绘学会理事长李维森及来自内地、台湾、香港和澳门的指导委员会成员参加了会议。会上，澳门地图绘制暨地籍局前代局长张绍基就会议准备情况做了汇报，与会专家陈俊勇、刘经南、王蜀嘉、郭志和陈汉平等围绕测绘行业现状和发展前景进行发言。

11 月，学会承办了全国测绘科技与外事工作会议，国家测绘局李维森副局长、相关司领导、各省测绘主管部门领导等出席了会议。会议回顾总结“十一五”期间测绘科技、标准与外事工作取得的主要成绩和成功经验，分析了测绘科技与外事工作面临的机遇和挑战，提出“十二五”测绘科技与外事工作的主要任务，并指出了今后一个时期测绘科技与外事工作的总体思路。

第十一章　物业管理

第一节　行业管理

截至 2010 年底，深圳市取得物业管理一级资质的企业共 88 家，取得物业管理二级资质的企业共 167 家。

表 11-1　深圳市 2010 年物业管理一级资质企业名单

序号	辖区	企业名称	序号	辖区	企业名称
1	罗湖	深圳市国贸物业管理有限公司	24	福田	深圳市彩生活物业管理有限公司
2	罗湖	深圳市物业管理有限公司	25	福田	和记物业服务（深圳）有限公司
3	罗湖	深圳市特发特力物业管理有限公司	26	福田	深圳市方益物业管理有限公司
4	罗湖	深圳市恒基物业管理有限公司	27	福田	深圳市公诚物业管理有限公司
5	罗湖	深圳市深华物业管理有限公司	28	福田	深圳市特科物业管理有限公司
6	罗湖	深圳市陆港物业管理有限公司	29	福田	佳兆业物业管理（深圳）有限公司
7	罗湖	深圳市信拓物业管理服务有限公司	30	福田	深圳市众安康后勤服务有限公司
8	罗湖	深圳市鹏基物业管理有限公司	31	福田	深圳市住宅物业管理有限公司
9	罗湖	深圳市城投物业管理有限公司	32	福田	深圳市荣超物业管理有限公司
10	罗湖	深圳市华佳宏物业管理有限公司	33	福田	深圳市星河物业管理有限公司
11	罗湖	深圳市鸿基物业管理有限公司	34	福田	深圳中旅联合物业管理有限公司
12	罗湖	深业集团（深圳）物业管理有限公司	35	福田	深圳市中铁物业发展有限公司
13	罗湖	深圳熊谷物业管理有限公司	36	福田	深圳市君之安物业管理有限公司
14	罗湖	中海物业管理有限公司	37	福田	深圳市金众物业管理有限公司
15	罗湖	美佳物业管理（深圳）有限公司	38	福田	深圳市北方物业管理有限公司
16	罗湖	深圳市馨居佳物业管理有限公司	39	福田	深圳市新世界物业管理有限公司
17	福田	深圳市之平物业发展有限公司	40	福田	深圳市投控物业管理有限公司
18	福田	深圳市航天物业管理有限公司	41	福田	深圳市财富物业管理有限公司
19	福田	深圳市公元物业管理有限公司	42	福田	深圳天安物业管理有限公司
20	福田	深圳市中信物业管理有限公司	43	福田	深圳华业物业管理有限公司
21	福田	深圳市开元国际物业管理有限公司	44	福田	深圳市新东升物业管理有限公司
22	福田	深圳市诚信行物业服务有限公司	45	福田	深圳市福田物业发展有限公司
23	福田	深圳市明喆物业管理有限公司	46	福田	深圳市锦峰物业经营管理有限公司

（接下表）

（续上表）

序号	辖区	企业名称	序号	辖区	企业名称
47	福田	深圳市赛格物业发展有限公司	68	南山	深圳市常安物业服务有限公司
48	福田	深圳市大众物业管理有限公司	69	南山	深圳市华侨城物业服务有限公司
49	福田	深圳市新洲城物业管理有限公司	70	南山	深圳市世纪开元物业服务有限公司
50	福田	深圳市泰然物业管理服务有限公司	71	南山	深圳市南油物业管理有限公司
51	福田	深圳市上城物业管理有限公司	72	南山	深圳市卓越物业管理有限公司
52	福田	深圳市中电物业管理有限公司	73	南山	深圳市世房物业管理有限公司
53	福田	深圳市中航物业管理有限公司	74	南山	深圳市东部物业管理有限公司
54	福田	深圳市天健物业管理有限公司	75	南山	招商局物业管理有限公司
55	福田	深圳市万科物业服务有限公司	76	南山	深圳市银典物业管理服务有限责任公司
56	福田	深圳市金地物业管理有限公司	77	南山	深圳市保利物业服务有限公司
57	福田	深圳市赛格物业管理有限公司	78	盐田	深圳市沙保物业发展有限公司
58	福田	长城物业集团股份有限公司	79	宝安	深圳市长治物业管理有限公司
59	福田	深圳市振业物业管理有限公司	80	宝安	中粮地产集团深圳物业管理有限公司
60	福田	深圳市特发物业管理有限公司	81	宝安	深圳市宝晨物业管理有限公司
61	福田	深圳市鹏基物业管理服务有限公司	82	宝安	深圳泰华物业管理有限公司
62	福田	深圳市城建物业管理有限公司	83	宝安	深圳市富通物业管理有限公司
63	福田	深圳市莲花物业管理有限公司	84	宝安	深圳骏高物业服务有限公司
64	福田	深圳市万厦居业有限公司	85	宝安	深圳市鑫梓润物业管理有限公司
65	南山	深圳市科技工业园物业管理有限公司	86	龙岗	深圳市龙房物业管理有限公司
66	南山	深圳市昌河物业管理有限公司	87	龙岗	深圳市龙城物业管理有限公司
67	南山	深圳市盛孚物业管理有限公司	88	龙岗	广东华信物业管理有限公司

表 11-2 深圳市 2010 年物业管理二级资质企业名单

序号	辖区	企业名单	序号	辖区	企业名单
1	罗湖	深圳外贸物业管理有限公司	15	罗湖	深圳市世纪汇鑫物业管理有限公司
2	罗湖	深圳华润物业管理有限公司	16	罗湖	深圳市展泰物业管理有限公司
3	罗湖	深圳市深铁物业管理有限公司	17	罗湖	深圳市天地物业管理有限公司
4	罗湖	深圳市银谷会苑物业管理有限公司	18	罗湖	深圳市友银物业发展有限公司
5	罗湖	深圳市冠懋物业管理有限公司	19	罗湖	深圳市庐山物业管理有限公司
6	罗湖	深圳市金兆丰物业管理有限公司	20	罗湖	深圳市惠名物业管理有限公司
7	罗湖	深圳市深业物流物业管理有限公司	21	罗湖	深圳市佳宏物业管理有限公司
8	罗湖	深圳市居佳物业管理有限公司	22	罗湖	深圳市昊岳物业管理有限公司
9	罗湖	深圳市红桂物业管理有限公司	23	罗湖	深圳市中侨物业管理有限公司
10	罗湖	深圳市平利达物业管理有限公司	24	罗湖	深圳市名磊物业发展有限公司
11	罗湖	深圳市万方兴业物业管理有限公司	25	罗湖	深圳市金通物业管理有限公司
12	罗湖	深圳书城物业管理有限公司	26	罗湖	深圳市市政公用事业物业管理公司
13	罗湖	深圳历思联行物业管理有限公司	27	罗湖	深圳市西湖物业管理有限公司
14	罗湖	深圳衡信柏迪物业管理有限公司	28	罗湖	深圳市吉好物业管理有限公司

（接下表）

（续上表）

序号	辖区	企业名单	序号	辖区	企业名单
29	罗湖	深圳市金田物业管理有限公司	68	福田	深圳市深福保物业发展有限公司
30	罗湖	深圳外贸物业管理公司	69	福田	深圳市三九物业管理有限公司
31	罗湖	深圳星苑物业管理服务有限公司	70	福田	深圳市众安居物业管理有限公司
32	罗湖	深圳百仕达物业管理有限公司	71	福田	深圳市深茂物业管理有限公司
33	罗湖	深圳新港物业管理有限公司	72	福田	深圳市绿景物业管理有限公司
34	罗湖	崇德物业管理（深圳）有限公司	73	福田	深圳市益田物业管理有限公司
35	罗湖	深圳金罗湖商业城有限公司	74	福田	深圳市水务物业管理有限公司
36	罗湖	戴德梁行房地产顾问有限公司	75	福田	深圳市深投物业管理有限公司
37	罗湖	深圳市恒裕物业管理有限公司	76	福田	深圳市安诚置业发展有限公司
38	罗湖	深圳云峰花园物业有限公司	77	福田	深圳市家华永安物业管理有限公司
39	罗湖	深圳天安国际大厦物业管理有限公司	78	福田	深圳市国通物业管理有限公司
40	罗湖	深圳市怡盛华物业发展有限公司	79	福田	港中旅物业管理(深圳)有限公司
41	罗湖	深圳市莲塘物业管理有限公司	80	福田	深圳市中铁物业管理有限公司
42	罗湖	深圳市光华物业管理有限公司	81	福田	深圳市骏科物业管理发展有限公司
43	罗湖	深圳市安华厦物业管理有限公司	82	福田	深圳市诺德物业管理有限公司
44	罗湖	深圳市志诚物业管理有限公司	83	福田	深圳市中环物业管理有限公司
45	罗湖	深圳市泰新利物业管理有限公司	84	福田	深圳地铁物业管理发展有限公司
46	罗湖	深圳市鸿威物业管理有限公司	85	福田	深圳市农科物业管理有限公司
47	罗湖	深圳市万泽物业管理有限公司	86	福田	深圳市阳基物业管理有限公司
48	罗湖	深圳市康达尔物业管理有限公司	87	福田	深圳市凯盛物业管理有限公司
49	福田	深圳市皇城物业管理有限公司	88	福田	深圳市集华物业管理有限公司
50	福田	深圳市万科物业发展有限公司	89	福田	深圳市中科物业管理有限公司
51	福田	深圳市核电物业有限公司	90	福田	深圳市万年物业管理有限公司
52	福田	深圳市兴源物业发展有限公司	91	福田	深圳市天利物业管理有限公司
53	福田	深圳市合正物业服务有限公司	92	福田	深圳市展鹏世纪物业管理有限公司
54	福田	深圳市利丰物业服务有限公司	93	福田	深圳市彩云居物业管理有限公司
55	福田	深圳市香榭里物业经营管理有限公司	94	福田	深圳正佳物业管理有限公司
56	福田	深圳市鼎太物业管理有限公司	95	福田	嘉里物业管理（深圳）有限公司
57	福田	深圳市瑞征物业管理有限公司	96	福田	深圳市海外物业管理有限公司
58	福田	深圳国商物业管理有限公司	97	福田	深圳市英龙物业管理有限公司
59	福田	深圳市越众物业管理有限公司	98	福田	棕榈泉物业管理（深圳）有限公司
60	福田	深圳桑达物业发展有限公司	99	福田	深圳市赛格达声物业管理有限公司
61	福田	深圳市广业物业管理有限公司	100	福田	深圳市华鼎物业管理顾问有限公司
62	福田	深圳市建东物业管理有限公司	101	南山	深圳市镇安物业管理有限公司
63	福田	深圳巴士集团股份有限公司	102	南山	深圳市前海物业发展有限公司
64	福田	深圳华强物业管理有限公司	103	南山	深圳市闽泰物业管理有限公司
65	福田	深圳市华联物业管理有限公司	104	南山	深圳市海岸物业管理有限公司
66	福田	深圳市建艺物业管理有限公司	105	南山	深圳市海联物业管理有限公司
67	福田	深圳市金风帆物业管理发展有限公司	106	南山	深圳市德业基物业管理有限公司

（接下表）

（续上表）

序号	辖区	企业名单	序号	辖区	企业名单
107	南山	深圳市万豪商业物业管理有限公司	138	宝安	深圳市神保物业管理有限公司
108	南山	深圳市保辉物业管理有限公司	139	宝安	深圳市红树林物业管理有限公司
109	南山	万裕(深圳)物业管理有限公司	140	宝安	深圳市机场物业服务有限公司
110	南山	深圳市厚德物业服务有限公司	141	宝安	深圳市富源物业管理有限公司
111	南山	深圳市滨海物业管理有限公司	142	宝安	深圳市福物屋宇管理有限公司
112	南山	深圳市阳光物业管理有限公司	143	宝安	深圳市恒穗物业发展有限公司
113	南山	深圳市百利行物业发展有限公司	144	宝安	深圳市石观公路有限公司
114	南山	深圳南油钜建物业管理有限公司	145	宝安	深圳市确利安物业管理有限公司
115	南山	深圳市国野物业管理发展有限公司	146	宝安	深圳恒丰物业管理有限公司
116	南山	深圳市居乐物业管理有限公司	147	宝安	深圳市龙泉物业管理有限公司
117	南山	深圳市鑫辉物业有限公司	148	宝安	深圳市旭生实业有限公司
118	南山	深圳市粤荣物业服务有限公司	149	宝安	深圳市新银物业管理有限公司
119	南山	深圳市半岛物业管理有限公司	150	宝安	深圳市华宝西部物业管理有限公司
120	南山	深圳市新绿岛物业管理有限公司	151	宝安	世外桃源物业管理(深圳)有限公司
121	南山	深圳招商物业管理有限公司	152	宝安	深圳市港隆物业有限公司
122	南山	深圳市泰源物业管理有限公司	153	龙岗	深圳市瑞宁物业管理发展有限公司
123	南山	深圳市世居物业管理有限公司	154	龙岗	深圳广居物业服务有限公司
124	南山	深圳市赤湾物业管理有限公司	155	龙岗	深圳信和物业管理有限公司
125	南山	深圳市创维物业发展有限公司	156	龙岗	深圳市宇宏物业服务有限公司
126	盐田	深圳市东埔物业管理有限公司	157	龙岗	深圳市龙吉顺实业发展有限公司
127	盐田	深圳市盐田港物业管理有限公司	158	龙岗	深圳市横岗瑞兴物业发展有限公司
128	盐田	深圳市荣津物业管理有限公司	159	龙岗	深圳市合隆物业管理有限公司
129	宝安	深圳市宏业物业管理有限公司	160	龙岗	深圳市三科物业管理有限公司
130	宝安	深圳市鸿荣源物业管理有限公司	161	龙岗	深圳市深龙鑫物业管理有限公司
131	宝安	深圳市缔之美物业管理有限公司	162	龙岗	深圳市岗宏城拓物业管理有限公司
132	宝安	深圳市嘉诚物业管理有限公司	163	龙岗	深圳市勤诚达物业管理有限公司
133	宝安	深圳市联合安泰物业管理有限公司	164	龙岗	深圳第一亚太物业管理有限公司
134	宝安	深圳市洁原物业管理有限公司	165	龙岗	深圳市和兴物业管理有限公司
135	宝安	深圳市潜龙物业管理有限公司	166	龙岗	深圳市新亚洲物业管理有限公司
136	宝安	深圳市滢水物业管理有限公司	167	龙岗	深圳市太平物业管理有限公司
137	宝安	深圳市安业物业管理有限公司			

表 11-3	深圳市 2010 年度国优物业管理项目名单	
项目名称	管理单位	类型
深圳图书馆	深圳市龙城物业管理有限公司	大厦
地铁大厦	深圳地铁物业管理发展有限公司	大厦
金中环商务大厦	深圳市中环物业管理有限公司	大厦

表 11-4	深圳市 2010 年度省优物业管理项目名单	
项目名称	管理单位	类型
万德大厦	深圳市水务物业 管理有限公司	大厦
特美思大厦	深圳好日子酒店有限公司	大厦
富春东方	深圳市万科物业服务有限公司	大厦
深圳地铁竹子林车辆段	深圳地铁物业管理发展有限公司	工业区
免税商务大厦	深圳市深免物业经营管理有限公司	大厦
荣超经贸中心	深圳市荣超物业管理有限公司	大厦
熙园	深圳市金地物业管理有限公司	住宅
长城盛世家园二期	长城物业集团股份有限公司	住宅
广电大厦	深圳市广视后勤物业管理有限公司	大厦
罗湖交通层	深圳地铁物业管理发展有限公司	大厦
深房广场	深圳市物业管理有限公司	大厦
鸿景翠峰花园	深圳市鸿威物业管理有限公司	住宅
京基御景东方	深圳市京基物业管理有限公司	住宅
国家工商行政管理总局行政学院	深圳市中航物业管理有限公司	大厦
尚都花园	深圳市鸿荣源物业管理有限公司	住宅
中航格澜郡	深圳市中航物业管理有限公司	住宅
潜龙鑫茂花园	深圳市潜龙物业管理有限公司	住宅
深圳招商华侨城曦城一期	深圳招商华侨城物业管理有限公司	住宅
金鸿凯旋城	深圳市南油物业管理有限公司	住宅
可园小区一至六期	佳兆业物业管理（深圳）有限公司	住宅

表 11-5 深圳市 2010 年度市优物业管理项目名单		
项目名称	管理单位	类型
深圳市土地房产交易大厦	深圳市万科物业服务有限公司	大厦
荣超滨海大厦	深圳市荣超物业管理有限公司	大厦
新世界豪园	深圳市金地物业管理有限公司	住宅
龙岗区投资大厦（综合管理大楼）	深圳市龙之盛物业管理有限公司	大厦
茗萃园住宅小区	佳兆业物业管理（深圳）有限公司	住宅
深圳外国语学校高中部	深圳市赛格物业管理有限公司	大厦
楼岗南小区	深圳市红树林物业管理有限公司	村改居
腾讯大厦	中航物业管理有限公司	大厦
圣淘沙·骏园	深圳市宏业物业管理有限公司	住宅
岗贝小区	深圳市合隆物业管理有限公司	村改居
华强广场	深圳市华强物业管理有限公司	大厦
合正锦湖逸园	深圳市合正物业服务有限公司	住宅
中科大厦	深圳市科技工业园物业管理有限公司	大厦
中熙香缇湾花园	深圳市中熙物业管理有限公司	住宅
仙桐御景家园	深圳市金兆丰物业管理有限公司	住宅
北山工业区	深圳市北山物业管理有限公司	工业区
名津广场	深圳市金地物业管理有限公司	住宅
海语西湾	深圳市德业基物业管理有限公司	住宅
深圳市第二高级中学	深圳市赛格物业管理有限公司	大厦
宝安中学附属小学	深圳市安业物业管理有限公司	大厦
联创科技园	深圳市联顺物业管理有限公司	工业区
建科大厦	深圳市投控物业管理有限公司	大厦
香瑞园	佳兆业物业管理（深圳）有限公司	住宅
信义景和园（荔山公馆）小区	深圳市信勤物业服务有限公司	住宅
百旺信高科技工业园	深圳市常安物业服务有限公司	工业区
香年广场	深圳市花样年物业管理有限公司	大厦

（接下表）

（续上表）

项目名称	管理单位	类型
龙岗街道办机关大院	深圳市深龙鑫物业管理有限公司	大厦
爱心大厦	深圳市常安物业服务有限公司	大厦
华强高新发展大楼	深圳华强物业管理有限公司	大厦
中城天邑	深圳市绿景物业管理有限公司	住宅
后海花半里	深圳市盛世嘉物业管理有限公司	住宅
海印长城一期	长城物业集团股份有限公司	住宅
信和自由广场	深圳市信和物业管理有限公司	住宅

第二节　市场管理和收费标准

2010年，深圳市物业管理收费指导标准继续执行《关于印发我市住宅物业服务收费指导标准的通知》（深价规〔2007〕1号，以下简称《指导标准》），《指导标准》于2007年11月1日起正式实施。

《指导标准》规定别墅以及成立了业主委员会的住宅物业实行市场调节价，住宅物业的前期物业服务收费实行政府指导价。《指导标准》根据物业管理服务收费的成本构成，将物业管理收费标准细分为5个项目，即：综合管理、共用部位和共用设施设备的运行维护、园林绿化、清洁卫生、共同秩序维护，每个项目又划分为5个收费等级，每个等级对应收费指导标准和服务内容。业主与物业服务企业协商时，可根据具体情况，分别选择各项服务的收费等级，最后加总形成其收费标准。

《指导标准》规定，如果物业管理服务提供了《指导标准》中最高服务等级未涵盖的服务内容和服务深度，需突破最高收费标准时（即：高层3.9元/平方米·月，多层1.3元/平方米·月），有关物业建设单位应在确定物业服务企业前3个月，向深圳市物价局提出核定价格的申请，经审核论证后，方可作为前期物管招标或协议的最高收费标准，否则不得超出政策中的最高收费标准。

《指导标准》还规定，物业服务企业不能单方面调整收费标准。对成立了业主委员会的住宅物业，其收费标准由业主大会与物业服务企业协商确定，可参考《指导标准》，但经业主大会同意，其收费标准可高于或低于指导标准。同时，物业服务企业调整收费标准必须经业主大会同意。

表 11-6　深圳市住宅物业服务收费指导标准（高层）

单位：元/平方米·月

<table>
<tr><th colspan="2" rowspan="2">项目</th><th rowspan="2">收费标准</th><th colspan="2">具备条件</th><th rowspan="2">备注</th></tr>
<tr><th>基本要求</th><th>分级服务要求</th></tr>
<tr><td rowspan="2">综合管理</td><td>一级</td><td>1.32</td><td rowspan="2">1. 服务与被服务方签订物业服务合同，双方权利义务关系明确；
2. 管理人员按国家规定取得物业管理资格证书；
3. 财务管理运作规范，账目清晰，并按规定定期公布物业管理费和维修资金收支账目；
4. 管理处 24 小时有人值班；
5. 管理制度完善；
6. 物业服务档案资料齐全、分类科学、管理完善、易于检索；
7. 管理人员服装统一、仪表整洁、挂牌上岗、行为规范。</td><td>1. 管理人员人均管理建筑面积在 6000 平方米以下；
2. 管理人员中具有大专以上学历的占总人数的 60%以上；
3. 具有国家二级以上（含二级）物业管理资质；
4. 对业主或非业主使用人的求助、咨询即时处理，对业主或非业主使用人的投诉在 24 小时内答复；
5. 每年至少两次以书面方式征询全体业主或非业主使用人对物业服务的意见，满意率达到 98%以上；
6. 积极开展各类社区文化活动，每年组织有业主或非业主使用人参与的社区文化活动不少于四次；重要节日有专题布置；
7. 有会所或大型的文化活动中心。</td><td rowspan="2">1. 综合管理成本包括：管理人员人工费用、用于物业管理的固定资产折旧及办公费用、社区文化体育活动费用等。
2. 一至两条达不到标准的，收费标准应适当下调；有三条或以上达不到标准的，按低一级标准收费。
3. 管理人员指小区物业管理处除工程、绿化、清洁卫生、保安等操作层以外的所有人员。</td></tr>
<tr><td>二级</td><td>1.00</td><td>1. 管理人员人均管理建筑面积在 8000 平方米以下；
2. 管理人员中具有大专以上学历的占总人数的 50%以上；
3. 具有国家二级以上（含二级）物业管理资质；
4. 对业主或非业主使用人的求助、咨询即时处理，对业主或非业主使用人的投诉在 24 小时内答复；
5. 每年至少两次以书面方式征询全体业主或非业主使用人对物业服务的意见，满意率达到 95%以上；
6. 积极开展各类社区文化活动，每年组织有业主或非业主使用人参与的社区文化活动不少于三次；重要节日有专题布置；
7. 有会所或大型的文化活动中心。</td></tr>
<tr><td rowspan="2">综合管理</td><td>三级</td><td>0.75</td><td rowspan="2">1. 服务与被服务方签订物业服务合同，双方权利义务关系明确；
2. 管理人员按国家规定取得物业管理资格证书；
3. 财务管理运作规范，账目清晰，并按规定定期公布物业管理费和维修资金收支账目；
4. 管理处 24 小时有人值班；
5. 管理制度完善；
6. 物业服务档案资料齐全、分类科学、管理完善、易于检索；</td><td>1. 管理人员人均管理建筑面积在 10000 平方米以下；
2. 管理人员中具有大专以上学历的占总人数的 40%以上；
3. 具有国家三级以上（含三级）物业管理资质；
4. 对业主或非业主使用人的求助、咨询即时处理，对业主或非业主使用人的投诉在 2 天内答复；
5. 每年至少两次以书面方式征询全体业主或非业主使用人对物业服务的意见，满意率达到 90%以上；
6. 积极开展各类社区文化活动，每年组织有业主或非业主使用人参与的社区文化活动不少于两次；
7. 有与小区相适应的文化活动中心。</td><td rowspan="2">1. 综合管理成本包括：管理人员人工费用、用于物业管理的固定资产折旧及办公费用、社区文化体育活动费用等。
2. 分级服务要求有一至两条达不到标准的，收费标准应适当下调；有三条或以上达不到标准的，按低一级标准收费。</td></tr>
<tr><td>四级</td><td>0.58</td><td>1. 管理人员人均管理建筑面积在 12000 平方米以下；
2. 管理人员中具有大专以上学历的占总人数的 30%以上；
3. 具有国家三级以上（含三级）物业管理资质；
4. 对业主或非业主使用人的求助、咨询即时处理，对业主或非业主使用人的投诉在 3 天内答复；
5. 每年至少一次以书面方式全体征询业主或非业主使用人对物业服务的意见，满意率达到 85%以上；
6. 积极开展各类社区文化活动，每年组织有业主或非业主使用人参与的社区文化活动不少于一次。</td></tr>
</table>

（接下表）

（续上表）

<table>
<tr><td rowspan="2" colspan="2">项目</td><td rowspan="2">收费标准</td><td colspan="2">具备条件</td><td rowspan="2">备注</td></tr>
<tr><td>基本要求</td><td>分级服务要求</td></tr>
<tr><td>综合管理</td><td>五级</td><td>0.43</td><td>7. 管理人员服装统一、仪表整洁、挂牌上岗、行为规范。</td><td>1. 管理人员人均管理建筑面积在14000平方米以下；
2. 管理人员中具有大专以上学历的占总人数的10%以上；
3. 具有国家三级以上（含三级）或三级暂定物业管理资质；
4. 对业主或非业主使用人的求助、咨询即时处理，对业主或非业主使用人的投诉在4天内答复；
5. 每年至少一次以书面方式征询全体业主或非业主使用人对物业服务的意见，满意率达到80%以上。</td><td>3. 管理人员指小区物业管理处除工程、绿化、清洁卫生、保安等操作层以外的所有人员。</td></tr>
<tr><td rowspan="3">共用部位、共用设施设备日常运行维护</td><td>一级</td><td>1.15</td><td rowspan="3">1. 做好共用部位和共用设施设备的维修保养和巡视检查工作，保障共用部位和设施设备的安全正常运行；
2. 设施设备有国家规范的，应达到规定的保养标准；
3. 各类设施设备配有专人管理；
4. 建立各类设施设备的运行档案，记录齐全；
5. 各类设施设备的标志清晰、明确，对小区内有危险、隐患的部位设置安全防范、警示标志或维护设施；
6. 对可能发生的各种突发设备故障有应急预案；
7. 小区道路、场地保持基本平整，不积水；
8. 窨井不漫溢，窨井盖无缺损，保证排水管道通畅；
9. 水箱、蓄水池盖保持完好并加锁，每年定期清洗两次，污水排放符合基本要求。</td><td>1. 工程人员人均管理建筑面积为8000平方米以下；
2. 各类设施设备的完好率达到98%以上；共用部位、停车场等照明系统的完好率达到99%以上；
3. 加强对消防系统的检查保养，消火栓、灭火器、报警功能巡查每周不少于四次；消防泵启动每年不少于四次；
4. 加强对电梯的保养，单台电梯的年故障频率不超过一次；
5. 24小时受理业主或非业主使用人报修，急修半小时内到现场处理，一般修理1天内处理。</td><td rowspan="3">1. 共用部位、共用设施设备日常运行维护成本包括：设施设备维护人工费用、材料费用、公共电费。
2. 分级服务要求有一条达不到标准的，收费标准应适当下调；有两条或以上达不到标准的，按低一级标准收费。
3. 工程人员指设施设备管理、操作、维护人员。</td></tr>
<tr><td>二级</td><td>1.02</td><td>1. 工程人员人均管理建筑面积为9000平方米以下；
2. 各类设施设备的完好率达到96%以上；共用部位、停车场等照明系统的完好率达到98%以上；
3. 加强对消防系统的检查保养，消火栓、灭火器、报警功能巡查每周不少于三次；消防泵启动每年不少于三次；
4. 加强对电梯的保养，单台电梯的年故障频率不超过一次；
5. 24小时受理业主或非业主使用人报修，急修半小时内到现场处理，一般修理1天内处理。</td></tr>
<tr><td>三级</td><td>0.94</td><td>1. 工程人员人均管理建筑面积为10000平方米以下；
2. 各类设施设备的完好率达到94%以上；共用部位、停车场等照明系统的完好率达到95%以上；
3. 加强对消防系统的检查保养，消火栓、灭火器、报警功能巡查每周不少于两次；消防泵启动每年不少于两次；
4. 加强对电梯的保养，单台电梯的年故障频率不超过两次；
5. 24小时受理业主或非业主使用人报修，急修半小时内到现场处理，一般修理1天内处理。</td></tr>
</table>

（接下表）

（续上表）

<table>
<tr><th colspan="2" rowspan="2">项目</th><th rowspan="2">收费标准</th><th colspan="2">具备条件</th><th>备注</th></tr>
<tr><th>基本要求</th><th>分级服务要求</th><th></th></tr>
<tr><td rowspan="2">共用部位、共用设施设备日常运行维护</td><td>四级</td><td>0.85</td><td rowspan="2">1. 做好共用部位和共用设施设备的维修保养和巡视检查工作，保障共用部位和设施设备的安全正常运行；
2. 设施设备有国家规范的，应达到规定的保养标准；
3. 各类设施设备配有专人管理；
4. 建立各类设施设备的运行档案，记录齐全；
5. 各类设施设备的标志清晰、明确，对小区内有危险、隐患的部位设置安全防范、警示标志或维护设施；
6. 对可能发生的各种突发设备故障有应急预案；
7. 小区道路、场地保持基本平整，不积水；
8. 窨井不漫溢，窨井盖无缺损，保证排水管道通畅；
9. 水箱、蓄水池盖保持完好并加锁，每年定期清洗两次，污水排放符合基本要求。</td><td>1. 工程人员人均管理建筑面积为11000平方米以下；
2. 各类设施设备的完好率达到92%以上；共用部位、停车场等照明系统的完好率达到92%以上；
3. 加强对消防系统的检查保养，消火栓、灭火器、报警功能巡查每周不少于两次；消防泵启动每年不少于两次；
4. 加强对电梯的保养，单台电梯的年故障频率不超过三次；
5. 24 小时受理业主或非业主使用人报修，急修 1 小时内到现场处理，一般修理 2 天内处理。</td><td rowspan="2">1. 共用部位、共用设施设备日常运行维护成本包括：设施设备维护人工费用、材料费用、公共电费。
2. 分级服务要求有一条达不到标准的，收费标准应适当下调；有两条或以上达不到标准的，按低一级标准收费。
3. 工程人员指设施设备管理、操作、维护人员。</td></tr>
<tr><td>五级</td><td>0.78</td><td>1. 工程人员人均管理建筑面积为12000平方米以下；
2. 各类设施设备的完好率达到90%以上；共用部位、停车场等照明系统的完好率达到90%以上；
3. 加强对消防系统的检查保养，消火栓、灭火器、报警功能巡查每周不少于一次；消防泵启动每年不少于一次；
4. 加强对电梯的保养，单台电梯的年故障频率不超过三次；
5. 24 小时受理业主或非业主使用人报修，急修 2 小时内到现场处理，一般修理 3 天内处理。</td></tr>
<tr><td>清洁卫生</td><td>一级</td><td>0.36</td><td>1. 各类清洁设施设备配备齐全，并有专人管理，各类管理制度完善；
2. 垃圾日产日清，保持公共区域整洁、无异味；
3. 使用环保的清洁剂；
4. 做好白蚁及卫生虫害的防治工作。</td><td>1. 清洁卫生人员人均管理建筑面积为5000平方米以下；
2. 楼道、停车场、道路、绿地等公共部位的清洁每天不少于两次，目视地面、绿地干净，地面垃圾滞留不超过1小时；
3. 电梯轿厢、操作板、地面等清洁保养每天不少于两次；电梯门壁打蜡上光每月不少于一次，表面光亮、无污迹；大堂地面抛光打蜡或晶面研磨每月不少于一次；
4. 5-10月的灭蚊、灭鼠、灭苍蝇、灭蟑螂等消杀工作每月不少于四次，其余月份每月不少于两次；
5. 外墙清洁每两年不少于一次。</td><td>1. 清洁卫生成本包括：清洁卫生人员人工费用、清洁器械及材料费用、垃圾清运费、除四害消杀费等。</td></tr>
</table>

（接下表）

（续上表）

<table>
<tr><th colspan="2" rowspan="2">项目</th><th rowspan="2">收费标准</th><th colspan="2">具备条件</th><th rowspan="2">备注</th></tr>
<tr><th>基本要求</th><th>分级服务要求</th></tr>
<tr><td rowspan="2">清洁卫生</td><td>二级</td><td>0.31</td><td rowspan="2">1. 各类清洁设施设备配备齐全，并有专人管理，各类管理制度完善；
2. 垃圾日产日清，保持公共区域整洁、无异味；
3. 使用环保的清洁剂；
4. 做好白蚁及卫生虫害的防治工作。</td><td>1. 清洁卫生人员人均管理建筑面积为 6000 平方米以下；
2. 楼道、停车场、道路、绿地等公共部位的清洁每天不少于两次，目视地面、绿地干净，地面垃圾滞留不超过 2 小时；
3. 电梯轿厢、操作板、地面等清洁保养每天不少于一次；电梯门壁打蜡上光每月不少于一次，表面光亮、无污迹；大堂地面抛光打蜡或晶面研磨每月不少于一次；
4. 5-10 月的灭蚊、灭鼠、灭苍蝇、灭蟑螂等消杀工作每月不少于三次，其余月份每月不少于两次；
5. 外墙清洁每两年不少于一次。</td><td rowspan="2">2. 分级服务要求有一条达不到标准的，收费标准应适当下调；有两条或以上达不到标准的，按低一级标准收费。
3. 清洁卫生人员指清洁卫生管理人员、清洁工。</td></tr>
<tr><td>三级</td><td>0.26</td><td>1. 清洁卫生人员人均管理建筑面积为 7000 平方米以下；
2. 楼道、停车场、道路、绿地等公共部位的清洁每天不少于一次，目视地面、绿地清洁无杂物；
3. 电梯轿厢、操作板、地面等清洁保养每天不少于一次；大堂地面抛光打蜡或晶面研磨每季度不少于三次；
4. 5-10 月的灭蚊、灭鼠、灭苍蝇、灭蟑螂等消杀工作每月不少于两次，其余月份每月不少于一次；
5. 外墙清洁每三年不少于一次。</td></tr>
<tr><td rowspan="2">清洁卫生</td><td>四级</td><td>0.22</td><td rowspan="2">1. 各类清洁设施设备配备齐全，并有专人管理，各类管理制度完善；
2. 垃圾日产日清，保持公共区域整洁、无异味；
3. 使用环保的清洁剂；
4. 做好白蚁及卫生虫害的防治工作。</td><td>1. 清洁卫生人员人均管理建筑面积为 8000 平方米以下；
2. 楼道、停车场、道路、绿地等公共部位的清洁每天不少于一次，保持地面、绿地清洁；
3. 电梯轿厢、操作板、地面等清洁保养每天不少于一次；大堂地面抛光打蜡或晶面研磨每季度不少于两次；
4. 5-10 月的灭蚊、灭鼠、灭苍蝇、灭蟑螂等消杀工作每月不少于两次，其余月份每月不少于一次；
5. 外墙清洁每四年不少于一次。</td><td rowspan="2">1. 清洁卫生成本包括：清洁卫生人员人工费用、清洁器械及材料费用、垃圾清运费、除四害消杀费等。
2. 分级服务要求有一条达不到标准的，收费标准应适当下调；有两条或以上达不到标准的，按低一级标准收费。
3. 清洁卫生人员指清洁卫生管理人员、清洁工。</td></tr>
<tr><td>五级</td><td>0.17</td><td>1. 清洁卫生人员人均管理建筑面积为 10000 平方米以下；
2. 楼道、停车场、道路、绿地等公共部位的清洁每天不少于一次，无明显暴露垃圾，无卫生死角；
3. 电梯轿厢、操作板、地面等清洁保养每天不少于一次，目视无污迹；
4. 5-10 月的灭蚊、灭鼠、灭苍蝇、灭蟑螂等消杀工作每月不少于一次，冬天每月不少于一次。</td></tr>
</table>

（接下表）

（续上表）

<table>
<tr><th colspan="2" rowspan="2">项目</th><th rowspan="2">收费标准</th><th colspan="2">具备条件</th><th>备注</th></tr>
<tr><th>基本要求</th><th>分级服务要求</th><th></th></tr>
<tr><td rowspan="3">园林绿化</td><td>一级</td><td>0.25</td><td rowspan="3">1. 有专业人员进行绿化管理，各类制度健全；
2. 草坪生长良好，及时修剪和补种；
3. 花卉、绿篱、树木根据其品种和生长情况，及时修剪整形；
4. 做好病虫害防治工作。</td><td>1. 小区绿化率在35%以上；
2. 草坪常年保持平整，边缘清晰，及时清理杂草，基本无杂草；
3. 乔、灌木、攀缘植物每年修剪三次以上，乔、灌木树冠完整，形态优美，花、灌木开花结果，各种植被生长茂盛，无枯枝、缺枝；
4. 一年有三次以上花卉、景点布置。</td><td rowspan="3">1. 园林绿化成本包括：园林绿化人员人工费用、材料费用、公共水费。
2. 分级服务要求有一条达不到标准的，收费标准应适当下调；有两条或以上达不到标准的，按低一级标准收费。</td></tr>
<tr><td>二级</td><td>0.22</td><td>1. 小区绿化率在30%以上；
2. 草坪常年保持平整，清除杂草每年七遍以上，基本无杂草；
3. 乔、灌木、攀缘植物每年修剪三次以上，乔、灌木树冠完整，花、灌木开花结果，各种植被生长良好，无枯枝、缺枝；
4. 一年有两次以上花卉、景点布置。</td></tr>
<tr><td>三级</td><td>0.20</td><td>1. 小区绿化率在25%以上；
2. 草坪无明显缺水枯黄，每年除草、修剪五遍以上，控制杂草滋生，杂草面积不大于2%；
3. 乔、灌木、攀缘植物每年修剪两次以上，乔、灌木树冠完整，花、灌木基本开花，各种植被无明显枯枝、缺枝；
4. 一年有一次以上花卉、景点布置。</td></tr>
<tr><td rowspan="2">园林绿化</td><td>四级</td><td>0.18</td><td rowspan="2">1. 有专业人员进行绿化管理，各类制度健全；
2. 草坪生长良好，及时修剪和补种；
3. 花卉、绿篱、树木根据其品种和生长情况，及时修剪整形；
4. 做好病虫害防治工作。</td><td>1. 小区绿化率在20%以上；
2. 草坪无明显缺水枯黄，每年除草、修剪四遍以上，控制杂草滋生，杂草面积不大于5%；
3. 乔、灌木、攀缘植物每年实施修剪两次以上。</td><td rowspan="2">1. 园林绿化成本包括：园林绿化人员人工费用、材料费用、公共水费。
2. 分级服务要求有一条达不到标准的，收费标准应适当下调；有两条或以上达不到标准的，按低一级标准收费。</td></tr>
<tr><td>五级</td><td>0.16</td><td>1. 小区绿化率在15%以上；
2. 草坪无明显缺水枯黄，每年除草、修剪三遍以上，控制杂草滋生；
3. 乔、灌木、攀缘植物每年实施修剪一次以上。</td></tr>
<tr><td>公共秩序维护</td><td>一级</td><td>0.82</td><td>1. 配有专职的保安人员，24小时值班，各类管理制度完善；
2. 保安人员上岗时佩戴统一标志，穿戴统一服装；</td><td>1. 小区设有专门的监控中心；
2. 保安人员人均管理建筑面积为3000平方米以下；
3. 每年组织有业主或非业主使用人参与的消防演习不少于两次；
4. 对保安人员的培训及实操全年不少于240课时；
5. 加强对小区的巡逻，保安人员每隔一小时到指定区域巡逻一次；</td><td>1. 公共秩序维护成本包括：公共秩序维护人员人工费用、安防设施设备购置费用及维护费用等。</td></tr>
</table>

（接下表）

（续上表）

项目		收费标准	具备条件		备注
			基本要求	分级服务要求	
公共秩序维护	一级	0.82	3．有火警、水警、警情等应急预案； 4．对进出车辆进行管理和疏导，车辆停放有序。	6．实行封闭式管理的，对外来人员进入物业小区进行询问和登记； 7．对居住满一年的业主或非业主使用人，熟悉率达到90%以上； 8．在本小区工作六个月以上的保安员占60%以上；新建小区从事本岗位工作六个月以上的达到60%以上； 9．车辆行驶有规定路线，停车场内配置道闸和录像监视系统，停车标志清晰明确，有专职人员24小时巡视和协助停车事宜；停车场24小时有专人管理。	2．分级服务要求有一至两条达不到标准的，收费标准应适当下调；若有三条或以上达不到标准的，按低一级标准收费。 3．保安人员指保安主管、保安员。
	二级	0.65		1．小区设有专门的监控中心； 2．保安人员人均管理建筑面积为3500平方米以下； 3．每年组织有业主或非业主使用人参与的消防演习不少于两次； 4．对保安人员的培训及实操全年不少于200课时； 5．加强对小区的巡逻，保安人员每隔一个半小时到指定区域巡逻一次； 6．实行封闭式管理的，对外来人员进入物业小区进行询问和登记； 7．对居住满一年的业主或非业主使用人，熟悉率达到85%以上； 8．在本小区工作六个月以上的保安员占40%以上；新建小区从事本岗位工作六个月以上的达到40%以上； 9．车辆行驶有规定路线，停车场内配置道闸和录像监视系统，停车标志清晰明确，有人员巡视和协助停车事宜；停车场24小时有专人管理。	
公共秩序维护	三级	0.54	1．配有专职的保安人员，24小时值班，各类管理制度完善； 2．保安人员上岗时佩戴统一标志，穿戴统一服装； 3．有火警、水警、警情等应急预案； 4．对进出车辆进行管理和疏导，车辆停放有序。	1．小区设有专门的监控中心； 2．保安人员人均管理建筑面积为4000平方米以下； 3．每年组织有业主或非业主使用人参与的消防演习不少于一次； 4．对保安人员的培训及实操全年不少于180课时； 5．加强对小区的巡逻，保安人员每隔一个半小时到指定区域巡逻一次； 6．实行封闭式管理的，对外来人员进入物业小区进行询问和登记； 7．对居住满一年的业主或非业主使用人，熟悉率达到80%以上； 8．在本小区工作六个月以上的保安员占20%以上；新建小区从事本岗位工作六个月以上的达到20%以上； 9．车辆行驶有规定路线，停车场内配置道闸，停车标志清晰明确；停车场24小时有专人管理。	1．公共秩序维护成本包括：公共秩序维护人员人工费用、安防设施设备购置费用及维护费用等。 2．分级服务要求有一至两条达不到标准的，收费标准应适当下调；若有三条或以上达不到标准的，按低一级标准收费。

（接下表）

（续上表）

<table>
<tr><th colspan="2" rowspan="2">项目</th><th rowspan="2">收费标准</th><th colspan="2">具备条件</th><th>备注</th></tr>
<tr><th>基本要求</th><th>分级服务要求</th><th></th></tr>
<tr><td rowspan="2">公共秩序维护</td><td>四级</td><td>0.44</td><td rowspan="2">1．配有专职的保安人员，24 小时值班，各类管理制度完善；
2．保安人员上岗时佩戴统一标志，穿戴统一服装；
3．有火警、水警、警情等应急预案；
4．对进出车辆进行管理和疏导，车辆停放有序。</td><td>1．小区有监控设备；
2．保安人员人均管理建筑面积为 4500 平方米以下；
3．每年组织有业主或非业主使用人参与的消防演习不少于一次；
4．对保安人员的培训及实操全年不少于 160 课时；
5．加强对小区的巡逻，保安人员每隔两小时到指定区域巡逻一次；
6．对居住满一年的业主或非业主使用人，熟悉率达到 75%以上；
7．停车场有专人管理。</td><td rowspan="2">3．保安人员指保安主管、保安员。</td></tr>
<tr><td>五级</td><td>0.36</td><td>1．小区有监控设备；
2．保安人员人均管理建筑面积为 5000 平方米以下；
3．每年组织有业主或非业主使用人参与的消防演习不少于一次；
4．对保安人员的培训及实操全年不少于 100 课时；
5．加强对小区的巡逻，保安人员每隔三小时到指定区域巡逻一次；
6．对居住满一年的业主或非业主使用人，熟悉率达到 70%以上；
7．停车场有专人管理。</td></tr>
<tr><td colspan="6">注：地面建筑层数 10 层以上（含 10 层，包括架空层）的为高层；地面建筑层数 9 层以下（含 9 层，包括架空层）的为多层。</td></tr>
</table>

表 11-7　深圳市住宅物业服务收费指导标准（多层）

单位：元/平方米·月

项目		收费标准	具备条件		备注
			基本要求	分级服务要求	
综合管理	一级	0.49	1．服务与被服务方签订物业服务合同，双方权利义务关系明确； 2．管理人员按国家规定取得物业管理资格证书； 3．财务管理运作规范，账目清晰，并按规定定期公布物业管理费和维修资金收支账目； 4．管理处24小时有人值班； 5．管理制度完善； 6．物业服务档案资料齐全、分类科学、管理完善、易于检索； 7．管理人员服装统一、仪表整洁、挂牌上岗、行为规范。	1．管理人员人均管理建筑面积在8000平方米以下； 2．管理人员中具有大专以上学历的占总人数的60%以上； 3．具有国家二级以上（含二级）物业管理资质； 4．对业主或非业主使用人的求助、咨询即时处理，对业主或非业主使用人的投诉在24小时内答复； 5．每年至少两次以书面方式征询全体业主或非业主使用人对物业服务的意见，满意率达到98%以上； 6．积极开展各类社区文化活动，每年组织有业主或非业主使用人参与的社区文化活动不少于四次；重要节日有专题布置； 7．有会所或大型的文化活动中心。	1．综合管理成本包括：管理人员人工费用、用于物业管理固定资产折旧及办公费用、社区文化体育活动费用等。 2．分级服务要求有一至两条达不到标准的，收费标准应适当下调；有三条或以上达不到标准的，按低一级标准收费。 3．管理人员指小区物业管理处除工程、绿化、清洁卫生、保安等操作层以外的所有人员。
	二级	0.39		1.管理人员人均管理建筑面积在10000平方米以下； 2．管理人员中具有大专以上学历的占总人数的50%以上； 3．具有国家二级以上（含二级）物业管理资质； 4．对业主或非业主使用人的求助、咨询即时处理，对业主或非业主使用人的投诉在24小时内答复； 5．每年至少两次以书面方式征询全体业主或非业主使用人对物业服务的意见，满意率达到95%以上； 6．积极开展各类社区文化活动，每年组织有业主或非业主使用人参与的社区文化活动不少于三次；重要节日有专题布置； 7．有会所或大型的文化活动中心。	

（接下表）

（续上表）

<table>
<tr><th colspan="2" rowspan="2">项 目</th><th rowspan="2">收费标准</th><th colspan="2">具 备 条 件</th><th rowspan="2">备 注</th></tr>
<tr><th>基 本 要 求</th><th>分 级 服 务 要 求</th></tr>
<tr><td rowspan="3">综合管理</td><td>三级</td><td>0.26</td><td rowspan="3">1．服务与被服务方签订物业服务合同，双方权利义务关系明确；
2．管理人员按国家规定取得物业管理资格证书；
3．财务管理运作规范，账目清晰，并按规定定期公布物业管理费和维修资金收支账目；
4．管理处24小时有人值班；
5．管理制度完善；
6．物业服务档案资料齐全、分类科学、管理完善、易于检索；
7．管理人员服装统一、仪表整洁、挂牌上岗、行为规范。</td><td>1.管理人员人均管理建筑面积在12000平方米以下；
2．管理人员中具有大专以上学历的占总人数的40%以上
3．具有国家三级以上（含三级）物业管理资质；
4．对业主或非业主使用人的求助、咨询即时处理，对业主或非业主使用人的投诉在2天内答复；
5．每年至少两次以书面方式征询全体业主或非业主使用人对物业服务的意见，满意率达到90%以上；
6．积极开展各类社区文化活动，每年组织有业主或非业主使用人参与的社区文化活动不少于两次；
7．有与小区相适应的文化活动中心。</td><td rowspan="3">1．综合管理成本包括：管理人员人工费用、用于物业管理固定资产折旧及办公费用、社区文化体育活动费用等。
2．分级服务要求有一至两条达不到标准的，收费标准应适当下调；有三条或以上达不到标准的，按低一级标准收费。
3．管理人员指小区物业管理处除工程、绿化、清洁卫生、保安等操作层以外的所有人员。</td></tr>
<tr><td>四级</td><td>0.22</td><td>1.管理人员人均管理建筑面积在14000平方米以下；
2．管理人员中具有大专以上学历的占总人数的30%以上；
3．具有国家三级以上（含三级）物业管理资质；
4．对业主或非业主使用人的求助、咨询即时处理，对业主或非业主使用人的投诉在3天内答复；
5．每年至少一次以书面方式征询全体业主或非业主使用人对物业服务的意见，满意率达到85%以上；
6．积极开展各类社区文化活动，每年组织有业主或非业主使用人参与的社区文化活动不少于一次。</td></tr>
<tr><td>五级</td><td>0.18</td><td>1.管理人员人均管理建筑面积在16000平方米以下；
2．管理人员中具有大专以上学历的占总人数的10%以上；
3．具有国家三级以上（含三级）或三级暂定物业管理资质；
4．对业主或非业主使用人的求助、咨询即时处理，对业主或非业主使用人的投诉在4天内答复；
5．每年至少一次以书面方式征询全体业主或非业主使用人对物业服务的意见，满意率达到80%以上。</td></tr>
</table>

（接下表）

（续上表）

<table>
<tr><th colspan="2" rowspan="2">项目</th><th rowspan="2">收费标准</th><th colspan="2">具备条件</th><th rowspan="2">备注</th></tr>
<tr><th>基本要求</th><th>分级服务要求</th></tr>
<tr><td rowspan="4">共用部位、共用设施设备日常运行维护</td><td>一级</td><td>0.16</td><td rowspan="4">1. 做好共用部位和共用设施设备的维修保养和巡视检查工作，保障共用部位和设施设备的安全正常运行；
2. 设施设备有国家规范的，应达到规定的保养标准；
3. 各类设施设备配有专人管理；
4. 建立各类设施设备的运行档案，记录齐全；
5. 各类设施设备的标志清晰、明确，对小区内有危险、隐患的部位设置安全防范、警示标志或维护设施；
6. 对可能发生的各种突发设备故障有应急预案；
7. 小区道路、场地保持基本平整，不积水；
8. 窨井不漫溢，窨井盖无缺损，保证排水管道通畅；</td><td>1. 工程人员人均管理建筑面积为12000平方米以下；
2. 各类设施设备的完好率达到98%以上；共用部位、停车场等照明系统的完好率达到99%以上；
3. 加强对消防系统的检查保养，消火栓、灭火器、报警功能巡查每周不少于四次；消防泵启动每年不少于四次；
4. 24小时受理业主或非业主使用人报修，急修半小时内到现场处理，一般修理1天内处理。</td><td rowspan="4">1. 共用部位、共用设施设备日常运行维护成本包括：设施设备维护人工费用、材料费用、公共电费。
2. 分级服务要求有一至两条达不到标准的，收费标准应适当下调；有三条或以上达不到标准的，按低一级标准收费。</td></tr>
<tr><td>二级</td><td>0.15</td><td>1. 工程人员人均管理建筑面积为14000平方米以下；
2. 各类设施设备的完好率达到96%以上；共用部位、停车场等照明系统的完好率达到98%以上；
3. 加强对消防系统的检查保养，消火栓、灭火器、报警功能巡查每周不少于三次；消防泵启动每年不少于三次；
4. 24小时受理业主或非业主使用人报修，急修半小时内到现场处理，一般修理1天内处理。</td></tr>
<tr><td>三级</td><td>0.14</td><td>1. 工程人员人均管理建筑面积为16000平方米以下；
2. 各类设施设备的完好率达到94%以上；共用部位、停车场等照明系统的完好率达到95%以上；
3. 加强对消防系统的检查保养，消火栓、灭火器、报警功能巡查每周不少于两次；消防泵启动每年不少于两次；
4. 24小时受理业主或非业主使用人报修，急修半小时内到现场处理，一般修理1天内处理。</td></tr>
<tr><td>四级</td><td>0.13</td><td>1. 工程人员人均管理建筑面积为18000平方米以下；
2. 各类设施设备的完好率达到92%以上；共用部位、停车场等照明系统的完好率达到92%以上；
3. 加强对消防系统的检查保养，消火栓、灭火器、报警功能巡查每周不少于两次；消防泵启动每年不少于两次；
4. 24小时受理业主或非业主使用人报修，急修1小时内到现场处理，一般修理2天内处理。</td></tr>
</table>

（接下表）

（续上表）

项目		收费标准	具备条件		备注
			基本要求	分级服务要求	
共用部位、共用设施设备日常运行维护	五级	0.12	9. 水箱、蓄水池盖保持完好并加锁，每年定期清洗两次，污水排放符合基本要求。	1. 工程人员人均管理建筑面积为20000平方米以下； 2. 各类设施设备的完好率达到90%以上；共用部位、停车场等照明系统的完好率达到90%以上； 3. 加强对消防系统的检查保养，消火栓、灭火器、报警功能巡查每周不少于一次；消防泵启动每年不少于一次； 4. 24小时受理业主或非业主使用人报修，急修2小时内到现场处理，一般修理3天内处理。	3. 工程人员指设施设备管理、操作、维护人员。
清洁卫生	一级	0.18	1、各类清洁设施设备配备齐全，并有专人管理，管理制度完善； 2、垃圾日产日清，保持公共区域整洁、无异味； 3、使用环保的清洁剂； 4、做好白蚁及卫生虫害的防治工作。	1、清洁卫生人员人均管理建筑面积为6000平方米以下； 2. 楼道、停车场、道路、绿地等公共部位的清洁每天不少于两次，目视地面干净、地面垃圾滞留不超过1小时； 3. 大堂地面抛光打蜡或晶面研磨每月不少于一次； 4. 5～10月的灭蚊、灭鼠、灭苍蝇、灭蟑螂等消杀工作每月不少于四次，冬天每月不少于两次； 5. 外墙清洁每2年不少于一次。	1. 清洁卫生成本包括：清洁卫生人员人工费用、清洁卫生器械及材料费用、垃圾清运费、除四害消杀费等。 2. 分级服务要求有一条达不到标准的，收费标准应适当下调；有两条或以上达不到标准的，按低一级标准收费。
	二级	0.16		1. 清洁卫生人员人均管理建筑面积为7000平方米以下； 2. 楼道、停车场、道路、绿地等公共部位的清洁每天不少于两次，目视地面干净、地面垃圾滞留不超过2小时； 3. 大堂地面抛光打蜡或晶面研磨每月不少于一次； 4. 5-10月的灭蚊、灭鼠、灭苍蝇、灭蟑螂等消杀工作每月不少于三次，其余月份每月不少于两次； 5. 外墙清洁每二年不少于一次。	
	三级	0.13		1. 清洁卫生人员人均管理建筑面积为8000平方米以下； 2. 楼道、停车场、道路、绿地等公共部位的清洁每天不少于一次，目视地面、绿地清洁无杂物； 3. 大堂地面抛光打蜡或晶面研磨每季度不少于两次 4. 5～10月的灭蚊、灭鼠、灭苍蝇、灭蟑螂等消杀工作每月不少于两次，其余月份每月不少于一次； 5. 外墙清洁每三年不少于一次。	

（接下表）

（续上表）

<table>
<tr><th colspan="2" rowspan="2">项 目</th><th rowspan="2">收费标准</th><th colspan="2">具 备 条 件</th><th rowspan="2">备 注</th></tr>
<tr><th>基 本 要 求</th><th>分 级 服 务 要 求</th></tr>
<tr><td rowspan="2">清洁卫生</td><td>四级</td><td>0.10</td><td rowspan="2"></td><td>1. 清洁卫生人员人均管理建筑面积为10000平方米以下；
2. 楼道、停车场、道路、绿地等公共部位的清洁每天不少于一次，保持地面、绿地清洁；
3. 大堂地面抛光打蜡或晶面研磨每季度不少于一次；
4. 5-10月的灭蚊、灭鼠、灭苍蝇、灭蟑螂等消杀工作每月不少于两次，其余月份每月不少于一次；
5. 外墙清洁每四年不少于一次。</td><td rowspan="2">3. 清洁卫生人员指清洁卫生管理人员、清洁工。</td></tr>
<tr><td>五级</td><td>0.08</td><td>1. 清洁卫生人员人均管理建筑面积为12000平方米以下；
2. 楼道、停车场、道路、绿地等公共部位的清洁每天不少于一次，无明显暴露垃圾，无卫生死角；
3. 5-10月的灭蚊、灭鼠、灭苍蝇、灭蟑螂等消杀工作每月不少于一次，其余月份每月不少于一次。</td></tr>
<tr><td rowspan="3">园林绿化</td><td>一级</td><td>0.08</td><td rowspan="3">1. 有专业人员进行绿化管理，各类制度健全；
2. 草坪生长良好，及时修剪和补种；
3. 花卉、绿篱、树木根据其品种和生长情况，及时修剪整形；
4. 做好病虫害防治工作。</td><td>1. 小区绿化率在40%以上；
2. 草坪常年保持平整，边缘清晰，及时清理杂草，基本无杂草；
3. 乔、灌木、攀缘植物每年修剪三次以上，乔、灌木树冠完整，形态优美，花、灌木开花结果，各种植被生长茂盛，无枯枝、缺枝；
4. 一年有三次以上花卉、景点布置。</td><td rowspan="3">1. 园林绿化成本包括：园林绿化人员人工费用、材料费用、公共水费。
2. 若分级服务要求有一条达不到标准的，收费标准应适当下调；有两条或以上达不到标准的，按低一级标准收费。</td></tr>
<tr><td>二级</td><td>0.07</td><td>1. 小区绿化率在35%以上；
2. 草坪常年保持平整，清除杂草每年七遍以上，基本无杂草；
3. 乔、灌木、攀缘植物每年修剪三次以上，乔、灌木树冠完整，花、灌木开花结果，各种植被生长良好，无枯枝、缺枝；
4. 一年有两次以上花卉、景点布置。</td></tr>
<tr><td>三级</td><td>0.06</td><td>1. 小区绿化率在30%以上；
2. 草坪无明显缺水枯黄，每年除草、修剪五遍以上，控制杂草滋生，杂草面积不大于2%；
3. 乔、灌木、攀缘植物每年修剪两次以上，乔、灌木树冠完整，花、灌木基本开花，各种植被无明显枯枝、缺枝；
4. 一年有一次以上花卉、景点布置。</td></tr>
</table>

（接下表）

（续上表）

项目		收费标准	具备条件		备注
			基本要求	分级服务要求	
园林绿化	四级	**0.05**		1. 小区绿化率在25%以上； 2. 草坪无明显缺水枯黄，每年除草、修剪四遍以上，控制杂草滋生，杂草面积不大于5%； 3. 乔、灌木、攀缘植物每年实施修剪两次以上。	
	五级	**0.04**		1. 小区绿化率在20%以上； 2. 草坪无明显缺水枯黄，每年除草、修剪三遍以上，控制杂草滋生； 3. 乔、灌木、攀缘植物每年实施修剪一次以上。	
公共秩序维护	一级	**0.39**	1. 配有专职的保安人员，24小时值班，各类管理制度完善； 2. 保安人员上岗时佩戴统一标志，穿戴统一服装； 3. 有火警、水警、警情等应急预案； 4. 对进出车辆进行管理和疏导，车辆停放有序。	1. 小区设有专门的监控中心； 2. 保安人员人均管理建筑面积为4000平方米以下； 3. 每年组织有业主或非业主使用人参与的消防演习不少于两次； 4. 对保安人员的培训及实操全年不少于240课时； 5. 加强对小区的巡逻，保安人员每隔一小时到指定区域巡逻一次； 6. 实行封闭式管理的，对外来人员进入物业小区进行询问和登记； 7. 对居住满一年的业主、非业主使用人，熟悉率达到90%以上； 8. 在本小区工作六个月以上的保安员占60%以上；新建小区从事本岗位工作六个月上以上的达到60%以上； 9. 车辆行驶有规定路线，停车场配置道闸和录像监视系统，停车标志清晰明确，有专职人员24小时巡视和协助停车事宜；停车场24小时有专人管理。	1. 公共秩序维护成本包括：公共秩序维护人员人工费用、安防设施设备购置费用。 2. 若分级服务要求有一至两条达不到标准的，收费标准可按适当比例下调；若分级服务要求有三条或以上达不到标准的，按低一级标准收费。 3. 保安人员指保安主管、保安员。
	二级	**0.33**		1. 小区设有专门的监控中心； 2. 保安人员人均管理建筑面积为4500平方米以下； 3. 每年组织有业主或非业主使用人参与的消防演习不少于两次； 4. 对保安人员的培训及实操全年不少于200课时；	

（接下表）

（续上表）

<table>
<tr><th colspan="2" rowspan="2">项 目</th><th rowspan="2">收费标准</th><th colspan="2">具 备 条 件</th><th rowspan="2">备 注</th></tr>
<tr><th>基 本 要 求</th><th>分 级 服 务 要 求</th></tr>
<tr><td rowspan="2">公共秩序维护</td><td>二级</td><td>0.33</td><td rowspan="2">1. 配有专职的保安人员，24小时值班，各类管理制度完善；
2. 保安人员上岗时佩戴统一标志，穿戴统一服装；
3. 有火警、水警、警情等应急预案；
4. 对进出车辆进行管理和疏导，车辆停放有序。</td><td>5. 加强对小区的巡逻，保安人员每隔一个半小时到指定区域巡逻一次；
6. 实行封闭式管理的，对外来人员进入物业小区进行询问和登记；
7. 对居住满一年的业主或非业主使用人，熟悉率达到85%以上；
8. 在本小区工作六个月以上的保安员占40%以上；新建小区从事本岗位工作六个月以上的达到40%以上；
9. 车辆行驶有规定路线，停车场配置道闸和录像监视系统，停车标志清晰明确，有人员巡视和协助停车事宜；停车场24小时有专人管理。</td><td rowspan="2">1. 公共秩序维护成本包括：公共秩序维护人员人工费用、安防设施设备购置费用。
2. 若分级服务要求有一至两条达不到标准的，收费标准可按适当比例下调；若分级服务要求有三条或以上达不到标准的，按低一级标准收费。
3. 保安人员指保安主管、保安员。</td></tr>
<tr><td>三级</td><td>0.26</td><td>1. 小区设有专门的监控中心；
2. 保安人员人均管理建筑面积为5000平方米以下；
3. 每年组织有业主或非业主使用人参与的消防演习不少于一次；
4. 对保安人员的培训及实操全年不少于180课时；
5. 加强对小区的巡逻，保安人员每隔一个半小时到指定区域巡逻一次；
6. 实行封闭式管理的，对外来人员进入物业小区进行询问和登记；
7. 对居住满一年的业主或非业主使用人，熟悉率达到80%以上；
8. 在本小区工作六个月以上的保安员占20%以上；新建小区从事本岗位工作六个月以上达到20%以上；
9. 车辆行驶有规定路线，停车场内配置道闸，停车标志清晰明确；停车场24小时有专人管理。</td></tr>
</table>

（接下表）

（续上表）

<table>
<tr><th colspan="2" rowspan="2">项 目</th><th rowspan="2">收费标准</th><th colspan="2">具 备 条 件</th><th rowspan="2">备 注</th></tr>
<tr><th>基 本 要 求</th><th>分 级 服 务 要 求</th></tr>
<tr><td rowspan="2">公共秩序维护</td><td>四级</td><td>0.22</td><td rowspan="2">1．配有专职的保安人员，24小时值班，各类管理制度完善；
2．保安人员上岗时佩戴统一标志，穿戴统一服装；
3．有火警、水警、警情等应急预案；
4．对进出车辆进行管理和疏导，车辆停放有序。</td><td>1．小区有监控设备；
2．保安人员人均管理建筑面积为5500平方米以下；
3．每年组织有业主或非业主使用人参与的消防演习不少于一次；
4．对保安人员的培训及实操全年不少于160课时；
5．加强对小区的巡逻，保安人员每隔两小时到指定区域巡逻一次；
6．对居住满一年的业主或非业主使用人，熟悉率达到75%以上；
7．停车场有专人管理。</td><td rowspan="2">1．公共秩序维护成本包括：公共秩序维护人员人工费用、安防设施设备购置费用。
2．若分级服务要求有一至两条达不到标准的，收费标准可按适当比例下调；若分级服务要求有三条或以上达不到标准的，按低一级标准收费。
3．保安人员指保安主管、保安员。</td></tr>
<tr><td>五级</td><td>0.18</td><td>1．小区有监控设备；
2．保安人员人均管理建筑面积为6000平方米以下；
3．每年组织有业主或非业主使用人参与的消防演习不少于一次；
4．对保安人员的培训及实操全年不少于100课时；
5．加强对小区的巡逻，保安人员每隔三小时到指定区域巡逻一次；
6．对居住满一年的业主或非业主使用人，熟悉率达到70%以上；
7．停车场有专人管理。</td></tr>
<tr><td colspan="6">注：多层住宅收费指导标准中不含电梯运行维护费，多层带电梯住宅的收费标准可在多层标准基础上加收0.4～0.7元/平方米·月的电梯运行维护费。</td></tr>
</table>

表 11-8　深圳市各供水企业现行水价标准

单位：元/立方米

供水企业	居民用水	行政	工业	商业	特种
水务集团	1.9	2.3	2.25	2.95	7.5
招商水务	1.9	2.7	2.7	3.3	7.5
莲塘供水	1.9	2.76	2.87	3.51	7.5
深水宝安	1.8	2.3	2.3	3	4.4
福永自来水	1.8	2.5	2.65	3.1	4.4
沙井自来水	1.8	2.1	2.3	2.8	4.4
松岗自来水	1.8	2.5	2.6	2.9	4.4
公明自来水	1.8	2.5	2.6	3.1	4.4
石岩自来水	1.8	2.5	2.6	3.1	4.4
光明自来水	1.75	2.3	2.5	2.9	4.4
龙华自来水	2.4	2.7	3.2	3.6	4.4
观澜自来水	2.4	2.9	3.3	3.8	6
深水龙岗	2.1	2.55	2.55	3.2	7.5
横岗自来水	1.8	1.9	2.2	2.5	3.5
布吉供水	2	2.3	2.45	2.8	4
平湖自来水	1.86	2.35	2.35	3.2	7.5
坪地自来水	1.7	2	2.4	2.5	3.5
坑梓自来水	1.8	2.32	2.32	3.6	7.5
坪山自来水	1.76	2.25	2.25	3.2	7.5
大工业区水务	1.8	2.32	2.32	3.3	7.5
葵涌自来水	1.8	2.3	2.3	3.3	7.5
大鹏自来水	1.7	1.9	2.05	2.3	3.5
南澳自来水	1.8	2.2	2.3	2.6	5

表 11-9 深圳市污水处理收费标准

（2005 年 7 月 1 日执行）

用 水 类 别	价格（元/立方米）
1. 居民生活用水	
（1）以户为单位的居民用水量（立方米/户•月）	
22 立方米以内部分（含22 立方米）	0.90
23-30 立方米部分（含30 立方米）	1.00
31 立方米以上部分	1.10
（2）集体户居民用水量（立方米/人•月）	
5立方米以内部分（含5立方米）	0.90
6-7 立方米部分（含7立方米）	1.00
8 立方米以上部分	1.10
2. 党政机关、事业单位用水（指市编办已批准成立的单位）	1.10
3. 工业用水	1.05
4. 商业、服务业、建筑业用水	1.20
5. 特种用水（指外轮、洗车、营业性歌舞厅、夜总会、桑拿等用水）	2.00

调整污水处理费的相关配套政策

（一）实行差别化的污水计量政策：

1. 一般用户用水：按用水量90%计算污水量。

2. 部分特殊用户生产性用水：（1）以自来水为主要原材料的饮料生产用水（含饮料、啤酒、纯净水）按用水量40%计算污水量；（2）市政绿化、市政景观及电厂生产用水按用水量15%计算污水量。

（二）现行的对低收入家庭污水处理费减免政策、对部队及公立学校、幼儿园、医院、社会福利院等公共福利机构免征污水处理费政策，调整为：对享受最低生活保障家庭、社会福利机构和部队用水免收污水处理费；对公立学校、公立幼儿园和公立医院征收污水费，由此增加的支出，在各级财政年度预算中给予考虑。

（三）现行的对企业自建污水设施并经环保部门审定达标排放免缴污水处理费的政策，调整为：在城市污水处理厂没有覆盖的区域，鼓励企业自建污水处理设施处理污水，出水经环保部门检测达标的，免征污水处理费；在城市污水处理厂覆盖的区域，对企业自建污水处理设施，其处理后的污水经环保部门检测达到排放标准，并经环保、水务部门共同确认没有排入污水管网的，免征污水处理费。

表 11-10

深圳市污水处理收费标准

（从 2008 年 7 月 1 日抄见电量起执行）

单位：元/千瓦时

用电类别				基本电价	电度电价（元/千瓦时）											
					10kV 高供高计			10kV 高供低计（380V/220V 计量）			110kV 供电			220kV 供电		
					峰	平	谷	峰	平	谷	峰	平	谷	峰	平	谷
大量用电	101 至 3000kVA，按变压器容量（元/kVA·月）			24												
大量用电	商业服务业	每月每千伏安用电	250kW·h 及以下		1.1644	0.8844	0.5344	1.1844	0.9044	0.5544	1.1544	0.8744	0.5244	1.1444	0.8644	0.5144
大量用电	商业服务业	每月每千伏安用电	250kW·h 以上		1.1444	0.8644	0.5144	1.1644	0.8844	0.5344	1.1344	0.8544	0.5044	1.1244	0.8444	0.4944
大量用电	工业	每月每千伏安用电	250kW·h 及以下		1.0644	0.6844	0.3494	1.0844	0.7044	0.3694	1.0544	0.6744	0.3394	1.0444	0.6644	0.3294
大量用电	工业	每月每千伏安用电	250kW·h 以上		1.0444	0.6644	0.3294	1.0644	0.6844	0.3494	1.0344	0.6544	0.3194	1.0244	0.6444	0.3094
大量用电	其他	每月每千伏安用电	250kW·h 及以下		0.9794	0.8244	0.4594	0.9994	0.8444	0.4794	0.9694	0.8144	0.4494	0.9594	0.8044	0.4394
大量用电	其他	每月每千伏安用电	250kW·h 以上		0.9594	0.8044	0.4394	0.9794	0.8244	0.4594	0.9494	0.7944	0.4294	0.9394	0.7844	0.4194
高需求用电	3001kVA 及以上，按最大需量（元/kW·月）			44												
高需求用电	商业服务业	每月每千伏安用电	400kW·h 及以下		1.0894	0.8344	0.5044	1.1094	0.8544	0.5244	1.0794	0.8244	0.4944	1.0694	0.8144	0.4844
高需求用电	商业服务业	每月每千伏安用电	400kW·h 以上		1.0694	0.8144	0.4844	1.0894	0.8344	0.5044	1.0594	0.8044	0.4744	1.0494	0.7944	0.4644
高需求用电	工业	每月每千伏安用电	400kW·h 及以下		0.9544	0.6344	0.3544	0.9744	0.6544	0.3744	0.9444	0.6244	0.3444	0.9344	0.6144	0.3344
高需求用电	工业	每月每千伏安用电	400kW·h 以上		0.9344	0.6144	0.3344	0.9544	0.6344	0.3544	0.9244	0.6044	0.3244	0.9144	0.5944	0.3144
高需求用电	其他	每月每千伏安用电	400kW·h 及以下		0.9144	0.7744	0.4344	0.9344	0.7944	0.4544	0.9044	0.7644	0.4244	0.8944	0.7544	0.4144
高需求用电	其他	每月每千伏安用电	400kW·h 以上		0.8944	0.7544	0.4144	0.9144	0.7744	0.4344	0.8844	0.7444	0.4044	0.8744	0.7344	0.3944
普通用电	工业							1.2944	0.8244	0.4094						
普通用电	商业、服务业								1.0044							
普通用电	其他								0.9444							
城乡居民生活用电、有关机构及农业用电电价									0.68							

备注：1. 工业用户含部分流通业用户；2. 娱乐业用户按商业（服务业）类平期电价执行；3. 蓄冰空调用电谷期电价按 0.2884 元/千瓦时执行。4. 城乡居民生活用电价格含 0.83 分/千瓦时的大中型水库移民后期扶持基金。

表 11-11 深圳市住宅类停车场收费标准

（2008 年 7 月 1 日起实行）

单位：元/辆

<table>
<tr><th rowspan="2"></th><th colspan="3">临时停放</th><th colspan="3">按月停放</th></tr>
<tr><th>小车</th><th>大车</th><th>摩托车</th><th>小车</th><th>大车</th><th>摩托车</th></tr>
<tr><td>室内</td><td rowspan="2">第一小时 5 元，第二小时起 1 元/小时，一类地区每天最高收费 15 元，二、三类地区每天最高收费 10 元</td><td rowspan="2">第一小时 10 元，第二小时起 2 元/小时，一类地区每天最高收费 30 元，二、三类地区每天最高收费 20 元</td><td rowspan="2">2 元/天</td><td>250</td><td>500</td><td>50</td></tr>
<tr><td>露天</td><td>110</td><td>220</td><td>25</td></tr>
</table>

注： 1. 上述标准为基准价格，经营者可以在上浮幅度为零、下浮幅度不限的范围内制定具体价格。

2. 室内停车场指永久性的混砖结构或框架结构的停车场；用铁皮等搭建的简易室内停车场，其按月停放收费标准可以在露天停车场收费标准的基础上上浮，但最高不超过20%。

3. 住宅类停车场临时停车同一天内多次进出的，可每次按规定的收费标准收费，但应当遵守每天最高收费限额的规定；临时停车连续停放超过24小时的，每24小时按规定最高限额的标准收费，超过24小时的部分按每小时1元的标准计费。

表 11-12 深圳商业场所配套停车场收费指导标准

（2008年7月1日起实行）

单位：元/天

类型 标准	一类地区	二类地区	三类地区
小车	60	35	25
大车	120	70	50
超大型车	180	105	75
摩托车	2	1	1

注:

1. 上述标准为商业场所配套停车场每天（24 小时）的最高收费标准。各商业场所配套停车场应在不超出上述每天最高收费标准的基础上制定具体收费标准；停车场经营单位可自主选择以小时、次、天作为计费单位，但每个计费单位的收费标准不能超过15 元（小车）、30 元（大车）、45 元（超大型车）。

2. 上述停车场对业主或非业主房屋使用人车辆可实行按月收费，收费标准由双方按不超过上述每天最高收费标准乘以 30 天的总价协商确定。

3. 住宅与非住宅共用且交警部门核发的停车场许可证为社会公共类的停车场，应当允许住宅业主及非业主房屋使用人选择按月停放，按月停放收费标准按表 1 规定执行；临时停车收费标准按商业场所配套停车场的政府指导价规定执行。

4. 停车场区域划分:

（1）一类地区包括:

罗湖商业片区：文锦中路、文锦南路以西、深港边境线以北、红岭南路(延伸至深港边境线)、红岭中路以东、笋岗东路以南围合的区域;

水贝片区：翠竹路以西、田贝一路、笋岗东路以北、洪湖东路、文锦北路以东、布心路以南围合的区域;

八卦岭片区：红岭北路以西、笋岗东路以北、上步北路以东、泥岗西路以南围合的区域;

上步、白沙岭片区：上步中路以西、深南中路以北、华富路以东、笋岗西路以南围合的区域;

福田南、滨河片区：红岭南路以西、深港边境线、滨河大道以北、福田路、福田河以东、深南大道、深南中路以南围合的区域;

福华新村片区：皇岗路以西、滨河大道以北、彩田路以东、深南大道以南围合的区域;

中心区：彩田路以西、滨河大道以北、新洲路以东、红荔路以南围合的区域;

彩电工业区：皇岗路以西、笋岗西路以北、彩田路以东、北环大道以南围合的区域;

车公庙：泰然一路以西、滨河大道以北、广深高速公路以东、深南大道以南围合的区域;

南山中心区：后海滨路以西、创业路以北、南海大道以东、滨海大道以南围合的区域;

南头北片区：南海大道以西、桃园路以北、港湾大道以东、深南大道以南围合的区域。

（2）二类地区：原特区内一类区域以外的其他地区。

（3）三类地区：原特区外所有地区。

表 11-13 深圳市实行政府指导价的社会公共类、临时类停车场收费指导标准（商业场所配套停车场除外）

（2008 年 7 月 1 日起实行）

单位：元/辆

			一类地区	二类地区	三类地区
小车	工作日	高峰时段（8:00-20:00）	第一小时 15 元，第一小时后 1.5 元/半小时	第一小时 5 元，第一小时后 1 元/半小时	5 元/天
		非高峰时段（20:00-次日 8:00）	1 元/小时	0.5 元/小时	
	非工作日		第一小时 5 元，第二小时起 1 元/小时	第一小时 4 元，第二小时起 0.5 元/小时	
大车	工作日	高峰时段（8:00-20:00）	第一小时 30 元，第一小时后 3 元/半小时	第一小时 10 元，第一小时后 2 元/半小时	10 元/天
		非高峰时段（20:00-次日 8:00）	2 元/小时	1 元/小时	
	非工作日		第一小时 10 元，第二小时起 2 元/小时	第一小时 8 元，第二小时起 1 元/小时	
超大型车	工作日	高峰时段（8:00-20:00）	第一小时 45 元，第一小时后 4.5 元/半小时	第一小时 15 元，第一小时后 3 元/半小时	15 元/天
		非高峰时段（20:00-次日 8:00）	3 元/小时	2 元/小时	
	非工作日		第一小时 15 元，第二小时起 3 元/小时	第一小时 12 元，第二小时起 1.5 元/小时	
摩托车			2 元/天	1 元/天	1 元/天

注：

1. 执行上述收费标准的停车场包括：（1）由政府投资建设(含合资建设)的各类机关、事业单位办公场所的配套停车场，医院、学校配套停车场，政府投资建设（含合资建设）的公园、博物馆、图书馆、青少年宫、文化宫、体育场馆、音乐厅、影剧院、会展中心、新闻单位等场所配套停车场；（2）工业区、物流园区配套停车场；（3）临时类停车场。

2. 上述标准为基准价格，经营者可以在上浮幅度为零、下浮幅度不限的范围内制定具体价格。

3. 上述停车场对业主或非业主房屋使用人车辆可实行按月收费，收费标准由双方协商确定。

4对跨越高峰时段与非高峰时段的，计算收费标准时从进入停车场的时间开始，先计满一个计费单位，按停放时段以规定的标准分开计算再加总；但对于非高峰时段进入停车场且停放时间跨越非高峰时段与高峰时段的，不再计算高峰时段“第一小时”收费。

5. 医院配套的停车场对载送病人前来看病的车辆，凭门诊或住院等有关凭证（门诊收据或病历、住院押金收据等）实行以下标准：露天：小车 5 元/天，大车 10 元/天；室内：小车 10 元/天，大车 20 元/天。一天内多次进出的，只能收取一次费用。

6. 公园等配套停车场在本办法实施前已批准实行计时收费的，可按批准的收费标准执行。

7. “非工作日”包含法定节假日。

8. 停车场区域划分：

（1）一类地区包括：

罗湖商业片区：文锦中路、文锦南路以西、深港边境线以北、红岭南路(延伸至深港边境线)、红岭中路以东、笋岗东路以南围合的区域；

水贝片区：翠竹路以西、田贝一路、笋岗东路以北、洪湖东路、文锦北路以东、布心路以南围合的区域；

八卦岭片区：红岭北路以西、笋岗东路以北、上步北路以东、泥岗西路以南围合的区域；

上步、白沙岭片区：上步中路以西、深南中路以北、华富路以东、笋岗西路以南围合的区域；

福田南、滨河片区：红岭南路以西、深港边境线、滨河大道以北、福田路、福田河以东、深南大道、深南中路以南围合的区域；

福华新村片区：皇岗路以西、滨河大道以北、彩田路以东、深南大道以南围合的区域；

中心区：彩田路以西、滨河大道以北、新洲路以东、红荔路以南围合的区域；

彩电工业区：皇岗路以西、笋岗西路以北、彩田路以东、北环大道以南围合的区域；

车公庙：泰然一路以西、滨河大道以北、广深高速公路以东、深南大道以南围合的区域；

南山中心区：后海滨路以西、创业路以北、南海大道以东、滨海大道以南围合的区域；

南头北片区：南海大道以西、桃园路以北、港湾大道以东、深南大道以南围合的区域。

（2）二类地区：原特区内一类区域以外的其他地区。

（3）三类地区：原特区外所有地区。

第三节 行业协会

深圳市物业管理协会简介

深圳市物业管理协会（简称深物协，缩写SZPMA）成立于1993年6月28日，是具有法人资格的社会团体。

根据《深圳市行业协会条例》《深圳经济特区物业管理条例》和《深圳经济特区物业管理行业管理办法》的有关规定和深圳市住房和建设局的授权委托，其主要工作职能为：制定行业技术标准、行业行为准则及道德规范；组织行业从业人员的业务培训、考试；向政府部门反映行业意见、建议和要求，维护会员合法权益；受理行业咨询投诉，组织调查，调解行业内部争议，并向业务指导部门提出处理意见；参与行业资质执法检查工作；组织物业管理优秀项目的综合考评工作；组织会员单位开展各项考察、交流及联谊活动等。

深圳市物业管理协会的最高权力机构是会员代表大会，理事会是执行机构，秘书处协调机构、办事机构、服务窗口。理事会下设六个工作机构，即发展研究委员会、专业技术委员会（含机电专业和白蚁防治专业委员会）、综合协调委员会、交流与培训委员会、自律督察委员会、物业管理师专业委员会。

第十二章　房地产行业管理

第一节　资质管理

截至 2010 年 12 月 31 日，深圳市取得房地产开发资质的企业共 668 家，其中新申报开发资质企业 60 家。具体名单见表 12-1：

表 12-1　深圳市 2010 年房地产开发企业资质年检情况

序号	企业名称	序号	企业名称
1	深圳市万科房地产有限公司	23	鸿荣源置业集团(深圳)有限公司
2	深圳市鸿荣源房地产开发有限公司	24	鼎太风华房地产开发(深圳)有限公司
3	深圳招商房地产有限公司	25	深圳市京基房地产股份有限公司
4	中海地产集团有限公司	26	深圳市绿景房地产开发有限公司
5	卓越置业集团有限公司	27	深圳和记黄埔观澜地产有限公司
6	深圳市振业（集团）股份有限公司	28	深圳市华来利实业有限公司
7	深业南方地产(集团)有限公司	29	深圳市合正房地产集团有限公司
8	深圳华侨城房地产有限公司	30	华南国际工业原料城（深圳）有限公司
9	深圳金光华实业集团有限公司	31	深圳市中熙投资集团有限公司
10	深圳市信义房地产开发有限公司	32	深圳市物业发展(集团)股份有限公司
11	佳兆业地产（深圳）有限公司	33	深圳市水榭花都房地产有限公司
12	中粮地产（集团）股份有限公司	34	深圳东部华侨城有限公司
13	深圳南海益田置业有限公司	35	深圳市嘉晨投资有限公司
14	深圳中信红树湾房地产有限公司	36	深圳市东部开发（集团）有限公司
15	深圳市富通房地产集团有限公司	37	百仕达地产有限公司
16	金地（集团）股份有限公司	38	深圳天利地产集团有限公司
17	深圳航空城（东部）实业有限公司	39	中信华南（集团）深圳有限公司
18	深圳市新世界房地产开发有限公司	40	深圳招商华侨城投资有限公司
19	华润（深圳）有限公司	41	深圳市屹海达实业有限公司
20	深圳市中铁诺德投资有限公司	42	深圳市世博海滨实业发展有限公司
21	深圳市龙光房地产有限公司	43	深业泰然（集团）股份有限公司
22	深圳市承翰投资开发有限公司	44	深圳市鸿基（集团）股份有限公司

（接下表）

（续上表）

序号	企业名称	序号	企业名称
45	深圳和记黄埔龙岗地产有限公司	83	深圳中海地产有限公司
46	深圳市星河房地产开发有限公司	84	深圳市岗宏集团有限公司
47	深圳市集信投资发展有限公司	85	深圳华强房地产开发有限公司
48	深圳市宇宏投资集团有限公司	86	澳达实业发展（深圳）有限公司
49	深圳市宏发房地产开发有限公司	87	深圳市沙头角商业外贸有限公司
50	深圳西京实业发展有限公司	88	深圳市荣超房地产开发有限公司
51	深圳市皇庭房地产开发有限公司	89	中国宝安集团股份有限公司
52	深圳市阳光华艺房地产有限公司	90	深圳市金地住宅开发有限公司
53	深圳市华联置业集团有限公司	91	深圳市花样年投资发展有限公司
54	深圳市光彩置业有限公司	92	深圳市康年科技有限公司
55	深圳市天健房地产开发实业有限公司	93	深圳市致远房地产开发有限公司
56	中海宝松物业发展（深圳）有限公司	94	深圳观澜湖房地产开发有限公司
57	深圳市优胜美地房地产开发有限公司	95	深圳市东方置地实业有限公司
58	深圳市农科房地产开发有限公司	96	深圳市创展置地实业发展有限公司
59	深圳恒安房地产开发有限公司	97	深圳市富力投资有限公司
60	佳兆业科技（深圳）有限公司	98	深圳市中海海景山庄物业发展有限公司
61	深圳市鹏宝东物业发展有限公司	99	深业鹏基（集团）有限公司
62	深圳天安数码城有限公司	100	深圳市康达尔（集团）房地产开发有限公司
63	深圳市东埔实业集团有限公司	101	深圳市昊创投资发展有限公司
64	宝能地产股份有限公司	102	深圳市天居置业有限公司
65	深圳市城市建设开发(集团)公司	103	深圳市裕盛房地产开发有限公司
66	深圳市锦新明集团有限公司	104	深圳市安业置业发展有限公司
67	沙河实业股份有限公司	105	深圳市龙岗天安数码新城有限公司
68	深圳市龙园山庄实业发展有限公司	106	深圳市坤祥投资有限公司
69	深圳市心海湾投资有限公司	107	深圳市奥康德投资开发有限公司
70	深圳市海岸房地产开发有限公司	108	深圳市合成隆实业开发有限公司
71	深圳市兴沃尔石化有限公司	109	深圳市榕江实业有限公司
72	深圳市三新房地产开发有限公司	110	深圳市佳昌信投资咨询有限公司
73	深圳市大贸股份有限公司	111	宝实达置业发展（深圳）有限公司
74	深圳市瑞荣达实业有限公司	112	深圳市鹏瑞达实业发展有限公司
75	深圳市优地房地产开发有限公司	113	深圳凯南房地产开发有限公司
76	深圳市华盛业投资有限公司	114	深圳桑达房地产开发有限公司
77	深圳市恒运泰投资发展集团有限公司	115	深圳市地业房地产有限公司
78	大中华国际集团（中国）有限公司	116	深圳市宏发投资有限公司
79	深圳市港城豪庭实业发展有限公司	117	深圳市金众房地产有限公司
80	深圳华讯伟鸿房地产开发有限公司	118	深圳市建设（集团）有限公司
81	深圳市大综艺房地产开发有限公司	119	深圳市蛇口湾厦实业股份有限公司
82	深圳市桑泰房地产开发有限公司	120	深圳市深建华实业有限公司

（接下表）

（续上表）

序号	企业名称	序号	企业名称
121	深圳市大业房地产开发有限公司	159	深圳置富房地产开发有限公司
122	世纪海景实业发展（深圳）有限公司	160	深圳市深冠华投资发展有限公司
123	深圳市城市假日房地产开发有限公司	161	深圳市恒豪实业有限公司
124	深圳市西格实业发展有限公司	162	深圳市金利源投资发展有限公司
125	深圳市益田集团股份有限公司	163	深圳市佳华房地产开发有限公司
126	深圳市新润园房地产开发有限公司	164	深圳市方鼎实业投资发展有限公司
127	深圳市宝安宝利来实业有限公司	165	深圳新亚洲实业发展有限公司
128	深圳市厚显德投资有限公司	166	深圳市山水源投资有限公司
129	深圳市东方尊峪房地产开发有限公司	167	深圳市合正锦湖投资有限公司
130	深圳市蓝湾房地产开发有限公司	168	深圳富霖房地产开发有限公司
131	深圳市海华实业有限公司	169	深圳市中海光大房地产开发有限公司
132	深圳丰泽湖山庄有限公司	170	深圳市天集开投资发展有限公司
133	深圳市满京华投资集团有限公司	171	深圳市联泰房地产开发有限公司
134	深圳市莲塘房地产开发有限公司	172	深圳市森之润投资发展有限公司
135	深圳市南油开发建设有限公司	173	深圳市东森房地产开发有限公司
136	深圳市高发投资控股有限公司	174	深圳市民华投资有限公司
137	深圳中航地产股份有限公司	175	深圳市祥南置业有限公司
138	骏业塑胶（深圳）有限公司	176	深圳市中航地产发展有限公司
139	深圳市金豫工贸有限公司	177	深圳市方华房地产开发有限公司
140	深圳市景业房地产开发有限公司	178	深圳中航观澜地产发展有限公司
141	深圳卓越房地产开发有限公司	179	深圳锦峰集团有限公司
142	深圳市禾田居房地产开发有限公司	180	深圳经济特区房地产（集团）股份有限公司
143	深圳市嘉鑫辉煌房地产有限公司	181	深圳市潮宏基建筑工程有限公司
144	深圳市东海成房地产开发有限公司	182	深圳市洲际通实业发展有限公司
145	万轩置业(深圳)有限公司	183	深圳市新世界投资有限公司
146	深圳市银浩实业有限公司	184	深圳市德业基投资集团有限公司
147	深圳市仁贵投资发展有限公司	185	深圳市宝安区西乡镇物业发展公司
148	深圳市国野股份有限公司	186	深圳市广嘉房地产发展有限公司
149	深圳市金海港房地产开发有限公司	187	深圳万科城房地产开发有限公司
150	深圳市津联泰投资有限公司	188	深圳市富通房地产开发投资有限公司
151	永泰辉印刷（深圳）有限公司	189	深圳市祈年建业投资有限公司
152	深圳茂业（集团）股份有限公司	190	深圳恒丰房地产有限公司
153	深圳市福中福房地产开发有限公司	191	深圳市鹏城置业投资发展有限公司
154	深圳凤凰置业有限公司	192	深圳市鸿盛基实业有限公司
155	深圳市鸿景翠峰房地产开发有限公司	193	深圳市汇亚投资有限公司
156	深圳市东华益实业有限公司	194	深圳市前海股份有限公司
157	深圳兴辽实业有限公司	195	深圳市潜龙实业集团有限公司
158	深圳东海集团有限公司	196	深圳市荣超投资发展有限公司

（接下表）

（续上表）

序号	企业名称	序号	企业名称
197	深圳中海信和地产开发有限公司	235	深国投商用置业有限公司
198	深圳市龙岗区投资管理有限公司	236	深圳市伟群实业有限公司
199	深圳市陶华实业有限公司	237	深圳市鹏广达实业有限公司
200	深圳市博厚实业有限公司	238	深圳市金福瑞实业有限公司
201	深圳市祥云实业有限公司	239	三科控股集团有限公司
202	深圳市有所为投资集团有限公司	240	深圳市钜盛隆实业发展有限公司
203	深圳市南山开发置业有限公司	241	朝恒房地产(深圳)有限公司
204	深圳市志健实业有限公司	242	深圳市宝发投资有限公司
205	深圳市华商置业投资有限公司	243	深圳世纪星源物业发展有限公司
206	如鸿实业（深圳）有限公司	244	深圳市阳基房地产开发有限公司
207	深圳市广业成投资发展有限公司	245	中国航空技术深圳有限公司
208	深圳市湖贝实业股份有限公司	246	港中旅（中国）投资有限公司
209	深圳市万科南城房地产有限公司	247	深圳市鸿翔实业有限公司
210	深圳融发投资有限公司	248	深圳市鹏业房地产有限公司
211	深圳华逸园房地产开发有限公司	249	深圳市鸿荣源实业有限公司
212	深圳市厚德实业有限公司	250	深圳市金地新城房地产开发有限公司
213	深圳市旺海怡康实业发展有限公司	251	深圳市东都实业有限公司
214	深圳市新天时代投资有限公司	252	深圳祥祺房地产开发有限公司
215	深圳市长城投资控股股份有限公司	253	深圳市创建业房地产开发有限公司
216	深圳市恒宝达房地产开发有限公司	254	深圳市科谊力实业发展有限公司
217	深圳市金地旧城改造开发有限公司	255	深圳市珠江房地产开发有限公司
218	深圳市鹏达房地产开发有限公司	256	深圳市永长润实业有限公司
219	深圳市宏明国际地产开发有限公司	257	深圳海滨房产有限公司
220	深圳市华讯伟业房地产开发有限公司	258	深圳市宝安劲力工贸发展有限公司
221	深圳市雄江投资发展有限公司	259	深圳市天勤房地产开发有限公司
222	深圳市贵安炜实业有限公司	260	鼎太房地产开发（深圳）有限公司
223	深圳市闽泰房地产开发有限公司	261	深圳荣超实业有限公司
224	深圳市华熙房地产有限公司	262	深圳中航城发展有限公司
225	深圳市世之鼎实业有限公司	263	深圳市穗达贸易有限公司
226	深圳市双御雅轩房地产有限公司	264	深圳深业物流集团股份有限公司
227	深圳市富春东方房地产开发有限公司	265	深圳市恒祥基房地产开发建设有限公司
228	深圳市益田假日广场有限公司	266	深圳市深福保（集团）有限公司
229	深圳市文广房地产开发有限公司	267	深圳市卓越维港房地产开发有限公司
230	深圳市禾田居投资有限公司	268	深圳拓劲房地产开发有限公司
231	深圳市皇城地产有限公司	269	深圳市贵贵佳产业有限公司
232	深圳市粤长辉实业发展有限公司	270	深圳万科第五园房地产有限公司
233	深圳市发中实业有限公司	271	深圳市淞江爱地实业有限公司
234	深圳市山海园林有限公司	272	深圳市楚山实业有限公司

（接下表）

（续上表）

序号	企业名称	序号	企业名称
273	鸿隆地产集团有限公司	310	深圳机场综合开发公司
274	星河实业（深圳）有限公司	311	深圳市维时科技实业发展有限公司
275	深圳市百富隆新投资有限公司	312	深圳市海怡湾畔房地产开发有限公司
276	深圳市东部实业股份有限公司	313	深圳市深沙保（集团）有限公司
277	深圳勤诚达地产有限公司	314	港中旅置业（深圳）有限公司
278	深圳市李朗业兴实业有限公司	315	深圳天俊实业股份有限公司
279	深圳新浩房地产有限公司	316	中海月朗苑物业发展（深圳）有限公司
280	深圳市名居房地产有限公司	317	深圳市万科恒丰房地产开发有限公司
281	深圳市金鹏兴实业有限公司	318	深圳市颐安房地产开发有限公司
282	深联实业（深圳）有限公司	319	深圳市中泰天成集团有限公司
283	深圳市合能房地产开发有限公司	320	俊荣发展（深圳）有限公司
284	深圳市巨银诚信投资发展有限公司	321	深圳市天地房地产开发有限公司
285	深圳信和（集团）有限公司	322	深圳甘肃农副土特产工贸公司
286	新锦安实业发展（深圳）有限公司	323	深圳湖心岛实业有限公司
287	深圳市经盛实业有限公司	324	深圳市京地投资发展有限公司
288	深圳市金地源房地产开发有限公司	325	深圳市联城地产发展有限公司
289	深圳市福田环庆实业股份有限公司	326	深圳市嘉旺城投资有限公司
290	振宇物业发展（深圳）有限公司	327	君豪实业发展（深圳）有限公司
291	深圳市众冠股份有限公司	328	中国南山开发（集团）股份有限公司
292	深圳和记黄埔中航地产有限公司	329	深圳市汇泰实业有限公司
293	深圳市乐安居实业发展有限公司	330	深圳市林江房地产有限公司
294	深圳市富源房地产开发有限公司	331	深圳市正中房地产开发有限公司
295	深圳市物业房地产开发有限公司	332	深圳市广森投资集团有限公司
296	深圳市粤华企业有限公司	333	深圳市天健龙岗房地产开发有限公司
297	深圳市安联投资有限公司	334	深圳市沙头下沙实业股份有限公司
298	深圳市勤诚达集团有限公司	335	深圳市九州房地产开发有限公司
299	深圳市华龙房地产开发有限公司	336	深圳润恒房地产开发集团有限公司
300	深圳南油房地产有限公司	337	深圳市广田置业有限公司
301	深圳市天地（集团）股份有限公司	338	深圳市永利泰实业发展有限公司
302	泛海建设集团股份有限公司	339	深圳合家欢园房地产开发有限公司
303	深圳市佳家豪投资发展有限公司	340	深圳市万泽房地产开发有限公司
304	深圳市建业房地产开发有限公司	341	深圳市佳泰房地产开发有限公司
305	深圳市中海投资管理有限公司	342	深圳市建设控股龙岗房地产有限公司
306	深圳市富基投资发展有限公司	343	深圳万泽碧轩房地产开发有限公司
307	深圳市星亚迪实业有限公司	344	深圳市大工业区（深圳出口加工区）开发管理集团有限公司
308	深圳市汇胜房地产开发有限公司	345	深圳市惠明盛房地产投资开发有限公司
309	深圳市金地利投资有限公司	346	深圳市龙盈泰投资发展有限公司

（接下表）

（续上表）

序号	企业名称	序号	企业名称
347	深圳市美地置业发展有限公司	385	深圳市田心实业股份有限公司
348	深圳冠懋房地产开发有限公司	386	深圳市朗钜实业集团有限公司
349	深圳市龙华海荣实业有限公司	387	江胜房地产开发（深圳）有限公司
350	深圳市银台实业集团有限公司	388	深圳市福城投资有限公司
351	和记黄埔地产（深圳）有限公司	389	深圳市锦成龙实业有限 公司
352	深圳市盐田区城建集团有限公司	390	深圳市圣尊实业发展有限公司
353	深圳市粤宝实业发展有限公司	391	深圳市观澜物业发展有限公司
354	中建蛇口发展有限公司	392	深圳市中洲房地产有限公司
355	深圳市南商房地产开发有限公司	393	鸿硕房地产开发（深圳）有限公司
356	商凯集团（深圳）有限公司	394	深圳市荣津房地产开发有限公司
357	深圳其士金峰园房地产开发有限公司	395	深圳市鸿基房地产有限公司
358	深圳市铭兴实业发展有限公司	396	深圳市中核兴业实业有限公司
359	深圳市新豪方房地产有限公司	397	深圳信德丰房地产有限公司
360	深圳市沙进贸易股份有限公司	398	深圳市城龙房地产开发有限公司
361	深圳市田厦实业股份有限公司	399	深圳市华来利投资控股（集团）有限公司
362	深圳市志联佳实业有限公司	400	深圳市建信房地产有限公司
363	深圳市金龙房地产开发有限公司	401	深圳市中平实业有限公司
364	深圳市豪嘉实业投资有限公司	402	深圳市华园房地产开发有限公司
365	深圳市光彩红投资控股有限公司	403	振昌实业（深圳）有限公司
366	深圳市海轩投资发展有限公司	404	深圳新常兴城实业发展有限公司
367	深圳市翔奥投资发展有限公司	405	深圳市蓝基实业有限公司
368	深圳新安湖实业有限公司	406	深圳市鹏城房地产开发有限公司
369	深圳市君成投资发展有限公司	407	深圳市朗朗投资集团有限公司
370	深圳厦飞龙置业发展有限公司	408	深圳市宝鼎威物流有限公司
371	深圳市中亿集投资发展有限公司	409	深圳市汇港城投资有限公司
372	深圳市东华实业（集团）有限公司	410	深圳市新洲实业股份有限公司
373	深圳市琳珠园林有限公司	411	深圳市同和工贸有限公司
374	深圳市龙岗鸿基房地产开发有限公司	412	深圳市阳光丽安投资有限公司
375	和黄地产（深圳宝安）有限公司	413	深圳航天地产发展有限公司
376	深圳市旅游（集团）股份有限公司	414	深圳市中协地产有限公司
377	深圳市兰江房地产开发有限公司	415	深圳市宝安龙华经济发展有限公司
378	深圳市龙富房地产开发有限公司	416	深圳万科置业有限公司
379	深圳市深宝实业股份有限公司	417	深圳市建安（集团）股份有限公司
380	深圳市龙岗德兴房地产开发有限公司	418	深圳市华明辉置业有限公司
381	深圳市利丰房地产开发有限公司	419	深圳市建艺实业股份有限公司
382	深圳市光明房地产开发公司	420	深圳市世纪丰源投资发展有限公司
383	旭飞房地产开发（深圳）有限公司	421	深圳市玉湖房地产开发有限公司
384	深圳康发发展公司	422	深圳市中铁建投资有限公司

（接下表）

（续上表）

序号	企业名称	序号	企业名称
423	深圳市旭飞实业有限公司	461	深圳市国贸汽车实业有限公司
424	深圳市登程投资开发有限公司	462	深圳市山居假日房地产有限公司
425	深圳西帝房地产开发有限公司	463	深圳市泰富华投资发展有限公司
426	深圳市鹏润达置业集团有限公司	464	深圳深国投房地产开发有限公司
427	深圳市华兴昌实业有限公司	465	运泰实业（深圳）有限公司
428	深圳市津房物业发展有限公司	466	嘉宝田房地产（深圳）有限公司
429	深圳惠名房地产开发有限公司	467	深圳市黄贝景园实业有限公司
430	深圳市美地佳置业有限公司	468	深圳市新生辉投资有限公司
431	深圳市国际网球俱乐部有限公司	469	深圳市华嵘世纪投资有限公司
432	深圳市华业投资开发有限公司	470	深圳市冰城置业有限公司
433	深圳市雪麟实业发展有限公司	471	丽廷实业（深圳）有限公司
434	深圳市中海深圳湾房地产开发有限公司	472	华业发展(深圳)有限公司
435	深圳市知本投资集团有限公司	473	深圳市南山罐头厂有限公司
436	深圳市粤国投资发展有限公司	474	深圳市中添威房地产有限公司
437	深圳市顺嘉高新建材有限公司	475	深圳市金晖房地产开发有限公司
438	深圳市锦绣江南投资有限公司	476	深圳玮鹏实业有限公司
439	深圳市心海投资发展有限公司	477	深圳市水围实业股份有限公司
440	深圳市武龙源房地产开发有限公司	478	深圳市地铁远为房地产开发有限公司
441	深圳市华来利房地产开发有限公司	479	深圳市龙岗长海实业有限公司
442	宝城物业管理（深圳）有限公司	480	深圳市龙康弘投资发展有限公司
443	深圳市旭道房地产开发有限公司	481	深圳创意实业发展有限公司
444	深圳市雨霖投资有限公司	482	深圳市大冲实业股份有限公司
445	深圳市清水河实业有限公司	483	深圳市西成投资发展有限公司
446	深圳市中富田房地产开发有限公司	484	深圳中核集团有限公司
447	深圳万骏房地产开发有限公司	485	广东恒丰投资集团有限公司
448	深圳城盛房地产开发有限公司	486	深圳市万豪商业物业管理有限公司
449	深圳市富德义房地产综合开发有限公司	487	深圳市金泽实业发展有限公司
450	深圳市嘉葆润房地产有限公司	488	深圳市恒惠房地产开发有限公司
451	深圳九矿企业机械地盘工程公司	489	深圳卓越世纪城房地产开发有限公司
452	深圳市福田房地产有限公司	490	深圳市恒隆泰房地产开发有限公司
453	深圳市鹏城港水产批发市场有限公司	491	深圳市恒江地产开发有限公司
454	深圳市景诚园投资有限公司	492	深圳市亿武投资发展有限公司
455	深圳市文兴房地产开发有限公司	493	深圳市滢水房地产开发有限公司
456	深圳市崇诚房地产有限公司	494	深圳市东浩荣房地产开发有限公司
457	深圳市罗湖房地产开发有限公司	495	深圳市海岸投资集团有限公司
458	深圳市新意实业有限公司	496	深圳市鹏锦生投资发展有限公司
459	深圳市鼎昌实业有限公司	497	深圳市裕德丰投资发展有限公司
460	深圳市利安投资发展有限公司	498	深圳市恒基泰房地产投资有限公司

（接下表）

（续上表）

序号	企业名称	序号	企业名称
499	深圳市富居实业有限公司	537	深圳市瑞恒投资发展有限公司
500	深圳市铭景实业有限公司	538	正兴隆房地产(深圳)有限公司
501	深圳市金洲房地产开发有限公司	539	深圳市德基房地产开发有限公司
502	深圳市恩地房地产有限公司	540	深圳市玉龙宫实业发展有限公司
503	深圳市亨瑞投资发展有限公司	541	深圳市纺织（集团）股份有限公司
504	深业泰富物流集团股份有限公司	542	深圳市信贤房地产开发有限公司
505	深圳市合正景园实业有限公司	543	深圳市紫瑞房地产开发有限公司
506	深圳市超卓投资发展有限公司	544	深圳市科之谷投资有限公司
507	深圳市鼎胜投资有限公司	545	深圳市顺昌业实业有限公司
508	莱蒙房地产（深圳）有限公司	546	深圳市中航长泰投资发展有限公司
509	深圳市宝利来贸易有限公司	547	信和（深圳）实业发展有限公司
510	深圳市俊城房地产开发有限公司	548	亨德来实业发展（深圳）有限公司
511	深圳市友盛置业有限公司	549	深圳市金光华地产开发有限公司
512	深圳耀华创建房地产发展有限公司	550	深圳兆科房地产有限公司
513	深圳鹏润达地产开发有限公司	551	深圳中信航城房地产有限公司
514	深圳市鹏润达投资发展有限公司	552	深圳市众联业贸易有限公司
515	深圳市香江置业有限公司	553	深圳市友邻房地产开发有限公司
516	深圳市福田实业发展有限公司	554	丰隆集团有限公司
517	深圳市安业房地产开发有限公司	555	深圳市广海投资有限公司
518	深圳市易理房地产开发有限公司	556	深圳市万科兴业房地产开发有限公司
519	深圳市嘉信福实业发展有限公司	557	深圳市中盛投资开发有限公司
520	广东省水电集团有限公司深圳分公司	558	深圳市宁佳置业有限公司
521	深圳市建鹏达房地产开发有限公司	559	深圳市中洲宝城置业有限公司
522	深圳市罗沙工程开发有限公司	560	深圳市广兴源投资发展有限公司
523	深圳市朗日实业发展有限公司	561	深圳市玉建房地产开发有限公司
524	深圳市耀凯房地产投资发展有限公司	562	深圳市中海日辉台物业发展有限公司
525	道方达投资有限责任公司	563	深圳市万科城市风景房地产开发有限公司
526	深圳市集泰实业发展有限公司	564	深圳市万科道霖投资发展有限公司
527	中核置业有限公司	565	深圳市万科东海岸房地产开发有限公司
528	深圳冠洋房地产有限公司	566	深圳市万科东海岸实业有限公司
529	深圳市天就房地产开发有限公司	567	深圳市万科九州房地产开发有限公司
530	深圳市恒和基房地产开发有限公司	568	深圳市万科溪之谷房地产有限公司
531	深圳市荔芳园房地产开发有限公司	569	深圳万科恒大物业有限公司
532	深圳市汕源新实业有限公司	570	深圳市港信达投资有限公司
533	深圳市卓弘房地产开发有限公司	571	深圳市广盛荣投资有限公司
534	深圳宏达房地产开发有限公司	572	深圳市金益田实业发展有限公司
535	深圳市龙泉别墅投资发展有限公司	573	深圳市阳光海滨投资有限公司
536	深圳市屹海达投资有限公司	574	深圳市中卫投资咨询有限公司

（接下表）

（续上表）

序号	企业名称	序号	企业名称
575	深圳市鹏跃投资发展有限公司	613	深圳市昌盛投资发展有限公司
576	深圳市金安城投资发展有限公司	614	深圳万科华昱花园房地产开发有限公司
577	卓诚安房地产（深圳）有限公司	615	港丰房地产开发（深圳）有限公司
578	深圳市瑞沃亿来房地产开发有限公司	616	深圳市百纳投资有限公司
579	深圳市金阳成置业发展有限公司	617	深圳市中云投资发展有限公司
580	深圳市英龙置业有限公司	618	嘉里置业（深圳）有限公司
581	西岸新天置业（深圳）有限公司	619	深圳金荣泰房地产开发有限公司
582	深圳市富泰宏光明房地产有限公司	620	深圳经济特区工业园开发公司
583	深圳市力基房地产有限公司	621	深圳龙岗大鹏长城实业发展有限公司
584	深圳市展远房地产开发有限公司	622	深圳市宝安区福永物业发展总公司
585	深圳市恒丰浩森房地产有限公司	623	深圳市宝嘉新投资有限公司
586	深圳市深港数码科技有限公司	624	深圳市城市建设投资发展有限公司
587	深圳市金盛丰贸易有限公司	625	深圳市地健工程有限公司
588	中国广东核电集团有限公司	626	深圳市浩展实业发展有限公司
589	深圳市弘都投资有限公司	627	深圳市恒泰益投资有限公司
590	深圳市美越房地产顾问有限公司	628	深圳市绿色满庭芳实业发展有限公司
591	深圳市汉森房地产开发有限公司	629	深圳市祈年实业发展有限公司
592	深圳澳新亚物业发展有限公司	630	深圳市尚模发展有限公司
593	深圳市金华南巴士股份有限公司	631	深圳市世纪汇鑫实业集团有限公司
594	深圳市名爵房地产开发有限公司	632	深圳市松茂房地产开发有限公司
595	深圳市翡翠花园房地产开发有限公司	633	深圳市腾凯实业有限公司
596	深圳市金亨利实业集团有限公司	634	深圳市天麒房地产发展有限公司
597	深圳市中林实业发展有限公司	635	深圳市万年青投资发展有限公司
598	深圳市深房集团龙岗开发有限公司	636	深圳市雍盛建筑工程有限公司
599	深圳市时代财富实业集团有限公司	637	泰华房地产（中国）有限公司
600	深圳市金地北城房地产开发有限公司	638	深圳市海岸融通投资有限公司
601	深圳市中航华城置业发展有限公司	639	深圳市腾龙达实业有限公司
602	深圳市银海实业有限公司	640	深圳市渔丰实业股份有限公司
603	深圳拓万房地产开发有限公司	641	深圳市西城雅筑置业有限公司
604	深圳市中航城置业发展有限公司	642	深圳市桐林房地产开发有限公司
605	深圳市银星房地产开发有限公司	643	深圳市绿洲丰和投资发展有限公司
606	深圳市宝盛华实业发展有限公司	644	深圳麓园房地产开发有限公司
607	深圳市长庆房地产开发有限公司	645	深圳广容丰投资发展有限公司
608	深圳湾游艇会有限公司	646	深圳市福东龙投资有限公司
609	深圳市坚得利实业有限公司	647	深圳市泰业投资有限公司
610	深圳市华兴广实业有限公司	648	深圳市赐福贸易有限公司
611	深圳西丽高尔夫球俱乐部有限公司	649	深圳市艺园投资发展有限公司
612	深圳市金海港实业有限公司	650	深圳市安鸿业房地产开发有限公司

（接下表）

（续上表）

651	深圳市粤丰实业有限公司	660	深圳市鼎宏投资发展有限公司
652	深圳市华盛置业有限公司	661	深圳市华侨城酒店置业有限公司
653	深圳市裕兴顺房地产开发有限公司	662	深圳市骏泰房地产开发有限公司
654	深圳亘富投资有限公司	663	深圳市星都置业有限公司
655	深圳市耀都房地产开发有限公司	664	深圳市五联百合房地产开发有限公司
656	深圳市罗兰斯宝物业发展有限公司	665	深圳市麟恒投资发展有限公司
657	深圳市汇恒置业有限公司	666	深圳妈湾电力有限公司
658	中粮地产集团深圳房地产开发有限公司	667	深圳市天利安实业发展有限公司
659	深圳市易中成投资发展有限公司	668	深圳一冶南方实业有限公司

截至 2010 年 12 月 31 日，深圳取得房地产价格评估资质的机构共 56 家，其中一级资质的 16 家，二级资质的 29 家，三级资质的 10 家，一级分支机构 1 家。（排名不分先后）

表 12-2　　深圳市 2010 年评估机构资质年检情况

一级	
深圳市戴德梁行土地房地产评估有限公司	深圳市平易土地房地产评估有限公司
深圳市格衡土地房地产评估咨询有限公司	深圳市融泽源资产评估土地房地产估价有限公司
深圳市国策房地产土地估价有限公司	深圳市世联土地房地产评估有限公司
深圳市国房土地房地产评估咨询有限公司	深圳市世鹏房地产土地评估有限公司
深圳市国潼联土地房地产评估有限公司	深圳市天健国众联资产评估土地房地产估价有限公司
深圳市国咨土地房地产评估有限公司	深圳市同致诚土地房地产估价顾问有限公司
深圳市国资源土地房地产资产评估有限公司	深圳市一统土地房地产评估有限公司
深圳市鹏信资产评估土地房地产估价有限公司	深圳市英联房地产估价顾问有限公司
二级	
深圳市长基房地产评估交易有限公司	深圳市通泰衡房地产估价有限公司
深圳市大通土地房地产评估经纪有限公司	深圳市万合房地产评估咨询有限公司
深圳市德恒信房地产评估有限公司	深圳市文集土地与房地产评估经纪有限公司
深圳市广衡房地产评估有限公司	深圳市新峰土地房地产评估有限公司
深圳市国浩土地房地产评估经纪有限公司	深圳市新永基房地产评估顾问有限公司
深圳市国政房地产评估有限公司	深圳市永信资产评估房地产估价有限公司
深圳市建诚信土地房地产评估咨询有限公司	深圳市友达康土地房地产评估顾问有限公司
深圳市乐居行房地产评估经纪有限公司	深圳市正业房地产评估有限公司
深圳市龙房地房地产评估有限公司	深圳市正中联行土地房地产评估有限公司
深圳市群萃房地产估价建设咨询有限公司	深圳市中联房地产评估有限公司
深圳市儒骏辉土地房地产评估有限公司	深圳市中项资产评估房地产估价有限公司
深圳市润泰阳房地产经纪评估有限公司	深圳市住友房地产评估顾问有限公司
深圳市深信房地产评估有限公司	深圳市尊量行房地产估价有限公司
深圳市世纪中盛房地产评估有限公司	深圳市天泽星联房地产评估有限公司
深圳市遂兴房地产评估有限公司	
三级（含暂定三级）	
深圳德永房地产评估有限公司	深圳市鹏盛房地产土地评估有限公司
深圳市百象房地产评估有限公司	深圳市深美林房地产评估有限公司
深圳市嘉万联房地产估价有限公司	深圳市中诚达房地产评估经纪有限公司
深圳市量线房地产评估有限公司	深圳市中盈佳房地产评估有限公司
深圳市鹏建土地房地产评估有限公司	深圳市卓越全程房地产评估有限公司
一级分支机构	
湖南经典房地产评估咨询有限公司深圳分公司	

表 12-3　深圳市 2010 年房地产经纪机构年检情况

序号	企业名称	序号	企业名称
1	深圳市世华房地产投资顾问有限公司	38	深圳市鸿策舫实业有限公司
2	中原地产代理（深圳）有限公司	39	深圳市城市策略地产顾问有限公司
3	深圳市中联房地产企业发展有限公司	40	深圳市同致行物业顾问有限公司
4	美联物业代理(深圳)有限公司	41	深圳市港都房地产经纪有限公司
5	深圳市招商置业顾问有限公司	42	深圳市房易网络技术有限公司
6	港置地产代理（深圳）有限公司	43	深圳市世方商业地产顾问有限公司
7	深圳市世联行房地产经纪有限公司	44	深圳市百德置业顾问有限公司
8	深圳市海王房地产经纪有限公司	45	深圳市住隆市场策划顾问有限公司
9	泛城房地产顾问（深圳）有限公司	46	深圳市宝房房地产代理有限公司
10	深圳市通泰房地产经纪评估有限公司	47	深圳市远通房地产经纪有限公司
11	深圳中原物业顾问有限公司	48	深圳市华仁房地产经纪有限公司
12	深圳市成宏房地产经纪有限公司	49	深圳市开元国际物业管理有限公司
13	深圳市景河田实业有限公司	50	深圳市第一太平戴维斯物业顾问有限公司
14	深圳市盛联行投资发展有限公司	51	深圳市明阳基业房地产顾问有限公司
15	深圳市星联地产顾问股份有限公司	52	深圳市粤港投资顾问有限公司
16	深圳市东方创富地产顾问有限公司	53	深圳市全策行地产顾问有限公司
17	深圳市广天地房地产交易评估有限公司	54	深圳市天友地产顾问有限公司
18	深圳市深房联房地产经纪有限公司	55	深圳市德思勤置业有限公司
19	深圳市汇丰房地产交易有限公司	56	深圳市博伟房地产顾问有限公司
20	深圳市家家顺房产交易有限公司	57	深圳市我爱我家房地产经纪有限公司
21	深圳市宝安区房地产交易中心	58	深圳市鼎泰投资咨询有限公司
22	深圳市邦宏房地产投资顾问有限公司	59	深圳市特力房地产交易有限公司
23	深圳市阳光置业房地产投资顾问有限公司	60	深圳市民华房地产投资顾问有限公司
24	深圳市百年创道房地产投资顾问有限公司	61	深圳市至祥置业有限公司
25	深圳市同致行房地产经纪有限公司	62	深圳市广天地联盟房地产交易有限公司
26	深圳置业行房地产经纪有限公司	63	深圳市万德房地产经纪有限公司
27	深圳市汉龙房地产经纪有限公司	64	深圳市同致业房地产顾问有限公司
28	深圳市二房网资讯有限公司	65	深圳市国联物业代理有限公司
29	深圳市万福房地产投资顾问有限公司	66	深圳市海燕置业有限公司
30	深圳市新峰地产顾问有限公司	67	深圳市联冠地产顾问有限公司
31	深圳建华地产顾问有限公司	68	深圳市英联国际不动产有限公司
32	深圳市东方伟度置业有限公司	69	深圳市物业通房地产经纪有限公司
33	深圳市超美房地产经纪有限公司	70	深圳市金港房地产顾问有限公司
34	深圳世联地产顾问股份有限公司	71	深圳市航天置业顾问有限公司
35	深圳市家家发房屋理财中心有限公司	72	深圳市爱地时代地产顾问有限公司
36	深圳市春鹏房地产经纪有限公司	73	深圳市创丰房地产经纪有限公司
37	戴德梁行房地产顾问（深圳）有限公司	74	深圳市美格行房地产顾问有限公司

（接下表）

（续上表）

序号	企业名称	序号	企业名称
75	深圳市隆塬房地产经纪有限公司	113	深圳市星雅舍物业咨询有限公司
76	深圳市泰阳房地产经纪有限公司	114	深圳市国浩土地房地产评估经纪有限公司
77	深圳市天方房地产经纪代理有限公司	115	深圳市信保房地产经纪有限公司
78	森拓普商业地产顾问（深圳）有限公司	116	深圳市美庭房地产经纪有限公司
79	深圳市中孚蓝德地产顾问有限公司	117	深圳市金隆昌地产发展有限公司
80	深圳市瑞意置业有限公司	118	深圳市盛大房地产经纪有限公司
81	深圳市皇庭置业顾问有限公司	119	深圳市安基房地产交易有限公司
82	深圳市天骥行房地产顾问有限公司	120	深圳市泰辰置业顾问有限公司
83	深圳市亚卓房地产经纪有限公司	121	深圳市格衡土地房地产评估咨询有限公司
84	深圳市新世豪房地产经纪有限公司	122	深圳市汇基房地产经纪有限公司
85	深圳市黑马房地产顾问有限公司	123	深圳市京联物业顾问有限公司
86	深圳市楚源居房地产投资顾问有限公司	124	深圳市中原发投资发展有限公司
87	深圳市赛格工程实业股份有限公司	125	深圳市达诚房地产有限公司
88	深圳市文集土地与房地产评估经纪有限公司	126	深圳市兴佳保房地产经纪有限公司
89	深圳市明华房地产投资顾问有限公司	127	深圳市祥隆盛世房地产投资顾问有限公司
90	深圳市天骜投资策划有限公司	128	深圳市凯田房地产经纪有限公司
91	深圳市星原房地产经纪有限公司	129	深圳市景宏房地产经纪有限公司
92	深圳市京置置业顾问有限公司	130	中原（中国）房地产代理有限公司
93	深圳市海峡实业有限公司	131	深圳市华振地产顾问有限公司
94	深圳市世伟房地产经纪有限公司	132	深圳市金鹏城置业咨询有限公司
95	深圳市福安居房地产经纪有限公司	133	深圳市中港房地产经纪咨询有限公司
96	和巽房地产经纪（深圳）有限公司	134	深圳市结信房地产经纪有限公司
97	深圳市世纪通泰房地产经纪有限公司	135	深圳市润泰阳房地产经纪评估有限公司
98	深圳市海宏房地产经纪有限公司	136	深圳市东华房地产经纪有限公司
99	深圳市开诚房地产经纪有限公司	137	深圳市惠民担保有限公司
100	深圳市尚美佳房地产经纪有限公司	138	深圳市港尊房地产经纪有限公司
101	华南中港地产顾问(深圳)有限公司	139	深圳市海方实业有限公司
102	深圳市科海置业有限公司	140	深圳市建诚信土地房地产评估咨询有限公司
103	深圳市中瑞居房地产经纪有限公司	141	深圳市世邦房地产经纪有限公司
104	深圳市泰阳营销策划有限公司	142	深圳市怡安信实业发展有限公司
105	深圳市景泰房地产经纪有限公司	143	深圳市家红娘房地产经纪有限公司
106	深圳市英华房地产经纪有限公司	144	深圳市容易房地产经纪有限公司
107	深圳市巨鼎房地产经纪有限公司	145	深圳市台环房地产经纪有限公司
108	深圳市国策房地产土地估价有限公司	146	深圳市宏泰房地产经纪有限公司
109	中科创投资集团有限公司	147	深圳市华君房地产经纪有限公司
110	深圳市超然房地产经纪有限公司	148	深圳市普华房地产经纪有限公司
111	深圳市金方圆房地产交易评估有限公司	149	深圳市天利源地产置业有限公司
112	深圳市万象地产顾问有限公司	150	深圳市世方市场营销策划有限公司

（接下表）

（续上表）

序号	企业名称	序号	企业名称
151	深圳市中信达房地产经纪有限公司	176	深圳市华祥房地产经纪有限公司
152	深圳市恒基兆业房地产经纪有限公司	177	深圳市嘉诚房地产经纪有限公司
153	深圳市万科物业服务有限公司	178	深圳市嘉正房地产顾问有限公司
154	深圳市星彦地产顾问有限公司	179	深圳市骏华房地产经纪有限公司
155	满堂红（深圳）置业有限公司	180	深圳市乐家房地产经纪有限公司
156	深圳市星彦行置业有限公司	181	深圳市胜三一房地产经纪有限公司
157	深圳市尊地地产咨询有限公司	182	深圳市世鹏房地产土地评估有限公司
158	深圳市家园房地产经纪有限公司	183	深圳市世鑫房地产经纪有限公司
159	深圳市龙城房地产经纪有限公司	184	深圳市世洲房地产经纪有限公司
160	深圳信誉家房地产代理有限公司	185	深圳市思勤房地产顾问有限公司
161	深圳市众厦实业发展有限公司	186	深圳市天安房地产经纪有限公司
162	深圳市嘉宝田置业顾问有限公司	187	深圳市天健国众联资产评估土地房地产估价有限公司
163	深圳市前海置业经纪有限公司	188	深圳市万家房地产经纪有限公司
164	深圳市腾辉房地产经纪有限公司	189	深圳市信安居房地产经纪有限公司
165	深圳市鹏信房地产交易有限公司	190	深圳市兴旺家房地产经纪有限公司
166	深圳市泛珠江房地产投资顾问有限公司	191	深圳市雅玛房地产经纪有限公司
167	深圳市中发房地产经纪有限公司	192	深圳市永基行物业顾问有限公司
168	深圳市涛益地产顾问有限公司	193	深圳市永盛房地产交易代理有限公司
169	深圳市龙房地信息咨询有限公司	194	深圳市友佳投资有限公司
170	深圳乐居城市房地产经纪有限公司	195	深圳市元泰房地产经纪有限公司
171	深圳市尺度房地产经纪有限公司	196	深圳市中驰置业顾问有限公司
172	深圳市大通土地房地产评估经纪有限公司	197	帝苑房地产顾问（深圳）有限公司
173	深圳市鼎强房地产经纪有限公司	198	深圳市中意达房地产经纪有限公司
174	深圳市丰盛町物业服务有限公司	199	深圳市众和鑫房地产经纪有限公司
175	深圳市海能房地产经纪有限公司	200	深圳市众致行房地产经纪有限公司

第二节 行业建设与行业监管

一、颁布实行《深圳市房地产市场监管办法》

2010 年 9 月 1 日，《深圳市房地产市场监管办法》（下称“《办法》”）正式实施，《办法》对房地产开发、经纪、估价行业经营及从业行为作出明确规定，包括：加强对本市从业的房地产经纪和估价机构及其从业人员的备案管理；加强房地产经纪和估价服务行为；要求规范机构必须通过房地产信息系统使用主管部门发布的房地产经纪服务合同示范文本；实行房地产经纪人签字制度；规范房地产经纪和估价服务信息披露，加强房地产经纪机构对外发布的房源信息管理，推广房源信息验证。《办法》的出台，为深圳房地产开发、经纪、评估行业管理提供了重要依据，特别是弥补了国家在房地产经纪行业法律规范的不足，将有望改善房地产经纪行业治理困难之局面。

二、加强行业协会的自律规范

作为房地产经纪行业组织，深圳市房地产经纪行业协会（下称“经纪协会”）起草制定了（1）《深圳市房地产经纪行业服务规范指引（试行）》（2）《深圳市房地产经纪机构企业社会责任指引》（3）《深圳市房地产经纪人员执业登记管理办法》（4）《深圳市二手房交易指引》（5）《深圳市房地产经纪行业从业规范》等自律规章，引导深圳房地产经纪行业从意识到行为、从企业到人员均树立诚信服务的宗旨。

第三节 行业协会

一、深圳市房地产业协会

（一）协会简介

深圳市房地产业协会，简称深圳房协。成立于 1989 年 10 月 5 日，英文译名：SHENZHEN REAL ESTATE ASSOCIAION，缩写 SREA。登记证号：社证字第 00001 号，是深圳市 4A 级行业协会商会。深圳房协主要是由在深圳市从事房地产开发、与房地产相关的咨询、代理以及房地产研究的企事业单位自愿组成的非营利性行业组织，是依照法律规定具有法人资格的社会团体。

深圳房协设有秘书处，秘书处下设综合事务部、行业服务部。

深圳房协是中国房地产业协会常务理事单位，广东省房地产业协会副会长单位，多次受到中国房地产业协会及省、市主管部门的嘉奖，并被授予“全国房地产行业先进协会”，“广东省先进民间组织”，“深圳市优秀社团”等称号。

深圳房协的宗旨是代表会员意愿，维护会员合法权益，为会员提供服务，推动会员之间的交流、合作与创新，沟通会员与政府、社会联系，传达政府政策意图，维护公平竞争，为提高人民居住水平，促进城镇建设，建立健康有序的房地产业，构建社会主义和谐社会服务。

（二）2010 年主要工作情况

2010 年，深圳房协在全体会员的支持和共同努力下，本着坚持为会员服务的基本宗旨，从实际出发，在反映行业呼声、促进行业自律、推进诚信建设、提供服务、增强行业交流等方面取得了一定的成绩。

1.发挥桥梁作用，积极建言献策

2010 年，中央政府对房地产业进行了两轮调控，显示出政府决心大、措施强，出台了行动快，力度大的新举措。新政下深圳房价整体虽然没有太大变化，但总体市场形势不确定性增强。协会通过走访、座谈，了解市场信息，深入听取意见，收集汇总企业在经营中遇到的问题，整理企业诉求，向政府建言献策，尽力为企业发展争取有利的法治环境和经营环境。协会积极参与了《深圳市房地产市场监管办法》《近期建设与土地利用规划(2011–2015)》《深圳市处理房地产登记历史遗留问题操作指引》《深圳市房地产买卖合同》示范文本等文件的编制工作，代表行业向政府提出行业建议和诉求。

2010 年 9 月 30 日深圳出台“限购令”后，许多企业在具体业务中遇到困难。据此，协会第一时间组织召开了政策解读班，请政府部门进行解读和答疑，并及时向政府相关部门提交了《企业在‘限购令’后面临的难处和问题汇总》，提出限购令前已签合同应予办理产权登记等建议，被政府采纳，使数千套房产得以解套，减少了房地产交易的法律纠纷，解决了企业的燃眉之急。

协会针对行业发展形势，通过调查统计深圳房地产开发企业土地存量、预售计划、外地项目投资等情况，公正、全面地反映深圳房地产发展现状与趋势，为政府提供决策依据。

2.加强行业服务，规范行业运作

为充分发挥社会组织参与社会管理的作用，协会在行业服务、行业自律、行业规范、行业发展等方面做了大量工作。

（1）完成开发企业资质年检及相关工作

2010 年协会完成了深圳 608 家开发企业资质的资料核实、项目实勘、数据录入、合并统计、综合排序等工作。另外，对 60 家新申请房地产开发资质业务的企业进行了资格初审。

与此同时，为做好深圳开发企业一、二级资质预审工作，方便会员单位申报一、二级开发资质，协会派专人学习了广东省行政服务平台和“三库一平台”管理信息服务系统的操作方法，掌握了审核标准、申报程序和指导服务等有关规定，并向会员及时通报。

（2）受理房地产行业投诉和调查工作

协会接受主管部门的委托受理房地产方面的投诉和纠纷，协助政府及时处理突发事件，密切关注投诉和信访热点，加强与政府、企业之间的沟通，维护行业形象。2010 年协会受理电话投诉 300 余宗、书面投诉 90 余宗、电子信访 40 余宗。总体看来投诉案例逐年下降，说明深圳房地产行业已基本走上守法规范经营的轨道。

（3）利用深圳市房地产信息系统平台，做好行业服务工作

负责房地产开发企业的数字认证办理及管理工作。我市房地产企业数字密钥在秘书处统一办理。数字认证是房地产企业办理相关业务的操作权限，协会为会员建立了优先办理通道。2010 年协会共办理数字认证业务 956 份，目前深圳共有有效单位密钥 1488 家，有效个人密钥 3284 个。

负责房地产开发企业诚信公示、项目手册的管理工作。为配合市规划国土委加强对深圳房地产企业及项目的统一管理，客观反映企业情况，协会承担了房地产信息管理系统中开发企业基本信息、诚信公示和项目手册三大模块的维护工作，并为 700 余家开发企业、5000 余名从业人员、2100 多个开发项目建立了档案，实现了动态管理。

根据 2010 年出台的《深圳市房地产市场监管办法》要求，房地产行业诚信评价体系、项目手册的动态管理将成为政府提升行业监管的

一项重要举措，也是企业对外公示，接受社会公众监督的重要平台。

为加强行业监管，规范行业行为，2010 年协会配合市规划国土委及市场监管局组织成立了深圳市房地产专项联合检查小组，在全市范围内开展了为期六个月的房地产市场整治工作。在此期间，协会协助金融机构对拖欠金融机构贷款企业进行诚信曝光，对深圳市 35 家造成大量信访案件的企业进行重点监管，核准修正了 45 家企业的基本信息，对原“52 个问题楼盘”所涉及的企业，以及近年来信访案件较为集中的 50 家房地产企业现状进行了调查。

3.倡导行业自律，提高行业社会责任

为加强行业自律，协会根据 2010 年初会员大会通过的《深圳房地产企业社会责任建设指引》，倡导会员企业开展社会责任建设，引导企业“对企业发展负责、对消费者负责、对社会发展负责、对公共环境负责”，积极履行社会责任，组织企业签署了《深圳市房地产开发行业自律规范公约》，为深圳房地产行业良好风气的形成奠定了坚实的基础。

4.强化会员服务，提升服务水平

为帮助会员单位正确认识和应对当前的形势，提高企业洞察市场和抵御风险的能力，协会相继举办了“新政下房地产市场形势分析研讨会”、“限购令后房地产市场研讨会” 、“企业视角中的房地产开发全过程专题讲座”、“房地产纠纷处理方式专题研讨会”、“新建普通商品住房价格调研会”等专题座谈会，深入、全面地解读房地产新政和市场走势，引导会员正确看待调控，顺势而为。为方便企业领会政策精神，协会组织了《深圳市房地产市场监管办法》政策解读”、“深圳住房和城市发展论坛”、“房地产开发企业年度检查操作流程”、“深圳市房地产信息系统操作应知”，“‘限购令’解读”、“房地产登记历史遗留问题” 、“新环境下民营企业的挑战与机遇”等讲座和培训活动，组织会员企业参观“万科国际会议中心”、“深圳市建筑科学研究科研办公基地”等绿色建筑，学习感受“低碳环保，以人为本”的理念，受到会员的欢迎。

协会多次开展行业内的交流考察活动，组织了东欧、西欧、上海、重庆等地区的项目考察学习，吸取和借鉴国际地产行业先进经验和先进的管理模式，拓宽了企业的发展思路。组队参加了南京、苏州、沈阳、山东、陕西、台湾等地区的地产项目(深圳)投资推介会。同时，接待了郑州、青岛、浙江、广州等城市的同行来深交流考察。

许权会长带队参加了“深圳经济特区 30 年杰出贡献企业和行业领军人物评选”活动并参加了评审工作。最终万科企业股份有限公司、深圳华侨城股份有限公司、深业集团有限公司获得杰出贡献企业，万科企业股份有限公司董事会主席王石先生，京基集团有限公司董事长总经理陈华先生，深圳市建设（集团）有限公司董事长张淑运先生获得行业领军人物殊荣。

协会积极鼓励会员单位参与“广厦奖”、“国家住宅性能认定”、“国家康居工程”、“广东省绿色住区”等行业内评优工作，为企业树立品牌形象提供展示平台。深圳万科城（四期）和深圳华润中心（一期）获得“广厦奖”。

继续加强《深圳房地产》月刊的编辑工作，保证统计数据和资讯的客观性、时效性，会刊已成为会员、政府、行业获取资讯的信息载体和交流互动的公共平台。

会员是协会发展的根本，为加强与会员单位更紧密的联系和沟通，协会在充分利用房地产信息系统、互联网、QQ 群、短信等方式的基础上，更新了协会网站。新网站充实了信息和业务办理指引内容，可为会员服务提供更详尽的资讯和业务指南。

2010 年协会新吸收 28 家企业入会，协会会员单位已达 397 家。

协会还组织了“2010‘绿景杯’羽毛球赛”、房地产项目考察、登山拓展等户外活动，加强会员单位的交流与沟通，展示了良好的行业形象。

二、深圳市房地产经纪行业协会

（一）协会简介

深圳市房地产经纪行业协会，英文名称: SHENZHEN REAL ESTATE BROKER TRADE ASSOCIATION（缩写 SRBA）。协会成立于2008年1月16日，登记证号:社证字第00678号。会员主要由在深圳从事房地产居间、代理、咨询的企事业单位及从事房地产市场研究的专业机构自愿发起成立的非营利性的行业组织，截至 2010 年 12 月 31 日，协会共有单位会员 162 家，个人会员 1634 名。

协会的宗旨是：代表会员意愿，向会员提供服务，维护会员的合法权益，协调会员之间关系，沟通会员与政府、社会的联系，传达政府政策意图，规范执业行为，弘扬职业道德，倡导公平竞争，促进深圳市房地产经纪行业的创新、交流与合作，推动深圳市房地产经纪行业进步。

协会遵守国家法律、法规、行政规章及有关政策，遵守社会道德规范，自主设立，自我管理，自律运行，自我发展，不从事以盈利为目的的业务活动，不与会员争利。

（二）协会的职能

1. 研究探索房地产经纪行业发展理论、方针与政策，协助政府主管部门开展行业调查和立法调研，制定和实施行业发展规划，代表本行业向政府提出行业发展和立法等方面的意见和建议。

2. 制定房地产经纪行业标准、行为规范与自律准则，加强行业自律和诚信体系建设，规范执业行为，弘扬职业道德，维护会员的合法权益。对违反行规、损害行业声誉的行为，采取相应的自律措施。

3. 为政府、行业、社会、会员之间沟通信息，提供服务；根据会员关心的热点、难点问题，代表本行业反映会员的呼声与建议；对涉及会员与其他行业、企业或消费者之间因经营活动产生的重大争议，协同有关部门进行协调。

4. 采集、整理、发布国内外专业信息，编辑出版行业刊物和信息资料，推动行业内交流合作，提高全行业的经济效益和社会效益。

5. 承办政府主管部门交办和授权的房地产经纪行业相关工作。

6. 开展行业评比和行业自律检查，总结交流经验，创建行业品牌，树立行业典范，促进行业的持续健康发展。

7. 组织专业培训及继续教育，提高深圳市房地产经纪行业整体素质与专业水准。

8. 开展与国内外同业和社会团体之间的友好往来，组织出访考察，加强交流合作，学习先进经验，推动行业发展。

9. 依据法律、法规的规定，开展有利于本行业发展的其他活动。

（三）2010 年工作情况

协会始终立足长远，站在行业与市场的宏观层面，时刻关注国家宏观调控及市场发展趋势下对房地产经纪行业诚信、规范、专业的迫切要求，积极探索新思路，创建高效的行业服务新模式。

1.打造全面、权威、透明的二手房交易信息平台。2010 年 7 月 1 日，由经纪协会依托自律组织地位及房地产公共信息的整合优势，精心打造二手房交易信息平台“我要优房www.51uf.net”（“我要优房网”）正式上线。“我要优房网”既是经纪协会坚持贯彻《办法》、规范二手房源发布的积极尝试，同时又力求能有别于同类型商业网站，为各房地产经纪机构、房地产经纪人员及消费者提供一个公开、透明、真实、全面并且免费应用的信息共享平台。“我要优房网”上线至今，已有注册用户 11109 人，单日最高点击达 4952 次，与业内各大企业签订合作协议，谋求互利共赢的发展。

2.建立诚信系统及 OA 平台，实现信息化服务。2010 年，为了提高经纪协会的服务效率和服务水平，建立行业诚信数据共享机制，经过精心策划，经纪协会 OA 办公平台及自主诚信公示前台页面已初现雏形。经纪协会网站及日常业务中的一些主要功能包括经纪人员培训、会员申请等一系列服务均有条不紊地逐一纳进系统。今后还将进一步与具备内部 OA 平台的会员单位实现数据对接，进一步简化办事流程，深化会员服务，加强经纪协会及房地产经纪行业一体化信息建设。

3.持之以恒开展房地产经纪人员执业培训与继续教育，不断提高行业整体素质。通过在线教育与现场培训两种渠道，2010 年度共有 21849 名房地产经纪人助理接受执业培训，取得《深圳市房地产经纪人员执业登记牌》，另有 14232 名房地产经纪人员认真完成规定学时的继续教育，实现了知识更新。与此同时，经纪协会针对新出台的《办法》，组织免费宣传培训，共有 2177 名房地产经纪人员参加，强化其依法执业的意识。

三、深圳市不动产估价学会

（一）学会简介

深圳市不动产估价学会（以下简称学会）成立于 1998 年 11 月 28 日，是由深圳市从事不动产估价工作的估价师（包括注册房地产估价师、注册土地估价师）自愿组成的学术性、专业性、非营利性群众团体，是依法登记的法人社团组织。英文名称为 SHENZHEN INSTITUTE OF REAL ESTATE APPRAISERS，简称 SIREA。

学会宗旨是：为了适应社会主义市场经济发展的需要，对注册估价师进行自律管理；引导注册估价师正确执行国家法律、法规，规范从业人员的执业行为；团结组织本会会员进行房地产估价理论与实践的研究；执行专业守则和估价规范；不间断的专业培训；与国内外房地产估价专业组织的联系与交流；维护国家、企业和个人在房地产方面的权益，为我市房地产市场的健康发展服务。

（二）2010 年主要工作情况

2010 年，在市规划和国土资源委员会、市民间组织管理局的指导和支持下，在全体会员的共同努力下，学会顺利完成了换届选举工作。在新一届领导班子的领导下，学会继续坚持以科学发展观为指导，紧紧围绕自立、自强、自律的工作方针，以解决行业现实问题为目标，进一步完善规章制度、健全组织机构，学会各项工作得以稳妥、顺利推进。

1.加强自身建设，完善内部机制

2010 年，在学会换届筹备工作小组的领导下，经过精心筹备，学会三届一次会员代表大会、三届一次理事会顺利召开。大会选举产生了新一届理事会和新的领导班子，修订了学会章程，进一步优化了内部管理运行机制。

2.坚持民主办会，推行行业自治

学会一直坚持民主办会的原则，特别是在重大问题上充分强调集体领导。为更好地发挥委员会的主体作用，学会增加了专业委员会的数量，对各专业委员会的成员人数、工作职责也作了相应调整。

为加强对估价行业违规违纪行为的查处，规范估价机构及从业人员执业行为，学会设立了投诉举报电话和专用电子邮箱。对各类专业投诉、申诉案件及发现的违规违纪行为开展认真细致的调查并审慎提出处理意见。

3.协助主管部门开展行业自律管理

在主管部门的指导下，学会协助开展了房地产估价机构资质初审、估价机构及从业人员年度检查、投诉举报调查、估价从业人员备案登记及数字认证等工作，参与行业管理相关政策制定及我市房地产市场秩序专项整治工作，就房地产（土地）估价网上管理系统的重建和改进、行业规范管理提出专业意见。《深圳市房地产市场监管办法》（深圳市人民政府令第221号）施行后，学会积极做好办法实施的宣传动员工作，配合贯彻落实文件要求，认真组织学习和研究，强化估价机构及从业人员守法经营意识，为政策的深入推行打下坚实基础。

4.加强沟通协调，维护行业权益

学会一直将服务会员的宗旨贯穿于各项工作中，积极与有关部门协调，协助会员解决困难，为维护会员的合法权益、发挥行业的自律功能，引导注册房地产估价师正确执行国家的法律、法规，规范从业人员的执业行为，为深圳房地产市场的健康发展服务。

5.发挥专业优势，注重学术研究

学会集聚业内的专家资源，审慎开展包括投诉处理、技术咨询、专业标准制定等工作，接受社会各界的业务咨询，为多宗特殊物业估价和有争议物业估价提供技术支援和专家意见。

2010年，学会继续扶持和培育行业学术研究的综合实力，并积极促进研究成果的利用和转化。

6.拓宽交流平台，密切友好往来

2010年，学会继续与境内外相关学术团体、行业组织保持友好往来，积极为会员参加学术活动创造条件。目前，学会已与多个城市和地区的不动产估价组织建立并保持着密切联系，通过互访等多种形式的交流增进了解，分享经验。

7.抓好专业培训，提升整体素质

为提高估价从业人员的整体素质，根据行业规范发展的需要，学会2010年举办了政策法规培训、估价技术培训、系统操作培训和估价主题沙龙活动，并组织会员参加其他单位举办的相关专业讲座。

第十三章　信息化建设和档案管理

第一节　信息化建设

一、基础环境建设

2010 年，完成金土工程一期 UNIX 服务器和存储系统升级部署；开展了机构改革后遗留的各类基础服务器、数据库环境清理和应用系统迁移合并工作；完成数据库及应用系统帐号清理和安全加固工作；实施数据库 IP 地址和用户名绑定策略；实现交易大厦和规划大厦两地机房服务器资源功能区分定位和统一化管理；完成交易大厦外网网络出口双线路负载、双 DNS 服务器部署、规划大厦和交易大厦外网用户线路合并等一系列网络改造工作，为提高市规划国土委外网基础网络环境的高效稳定性提供了有力保障。

完成空间基础信息平台各类主机、存储、网络、应用等优化调整，为空间基础平台的顺利开通运行提供了基础保障。完成市规划国土委机关桌面终端管理和准入控制系统试点部署，为后期全面推广积累了经验。

在信息系统安全和保密建设方面，于 5 月和 9 月分别进行了信息安全和保密自查，对计算机及移动存储介质进行拉网式检查，并根据检查结果进行了安全整改；7 月组织专业安全公司对市规划国土委门户网站等系统进行了渗透测试，针对渗透测试结果进行了应用安全加固。根据公安局要求，编制了信息系统等级保护定级方案，并开展了 2010 年信息安全风险自评估工作；根据保密局要求，完成分级保护定密并上报保密局备案；完成深圳市 2010 年信息安全联合检查相关工作。全年各类信息系统运行稳定，实现了全年无信息安全事故的目标。

二、应用系统建设

2010 年，对规划国土电子政务进行了日常维护，保证了系统的正常运行。全年建设完成应用系统及子系统 4 个，承接上年继续开发的应用系统及子系统 3 个，启动建设应用系统及子系统 4 个。本年还开展了产权登记系统重建、房地产数据仓库等项目的前期研究。

完成建设的应用系统及子系统有：近期建设与土地利用规划年度实施计划管理系统（一期）、房地产权登记权利人身份识别系统、个人住宅二套房查询系统、重点任务督办管理系统、行政复议和行政诉讼管理系统。其中个人住宅二套房查询系统是根据建设部关于加快全国个人住房信息系统建设的统一部署而开发的，该系统初步确立了房屋测绘、合同备案、产权登记、住房保障、建筑物普查等数据的整合建库流程和机制，在深圳 14 个查询点推广使用，有效地配合了深圳市个人住宅限购政策的实施。

继续开发的应用系统及子系统有：在整合

原有的计划管理系统、计划合同管理系统、国土基金管理系统三个业务系统的基础上，继续开发完成计划财务管理系统；继续推进土地合同监管系统的开发；配合深圳市 2010 年度保障性住房申请工作，进行深圳市住房和建设局相关信息系统升级改造；配合房地产市场秩序整治工作，应用 PDA 移动网络和终端设备等新技术，开发房地产市场巡查系统，支持对房地产市场违规行为的现场巡查、投诉处理和情况上报工作。

启动建设的应用系统及子系统有：深圳市房地产宏观调控信息共享平台、耕地和基本农田保护系统、土地储备管理系统、固定资产管理系统。

三、数据建设与服务

（一）基础地理数据

2010 年，共完成 1∶1000 地形图修补测数据验收入库 16 批 21 次，涉及 1622 幅图；完成地下管线数据验收入库 23 批 68 次、总长度 510009 千米；完成影像数据验收入库 2 次，涉及 126 幅图。开展“动态修补测管理和质检体系”研究，探索适合面向对象的数据更新模式，以缩短地形图更新周期，并满足不同来源的测量数据更新入库。完成深港地图集编制主体工作，并报中国地图出版社审图。

全年共对外提供数据服务 179 批次，提供各种比例尺地形图数据服务 80087 幅，管线数据 27081 千米，影像数据 1646 幅，地籍数据 740384 宗，制作专题图 89629 幅。

（二）规划国土数据

以土地出让、征地拆迁、土地登记为核心全面梳理土地基础数据，按照“批、供、用、补、查”业务主线理清土地管理业务规则和衔接关系，整合处理土地利用现状、建筑物、土地利用规划等数据，形成国土“一张图”，并启动宝安、坪山、光明、南山、龙岗试点工作。

对建设项目选址、市政府批地会、建设用地规划许可、建设工程规划许可、土地出让合同、建设工程规划验收、土地产权登记七项规划国土关键业务数据进行监控，11 月首次颁布 2010 年第三季度规划国土数据监控报告，为业务决策提供参考。

跟进规划“一张图”建设及法定图则大会战工作，开展规划成果检查入库、法定图则公示和报图则委阶段成果的空间图形建库。研究建立了项目审批数据入库、校验、关联、利用的政务资源整合体系，完成了福田、罗湖、南山三个片区 180 余万条“一书三证”数据的衔接、清理及许可文书的扫描，梳理建设项目信息库 3600 余套；完成了在第一直属管理局的试点应用。

（三）房地产数据

通过开展原特区内外产权登记系统及其 5 大业务数据库、15 个周边系统接口的一体化工作，整合了全市 294 万多份权属登记、172 万多份抵押登记和 7 万多份查封登记数据，以及原特区外 5 个登记点约 400 个用户的系统权限，从而解决了产权数据分散管理、原特区内外产权登记系统功能不统一的问题，为实现全市产权登记公共服务一体化提供了重要的技术支持。

根据建设部关于《房地产市场预警预报系统》建设的有关要求，在开展房地产市场宏观调控信息共享平台建设的同时，完成全市规划、土地、市场监管、住房建设、税务、统计、房屋租赁等部门 445 项房地产相关数据指标的 224 项指标的数据采集，完成 500 多万条历史记录的整理、关联、校验、上报，形成了房地产市场基础信息数据库，为房地产调控和市场监管提供了第一手资料。

四、网站建设

2010 年，完成市规划国土委门户网、政务内网、深圳地名网、公务员之窗子站等 11 个网站的日常维护和技术支持工作。全年共发布工作动态946条，行业新闻602条、业务数据2150条，规划成果30项，其他信息177296条，共计181024条。全年共制作专栏专题等共10多个，包括能力提升年、工程建设领域项目信息公开专栏、委员会成立一周年图片展、档案编制成果30周年展等。门户网站在深圳市35个政府网站绩效评比中名列第一。公务员之窗子站在市委办公厅对67家单位网站的考评中位居前列，获得市委办公厅颁发的“公务员之窗网站整合先进单位”称号 。

整合建设市规划国土委下属七个管理局二级子网站和“深圳地名网”网站，与市规划国土委门户网站集成为网站群，整合了信息资源，避免了重复建设，实现了市规划国土委业务一站式访问。建设了网上办事大厅，实现了全部业务网上预申报，部分业务表格申报或全程网上在线办理。将一书三证等业务信息与数字深圳空间基础信息平台对接，实现一书三证信息的空间化查询；完成信息发布系统与业务系统的高度集成，在全市率先实现门户网站业务信息的动态更新。

五、重点信息化工程

（一）信息化“十二五”规划编制

随着“智慧地球”、“云计算”、“物联网”、“低碳经济”等新技术新概念的不断涌现，现代信息技术正在朝着网络化、智能化、普适化的方向发展。2009年11月，徐绍史部长在全国国土资源信息化工作会上提出了信息化要坚持“规范和创新管理，以需求为导向，以应用促发展，加强统筹、建用并举”的建设原则。2010年4月，国土资源部下发了《2010年国土资源信息化工作要点》，对规范和创新国土资源管理、金土工程二期、国土“一张图”、综合监管平台建设等工作提出了新要求。住房和城乡建设部提出把加强电子政务顶层设计作为工作重点。

“十二五”是深圳经济特区面向未来30年发展的新起点，是加快转变经济发展方式、推动社会建设大提升、提高民生服务水平、构建和谐社会的关键时期。针对规划国土房产管理要求，明确提出信息化“十二五”规划的发展目标为：以顶层设计为指导，着力整合提升，推动知识管理，突出公共服务，实现信息化建设“从全面覆盖到整合提升”、“从内容管理到知识管理”、“从部门应用到公共服务”三大转型，形成结构完整、功能齐全、响应及时、监管到位、决策得当、服务全面的规划国土数字支撑体系，显著提升信息化对规划国土管理进步、相关行业发展、城市全面转型和社会经济进步的支撑和带动作用，持续保持信息化发展水平在国内行业领先的地位。

（二）深圳市规划土地数字监察平台建设工程

完成规划土地数字监察平台第一、二阶段的建设任务。具体内容包括市规划土地监察数据库、举报管理系统、案件管理系统、指挥监督系统、综合判定系统、卫片执法系统等系统建设、培训和推广应用。为建立“天上看、地上查、网上管”立体监测监管体系，实现违法判定智能化、监察过程透明化、应急反应快速化，真正落实“两级执法、多级管理、部门联动、共同责任”的查违工作新体制提供初步技术支撑。

开展农村城市化历史遗留违法建筑处理系统建设。按照《关于农村城市化历史遗留违法建筑的处理决定》等相关文件要求，在全市历史违法建筑申报系统的基础上，开展了农村城市化历史遗留违法建筑处理系统建设工作，为全市重点工作提供技术支持。

开展规划建设动态遥感监测。基于不同分辨率遥感影像，分别开展了2次全市建成区、生态控制线内遥感监测内业核查及外业，为全市规划土地监察提供了技术支撑。

（三）数字深圳空间基础信息平台开通应用及技术升级

空间平台顺利开通。完成国家、省、市《数字区域地理空间框架建设示范合作协议书》的签署，深圳市申报为国家测绘局数字城市地理空间框架建设试点城市。完成空间平台政务版电子地图成果保密技术处理，并通过省国土资源厅验收；公众版电子地图获得互联网地图服务审图号；测绘资质申报完成省厅初审，正报国家局审批。空间平台建设项目通过国家测绘局验收，取得较高评价。2010 年 11 月 11 日，“数字深圳空间基础信息平台”正式开通，同时举行了“深圳市空间地理信息中心”揭牌仪式。

研究提升空间平台技术。完成空间平台各系统界面的整合包装，从美观性、易用性、交互性等方面进一步提升用户体验。编制空间平台升级总体方案，完成国内主流公共服务平台解决方案的分析工作，总结了空间平台总体发展现状、存在问题和发展趋势，确定了平台升级的技术架构和建设内容。启动“客户端在线综合数据更新系统”前期技术研究工作，研究成果“自适应空间数据处理与动态地图集系统”获得国家测绘局地理信息科技进步二等奖，为空间平台技术创新和后期技术升级奠定了基础。

推进空间平台应用。开展空间平台三维城市模型、电子地图等数据资源在规划国土“一张图”、执法监察系统等重点工程中的应用；推进空间平台在公安局、海关缉私、森林防火、气象、环保等部门的应用，逐步规范和建立市区两级共享体系、“离线镜像地图”等新应用推广模式。

健全空间平台标准和规章制度。编制完成了《建筑物基本指标、功能分类及编码》标准，成为深圳市标准化指导性技术文件，自 2010 年 6 月 1 日起实施。起草了《数字深圳空间基础平台应用管理办法》，从空间平台的共享应用、运行维护和安全保密等方面进行了规范，为保证空间平台的正常运维和开展应用服务工作提供了依据。

（四）规划政务信息资源整合与公共服务工程

全面开展工程建设。该工程旨在通过建立业务审批信息内在关联的框架，加强业务审批信息的日常监控和动态更新，补充、清理、整合规划政务信息资源，建立对内、对外规划政务信息共享、查询、服务体系，提升公共服务水平。2010 年度，建立了规划电子文件标准体系、资源整合模型；完成了规划档案集成管理平台、数字资源管理系统、全文检索等信息系统的建设；围绕建设项目从规划选址到验收登记的全生命周期，开展了试点区域业务审批、电子档案、会议纪要等历史数据清理整合、规划档案数字化加工等工作，形成以建设项目为核心的业务审批数据整合应用体系，本年共完成福田、罗湖、南山约 2000 个历史建设项目数据的清理、整合及电子档案的挂接；对外完成规划信息图文发布与查询系统、网上申报与在线审批等内容的建设。

（五）重大项目综合管理信息系统建设工程

完成重大项目综合管理信息系统建设，系统于 9 月 15 日成功上线试运行。该系统以项目管理为核心，全面展现了建设项目在规划国土房产业务办理的“全生命周期”，实现了审批业务之间、与内部办文之间的协调。系统建立了“行政审批事项”和“主动服务事项”两条主线，清晰界定审批事项和服务事项；建立提前介入、主动服务的工作机制，提前解决问题，提高办理效率。到 2010 年底，系统共启动重大项目 91 个，项目类型涵盖文教体卫（非营利性）、保障性住房、产业招拍挂、城市基础设施、市政交通设施以及城市更新用地。系统有效地推动了重大项目办理工作，并提高了办理效率。

六、信息化建设研究

（一）三维市政管线建设研究。探索市政

管线的多源共享，以及信息化技术在冲突预警、坡度分析、流量校验方面的管理支持。

（二）部分地区法定图则地名规划研究。探索地名数据管理、空间匹配、批后督察、部门协作、公共服务等方面的应用要求。

（三）继续开展规划辅助决策基础专题研究，探索业务数据的挖掘与分析，完成两轮次经济形势分析报告。

（四）深化仿真技术研究及应用。开展城市仿真研究和交通仿真建设，通过城市建筑三维仿真日常维护，为城市设计提供新的技术手段；通过城市仿真应用三维引擎的研发，为城市仿真提供更优质的审视效果；通过交通仿真建设，拓宽了仿真技术的应用领域，为交通规划决策提供相关技术支持手段。

第二节　档案管理

一、档案接收入库

全年共接收档案 36.8 万余份，整理 54.1 万余份。其中，接收各类产权档案 337102 卷（份），综合档案 24002 卷（份），安居房档案 7611 份（套）。日常接收录入测绘档案文本 764 册、图纸 2826 幅、光盘 47 件。

表 13-1　深圳经济特区 2010 年产权档案同步归档情况

单位：卷（份）

类别	罗湖	福田	南山	盐田	合计
缮证档案	41577	45019	49998	7821	144415
抵押档案	24437	34074	35318	9153	102982
注销档案	25511	32414	26577	3329	87831
查封档案	227	199	42	50	518
解封档案	528	464	182	92	1266
合计	92280	112170	112117	20445	337012

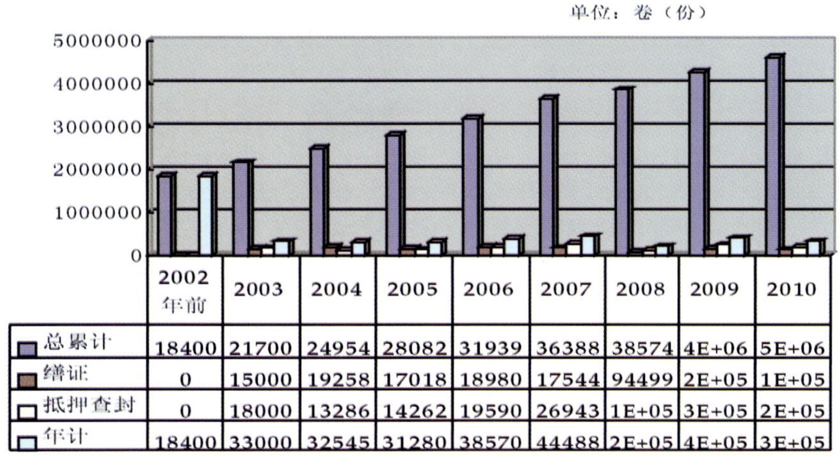

图 13-1　深圳经济特区历年房地产权档案同步归档情况示意图

全年向档案集成系统迁移原国土房产历史文书档案目录数据5万条；向市档案馆移交原市住宅局1991年至2004年应进馆档案；向市住建局移交安居档案及相关库房档案管理、窗口档案查询等业务。

二、档案数据化加工

全年共数字化处理各类档案 54.6 万余卷（份）。其中产权档案53.1万余卷（份），综合档案11071卷（份），安居房档案3857卷(6134户)。

特区内全年同步归档数字化产权档案49.9 万余卷（份）。其中缮证档案 143236 卷（份），抵押档案 141435 卷（份），注销抵押档案197387卷（份），查封档案6141卷（份），解封档案10941卷（份）。

三、档案查询服务

通过网上和网下等方式，全年共提供归档文件信息、档案数字原文和档案原件的查询利用5.7万余人次、13.1万余份。其中，受理社会产权档案查询49396人次、116571份，打印产权清单94800份、查封清单3370份、抵押清单3846份，口头咨询52644条，复印资料270558份，查询户数166516套；受理委内产权档案查询1391人次、2488份，数据清理调档156卷。

随着档案数字化工作的开展，2010年原始产权档案调档量在2009年基础上继续大幅下降，查档窗口全年调档470份，比2009年下降20%。

表13-2　深圳经济特区2010年产权档案查调档量

单位：份

	合计	罗湖	福田	南山
委内查档	2488	672	1472	344
查档窗口调档	470	82	197	191
数据清理调档	156	142	14	0
合计	3144	896	1683	535

四、档案编研

开展了深圳特区成立30周年规划国土档案编研成果展，编制完成《全宗指南》《大事记》、《组织沿革》《室藏特色档案》《常用档案法律法规及文件汇编》《档案利用实例》等。

第十四章　房地产法制建设

第一节　立法执法

一、立法

2010 年，深圳市规划和国土资源委员会（以下简称主管部门或市规划国土委）完成了《关于加强深圳市房地产历史遗留问题登记处理工作的若干意见》，并经由深圳市政府（以下简称市政府）批准并颁布施行；组织起草了《深圳经济特区城市规划条例》，已报法制办审查；起草完成《关于严格变更土地用途和调整容积率管理的若干规定》（报审稿）和《关于严格征转地补偿及土地置换的若干规定》（送审稿），目前已根据市领导主持召开会议议定意见进行修改，拟再次报市政府审定后实施；另外，市规土委将进一步推动《深圳经济特区土地管理条例》、《深圳经济特区规划土地监察条例》修订、《深圳经济特区房地产登记条例》修订《深圳市基本生态控制线管理条例》《深圳市建设用地审批管理办法》《深圳市城市更新办法实施细则》《关于规划土地监察处罚案件管辖若干事项的通知》、《深圳市规划和国土资源执法巡查工作实施办法（试行）》《深圳市闲置土地处置办法》《深圳市城市更新项目保障性住房配建比例暂行规定》《关于土地使用权合作开发的若干规定》等重要文件的起草及报审工作。

二、执法

2010 年，全市各级规划土地监察机构紧紧围绕加快处理农村城市化历史遗留违法建筑和遏制新增违法建筑两大中心任务，继续切实加大规划土地监察工作力度，具体包括以下相关工作。

（一）开展专项行动，打击违法抢建势头

按照特区一体化的要求，为加快推进转变经济发展方式，持续保持全市查违工作“高压态势”，2010 年，全市各级规划土地监察机构共开展专项整治行动 7780 次，出动 200773 人次，查处违法建筑面积 208 万平方米，拆除 183 万平方米。

为切实预防违法抢建“假期周期律”现象，坚决遏制节假日各类违法抢建行为，2010 年，全市各级规划土地监察机构每逢节假日，均提前发布公告，公布违建举报电话 12336 和多项举报奖励措施，组织多于日常的执法力量加强专项重点巡查防控，并做到所有违建案件“当天发现、当天查处、当天上报”，及时遏制各类违法抢建行为。同时，为保障以上措施落到实处，全市各级规划土地监察机构坚决实行片区责任制，邀请媒体和社会监察员参与节假日执法行动，切实落实“零报告”制度，有效扭转了节假日期间违法抢建势头。

（二）落实卫片检查，推进节约集约用地

2010 年，全市各级规划土地监察机构高度重视卫片执法检查工作，以国土资源部、监察部、人力资源和社会保障部启动政府问责为契机，周密部署，全力推进卫片检查执法工作，

全市各相关部门共计投入 2200 余人参加卫片执法，完成了工作方案制订、内外业核查、案件查处整改等规定动作，并建立了“边查处、边整改、边问责”的工作模式，重点对违法用地违法建筑现象严重的 1 个区、9 个街道和 8 个社区主要负责人进行了警示约谈。

全市各级规划土地监察机构对违建案件的立案率、查处率、整改率、依法履行职责到位率均为 100%，违法用地面积同比下降 39.4%，违法占用耕地面积比例下降 78%，拆除违法建筑物面积为 8.78 万平方米，没收违法建筑物面积为 25.13 万平方米，复绿 410.43 亩，罚款金额 466.46 万元，限期完善手续 16.45 亩，行政处分 14 人，移交司法机关 1 人。

（三）查处重点案件，扩大查违工作影响

2010 年，全市各级规划土地监察机构积极创新并切实推进开放透明机制，不断完善社会监督，主动实行“阳光查违”，借助媒体的曝光与监督手段，公开查处了大鹏山庄、深圳高尔夫、平湖 17 栋统建楼及 5 宗卫片执法检查案件等一大批重点案件，引起社会各界较强反响，不断扩大查违工作的影响力，夯实了查违工作的群众基础。

据统计，2010 年全市各级规划土地监察机构共立案查处各类违法用地违法建筑案件 291 宗，其中市规划土地监察支队共立案查处 29 宗，各区规划土地监察大队共立案查处 262 宗（其中，宝安 87 宗、龙岗 24 宗、罗湖 2 宗、福田 2 宗、南山 130 宗、盐田 6 宗、光明 6 宗、坪山 5 宗），涉案违法建筑面积为 3004.97 万平方米。特别是，配合国家、省开展房地产宏观调控、矿山整治、网络地图泄密整治等专项行动，全市各级规划土地监察机构严厉查处 48 宗相关案件，罚款 700 万元，对 8 户违建房实施了限制产权登记，进一步规范了矿产、测绘和房地产市场秩序。

第二节　法规文件选编

自然灾害救助条例

(2010 年 7 月 8 日国务院令第 577 号发布　自 2010 年 9 月 1 日起施行)

第一章　总则

第一条　为了规范自然灾害救助工作，保障受灾人员基本生活，制定本条例。

第二条　自然灾害救助工作遵循以人为本、政府主导、分级管理、社会互助、灾民自救的原则。

第三条　自然灾害救助工作实行各级人民政府行政领导负责制。

国家减灾委员会负责组织、领导全国的自然灾害救助工作，协调开展重大自然灾害救助活动。国务院民政部门负责全国的自然灾害救助工作，承担国家减灾委员会的具体工作。国务院有关部门按照各自职责做好全国的自然灾害救助相关工作。

县级以上地方人民政府或者人民政府的自然灾害救助应急综合协调机构，组织、协调本行政区域的自然灾害救助工作。县级以上地方人民政府民政部门负责本行政区域的自然灾害救助工作。县级以上地方人民政府有关部门按照各自职责做好本行政区域的自然灾害救助相关工作。

第四条 县级以上人民政府应当将自然灾害救助工作纳入国民经济和社会发展规划，建立健全与自然灾害救助需求相适应的资金、物资保障机制，将人民政府安排的自然灾害救助资金和自然灾害救助工作经费纳入财政预算。

第五条 村民委员会、居民委员会以及红十字会、慈善会和公募基金会等社会组织，依法协助人民政府开展自然灾害救助工作。

国家鼓励和引导单位和个人参与自然灾害救助捐赠、志愿服务等活动。

第六条 各级人民政府应当加强防灾减灾宣传教育，提高公民的防灾避险意识和自救互救能力。

村民委员会、居民委员会、企业事业单位应当根据所在地人民政府的要求，结合各自的实际情况，开展防灾减灾应急知识的宣传普及活动。

第七条 对在自然灾害救助中作出突出贡献的单位和个人，按照国家有关规定给予表彰和奖励。

第二章 救助准备

第八条 县级以上地方人民政府及其有关部门应当根据有关法律、法规、规章，上级人民政府及其有关部门的应急预案以及本行政区域的自然灾害风险调查情况，制定相应的自然灾害救助应急预案。

自然灾害救助应急预案应当包括下列内容：

（一）自然灾害救助应急组织指挥体系及其职责；

（二）自然灾害救助应急队伍；

（三）自然灾害救助应急资金、物资、设备；

（四）自然灾害的预警预报和灾情信息的报告、处理；

（五）自然灾害救助应急响应的等级和相应措施；

（六）灾后应急救助和居民住房恢复重建措施。

第九条 县级以上人民政府应当建立健全自然灾害救助应急指挥技术支撑系统，并为自然灾害救助工作提供必要的交通、通信等装备。

第十条 国家建立自然灾害救助物资储备制度，由国务院民政部门分别会同国务院财政部门、发展改革部门制定全国自然灾害救助物资储备规划和储备库规划，并组织实施。

设区的市级以上人民政府和自然灾害多发、易发地区的县级人民政府应当根据自然灾害特点、居民人口数量和分布等情况，按照布局合理、规模适度的原则，设立自然灾害救助物资储备库。

第十一条 县级以上地方人民政府应当根据当地居民人口数量和分布等情况，利用公园、广场、体育场馆等公共设施，统筹规划设立应急避难场所，并设置明显标志。

启动自然灾害预警响应或者应急响应，需要告知居民前往应急避难场所的，县级以上地方人民政府或者人民政府的自然灾害救助应急综合协调机构应当通过广播、电视、手机短信、电子显示屏、互联网等方式，及时公告应急避难场所的具体地址和到达路径。

第十二条 县级以上地方人民政府应当加强自然灾害救助人员的队伍建设和业务培训，村民委员会、居民委员会和企业事业单位应当设立专职或者兼职的自然灾害信息员。

第三章 应急救助

第十三条 县级以上人民政府或者人民政府的自然灾害救助应急综合协调机构应当根据自然灾害预警预报启动预警响应，采取下列一项或者多项措施：

（一）向社会发布规避自然灾害风险的警告，宣传避险常识和技能，提示公众做好自救互救准备；

（二）开放应急避难场所，疏散、转移易受自然灾害危害的人员和财产，情况紧急时，实行有组织的避险转移；

（三）加强对易受自然灾害危害的乡村、社区以及公共场所的安全保障；

（四）责成民政等部门做好基本生活救助的准备。

第十四条 自然灾害发生并达到自然灾害救助应急预案启动条件的，县级以上人民政府或者人民政府的自然灾害救助应急综合协调机构应当及时启动自然灾害救助应急响应，采取下列一项或者多项措施：

（一）立即向社会发布政府应对措施和公众防范措施；

（二）紧急转移安置受灾人员；

（三）紧急调拨、运输自然灾害救助应急资金和物资，及时向受灾人员提供食品、饮用水、衣被、取暖、临时住所、医疗防疫等应急救助，保障受灾人员基本生活；

（四）抚慰受灾人员，处理遇难人员善后事宜；

（五）组织受灾人员开展自救互救；

（六）分析评估灾情趋势和灾区需求，采取相应的自然灾害救助措施；

（七）组织自然灾害救助捐赠活动。

对应急救助物资，各交通运输主管部门应当组织优先运输。

第十五条 在自然灾害救助应急期间，县级以上地方人民政府或者人民政府的自然灾害救助应急综合协调机构可以在本行政区域内紧急征用物资、设备、交通运输工具和场地，自然灾害救助应急工作结束后应当及时归还，并按照国家有关规定给予补偿。

第十六条 自然灾害造成人员伤亡或者较大财产损失的，受灾地区县级人民政府民政部门应当立即向本级人民政府和上一级人民政府民政部门报告。

自然灾害造成特别重大或者重大人员伤亡、财产损失的，受灾地区县级人民政府民政部门应当按照有关法律、行政法规和国务院应急预案规定的程序及时报告，必要时可以直接报告国务院。

第十七条 灾情稳定前，受灾地区人民政府民政部门应当每日逐级上报自然灾害造成的人员伤亡、财产损失和自然灾害救助工作动态等情况，并及时向社会发布。

灾情稳定后，受灾地区县级以上人民政府或者人民政府的自然灾害救助应急综合协调机构应当评估、核定并发布自然灾害损失情况。

第四章　灾后救助

第十八条 受灾地区人民政府应当在确保安全的前提下，采取就地安置与异地安置、政府安置与自行安置相结合的方式，对受灾人员进行过渡性安置。

就地安置应当选择在交通便利、便于恢复生产和生活的地点，并避开可能发生次生自然灾害的区域，尽量不占用或者少占用耕地。

受灾地区人民政府应当鼓励并组织受灾群众自救互救，恢复重建。

第十九条 自然灾害危险消除后，受灾地区人民政府应当统筹研究制订居民住房恢复重建规划和优惠政策，组织重建或者修缮因灾损毁的居民住房，对恢复重建确有困难的家庭予以重点帮扶。

居民住房恢复重建应当因地制宜、经济实用，确保房屋建设质量符合防灾减灾要求。

受灾地区人民政府民政等部门应当向经审核确认的居民住房恢复重建补助对象发放补助资金和物资，住房城乡建设等部门应当为受灾人员重建或者修缮因灾损毁的居民住房提供必要的技术支持。

第二十条 居民住房恢复重建补助对象由受灾人员本人申请或者由村民小组、居民小组提名。经村民委员会、居民委员会民主评议，符合救助条件的，在自然村、社区范围内公示；

无异议或者经村民委员会、居民委员会民主评议异议不成立的，由村民委员会、居民委员会将评议意见和有关材料提交乡镇人民政府、街道办事处审核，报县级人民政府民政等部门审批。

第二十一条 自然灾害发生后的当年冬季、次年春季，受灾地区人民政府应当为生活困难的受灾人员提供基本生活救助。

受灾地区县级人民政府民政部门应当在每年 10 月底前统计、评估本行政区域受灾人员当年冬季、次年春季的基本生活困难和需求，核实救助对象，编制工作台账，制定救助工作方案，经本级人民政府批准后组织实施，并报上一级人民政府民政部门备案。

第五章 救助款物管理

第二十二条 县级以上人民政府财政部门、民政部门负责自然灾害救助资金的分配、管理并监督使用情况。

县级以上人民政府民政部门负责调拨、分配、管理自然灾害救助物资。

第二十三条 人民政府采购用于自然灾害救助准备和灾后恢复重建的货物、工程和服务，依照有关政府采购和招标投标的法律规定组织实施。自然灾害应急救助和灾后恢复重建中涉及紧急抢救、紧急转移安置和临时性救助的紧急采购活动，按照国家有关规定执行。

第二十四条 自然灾害救助款物专款（物）专用，无偿使用。

定向捐赠的款物，应当按照捐赠人的意愿使用。政府部门接受的捐赠人无指定意向的款物，由县级以上人民政府民政部门统筹安排用于自然灾害救助；社会组织接受的捐赠人无指定意向的款物，由社会组织按照有关规定用于自然灾害救助。

第二十五条 自然灾害救助款物应当用于受灾人员的紧急转移安置，基本生活救助，医疗救助，教育、医疗等公共服务设施和住房的恢复重建，自然灾害救助物资的采购、储存和运输，以及因灾遇难人员亲属的抚慰等项支出。

第二十六条 受灾地区人民政府民政、财政等部门和有关社会组织应当通过报刊、广播、电视、互联网，主动向社会公开所接受的自然灾害救助款物和捐赠款物的来源、数量及其使用情况。

受灾地区村民委员会、居民委员会应当公布救助对象及其接受救助款物数额和使用情况。

第二十七条 各级人民政府应当建立健全自然灾害救助款物和捐赠款物的监督检查制度，并及时受理投诉和举报。

第二十八条 县级以上人民政府监察机关、审计机关应当依法对自然灾害救助款物和捐赠款物的管理使用情况进行监督检查，民政、财政等部门和有关社会组织应当予以配合。

第六章 法律责任

第二十九条 行政机关工作人员违反本条例规定，有下列行为之一的，由任免机关或者监察机关依照法律法规给予处分；构成犯罪的，依法追究刑事责任：

（一）迟报、谎报、瞒报自然灾害损失情况，造成后果的；

（二）未及时组织受灾人员转移安置，或者在提供基本生活救助、组织恢复重建过程中工作不力，造成后果的；

（三）截留、挪用、私分自然灾害救助款物或者捐赠款物的；

（四）不及时归还征用的财产，或者不按照规定给予补偿的；

（五）有滥用职权、玩忽职守、徇私舞弊的其他行为的。

第三十条 采取虚报、隐瞒、伪造等手段，骗取自然灾害救助款物或者捐赠款物的，由县级以上人民政府民政部门责令限期退回违法所得的款物；构成犯罪的，依法追究刑事责任。

第三十一条 抢夺或者聚众哄抢自然灾害救助款物或者捐赠款物的，由县级以上人民政府民政部门责令停止违法行为；构成违反治安管理行为的，由公安机关依法给予治安管理处罚；构成犯罪的，依法追究刑事责任。

第三十二条 以暴力、威胁方法阻碍自然灾害救助工作人员依法执行职务，构成违反治安管理行为的，由公安机关依法给予治安管理处罚；构成犯罪的，依法追究刑事责任。

第七章 附 则

第三十三条 发生事故灾难、公共卫生事件、社会安全事件等突发事件，需要由县级以上人民政府民政部门开展生活救助的，参照本条例执行。

第三十四条 法律、行政法规对防灾、抗灾、救灾另有规定的，从其规定。

第三十五条 本条例自 2010 年 9 月 1 日起施行。

古生物化石保护条例

（2010 年 9 月 5 日国务院令第 580 号发布 自 2011 年 1 月 1 日起施行）

第一章 总 则

第一条 为了加强对古生物化石的保护，促进古生物化石的科学研究和合理利用，制定本条例。

第二条 在中华人民共和国领域和中华人民共和国管辖的其他海域从事古生物化石发掘、收藏等活动以及古生物化石进出境，应当遵守本条例。

本条例所称古生物化石，是指地质历史时期形成并赋存于地层中的动物和植物的实体化石及其遗迹化石。

古猿、古人类化石以及与人类活动有关的第四纪古脊椎动物化石的保护依照国家文物保护的有关规定执行。

第三条 中华人民共和国领域和中华人民共和国管辖的其他海域遗存的古生物化石属于国家所有。

国有的博物馆、科学研究单位、高等院校和其他收藏单位收藏的古生物化石，以及单位和个人捐赠给国家的古生物化石属于国家所有，不因其收藏单位的终止或者变更而改变其所有权。

第四条 国家对古生物化石实行分类管理、重点保护、科研优先、合理利用的原则。

第五条 国务院国土资源主管部门主管全国古生物化石保护工作。县级以上地方人民政府国土资源主管部门主管本行政区域古生物化石保护工作。

县级以上人民政府公安、工商行政管理等部门按照各自的职责负责古生物化石保护的有关工作。

第六条 国务院国土资源主管部门负责组织成立国家古生物化石专家委员会。国家古生物化石专家委员会由国务院有关部门和中国古生物学会推荐的专家组成，承担重点保护古生物化石名录的拟定、国家级古生物化石自然保护区建立的咨询、古生物化石发掘申请的评审、重点保护古生物化石进出境的鉴定等工作，具体办法由国务院国土资源主管部门制定。

第七条 按照在生物进化以及生物分类上的重要程度，将古生物化石划分为重点保护古生物化石和一般保护古生物化石。

具有重要科学研究价值或者数量稀少的下列古生物化石，应当列为重点保护古生物化石：

（一）已经命名的古生物化石种属的模式标本；

（二）保存完整或者较完整的古脊椎动物实体化石；

（三）大型的或者集中分布的高等植物化石、无脊椎动物化石和古脊椎动物的足迹等遗迹化石；

（四）国务院国土资源主管部门确定的其他需要重点保护的古生物化石。

重点保护古生物化石名录由国家古生物化石专家委员会拟定，由国务院国土资源主管部门批准并公布。

第八条 重点保护古生物化石集中的区域，应当建立国家级古生物化石自然保护区；一般保护古生物化石集中的区域，同时该区域已经发现重点保护古生物化石的，应当建立地方级古生物化石自然保护区。建立古生物化石自然保护区的程序，依照《中华人民共和国自然保护区条例》的规定执行。

建立国家级古生物化石自然保护区，应当征求国家古生物化石专家委员会的意见。

第九条 县级以上人民政府应当加强对古生物化石保护工作的领导，将古生物化石保护工作所需经费列入本级财政预算。

县级以上人民政府应当组织有关部门开展古生物化石保护知识的宣传教育，增强公众保护古生物化石的意识，并按照国家有关规定对在古生物化石保护工作中做出突出成绩的单位和个人给予奖励。

第二章 古生物化石发掘

第十条 因科学研究、教学、科学普及或者对古生物化石进行抢救性保护等需要，方可发掘古生物化石。发掘古生物化石的，应当符合本条例第十一条第二款规定的条件，并依照本条例的规定取得批准。

本条例所称发掘，是指有一定工作面，使用机械或者其他动力工具挖掘古生物化石的活动。

第十一条 在国家级古生物化石自然保护区内发掘古生物化石，或者在其他区域发掘重点保护古生物化石的，应当向国务院国土资源主管部门提出申请并取得批准；在国家级古生物化石自然保护区外发掘一般保护古生物化石的，应当向古生物化石所在地省、自治区、直辖市人民政府国土资源主管部门提出申请并取得批准。

申请发掘古生物化石的单位应当符合下列条件，并在提出申请时提交其符合下列条件的证明材料以及发掘项目概况、发掘方案、发掘标本保存方案和发掘区自然生态条件恢复方案：

（一）有3名以上拥有古生物专业或者相关专业技术职称，并有3年以上古生物化石发掘经历的技术人员（其中至少有1名技术人员具有古生物专业高级职称并作为发掘活动的领队）；

（二）有符合古生物化石发掘需要的设施、设备；

（三）有与古生物化石保护相适应的处理技术和工艺；

（四）有符合古生物化石保管需要的设施、设备和场所。

第十二条 国务院国土资源主管部门应当自受理申请之日起3个工作日内将申请材料送国家古生物化石专家委员会。国家古生物化石专家委员会应当自收到申请材料之日起10个工作日内出具书面评审意见。评审意见应当作为是否批准古生物化石发掘的重要依据。

国务院国土资源主管部门应当自受理申请之日起30个工作日内完成审查，对申请单位符合本条例第十一条第二款规定条件，同时古生物化石发掘方案、发掘标本保存方案和发掘区自然生态条件恢复方案切实可行的，予以批准；对不符合条件的，书面通知申请单位并说明理由。

国务院国土资源主管部门批准古生物化石发掘申请前，应当征求古生物化石所在地省、自治区、直辖市人民政府国土资源主管部门的意见；批准发掘申请后，应当将批准发掘古生物化石的情况通报古生物化石所在地省、自治区、直辖市人民政府国土资源主管部门。

第十三条 省、自治区、直辖市人民政府国土资源主管部门受理古生物化石发掘申请的，应当依照本条例第十二条第二款规定的期限和要求进行审查、批准，并听取古生物专家的意见。

第十四条 发掘古生物化石的单位，应当按照批准的发掘方案进行发掘；确需改变发掘方案的，应当报原批准发掘的国土资源主管部门批准。

第十五条 发掘古生物化石的单位，应当自发掘或者科学研究、教学等活动结束之日起 30 日内，对发掘的古生物化石登记造册，作出相应的描述与标注，并移交给批准发掘的国土资源主管部门指定的符合条件的收藏单位收藏。

第十六条 进行区域地质调查或者科学研究机构、高等院校等因科学研究、教学需要零星采集古生物化石标本的，不需要申请批准，但是，应当在采集活动开始前将采集时间、采集地点、采集数量等情况书面告知古生物化石所在地的省、自治区、直辖市人民政府国土资源主管部门。采集的古生物化石的收藏应当遵守本条例的规定。

本条例所称零星采集，是指使用手持非机械工具在地表挖掘极少量古生物化石，同时不对地表和其他资源造成影响的活动。

第十七条 外国人、外国组织因中外合作进行科学研究需要，方可在中华人民共和国领域和中华人民共和国管辖的其他海域发掘古生物化石。发掘古生物化石的，应当经国务院国土资源主管部门批准，采取与符合本条例第十一条第二款规定条件的中方单位合作的方式进行，并遵守本条例有关古生物化石发掘、收藏、进出境的规定。

第十八条 单位和个人在生产、建设等活动中发现古生物化石的，应当保护好现场，并立即报告所在地县级以上地方人民政府国土资源主管部门。

县级以上地方人民政府国土资源主管部门接到报告后，应当在 24 小时内赶赴现场，并在 7 日内提出处理意见。确有必要的，可以报请当地人民政府通知公安机关协助保护现场。发现重点保护古生物化石的，应当逐级上报至国务院国土资源主管部门，由国务院国土资源主管部门提出处理意见。

生产、建设等活动中发现的古生物化石需要进行抢救性发掘的，由提出处理意见的国土资源主管部门组织符合本条例第十一条第二款规定条件的单位发掘。

第十九条 县级以上人民政府国土资源主管部门应当加强对古生物化石发掘活动的监督检查，发现未经依法批准擅自发掘古生物化石，或者不按照批准的发掘方案发掘古生物化石的，应当依法予以处理。

第三章 古生物化石收藏

第二十条 古生物化石的收藏单位，应当符合下列条件：

（一）有固定的馆址、专用展室、相应面积的藏品保管场所；

（二）有相应数量的拥有相关研究成果的古生物专业或者相关专业的技术人员；

（三）有防止古生物化石自然损毁的技术、工艺和设备；

（四）有完备的防火、防盗等设施、设备和完善的安全保卫等管理制度；

（五）有维持正常运转所需的经费。

县级以上人民政府国土资源主管部门应当加强对古生物化石收藏单位的管理和监督检查。

第二十一条 国务院国土资源主管部门负责建立全国的重点保护古生物化石档案和数据库。县级以上地方人民政府国土资源主管部门负责建立本行政区域的重点保护古生物化石档案和数据库。

收藏单位应当建立本单位收藏的古生物化石档案，并如实对收藏的古生物化石作出描述与标注。

第二十二条 国家鼓励单位和个人将其收藏的重点保护古生物化石捐赠给符合条件的收藏单位收藏。

任何单位和个人不得擅自买卖重点保护古生物化石。买卖一般保护古生物化石的，应当在县级以上地方人民政府指定的场所进行。具体办法由省、自治区、直辖市人民政府制定。

第二十三条 国有收藏单位不得将其收藏的重点保护古生物化石转让、交换、赠与给非国有收藏单位或者个人。

任何单位和个人不得将其收藏的重点保护古生物化石转让、交换、赠与、质押给外国人或者外国组织。

第二十四条 收藏单位之间转让、交换、赠与其收藏的重点保护古生物化石的，应当经国务院国土资源主管部门批准。

第二十五条 公安、工商行政管理、海关等部门应当对依法没收的古生物化石登记造册、妥善保管，并在结案后30个工作日内移交给同级国土资源主管部门。接受移交的国土资源主管部门应当出具接收凭证，并将接收的古生物化石交符合条件的收藏单位收藏。

国有收藏单位不再收藏的一般保护古生物化石，应当按照国务院国土资源主管部门的规定处理。

第四章 古生物化石进出境

第二十六条 未命名的古生物化石不得出境。

重点保护古生物化石符合下列条件之一，经国务院国土资源主管部门批准，方可出境：

（一）因科学研究需要与国外有关研究机构进行合作的；

（二）因科学、文化交流需要在境外进行展览的。

一般保护古生物化石经所在地省、自治区、直辖市人民政府国土资源主管部门批准，方可出境。

第二十七条 申请古生物化石出境的，应当向国务院国土资源主管部门或者省、自治区、直辖市人民政府国土资源主管部门提出出境申请，并提交出境古生物化石的清单和照片。出境申请应当包括申请人的基本情况和古生物化石的出境地点、出境目的、出境时间等内容。

申请重点保护古生物化石出境的，申请人还应当提供外方合作单位的基本情况和合作科学研究合同或者展览合同，以及古生物化石的应急保护预案、保护措施、保险证明等材料。

第二十八条 申请重点保护古生物化石出境的，国务院国土资源主管部门应当自受理申请之日起3个工作日内将申请材料送国家古生物化石专家委员会。国家古生物化石专家委员会应当自收到申请材料之日起10个工作日内对申请出境的重点保护古生物化石进行鉴定，确认古生物化石的种属、数量和完好程度，并出具书面鉴定意见。鉴定意见应当作为是否批准重点保护古生物化石出境的重要依据。

国务院国土资源主管部门应当自受理申请之日起20个工作日内完成审查，符合规定条件的，作出批准出境的决定；不符合规定条件的，书面通知申请人并说明理由。

第二十九条 申请一般保护古生物化石出境的，省、自治区、直辖市人民政府国土资源主管部门应当自受理申请之日起 20 个工作日内完成审查，同意出境的，作出批准出境的决定；不同意出境的，书面通知申请人并说明理由。

第三十条 古生物化石出境批准文件的有效期为 90 日；超过有效期出境的，应当重新提出出境申请。

重点古生物化石在境外停留的期限一般不超过 6 个月；因特殊情况确需延长境外停留时间的，应当在境外停留期限届满 60 日前向国务院国土资源主管部门申请延期。延长期限最长不超过 6 个月。

第三十一条 经批准出境的重点保护古生物化石出境后进境的，申请人应当自办结进境海关手续之日起 5 日内向国务院国土资源主管部门申请进境核查。

国务院国土资源主管部门应当自受理申请之日起 3 个工作日内将申请材料送国家古生物化石专家委员会。国家古生物化石专家委员会应当自收到申请材料之日起 5 个工作日内对出境后进境的重点保护古生物化石进行鉴定，并出具书面鉴定意见。鉴定意见应当作为重点保护古生物化石进境核查结论的重要依据。

国务院国土资源主管部门应当自受理申请之日起 15 个工作日内完成核查，作出核查结论；对确认为非原出境重点保护古生物化石的，责令申请人追回原出境重点保护古生物化石。

第三十二条 境外古生物化石临时进境的，应当交由海关加封，由境内有关单位或者个人自办结进境海关手续之日起 5 日内向国务院国土资源主管部门申请核查、登记。国务院国土资源主管部门核查海关封志完好无损的，逐件进行拍照、登记。

临时进境的古生物化石进境后出境的，由境内有关单位或者个人向国务院国土资源主管部门申请核查。国务院国土资源主管部门应当依照本条例第三十一条第二款规定的程序，自受理申请之日起 15 个工作日内完成核查，对确认为原临时进境的古生物化石的，批准出境。

境内单位或者个人从境外取得的古生物化石进境的，应当向海关申报，按照海关管理的有关规定办理进境手续。

第三十三条 运送、邮寄、携带古生物化石出境的，应当如实向海关申报，并向海关提交国务院国土资源主管部门或者省、自治区、直辖市人民政府国土资源主管部门的出境批准文件。

对有理由怀疑属于古生物化石的物品出境的，海关可以要求有关单位或者个人向国务院国土资源主管部门或者出境口岸所在地的省、自治区、直辖市人民政府国土资源主管部门申请办理是否属于古生物化石的证明文件。

第三十四条 国家对违法出境的古生物化石有权进行追索。

国务院国土资源主管部门代表国家具体负责追索工作。国务院外交、公安、海关等部门应当配合国务院国土资源主管部门做好违法出境古生物化石的追索工作。

第五章 法律责任

第三十五条 县级以上人民政府国土资源主管部门及其工作人员有下列行为之一的，对直接负责的主管人员和其他直接责任人员依法给予处分；直接负责的主管人员和其他直接责任人员构成犯罪的，依法追究刑事责任：

（一）未依照本条例规定批准古生物化石发掘的；

（二）未依照本条例规定批准古生物化石出境的；

（三）发现违反本条例规定的行为不予查处，或者接到举报不依法处理的；

（四）其他不依法履行监督管理职责的行为。

第三十六条 单位或者个人有下列行为之一的，由县级以上人民政府国土资源主管部门责令停止发掘，限期改正，没收发掘的古生物化石，并处20万元以上50万元以下的罚款；构成违反治安管理行为的，由公安机关依法给予治安管理处罚；构成犯罪的，依法追究刑事责任：

（一）未经批准发掘古生物化石的；

（二）未按照批准的发掘方案发掘古生物化石的。

有前款第（二）项行为，情节严重的，由批准古生物化石发掘的国土资源主管部门撤销批准发掘的决定。

第三十七条 古生物化石发掘单位未按照规定移交发掘的古生物化石的，由批准古生物化石发掘的国土资源主管部门责令限期改正；逾期不改正，或者造成古生物化石损毁的，处10万元以上50万元以下的罚款；直接负责的主管人员和其他直接责任人员构成犯罪的，依法追究刑事责任。

第三十八条 古生物化石收藏单位不符合收藏条件收藏古生物化石的，由县级以上人民政府国土资源主管部门责令限期改正；逾期不改正的，处5万元以上10万元以下的罚款；已严重影响其收藏的重点保护古生物化石安全的，由国务院国土资源主管部门指定符合条件的收藏单位代为收藏，代为收藏的费用由原收藏单位承担。

第三十九条 古生物化石收藏单位未按照规定建立本单位收藏的古生物化石档案的，由县级以上人民政府国土资源主管部门责令限期改正；逾期不改正的，没收有关古生物化石，并处2万元的罚款。

第四十条 单位或者个人违反规定买卖重点保护古生物化石的，由工商行政管理部门责令限期改正，没收违法所得，并处5万元以上20万元以下的罚款；构成违反治安管理行为的，由公安机关依法给予治安管理处罚；构成犯罪的，依法追究刑事责任。

第四十一条 古生物化石收藏单位之间未经批准转让、交换、赠与其收藏的重点保护古生物化石的，由县级以上人民政府国土资源主管部门责令限期改正；有违法所得的，没收违法所得；逾期不改正的，对有关收藏单位处5万元以上20万元以下的罚款。国有收藏单位将其收藏的重点保护古生物化石违法转让、交换、赠与给非国有收藏单位或者个人的，对国有收藏单位处20万元以上50万元以下的罚款，对直接负责的主管人员和其他直接责任人员依法给予处分；构成犯罪的，依法追究刑事责任。

第四十二条 单位或者个人将其收藏的重点保护古生物化石转让、交换、赠与、质押给外国人或者外国组织的，由县级以上人民政府国土资源主管部门责令限期追回，对个人处2万元以上10万元以下的罚款，对单位处10万元以上50万元以下的罚款；有违法所得的，没收违法所得；构成犯罪的，依法追究刑事责任。

第四十三条 单位或者个人未取得批准运送、邮寄、携带古生物化石出境的，由海关依照有关法律、行政法规的规定予以处理；构成犯罪的，依法追究刑事责任。

第四十四条 县级以上人民政府国土资源主管部门、其他有关部门的工作人员，或者国有的博物馆、科学研究单位、高等院校、其他收藏单位以及发掘单位的工作人员，利用职务上的便利，将国有古生物化石非法占为己有的，依法给予处分，由县级以上人民政府国土资源主管部门追回非法占有的古生物化石；有违法所得的，没收违法所得；构成犯罪的，依法追究刑事责任。

第六章 附 则

第四十五条 本条例自2011年1月1日起施行。

深圳经济特区土地使用权出让条例

（1994 年 6 月 18 日深圳市第一届人民代表大会常务委员会第二十三次会议通过
1995 年 9 月 15 日深圳市第二届人民代表大会常务委员会第二次会议第一次修正
1998 年 2 月 13 日深圳市第二届人民代表大会常务委员会第二十次会议第二次修正
2008 年 9 月 23 日深圳市第四届人民代表大会常务委员会第二十二次会议第三次修正
2010 年 12 月 24 日深圳市第五届人民代表大会常务委员会第五次会议第四次修正）
深圳市第五届人民代表大会常务委员会公告第二十八号

第一章 总 则

第一条 为了加强对深圳经济特区（以下简称特区）土地使用权出让的管理，规范土地使用权出让行为，合理利用土地资源，保护有关当事人的合法权益，根据特区实际，制定本条例。

第二条 本条例所称土地使用权出让，是指深圳市人民政府（以下简称市政府）以拍卖、招标、协议的方式，将国有土地使用权在一定年限内让与土地使用者使用，土地使用者向市政府支付土地使用权出让金的行为。

土地使用者应当向市政府交纳土地开发与市政配套设施金。

土地使用权出让金、土地开发与市政配套设施金应当一次性交付。

第三条 深圳市土地管理部门（以下简称土地管理部门）是特区土地使用权出让的主管部门，统一对土地使用权进行出让，对出让的土地进行管理。其他单位不得出让土地使用权。

土地使用权出让合同(以下简称出让合同)由土地管理部门与土地使用者签订。

土地使用者与土地管理部门签订或者变更土地使用权出让合同时，必须向土地管理部门交纳土地开发与市政配套设施金。

第四条 本条例适用于特区内国有土地使用权的出让。地下自然资源及其他埋藏物属国家所有，不在土地使用权出让范围之内。

集体所有的土地，经依法征用转为国有土地后，方能依本条例出让其使用权。

第五条 中华人民共和国境内外的企业、组织和个人，均可依照本条例的规定取得土地使用权，但法律、法规另有规定的除外。

第六条 依照本条例规定取得的土地使用权，土地使用者在使用年限内，可以依法使用、转让、出租、抵押或者用于其他经济活动，其合法权益受法律保护。

第七条 土地使用者开发、利用、经营土地的活动，应当遵守法律、法规的规定，不得损害社会公共利益。

第八条 土地管理部门会同市政府其他有关管理部门，根据特区城市规划、社会经济发展规划和产业政策制定年度土地开发供应计划，经市政府批准后，由土地管理部门统一组织实施。

第九条 土地使用权出让，应坚持与建设项目相结合的原则。没有建设项目的，不供应土地，但按本条例规定以拍卖、招标形式出让土地使用权的除外。

第十条 土地使用权出让金、土地开发与市政配套设施金等土地收益，由市土地管理部门负责收集后统一缴入市政府在地方国库中设立的国有土地使用权出让收入专户，由市财政部门依法管理。

第十一条 市政府设立深圳市土地投资开发中心（以下简称开发中心），组织土地开发和城市基础设施的建设。

第十二条 国有土地使用权出让收入按照国家、省、市有关规定使用，市财政部门负责监督并审核，市审计部门定期审计。

市财政部门应当制定国有土地使用权出让收支年度计划，并报市政府批准。

市政府应当制定土地使用权出让收支管理办法，加强对国有土地使用权出让收支的管理。

第十三条 市财政部门每年应当向深圳市人民代表大会常务委员会（以下简称市人大常委会）报告年度国有土地使用权出让收支情况。

市审计部门应当同时向市人大常委会报告土地使用权出让收支审计情况。

第十四条 土地使用权出让最高年限按下列用途确定：

（一）居住用地七十年；

（二）工业用地五十年；

（三）教育、科技、文化、卫生、体育用地五十年；

（四）商业、旅游、娱乐用地四十年；

（五）综合或者其他用地五十年。

第十五条 土地使用者依照本条例签订出让合同付清土地使用权出让金和土地开发与市政配套设施金后，应当按照《深圳经济特区房地产登记条例》（以下简称《登记条例》）的规定办理登记，领取《房地产证》。

出让合同签订后，土地使用者未取得该宗土地使用权的《房地产证》前，可以占有和使用该宗土地，但不得处分。

第二章 土地使用权出让合同

第十六条 土地使用者与土地管理部门应依照本条例的规定订立书面出让合同。土地使用者委托他人代签出让合同的，代理人应向土地管理部门提交委托人出具的授权委托书。香港、澳门、台湾和境外的企业、组织或个人出具的授权委托书应按规定经过公证或认证。

第十七条 出让合同应具备以下主要条款：

（一）双方当事人的姓名或者名称、地址；

（二）出让土地使用权的宗地号、面积；

（三）土地使用年期及起止时间；

（四）土地使用权出让金的数额、币种、交付方式及时间；

（五）交付土地的时间；

（六）规划、市政设计要点；

（七）项目竣工提交验收时间；

（八）市政设施配套建设义务；

（九）使用相邻土地和道路的限制；

（十）建设附属、附加设施的项目及义务；

（十一）违约责任；

（十二）当事人认为必要的其他条款。

出让合同应附上宗地图，作为出让合同的组成部分。

第十八条 土地使用者对出让的土地权属、开发及配套设施状况有异议的，应当在土地管理部门通知其签订出让合同前十日内提出异议。但上述规定不适用于以拍卖、招标方式出让的土地使用权。

自出让合同签订之日起，视为已交付土地。

第十九条 出让合同一经依法签订，即具有法律约束力，当事人必须全面履行合同规定的义务，任何一方不得擅自变更或解除。

第二十条 土地使用者未按出让合同规定的期限付清土地使用权出让金的，从滞纳之日起每日加收土地使用权出让金应缴交部分万分之五的滞纳金。滞纳六十日后仍未付清的，土地管理部门可以解除出让合同，收回土地使用权。

土地使用者只支付定金或保证金的，不予退还。

土地使用者已将定金或者保证金抵充土地使用权出让金的，不予退还。土地管理部门扣除土地开发与市政配套设施金总额 20%的违约金，余额予以退还，已兴建的建筑物、附着物无偿收归政府所有。

第二十一条 土地使用者应按出让合同规定的用途、期限和条件开发、利用土地。

第二十二条 土地使用者需要改变出让合同规定的土地用途或条件的，应征得土地管理部门的同意。土地管理部门应与土地使用者以书面形式变更出让合同，重新调整土地使用权出让金标准，并按有关规定办理变更登记。

第三章 拍卖出让土地使用权

第二十三条 拍卖出让土地使用权，是指在指定的时间、公开场合，在土地管理部门授权的拍卖主持人（以下简称主持人）的主持下，竞投者按规定的方式应价，由出价最高者获得土地使用权的行为。

第二十四条 土地管理部门应至少在拍卖前二十日将土地使用权拍卖的有关事宜在《深圳特区报》或《深圳商报》上公告。

第二十五条 下列文件由土地管理部门印制并于公告之日起向竞投者提供：

（一）土地使用权拍卖须知；

（二）出让合同样式。

第二十六条 拍卖出让土地使用权按下列程序进行：

（一）土地管理部门发出拍卖土地使用权公告；

（二）竞投者领取有关文件；

（三）主持人按公告规定的时间、地点依下列规定主持拍卖活动：

1. 简介拍卖土地使用权土地的位置、面积、用途、使用年限、规划要求和其他有关事项；

2. 公布拍卖起叫价以及每一次应价增加数额；

3. 竞投者按规定方式竞相应价；

4. 主持人连续二次宣布最后报价数额而没有竞投者再应价时，最后应价者为竞得人。

（四）竞得人应即时向土地管理部门一次性付清土地开发与市政配套设施金，与土地管理部门签订出让合同，并交付土地使用权出让金总额 20%的定金，余额应自出让合同生效之日起五日内付清。工业用地经土地管理部门同意并在出让合同中注明，余额可以延期交付，但最长不得超过一年。逾期未付清的，土地管理部门依照本条例第二十条的规定处理。

第二十七条 起叫价不等于该幅土地使用权出让的底价，竞投者最后应价低于底价时，主持人有权终止拍卖。

第二十八条 竞得人不能交付定金或拒绝签订出让合同的，应赔偿组织拍卖活动支出的全部费用。土地管理部门将该幅土地另行拍卖，拍卖所得土地使用权出让金低于前次拍卖土地使用权出让金的，其差额部分由上述违约的竞得人负责支付。

第四章 招标出让土地使用权

第二十九条 招标出让土地使用权，是指由土地管理部门公开招标或邀请符合条件的投标人投标，经评标后确定的中标人取得土地使用权的行为。

第三十条 土地使用权招标出让可采取下列两种方式进行：

（一）公开招标：由土地管理部门发出招标公告；

（二）邀请招标：由土地管理部门向特定人发出招标邀请书。

招标公告应至少在截标之日前二十日在《深圳特区报》或《深圳商报》上公布。招标邀请书应至少在截标之日前二十日向被邀请投标人发出。

第三十一条 土地使用权招标出让的资格范围、内容以及招标方式由土地管理部门根据本条例的有关规定和年度土地供应计划及地块的具体情况确定。

第三十二条 下列招标文件由土地管理部门印制并向投标者提供：

（一）投标须知；

（二）土地使用权投标书；

（三）出让合同样式。

第三十三条 招标出让土地使用权按下列程序进行：

（一）土地管理部门发出招标公告或招标邀请书；

（二）投标者领取招标文件；

（三）投标者在投标截止日期之前到指定的地点将密封的投标书投入标箱，并按土地管理部门的规定交付投标保证金；

（四）由土地管理部门组织开标会议，当场开标、验标，宣布不符合投标规定的标书无效；

（五）由土地管理部门组织招标机构按照公平、公正的原则，进行评标、定标，并向中标人发出中标通知书；

（六）中标人接到中标通知书后，应当向土地管理部门一次性付清土地开发与市政配套设施金，并按规定的时间与土地管理部门签订出让合同。

第三十四条 招标文件规定只出标价的，以价高者中标；规定既出标价，又须提交规划设计方案的，采取综合评分办法，总评得分最高者中标。

土地管理部门认为所有标书都没有达到标底条件的，有权拒绝全部标书，重新组织招标。

第三十五条 中标人未在规定的时间内与土地管理部门签订出让合同的，取消其中标资格，另行组织招标，投标保证金不予退还。造成土地管理部门损失的，中标人应负赔偿责任。

第三十六条 中标人应当自出让合同生效之日起五日内付清土地使用权出让金。工业用地经土地管理部门同意并在出让合同中注明，可以延期交付，但最长不得超过一年。逾期未付清的，土地管理部门依照本条例第二十条的规定处理。

第三十七条 中标人交纳的投标保证金可以抵充土地使用权出让金。未中标人所交纳的投标保证金，由土地管理部门自定标之日起三十日内退还本金。

第五章 协议出让土地使用权

第三十八条 协议出让土地使用权是指由土地管理部门代表市政府与土地使用者以土地的公告市场价格为基准，经过协商确定土地价格，并将土地使用权让与土地使用者的行为。

前款所称公告市场价格，是指由土地管理部门根据土地等级、用途及房地产市场变化等因素组织评估，并定期公布的价格。

第三十九条 以协议方式出让土地使用权的范围：

（一）高新技术项目用地；

（二）市、区政府建设的微利商品房用地；

（三）市、区政府建设的福利商品房用地；

（四）市、区财政全额投资的机关、文化、教育、卫生、体育、科研和市政设施等公益性、非营利性用地。

前款所列项目以外的用地一般应当以招标、拍卖方式出让土地使用权。下列项目用地，经市政府批准，也可以采取协议出让方式出让土地使用权，但必须按公告的市场价格出让：

1. 属特区急需或特别鼓励发展的项目用地；

2. 成片开发区用地；

3. 市政府以土地入股合作的项目用地；

4. 旧城改造用地。

市政府每年应当向市人大常委会报告以协议方式出让土地使用权的情况。

第四十条 协议出让土地使用权按下列程序进行：

（一）申请人向土地管理部门提交下列有关申请文件：

1. 法定代表人证明书；

2. 申请用地报告；

3.《协议出让土地使用权申请表》（由土地管理部门提供标准格式）及项目初步布置图；

4. 市政府或其授权部门批准在特区兴办企事业的文件和工商注册登记文件；

5. 市计划部门年度立项批文；

6. 土地使用权出让金支付能力证明；

7. 属高新技术项目用地，应提交市政府科技管理部门签发的认定意见书；

8. 产生环境污染或对环境有影响的项目用地，应提交市政府环境保护管理部门出具的环境评价审查意见书。

（二）土地管理部门应自接到申请文件之日起三十日内与申请人协商用地事宜。由土地管理部门提出审查方案，报市政府审批。市政府审批后，由土地管理部门书面通知申请人。

（三）申请人应当在土地管理部门发出土地使用权出让金通知之日起至与土地管理部门签订出让合同前，向土地管理部门交纳土地使用权出让金20%的定金，同时一次性付清土地开发与市政配套设施金。

（四）申请人应当自土地管理部门发出用地方案图之日起一百日内与土地管理部门签订出让合同。逾期不签订的，视为申请人自愿放弃申请，土地管理部门发出的同意批地通知书自动失效，申请人所交的定金不予退还，所交土地开发与市政配套设施金由土地管理部门扣除10%的赔偿金后予以无息退还。

（五）申请人持土地管理部门出具的付清土地使用权出让金凭证，按《登记条例》的规定办理土地使用权登记，领取《房地产证》。

第四十一条 下列项目土地使用权协议出让时，土地管理部门按本条规定减免土地使用权出让金和土地开发与市政配套设施金：

（一）第三十九条第一款第（一）项规定的用地，减收土地使用权出让金40%至70%；

（二）第三十九条第一款第（二）项规定的用地，免收土地使用权出让金；

（三）第三十九条第一款第（三）项规定的用地，免收土地使用权出让金。土地开发与市政配套设施金的交纳标准由市政府另行规定。

本条规定以外的土地使用权协议出让，一律不得减免土地使用权出让金。

第四十二条 属本条例第三十九条第一款第（一）项用地的，土地使用者应当在出让合同生效当日交付土地使用权出让金总额30%的首期款，余额应在出让合同生效之日起三十日内付清；经土地管理部门同意并在出让合同中注明，余额可以延期交付，但最长不得超过一年。逾期未付清的，土地管理部门依照本条例第二十条的规定处理。

属本条例第三十九条第一款第（二）、（三）项用地的，土地使用权出让金的支付按出让合同规定的期限和方式执行。

属本条例第三十九条第一款第（四）项用地的，土地使用权出让金的支付办法按市政府规定执行。

第四十三条 土地管理部门应于每年十二月三十一日前将减免土地使用权出让金的用地项目及减免数额向市政府报告。

第四十四条 依本条例第三十九条第一款第（一）项规定减收土地使用权出让金取得土地使用权的，土地使用者将用地出租、转让，以及以土地使用权与他人合资、合作建设的，应报经土地管理部门批准，重新签订出让合同。改变用途的，必须报经土地管理部门批准，并按公告市场价格补足土地使用权出让金和土地开发与市政配套设施金，依《登记条例》的规定办理变更登记手续后，方可进行。

需补足土地使用权出让金和土地开发与市政配套设施金的，土地使用者办理变更登记时，须持土地管理部门出具的补足土地使用权出让金和土地开发与市政配套设施金的凭证及重新签订的出让合同。

第四十五条 依本条例第三十九条第一款第（一）项规定减收土地使用权出让金和土地开发与市政配套设施金取得土地使用权的，经土地管理部门批准，土地使用者可以将该土地上的建筑物、附着物用于抵押。但抵押权人处分抵押物时，必须按公告市场价格补足土地使用权出让金和土地开发与市政配套设施金后，方可进行。抵押物的处分所得应按规定先行缴交有关税费。

第四十六条 依本条例第三十九条第一款第（一）项规定减收土地使用权出让金取得土地使用权的，项目投产后，由市政府科技管理部门负责复查。不符合高新技术项目认定标准的，必须按公告市场价格补足土地使用权出让金。

第四十七条 本条例第三十九条第一款第（二）、（三）项用地，土地使用者需出租、转让、抵押或与他人合资、合作建设的，按市政府规定办理。

第四十八条 机关、文化、教育、卫生、体育、科研和市政设施等公益性、非营利性用地，土地使用者不得改作营利性用地，不得出租、转让、抵押，也不得与他人合作开发建设。

第六章 土地使用权的终止

第四十九条 有下列情形之一的，土地使用权终止：

（一）出让合同规定的年期届满；

（二）土地灭失；

（三）土地使用者死亡而无合法承继人；

（四）人民法院或土地管理部门依法作出的没收土地使用权的判决、裁定或决定生效；

（五）用地单位迁移或者被依法注销的；

（六）市政府根据社会公共利益的需要，提前收回土地使用权；

（七）法律、法规规定的其他情形。

第五十条 出现前条第（一）、（三）、（四）项规定的情形，土地使用权连同该宗土地上的建筑物、附着物由土地管理部门无偿收回，但法律、法规另有规定的除外。

第五十一条 市政府对土地使用者依法取得的土地使用权不提前收回。在特殊情况下，根据社会公共利益的需要，可依照法律程序提前收回。

依法提前收回土地使用权的，市政府根据土地使用者开发、利用土地的实际情况和年期，给土地使用者以相应的补偿。

第五十二条 土地使用权年期届满，土地使用者应自年期届满之日起十日内到房地产主管部门办理注销登记手续。土地使用者不办理注销登记手续的，由市政府房地产主管部门迳为注销登记。

本条例第四十九条第（二）、（三）、（四）、（五）、（六）项规定的情形，由市政府房地产主管部门迳为注销登记。

第五十三条 土地使用权年期届满，土地使用者需继续使用该宗土地的，应提前六个月向土地管理部门提出申请。土地管理部门应自接到申请之日起一个月内按下列原则作出是否准予继续使用的答复：

（一）土地使用者申请的土地用途符合当

时城市规划要求的，准予继续使用；

（二）土地使用者申请的土地用途不符合当时城市规划要求的，土地使用者的申请不予批准。

第五十四条 准予土地使用者继续使用土地的，土地使用者应自接到土地管理部门批准文件之日起十五日内与土地管理部门重新签订出让合同，支付土地使用权出让金和土地开发与市政配套设施金，并按《登记条例》的规定办理登记。

第七章 法律责任

第五十五条 违反本条例第三条规定，擅自出让土地使用权的，出让合同无效，土地管理部门可以依据《深圳经济特区房地产转让条例》的有关规定对有关当事人的违法转让行为予以处罚。

第五十六条 违反本条例第二十一条规定，土地使用者未按出让合同规定的用途和条件开发利用土地的，土地管理部门应予限期纠正，并可处以土地使用权出让金总额20%的罚款。拒不纠正的，土地管理部门无偿收回土地使用权，没收地上建筑物、附着物。

土地使用者逾期未完成地上建筑物的，土地管理部门自出让合同规定的项目竣工提交验收之日起处以罚款。逾期六个月以内的，处以土地使用权出让金总额 5%的罚款；逾期六个月以上一年以内的，处以土地使用权出让金总额 10%的罚款；逾期一年以上二年以内的，处以土地使用权出让金总额 15%的罚款；逾期二年仍未完成地上建筑物的，土地管理部门无偿收回土地使用权，没收地上建筑物、附着物。

土地使用者自出让合同生效之日起二年内未开发利用土地的，土地管理部门无偿收回土地使用权。

前款所称开发利用，是指领取《建设工程规划许可证》，并且工程量达到投资总额 25%以上。

属土地管理部门无偿收回土地使用权的，土地开发与市政配套设施金不予退还。

第五十七条 依本条例第四十六条规定，经复查不符合高新技术项目认定标准的，土地使用者除按公告市场价格补足土地使用权出让金外，由土地管理部门处以土地使用权出让金总额 20%的罚款。

第五十八条 违反本条例第四十八条规定，土地使用者出租、抵押土地使用权和与他人合作开发建设的，土地管理部门责令其改正，没收非法所得，并处以非法所得 1 至 3 倍的罚款。

违反本条例第四十四条、第四十八条规定，土地使用者擅自转让土地使用权的，土地管理部门责令其改正，没收违法所得，并处以转让价款 10%的罚款。拒不改正的，土地管理部门可以无偿收回土地使用权，没收地上建筑物、附着物。属土地管理部门无偿收回土地使用权的，土地开发与市政配套设施金不予退还。

对有关责任人员由其所在单位或者上级机关给予行政处分；构成犯罪的，由司法机关依法追究刑事责任。

第五十九条 土地使用者在申请用地、签订或者履行出让合同中有下列情形之一的，土地管理部门可以处以警告、撤销用地批准文件、暂扣有关许可证件或者收回土地使用权的处罚：

（一）隐瞒重大事实，提供虚假资料或者伪造文件的；

（二）违反本条例第十五条第二款的规定，擅自处分土地使用权的。

第六十条 在出让土地使用权过程中，以弄虚作假、行贿等非法手段取得土地使用权的，土地管理部门收回其土地使用权并处以土地使用权出让金总额 5%的罚款；对有关责任人员由其所在单位或上级机关给予行政处分；构成犯罪的，由司法机关依法追究其刑事责任。

第六十一条 土地管理部门工作人员在出让土地使用权活动中，接受贿赂、泄露秘密、玩忽职守、徇私舞弊的，由其所在单位或上级机关给予行政处分；构成犯罪的，由司法机关依法追究其刑事责任。

第六十二条 当事人对土地管理部门的行政处罚不服的，可自接到处罚决定书之日起十五日内向市政府行政复议机关申请复议。行政复议机关应自接到复议申请之日起六十日内作出复议决定。当事人对复议决定不服的，可自接到复议决定书之日起十五日内向人民法院起诉。

当事人逾期不申请复议或者不起诉，又不执行土地管理部门的行政处罚决定的，土地管理部门可以申请人民法院强制执行。

第六十三条 原行政划拨土地使用权的土地使用者应当于一九九九年十二月三十一日前申请补办出让手续。

第八章 附 则

第六十四条 有关土地使用权出让的纠纷，争议双方应协商解决，协商不成的，可以依法向人民法院起诉。

第六十五条 市政府可依据本条例制定实施细则。

第六十六条 本条例自公布之日起施行。

过去在特区内实施的有关规定与本条例相抵触的，以本条例为准。

商品房屋租赁管理办法

中华人民共和国住房和城乡建设部令第 6 号

第一条 为加强商品房屋租赁管理，规范商品房屋租赁行为，维护商品房屋租赁双方当事人的合法权益，根据《中华人民共和国城市房地产管理法》等有关法律、法规，制定本办法。

第二条 城市规划区内国有土地上的商品房屋租赁（以下简称房屋租赁）及其监督管理，适用本办法。

第三条 房屋租赁应当遵循平等、自愿、合法和诚实信用原则。

第四条 国务院住房和城乡建设主管部门负责全国房屋租赁的指导和监督工作。

县级以上地方人民政府建设（房地产）主管部门负责本行政区域内房屋租赁的监督管理。

第五条 直辖市、市、县人民政府建设（房地产）主管部门应当加强房屋租赁管理规定和房屋使用安全知识的宣传，定期分区域公布不同类型房屋的市场租金水平等信息。

第六条 有下列情形之一的房屋不得出租：

（一）属于违法建筑的；

（二）不符合安全、防灾等工程建设强制性标准的；

（三）违反规定改变房屋使用性质的；

（四）法律、法规规定禁止出租的其他情

形。

第七条 房屋租赁当事人应当依法订立租赁合同。房屋租赁合同的内容由当事人双方约定，一般应当包括以下内容：

（一）房屋租赁当事人的姓名（名称）和住所；

（二）房屋的坐落、面积、结构、附属设施，家具和家电等室内设施状况；

（三）租金和押金数额、支付方式；

（四）租赁用途和房屋使用要求；

（五）房屋和室内设施的安全性能；

（六）租赁期限；

（七）房屋维修责任；

（八）物业服务、水、电、燃气等相关费用的缴纳；

（九）争议解决办法和违约责任；

（十）其他约定。

房屋租赁当事人应当在房屋租赁合同中约定房屋被征收或者拆迁时的处理办法。

建设（房地产）管理部门可以会同工商行政管理部门制定房屋租赁合同示范文本，供当事人选用。

第八条 出租住房的，应当以原设计的房间为最小出租单位，人均租住建筑面积不得低于当地人民政府规定的最低标准。

厨房、卫生间、阳台和地下储藏室不得出租供人员居住。

第九条 出租人应当按照合同约定履行房屋的维修义务并确保房屋和室内设施安全。未及时修复损坏的房屋，影响承租人正常使用的，应当按照约定承担赔偿责任或者减少租金。

房屋租赁合同期内，出租人不得单方面随意提高租金水平。

第十条 承租人应当按照合同约定的租赁用途和使用要求合理使用房屋，不得擅自改动房屋承重结构和拆改室内设施，不得损害其他业主和使用人的合法权益。

承租人因使用不当等原因造成承租房屋和设施损坏的，承租人应当负责修复或者承担赔偿责任。

第十一条 承租人转租房屋的，应当经出租人书面同意。

承租人未经出租人书面同意转租的，出租人可以解除租赁合同，收回房屋并要求承租人赔偿损失。

第十二条 房屋租赁期间内，因赠与、析产、继承或者买卖转让房屋的，原房屋租赁合同继续有效。

承租人在房屋租赁期间死亡的，与其生前共同居住的人可以按照原租赁合同租赁该房屋。

第十三条 房屋租赁期间出租人出售租赁房屋的，应当在出售前合理期限内通知承租人，承租人在同等条件下有优先购买权。

第十四条 房屋租赁合同订立后三十日内，房屋租赁当事人应当到租赁房屋所在地直辖市、市、县人民政府建设（房地产）主管部门办理房屋租赁登记备案。

房屋租赁当事人可以书面委托他人办理房屋租赁登记备案。

第十五条 办理房屋租赁登记备案，房屋租赁当事人应当提交下列材料：

（一）房屋租赁合同

（二）房屋租赁当事人身份证明；

（三）房屋所有权证书或者其他合法权属证明；

（四）直辖市、市、县人民政府建设（房地产）主管部门规定的其他材料。

房屋租赁当事人提交的材料应当真实、合法、有效，不得隐瞒真实情况或者提供虚假材料。

第十六条 对符合下列要求的，直辖市、市、县人民政府建设（房地产）主管部门应当在三个工作日内办理房屋租赁登记备案，向租赁当事人开具房屋租赁登记备案证明：

（一）申请人提交的申请材料齐全并且符合法定形式；

（二）出租人与房屋所有权证书或者其他合法权属证明记载的主体一致；

（三）不属于本办法第六条规定不得出租的房屋。

申请人提交的申请材料不齐全或者不符合法定形式的，直辖市、市、县人民政府建设（房地产）主管部门应当告知房屋租赁当事人需要补正的内容。

第十七条 房屋租赁登记备案证明应当载明出租人的姓名或者名称，承租人的姓名或者名称、有效身份证件种类和号码，出租房屋的坐落、租赁用途、租金数额、租赁期限等。

第十八条 房屋租赁登记备案证明遗失的，应当向原登记备案的部门补领。

第十九条 房屋租赁登记备案内容发生变化、续租或者租赁终止的，当事人应当在三十日内，到原租赁登记备案的部门办理房屋租赁登记备案的变更、延续或者注销手续。

第二十条 直辖市、市、县建设（房地产）主管部门应当建立房屋租赁登记备案信息系统，逐步实行房屋租赁合同网上登记备案，并纳入房地产市场信息系统。

房屋租赁登记备案记载的信息应当包含以下内容：

（一）出租人的姓名（名称）、住所；

（二）承租人的姓名（名称）、身份证件种类和号码；

（三）出租房屋的坐落、租赁用途、租金数额、租赁期限；

（四）其他需要记载的内容。

第二十一条 违反本办法第六条规定的，由直辖市、市、县人民政府建设（房地产）主管部门责令限期改正，对没有违法所得的，可处以五千元以下罚款；对有违法所得的，可以处以违法所得一倍以上三倍以下，但不超过三万元的罚款。

第二十二条 违反本办法第八条规定的，由直辖市、市、县人民政府建设（房地产）主管部门责令限期改正，逾期不改正的，可处以五千元以上三万元以下罚款。

第二十三条 违反本办法第十四条第一款、第十九条规定的，由直辖市、市、县人民政府建设（房地产）主管部门责令限期改正；个人逾期不改正的，处以一千元以下罚款；单位逾期不改正的，处以一千元以上一万元以下罚款。

第二十四条 直辖市、市、县人民政府建设（房地产）主管部门对符合本办法规定的房屋租赁登记备案申请不予办理、对不符合本办法规定的房屋租赁登记备案申请予以办理，或者对房屋租赁登记备案信息管理不当，给租赁当事人造成损失的，对直接负责的主管人员和其他直接责任人员依法给予处分；构成犯罪的，依法追究刑事责任。

第二十五条 保障性住房租赁按照国家有关规定执行。

第二十六条 城市规划区外国有土地上的房屋租赁和监督管理，参照本办法执行。

第二十七条 省、自治区、直辖市人民政府住房和城乡建设主管部门可以依据本办法制定实施细则。

第二十八条 本办法自 2011 年 2 月 1 日起施行，建设部 1995 年 5 月 9 日发布的《城市房屋租赁管理办法》（建设部令第 42 号）同时废止。

省域城镇体系规划编制审批办法

（2010年4月25日住房和城乡建设部令第3号发布 自2010年7月1日起施行）

第一章 总 则

第一条 为了规范省域城镇体系规划编制和审批工作，提高规划的科学性，根据《中华人民共和国城乡规划法》，制定本办法。

第二条 省域城镇体系规划的编制和审批，适用本办法。

第三条 省域城镇体系规划是省、自治区人民政府实施城乡规划管理，合理配置省域空间资源，优化城乡空间布局，统筹基础设施和公共设施建设的基本依据，是落实全国城镇体系规划，引导本省、自治区城镇化和城镇发展，指导下层次规划编制的公共政策。

第四条 编制省域城镇体系规划，应当以科学发展观为指导，坚持城乡统筹规划，促进区域协调发展；坚持因地制宜，分类指导；坚持走有中国特色的城镇化道路，节约集约利用资源、能源，保护自然人文资源和生态环境。

第五条 编制省域城镇体系规划，应当遵守国家有关法律、行政法规，并与有关规划相协调。

第六条 省域城镇体系规划的编制和管理经费应当纳入省级财政预算。

第七条 经依法批准的省域城镇体系规划应当及时向社会公布，但法律、行政法规规定不得公开的内容除外。

第二章 省域城镇体系规划的制定和修改

第八条 省、自治区人民政府负责组织编制省域城镇体系规划。省、自治区人民政府城乡规划主管部门负责省域城镇体系规划组织编制的具体工作。

第九条 省、自治区人民政府城乡规划主管部门应当委托具有城乡规划甲级资质证书的单位承担省域城镇体系规划的具体编制工作。

第十条 省域城镇体系规划编制工作一般分为编制省域城镇体系规划纲要（以下简称规划纲要）和编制省域城镇体系规划成果（以下简称规划成果）两个阶段。

第十一条 编制规划纲要的目的是综合评价省、自治区城镇化发展条件及对城乡空间布局的基本要求，分析研究省域相关规划和重大项目布局对城乡空间的影响，明确规划编制的原则和重点，研究提出城镇化目标和拟采取的对策和措施，为编制规划成果提供基础。

编制规划纲要时，应当对影响本省、自治区城镇化和城镇发展的重大问题进行专题研究。

第十二条 省、自治区人民政府城乡规划主管部门应当对规划纲要和规划成果进行充分论证，并征求同级人民政府有关部门和下一级人民政府的意见。

第十三条 国务院城乡规划主管部门应当加强对省域城镇体系规划编制工作的指导。

在规划纲要编制和规划成果编制阶段，国务院城乡规划主管部门应当分别组织对规划纲要和规划成果进行审查，并出具审查意见。

第十四条 省、自治区人民政府城乡规划主管部门向国务院城乡规划主管部门提交审查规划纲要和规划成果时，应当附专题研究报告、规划协调论证的说明和对各方面意见的采纳情况。

第十五条 省域城镇体系规划由省、自治区人民政府报国务院审批。

第十六条 省域城镇体系规划报送审批前，省、自治区人民政府应当将规划成果予以公告，并征求专家和公众的意见。公告时间不得少于三十日。

第十七条 省、自治区人民政府在省域城镇体系规划报国务院审批前，应当将规划成果提请省、自治区人民代表大会常务委员会审议。

第十八条 上报国务院的规划成果应当附具省域城镇体系规划说明书、规划编制工作的说明、征求意见和意见采纳的情况、人大常务委员会组成人员的审议意见和根据审议意见修改规划的情况等。

第十九条 省域城镇体系规划成果应当包括规划文本、图纸，以书面和电子文件两种形式表达。

规划成果的表达应当清晰、规范，符合城乡规划有关的技术标准和技术规范。

第二十条 修改省域城镇体系规划，应当符合《中华人民共和国城乡规划法》的相关规定。

修改省域城镇体系规划向国务院报告前，省、自治区人民政府城乡规划主管部门应当结合对省域城镇体系规划实施情况的评估，提出规划修改的必要性、修改规划的基本思路和重点，经省、自治区人民政府同意后，向国务院城乡规划主管部门报告。

第二十一条 修改省域城镇体系规划，应当符合本办法规定的省域城镇体系规划的编制审批程序。

第二十二条 根据实施省域城镇体系规划的需要，省、自治区人民政府城乡规划主管部门可以依据经批准的省域城镇体系规划，会同有关部门组织编制省域范围内的区域性专项规划和跨下一级行政单元的规划，落实省域城镇体系规划的要求。

第二十三条 省域范围内的区域性专项规划和跨下一级行政单元的规划，报省、自治区人民政府审批。

第三章 省域城镇体系规划的内容和成果要求

第二十四条 规划纲要应当包括下列内容：

（一）分析评价现行省域城镇体系规划实施情况，明确规划编制原则、重点和应当解决的主要问题。

（二）按照全国城镇体系规划的要求，提出本省、自治区在国家城镇化与区域协调发展中的地位和作用。

（三）综合评价土地资源、水资源、能源、生态环境承载能力等城镇发展支撑条件和制约因素，提出城镇化进程中重要资源、能源合理利用与保护、生态环境保护和防灾减灾的要求。

（四）综合分析经济社会发展目标和产业发展趋势、城乡人口流动和人口分布趋势、省域内城镇化和城镇发展的区域差异等影响本省、自治区城镇发展的主要因素，提出城镇化的目标、任务及要求。

（五）按照城乡区域全面协调可持续发展的要求，综合考虑经济社会发展与人口资源环境条件，提出优化城乡空间格局的规划要求，包括省域城乡空间布局，城乡居民点体系和优化农村居民点布局的要求；提出省域综合交通和重大市政基础设施、公共设施布局的建议；提出需要从省域层面重点协调、引导的地区，以及需要与相邻省（自治区、直辖市）共同协调解决的重大基础设施布局等相关问题。

（六）按照保护资源、生态环境和优化省域城乡空间布局的综合要求，研究提出适宜建设区、限制建设区、禁止建设区的划定原则和划定依据，明确限制建设区、禁止建设区的基本类型。

第二十五条 规划成果应当包括下列内容：

（一）明确全省、自治区城乡统筹发展的总体要求。包括城镇化目标和战略，城镇化发展质量目标及相关指标，城镇化途径和相应的城镇协调发展政策和策略；城乡统筹发展目标、城乡结构变化趋势和规划策略；根据省、自治区内的区域差异提出分类指导的城镇化政策。

（二）明确资源利用与资源生态环境保护的目标、要求和措施。包括土地资源、水资源、能源等的合理利用与保护，历史文化遗产的保护，地域传统文化特色的体现，生态环境保护。

（三）明确省域城乡空间和规模控制要求。包括中心城市等级体系和空间布局；需要从省域层面重点协调、引导地区的定位及协调、引导措施；优化农村居民点布局的目标、原则和规划要求。

（四）明确与城乡空间布局相协调的区域综合交通体系。包括省域综合交通发展目标、策略及综合交通设施与城乡空间布局协调的原则，省域综合交通网络和重要交通设施布局，综合交通枢纽城市及其规划要求。

（五）明确城乡基础设施支撑体系。包括统筹城乡的区域重大基础设施和公共设施布局原则和规划要求，中心镇基础设施和基本公共设施的配置要求；农村居民点建设和环境综合整治的总体要求；综合防灾与重大公共安全保障体系的规划要求等。

（六）明确空间开发管制要求。包括限制建设区、禁止建设区的区位和范围，提出管制要求和实现空间管制的措施，为省域内各市（县）在城市总体规划中划定"四线"等规划控制线提供依据。

（七）明确对下层次城乡规划编制的要求。结合本省、自治区的实际情况，综合提出对各地区在城镇协调发展、城乡空间布局、资源生态环境保护、交通和基础设施布局、空间开发管制等方面的规划要求。

（八）明确规划实施的政策措施。包括城乡统筹和城镇协调发展的政策；需要进一步深化落实的规划内容；规划实施的制度保障，规划实施的方法。

省、自治区人民政府城乡规划主管部门根据本省、自治区实际，可以在省域城镇体系规划中提出与相邻省、自治区、直辖市的协调事项，近期行动计划等规划内容。必要时可以将本省、自治区分成若干区，深化和细化规划要求。

第二十六条 限制建设区、禁止建设区的管制要求，重要资源和生态环境保护目标，省域内区域性重大基础设施布局等，应当作为省域城镇体系规划的强制性内容。

第二十七条 省域城镇体系规划的规划期限一般为二十年，还可以对资源生态环境保护和城乡空间布局等重大问题作出更长远的预测性安排。

第四章 附 则

第二十八条 省域范围内的区域性专项规划和跨下一级行政单元规划内容和编制审批的具体要求，由各地参照本办法确定。

第二十九条 本办法自 2010 年 7 月 1 日起施行。1994 年 8 月 15 日建设部发布的《城镇体系规划编制审批办法》（建设部令第 36 号）同时废止。

城市、镇控制性详细规划编制审批办法

中华人民共和国住房和城乡建设部令第7号

第一章　总　则

第一条　为了规范城市、镇控制性详细规划编制和审批工作，根据《中华人民共和国城乡规划法》，制定本办法。

第二条　控制性详细规划的编制和审批，适用本办法。

第三条　控制性详细规划是城乡规划主管部门作出规划行政许可、实施规划管理的依据。

国有土地使用权的划拨、出让应当符合控制性详细规划。

第四条　控制性详细规划的编制和管理经费应当按照《城乡规划法》第六条的规定执行。

第五条　任何单位和个人都应当遵守经依法批准并公布的控制性详细规划，服从规划管理，并有权就涉及其利害关系的建设活动是否符合控制性详细规划的要求向城乡规划主管部门查询。

任何单位和个人都有权向城乡规划主管部门或者其他有关部门举报或者控告违反控制性详细规划的行为。

第二章　城市、镇控制性详细规划的编制

第六条　城市、县人民政府城乡规划主管部门组织编制城市、县人民政府所在地镇的控制性详细规划；其他镇的控制性详细规划由镇人民政府组织编制。

第七条　城市、县人民政府城乡规划主管部门、镇人民政府（以下统称控制性详细规划组织编制机关）应当委托具备相应资质等级的规划编制单位承担控制性详细规划的具体编制工作。

第八条　编制控制性详细规划，应当综合考虑当地资源条件、环境状况、历史文化遗产、公共安全以及土地权属等因素，满足城市地下空间利用的需要，妥善处理近期与长远、局部与整体、发展与保护的关系。

第九条　编制控制性详细规划，应当依据经批准的城市、镇总体规划，遵守国家有关标准和技术规范，采用符合国家有关规定的基础资料。

第十条　控制性详细规划应当包括下列基本内容：

（一）土地使用性质及其兼容性等用地功能控制要求；

（二）容积率、建筑高度、建筑密度、绿地率等用地指标；

（三）基础设施、公共服务设施、公共安全设施的用地规模、范围及具体控制要求，地下管线控制要求；

（四）基础设施用地的控制界线（黄线）、各类绿地范围的控制线（绿线）、历史文化街区和历史建筑的保护范围界线（紫线）、地表水体保护和控制的地域界线（蓝线）等“四线”及控制要求。

第十一条　编制大城市和特大城市的控制性详细规划，可以根据本地实际情况，结合城市空间布局、规划管理要求，以及社区边界、城乡建设要求等，将建设地区划分为若干规划控制单元，组织编制单元规划。

镇控制性详细规划可以根据实际情况，适

当调整或者减少控制要求和指标。规模较小的建制镇的控制性详细规划，可以与镇总体规划编制相结合，提出规划控制要求和指标。

第十二条 控制性详细规划草案编制完成后，控制性详细规划组织编制机关应当依法将控制性详细规划草案予以公告，并采取论证会、听证会或者其他方式征求专家和公众的意见。

公告的时间不得少于 30 日。公告的时间、地点及公众提交意见的期限、方式，应当在政府信息网站以及当地主要新闻媒体上公布。

第十三条 控制性详细规划组织编制机关应当制订控制性详细规划编制工作计划，分期、分批地编制控制性详细规划。

中心区、旧城改造地区、近期建设地区，以及拟进行土地储备或者土地出让的地区，应当优先编制控制性详细规划。

第十四条 控制性详细规划编制成果由文本、图表、说明书以及各种必要的技术研究资料构成。文本和图表的内容应当一致，并作为规划管理的法定依据。

第三章　城市、镇控制性详细规划的审批

第十五条 城市的控制性详细规划经本级人民政府批准后，报本级人民代表大会常务委员会和上一级人民政府备案。

县人民政府所在地镇的控制性详细规划，经县人民政府批准后，报本级人民代表大会常务委员会和上一级人民政府备案。其他镇的控制性详细规划由镇人民政府报上一级人民政府审批。

城市的控制性详细规划成果应当采用纸质及电子文档形式备案。

第十六条 控制性详细规划组织编制机关应当组织召开由有关部门和专家参加的审查会。审查通过后，组织编制机关应当将控制性详细规划草案、审查意见、公众意见及处理结果报审批机关。

第十七条 控制性详细规划应当自批准之日起 20 个工作日内，通过政府信息网站以及当地主要新闻媒体等便于公众知晓的方式公布。

第十八条 控制性详细规划组织编制机关应当建立控制性详细规划档案管理制度，逐步建立控制性详细规划数字化信息管理平台。

第十九条 控制性详细规划组织编制机关应当建立规划动态维护制度，有计划、有组织地对控制性详细规划进行评估和维护。

第二十条 经批准后的控制性详细规划具有法定效力，任何单位和个人不得随意修改；确需修改的，应当按照下列程序进行：

（一）控制性详细规划组织编制机关应当组织对控制性详细规划修改的必要性进行专题论证；

（二）控制性详细规划组织编制机关应当采用多种方式征求规划地段内利害关系人的意见，必要时应当组织听证；

（三）控制性详细规划组织编制机关提出修改控制性详细规划的建议，并向原审批机关提出专题报告，经原审批机关同意后，方可组织编制修改方案；

（四）修改后应当按法定程序审查报批。报批材料中应当附具规划地段内利害关系人意见及处理结果。

控制性详细规划修改涉及城市总体规划、镇总体规划强制性内容的，应当先修改总体规划。

第四章　附　则

第二十一条 各地可以根据本办法制定实施细则和编制技术规定。

第二十二条 本办法自 2011 年 1 月 1 日起施行。

房屋建筑和市政基础设施工程质量监督管理规定

（2010 年 8 月 1 日住房和城乡建设部令第 5 号发布　自 2010 年 9 月 1 日起施行）

第一条　为了加强房屋建筑和市政基础设施工程质量的监督，保护人民生命和财产安全，规范住房和城乡建设主管部门及工程质量监督机构（以下简称主管部门）的质量监督行为，根据《中华人民共和国建筑法》、《建设工程质量管理条例》等有关法律、行政法规，制定本规定。

第二条　在中华人民共和国境内主管部门实施对新建、扩建、改建房屋建筑和市政基础设施工程质量监督管理的，适用本规定。

第三条　国务院住房和城乡建设主管部门负责全国房屋建筑和市政基础设施工程（以下简称工程）质量监督管理工作。

县级以上地方人民政府建设主管部门负责本行政区域内工程质量监督管理工作。

工程质量监督管理的具体工作可以由县级以上地方人民政府建设主管部门委托所属的工程质量监督机构（以下简称监督机构）实施。

第四条　本规定所称工程质量监督管理，是指主管部门依据有关法律法规和工程建设强制性标准，对工程实体质量和工程建设、勘察、设计、施工、监理单位（以下简称工程质量责任主体）和质量检测等单位的工程质量行为实施监督。

本规定所称工程实体质量监督，是指主管部门对涉及工程主体结构安全、主要使用功能的工程实体质量情况实施监督。

本规定所称工程质量行为监督，是指主管部门对工程质量责任主体和质量检测等单位履行法定质量责任和义务的情况实施监督。

第五条　工程质量监督管理应当包括下列内容：

（一）执行法律法规和工程建设强制性标准的情况；

（二）抽查涉及工程主体结构安全和主要使用功能的工程实体质量；

（三）抽查工程质量责任主体和质量检测等单位的工程质量行为；

（四）抽查主要建筑材料、建筑构配件的质量；

（五）对工程竣工验收进行监督；

（六）组织或者参与工程质量事故的调查处理；

（七）定期对本地区工程质量状况进行统计分析；

（八）依法对违法违规行为实施处罚。

第六条　对工程项目实施质量监督，应当依照下列程序进行：

（一）受理建设单位办理质量监督手续；

（二）制订工作计划并组织实施；

（三）对工程实体质量、工程质量责任主体和质量检测等单位的工程质量行为进行抽查、抽测；

（四）监督工程竣工验收，重点对验收的组织形式、程序等是否符合有关规定进行监督；

（五）形成工程质量监督报告；

（六）建立工程质量监督档案。

第七条 工程竣工验收合格后，建设单位应当在建筑物明显部位设置永久性标牌，载明建设、勘察、设计、施工、监理单位等工程质量责任主体的名称和主要责任人姓名。

第八条 主管部门实施监督检查时，有权采取下列措施：

（一）要求被检查单位提供有关工程质量的文件和资料；

（二）进入被检查单位的施工现场进行检查；

（三）发现有影响工程质量的问题时，责令改正。

第九条 县级以上地方人民政府建设主管部门应当根据本地区的工程质量状况，逐步建立工程质量信用档案。

第十条 县级以上地方人民政府建设主管部门应当将工程质量监督中发现的涉及主体结构安全和主要使用功能的工程质量问题及整改情况，及时向社会公布。

第十一条 省、自治区、直辖市人民政府建设主管部门应当按照国家有关规定，对本行政区域内监督机构每三年进行一次考核。

监督机构经考核合格后，方可依法对工程实施质量监督，并对工程质量监督承担监督责任。

第十二条 监督机构应当具备下列条件：

（一）具有符合本规定第十三条规定的监督人员。人员数量由县级以上地方人民政府建设主管部门根据实际需要确定。监督人员应当占监督机构总人数的 75%以上；

（二）有固定的工作场所和满足工程质量监督检查工作需要的仪器、设备和工具等；

（三）有健全的质量监督工作制度，具备与质量监督工作相适应的信息化管理条件。

第十三条 监督人员应当具备下列条件：

（一）具有工程类专业大学专科以上学历或者工程类执业注册资格；

（二）具有三年以上工程质量管理或者设计、施工、监理等工作经历；

（三）熟悉掌握相关法律法规和工程建设强制性标准；

（四）具有一定的组织协调能力和良好职业道德。

监督人员符合上述条件经考核合格后，方可从事工程质量监督工作。

第十四条 监督机构可以聘请中级职称以上的工程类专业技术人员协助实施工程质量监督。

第十五条 省、自治区、直辖市人民政府建设主管部门应当每两年对监督人员进行一次岗位考核，每年进行一次法律法规、业务知识培训，并适时组织开展继续教育培训。

第十六条 国务院住房和城乡建设主管部门对监督机构和监督人员的考核情况进行监督抽查。

第十七条 主管部门工作人员玩忽职守、滥用职权、徇私舞弊，构成犯罪的，依法追究刑事责任；尚不构成犯罪的，依法给予行政处分。

第十八条 抢险救灾工程、临时性房屋建筑工程和农民自建低层住宅工程，不适用本规定。

第十九条 省、自治区、直辖市人民政府建设主管部门可以根据本规定制定具体实施办法。

第二十条 本规定自 2010 年 9 月 1 日起施行。

广东省非农业建设补充耕地管理办法

（广东省人民政府令第 146 号）

第一条 为了切实保护耕地，严格控制耕地转为非农业建设用地，确保耕地总量动态平衡，根据《中华人民共和国土地管理法》和其他有关法律法规，结合本省实际，制定本办法。

第二条 本办法适用于本省行政区域内非农业建设补充耕地的管理。

第三条 非农业建设经批准占用耕地的，按照“占多少，垦多少”的原则，由占用耕地的单位或者个人负责开垦与所占用耕地的数量和质量相当的耕地；没有条件开垦或者开垦的耕地不符合要求的，应当按照本办法的规定缴纳耕地开垦费。耕地开垦费应当作为建设用地成本列入建设项目总投资。

耕地开垦费应当专款专用，用于耕地开垦和新开垦耕地的地力培育等开支。

第四条 各级人民政府应当鼓励实行土地整理复垦开发。土地整理复垦开发应当按照下列程序进行：

（一）县级以上人民政府土地行政主管部门根据土地利用总体规划，组织编制当地的土地整理复垦开发专项规划，建立省、市（地级以上市，下同）、县（含县级市、区，下同）补充耕地项目库；

（二）县级以上人民政府土地行政主管部门根据土地利用年度计划以及土地整理复垦开发专项规划，编制土地整理复垦开发年度计划方案，并从补充耕地项目库中安排具体项目，组织有关单位实施项目建设；

（三）县级以上人民政府土地行政主管部门组织同级人民政府有关部门进行项目验收。

土地整理复垦开发专项规划应当与城乡规划相衔接，补充的耕地不得在规划建设用地范围内划定。

第五条 县级以上人民政府土地行政主管部门负责本办法的实施和监督。

农业、林业、发展改革、财政、环保、规划建设、监察、审计、物价等部门应当按照各自的职能，协同做好有关工作。

第六条 县级以上人民政府土地行政主管部门应当根据上级下达的土地整理复垦开发计划指标，结合当地建设用地和土地利用的实际状况编制耕地开发年度计划和土地整理年度计划，报同级人民政府批准后实施，并报省土地行政主管部门备案。

第七条 在土地利用总体规划确定的城市、县城镇建设用地范围内，为实施城市规划、县城镇规划而由城市、县人民政府统一征收、占用耕地的，由城市、县人民政府承担耕地补偿责任。在土地利用总体规划确定的镇、乡、村庄建设用地范围内，为实施镇、乡、村庄规划占用耕地的，由镇（乡）人民政府或者农村集体经济组织承担耕地补偿责任。在安排具体项目用地时，由用地单位按照规定标准缴纳耕地开垦费。

在土地利用总体规划确定的城市、县城镇、镇、乡和村庄建设用地范围外，能源、交通、水利、矿山、军事设施等单独选址的建设项目占用耕地的，由用地单位承担耕地补偿责任。

第八条 在土地利用总体规划确定的城市和村庄、集镇建设用地范围内，分批次农用地转用占用耕地，实行先补后占的，在办理转用手续时，可以用耕地储备指标作为补充耕地，不再缴纳耕地开垦费；未能实行先补后占，需要使用上级人民政府储备的耕地指标的，由承担耕地补偿责任的主体在申请办理转用手续时缴纳耕地开垦费。

单独选址建设项目占用耕地，用地单位通过先补后占补充耕地的，应当向市、县土地行政主管部门提出申请，由市、县土地行政主管部门统筹安排；未能实行先补后占的，用地单位应当缴纳耕地开垦费。

第九条 市、县人民政府可以先行组织实施土地整理复垦开发项目，开垦的新耕地经验收确认后，在确保本地耕地占补平衡的情况下，剩余部分可以作为耕地储备指标。

经市、县人民政府同意，耕地储备指标可以有偿转让给耕地占补不平衡的市、县作为补充耕地的统计指标。耕地原有的所有权、使用权不变。转让耕地储备指标的市、县人民政府应当承担相应的耕地保有量责任。

各级人民政府转让耕地储备指标的收入纳入财政预算管理，用于耕地开发、耕地保护、异地造林、农田林网等支出，具体办法由省财政部门会同省土地、林业行政主管部门另行制定。

第十条 耕地开垦费按照如下标准缴纳（按照每平方米计）：

（一）县、县级市辖区内 18 元；

（二）地级以上市辖区内（不含所辖县、县级市）28 元。

占用基本农田的，耕地开垦费每平方米加收 20 元。

第十一条 耕地开垦费属于行政事业性收费，应当在办理农用地转用审批前缴清，纳入财政预算管理。

第十二条 省级管理的耕地开垦费的使用，每年由省土地行政主管部门和省农业行政主管部门编制年度收支预算报省财政部门审核同意，具体资金使用按照财政国库集中支付等有关规定，直接拨付给耕地开垦、补充耕地和地力培育项目或者项目管理单位，专项用于耕地开垦、补充耕地和地力培育。

耕地开垦工作中的选址、勘察、测量、论证、竣工验收等所需的业务费用，按照不超过缴入财政专户耕地开垦费的 3%列支。

第十三条 补充开垦耕地应当在占用耕地的市、县范围内实施。确因土地后备资源匮乏，无法在本地区开垦补充所占耕地的，可以通过易地开发补充耕地。

第十四条 补充开垦耕地按照下列程序验收：

（一）补充开垦耕地后，由县土地行政主管部门会同同级农业、林业行政主管部门进行初验；

（二）初验合格的，由市土地行政主管部门会同同级农业、林业行政主管部门进行验收；

（三）验收合格的，由省土地行政主管部门会同省农业、林业、发展改革、财政、监察、审计等部门进行抽查；

（四）抽查合格的，由市土地、农业、林业行政主管部门对该抽查批次项目进行验收确认。

第十五条 县级以上人民政府可以要求占用耕地的单位，将所占用耕地耕作层的土壤用于新开垦耕地、劣质地或者其他耕地的土壤改良。

第十六条 侵占、挪用耕地开垦费的，依照《中华人民共和国土地管理法》和《财政违法行为处罚处分条例》的有关规定处理。

第十七条 对未按照规定实现耕地占补平衡的市、县，由省人民政府责令限期补充，并冻结该地区下一年度农用地转用计划指标，暂停农用地转用审批。

第十八条 本办法自 2010 年 9 月 1 日起施行。广东省人民政府 2001 年 11 月 13 日公布的《广东省非农业建设补充耕地管理办法》同时废止。

广东省建设项目安全设施监督管理办法

（2010年7月20日广东省人民政府令第147号公布　自2010年10月1日起施行）

第一条　为了加强在建建设项目安全设施的监督管理，防止和减少生产安全事故，保障人民群众生命和财产安全，根据《中华人民共和国安全生产法》和《广东省安全生产条例》等法律法规，结合本省实际，制定本办法。

第二条　本办法适用于本省行政区域内生产经营单位新建、改建、扩建工程项目（以下统称在建建设项目）的安全设施建设及其监督管理。

法律、法规、规章对在建建设项目的安全设施建设及其监督管理另有规定的，从其规定。

第三条　本办法所称在建建设项目安全设施，是指生产经营单位在生产经营活动中用于防范生产安全事故的设施、设备、装置、构（建）筑物。

第四条　在建建设项目安全设施必须与主体工程同时设计、同时施工、同时投入生产和使用（以下简称“三同时”）。安全设施投资应当纳入在建建设项目概算。

第五条　省人民政府安全生产监督管理部门对省人民政府及其有关主管部门审批、核准、备案的在建建设项目，以及国家规定由省人民政府安全生产监督管理部门审查、验收的在建建设项目安全设施实施监督管理。

地级以上市人民政府安全生产监督管理部门对地级以上市人民政府及其有关主管部门审批、核准、备案的在建建设项目安全设施实施监督管理。

县级人民政府安全生产监督管理部门对县级人民政府及其有关主管部门审批、核准、备案的在建建设项目安全设施实施监督管理。

第六条　各级人民政府有关主管部门在在建建设项目的安全设施设计、施工、验收工作中应当履行下列职责：

（一）在建设项目审批、核准、备案中执行安全生产“三同时”规定，督促和指导建设、设计、施工等单位执行安全设施设计审查和竣工验收规定；

（二）将建设项目年度计划及时抄送同级人民政府安全生产监督管理部门；

（三）在组织建设项目可行性研究时，要求生产经营单位将安全设施和安全条件的论证内容作为可行性研究报告的专门章（节）；

（四）在审查建设项目计划任务书时，审查安全设施的所需投资是否纳入建设项目概算。

第七条　下列在建建设项目应当进行安全预评价：

（一）储存烟花爆竹的在建建设项目；

（二）《建筑设计防火规范》规定火灾危险性为甲类的在建建设项目；

（三）《爆炸危险场所安全规定》中规定爆炸危险场所等级为特别危险场所和高度危险场所的建设项目；

（四）其他按照国家规定需要进行安全预评价的在建建设项目。

第八条　按照本办法第七条规定进行安全预评价的在建建设项目，生产经营单位应当委托取得相应资质的安全评价机构编制《安全预评价报告》。

《安全预评价报告》的内容应当符合国家

标准和行业标准。

第九条 生产经营单位对在建建设项目设计时，应当组织或者委托具有相应设计资质的设计单位对在建建设项目进行安全设施设计。没有安全设施设计的，不得开工建设。

安全设施设计应当符合国家标准、行业标准以及省规定的安全生产标准和技术规范。

第十条 安全设施的设计单位应当建立健全质量保证制度和责任追究制度。

设计单位的下列人员按照国家有关规定承担相应的终身质量责任：

（一）设计单位的法定代表人对本单位编制的设计文件全面负责；

（二）设计单位的项目负责人对其负责项目的设计文件负责；

（三）设计单位的技术责任人、项目审核人、项目审定人对其负责审核、审定的设计文件负责；

（四）注册执业人员和专业技术人员对其负责编制的设计文件负责。

第十一条 本办法第七条规定的在建建设项目在初步设计时应当依据《安全预评价报告》编制《安全设施设计专篇》。

《安全设施设计专篇》应当包含下列内容：

（一）设计依据；

（二）建设项目概述；

（三）建设项目周边环境安全分析；

（四）建筑及场地布置；

（五）生产过程中的危险、有害因素分析；

（六）安全设施设计采取的防范措施；

（七）安全生产管理机构设置或者安全生产管理人员配备情况；

（八）安全设施专项投资概算；

（九）《安全预评价报告》中的对策及建议采纳情况；

（十）预期效果以及存在的问题与建议；

（十一）列出建设项目设计中所采用、采取的全部安全设施，并对每个安全设施符合或者高于国家现行有关安全生产法律、法规、规章以及标准的具体条款的说明；

（十二）法律、法规、规章规定需要说明的其他事项。

第十二条 本办法第七条规定的在建建设项目的生产经营单位应当在在建建设项目初步设计完成后，向有审查权的人民政府安全生产监督管理部门提出建设项目安全设施设计审查申请，并提交下列资料：

（一）建设项目审批、核准、备案的文件；

（二）《安全预评价报告》；

（三）建设项目初步设计报告及《安全设施设计专篇》；

（四）法律、法规、规章规定需要提交的其他材料。

第十三条 安全生产监督管理部门应当会同住房城乡建设行政主管部门在受理审查申请之日起 20 个工作日内作出审查同意或者不同意的决定，并书面告知生产经营单位；作出不同意决定的，还应当说明理由和依据。20 个工作日内不能作出决定的，经本行政机关负责人批准，可以延长 10 个工作日，并应当将延长期限的理由书面告知申请单位。

第十四条 有下列情形之一的，不得通过设计审查：

（一）在建建设项目安全设施的设计由不具备设计资质的设计单位承担的；

（二）《安全预评价报告》由未取得相应资质的安全评价机构编制的；

（三）主要危害防治措施不符合法律、法规、规章规定的；

（四）安全设施设计不符合国家标准和行业标准的；

（五）不符合法律、法规、规章规定的其他条件的。

第十五条 安全设施设计经审查同意后，

在建建设项目的地点、性质、规模、采用的生产工艺和主要设备、安全生产措施等事项发生变更的，生产经营单位应当按照原审查程序报经批准。

第十六条 安全设施设计单位应当向生产经营单位、施工单位详细说明设计文件，提供施工现场技术服务。

第十七条 施工单位应当按照审查同意的安全设施设计进行施工，并对安全设施的工程质量负责。

第十八条 施工单位发现安全设施设计文件有错漏的，应当及时向生产经营单位、设计单位提出。生产经营单位、设计单位应当及时处理。

施工单位发现安全设施存在重大安全隐患时，应当立即停止施工并报告生产经营单位进行整改。整改合格后，方可恢复施工。

第十九条 在建建设项目安全设施建成后，生产经营单位应当对安全设施进行检查，对发现的问题及时整改。

第二十条 本办法第七条规定的在建建设项目竣工后，应当在正式投入生产或者使用前进行试运行。

试运行时间应当不少于 30 日，最长不得超过 180 日，有特殊要求的行业除外。

第二十一条 试运行期间，生产经营单位应当委托取得相应资质的安全评价机构对安全设施进行验收评价。

第二十二条 本办法第七条规定的在建建设项目，生产经营单位应当向有审查权的安全生产监督管理部门提出安全设施验收申请，并提交下列材料：

（一）建设项目试运行自查报告；

（二）安全验收评价报告；

（三）安全生产管理机构设置或者安全生产管理人员配备情况；

（四）施工单位资质证明材料；

（五）施工期间安全事故及重大工程质量事故情况；

（六）主要负责人、安全生产管理人员和特种作业人员安全培训及职业培训资格情况；

（七）安全生产责任制、安全规章制度和安全操作规程；

（八）事故应急救援预案及应急救援预案演习材料；

（九）法律、法规、规章规定提交的其他材料。

第二十三条 安全生产监督管理部门应当在接到生产经营单位的安全设施验收申请之日起 20 个工作日内作出验收合格或者不合格的决定，并书面告知生产经营单位；作出验收不合格决定的，还应当说明理由和依据。20 个工作日内不能作出决定的，经本行政机关负责人批准，可以延长 10 个工作日，并应当将延长期限的理由书面告知申请单位。

第二十四条 本办法第七条规定的在建建设项目的安全设施验收有下列情形之一的，不得通过安全设施验收：

（一）安全设施未达到设计要求的；

（二）未委托取得相应资质的安全评价机构对在建建设项目安全设施进行验收评价的；

（三）未按照规定设置安全生产管理机构或者配备安全生产管理人员的；

（四）企业主要负责人、安全生产管理人员和特种作业人员未经过安全培训或者不具备相应资格的；

（五）施工单位不具备相关资质证明的；

（六）不符合法律、法规规定的其他条件。

第二十五条 本办法第七条规定以外的在建建设项目竣工后，生产经营单位应当及时组织取得相应资质的安全评价机构对安全设施进行验收评价，并在在建建设项目正式投入生产或者使用前，将安全设施验收情况向有在建建设项目审批、核准、备案权的同级人民政府安全生产监督管理部门备案。

备案时应当提交安全设施验收报告，并载明下列内容：

（一）安全设施设计是否符合国家标准、行业标准以及省规定的安全生产标准和技术规范；

（二）安全设施的施工是否符合设计的要求；

（三）安全设施测试运行的情况；

（四）竣工验收单位、人员出具的验收意见；

（五）生产经营单位对竣工验收结果的意见；

（六）验收报告应当说明的其他事项。

第二十六条 违反本办法规定需要给予行政处罚的，依照《中华人民共和国安全生产法》和《广东省安全生产条例》的有关规定执行。

第二十七条 本办法有关文书表格由省安全生产监督管理部门统一制定，并通过其门户网站提供免费下载。

第二十八条 本办法自2010年10月1日起施行。

深圳市房地产市场监管办法

（深圳市人民政府令第221号）

第一章 总 则

第一条 为加强深圳市（以下简称本市）房地产市场管理，规范房地产开发经营、经纪和估价行为，维护房地产市场秩序，保障房地产活动当事人的合法权益，根据有关法律、法规和规章，结合本市实际，制定本办法。

第二条 本办法适用于本市行政区域内房地产开发经营、经纪和估价活动及相应房地产市场管理行为。

第三条 房地产开发经营、经纪和估价，应当遵循合法、平等、公平、自愿、诚实信用的原则。

房地产开发企业、经纪和估价机构及其从业人员的合法权益受法律保护，任何单位和个人不得非法干预其业务活动和结果。

房地产开发企业、经纪和估价机构及其从业人员应当妥善保管在业务活动中获悉的交易当事人的资料，保守当事人的个人隐私和商业秘密，不得违法利用其所获取的信息。

第四条 市政府房地产主管部门（以下简称主管部门）依法对房地产市场进行指导、检查、监督和管理。

发展改革、工商、价格、建设、税务、劳动、国有资产管理、银行监管等部门依据各自职责对房地产市场行为进行监管。

第五条 主管部门应当根据房地产市场监管的要求，建立房地产信息系统，作为房地产交易、管理的操作平台和有关房地产交易、管理信息的发布平台，实现对房地产市场的动态监控。

除依法公开的信息外，使用房地产信息系统应当进行数字认证，以获取相应的操作权限。

信息系统的管理和使用办法由主管部门另行制定。

第六条 鼓励和引导房地产开发企业、经纪和估价机构成立和完善相关房地产行业组织。房地产行业组织在主管部门的指导下，依照法律、法规、规章和行业组织章程，实行房地产行业自律管理。

房地产行业组织应当积极组织房地产开发企业、经纪和估价机构及其从业人员的业务培训和继续教育。

房地产开发企业、经纪和估价机构及其从业人员应当按时参加业务培训和继续教育，不断提高业务素质和从业水平。

第二章　房地产开发经营

第七条　从事房地产开发经营活动的企业应当依法取得房地产开发资质证书。

禁止未取得房地产开发资质证书的任何单位和个人从事房地产开发，禁止任何单位和个人违反国家土地管理法律法规擅自在未依法取得建设用地使用权的土地上进行房地产开发。

禁止销售前款规定的违法开发建设的建筑物，禁止任何单位和个人为其销售行为提供法律见证、经纪、公证、贷款等服务和便利。

第八条　房地产开发项目应当在申报立项时，按照国家有关规定建立项目资本金，在商业银行设立专户存储，专项用于项目建设。商业银行办理项目资本金存储手续后，应当向房地产开发企业出具项目资本金存储证明。

房地产开发项目建设资金包括项目资本金，项目资本金不符合国家有关规定的，发展改革部门不予核准立项，建设部门不予颁发施工许可证。

第九条　房地产开发项目申请预售前，项目资本金账户余额应当不低于项目资本金10%，并在项目取得规划验收合格凭证后，方可提取使用。

在符合提取使用条件前，房地产开发企业不得以任何方式将前款规定的项目资本金挪作他用，商业银行不得拨付。

商业银行出具不实资本金存储证明或者不按本条规定拨付资金的，银行监管部门应当依法处理并在征信记录中作不良行为记录。

第十条　房地产开发企业应当在签订建设用地使用权出让合同后 10 日内，建立房地产开发项目手册。房地产开发项目建设和经营过程中的主要事项，应当在房地产开发项目手册中予以记载并及时更新。

第十一条　房地产开发企业销售商品房之前，应当合理确定销售价格，并报价格监督执法部门备案。

房地产开发企业应当按照经备案的销售价格，明码标价销售商品房。确需调整销售价格且调整幅度超出备案价格 15%的，应当在调整价格前办理备案变更。

价格综合管理部门应当会同相关部门制定并公布房地产开发价格行为规则，引导、规范房地产开发企业依法自主定价。

第十二条　商品房预售应当符合下列条件：

（一）已付清地价款，并取得房地产权利证书；

（二）取得建设工程规划许可证、建设工程施工许可证；

（三）七层以下（含本数）的商品房项目已封顶；七层以上的商品房项目已完成地面以上三分之二层数；

（四）确定施工进度和竣工交付日期；

（五）预售商品房项目及其土地使用权未设定他项权利且未被司法机关或者行政机关查封、扣押；

（六）项目资本金账户余额不低于项目资本金 10%；

（七）法律、法规规定的其他条件。

房地产开发企业在依法取得商品房预售许可证前，不得直接出售或者以内部认购、内部认筹等方式变相出售商品房。

第十三条　取得预售许可证后，房地产开发企业应当在 10 日内通过房地产信息系统一次公示全部预售商品房、预售时间、预售地点、预售方式及预售价格，不得以内部认购、内部认筹等方式进行非公开预售。

第十四条 房地产开发企业销售商品房，应当将下列材料在营业场所公示：

（一）购房指引；

（二）营业执照和资质证书；

（三）建设用地规划许可证、建设工程规划许可证和建设工程施工许可证；

（四）采取预售的，应当公示商品房预售许可证；

（五）建设用地使用权出让合同书；

（六）商品房买卖合同示范文本及附件；

（七）商品房项目总平面图和测绘报告；

（八）商品房能源消耗指标、节能措施和保护要求、保温工程保修期；

（九）商品房销售控制表；

（十）业主临时管理规约；

（十一）前期物业服务企业名称、收费标准和物业服务合同；

（十二）法律、法规、规章和主管部门要求公示的其他材料。

第十五条 房地产开发企业应当为购房人查询与所购商品房有关城市规划、公共配套设施、开发进度等信息提供便利。

第十六条 房地产开发企业应当通过房地产信息系统使用主管部门提供的商品房认购书和商品房买卖合同示范文本。

房地产开发企业和购房人经协商一致，可以依法对示范文本的条款进行变更或者增减条款，但不得违反法律、法规强制性规定以及建设用地使用权出让合同的约定。

房地产开发企业预售商品房，应当在商品房买卖合同签订之日起 10 日内，将签订的合同通过房地产信息系统报主管部门备案。

第十七条 房地产开发企业的销售广告、售楼书、样板房等就商品房及相关设施的说明和允诺具体确定，并对商品房买卖合同的订立和价格的确定有重大影响的，应当视为商品房买卖合同的内容。

房地产开发企业应当对样板房的装修装饰材料及其价格、规格等信息以书面形式详细说明，并逐项列明是否与销售商品房一致，置于样板房入口等显要位置。

房地产开发企业未提供样板房说明，样板房即为具体确定的商品房及相关设施的说明和允诺；样板房说明未予说明、明确的项目，该样板房项目即为具体确定的商品房及相关设施的说明和允诺。

第十八条 在商品房预售项目竣工前，商品房预售款必须专项用于购买该预售项目建设必需的建筑材料、设备和支付项目建设的施工进度款（含工资及社会保险）及法定税费、行政罚款，不得挪作他用。

第十九条 房地产开发企业使用预售款缴纳法定税费、行政罚款的，应当凭法定税费计税依据、凭证或者行政处罚决定书向商业银行申请提取使用；使用预售款支付工程进度款（含工资及社会保险）或者建设材料、设备款项的，应当凭经监理企业和施工企业共同确认的施工计划、施工进度说明、施工企业或者材料设备供应企业收款账号向商业银行申请提取使用，款项直接支付至施工企业或者材料设备供应企业。

商业银行收到预售款拨付请求后，可以就工程进度进行现场查验。经查验认为申请使用款项与进度明显不符的，商业银行应当拒绝拨付。

商业银行不按本办法第十八条、第十九条规定拨付预售款的，银行监管部门应当依法处理并在征信记录中作不良行为记录。

第二十条 房地产开发企业应当将预售款申请使用和拨付情况如实即时载入项目手册。

房地产开发企业应当按照有关规定，在房地产开发项目竣工验收后及时办理工程结算手续，向施工企业支付工程结算款。房地产开发企业应当在工程款（含质量保修金）全部依约支付完毕后方可在开户商业银行办理预售款专用账户注销手续。

第二十一条 房地产开发企业委托房地产经纪机构代理销售商品房，应当在其发布的商品房销售广告中同时载明受托房地产经纪机构的名称和备案编号。

第二十二条 房地产开发企业怠于开发建设造成土地闲置的，主管部门应当依法进行处置，并纳入诚信档案。

房地产开发企业按闲置土地处置方案要求将相关处置责任履行完毕前，主管部门应当在土地使用权招标、拍卖、挂牌等公开出让条件中禁止该房地产开发企业及其控股股东参与竞买。

第二十三条 房地产开发企业在房地产销售活动中，不得有下列损害购房人权益的行为：

（一）在未解除商品房买卖合同前，将作为合同标的物的商品房再行销售给他人；

（二）订立虚假合同；

（三）违反价格备案制度出售商品房；

（四）在取得商品房预售许可证前，与购房人签订商品房认购书，或者以意向金、诚意金及其他形式收取购房人的押金、定金或者购房款；

（五）违背购房人的意愿，搭售其他商品、强制或者变相强制服务并收取费用，或者附加购房人提供资金证明等其他不合理的条件；

（六）法律、法规、规章禁止的其他行为。

第二十四条 房地产开发企业在房地产开发经营活动中，不得有下列价格违法行为：

（一）以协议、决定或者其他协同行为相互串通，统一确定、维持、变更价格；

（二）通过囤积截留房源、捂盘惜售等方式限制销售数量，操纵价格；

（三）捏造、散布涨价或者房源断缺等信息，哄抬价格，引发市场恐慌，推动商品房价格过高上涨；

（四）在提供相同等级、相同质量的商品房时，无正当理由，对不同的交易相对人实行不同的销售价格；

（五）法律、法规、规章禁止的其他价格违法行为。

第二十五条 房地产开发企业在房地产开发经营活动中，不得有下列不正当竞争行为：

（一）擅自使用他人的企业或者项目名称以及代表其名称的标志、图形、代号，使人误认为是他人的商品房或者经营活动；

（二）伪造或者冒用认证标志、名优标志等质量标志，对商品房质量作引人误解的虚假表示；

（三）以销售商品房为目的，利用财物或者其他手段对项目建设、通讯、质检、供水、供电等企业、事业单位以及房地产经纪、估价等中介机构进行贿赂；

（四）以不正当手段获取他人的商业秘密或者披露、使用、允许他人使用以不当手段获取的商业秘密；

（五）捏造、散布虚假事实，损害竞争对手的商业信誉、商品声誉；

（六）从事法律明文禁止的有奖销售行为；

（七）利用广告或者其他方法，对商品作引人误解的虚假宣传；

（八）法律、法规、规章禁止的其他不正当竞争行为。

第二十六条 房地产经纪机构、估价机构及其从业人员不得为房地产开发企业实施本办法第二十三条至第二十五条规定的行为提供服务或者便利。

第三章　房地产经纪

第二十七条 本办法所称房地产经纪人员包括房地产经纪人及辅助人员。

本办法所称房地产经纪人，是指依照国家

规定考取房地产经纪人执业资格证书并经注册的人员。

房地产经纪机构设立的分支机构应当以所属房地产经纪机构的名义对外开展业务。

第二十八条 房地产经纪机构（包括依法设立的分支机构，下同）在本市开展房地产经纪业务的，应当在取得营业执照后 30 日内或者本办法施行后 30 日内持以下材料到主管部门办理备案：

（一）营业执照；

（二）法定代表人或者负责人的身份证明；

（三）房地产经纪人员的资格证书、劳动合同和社会保险缴纳证明；

（四）主管部门公布的办理备案的其他材料。

主管部门应当在收到前款规定的备案材料后 5 个工作日内，为其办理备案手续。

工商、劳动等部门应当为主管部门核查房地产经纪机构备案材料提供便利。

第二十九条 房地产经纪人员执业的，应当加入房地产经纪机构，并按规定在主管部门办理备案（以下称执业登记）。

房地产经纪辅助人员应当熟悉房地产相关的法律、法规及有关行业管理的规定，具有一定的房地产专业知识，掌握房地产交易程序和实务操作技术及技能，辅助房地产经纪人开展业务。

房地产经纪人应当对辅助人员的业务行为进行指导，对其辅助的执业行为承担责任。

第三十条 房地产经纪机构及其从业人员应当按照《城市房地产中介服务管理规定》参加主管部门组织的年度检查。检查不合格的，在按要求整改合格前，不得继续从事房地产经纪业务。

第三十一条 主管部门应当将在本市开展房地产经纪业务的房地产经纪机构备案信息以及房地产经纪人员的执业登记信息，通过房地产信息系统向社会公示。

房地产经纪机构备案信息以及房地产经纪人员的执业登记信息发生变更的，应当自变更之日起 30 日内到主管部门办理变更手续。

第三十二条 房地产经纪机构应当在其经营场所公示下列信息：

（一）营业执照和备案证书；

（二）房地产经纪人员姓名及其执业登记信息；

（三）主管部门发布的房地产经纪服务合同示范文本；

（四）行业组织制定的交易指引；

（五）服务项目、内容、标准和流程；

（六）收费项目、计费依据和标准；

（七）信用档案查询方式；

（八）投诉方式和途径；

（九）主管部门要求公示的其他事项。

第三十三条 房地产经纪机构接受委托开展业务，应当通过房地产信息系统使用主管部门发布的房地产经纪服务合同示范文本与委托人签订房地产经纪服务合同。

房地产经纪服务合同应当由执行该经纪业务的房地产经纪人签字，并附有参与该经纪业务的房地产经纪人员姓名和执业登记信息。

第三十四条 房地产经纪机构在签订房地产经纪服务合同前，应当告知委托人下列事项：

（一）执行该业务的房地产经纪人员姓名、执业登记号；

（二）应当由委托人协助的工作、提供的必要材料和文件；

（三）房地产交易的一般程序；

（四）交易过程中涉及的税费；

（五）法律、法规、规章规定的其他事项。

房地产经纪机构及其从业人员在经纪活动中，应当如实告知委托人服务进度情况以及与交易有关的事项。

第三十五条 委托人应当向房地产经纪机

构提供房地产经纪业务所必需的材料，并对所提供材料的真实性和合法性负责。

第三十六条 房地产经纪机构接受委托代理或者提供居间服务的，应当对房地产权利的真实性、委托人的财产处分权限进行查验。

第三十七条 房地产经纪机构对外发布的房源信息应当真实有效，并附有相应的信息编码。

房地产经纪机构应当通过房地产信息系统与当事人签订书面经纪服务合同，取得系统自动生成的房源信息编码。

任何单位和个人可以凭房地产经纪机构发布的房源信息编码，通过房地产信息系统对相应的房源信息进行查验。

第三十八条 房地产经纪机构或者从业人员通过本经纪机构购买、出售、承租、出租房地产的，应当在签订房地产转让、租赁合同前书面告知交易当事人并取得交易当事人书面同意。

第三十九条 未经交易各方当事人书面同意，房地产经纪机构不得代收或者监管交易当事人支付的交易款项。

经交易各方当事人书面同意，房地产经纪机构可以代收或者监管不超过交易价款总额5%的交易款项。

第四十条 房地产经纪机构发布广告，应当载明其机构名称和备案编号。

房地产经纪机构不得进行虚假广告宣传。

第四十一条 房地产经纪机构不得有下列行为：

（一）聘用或者指派未办理执业登记的人员以房地产经纪人员名义或者其他方式从事房地产经纪业务；

（二）以其他企业名义或者允许其他企业以本企业名义开展业务；

（三）对交易当事人隐瞒真实的房地产交易价格等信息，赚取交易差价；

（四）为法律、法规、规章禁止交易的房地产提供代理、居间等经纪服务；

（五）虚构事实或者隐瞒真相，对委托人或者其他相关当事人进行误导、欺诈；

（六）强制或者变相强制服务并收取费用等不正当竞争行为；

（七）为交易当事人规避房地产交易税费或者其他非法目的，就同一房地产签订不同交易价款的不同合同提供便利；

（八）法律、法规、规章禁止的其他行为。

第四十二条 房地产经纪人员不得有下列行为：

（一）同时在两个或者两个以上房地产经纪机构中执业；

（二）以个人名义承揽房地产经纪业务或者收取服务报酬；

（三）以他人名义或者允许他人以自己名义从事房地产经纪业务；

（四）索取、收受经纪合同约定以外的报酬或者其他财物，或者利用工作之便，牟取其他不正当利益；

（五）法律、法规、规章禁止的其他行为。

第四章 房地产（土地）估价

第四十三条 本办法所称房地产（土地）估价人员包括房地产估价师、土地估价师及辅助人员。

本办法所称房地产估价师和土地估价师，是指依照国家规定取得房地产估价师执业资格证书或者土地估价师资格证书并经注册的人员。

符合国家规定的资质等级要求的房地产（土地）估价机构可以设立分支机构，分支机构以所属房地产（土地）估价机构的名义对外开展业务。

第四十四条 房地产（土地）估价机构在

本市开展房地产（土地）估价业务的，应当在取得资质证书或者开展估价业务之日起 30 日内持以下材料到主管部门备案：

（一）营业执照；

（二）资质证书；

（三）房地产（土地）估价人员的资格证书、注册证书、劳动合同和社会保险缴纳证明；

（四）主管部门公布的办理备案的其他材料。

主管部门应当在收到前款规定的备案材料后 5 个工作日内，为其办理备案手续。

第四十五条 房地产（土地）估价机构的分支机构在本市开展业务的，应当在开展估价业务之日起 30 日内持下列材料到主管部门备案：

（一）分支机构营业执照；

（二）所属房地产（土地）估价机构的资质证书；

（三）分支机构房地产（土地）估价人员的资格证书、注册证书、劳动合同和社会保险缴纳证明；

（四）主管部门公布的办理备案的其他材料。

主管部门应当在收到前款规定的备案材料后 5 个工作日内，为其办理分支机构备案手续。

第四十六条 房地产（土地）估价人员执业的，应当加入房地产（土地）估价机构（包括依法设立的分支机构，下同），并按规定在主管部门办理备案（以下称执业登记）。

房地产（土地）估价辅助人员应当具有一定的理论知识和实务操作技能。

房地产（土地）估价师应当对辅助人员的业务行为进行指导，对其辅助的执业行为承担责任。

第四十七条 主管部门应当将房地产（土地）估价机构备案信息以及房地产（土地）估价人员的执业登记信息，通过房地产信息系统向社会公示。

房地产（土地）估价机构备案信息以及房地产（土地）估价人员的执业登记信息发生变更的，应当自变更之日起 30 日内，到主管部门办理变更手续。

第四十八条 房地产（土地）估价机构应当在其经营场所公示下列信息：

（一）营业执照；

（二）资质证书；

（三）房地产（土地）估价人员姓名及其执业登记信息；

（四）主管部门发布的房地产（土地）估价委托合同的示范文本；

（五）服务项目、内容、标准和流程；

（六）收费项目、计费依据和标准；

（七）信用档案查询方式；

（八）投诉方式和途径；

（九）主管部门要求公示的其他事项。

房地产（土地）估价机构发布广告，应当载明其机构名称和备案编号。

第四十九条 房地产（土地）估价机构接受委托开展房地产（土地）估价业务，应当通过房地产信息系统使用主管部门发布的房地产（土地）估价委托合同的示范文本与委托人签订书面委托合同。

第五十条 房地产（土地）估价机构及执行房地产（土地）估价业务的估价人员与委托人或者估价业务相对人有利害关系的，应当回避。

第五十一条 房地产（土地）估价机构接受委托开展估价业务的，应当指派两名以上执业房地产估价师或者土地估价师。

估价师应当对估价对象进行实地查看，做好实地查看记录，委托人及相关当事人应当协助。

第五十二条 房地产（土地）估价机构应当通过房地产信息系统出具估价结果报告。

估价报告应当由执行该项估价业务的估价师签字，并加盖其所在房地产（土地）估价机构印章。

在估价报告上签字的估价师应当对估价报告的真实性和合法性负责。

第五十三条 房地产（土地）估价机构应当建立估价报告内部审核、复核制度。

委托人及其他利害关系人对估价报告有异议的，可以在收到估价报告后 5 日内，向出具估价报告的估价机构要求复核，估价机构应当在收到复核要求后 5 日内作出答复。估价结果改变的，应当重新出具估价报告；估价结果没有改变的，应当作出书面通知并说明理由。

第五十四条 委托人及其他利害关系人对复核结果仍有异议的，可以向房地产（土地）估价行业组织申请组织专家技术鉴定。

行业组织应当组织专家进行鉴定，鉴定结论认为估价报告不存在技术问题的，应当维持估价报告；鉴定结论认为估价报告存在技术问题的，估价机构应当改正错误并重新出具估价报告。

第五十五条 房地产（土地）估价机构不得有下列行为：

（一）聘用或者指派未经执业登记的人员以房地产（土地）估价人员的名义或者其他方式从事房地产（土地）估价业务；

（二）以其他企业名义或者允许其他企业以本企业名义开展估价业务；

（三）违反房地产（土地）估价规范和标准进行估价；

（四）出具虚假或者不实的估价报告；

（五）进行不正当竞争；

（六）虚构事实或者隐瞒真相，对委托人或者其他相关当事人进行误导、欺诈；

（七）法律、法规、规章禁止的其他行为。

第五十六条 房地产（土地）估价人员不得有下列行为：

（一）同时在两个或者两个以上房地产（土地）估价机构中执业；

（二）以个人名义承揽房地产（土地）估价业务或者收取服务报酬；

（三）以他人名义或者允许他人以自己名义从事房地产（土地）估价业务；

（四）违反房地产（土地）估价规范和标准进行估价；

（五）签署虚假或者不实的估价报告；

（六）索取、收受委托合同以外的报酬或者其他财物，或者利用工作之便，牟取其他不正当利益；

（七）虚构事实或者隐瞒真相，对委托人或者其他相关当事人进行误导、欺诈；

（八）法律、法规、规章禁止的其他行为。

第五章 房地产行业组织

第五十七条 房地产行业组织是依法成立的房地产行业的自律性社会团体，其组织管理制度及会员的权利义务由章程规定。

房地产行业组织包括房地产开发、经纪、估价协会。

主管部门依法对房地产行业组织进行业务指导。

第五十八条 房地产开发企业和房地产经纪、估价机构加入相应的房地产行业组织，成为团体会员。

房地产经纪人员、房地产（土地）估价人员加入相应的房地产行业组织，成为个人会员。

第五十九条 房地产行业组织行使下列职能：

（一）制定并组织实施本行业的行规行约，建立行业自律机制和会员信用记录；

（二）对违反行业组织章程或者行规行约、损害行业整体利益的会员，采取相应的行业自律措施；

（三）开展行业培训、交流、咨询、展览等活动，推广应用新材料、新技术、新工艺，提升行业素质以及产品和服务质量；

（四）发布市场和行业信息，推荐行业产品或者服务，提供技术咨询；

（五）宣传房地产法律法规及相关政策；

（六）规范行业行为，客观公正地协调会员之间、会员与非会员之间、会员与政府之间，会员与消费者之间的矛盾纠纷，发挥其维护社会公共利益的作用；

（七）协助政府部门开展行业调查、决策咨询及产业政策制订等活动，向政府有关部门反映涉及行业利益的事项，提出意见和建议，维护本行业的利益及会员的合法权益；

（八）承担主管部门委托的行业管理工作，对行业行为进行检查和评价；

（九）法律、法规、规章授权或者政府部门委托以及行业组织章程规定的其他职能。

第六十条 房地产行业组织不得有下列行为：

（一）通过制定行业规则或者其他方式垄断市场，妨碍公平竞争，损害消费者、非会员单位的合法权益或者社会公共利益；

（二）从事营利性经营活动；

（三）限制会员开展正当的经营活动或者参与其他社会活动；

（四）限制、禁止会员依章程行使权利，要求会员履行章程规定外的义务，侵害会员在本行业组织内的合法权益；

（五）法律、法规、规章禁止的其他行为。

第六章 监督检查

第六十一条 主管部门建立房地产市场监管和年度检查制度。

主管部门在履行监管和检查职责时，有权采取下列措施：

（一）进入被检查企业，查阅、摘抄、复制与业务相关的材料；

（二）要求被检查企业和人员提供资质证书、资格证书、项目手册以及其他业务相关材料；

（三）纠正企业和人员的违法违规行为；

（四）法律、法规规定的其他措施。

第六十二条 主管部门在监督检查过程中发现房地产开发企业、经纪和估价机构及其从业人员有违反法律、法规及本办法规定行为的，按照以下方式进行处理：

（一）约谈行为人，促其规范并自行改正；

（二）责令停止违法行为并限期改正；

（三）暂停信息系统使用；

（四）依法进行行政处罚或者移送有关部门依法处理；

（五）提请省以上建设管理部门依法降低、暂扣、吊销行为人资质、资格，或者提请工商部门依法吊销营业执照。

第六十三条 主管部门建立完善房地产市场信息网上发布平台，定期发布新建商品房供应和成交信息，存量商品房供应和成交信息，从业主体信息，项目管理信息，房地产监测报告等房地产市场信息，加强行业管理。

第六十四条 价格综合管理部门应当建立房地产价格监测制度，对商品房市场价格的变动进行监测。

房地产市场价格总水平出现剧烈波动等异常状态的，价格综合管理部门可以会同有关部门对相关房地产开发企业，采取公告、会议、书面通知、约谈等方式给予提醒告诫，对经提醒告诫仍未规范价格行为，违反价格法律法规的，由价格监督执法部门依法进行处罚。

第六十五条 价格监督执法部门、工商部门应当加强对房地产开发企业、经纪和估价机构的不正当竞争、价格违法行为的监管，并依法予以查处。

价格监督执法部门、工商等部门发现房地产开发企业、经纪和估价机构的行为涉及价格垄断的，应当移交反垄断执法机构依法进行查处。

第六十六条 劳动部门应当加强对房地产开发企业、估价和经纪机构劳动合同管理、员工社会保险缴纳等执行劳动法律、法规、规章的监管，依法查处房地产开发企业、估价和经纪机构劳动违法行为。

第六十七条 主管部门应当对在本市开展业务的房地产开发企业、经纪和估价机构及其从业人员，根据其经营业绩、信用记录等建立房地产行业诚信档案，向社会公示。

房地产开发企业、经纪和估价机构及其从业人员违反行业自律规范的行为、违法违规行为、经查证属实的被投诉举报记录、行政处罚及刑事处罚等情况，应当作为不良信用记录记入其诚信档案。

主管部门应当根据本办法制定房地产行业诚信档案的具体管理办法。主管部门可以委托相关房地产行业组织承担房地产诚信档案管理的具体事宜。

主管部门可以根据房地产开发企业、经纪和估价机构及其从业人员的不良信用记录，制定依法限制其从事房地产开发、经纪和估价活动的具体条件和程序。

第六十八条 任何单位或者个人不得强制或者变相强制房地产开发企业、经纪和估价机构参加评比、达标、赞助和展销等活动。

房地产开发企业、经纪和估价机构不得擅自组织或者参加未经依法批准的各类评比、排序。

第六十九条 媒体刊载、报道、传播虚假、失实的房地产市场信息的，应当通过本市媒体进行公开更正，消除影响。媒体未进行公开更正的，相关部门或者有关当事人可以提请新闻出版主管部门依法查处。

第七章 法律责任

第七十条 主管部门和其他相关部门及其工作人员在房地产行业管理工作中玩忽职守、徇私舞弊、滥用职权或者有其他违法违纪行为的，依法追究行政责任；涉嫌犯罪的，移送司法机关依法处理。

第七十一条 房地产行业组织违反本办法，有第六十条规定行为之一的，由主管部门责令改正，拒不改正或者情节严重的，由主管部门移送民政部门依法处理。

房地产行业组织受委托从事公务时有违反本办法或者法律、法规、其他规章规定行为的，主管部门应当责令停止或者改正违法行为，情节严重的，主管部门应当中止委托，责令房地产行业组织进行整改，整改合格后方可恢复委托，其具体承办公务的工作人员不得再次从事房地产行业组织受托的公务。

房地产行业组织及其工作人员违法行为涉嫌犯罪的，移送司法机关依法处理。

第七十二条 房地产开发企业违反本办法的，按照以下规定处理：

（一）违反本办法，房地产开发项目申请预售前项目资本金账户余额低于项目资本金10%，或者在项目取得规划验收合格凭证前擅自提取使用的，由主管部门责令限期改正，处10万元罚款，不予颁发《商品房预售许可证》，已经颁发的责令暂停预售；

（二）违反本办法，未建立项目手册，或者未按规定填写项目手册的，由主管部门责令限期改正，处2万元罚款；

（三）违反本办法，商品房销售价格未申报备案，或者调整销售价格未按规定办理备案变更，由价格监督执法部门责令改正，处10万元罚款；

（四）违反本办法，未取得预售许可证而销售或者以内部认购、内部认筹等方式变相销售商品房的，由主管部门责令停止违法销售行为，并按实际销售的商品房数量每套处 10 万元罚款；

（五）违反本办法，未在营业场所公示有关材料的，由主管部门责令限期改正，按未公示材料每项处 1 万元罚款；

（六）违反本办法，未通过预售款专用存款账户收取商品房预售款的，由主管部门责令限期改正，按未通过预售款专用账户收取预售款的商品房数量每套处 5 万元罚款；

（七）违反本办法，有第二十三条第（一）、（二）、（五）规定行为之一的，由主管部门责令限期改正，暂停销售，按违法行为涉及商品房数量每套处 10 万元罚款；

（八）违反本办法，有第二十四条、第二十五条规定行为之一的，由主管部门责令限期改正；对实施价格违法行为和不正当竞争的房地产开发企业，由价格监督执法部门、工商部门依照有关规定处理。

对因违法行为被依法吊销营业执照或者房地产开发资质证书的房地产开发企业，自营业执照或者房地产开发资质证书被吊销之日起 3 年内，相关主管部门应当依法禁止其股东、董事、监事、高级管理人员在本市从事房地产开发经营或者取得新出让的土地使用权。

房地产开发项目影响城市规划尚可采取改正措施的，在依法处罚、补办手续前，主管部门可以暂停该项目涉及违法建设的部分或者全部商品房的销售。

第七十三条 房地产经纪、估价机构及其工作人员在明知或者应当知道的情况下，为房地产开发企业实施价格违法或者不正当竞争行为提供服务或者便利的，由工商、价格监督执法部门责令停止违法行为，对房地产经纪、估价机构处 5 万元罚款。

建设工程监理单位、施工单位及商业银行，违反本办法规定，有出具虚假证明文件、怠于履行监管职责等行为，导致房地产开发企业抽逃预售款的，由建设部门或者银行监管部门责令停止违法行为，处 10 万元罚款。

第七十四条 房地产经纪机构违反本办法的，按照以下规定处理：

（一）违反本办法，超过规定限额代收或者监管当事人交易款项的，由主管部门责令限期退还超出部分的款项，按超过限额代收或者监管交易款项行为每次处 5 万元罚款；

（二）违反本办法，未发布或者未按规定发布房源信息编码的，由主管部门责令限期改正，按未发布或者未按规定发布的房源信息编码每条处 1 万元罚款；

（三）违反本办法，有第四十一条第（二）项至第（八）项规定行为之一的，由主管部门责令限期改正，处 5 万元罚款。

房地产经纪人员违反本办法的，按照以下规定处理：

（一）违反本办法，有第四十二条规定行为之一的，由主管部门责令限期改正，处 2 万元罚款；

（二）违反本办法，房地产经纪人执行业务时未按规定签字的，由主管部门责令限期改正，对房地产经纪人按未签字执行业务数量每宗处 5000 元罚款，对所属房地产经纪机构按未签字执行业务数量每宗处 1 万元罚款。

第七十五条 房地产（土地）估价机构违反本办法，有第五十五条第（二）项至第（七）项规定行为之一的，由主管部门责令限期改正，处 5 万元罚款。

房地产（土地）估价人员违反本办法，有第五十六条规定行为之一的，由主管部门责令限期改正，处 2 万元罚款。

第七十六条 房地产经纪、估价机构违反本办法，未经备案而在本市开展业务的，由主管部门责令限期改正，处 5 万元罚款。

房地产经纪、估价人员违反本办法，未经

执业登记而在本市从事业务的，由主管部门责令限期改正，对房地产经纪、估价人员处 1 万元罚款，对实际聘用机构处 3 万元罚款。

房地产经纪、估价机构及其分支机构违反本办法，机构备案信息、经纪或者估价人员执业登记信息发生变更未在规定时限内办理变更备案手续的，由主管部门对房地产经纪、估价机构处 1 万元罚款。

第七十七条 房地产经纪、估价机构违反本办法，未在营业场所公示有关材料的，由主管部门责令限期改正，按未公示材料每项处以 1 万元罚款。

第七十八条 房地产开发企业、经纪和估价机构违反本办法，在发布广告时未载明房地产经纪、估价机构的名称和备案编号的，由主管部门责令限期改正，对违反本办法发布房地产广告的广告主、广告经营者和广告发布者，由工商部门分别处 5 万元罚款；有其他广告违法行为的，依照相关法律法规依法处理。

第七十九条 依法设立的房地产经纪、估价机构分支机构有本办法规定应予处罚行为的，其所属房地产经纪、估价机构在本市登记注册的，主管部门应当直接对其所属房地产经纪、估价机构作出处罚；其所属房地产经纪、估价机构不在本市登记注册的，主管部门对该分支机构作出处罚后，可以建议房地产经纪、估价机构登记注册地相关主管部门依法进行处理。

第八十条 未取得房地产开发资质的单位或者个人擅自进行房地产开发，或者违反国家土地管理法律法规擅自在未依法取得建设用地使用权的土地上建设的，依法予以拆除。对质量安全且不严重影响城市规划可以加以利用的，依法没收或者征收后用于保障性住房。

对违反本办法第七条第二款规定，销售违法开发建设的违法建筑的，由主管部门依法没收违法所得，违法所得无法计算的，按照所实际销售的违法建筑经评估的工程造价额计算违法所得；涉嫌非法经营犯罪的，移送司法机关依法处理。

对承建本办法第七条第二款规定违法建筑的施工企业，由建设部门依法予以处理；对违反本办法第七条第三款规定，为违法开发建设的违法建筑销售提供服务或者便利的法律服务机构、公证机构、商业银行等，由司法行政部门、银行监管机构依照各自职责依法进行处理。

第八章　附　则

第八十一条 主管部门可以根据本办法有关规定，制定具体配套政策，按规定程序批准后实施。

第八十二条 本办法自 2010 年 9 月 1 日起施行。

深圳市规划土地监察行政执法主体及其职责规定

（2010年7月14日深圳市人民政府令第222号发布 自2010年9月1日起施行）

第一条 为了加强规划土地监察工作，明确规划土地监察的行政执法主体及其职责，保障城市规划、土地管理法律、法规、规章的贯彻实施，根据《中华人民共和国城乡规划法》、《中华人民共和国行政处罚法》等有关法律、法规的规定，结合深圳实际，制定本规定。

第二条 本规定所称的规划土地监察，是指市、区规划土地监察机构对单位和个人遵守有关城市规划、土地管理法律、法规、规章的行为进行监督检查，依法对违反城市规划、土地管理法律、法规、规章的行为进行查处的活动。

第三条 市、区、街道规划土地监察机构由市、区编制主管部门依法设立。

第四条 市规划土地监察机构履行下列职责：

（一）拟订规划土地监察政策并组织实施，监督执行；

（二）负责本市范围的重点巡查和机动巡查，运用卫星遥感检测图片等高科技手段进行日常监控；

（三）对违法用地和违法建设的重大案件、争议较大或者类型较新的案件以及市规划国土部门各派出机构上报的案件进行调查取证、认定并作出行政处罚决定；

（四）指挥、调度市规划国土部门各派出机构以及区、街道规划土地监察机构，组织跨区和重大执法行动。

第五条 区规划土地监察机构履行下列职责：

（一）对本行政区域内违法用地和违法建设行为进行调查取证、认定，依法实施行政处罚；

（二）对本行政区域内依法应当拆除的违法建筑组织强制拆除；

（三）督促本行政区域内各街道规划土地监察机构开展日常巡查工作。

光明新区、坪山新区规划土地监察机构分别接受宝安区、龙岗区规划土地监察机构的委托，承担本辖区的规划土地监察工作。

第六条 街道规划土地监察机构履行下列职责：

（一）对单位和个人遵守有关城市规划、土地管理法律、法规、规章的情况进行日常巡查；

（二）对辖区内违法用地和违法建设的行为进行制止，报告区规划土地监察机构，并配合其进行查处；

（三）承办市、区规划土地监察机构交办的其他事项。

街道规划土地监察机构接受所在行政区域的区规划土地监察机构的委托，以其名义作出行政决定。

光明新区、坪山新区所辖街道规划土地监察机构分别接受宝安区、龙岗区规划土地监察机构的委托，承担本辖区的规划土地监察工作。

第七条 市、区、街道规划土地监察机构在查处违法用地、违法建设行为过程中需要了解有关城市规划或者土地出让等情况，或者需要确定当事人行为性质的，可以书面请求市规划国土部门提供有关材料或者出具专业意见。

市规划国土部门应当自收到书面请求之日起十个工作日内提供有关材料或者出具专业意见；如果所涉及的事项复杂，需要延期的，应当向申请单位说明理由并明确答复的日期。

第八条 市规划土地监察机构应当拟订统一的执法文书供区、街道规划土地监察机构使用。

第九条 市、区、街道规划土地监察机构在查处违法案件过程中，发现有关国家工作人员有违法行为、应当追究行政责任的，移送其任免机关或者监察机关处理。

第十条 本规定自 2010 年 9 月 1 日起施行。

深圳市建筑物和公共设施清洗翻新管理规定

（2010 年 5 月 11 日深圳市人民政府令第 219 号发布　自 2010 年 7 月 1 日起施行）

第一章　总　则

第一条　为了加强城市市容管理，提高城市人居环境质量，保持建筑物和公共设施外表整洁、美观和功能完好，根据相关法律、法规规定，结合本市实际，制定本规定。

第二条　本规定适用于本市建筑物和公共设施清洗翻新的监督管理。

第三条　本规定所称的建筑物清洗翻新，包括建筑物外立面清洗翻新和屋顶美化。

本规定所称的建筑物外立面清洗翻新，是指建筑物外立面及其附属设施的清洗、粉刷和修缮。

本规定所称的屋顶美化，是指保持屋顶洁净或者采取绿化、喷涂刷新、彩色覆膜、屋顶改造等方式，装饰、点缀、改造屋顶，使其达到美观、协调的环境效果。

第四条　本规定所称的公共设施清洗翻新，是指对外观陈旧以及破损的公共设施进行清洗、粉刷和修缮，使其外表美观、功能完好。

本规定所称的公共设施，是指道路（含桥梁、涵洞等）、电力、通信、绿化、消防、环卫、道路照明、道路隔音屏、公交站台、生活服务、文体休闲等各类公益性设施、公共服务性设施以及广告设施。

第五条　市城市管理行政主管部门（以下简称市主管部门）负责全市建筑物和公共设施清洗翻新工作的组织、协调、监督管理以及相关的法制宣传教育工作。

区城市管理行政主管部门（以下简称区主管部门）负责辖区范围内建筑物和公共设施清洗翻新工作的组织、协调、日常监管以及相关的法制宣传教育工作。

住房建设、规划国土、交通、财政、质监、贸工、安监等行政主管部门应当在各自职责范围内履行相应的监管责任。

第六条　市主管部门和各区政府（含新区管理机构）应当根据城市市容管理的需要，划定建筑物和公共设施清洗翻新的重点区域。重点区域应当为主要交通干道、轨道交通、铁路沿线、城市重点景观片区以及口岸、空港、海港、交通枢纽、大型文体设施等城市重点活动场所。

市主管部门和各区政府（含新区管理机构）划定和调整重点区域范围应当向社会公示，听取社会公众意见。重点区域范围经市政府批准后向社会公布。

主管部门应当加强对重点区域建筑物和公共设施清洗翻新活动的监管，建立日常巡查制度。

第七条 市主管部门负责制定建筑物清洗翻新的技术指引（以下简称技术指引），规范和指导全市建筑物清洗翻新工作。

建筑物和公共设施清洗翻新应当符合国家《城市容貌标准》要求，使用节能、环保材料。

第八条 对建筑物进行外立面修缮和屋顶改造时，如涉及改变建筑物结构的，应当按照建设工程报建的法定程序，报规划国土、住房建设部门批准后实施。

第九条 居民委员会、股份合作公司以及其他社区自治组织应当组织、督促辖区居民开展建筑物外立面清洗翻新和屋顶美化工作。

第十条 任何单位和个人应当自觉维护建筑物和公共设施的整洁有序，支持、配合主管部门实施建筑物和公共设施清洗翻新工作，并有权对损害建筑物和公共设施整洁有序的行为向主管部门进行举报和投诉；也可以拨打市政府公开电话系统进行举报和投诉。

主管部门在接到举报和投诉后，应当根据职责分工及时处理。属于主管部门职责范围的，主管部门应当按照相关规定依法处理；属于其他管理部门职责范围的，主管部门应当及时转交其他管理部门处理。

其他管理部门在接到举报和投诉以及主管部门转交的举报和投诉后，应当及时处理，并将处理情况反馈主管部门、举报人或者投诉人。

第二章 建筑物外立面清洗翻新

第十一条 已聘请物业服务企业管理的建筑物，其外立面清洗翻新工作由物业服务企业负责。清洗的费用从物业服务费中列支；粉刷、修缮的费用从物业专项维修资金中列支。

第十二条 未聘请物业服务企业管理的建筑物，其外立面清洗翻新工作由建筑物所有权人负责；建筑物所有权人不明确的，由建筑物使用权人负责。

同一建筑物有多个所有权人的，由建筑物所有权人按照其所有的建筑物面积比例分担建筑物外立面清洗翻新的费用；所有权人不明确且有多个使用权人的，由建筑物使用权人按照其使用的建筑物面积比例分担建筑物外立面清洗翻新的费用。

第十三条 建筑物外立面应当定期进行清洗翻新。重点区域内的建筑物外立面清洗翻新期限为：

（一）外立面为玻璃幕墙或者金属板类材质的，至少每 1 年清洗一次；

（二）外立面为面砖幕墙、石材幕墙等其他材质的，至少每 2 年清洗一次；

（三）外立面喷涂涂料的，至少每 2 年清洗一次；涂料超过保质期的应当重新粉刷，无保质期的，至少每 5 年粉刷一次。

非重点区域的建筑物外立面定期清洗翻新期限，参照上述标准执行。

第十四条 建筑物外立面定期清洗翻新应当建立记录档案，记录档案的记录和保管责任人依本规定第十一、十二条确定。

记录档案应当载明定期清洗翻新的相关证明材料，市主管部门应当提供建筑物清洗翻新记录档案的示范文本。

重点区域建筑物清洗翻新责任人应当于定期清洗翻新工作完成后 15 日内，将清洗翻新情况报区主管部门备案。各区主管部门应当建立网上申报平台，方便清洗翻新责任人申报备案。

第十五条 主管部门应当结合数字化城市

管理系统，加强对重点区域内建筑物外立面定期清洗翻新工作的监控，并通过公告提示、书面通知等有效方式，提醒清洗翻新责任人按时开展清洗翻新工作。

第十六条 建筑物外立面有下列情形之一的，应当及时清洗翻新：

（一）有明显污迹或者严重变色的；

（二）表面残损、脱落或者装饰材料剥落的；

（三）存在乱张贴、乱涂写、乱刻画的。

第十七条 建筑物外立面清洗翻新应当符合下列要求：

（一）符合相关清洁作业的行业标准；

（二）应当保持原有建筑色彩和造型；

（三）对建筑物外立面进行粉刷或者修缮的，应当使用符合国家产品质量标准和环境保护、建筑节能要求的建筑涂料和材料，在技术和经济许可的范围内，鼓励优先采用深圳市建筑节能推广目录中的材料和技术。

第十八条 建筑物封闭阳台、防盗网及空调外机等设施，应当统一规范设置。

第三章 建筑物屋顶美化

第十九条 建筑物屋顶应当保持洁净，至少每 3 个月清洁一次。

鼓励采取绿化、喷涂刷新、彩色覆膜、屋顶改造等方式美化建筑物屋顶。

第二十条 已聘请物业服务企业管理的建筑物，其屋顶美化工作由物业服务企业负责。建筑物屋顶清洁的费用从物业服务费中列支。

未聘请物业服务企业管理的建筑物，依照本规定第十二条的规定确定屋顶美化责任人。

第二十一条 建筑物屋顶保持洁净应当符合下列要求：

（一）无堆放杂物、垃圾或者破损；

（二）无违法设置天线和各类架空管线；

（三）无违法搭建物和广告牌；

（四）无其他法规、规章规定的影响市容景观的情况。

第二十二条 建筑物屋顶绿化应当符合下列要求：

（一）必须保障房屋及各项设施原有功能，满足屋顶结构安全、防水、排水、消防、防台风等要求；

（二）应当做好病虫害防治，避免滋生蚊蝇、老鼠；

（三）不得选用直根系或者强根系品种的植物，避免破坏屋顶结构；

（四）不得影响相邻权人行使通风、采光等权利。

第二十三条 建筑物屋顶绿化涉及工程施工的，应当在施工前做好屋顶承重勘察和评估，并对屋面进行防渗补漏处理。绿化设计方案应当与建筑物功能相结合，以休息、观景为主，并按建设程序办理相关的手续。

屋顶绿化施工应当由具有城市园林绿化施工资质的单位承担。

第四章 公共设施清洗翻新

第二十四条 公共设施清洗翻新工作由其设置单位负责，并承担相应的费用。由政府部门承担的公共设施清洗翻新费用，列入政府投资计划或者部门预算。

第二十五条 公共设施应当定期进行清洗翻新，至少每 6 个月清洗一次，每 2 年翻新一次。环卫、公交站台、生活服务、文体休闲等与人民群众生活关系密切的公共设施至少每 1 个月清洗一次，城管、交通、文体旅游等部门应当根据工作需要制定具体的清洗翻新办法。

设置单位应当建立清洗翻新记录档案，公共设施清洗翻新记录档案应当载明定期清洗翻新的相关证明材料。市主管部门应当提供公共设施清洗翻新记录档案的示范文本。

重点区域公共设施清洗翻新责任人应当于定期清洗翻新工作完成后 15 日内，将清洗翻新情况通过网上申报平台报区主管部门备案。

第二十六条 公共设施主体破损的，应当予以修缮或者更换；丧失使用功能的，应当予以拆除；表面存在乱张贴、乱涂写、乱刻画、乱吊挂、明显污渍的，应当及时清洗翻新。

第二十七条 对公共设施进行粉刷，应当使用符合国家产品质量标准和环境保护、建筑节能要求的建筑涂料和材料。鼓励使用新型抗张贴、抗涂写涂料。

第五章 建筑物的统一清洗翻新

第二十八条 有下列情形之一的，市主管部门应当根据市政府的工作方案，统一组织开展建筑物清洗翻新工作：

（一）重大庆典活动；

（二）举办国际性、全国性大型活动；

（三）重点区域街景整治营造活动。

第二十九条 区政府（含新区管理机构）根据辖区工作实际，确定本辖区建筑物统一清洗翻新的具体实施部门。

第三十条 实施部门应当根据技术指引要求，制定建筑物清洗翻新行动方案。

实施部门制定建筑物清洗翻新行动方案时，应当充分听取建筑物所有权人和辖区居民的意见和建议。

重点区域建筑物清洗翻新行动方案应当报市主管部门审核。

第三十一条 统一组织实施的建筑物清洗翻新行动补助开支纳入财政预算，具体补助办法另行制定。

建筑物所有权人、使用权人或者管理人需要提高建筑物清洗翻新质量标准的，超出财政补助部分的开支由其自行承担。

第三十二条 已统一组织完成清洗翻新的建筑物，其定期清洗翻新的时限重新计算。

第六章 法律责任

第三十三条 城市管理主管部门及其他相关行政管理部门有下列行为之一的，由本级人民政府、上级主管机关或者监察机关依据职权责令改正，通报批评；对直接负责的主管人员和其他直接责任人员，依照有关规定追究行政责任；涉嫌犯罪的，依法移送司法机关处理：

（一）对损害建筑物和公共设施外观和功能行为的举报和投诉应予受理而不予受理，或者受理后未依法处理的；

（二）未按规定组织开展建筑物和公共设施清洗翻新的；

（三）未制定技术指引的；

（四）违法进行处罚或者采取强制措施的；

（五）滥用职权，违法审批的；

（六）玩忽职守，徇私舞弊的；

（七）其他不履行或者不正确履行法定职责的行为。

第三十四条 违反本规定第十三条规定，未对建筑物外立面进行定期清洗翻新的，由主管部门责令限期改正；逾期不改正的，处 5000 元以上 10000 元以下罚款。

违反本规定第十四条第一、三款规定，未建立或者伪造、变造建筑物清洗翻新记录档案的、或者未按规定将定期清洗翻新情况向区主管部门申报备案的，由主管部门责令改正，并处 2000 元罚款。

第三十五条 违反本规定第十六条规定，未及时清洗翻新建筑物外立面的，由主管部门责令限期改正；逾期不改正的，处 5000 元罚款。

第三十六条 违反本规定第十八条规定，

建筑物封闭阳台、防盗网及空调外机等设施未统一规范设置的，由主管部门责令限期改正；逾期不改正的，处 5000 元罚款。

第三十七条 违反本规定第十九条第一款规定，建筑物屋顶未定期清洁的，由主管部门责令限期改正；逾期不改正的，处 3000 元罚款。

第三十八条 违反本规定第二十一条规定，建筑物屋顶未按相关要求保持洁净的，由主管部门责令限期改正；逾期不改正的，处 2000 元罚款；法律、法规另有规定的，从其规定。

第三十九条 违反本规定第二十二条规定，建筑物屋顶绿化不符合相关要求的，由主管部门责令限期改正；逾期不改正的，处 5000 元罚款；法律、法规另有规定的，从其规定。

第四十条 违反本规定第二十三条第二款规定，屋顶绿化施工单位不具有相应资质的，由主管部门责令改正，并分别对项目建设单位和施工单位处 10000 元罚款。

第四十一条 违反本规定第二十五条第一款规定，公共设施未定期进行清洗翻新的，由主管部门责令限期改正；逾期不改正的，处 10000 元罚款。

违反本规定第二十五条第二、三款规定，未建立或者伪造、变造公共设施清洗翻新记录档案的、或者未按规定将定期清洗翻新情况向区主管部门申报备案的，由主管部门责令改正，并处 2000 元罚款。

第四十二条 违反本规定第二十六条规定，公共设施主体破损未修缮或者更换以及丧失使用功能未及时拆除的，由主管部门责令限期改正；逾期不改正的，处 5000 元罚款。公共设施表面存在乱张贴、乱涂写、乱刻画、乱吊挂和明显污渍未及时清洗翻新的，由主管部门责令限期改正；逾期不改正的，处 2000 元罚款。

第四十三条 违反本规定第十七条、第二十三条第一款、第二十七条规定的，由相关行政管理部门依法处理。

第四十四条 建筑物和公共设施清洗翻新责任人不履行本规定所规定的义务，经主管部门责令限期改正但仍不改正的，主管部门应当在主要媒体、所在社区予以曝光。

经曝光后，相关责任人仍不履行的，主管部门可以委托有资质的从业单位代为履行义务，所需费用由相关责任人承担。相关责任人拒不支付费用的，依法申请人民法院强制执行。

第七章　附则

第四十五条 本规定自 2010 年 7 月 1 日起施行。

国务院关于加强法治政府建设的意见

国发〔2010〕33号

各省、自治区、直辖市人民政府，国务院各部委、各直属机构：

2004 年 3 月，国务院发布《全面推进依法行政实施纲要》(以下简称《纲要》)，明确提出建设法治政府的奋斗目标。为在新形势下深入贯彻落实依法治国基本方略，全面推进依法行政，进一步加强法治政府建设，现提出以下意见。

一、加强法治政府建设的重要性紧迫性和总体要求

1.加强法治政府建设的重要性紧迫性。贯彻依法治国基本方略，推进依法行政，建设法治政府，是我们党治国理政从理念到方式的革命性变化，具有划时代的重要意义。《纲要》实施 6 年来，各级人民政府对依法行政工作高度重视，加强领导、狠抓落实，法治政府建设取得了重要进展。当前，我国经济社会发展进入新阶段，国内外环境更为复杂，挑战增多。转变经济发展方式和调整经济结构的任务更加紧迫和艰巨，城乡之间、地区之间发展不平衡，收入分配不公平和差距扩大，社会结构和利益格局深刻调整，部分地区和一些领域社会矛盾有所增加，群体性事件时有发生，一些领域腐败现象仍然易发多发，执法不公、行政不作为乱作为等问题比较突出。解决这些突出问题，要求进一步深化改革，加强制度建设，强化对行政权力运行的监督和制约，推进依法行政，建设法治政府。各级行政机关及其领导干部一定要正确看待我国经济社会环境的新变化，准确把握改革发展稳定的新形势，及时回应人民群众的新期待，切实增强建设法治政府的使命感、紧迫感和责任感。

2.加强法治政府建设的总体要求。当前和今后一个时期，要深入贯彻科学发展观，认真落实依法治国基本方略，进一步加大《纲要》实施力度，以建设法治政府为奋斗目标，以事关依法行政全局的体制机制创新为突破口，以增强领导干部依法行政的意识和能力、提高制度建设质量、规范行政权力运行、保证法律法规严格执行为着力点，全面推进依法行政，不断提高政府公信力和执行力，为保障经济又好又快发展和社会和谐稳定发挥更大的作用。

二、提高行政机关工作人员特别是领导干部依法行政的意识和能力

3.高度重视行政机关工作人员依法行政意识与能力的培养。行政机关工作人员特别是领导干部要带头学法、尊法、守法、用法，牢固树立以依法治国、执法为民、公平正义、服务大局、党的领导为基本内容的社会主义法治理念，自觉养成依法办事的习惯，切实提高运用法治思维和法律手段解决经济社会发展中突出矛盾和问题的能力。要重视提拔使用依法行政意识强，善于用法律手段解决问题、推动发展的优秀干部。

4.推行依法行政情况考察和法律知识测试制度。拟任地方人民政府及其部门领导职务的干部，任职前要考察其掌握相关法律知识和依法行政情况。公务员录用考试要注重对法律知识的测试，对拟从事行政执法、政府法制等工作的人员，还要组织专门的法律知识考试。

5.建立法律知识学习培训长效机制。完善各级行政机关领导干部学法制度。要通过政府常务会议会前学法、法制讲座等形式，组织学习宪法、通用法律知识和与履行职责相关的专门法律知识。县级以上地方各级人民政府每年至少要举办 2 期领导干部依法行政专题研讨班。各级行政学院和公务员培训机构举办的行政机关公务员培训班，要把依法行政知识纳入教学内容。定期组织行政执法人员参加通用法律知识培训、专门法律知识轮训和新法律法规专题培训，并把培训情况、学习成绩作为考核内容和任职晋升的依据之一。

三、加强和改进制度建设

6.突出政府立法重点。要按照有利于调动人民群众积极性和创造性、激发社会活力和竞争力、解放和发展生产力、维护公平正义、规范权力运行的要求，加强和改进政府立法与制度建设。重点加强有关完善经济体制、改善民生和发展社会事业以及政府自身建设方面的立法。对社会高度关注、实践急需、条件相对成熟的立法项目，要作为重中之重，集中力量攻关，尽早出台。

7.提高制度建设质量。政府立法要符合经济社会发展规律，充分反映人民意愿，着力解决经济社会发展中的普遍性问题和深层次矛盾，切实增强法律制度的科学性和可操作性。严格遵守法定权限和程序，完善公众参与政府立法的制度和机制，保证人民群众的意见得到充分表达、合理诉求和合法利益得到充分体现。除依法需要保密的外，行政法规和规章草案要向社会公开征求意见，并以适当方式反馈意见采纳情况。建立健全专家咨询论证制度，充分发挥专家学者在政府立法中的作用。法律法规规章草案涉及其他部门职责的，要充分听取相关部门的意见；相关部门要认真研究，按要求及时回复意见。加强政府法制机构在政府立法中的主导和协调作用，涉及重大意见分歧、达不成一致意见的，要及时报请本级人民政府决定。坚决克服政府立法过程中的部门利益和地方保护倾向。积极探索开展政府立法成本效益分析、社会风险评估、实施情况后评估工作。加强行政法规、规章解释工作。

8.加强对行政法规、规章和规范性文件的清理。坚持立“新法”与改“旧法”并重。对不符合经济社会发展要求，与上位法相抵触、不一致，或者相互之间不协调的行政法规、规章和规范性文件，要及时修改或者废止。建立规章和规范性文件定期清理制度，对规章一般每隔 5 年、规范性文件一般每隔 2 年清理一次，清理结果要向社会公布。

9.健全规范性文件制定程序。地方各级行政机关和国务院各部门要严格依法制定规范性文件。各类规范性文件不得设定行政许可、行政处罚、行政强制等事项，不得违法增加公民、法人和其他组织的义务。制定对公民、法人或者其他组织的权利义务产生直接影响的规范性文件，要公开征求意见，由法制机构进行合法性审查，并经政府常务会议或者部门领导班子会议集体讨论决定；未经公开征求意见、合法性审查、集体讨论的，不得发布施行。县级以上地方人民政府对本级政府及其部门的规范性文件，要逐步实行统一登记、统一编号、统一发布。探索建立规范性文件有效期制度。

10.强化规章和规范性文件备案审查。严格执行法规规章备案条例和有关规范性文件备案的规定，加强备案审查工作，做到有件必备、有错必纠，切实维护法制统一和政令畅通。要重点加强对违法增加公民、法人和其他组织义务或者影响其合法权益，搞地方或行业保护等内容的规章和规范性文件的备案审查工作。建立规范性文件备案登记、公布、情况通报和监督检查制度，加强备案工作信息化建设。对公民、法人和其他组织提出的审查建议，要按照有关规定认真研究办理。对违法的规章和规范性文件，要及时报请有权机关依法予以撤销并向社会公布。备案监督机构要定期向社会公布通过备案审查的规章和规范性文件目录。

四、坚持依法科学民主决策

11.规范行政决策程序。加强行政决策程序建设，健全重大行政决策规则，推进行政决策的科学化、民主化、法治化。要坚持一切从实际出发，系统全面地掌握实际情况，深入分析决策对各方面的影响，认真权衡利弊得失。要把公众参与、专家论证、风险评估、合法性审查和集体讨论决定作为重大决策的必经程序。作出重大决策前，要广泛听取、充分吸收各方面意见，意见采纳情况及其理由要以适当形式反馈或者公布。完善重大决策听证制度，扩大听证范围，规范听证程序，听证参加人要有广泛的代表性，听证意见要作为决策的重要参考。重大决策要经政府常务会议或者部门领导班子会议集体讨论决定。重大决策事项应当在会前交由法制机构进行合法性审查，未经合法性审查或者经审查不合法的，不能提交会议讨论、作出决策。

12.完善行政决策风险评估机制。凡是有关经济社会发展和人民群众切身利益的重大政策、重大项目等决策事项，都要进行合法性、合理性、可行性和可控性评估，重点是进行社会稳定、环境、经济等方面的风险评估。建立完善部门论证、专家咨询、公众参与、专业机构测评相结合的风险评估工作机制，通过舆情跟踪、抽样调查、重点走访、会商分析等方式，对决策可能引发的各种风险进行科学预测、综合研判，确定风险等级并制定相应的化解处置预案。要把风险评估结果作为决策的重要依据，未经风险评估的，一律不得作出决策。

13.加强重大决策跟踪反馈和责任追究。在重大决策执行过程中，决策机关要跟踪决策的实施情况，通过多种途径了解利益相关方和社会公众对决策实施的意见和建议，全面评估决策执行效果，并根据评估结果决定是否对决策予以调整或者停止执行。对违反决策规定、出现重大决策失误、造成重大损失的，要按照谁决策、谁负责的原则严格追究责任。

五、严格规范公正文明执法

14.严格依法履行职责。各级行政机关要自觉在宪法和法律范围内活动，严格依照法定权限和程序行使权力、履行职责。要全面履行政府职能，更加重视社会管理和公共服务，着力保障和改善民生，切实解决就业、教育、医疗、社会保障、保障性住房等方面人民群众最关心的问题。加大行政执法力度，严厉查处危害安全生产、食品药品安全、自然资源和环境保护、社会治安等方面的违法案件，维护公共利益和经济社会秩序。认真执行行政许可法，深化行政审批制度改革，进一步规范和减少行政审批，推进政府职能转变和管理方式创新。着力提高政府公信力，没有法律、法规、规章依据，行政机关不得作出影响公民、法人和其他组织权益或者增加其义务的决定；行政机关参与民事活动，要依法行使权利、履行义务、承担责任。

15.完善行政执法体制和机制。继续推进行政执法体制改革，合理界定执法权限，明确执法责任，推进综合执法，减少执法层级，提高基层执法能力，切实解决多头执法、多层执法和不执法、乱执法问题。改进和创新执法方式，坚持管理与服务并重、处置与疏导结合，实现法律效果与社会效果的统一。加强行政执法信息化建设，推行执法流程网上管理，提高执法效率和规范化水平。县级以上人民政府要建立相关机制，促进行政执法部门信息交流和资源共享。完善执法经费由财政保障的机制，切实解决执法经费与罚没收入挂钩问题。

16.规范行政执法行为。各级行政机关都要强化程序意识，严格按程序执法。加强程序制度建设，细化执法流程，明确执法环节和步骤，保障程序公正。要平等对待行政相对人，同样情形同等处理。行政执法机关处理违法行为的手段和措施要适当适度，尽力避免或者减少对当事人权益的损害。建立行政裁量权基准制度，科学合理细化、量化行政裁量权，完善适用规则，严格规范裁量权行使，避免执法的随意性。健全行政执法调查规则，规范取证活动。坚持文明执法，不得粗暴对待当事人，不得侵害执法对象的人格尊严。加强行政执法队伍建设，严格执法人员持证上岗和资格管理制度，狠抓执法纪律和职业道德教育，全面提高执法人员素质。根据法律法规规章立、改、废情况及时调整、梳理行政执法依据，明确执法职权、机构、岗位、人员和责任，并向社会公布。充分利用信息化手段开展执法案卷评查、质量考核、满意度测评等工作，加强执法评议考核，评议考核结果要作为执法人员奖励惩处、晋职晋级的重要依据。严格落实行政执法责任制。

六、全面推进政务公开

17.加大政府信息公开力度。认真贯彻实施政府信息公开条例，坚持以公开为原则、不公开为例外，凡是不涉及国家秘密、商业秘密和个人隐私的政府信息，都要向社会公开。加大主动公开力度，重点推进财政预算、公共资源配置、重大建设项目批准和实施、社会公益事业建设等领域的政府信息公开。政府全部收支都要纳入预算管理，所有公共支出、基本建设支出、行政经费支出的预算和执行情况，以及政府性基金收支预算和中央国有资本经营预算等情况都要公开透明。政府信息公开要及时、准确、具体。对人民群众申请公开政府信息的，要依法在规定时限内予以答复，并做好相应服务工作。建立健全政府信息公开的监督和保障机制，定期对政府信息公开工作进行评议考核。依法妥善处理好信息公开与保守秘密的关系，对依法应当保密的，要切实做好保密工作。

18.推进办事公开。要把公开透明作为政府工作的基本制度，拓宽办事公开领域。所有面向社会服务的政府部门都要全面推进办事公开制度，依法公开办事依据、条件、要求、过程和结果，充分告知办事项目有关信息。要规范和监督医院、学校、公交、公用等公共企事业单位的办事公开工作，重点公开岗位职责、服务承诺、收费项目、工作规范、办事纪律、监督渠道等内容，为人民群众生产生活提供优质、高效、便利的服务。

19.创新政务公开方式。进一步加强电子政务建设，充分利用现代信息技术，建设好互联网信息服务平台和便民服务网络平台，方便人民群众通过互联网办事。要把政务公开与行政审批制度改革结合起来，推行网上电子审批、“一个窗口对外”和“一站式”服务。规范和发展各级各类行政服务中心，对与企业和人民群众密切相关的行政管理事项，要尽可能纳入行政服务中心办理，改善服务质量，提高服务效率，降低行政成本。

七、强化行政监督和问责

20.自觉接受监督。各级人民政府和政府部门要自觉接受人大及其常委会的监督、政协的民主监督和人民法院依法实施的监督。对事关改革发展稳定大局、人民群众切身利益和社会普遍关心的热点问题，县级以上人民政府要主动向同级人大常委会专题报告。拓宽群众监督渠道，依法保障人民群众监督政府的权利。完善群众举报投诉制度。高度重视舆论监督，支持新闻媒体对违法或者不当的行政行为进行曝光。对群众举报投诉、新闻媒体反映的问题，有关行政机关要认真调查核实，及时依法作出处理，并将处理结果向社会公布。

21.加强政府内部层级监督和专门监督。上级行政机关要切实加强对下级行政机关的监督，及时纠正违法或者不当的行政行为。保障和支持审计、监察等部门依法独立行使监督权。审计部门要着力加强财政专项资金和预算执行审计、重大投资项目审计、金融审计、国有企业领导人员经济责任审计等工作，加强社会保障基金、住房公积金、扶贫救灾资金等公共资金的专项审计。监察部门要全面履行法定职责，积极推进行政问责和政府绩效管理监察，严肃追究违法违纪人员的责任，促进行政机关廉政勤政建设。

22.严格行政问责。严格执行行政监察法、公务员法、行政机关公务员处分条例和关于实行党政领导干部问责的暂行规定，坚持有错必纠、有责必问。对因有令不行、有禁不止、行政不作为、失职渎职、违法行政等行为，导致一个地区、一个部门发生重大责任事故、事件或者严重违法行政案件的，要依法依纪严肃追究有关领导直至行政首长的责任，督促和约束行政机关及其工作人员严格依法行使权力、履行职责。

八、依法化解社会矛盾纠纷

23.健全社会矛盾纠纷调解机制。要把行政调解作为地方各级人民政府和有关部门的重要职责，建立由地方各级人民政府负总责、政府法制机构牵头、各职能部门为主体的行政调解工作体制，充分发挥行政机关在化解行政争议和民事纠纷中的作用。完善行政调解制度，科学界定调解范围，规范调解程序。对资源开发、环境污染、公共安全事故等方面的民事纠纷，以及涉及人数较多、影响较大、可能影响社会稳定的纠纷，要主动进行调解。认真实施人民调解法，积极指导、支持和保障居民委员会、村民委员会等基层组织开展人民调解工作。推动建立行政调解与人民调解、司法调解相衔接的大调解联动机制，实现各类调解主体的有效互动，形成调解工作合力。

24.加强行政复议工作。充分发挥行政复议在解决矛盾纠纷中的作用，努力将行政争议化解在初发阶段和行政程序中。畅通复议申请渠道，简化申请手续，方便当事人提出申请。对依法不属于复议范围的事项，要认真做好解释、告知工作。加强对复议受理活动的监督，坚决纠正无正当理由不受理复议申请的行为。办理复议案件要深入调查，充分听取各方意见，查明事实、分清是非。注重运用调解、和解方式解决纠纷，调解、和解达不成协议的，要及时依法公正作出复议决定，对违法或者不当的行政行为，该撤销的撤销，该变更的变更，该确认违法的确认违法。行政机关要严格履行行政复议决定，对拒不履行或者无正当理由拖延履行复议决定的，要依法严肃追究有关人员的责任。探索开展相对集中行政复议审理工作，进行行政复议委员会试点。健全行政复议机构，确保复议案件依法由 2 名以上复议人员办理。建立健全适应复议工作特点的激励机制和经费装备保障机制。完善行政复议与信访的衔接机制。

25.做好行政应诉工作。完善行政应诉制度，积极配合人民法院的行政审判活动，支持人民法院依法独立行使审判权。对人民法院受理的行政案件，行政机关要依法积极应诉，按规定向人民法院提交作出具体行政行为的依据、证据和其他相关材料。对重大行政诉讼案件，行政机关负责人要主动出庭应诉。尊重并自觉履行人民法院的生效判决、裁定，认真对待人民法院的司法建议。

九、加强组织领导和督促检查

26.健全推进依法行政的领导体制和机制。地方各级人民政府和政府部门都要建立由主要负责人牵头的依法行政领导协调机制，统一领导本地区、本部门推进依法行政工作。县级以上地方人民政府常务会议每年至少听取 2 次依法行政工作汇报，及时解决本地区依法行政中存在的突出问题，研究部署全面推进依法行政、加强法治政府建设的具体任务和措施。加强对推进依法行政工作的督促指导、监督检查和舆论宣传，对成绩突出的单位和个人按照国家有关规定给予表彰奖励，对工作不力的予以通报批评。加强依法行政工作考核，科学设定考核指标并纳入地方各级人民政府目标考核、绩效考核评价体系，将考核结果作为对政府领导班子和领导干部综合考核评价的重要内容。

27.强化行政首长作为推进依法行政第一责任人的责任。各级人民政府及其部门要把全面推进依法行政、加强法治政府建设摆在更加突出的位置。行政首长要对本地区、本部门依法行政工作负总责，切实承担起领导责任，将依法行政任务与改革发展稳定任务一起部署、一起落实、一起考核。县级以上地方人民政府每年要向同级党委、人大常委会和上一级人民政府报告推进依法行政情况，政府部门每年要向本级人民政府和上一级人民政府有关部门报告推进依法行政情况。

28.加强法制机构和队伍建设。县级以上各级人民政府及其部门要充分发挥法制机构在推进依法行政、建设法治政府方面的组织协调和督促指导作用。进一步加强法制机构建设，使法制机构的规格、编制与其承担的职责和任务相适应。要加大对法制干部的培养、使用和交流力度，重视提拔政治素质高、法律素养好、工作能力强的法制干部。政府法制机构及其工作人员要努力提高新形势下做好政府法制工作的能力和水平，努力当好政府或者部门领导在依法行政方面的参谋、助手和顾问。

29.营造学法尊法守法的良好社会氛围。各级人民政府及其部门要采取各种有效形式深入开展法治宣传教育，精心组织实施普法活动，特别要加强与人民群众生产生活密切相关的法律法规宣传，大力弘扬社会主义法治精神，切实增强公民依法维护权利、自觉履行义务的意识，努力推进法治社会建设。

各地区、各部门要把贯彻落实本意见与深入贯彻《纲要》和《国务院关于加强市县政府依法行政的决定》（国发〔2008〕17号）紧密结合起来，根据实际情况制定今后一个时期加强法治政府建设的工作规划，明确工作任务、具体措施、完成时限和责任主体，确定年度工作重点，扎扎实实地推进依法行政工作，务求法治政府建设不断取得新成效，实现新突破。

国务院

二〇一〇年十月十日

国务院办公厅关于促进房地产市场平稳健康发展的通知

国办发〔2010〕4号

各省、自治区、直辖市人民政府，国务院各部委、各直属机构：

2008年四季度以来，各地区、各有关部门认真贯彻落实国务院关于促进房地产市场健康发展的一系列政策措施，取得了积极成效，新建商品住房成交面积大幅度增加，保障性安居工程建设进度进一步加快，这对于提振信心、活跃市场、解决低收入家庭住房困难问题、促进住房消费和投资，实现保增长、扩内需、惠民生的目标，发挥了重要作用。但是，随着房地产市场的回升，近期部分城市出现了房价上涨过快等问题，需要引起高度重视。为进一步加强和改善房地产市场调控，稳定市场预期，促进房地产市场平稳健康发展，经国务院同意，现就有关问题通知如下：

一、增加保障性住房和普通商品住房有效供给

（一）加快中低价位、中小套型普通商品住房建设。对已批未建、已建未售的普通商品住房项目，要采取促开工、促上市措施，督促房地产开发企业加快项目建设和销售。要适当加大经济适用住房建设力度，扩大经济适用住房供应范围。商品住房价格过高、上涨过快的城市，要切实增加限价商品住房、经济适用住房、公共租赁住房供应。

（二）增加住房建设用地有效供应，提高土地供应和开发利用效率。各地要根据房地产市场运行情况，把握好土地供应的总量、结构和时序。城市人民政府要在城市总体规划和土地利用总体规划确定的城市建设用地规模内，抓紧编制2010－2012年住房建设规划，重点明确中低价位、中小套型普通商品住房和限价商品住房、公共租赁住房、经济适用住房、廉租住房的建设规模，并分解到住房用地年度供应计划，落实到地块，明确各地块住房套型结构比例等控制性指标要求。房价过高、上涨过快、住房有效供应不足的城市，要切实扩大上述五类住房的建设用地供应量和比例。要加强商品住房项目的规划管理，提高规划审批效率。要及时向社会公布住房用地年度供应计划，对需要办理农用地征转用手续的，要加快审批工作，确保供地计划落到实处。

二、合理引导住房消费抑制投资投机性购房需求

（三）加大差别化信贷政策执行力度。金融机构在继续支持居民首次贷款购买普通自住房的同时，要严格二套住房购房贷款管理，合理引导住房消费，抑制投资投机性购房需求。对已利用贷款购买住房、又申请购买第二套（含）以上住房的家庭（包括借款人、配偶及未成年子女），贷款首付款比例不得低于40%，贷款利率严格按照风险定价。

（四）继续实施差别化的住房税收政策。要严格执行国家有关个人购买普通住房与非普通住房、首次购房与非首次购房的差别化税收政策。对不符合规定条件的，一律不得给予相关税收优惠。同时，要加快研究完善住房税收政策，引导居民树立合理、节约的住房消费观念。

三、加强风险防范和市场监管

（五）加强房地产信贷风险管理。金融机构要进一步完善房地产信贷风险管理制度，坚持公平、有序竞争，严格执行信贷标准。要严格执行房地产项目资本金要求，严禁对不符合信贷政策规定的房地产开发企业或开发项目发放房地产开发贷款。人民银行、银监会要加大对金融机构房地产贷款业务的监督管理和窗口指导。有关部门要加强对信贷资金流向和跨境投融资活动的监控，防范信贷资金违规进入房地产市场，防止境外“热钱”冲击我国市场。

（六）继续整顿房地产市场秩序。住房城乡建设部门要会同有关部门，加大对捂盘惜售、囤积房源，散布虚假信息、扰乱市场秩序等违法违规行为的查处力度，加强对住房特别是保障性住房的工程质量安全监管。国土资源部门要严格土地出让价款的收缴，深化合同执行监管，加强对闲置土地的调查处理，严厉查处违法违规用地和囤地、炒地行为。价格等有关部门要强化商品住房价格监管，依法查处在房地产开发、销售和中介服务中的价格欺诈、哄抬房价以及违反明码标价规定等行为。税务部门要进一步加大对房地产开发企业偷漏税行为的查处力度。国有资产监管部门要进一步规范国有大企业的房地产投资行为。

（七）进一步加强土地供应管理和商品房销售管理。各地要综合考虑土地价格、价款缴纳、合同约定开发时限及企业闲置地情况等因素，合理确定土地供应方式和内容，探索土地出让综合评标方法。对拖欠土地价款、违反合同约定的单位和个人，要限制其参与土地出让活动。从严控制商品住房项目单宗土地出让面积。要结合当地实际，合理确定商品住房项目预售许可的最低规模，不得分层、分单元办理预售许可。已取得预售许可的房地产开发企业，要在规定时间内一次性公开全部房源，严格按照申报价格，明码标价对外销售。进一步建立健全新建商品房、存量房交易合同网上备案制度，加大交易资金监管力度。

（八）加强市场监测。地方人民政府要继续加强房地产市场统计、分析和监测，及时针对新情况、新问题提出解决措施和办法。有关部门要及时发布市场调控和相关统计信息，稳定市场预期。

四、加快推进保障性安居工程建设

（九）力争到2012年末，基本解决1540万户低收入住房困难家庭的住房问题。各地要通过城市棚户区改造和新建、改建、政府购置等方式增加廉租住房及经济适用住房房源，着力解决城市低收入家庭的住房困难。要加快建设限价商品住房、公共租赁住房，解决中等偏下收入家庭的住房困难。全面启动城市和国有工矿棚户区改造工作，继续推进林区、垦区棚户区改造。同时，加大农村危房改造力度，适当增加试点户数。

（十）中央将加大对保障性安居工程建设的支持力度，适当提高对中西部地区廉租住房建设的补助标准，改进和完善中央补助资金的下达方式，调动地方积极性，确保资金使用效果。各地区、各有关部门要加强监督检查，确保保障性安居工程建设用地和资金的落实。同时，鼓励金融机构向符合条件的城市和国有工矿棚户区改造项目提供贷款。保障性安居工程的建设计划、建设进度和资金使用等情况，要及时向社会公示。

五、落实地方各级人民政府责任

（十一）进一步健全和落实稳定房地产市场、解决低收入家庭住房困难问题由省级人民政府负总责，市、县人民政府抓落实的工作责任制。各地要结合本地区房地产市场情况，认真落实差别化的土地、金融、税收等政策，抓紧清理和纠正地方出台的越权减免税以及其他与中央调控要求不相符合的规定。对于境外机构和个人在境内投资购买房地产的，要严格按照现行政策执行。要按照支持居民合理住房消费、抑制投资投机性购房、增加有效供给、完善相关政策的原则，加大工作力度，促进房地产市场健康发展。

国务院有关部门要加强对各地贯彻落实房地产市场调控政策情况的检查和指导，对房价上涨过快的地区和城市要进行重点督查。各省、自治区、直辖市也要加大对市、县工作的指导力度，加强监督检查，确保各项工作措施落到实处。

国务院办公厅

二〇一〇年一月七日

住房和城乡建设部关于进一步加强房地产市场监管完善商品住房预售制度有关问题的通知

（建房[2010]53号）

各省、自治区住房和城乡建设厅，直辖市建委（房地局），新疆生产建设兵团建设局：

为贯彻落实《国务院办公厅关于促进房地产市场平稳健康发展的通知》（国办发〔2010〕4号）要求，进一步加强房地产市场监管，完善商品住房预售制度，整顿和规范房地产市场秩序，维护住房消费者合法权益，现就有关问题通知如下：

一、进一步加强房地产市场监管

（一）加强商品住房预售行为监管。未取得预售许可的商品住房项目，房地产开发企业不得进行预售，不得以认购、预订、排号、发放VIP卡等方式向买受人收取或变相收取定金、预定款等性质的费用，不得参加任何展销活动。取得预售许可的商品住房项目，房地产开发企业要在10日内一次性公开全部准售房源及每套房屋价格，并严格按照申报价格，明码标价对外销售。房地产开发企业不得将企业自留房屋在房屋所有权初始登记前对外销售，不得采取返本销售、售后包租的方式预售商品住房，不得进行虚假交易。

（二）严肃查处捂盘惜售等违法违规行为。各地要加大对捂盘惜售、哄抬房价等违法违规行为的查处力度。对已经取得预售许可，但未在规定时间内对外公开销售或未将全部准售房源对外公开销售，以及故意采取畸高价格销售或通过签订虚假商品住房买卖合同等方式人为制造房源紧张的行为，要严肃查处。

（三）加强房地产销售代理和房地产经纪监管。实行代理销售商品住房的，应当委托在房地产主管部门备案的房地产经纪机构代理。房地产经纪机构应当将经纪服务项目、服务内容和收费标准在显著位置公示；额外提供的延伸服务项目，需事先向当事人说明，并在委托合同中明确约定，不得分解收费项目和强制收取代书费、银行按揭服务费等费用。房地产经纪机构和执业人员不得炒卖房号，不得在代理过程中赚取差价，不得通过签订“阴阳合同”违规交易，不得发布虚假信息和未经核实的信息，不得采取内部认购、雇人排队等手段制造销售旺盛的虚假氛围。

（四）加强商品住房买卖合同管理。各地要完善商品住房买卖合同示范文本，积极推行商品住房买卖合同网上签订和备案制度。商品住房买卖合同示范文本应对商品住房质量性能，物业会所、车位等设施归属，交付使用条件及其违约责任做出明确约定，并将《住宅质量保证书》、《住宅使用说明书》作为合同附件。房地产开发企业应当将商品住房买卖合同在合同订立前向购房人明示。

（五）健全房地产信息公开机制。各地要加强和完善房地产市场信息系统建设，及时准确地向社会公布市场信息。市、县房地产主管部门要及时将批准的预售信息、可售楼盘及房源信息、违法违规行为查处情况等向社会公开。房地产开发企业应将预售许可情况、商品住房预售方案、开发建设单位资质、代理销售的房地产经纪机构备案情况等信息，在销售现场清晰明示。

（六）鼓励推行商品住房现售试点。各地可结合当地实际，制定商品住房现售管理办法，鼓励和引导房地产开发企业现售商品住房。实行现售的商品住房，应符合《商品房销售管理办法》规定的现售条件；在商品住房现售前，房地产开发企业应当将符合现售条件的有关证明文件和房地产开发项目手册报送房地产开发主管部门备案。

二、完善商品住房预售制度

（七）严格商品住房预售许可管理。各地要结合当地实际，合理确定商品住房项目预售许可的最低规模和工程形象进度要求，预售许可的最低规模不得小于栋，不得分层、分单元办理预售许可。住房供应不足的地区，要建立商品住房预售许可绿色通道，提高行政办事效率，支持具备预售条件的商品住房项目尽快办理预售许可。

（八）强化商品住房预售方案管理。房地产开发企业应当按照商品住房预售方案销售商品住房。预售方案应当包括项目基本情况、建设进度安排、预售房屋套数、面积预测及分摊情况、公共部位和公共设施的具体范围、预售价格及变动幅度、预售资金监管落实情况、住房质量责任承担主体和承担方式、住房能源消耗指标和节能措施等。预售方案中主要内容发生变更的，应当报主管部门备案并公示。

（九）完善预售资金监管机制。各地要加快完善商品住房预售资金监管制度。尚未建立监管制度的地方，要加快制定本地区商品住房预售资金监管办法。商品住房预售资金要全部纳入监管账户，由监管机构负责监管，确保预售资金用于商品住房项目工程建设；预售资金可按建设进度进行核拨，但必须留有足够的资金保证建设工程竣工交付。

（十）严格预售商品住房退房管理。商品住房严格实行购房实名制，认购后不得擅自更改购房者姓名。各地要规范商品住房预订行为，对可售房源预订次数做出限制规定。购房人预订商品住房后，未在规定时间内签订预售合同的，预订应予以解除，解除的房源应当公开销售。已签订商品住房买卖合同并网上备案、经双方协商一致需解除合同的，双方应递交申请并说明理由，所退房源应当公开销售。

三、加强预售商品住房交付和质量管理

（十一）明确商品住房交付使用条件。各地要依据法律法规及有关建设标准，制定本地商品住房交付使用条件。商品住房交付使用条件应包括工程经竣工验收合格并在当地主管部门备案、配套基础设施和公共设施已建成并满足使用要求、北方地区住宅分户热计量装置安装符合设计要求、住宅质量保证书和住宅使用说明书制度已落实、商品住房质量责任承担主体已明确、前期物业管理已落实。房地产开发企业在商品住房交付使用时，应当向购房人出示上述相关证明资料。

（十二）完善商品住房交付使用制度。各地要建立健全商品住房交付使用管理制度，确保商品住房项目单体工程质量、节能环保性能、配套基础设施和公共设施符合交付使用的基本要求。有条件的地方可借鉴上海、山东等地经验，通过地方立法，完善新建商品住房交付使用制度。各地要加强商品住房竣工验收管理，积极推行商品住房工程质量分户验收制度。北方地区要加强商品住房分户热计量装置安装的验收管理。

（十三）落实预售商品住房质量责任。房地产开发企业应当对其开发建设的商品住房质量承担首要责任，勘察、设计、施工、监理等单位应当依据有关法律、法规的规定或者合同的约定承担相应责任。房地产开发企业、勘察、设计、施工、监理等单位的法定代表人、工程项目负责人、工程技术负责人、注册执业人员按各自职责承担相应责任。预售商品住房存在质量问题的，购房人有权依照法律、法规及合同约定要求房地产开发企业承担责任并赔偿相应损失。房地产开发企业承担责任后，有权向造成质量问题的相关单位和个人追责。

（十四）强化预售商品住房质量保证机制。暂定资质的房地产开发企业在申请商品住房预售许可时提交的预售方案，应当明确企业破产、解散等清算情况发生后的商品住房质量责任承担主体，由质量责任承担主体提供担保函。质量责任承担主体必须具备独立的法人资格和相应的赔偿能力。各地要将房地产开发企业是否建立商品住房质量保证制度作为企业资质管理的重要内容。各地要鼓励推行预售商品住房质量保证金制度，研究建立专业化维修制度。

四、健全房地产市场监督管理机制

（十五）全面开展预售商品住房项目清理。各地近期要对所有在建的商品住房项目进行一次清理和整治。对已取得预售许可的商品住房项目逐一排查，准确掌握已预售的商品住房数量、正在预售的商品住房数量和尚未开盘的商品住房数量等情况，并将清理情况向社会公开；对尚未开盘的商品住房项目，要责成房地产开发企业限期公开销售。直辖市、省会城市（自治区首府城市）、计划单列市要将清理结果于今年6月底前报住房城乡建设部。

（十六）加大对违法违规行为的查处力度。各地要通过房地产信息网络公开、设立举报投诉电话、现场巡查等措施，加强房地产市场行为监管，加大对违法违规行为的查处力度。对退房率高、价格异常以及消费者投诉集中的项目，要重点核查。对存在违法违规行为的，要责令限期整改，记入房地产信用档案，并可暂停商品住房网上签约；对拒不整改的，要依法从严查处，直至取消其开发企业资质，并将有关信息通报土地、税收、金融、工商等相关部门，限制其参加土地购置、金融信贷等活动。

（十七）加强房地产信用管理。各地要积极拓展房地产信用档案功能和覆盖面，发挥信用档案作用，将销售行为、住房质量、交付使用、信息公开等方面内容纳入房地产信用体系，信用档案应当作为考核企业资质的依据。对违法违规销售、存在较为严重的质量问题、将不符合交付条件的住房交付使用、信息公开不及时不准确等行为，应当记入房地产开发企业信用档案，公开予以曝光。

（十八）严格相关人员责任追究制度。各地要加强对违法违规企业相关责任人的责任追究。对造成重大工程质量事故的房地产开发企业法定代表人、负责人，无论其在何职何岗，身居何处，都要依法追究相应责任。对在预售商品住房管理中工作不力、失职渎职的有关工作人员，要依法追究行政责任；对以权谋私、玩忽职守的，依法依规追究有关责任人的行政和法律责任。

（十九）落实监督检查责任制度。各地要强化房地产主管部门管理职能，加强房地产市场执法队伍建设。省级住房和城乡建设主管部门要加强对市、县（区）房地产市场监管工作的指导和检查。市、县（区）房地产主管部门要建立商品住房市场动态监管制度，加强销售现场巡查；建设、规划等部门要按照各自职责加强监管。各部门要加强协作、沟通和配合，建立健全信息共享、情况通报以及违法违规行为的联合查处机制。各地要畅通举报投诉渠道，重视和支持舆论监督，积极妥善处理矛盾纠纷，并及时公布处理结果。

其他商品房的市场监管参照本通知执行。

中华人民共和国住房和城乡建设部
二〇一〇年四月十三日

国土资源部关于加强房地产用地供应和监管有关问题的通知

（国土资发〔2010〕34 号）

各省、自治区、直辖市国土资源厅（国土环境资源厅、国土资源局、国土资源和房屋管理局、规划和国土资源管理局），副省级城市国土资源行政主管部门，新疆生产建设兵团国土资源局，各派驻地方的国家土地督察局：

为贯彻落实《国务院办公厅关于促进房地产市场平稳健康发展的通知》（国办发〔2010〕4 号）要求，依法加强监管，切实落实房地产土地管理的各项规定，增强土地政策参与房地产市场宏观调控的针对性和灵活性，增加保障性为重点的住房建设用地有效供应，提高土地供应和开发利用效率，促进地产市场健康平稳有序运行，现将有关问题通知如下：

一、加快住房建设用地供应计划编制

（一）科学编制住房特别是保障性住房用地供应计划。市、县国土资源管理部门要依据土地利用总体规划和年度计划、住房建设规划和计划及棚户区改造规划，结合本地区已供土地开发利用情况和闲置土地处置情况，科学编制住房特别是保障性住房用地供应计划，合理确定住房用地供应总量和结构。确保保障性住房、棚户改造和自住性中小套型商品房建房用地，确保上述用地不低于住房建设用地供应总量的 70%。要严格控制大套型住房建设用地，严禁向别墅供地。省级国土资源管理部门应及时对市、县房地产用地年度计划作出预安排，并于 3 月底前，将本年度住房和保障性住房用地供应计划汇总报部，并抄送各派驻地方的国家土地督察局。

（二）协调推进住房用地供应计划实施。市、县国土资源管理部门应按照经政府批准的供地计划，结合政府收购储备地块开发和房地产市场土地供需的情况，确定年度计划中拟供应的地块，合理安排供地时序。应主动与有关部门联系协调，依据投资到位情况和方便群众工作生活要求，优先确定保障性住房用地地块，确保保障性住房用地计划落实。城市和国有工矿棚户区改建原则上应实行原址改造，盘活存量土地，优化用地结构，完善服务功能，节约集约用地。落实住房和保障性住房用地供应计划涉及占用农用地的，要优先安排农转用计划指标，按部审批改革要求，及时组织申报，加快审批征收。

二、促进住房建设用地有效供应

（三）确保保障性住房用地供应。各地对列入年度供地计划的保障性住房用地，要应保尽保、及时供地。保障性住房以及城市和国有工矿棚户区改造中符合保障性住房条件的安置用地，应以划拨方式供应。保障性住房建设项目中配建的商服等经营性项目用地，应按市场价有偿使用。商品房建设项目中配建保障性住房的，必须在土地出让合同中明确保障性住房的建筑总面积、分摊的土地面积、套数、套型建筑面积、建成后由政府收回或收购的条件、保障性住房与商品住房同步建设等约束性条件。

（四）严格规范商品房用地出让行为。严格土地出让条件。市、县国土资源管理部门应依据城市规划部门出具的宗地规划设计条件，拟定出让方案，确定为中低价位普通商品房用地的，方案中要增加房地产主管部门提出的住房销售价位、套数、套型面积等控制性要求，并写入出让合同，约定违约处罚条款。土地使用权人违约的，要追究相应违约责任。各地要按照《限制用地项目目录（2006 年增补本）》要求，严格控制商品房用地单宗出让面积。条件具备的地方，可以探索房地产用地出让预申请制度。

严格规范土地出让底价。各地应按规定及时更新基准地价并向社会公布。招标、拍卖、挂牌和协议出让底价应当依据土地估价结果、供地政策和土地市场行情等，集体决策，综合确定。土地出让最低价不得低于出让地块所在地级别基准地价的 70%，竞买保证金不得低于出让最低价的 20%。

严格土地竞买人资格审查。对用地者欠缴土地出让价款、闲置土地、囤地炒地、土地开发规模超过实际开发能力以及不履行土地使用合同的，市、县国土资源管理部门要禁止其在一定期限内参加土地竞买。对存在的违法违规用地行为，要严肃查处。

严格土地出让合同管理。土地出让成交后，必须在 10 个工作日内签订出让合同，合同签订后 1 个月内必须缴纳出让价款 50%的首付款，余款要按合同约定及时缴纳，最迟付款时间不得超过一年。出让合同必须明确约定土地面积、用途、容积率、建筑密度、套型面积及比例、定金、交地时间及方式、价款缴纳时间及方式、开竣工时间及具体认定标准、违约责任处理。上述条款约定不完备的，不得签订合同，违规签订合同的，必须追究出让人责任。受让人逾期不签订合同的，终止供地、不得退还定金。已签合同不缴纳出让价款的，必须收回土地。

（五）坚持和完善土地招拍挂制度。各地要按照公开、公平、公正的原则和统一、规范的市场建设要求，坚持和完善招拍挂出让制度。房价过高、上涨过快的城市，市、县国土资源管理部门可选择部分地块，按照政府确定的限价房项目采用竞地价办法招拍挂出让土地，发挥抑制房价上涨过快的调节作用。要按照提高土地开发利用效率的原则，探索综合评标的具体方法。在确定土地出让最低价的基础上，将土地价款交付、开发建设周期、中小套型建设要求、土地节约集约程度等影响土地开发利用的因素作为评标条件，科学量化标准，合理确定各因素权重，完善评标专家库，细化评标规则，规范运作，依法依纪严格监督。

三、切实加强房地产用地监管

（六）实施住房用地开发利用申报制度。从 2010 年 4 月 1 日起，市、县国土资源管理部门要建立房地产用地开竣工申报制度。用地者应当在项目开工、竣工时，向国土资源管理部门书面申报，各地应对合同约定内容进行核验。在合同约定期限内未开工、竣工的，用地者要在到期前 15 日内，申报延迟原由，市、县国土资源管理部门应按合同约定认真处理后，可通过增加出让合同和划拨决定书条款或签订补充协议等方式，对申报内容进行约定监管。对不执行申报制度的，要向社会公示，并限制其至少在一年内不得参加土地购置活动。

（七）加强土地开发利用动态监测。市、县国土资源管理部门必须将每一宗土地的出让合同或划拨决定书，通过网络在线上报，经部统一配号后方可作为正式文本签订，并将出让合同或划拨决定书的电子监管号作为土地登记的要件。各地要对已供土地的开竣工、开发建设进度等情况进行实地巡查，及时更新开发利用信息，加强统计分析，并入网上传部门户网站（中国土地市场网页）。

（八）强化保障性住房用地供后监管。保障性住房用地不得从事商业性房地产开发，因城市规划调整需要改变的，应由政府收回，另选地块供应。对没有按约定配建保障性住房的，要按照出让合同或划拨决定书约定处理。对违法违规的企业，要依法查处。查处不落实的，依据《违反土地管理规定行为处分办法》（监察部 人力资源和社会保障部 国土资源部令第15号），追究相关人员责任。

（九）严格依法处置闲置房地产用地。各省（区、市）国土资源管理部门要全面掌握本地区闲置房地产用地查处情况，对未查处的闲置土地，实行挂牌督办，依法依规处置。对政府及政府有关部门原因造成闲置土地且未查处的，各派驻地方的国家土地督察局要及时向当地人民政府提出督察整改意见，限期依法查处。市、县国土资源管理部门要利用监测网络系统，加强对每个房地产项目开工到期申报情况的监测核查，防止产生新的闲置土地。省级国土资源管理部门要将企业闲置土地的情况，及时通报同级金融监管部门。

（十）加强房地产用地开发利用诚信管理。市、县国土资源管理部门要建立房地产企业土地开发利用诚信档案，对招拍挂竞得土地后不及时签订成交确认书或出让合同、未按合同约定缴纳土地价款、未按合同约定开竣工的，要依法依规处理，向社会公示，记入诚信档案，作为土地竞买人资格审查的依据，并入网上传部房地产用地开发利用诚信体系，部将及时向有关部门通报。

四、建立健全信息公开制度

（十一）公开住房供地计划。各地应及时将住房特别是保障性住房用地供应计划在部门户网站（中国土地市场网页）及当地土地有形市场公开，接受社会监督。部将于4月上旬在部门户网站（中国土地市场网页）公开通报各地供地计划情况。省级国土资源管理部门应分别于每年7月5日和次年1月5日前，将住房和保障性住房用地供应计划落实情况汇总报部并抄送各派驻地方的国家土地督察局，部每半年在部门户网站（中国土地市场网页）向社会公布。

（十二）公开土地出让公告。市、县国土资源管理部门必须在部门户网站（中国土地市场网页）发布土地出让公告，按照部规定的规范格式，公告拟出让宗地的位置、面积、用途、套型要求、容积率、出让年限、投标（竞买）保证金、提交申请时间、出让时间等内容。公告不规范的，部将予以通报批评，限期纠正。

（十三）公开土地出让和划拨结果。市、县国土资源管理部门要及时将出让成交和已划拨土地的位置、面积、用途、土地价款、容积率、开竣工时间等，在入网上传部的同时，在当地土地有形市场及媒体公开。没有公开出让和划拨供地结果的，省级国土资源管理部门要通报批评，限期纠正。部将从土地市场动态监测监管系统中，生成供地结果信息，并向社会发布。

（十四）公开土地开发利用信息。自今年起，部将每季度向社会公布未按出让合同和划拨决定书约定时间开竣工的宗地信息。对社会关注的典型地块信息，在部门户网站“出让信息”专栏及时公开。地方各级国土资源管理部门要通过各自门户网站，或召开新闻发布会等形式，定期或不定期向社会公开土地供应和开发利用情况及闲置土地查处信息。

（十五）公开违法违规用地查处结果。各地要将挂牌督办和社会关注的案件处理结果及时向社会公开。省级国土资源管理部门要加强对重点案件处理结果落实情况的监督检查，及时公开查处结果，接受社会监督。部将不定期对重大违法案件挂牌督办，公开查处结果。

五、开展房地产用地突出问题专项检查

（十六）明确房地产用地专项检查的重点内容。部决定，今年 3 月至 7 月，在全国组织开展对房地产用地突出问题的专项检查。检查重点是：房地产用地特别是保障性住房用地未经批准擅自改变用途，违规供应土地建设别墅，违反法律法规闲置土地、囤地炒地等。各省级国土资源管理部门要按照专项检查工作要求，及时向政府汇报，统一部署，认真实施。

（十七）结合出让合同清理制定专项检查方案。各地要根据《国有建设用地使用权出让合同专项清理工作方案》（国土资厅发〔2009〕86 号）要求，抓紧开展出让合同和划拨决定书专项清理，全面掌握本地房地产用地供应及开发利用情况，加快信息进网上传，于 3 月 31 日前完成数据填报。在合同清理基础上，省级国土资源管理部门要指导各地制定专项检查方案，细化工作措施，切实抓好落实，加强检查督办。各地必须在 7 月中旬前完成专项检查和处理工作，由省级国土资源管理部门汇总情况，形成书面报告，连同出让合同清理报告于 7 月底前一并报部。

（十八）严肃查处房地产用地中的违法违规行为。各地要按照本通知要求，严格履行职责，认真开展专项检查，对房地产用地供应和开发利用中的不规范行为，要认真整改；对违法违规用地行为，要依法依纪坚决查处。对瞒案不报、压案不查的，要严肃追究责任。4 月份，中央工程建设领域突出问题专项治理领导小组将组织监察部、国土资源部等部门，对中央扩大内需促进经济增长政策落实和工程建设领域突出问题专项治理情况开展联合检查，同时，一并检查房地产开发中突出问题的清查情况。

（十九）切实加强对专项检查工作的组织领导和政策指导。各省（区、市）国土资源管理部门要高度重视，认真组织实施，严格落实共同责任，切实加强对房地产用地突出问题专项检查的组织领导和政策指导，督促市、县国土资源管理部门严格执行房地产用地的法规和政策，健全完善制度，规范供地用地行为，确保专项检查取得实效。

二〇一〇年三月八日

国土资源部、住房和城乡建设部
关于进一步加强房地产用地和建设管理调控的通知

（国土资发〔2010〕151号）

各省、自治区、直辖市国土资源厅（国土环境资源厅、国土资源局、国土资源和房屋管理局、规划和国土资源管理局）、住房城乡建设厅（建委、房地局、规划局），副省级城市国土资源行政主管部门、住房城乡建设（房地产、规划）行政主管部门，新疆生产建设兵团国土资源局、建设局，各派驻地方的国家土地督察局：

为贯彻落实《国务院关于坚决遏制部分城市房价过快上涨的通知》（国发〔2010〕10号，以下简称“国发10号文件”）确定的工作任务，进一步加强房地产用地和建设的管理调控，积极促进房地产市场继续向好发展，现就有关工作通知如下：

一、统一思想，加强部门协调配合

地方各级国土资源、住房城乡建设（房地产、规划、住房保障）主管部门要深入学习领会国发10号文件的指导思想、任务要求和政策规定，充分认识进一步加强房地产用地和建设的管理调控，是坚决贯彻落实国发10号文件政策、继续抑制房价上涨、促进房价地价合理调整的重要任务，是增加群众住房有效供给、维护群众切身利益的迫切需要，是促进城市建设节约用地、科学发展的重要举措。各级国土资源、住房城乡建设（房地产、规划、住房保障）主管部门要统一思想认识，明确工作职责和任务，在政府统一领导下，加强协作、形成合力，从当地房地产市场实际出发，在严格执行法规政策、加强管理监督、认真查处违法违规行为等各项工作中主动协调配合，落实各部门责任，努力开展工作，促进房地产市场持续向好发展。

二、强化住房用地和住房建设的年度计划管理

地方各级住房城乡建设（房地产、规划、住房保障）、国土资源主管部门要按照住房建设规划和编制计划的要求，共同商定城市住房供地和建设的年度计划，并根据年度计划实行宗地供应预安排，共同商定将确定的保障性住房、棚户区改造住房、公共租赁住房和中小套型普通商品住房年度建设任务落实到地块。省级市和市县国土资源主管部门应及时向社会公布供地计划、供地时序、宗地情况和供地条件，接受社会公众监督，正确引导市场预期。要根据住房建设计划落实情况，及时合理调整供地计划。要在确保保障性住房、棚户区改造住房和中小套型普通商品住房用地不低于住房用地供应总量70%的基础上，结合各地实际，选择地块，探索以划拨和出让方式加大公共租赁住房供地建房、逐步与廉租住房并轨、简化并实施租赁住房分类保障的途径。在房价高的地区，应增加中小套型限价住房建设供地数量。要在盘活利用存量土地的同时，对依法收回的闲置土地和具备“净地”供应的储备土地以及农转用计划指标，应优先确保以保障性住房为主的上述各类住房用地的供应。没有完成上述住房供地计划的地方，不得向大户型高档住房建设供地。

三、加快推进住房用地供应和建设项目的审批

（一）加强保障性住房用地监管。省级住房城乡建设主管部门要监督市、县按确定的保障性住房、政策性住房的建设任务，尽快编制建设项目、落实资金。省级国土资源主管部门要督促市、县依据项目确定和资金落实情况，及时办理供地手续。对已供应的保障性住房建设用地，市、县住房城乡建设（房地产、规划、住房保障）等部门要督促建设单位抓紧做好开工前期工作，促其按期开工建设。要加强对保障性住房项目建筑设计方案的审查，严格落实国家关于保障性住房的建筑面积控制标准，严格按照规划要求同步建设公共配套设施。

对已供应的各类保障性住房用地，不得改变土地性质和土地用途，不得提高建设标准、增加套型面积。对改变上述内容的保障性住房建设项目，有关主管部门不得办理相关手续，已作为商品住房销售的，要依法没收违法所得并处以罚款。

（二）加快住房建设项目的行政审批。市、县国土资源、住房城乡建设（房地产、规划）主管部门要共同建立保障性住房、棚户区改造住房、公共租赁住房、中小套型普通商品住房建设项目行政审批快速通道，规划主管部门要在受理后 10 天内核发建设用地规划许可证，国土资源主管部门要在受理后 10 天内核发国有土地使用证，规划主管部门要在受理后 60 天内核发建设工程规划许可证，建设主管部门应当要求限时进行施工图审查和核发施工许可证，房地产主管部门要严格按规定及时核发商品房预售许可证。各部门要及时互通办理结果，主动衔接，提高行政办事效率，加快住房项目的供地、建设和上市，尽快形成住房的有效供应。

四、严格住房建设用地出让管理

（一）规范编制拟供地块出让方案。市、县国土资源主管部门要会同住房城乡建设（房地产、规划、住房保障）主管部门，依据土地利用规划和城镇控制性详细规划协调拟定住房用地出让方案。对具备供地条件的地块，规划、房地产主管部门要在接到国土资源主管部门书面函件后 30 日内分别提出规划和建设条件。拟出让宗地规划条件出具的时间逾期一年的，国土资源主管部门应当重新征求相关部门意见，并完善出让方案。

土地出让必须以宗地为单位提供规划条件、建设条件和土地使用标准，严格执行商品住房用地单宗出让面积规定，不得将两宗以上地块捆绑出让，不得“毛地”出让。拟出让地块要依法进行土地调查和确权登记，确保地类清楚、面积准确、权属合法，没有纠纷。

（二）严格制定土地出让的规划和建设条件。市、县规划主管部门应当会同国土资源主管部门，严格依据经批准的控制性详细规划和节约集约用地要求，确定拟出让地块的位置、使用性质、开发强度、住宅建筑套数、套型建筑面积等套型结构比例条件，作为土地出让的规划条件，列入出让合同。对于中小套型普通商品住房建设项目，要明确提出平均套型建筑面积的控制标准，并制定相应的套型结构比例条件。要严格限制低密度大户型住宅项目的开发建设，住宅用地的容积率指标必须大于 1。

市、县住房城乡建设（房地产、住房保障）主管部门要提出限价商品住房的控制性销售价位，商品住房建设项目中保障性住房的配建比例、配建套数、套型面积、设施条件和项目开竣工时间及建设周期等建设条件，作为土地出让的依据，并纳入出让合同。

土地出让后，任何单位和个人无权擅自更改规划和建设条件。因非企业原因确需调整的，必须依据《城乡规划法》规定的公开程序进行。由开发建设单位提出申请调整规划建设条件而不按期开工的，必须收回土地使用权，重新按招标拍卖挂牌方式出让土地。

（三）严格土地竞买人资格审查。国土资源主管部门对竞买人参加招拍挂出让土地时，除应要求提供有效身份证明文件、缴纳竞买（投标）保证金外，还应提交竞买（投标）保证金不属于银行贷款、股东借款、转贷和募集资金的承诺书及商业金融机构的资信证明。

根据国发 10 号文件规定，对发现并核实竞买人存在下列违法违规违约行为的，在结案和问题查处整改到位前，国土资源主管部门必须禁止竞买人及其控股股东参加土地竞买活动：

1.存在伪造公文骗取用地和非法倒卖土地等犯罪行为的；

2.存在非法转让土地使用权等违法行为的；

3.因企业原因造成土地闲置一年以上的；

4.开发建设企业违背出让合同约定条件开发利用土地的。

各级国土资源主管部门必须严格执行国发 10 号文件有关规定和上述规定，要及时将发现并核实有违法违规违约企业的名单、问题和查处结果入网上传到国土资源部门户网站的中国土地市场网页，不执行或弄虚作假的，按有关法规纪律规定严肃追究有关人员责任。

（四）严格划拨决定书和出让合同管理。各类住房建设项目应当在划拨决定书和出让合同中约定土地交付之日起一年内开工建设，自开工之日起三年内竣工。综合用地的，必须在合同中分别载明商业、住房等规划、建设及各相关条件。市、县国土资源主管部门要会同住房城乡建设（房地产、规划、住房保障）主管部门，研究制定违反土地划拨决定书和出让合同应约定的条件、规定和要求的违约责任及处罚条款，连同土地受让人对上述内容的承诺一并写入土地划拨决定书和出让合同，确保以保障性为重点的各类住房用地、建设和销售等按照国家政策落实到位。

五、加强对住房用地供地和建设的监管

（一）加强房地产用地供应监管。各省（区、市）国土资源主管部门要加强对住房用地出让公告和合同约定内容的适时监管，对市、县发布的公告中存在捆绑出让、超用地规模、“毛地”出让、超三年开发周期出让土地的，要责令立即撤销公告，调整出让方案重新出让。土地出让成交后，要协商规范合同约定内容，统一电子配号后方可签订合同。市、县国土资源主管部门要严格执行房地产用地开竣工申报制度，依托土地市场动态监测和监管系统，及时清理开工、竣工的房地产项目，定期对已供房地产用地的开竣工、开发建设条件执行等情况进行实地巡查，发现有违法违规问题的，必须依法依纪追究责任。

（二）加强住房建设项目开发过程的动态监管。市、县国土资源、住房城乡建设（房地产、规划、住房保障）主管部门要加强对房地产开发企业在土地开发利用、住房建设和销售的全程动态监管。应按照各自职责，认真审核审批，发现有违法违规违约行为的，必须终止企业相关行为、停办相关手续，及时通告并由业务主管部门负责，共同依法依规查处。房地产开发项目竣工验收时，住房城乡建设主管部门要会同国土资源主管部门对开发企业及建设项目履行用地合同约定的各类条件及承诺情况进行核查。

市、县住房城乡建设主管部门要全面加强对住宅工程、特别是保障性安居工程的质量监管，重点对勘察、设计、施工、监理等参建单位执行工程建设强制性标准的情况进行监督检查，强化住宅工程质量责任落实。在工程质量监管中发现的问题，要及时查处，并告知国土资源主管部门。

六、加大违法违规行为清理查处力度

（一）严格查处囤地炒地闲置土地行为。省级国土资源主管部门要采取得力措施，督促市、县国土资源主管部门加快查清处理闲置土地。对企业自身原因造成土地闲置的，必须依法坚决查处。对政府及部门原因造成土地闲置的，住房城乡建设部门要积极配合国土资源主管部门，联合限期查办。对未达到法律法规规定的土地转让条件转让房地产用地等囤地炒地的行为，要及时依法依规严肃查处，应当依法没收违法所得，并处罚款。对违规违法办理相关用地手续的部门和人员，省级国土资源主管部门要按有关规定追究责任人责任。

（二）严格查处擅自调整容积率行为。市、县规划主管部门应会同国土资源主管部门，严格按照已确定的容积率指标对开发宗地进行规划许可和建设项目竣工核验。对已供土地分期开发的建设项目，应统一规划设计，各期建设工程规划许可确定的建筑面积的总和，必须符合容积率指标要求。坚决制止擅自调整容积率等问题，严肃查处国家机关工作人员在建设用地规划变更、容积率调整中玩忽职守、权钱交易等违纪违法行为。

（三）严格查处商品住房建设和销售的违法违规行为。市、县住房城乡建设（房地产、规划、住房保障）主管部门要依据法律法规，对房地产开发企业擅自突破住房套型结构比例、不按要求配建保障性住房、无故拖延开竣工时间、违反预销售时限和方式要求等行为进行处罚，并及时向国土资源、价格、金融等主管部门通报违法违约企业名单。房地产主管部门要会同有关部门建立市场动态监管制度，开展商品住房销售现场的日常巡查和实地检查，在商品住房预售环节及时发现并严肃查处捂盘惜售、囤积房源、虚假宣传、哄抬房价等违法违约行为。

市、县国土资源主管部门要联合住房城乡建设主管等部门，及时查处违反规定向别墅项目供地和未经批准改变项目规划建设条件建设别墅的行为。

（四）加大违法违规房地产用地信息公开。省（区、市）国土资源主管部门要按季度将发现和查处违法违规房地产用地的情况，在当地媒体和国土资源部门户网站的中国土地市场网页上向社会公布，接受公众监督，同时将有违法违规行为的房地产企业名单，及时抄送住房城乡建设、国有资产、工商、金融及监管、证券等部门，配合相关部门认真落实国发 10 号文件有关规定。每季度末，各省（区、市）国土资源主管部门要将有关情况报国土资源部，由国土资源部统一向社会通报。

国土资源部、住房和城乡建设部将按照国发 10 号文件的要求，对本通知贯彻落实情况进行指导监督和检查。

二〇一〇年九月二十一日

住房和城乡建设部、国土资源部、监察部关于进一步贯彻落实国发〔2010〕10号文件的通知

（建房[2010]155号）

各省、自治区、直辖市住房城乡建设厅(建委、房地局)、国土资源厅(国土资源环境厅、国土资源局)、监察厅(局):

《国务院关于坚决遏制部分城市房价过快上涨的通知》(国发〔2010〕10号，以下简称“10号文件”)印发后，房地产市场出现了积极的变化。为巩固房地产市场调控成果，促进房地产市场健康发展，现就进一步深入贯彻落实10号文件的有关问题通知如下:

一、加大各项政策措施的落实力度，严格实行问责制

各地要结合本地区房地产市场实际，立即研究制定贯彻落实国发〔2010〕10号文件的实施细则，加大各项政策措施的落实力度。已印发实施细则的地区，要根据最近国家有关部委出台的政策措施进行调整和完善。房价过高、上涨过快、供应紧张的城市，要在一定时间内限定居民家庭购房套数。住房城乡建设部、监察部等部门将对省级人民政府稳定房价和住房保障工作进行考核与问责。对政策落实不到位、工作不得力的，要进行约谈，直至追究责任。

二、完善房地产税收政策，加强税收征管

加强对土地增值税征管情况的监督和检查，重点对定价明显超过周边房价水平的房地产开发项目进行土地增值税的清算和稽查。利用房地产价格评估等手段强化税收征管，加强对二手房交易中订立“阴阳合同”等偷逃税款行为的查处。加快推进房产税改革试点工作，并逐步扩大到全国。

三、切实增加住房有效供给，全力加快保障性安居工程建设

严格住房用地供应和住房建设年度计划的管理，加大对各地2010年住房建设计划和用地供应计划实际完成情况的督查考核力度，切实落实中小套型普通商品住房和保障性住房建设计划和供地计划。房价上涨过快的城市，要增加居住用地的供应总量。各地要全面落实保障性安居工程建设资金，加快建设进度，强化工程质量和施工安全管理，全面完成保障性安居工程建设任务。认真落实支持公共租赁住房建设的税收优惠政策。

四、进一步加强市场监管，严肃查处违法违规行为

加大住房交易市场检查力度，依法查处经纪机构炒买炒卖、哄抬房价、怂恿客户签订“阴阳合同”等行为。对房地产开发企业土地闲置、改变土地用途和性质、拖延开竣工时间、捂盘惜售等违法违规行为，要继续加大曝光和处罚力度。对有上述违法违规记录的房地产开发企业，要暂停其发行股票、公司债券和新购置土地。

五、加快信息系统建设，加强舆论正面引导

各地要加快房地产市场和个人住房信息系统建设，为群众住房消费和加强房地产市场管理提供全面、及时、准确的信息。要积极引导新闻媒体加强对房地产市场调控政策、保障性住房建设、符合国情的住房消费观念和打击违法投机等方面的宣传报道，合理引导市场预期。

中华人民共和国住房和城乡建设部

中华人民共和国国土资源部

中华人民共和国监察部

二〇一〇年九月三十日

最高人民法院关于审理房屋登记案件若干问题的规定

（法释〔2010〕15号　2010年8月2日最高人民法院审判委员会第1491次会议通过）

《最高人民法院关于审理房屋登记案件若干问题的规定》已于2010年8月2日由最高人民法院审判委员会第1491次会议通过，现予公布，自2010年11月18日起施行。

二〇一〇年十一月五日

为正确审理房屋登记案件，根据《中华人民共和国物权法》、《中华人民共和国城市房地产管理法》、《中华人民共和国行政诉讼法》等有关法律规定，结合行政审判实际，制定本规定。

第一条 公民、法人或者其他组织对房屋登记机构的房屋登记行为以及与查询、复制登记资料等事项相关的行政行为或者相应的不作为不服，提起行政诉讼的，人民法院应当依法受理。

第二条 房屋登记机构根据人民法院、仲裁委员会的法律文书或者有权机关的协助执行通知书以及人民政府的征收决定办理的房屋登记行为，公民、法人或者其他组织不服提起行政诉讼的，人民法院不予受理，但公民、法人或者其他组织认为登记与有关文书内容不一致的除外。

房屋登记机构作出未改变登记内容的换发、补发权属证书、登记证明或者更新登记簿的行为，公民、法人或者其他组织不服提起行政诉讼的，人民法院不予受理。

房屋登记机构在行政诉讼法施行前作出的房屋登记行为，公民、法人或者其他组织不服提起行政诉讼的，人民法院不予受理。

第三条 公民、法人或者其他组织对房屋登记行为不服提起行政诉讼的，不受下列情形的影响：

（一）房屋灭失；

（二）房屋登记行为已被登记机构改变；

（三）生效法律文书将房屋权属证书、房屋登记簿或者房屋登记证明作为定案证据采用。

第四条 房屋登记机构为债务人办理房屋转移登记，债权人不服提起诉讼，符合下列情形之一的，人民法院应当依法受理：

（一）以房屋为标的物的债权已办理预告登记的；

（二）债权人为抵押权人且房屋转让未经其同意的；

（三）人民法院依债权人申请对房屋采取强制执行措施并已通知房屋登记机构的；

（四）房屋登记机构工作人员与债务人恶意串通的。

第五条 同一房屋多次转移登记，原房屋权利人、原利害关系人对首次转移登记行为提起行政诉讼的，人民法院应当依法受理。

原房屋权利人、原利害关系人对首次转移登记行为及后续转移登记行为一并提起行政诉讼的，人民法院应当依法受理；人民法院判决驳回原告就在先转移登记行为提出的诉讼请求，或者因保护善意第三人确认在先房屋登记行为违法的，应当裁定驳回原告对后续转移登记行为的起诉。

原房屋权利人、原利害关系人未就首次转移登记行为提起行政诉讼，对后续转移登记行为提起行政诉讼的，人民法院不予受理。

第六条 人民法院受理房屋登记行政案件后，应当通知没有起诉的下列利害关系人作为第三人参加行政诉讼：

（一）房屋登记簿上载明的权利人；

（二）被诉异议登记、更正登记、预告登记的权利人；

（三）人民法院能够确认的其他利害关系人。

第七条 房屋登记行政案件由房屋所在地人民法院管辖，但有下列情形之一的也可由被告所在地人民法院管辖：

（一）请求房屋登记机构履行房屋转移登记、查询、复制登记资料等职责的；

（二）对房屋登记机构收缴房产证行为提起行政诉讼的；

（三）对行政复议改变房屋登记行为提起行政诉讼的。

第八条 当事人以作为房屋登记行为基础的买卖、共有、赠与、抵押、婚姻、继承等民事法律关系无效或者应当撤销为由，对房屋登记行为提起行政诉讼的，人民法院应当告知当事人先行解决民事争议，民事争议处理期间不计算在行政诉讼起诉期限内；已经受理的，裁定中止诉讼。

第九条 被告对被诉房屋登记行为的合法性负举证责任。被告保管证据原件的，应当在法庭上出示。被告不保管原件的，应当提交与原件核对一致的复印件、复制件并作出说明。当事人对被告提交的上述证据提出异议的，应当提供相应的证据。

第十条 被诉房屋登记行为合法的，人民法院应当判决驳回原告的诉讼请求。

第十一条 被诉房屋登记行为涉及多个权利主体或者房屋可分，其中部分主体或者房屋的登记违法应予撤销的，可以判决部分撤销。

被诉房屋登记行为违法，但该行为已被登记机构改变的，判决确认被诉行为违法。

被诉房屋登记行为违法，但判决撤销将给公共利益造成重大损失或者房屋已为第三人善意取得的，判决确认被诉行为违法，不撤销登记行为。

第十二条 申请人提供虚假材料办理房屋登记，给原告造成损害，房屋登记机构未尽合理审慎职责的，应当根据其过错程度及其在损害发生中所起作用承担相应的赔偿责任。

第十三条 房屋登记机构工作人员与第三人恶意串通违法登记，侵犯原告合法权益的，房屋登记机构与第三人承担连带赔偿责任。

第十四条 最高人民法院以前所作的相关的司法解释，凡与本规定不一致的，以本规定为准。

农村集体土地上的房屋登记行政案件参照本规定。

广东省国土资源厅
关于印发《广东省基本农田调整补划验收暂行办法》的通知

（粤国土资耕保发〔2010〕121号）

各地级以上市国土资源局（国土资源和房屋管理局，规划与国土资源委员会）、农业局：

为做好土地利用总体规划修编过程中的基本农田调整划定以及今后的基本农田补划工作，提升基本农田保护水平，根据国家和省的有关规定，特制定本办法。现印发给你们，请遵照执行。土地利用总体规划修编涉及的基本农田调整划定验收必须在规划批准前完成，各地务必高度重视，尽快组织初验并向省国土资源厅、省农业厅申报验收，不能影响规划的报批。各地在执行中遇有问题，请及时反馈省国土资源厅、省农业厅。

二〇一〇年三月十二日

广东省基本农田调整补划验收暂行办法

一、总 则

第一条 为切实加强对基本农田的保护，确保全省基本农田的数量和质量，根据《中华人民共和国土地管理法》、《基本农田保护条例》、《广东省实施〈中华人民共和国土地管理法〉办法》和《广东省基本农田保护区管理条例》及有关规定，结合本省实际，制定本办法。

第二条 本办法所称基本农田，是指按照一定时期人口和社会经济发展对农产品的需求，依据土地利用总体规划确定的不得占用的耕地。

本办法所称基本农田保护区，是指为对基本农田实行特殊保护而依据土地利用总体规划和依照法定程序确定的特定保护区域。

第三条 本办法适用范围：

（一）土地利用总体规划修编涉及的基本农田调整划定的验收；

（二）经国务院批准的建设占用基本农田及调整土地利用总体规划需要补划基本农田的验收。

第四条 各级国土资源部门会同农业部门（涉及跨地级以上市补划的基本农田验收的，省级验收环节增加会同省发展改革委）按照各自的职责分工共同做好基本农田调整划定的验收。

第五条 县级土地利用总体规划，应结合土地利用分区，确定基本农田保护区；乡级土地利用总体规划，应将县级规划划定的基本农田保护区进一步落实到地块。

第六条 土地利用总体规划修编中涉及的基本农田调整划定验收必须在规划批准前完成；涉及补划基本农田验收的，必须在用地报批前完成。

二、调整划定基本农田的验收

第七条 基本农田调整划定的总体要求：

（一）各级人民政府调整后的基本农田总面积不得低于新一轮土地利用总体规划（规划期末为 2020 年，下同）修编中上级规划下达的基本农田保护面积；调整后的基本农田平均质量应不低于调整前的平均质量。

（二）上一轮土地利用总体规划（规划期末为 2010 年，下同）中划定的基本农田地块基本稳定，不得随意调整。

（三）高等别耕地、集中连片耕地、已验收合格的土地整理复垦开发新增的优质耕地等，应当优先划为基本农田。

（四）新一轮土地利用总体规划新划为基本农田的土地必须符合《广东省基本农田保护区管理条例》第六条的规定。规划期内预期开发为耕地的未利用地和水域、预期整理复垦为耕地的建设用地、预期调整为耕地的其他农用地等，不得划为基本农田。

第八条 基本农田调整划定验收的主要条件：

（一）调整划定基本农田组织领导有力。成立基本农田保护工作领导小组，以乡、镇为单位开展基本农田保护区调整划定工作，有工作方案和工作计划，专项经费落实。

（二）调整划定基本农田合法、规范，新划定的基本农田的土地符合《广东省基本农田保护区管理条例》第六条的规定，调整划定指标全面完成。

（三）调整划定基本农田工作报告书完善。报告书内容包括：基本情况，保护区分布、片数、基本农田面积，保护责任书和管理措施以及调整划定情况等，并附县（市、区）耕地保有量、基本农田面积指标分解表。

（四）基本农田保护区管理措施落实。包括保护区片（块）的保护责任人，各级签订的责任书，设立保护标志，保护管理措施及村规民约等。

（五）基本农田保护区标志牌完整并符合要求，主要交通沿线、集镇村庄周边集中的保护区设有明显的保护标志。

（六）基本农田保护图件资料和面积资料齐全、准确，与实地一致、与原有基本农田保护成果相衔接，基本农田保护的图、表、报告书等成果资料归档管理。

（七）划定的基本农田质量资料齐全、准确，调整后的基本农田平均质量不低于调整前平均质量。

第九条 基本农田档案管理资料要求：

基本农田调整划定成果资料应及时整理归档，永久保存并逐级备案。

（一）基本农田档案资料包括：土地利用总体规划文本和基本农田保护图、基本农田调整分析图等；基本农田调整划定工作报告书；基本农田统计资料（见附表一、二、三、四）；基本农田保护责任书；基本农田保护相关制度；调整、变更和补划基本农田相关材料；其他相关资料。

（二）县（市、区）、乡（镇）、行政村等各级行政单位的基本农田统计资料（包括基本农田保护面积分解表、汇总表和地块登记表）要分级装订成册。其内容包括：行政单位名称、片块的地名、编号、地类名、图斑号及面积等。

（三）地类和面积分为：1.水田总面积。2.水浇地总面积。3.旱地总面积。4.原为水田或者其他优质耕地，改为其他农业用途且土壤耕作层未被破坏或者轻度破坏易于恢复的农用地的总面积。

第十条 基本农田保护区标志牌的要求：

标志牌的更新或设立按照《关于设立基本农田与土地整理标志牌有关事项的通知》（粤国土资规保发〔2008〕257 号）规定执行。标志牌内容包括基本农田保护区、编号、所在地名、四至范围示意图、地类名称及面积、保护责任人、相关政策规定、监督举报电话、设立标志行政单位（县级人民政府）及日期。

第十一条 基本农田调整划定验收申报材料（一式两份，上报图件为电子图件）:

（一）验收申请。

（二）基本农田调整划定工作报告（具体要求见第八条内容）。

（三）新一轮规划修编拟定的乡（镇）基本农田保护图。

（四）标注新划入基本农田四至范围的土地利用现状图（比例尺为 1∶1 万）。

（五）标注新一轮土地利用总体规划与上一轮土地利用总体规划基本农田相比调出、调入情况的基本农田调整分析图(比例尺为 1∶1 万)。

（六）基本农田调整划定情况汇总表（见附表一）。

第十二条 基本农田调整划定验收程序:

验收按自下而上的形式进行，采取书面材料审核和现场实地抽查验收确认的方法进行。

（一）市级初验。规划修编过程中按照有关规定和要求调整划定基本农田地块后，冠“经县（市、区）人民政府同意”字样，由县级国土资源部门和农业部门联合向地级以上市国土资源部门提出初验申请。接到申请后 10 个工作日内，地级以上市国土资源部门会同农业部门组织对基本农田调整划定工作的各项内容进行初验。按照每个县（市、区）不低于新调入基本农田总面积 60%的比例进行实地检查。检查符合要求的，地级以上市人民政府国土资源部门和农业部门应在抽查完成 10 个工作日内联合向省国土资源厅和省农业厅提出验收申请，并将初验意见和有关材料一并上报。

（二）省级验收。接到申请后 15 个工作日内，省国土资源厅会同省农业厅组织联合验收组对初验结果进行验收。验收工作包括检查核实书面材料和实地抽查，按照不低于新调入基本农田总面积 15 %的比例进行实地核查。经省级验收合格的，由省国土资源厅会省农业厅核发验收确认函。在核实书面材料和实地抽查过程中有不合格的，即认定该市该批次验收不合格，整改纠正后重新申报验收。

三、补划基本农田的验收

第十三条 补划基本农田验收的主要条件:

（一）补划基本农田验收资料齐全。

（二）补划基本农田位置、范围、地类、面积和拐点坐标与实地一致。

（三）补划基本农田合法、规范，补划的基本农田现状符合《广东省基本农田保护区管理条例》第六条的规定，跨地级以上市补划的基本农田连片面积在 3.3 公顷以上，补划的数量不少于被占用基本农田的数量，质量不低于补划地区耕地的平均水平。

（四）补划的基本农田落实到村委会、村民小组、农户和地块，绘制补划基本农田保护图并进行公告，造册登记、竖立标志牌、完善图表数据等档案资料。

第十四条 补划基本农田的验收申报材料（一式两份，同时上报电子文档和电子图件）:

（一）验收申请。

（二）基本农田占用补划方案。

（三）标注占用的基本农田四至范围的有关乡（镇）1∶1 万土地利用总体规划图（局部图）。

（四）标注补划的基本农田四至范围的有关乡（镇）1∶1 万土地利用总体规划图（局部图）、1/1 万土地利用现状图（局部图）。

（五）占用和补划基本农田专家组论证意见。

跨地级以上市补划基本农田验收还需提供经省政府同意的批复文件和委托方、受托方签订的《委托补划基本农田协议书》;涉及调整土地利用总体规划补划基本农田验收,需提供经省政府同意的批复文件。

第十五条 基本农田占用补划方案包括:

(一)基本农田占用补划工作综述。

(二)拟占用或已占用基本农田的表册(含地块位置、图斑地类号、面积、拐点坐标)。

(三)补划基本农田的表册(含地块位置、图斑地类号、面积、拐点坐标等)。

(四)补划的基本农田的保障措施。

(五)补划的基本农田进行公告、签订责任书和建立保护档案情况。

第十六条 基本农田补划工作验收的程序:

验收工作包括检查核实书面材料和现场实地抽查。

(一)市级初验。补划基本农田过程中按照有关规定和要求调整基本农田地块后,冠"经县(市、区)人民政府同意"字样,由县级国土资源部门和农业部门联合向地级以上国土资源部门提出初验申请。接到申请后 10 个工作日内,地级以上市国土资源部门会同农业部门对补划的基本农田各项内容进行初验并全部现场核查。检查符合要求的,地级以上市人民政府国土资源部门和农业部门应在核查完成 10 个工作日联合向省国土资源厅提出验收申请,并将初验意见和有关材料一并上报。

(二)省级验收。接到申请后 15 个工作日内,省国土资源厅会同省农业厅(涉及跨地级以上市补划的基本农田验收的,增加省发展改革委)组织联合验收组对初验结果进行验收。实地抽查按照不低于每县(市、区)申报验收的基本农田面积 30%的比例随机抽样。经省级验收合格的,由省国土资源厅会同省农业厅(涉及跨地级以上市补划的基本农田验收的,增加省发展改革委)核发验收确认函。核实书面材料和现场抽查有不合格的,即认定该批次验收不合格,整改纠正后重新申报验收。

四、附则

第十七条 本办法由省国土资源厅、省农业厅负责解释。

第十八条 本办法自颁布之日起施行。

深圳市人民政府关于印发深圳市绿道网规划建设总体实施方案的通知

（深府〔2010〕77号）

各区人民政府，市政府直属各单位：

《深圳市绿道网规划建设总体实施方案》已经市政府同意，现予印发，请认真组织实施。

二〇一〇年六月二十三日

深圳市绿道网规划建设总体实施方案

为贯彻落实《珠江三角洲地区改革发展规划纲要（2008—2020年）》，推进珠三角地区一体化和特区一体化，打造结构合理、功能完善、惠及民生的深圳绿道网体系，优化提升全市人居环境，根据《珠江三角洲绿道网总体规划纲要》，结合我市的实际情况，制定本方案。

一、绿道网建设的重要意义

绿道是一种线形绿色开敞空间，通常沿着河滨、溪谷、山脊、风景道路等自然和人工廊道建立，内设可供行人和骑车者进入的景观游憩线路。绿道包括慢行道和配套设施两大部分，配套设施包括标志系统、服务设施和基础设施。绿道建设内容包括路面铺设、绿化、服务区设置及相关服务配套设施，如停车场、交通接驳、通信设施、游览设施、自行车租赁、信息咨询、商业服务、治安管理、科普教育、文化展示、体育休闲、安全救助、森林防火、环境卫生、标识系统等。

绿道分区域绿道、城市绿道和社区绿道三个级别。其中，区域绿道是指连接城市与城市，对区域生态环境保护和生态支撑体系建设具有重要影响的绿道。城市绿道是指连接城市重要组团，对城市生态系统建设具有重要意义的绿道。社区绿道是指连接社区公园、小游园和街头绿地，主要为附近社区居民服务的绿道。

绿道网由众多区域绿道、城市绿道和社区绿道组成，连接主要的公园、自然保护区、风景名胜区、历史古迹和城乡居民聚居区等，兼具生态保育、休闲游憩、保护历史文化遗产和科研教育等多种功能，是一种能将生态保护、改善民生和经济发展完美结合的有效载体。

《珠江三角洲绿道网总体规划纲要》明确了珠三角绿道网建设的总体部署、目标和任务。省委十届六次全会提出，用3年左右时间，在珠三角率先建成总长约1690公里的6条区域绿道；汪洋书记要求“一年基本建成，两年全部到位，三年成熟完善”。在此形势和背景下，我市建设绿道网不仅十分重要，而且相当迫切。

（一）绿道网建设是践行科学发展观的重

要举措。

经过30年的持续快速发展，深圳已由昔日的边陲小镇发展成为颇具规模和影响力的现代化城市。人民群众在物质财富和生活水平大幅度提高的同时，对城市环境、休闲游憩、生态文化等的需求日益提升。绿道网建设体现了科学发展观以人为本、全面协调可持续发展的要求，将城市的持续发展与人的更高需求有机结合起来，是深圳经济特区成立30年来追求科学发展、构建和谐社会的生动诠释。

（二）绿道网建设是落实省委省政府建设宜居城乡的主要内容。

绿道网建设是建设宜居城乡的重要内容，也是宜居城乡建设考核的重要指标。绿道网建设有利于完善城市自然生态系统的结构和功能，维护城市生态安全格局；有利于保护和发掘城市特有的历史文化资源，形成城市的鲜明特色；有利于改善城市人居环境，提高城市宜居水平，提升城市的品位。

（三）绿道网建设是落实市委市政府建设民生幸福城市的具体行动。

关注民生，重视民生，是打造民生政府的举措，是构建民生社会的要求。绿道网建设贴近民生，体现民意，是惠及广大市民百姓的民生工程，是提高民生福利水平的重要方面。通过绿道网建设将大大提升市民的幸福感和家园意识，切实将建设民生幸福城市的目标和任务落到实处。

二、绿道网建设的现实条件

我市绿道网建设有较好的条件和基础。《深圳市基本生态控制线管理规定》将全市974平方公里的土地划为基本生态控制线并实行严格保护，为绿道网的规划建设留足了充分的空间。我市“公园之城”建设初具规模，建成了一大批自然保护区、森林公园、郊野公园、市政公园和社区公园，为绿道网的建设管理提供了良好条件。

此外，我市还编制了与绿道网密切相关的系列规划。《深圳市绿地系统规划（2004—2020）》为绿道网的节点选取和规划走向、落地提供了明确的指导意见。《深圳市慢行系统规划》和《深圳经济特区步行系统规划》体现了绿道建设的理念和内容，为绿道网规划建设的顺利推进奠定了良好的基础。《深圳市紫线规划》选取了55处文物保护单位、历史文化街区和历史建筑进行“紫线”划定，可通过与绿道网的结合和串联，丰富我市绿道网的内涵，更好地展现深圳地区的岭南特色和客家风情。

但是，对照省里的要求，我市绿道网建设还存在一定的差距：一是缺乏统一规划，绿道缺乏连通，未能形成一个完整的体系；二是由于城市建设和违章建筑的占用，以及交通路网的分割，影响了一些关键性的生态节点和廊道的连接；三是未能充分发挥绿色开敞空间的休闲、游憩、体育、文化的功能，绿道利用程度不够。

三、绿道网建设遵循的原则

（一）与城市规划、建设、管理水平提升相结合。

按照高起点规划、高标准建设和高效能管理的要求，统筹指导绿道网的规划设计和建设；在城市规划中引入绿道网理念，将绿地绿廊与绿色出行、体育休闲、生态文化紧密结合起来，优化提升城市规划建设水平。借鉴国内外绿道网建设的先进经验，体现珠三角一体化发展的要求，紧密结合市容环境提升行动，大幅度提升城市规划建设管理水平。

（二）与低碳城市、生态城市、宜居城市建设相结合。

以支持构建区域生态安全格局、优化提升城市人居环境为目的，充分结合现有地形、水系、植被等自然资源和地理条件，保护和修复绿道及周边地区的原生态功能，保护和改善重要生态廊道及沿线的生态功能和景观，将我市绿道网建设作为创建国家生态文明示范城市、国家低碳生态示范城市以及广东省宜居城市活动的重要抓手，并进行紧密对接。

（三）与生态保护、污染治理、交通建设相结合。

依托现有的山体、水系、绿地和道路，将绿道网建设与基本生态控制线保护、水环境综合治理以及森林公园、郊野公园、市政公园和社区公园等的建设结合起来，因地制宜打造形式多样、功能各异的绿道，展现不同的目标和主题，体现多样性。同时，将区域绿道、城市绿道和社区绿道贯通成网，建立绿道网与公共交通网的有机衔接，完善换乘系统，形成便捷通达的绿道网体系。

（四）与绿色建筑、节能环保、资源利用相结合。

尽量结合现有的滨水路径、林荫大道和道路两侧等设施进行绿道布置，充分利用现有的登山道、公园园道、森林防火道、二线巡逻道等设施，避免大填大挖及人工化痕迹过重的建设。配套服务设施可采用移动式旧集装箱改造组合建造，尽可能减少土建工程。优先采用性价比优良、反映健康绿色生活的新技术、新材料和新设备，大力推广绿色建材、节能环保材料和可再生能源的使用，使绿道建设体现资源节约、环境友好、循环经济的理念和特色。

（五）与提升文化、体育运动、休闲娱乐相结合。

充分挖掘和突出地方特色和人文内涵，强化历史文化遗迹的有效保护，注重植被类型、铺装材料、功能策划、游憩空间组织等方面的特色，打造“亮点工程”和“精品工程”。尤其要充分发掘特区管理线资源，保留、提升现有的边境设施、军事特色和生态环境，向市民普及国防知识，展示特区发展历程，提高市民的国防意识和安全意识，丰富绿道网的内涵，更好地展现深圳的地方特色和历史文化。同时，充分发动市民，结合迎接特区成立30周年和“大运会”等重大活动，引导广大市民利用绿道网进行体育锻炼、休闲娱乐和竞技比赛。

四、绿道网建设的目标要求

（一）总体目标。

按照《珠江三角洲绿道网总体规划纲要》的要求，结合我市绿道建设的实际情况，建设总长约2000公里，包括区域绿道、城市绿道、社区绿道，涵盖生态型、郊野型、都市型的绿道，营造结构合理、衔接有序、连通便捷、配套完善的深圳绿道网络体系。

在区域绿道方面，用3年左右的时间，完成珠三角区域绿道深圳市域内总长约300公里（主线总长约282公里，支线长约18公里）的建设任务，其中2号区域绿道长约233公里，5号区域绿道长约49公里。

城市绿道和社区绿道与区域绿道建设同步推进，用5年左右的时间，建成总长约500公里的城市绿道和总长约1200公里社区绿道，连通滨海、滨河、滨湖以及公园绿地、旅游景区和教育基地，实现与区域绿道的有机串联和衔接。

（二）分阶段目标。

第一阶段：2010年3月至2010年12月，完成区域绿道控制区设置并实施空间管制；将市域内70%以上的区域绿道（长约210公里）建造成型；建成4条示范段，包括2号区域绿道特区管理线全段（长约80公里），2号区域绿道特区管理线东—雷公山段（长约19公里），5号区域绿道光明森林公园—茜坑森林公园段（长约20公里），大运支线龙口水库—大运公园段（长约9.5公里）；建设3个城际交界面，包括与东莞市交界的2号区域绿道罗田森林公园交界面、5号区域绿道光明森林公园交界面，与惠州市交界的2号区域绿道罗屋田水库交界面，确保“绿道在城市之间互联互通”，具体时间节点如下：

4月底，完成2号区域绿道特区管理线梅林坳—长岭陂水库试验示范段，以及华侨城自行车道示范段的完善，为全市绿道网建设提供示范和经验。

8月底，完成2号区域绿道特区管理线的60%，使其成为珠三角区域绿道网中标志性的示范区段，为深圳经济特区成立30周年献礼。

12月底，完成市域内总长约210公里的区域绿道建造成型任务，完成2号区域绿道特区管理线全段，2号区域绿道特区管理线东—雷公山段，大运支线绿道龙口水库—大运公园段，5号区域绿道光明森林公园—茜坑森林公园段等示范段的建设，建成深圳与东莞、惠州相邻的3个城际交界面，完成深圳湾滨海休闲带C段和B段的建设，使深圳绿道网初具规模，成为市民休闲休憩的首选场所。

第二阶段：2011年1月至2011年8月，完成市域内全部区域绿道的建设任务，包括主体路面的贯通以及配套的标识系统、服务设施和基础设施的建设，并启动城市绿道、社区绿道与区域绿道的衔接互通工程。高标准完成大运公园—仙湖植物园示范段，结合迎大运宣传活动，利用绿道网开展群众性的体育休闲运动，迎接“大运会”的举办。

第三阶段：2011年9月至2015年12月，市域内的区域绿道、城市绿道、社区绿道全面连接和贯通。其中，2012年底前，区域绿道成熟完善，运营机制健全，基本实现运营维护与收支平衡；2013年底前，完成城市绿道、社区绿道建设任务的70%；2015年底前，基本建成城市绿道和社区绿道，形成绿道网络体系，有效提升市民的生活质量，并为深圳宜居城市的建设起到积极的推动作用。

五、绿道网建设的组织保障和职责分工

（一）组织保障。

成立深圳市绿道网规划建设工作领导小组，许勤市长任组长，吕锐锋常务副市长、张文副市长任副组长。领导小组成员单位包括市发展改革委、财政委、规划国土委、人居环境委、交通运输委、农业局、文体旅游局、住房建设局、水务局、城管局、监察局、政府投资审计专业局、口岸办、省公安边防七支队、省公安边防六支队、各区政府和市光明、坪山新区管委会等有关单位。领导小组办公室设在市人居环境委，负责绿道网建设的日常工作。

（二）职责分工。

市人居环境委负责统筹全市绿道网规划建设工作，组织制定绿道网规划建设总体实施方案，研究完善相关配套政策，开展绿道建设工作的检查监督、情况通报，协调解决绿道网建设的重大问题。

市规划国土委组织编制全市绿道网专项规划以及区域绿道修建性详细规划，结合我市基本生态控制线管理要求，划定区域绿道绿化缓冲区并完善相应的管理制度。

市城管局统筹全市绿道网的建设和运营管理。负责绿道网全部区域绿道项目的立项等前期工作（包括项目建议书、可行性研究报告、方案至施工图设计和概算编制等），以及2号区域绿道特区管理线和大运支线的建设。审查、督导各区政府、新区管委会开展职责范围内的区域绿道、城市绿道、社区绿道的建设，保障施工建设质量。

市发展改革委负责绿道网规划建设项目的审批、核准、备案或转报等立项管理工作，落实市级建设资金安排，及时下达投资计划。

市财政委根据市发展改革委下达的投资计划，按工程进度及时拨付资金。

市交通运输委负责绿道网中道路范围内的绿道建设协调工作及交通接驳工作。

市文体旅游局负责绿道网相关的文物和旅游的行业管理工作，承担绿道网涉及的文物和非物质文化遗产管理责任，协调相关部门对文物保护工程予以立项，指导文物保护主体实施保护工程，组织指导绿道网旅游宣传推广，以及指导绿道网的旅游安全综合协调工作。

市、区水务行政主管部门负责绿道网中河道及水库红线范围内的绿道建设工作，做好绿道建设涉及水务工程管理、饮用水源保护等相关协调工作。

市口岸办负责绿道网规划建设中涉及的特区管理线自管口、临时口开设以及巡逻路、隔离铁丝网局部改移的报批工作。

省公安边防七支队、六支队负责绿道网中巡逻、治安、消防等安全保障工作。

各区政府和新区管委会负责辖区内区域绿道、城市绿道和社区绿道的建设（市城管局负责建设的除外），协调解决绿道建设相关用地问题，并协助市相关部门开展绿道网规划设计、建设和运营管理。

六、绿道网的规划建设要求

（一）规划要求。

根据《珠江三角洲绿道网总体规划纲要》确定的绿道网主体框架和《珠三角区域绿道网（省立）规划设计技术指引》提出的标准要求，结合我市的自身实际，科学规划，精心设计，使绿道凸显“生态化、本土化、多样化、人性化”的理念。开展《深圳市绿道网专项规划》编制，2010 年 4 月中旬完成。

开展区域绿道各区段的修建性详细规划编制，9 月底全部完成。其中，城际交界面在 4 月中旬完成，区域绿道示范段在 4 月底完成，2010 年度市域内 70%以上区域绿道建造成型段在 5 月底完成，余下的区域绿道区段在 9 月底完成。结合我市基本生态控制线的管理要求，划定区域绿道缓冲区，勘定边界坐标，设立统一的控制标志，并完善相应的管理制度，10 月底完成绿化缓冲区相应管理文件的制定，由市政府批准实施。

加强与相邻城市的沟通协调，衔接好城际地区绿道的建设标准和工程进度，做好城际交界面规划，确保城际绿道无缝衔接。4 月下旬完成跨界区域绿道整合规划成果，经市政府批准后报省住房和城乡建设厅备案。

抓紧开展区域绿道各个区段的施工图设计。其中，城际交界面在 5 月中旬完成，区域绿道示范段在 5 月底完成（其中特区管理线白芒检查站—梅林坳段在 4 月中旬完成），2010 年度市域内 70%以上区域绿道建造成型段在 6 月底完成，余下的区域绿道区段在 10 月底完成。

（二）建设要求。

除建设必要的辅助设施外，禁止改变绿化缓冲区内的地形地貌、植物群落、水体、土壤等自然要素。尽可能保持自行车线路的连续性，连续段原则上不应少于 20 公里。示范段要打造成独具特色的“样板绿道”，优先考虑选用易于施工建设和便于后期维护管理的本土材料和本地树种，注重历史文化风貌的传承和自然生态环境的保护。强化工程监理和督查，严把工程质量关，组织做好工程竣工验收。切实抓好安全施工，预防和减少安全事故发生。

抓紧开展项目立项等前期工作。4 月底，完成全部区域绿道区段、城际交界面的项目建议书；6 月底完成可行性研究和项目总体概算的上报；7 月中旬，完成 2010 年度市域内 70%以上区域绿道建造成型段、城际交界面的项目审批和资金安排；12 月底，完成余下的区域绿道区段的项目审批和资金安排。

尽早启动绿道建设各项工作。12 月底，完成2010年度市域内70%以上区域绿道建造成型段以及城际交界面的建设任务；2011年5月底，完成区域绿道沿线的植树造绿；2011年8月底，完成市域内区域绿道建设的全部任务；2012年12月底，进一步完善相关配套设施，完善绿道管理运营机制。

（三）管理要求。

研究起草深圳市绿道管理条例，积极探索绿道运营和维护的长效机制，形成政府部门和社会各界共同参与的良性格局。鼓励社会团体、新闻媒体等开展绿道管理运营咨询、建议、监督等活动，调动社会各界力量来参与绿道的管理运营。建设绿道安全巡查队伍，强化绿道治安、消防安全巡查。加强绿道各项设施的管理，定期对慢行道、标识系统、服务系统、基础设施等绿道设施进行专项检查与安全维护，确保绿道正常使用。充分利用卫星遥感、电子数据库等高科技手段，提高绿道的管理维护水平。

建立绿道信息的查询系统，方便市民通过登录网站等信息化手段获取相关信息。及时制订绿道使用指南和宣传手册，系统介绍绿道建设的理念、意义、线路分布、开放时间、活动安排、不同类型绿道的特色和功能、限制使用区域和注意事项等，通过免费发放、媒体报道、专题网站等形式向社会发布，指导使用者安全、文明使用。

开展系列宣传活动，让公众了解绿道、支持绿道、参与绿道、使用绿道、享受绿道。一是与深圳重大活动结合，如深圳经济特区成立30周年、举办“大运会”等，组织举办诸如“行绿道，迎大运”等活动；二是与既有的节庆相结合，如深圳公园文化节，举办“行绿道，游公园”活动，与文博会相结合举办“绿道文化展”等；三是与传统节日相结合，如清明踏青、重阳登高等活动，举办“万人健身绿道行”活动；四是与相关赞助企业和团体的活动相结合，对绿道赞助企业和团体在绿道上举办的相应企业文化活动予以重点报道；五是与相关的运动协会、团体结合创办深圳绿道自己的品牌运动项目，定期开展训练和竞赛活动，提高公众对绿道的关注程度。

（四）考核要求。

市绿道网规划建设工作领导小组办公室制定全市绿道网规划建设年度实施计划，下达各年度的建设目标和任务，明确时间进度和责任分工。各区政府（新区管委会）、各有关部门要明确一位政府的领导同志，负责统筹协调本区（新区）、本部门的绿道建设工作，将名单报给市绿道网规划建设工作领导小组办公室。对各区、各有关部门绿道建设的完成情况进行年终考核，并纳入领导班子政绩考核内容。对任务完成情况好的予以通报表彰，对完成不好或未完成任务的实行问责。

各区政府（新区管委会）、各有关部门每月底将绿道建设进展情况报送市绿道网规划建设工作领导小组办公室。领导小组办公室组织对各区、各有关部门绿道建设任务完成情况进行检查、通报，市政府督查室、市监察局对绿道建设实施督查督办，对未按工作计划履行职责或工作不力、进展滞后的，给予通报批评，并责令整改。充分发挥人大、政协、纪检等部门在绿道网规划建设中的监督检查作用，保障绿道建设顺利推进。

定期召开市绿道网规划建设工作领导小组会议，推动绿道网规划建设实施方案和年度实施计划的落实，协调解决实施过程中的重大问题。各区政府（新区管委会）、各有关部门要密切跟踪相关任务的进展情况，建立工作进度台账，指定联络员负责材料报送、信息交流和相关联络工作。市绿道网规划建设工作领导小组办公室每月3日将上月区域绿道建设、城际界面互联互通、示范段建设月报表，每季第1个月的3日前将城市绿道、社区绿道建设上季度季报表报送省住房和城乡建设厅。

七、绿道网建设的相关配套政策

（一）土地使用政策。

绿道网建设坚持原生态、原产权、原民居、原民俗的原则，原则上不征地、不租地、不拆迁，不改变原有土地的权属和使用性质。由各区政府（新区管委会）协调解决绿道网建设的用地问题。确有必要的，可与相关单位和个人签订土地适用协议。

尽可能利用已有的二线巡逻道、城市林荫道、机耕道、水库堤岸等，通过沿线的环境整治、植树绿化等提升手段建设绿道。充分利用已有的场地、设施和建筑进行适当改造，作为绿道综合服务设施，在强化系统的衔接和标准的统一的同时，避免重复建设、实现共用共享。

（二）投资融资政策。

绿道为社会公益性项目，绿道网建设以政府投资为主，与市容环境提升行动相结合。区域绿道统一由市政府投资，城市绿道、社区绿道原则上由区政府投资。除政府投资外，绿道的经营性项目（服务点、自行车租赁等）可招标企业等社会投资实体建设，政府出台必要的扶持政策。

鼓励企业、社会团体或个人捐助资金、认建、认养绿道，广泛吸引社会资金参与，形成全社会共建共管的局面。对一些特色鲜明、地段显著的绿道线路分段打包，凡是对绿道建设捐助资金或者认建、认养绿道的，都可在相应绿道路段用于相关企业的宣传，如企业定期可在相关绿道路段举办企业活动，绿道相关设施上增加企业标识和宣传语等。鼓励引导绿道沿线居民积极参与绿道管理经营，增加沿线居民的就业和创业机会，实现利民惠民。避免绿道过度商业化，避免因少数人利益而损害更广大公众利益。

（三）管理运营政策。

绿道管理模式采用政府专职部门管理与企业经营管理、公众参与相结合的管理模式。绿道具有生态性、公益性、社会性、经济性等综合特点，类型复杂，涉及部门多，社会影响面广，需要由政府加强统筹管理。绿道建设维护管理采用绿地系统管理模式统筹安排绿道管理和维护，并对与绿道经营相关的企业进行指导和监管。

全市绿道由 1—3 家经营机构承包经营，负责服务中心经营、车辆租赁、日常维护及绿道沿线休闲游憩等项目的策划、包装、宣传、推介等市场操作。市城管局作为总发包方，负责招标经营机构、监督检查经营机构的运营管理行为；市文体旅游局协作监督检查，并协同经营机构的策划、包装、宣传、推广等市场行为。同时，为保障绿道的健康运营，应加强对经营机构的管理，规范经营行为，完善经营规则，提高服务质量，保护经营者与消费者双方的合法权益。

（四）行政审批政策。

区域绿道建设任务重、时间短，要求各地、各部门打破常规，大胆创新，特事特办。要打破行政区划和部门分割的壁垒，加强沟通协调和部门联动，在项目立项、规划设计审批、土地使用、工程招标采购、财政资金安排、施工建设许可、管理维护等方面建立绿道审批绿色通道。建立“并联审批，限时办结”制度，简化办事程序，提高工作效率。各区政府（新区管委会）负责建设的区域绿道，由辖地审计部门负责审计。

深圳市人民政府关于加强房地产登记历史遗留问题处理工作的若干意见

深府〔2010〕66号

各区人民政府，市政府直属各单位：

为妥善解决房地产登记历史遗留问题，维护当事人合法权益，化解社会矛盾，增进社会和谐，根据有关法律法规规定，结合本市实际情况，现就加强房地产登记历史遗留问题处理工作提出如下意见：

一、处理原则

房地产登记历史遗留问题处理工作应坚持尊重历史、实事求是的原则，从维护当事人合法权益的角度出发，积极寻求妥善的处理方法，努力化解社会矛盾，有效增进社会和谐。

市有关部门和各区人民政府（含新区管理机构，下同）要密切配合，简化办事程序，提高工作效率，合力做好房地产登记历史遗留问题处理工作。要不断完善房地产市场管理制度，采取切实有效的措施，严肃查处违法违规房地产开发企业或者个人，确保房地产市场健康、有序发展。

二、处理对象

（一）市政府《关于印发深圳市处理房地产登记历史遗留问题若干规定的通知》（深府〔2004〕193号，以下简称市政府193号文）处理范围内的房地产。

（二）市政府193号文实施之前，已批准预售且已实际销售，未经批准改变用途、加建、超建的房地产。

（三）依照当时房改政策批准房改或者市、区住房主管部门出售，未完善相关手续的政策性住房。

（四）已取得房屋所有权证或者房地产代用证，但未完善用地或者建设手续的房地产。

属《深圳经济特区处理历史遗留违法私房若干规定》、《深圳经济特区处理历史遗留生产经营性违法建筑若干规定》、《深圳市人民代表大会常务委员会关于农村城市化历史遗留违法建筑的处理决定》处理范围的房地产，不适用本意见。

三、职责分工

市房地产登记工作机构在市房地产主管部门的领导下，负责房地产登记历史遗留问题处理工作，各区人民政府及市规划、国土、住房、建设、消防等主管部门予以配合。

四、特殊申请主体的确定

（一）原房地产开发建设单位已被吊销营业执照或者已注销且无承继单位的，可以由购房者申请办理相关手续。

（二）市、区住房主管部门统一开发的政策性住房，由市、区住房主管部门申请；原镇政府统一开发建设的，由相关街道办事处申请；政府机关、企事业单位自行开发建设的，由原建设单位申请，原建设单位已不存在的，由其承继单位或主管单位申请。

（三）市、区属国有企业改制过程中，剥离到市、区投资控股公司（包括原市级资产经营公司）或上级产权单位的房地产，由投资控股公司或者上级产权单位申请。

（四）合作开发建设的房地产，合作一方或者多方已被吊销营业执照或者已注销且无承继单位的，可以由其他合作方申请。

五、补办规划确认文件

（一）依照市政府193号文规定应当补办规划确认文件的房地产及本意见第二条（二）、（三）、（四）项规定情形的房地产，应当向规划主管部门申请补办规划确认文件。

（二）申请规划确认手续的，应当提交以下材料：

1. 申请书；
2. 身份证明；
3. 测绘报告；
4. 其他必要材料。

有土地权属证明的，应当一并提交。

（三）除下列情形以外的房地产，规划主管部门应当予以现状确认：

1. 非法占用已完成征、转地补偿手续的国有土地，严重影响城市规划，又不能采取措施加以改正的；
2. 占用基本农田的；
3. 占用一级水源保护区用地的；
4. 占用公共道路、广场、绿地、高压供电走廊、公共设施和公益项目用地，压占地下管线或者其他严重影响城市规划，又不能采取措施加以改正的；
5. 其他依法应当拆除或者没收的。

规划确认文件应当包括建筑物面积及分项指标、建筑物用途、建筑物地名命名等有关内容。

（四）依照本意见补办规划确认手续的房地产，如涉及变更建筑物功能或者公共设施的，应当按法律法规的规定征得有关业主的同意。

（五）按照本条予以规划确认，如申请人或者其他有关当事人的行为违反有关规定须予以行政处罚的，应当依法予以行政处罚。行政处罚决定的作出与执行不影响规划主管部门进行规划确认，不影响房地产登记工作机构办理初始登记手续。

六、补办房屋质量检测鉴定文件

需补办房屋质量检测鉴定文件的，申请人应当委托有资质的房屋安全检测、鉴定机构对建筑物质量进行检测、鉴定，并将房屋质量检测鉴定文件报送建设主管部门备案。

建设主管部门自受理备案申请之日起10个工作日内出具备案证明文件。

七、补办消防安全证明文件

需补办消防安全证明文件的，申请人应当在房屋质量检测鉴定合格后，委托有法定资质的工程设计、施工单位或者消防技术服务机构按照建筑物建造时的消防技术标准或者市政府制定的具体消防技术规范对建筑物现状进行消防安全评价，取得消防安全合格意见后，报送消防主管部门备案，消防主管部门应当出具备案证明并进行抽查。

对于国务院公安部门规定的大型的人员密集场所和其他特殊建设工程，消防主管部门应对建筑物的消防设计文件进行审核并进行验收。经验收合格的，消防主管部门应当出具验收证明。

已取得消防验收合格证明文件的（含建设工程消防验收合格意见书、已在建筑工程竣工表上签署过消防验收意见、2009年5月1日后已进行备案登记的），无需重新办理消防验收备案或消防验收。

八、补办土地权属证明文件

（一）依照市政府193号文规定应当补办土地权属证明文件的房地产及本意见第二条（二）、（三）、（四）项规定情形的房地产，应当向国土主管部门申请补办土地权属证明文件。

（二）用地单位申请补办土地权属证明文件，应当提交下列材料：

1. 申请书；

2. 身份证明；

3. 测绘报告；

4. 报建材料或者规划确认文件；

5. 其他必要材料。

本意见第二条（四）项规定情形的房地产，涉及原农村集体经济组织继受单位未完善征、转地补偿手续用地的，须提供原农村集体经济组织继受单位同意补办用地手续的书面意见。

（三）国土主管部门根据申请人提供的有关材料对土地权属来源进行认定。确实无法认定的，土地权属来源按下列规定处理：

1. 经济特区内在 1988 年 1 月 3 日之前，经济特区外在 1990 年 5 月 19 日之前建成的房地产，登记为行政划拨用地；

2. 经济特区内在 1988 年 1 月 3 日之后，经济特区外在 1990 年 5 月 19 日之后建成的房地产，登记为协议出让用地。

（四）依照当时房改政策批准房改的或者市、区住房主管部门出售的政策性住房，需补办用地手续的，按规定减免地价。

（五）以下房地产，购房者申请办理房地产权利证书的，免补地价，认定为商品房性质：

1. 1989 年 7 月 13 日之前，向本市房地产开发企业购买的房地产；

2. 经济特区外在 1993 年 1 月 1 日之前，已取得县（区）主管部门销售批复并已销售的房地产。

（六）土地权属来源按照本意见登记为协议用地的，按照国家规定的相应用途的最长年限确定土地使用期限；登记为行政划拨的用地按照我市有关规定确定土地使用期限。

1982 年 7 月 31 日之前已建成竣工的，土地使用期限从 1982 年 8 月 1 日起计算。其他情形的房地产，如已取得土地权属证明文件的，土地使用期限从土地权属证明文件载明的起始日期起算；未取得土地权属证明文件的，土地使用期限从报建时间起算。

（七）国土主管部门应当对申请补办土地权属证明文件的土地的范围、权属来源进行调查，并将土地范围及权属状况进行公告，同时在该房地产出入口张贴。

经公告有异议的，应当在异议事项解决后再补办土地权属证明文件。公告无异议的，国土主管部门应当补办土地权属证明文件。

开发建设单位已被吊销营业执照或者已注销且无承继单位，或者由于其他原因确实无法申请办理土地权属证明文件的，国土主管部门可以直接出具土地权属证明文件。

土地权属证明文件应当载明土地使用权人、土地位置、宗地号、用途、使用期限等内容。

（八）按照本意见办理土地权属证明文件的房地产，有下列情形之一，国土主管部门按规定核定应缴应补地价款，向市地价款追缴部门出具追缴地价函，由市地价款追缴部门向开发建设单位追缴：

1. 房地产已建成销售但开发建设单位未缴清或者补足地价款的；

2. 开发建设单位已被吊销营业执照或者已注销且无承继单位的；

3. 因其他原因无力缴交地价，经市政府同意与购房者办证分离处理的。

国土主管部门可以先予办理土地权属证明文件并载明欠缴地价款金额；房地产登记工作机构按照购房者办证和开发建设单位补缴地价款分离处理的原则，可以先予办理初始登记和购房者的房地产登记手续，但在应缴地价款缴清之前不予办理开发建设单位自有部分物业的房地产证及其他权属证明、分证登记、抵押登记或者转移登记。

九、税费和物业专项维修资金的缴纳

申请处理房地产登记历史遗留问题的，申请人应当按规定缴纳登记税费及物业专项维修资金。

开发建设单位未按规定缴纳登记税费及物业专项维修资金的，房地产登记工作机构应当致函有关主管部门追缴，并参照本意见第八条规定的分离处理原则进行处理，不影响购房者办理房地产证。

十、房地产登记

（一）申请人依照本意见申请办理房地产初始登记的，应当提交以下材料：

1. 申请书；
2. 身份证明；
3. 测绘报告及宗地图；
4. 土地权属证明文件；
5. 消防安全证明材料或备案证明；
6. 已备案的房屋质量检测鉴定文件；
7. 规划确认文件；
8. 其他必要材料。

（二）已发房屋所有权证或者房地产代用证的，完善初始登记后，方可换发房地产证。

（三）开发建设单位已被吊销营业执照或者已注销且无承继单位，房地产已办理初始登记的，购房者可提交以下材料，申请转移登记：

1. 申请书；
2. 身份证明；
3. 房地产买卖合同或协议；
4. 付清房款凭证；
5. 开发建设单位已被吊销、注销的证明；
6. 购买政策性住房的，还应提交住房主管部门核实的房改批复材料（含住房主管部门加盖公章的分户汇总表）；
7. 其他必要材料。

房地产未办理初始登记的，可以依照本意见规定申请办理初始登记。房地产登记工作机构完善相关数据并对房地产权属状况进行公告后，购房者可申请办理房地产转移登记。

（四）在房地产登记过程中，房地产登记工作机构认为有必要的，可对房地产权属状况进行公告。

（五）按本意见规定进行登记的房地产，房地产登记工作机构应当在房地产证上备注“本房地产证依据《关于加强房地产登记历史遗留问题处理工作的若干意见》颁发”的内容。

十一、加强房地产市场监管

（一）市规划、国土、房地产、建设、消防等主管部门和各区人民政府要加强房地产市场监管，发现房地产开发建设单位或者个人存在违法违规行为的，应依法予以严肃查处。

市规划、国土、房地产、财政、工商、税务、法制等主管部门要密切配合，采取有力措施，切实加大地价款追缴力度。

市有关主管部门和各区人民政府要积极主动解决房地产登记历史遗留问题处理工作中涉及本单位职责的事项。不履行或者不正确履行职责，影响房地产登记历史遗留问题处理工作，损害行政相对人合法权益的，由监察机关依法追究有关单位及工作人员的责任。

（二）对未履行土地使用权出让协议或者其他有关协议，违反有关法律、法规开发建设房地产，激发群体上访或者煽动业主上访的企业或者个人，房地产主管部门应当依法予以严肃查处。

市规划、国土、房地产、财政、工商、税务等主管部门应当将违法违规企业或者个人的违法行为、处罚结果，以及违法违规企业的法定代表人、控股股东和其他负有责任的股东的有关情况纳入相应诚信档案并向社会公布。

（三）市规划、国土、房地产、财政、工商、税务等主管部门可依法限制或者禁止以下企业或者个人在我市享受政府优惠政策、取得土地使用权、进行房地产开发建设或者进行其他重大经济活动：

1. 有违法违规行为并引起严重社会后果的房地产开发企业；

2. 有违法违规行为并引起严重社会后果的房地产开发企业的法定代表人、控股股东和其他负有责任的股东担任法定代表人或者控股股东的企业；

3. 有违法违规行为并引起严重社会后果的个人及由其担任法定代表人或者控股股东的企业。

十二、其他事项

（一）建筑物建成时间，包括建筑物改建、扩建的完成时间，以原已取得的竣工验收证明文件记载的时间为准；未取得竣工验收证明文件的，以房地产所在街道办事处凭施工合同、结算书等建房有关资料进行综合认定后出具的相关证明文件为准。

（二）本意见规定应当公告的事项，由主管部门在《深圳特区报》或者《深圳商报》公告。公告期为 30 日，公告费用由申请人承担。

（三）本意见所称的“之后”包括本数，所称的“之前”不包括本数。

（四）本意见自发布之日起施行。市政府 193 号文与本意见规定不一致的，以本意见规定为准。

深圳市人民政府

二〇一〇年五月三十一日

附录一

有关房地产法律、法规、规章和规范性文件索引

一、城市规划类

（一）法律

1. 中华人民共和国城乡规划法（2007年）

（二）行政法规

2. 村庄和集镇规划建设管理条例（1993年）
3. 风景名胜区条例（2006年）
4. 历史文化名城名镇名村保护条例（2008年）
5. 规划环境影响评价条例（2009年）

（三）广东省地方性法规

6. 广东省实施《中华人民共和国城市规划法》办法（1992年，1997年修正）
7. 广东省风景名胜区条例（1998年）
8. 广东省城市控制性详细规划管理条例（2004年）
9. 广东省珠江三角洲城镇群协调发展规划实施条例（2006年）
10. 广东省地名管理条例（2007年）
11. 广东省土地利用总体规划条例（2008年）

（四）深圳市地方性法规

12. 深圳市城市规划条例（1998年，2001年修正）
13. 深圳经济特区规划土地监察条例(1995年，2005年修正)
14. 深圳市停车场规划建设和机动车停放管理条例（2003年，2005年修正）
15. 深圳经济特区梧桐山风景名胜区条例（2009年）

（五）国务院部门规章

16. 城市国有土地使用权出让转让规划管理办法（1992年）
17. 开发区规划管理办法（1995年）
18. 建制镇规划建设管理办法（1995年）
19. 城市规划编制单位资质管理规定（2001年）
20. 城市绿线管理办法（2002年）
21. 外商投资城市规划服务企业管理规定（2003年）
22. 外商投资城市规划服务企业管理规定的补充规定（2003年）
23. 城市抗震防灾规划管理规定（2003年）
24. 城市紫线管理办法（2003年）
25. 城市黄线管理办法（2005年）
26. 城市蓝线管理办法（2005年）
27. 城市规划编制办法（2005年）

28. 省域城镇体系规划编制审批办法（2010 年）
29. 城市、镇控制性详细规划编制审批办法（2010 年）

（六）深圳市政府规章

30. 深圳市基本生态控制线管理规定（2005 年）
31. 大鹏半岛保护与发展管理规定（2008 年）
32. 深圳市城市更新办法（2009 年）
33. 深圳市规划土地监察行政执法主体及其职责规定（2010 年）
34. 深圳市门楼牌管理办法（2011 年）

（七）国务院及其部门规范性文件

35. 建设部、国家计委关于印发《建设项目选址规划管理办法》的通知（1991 年）
36. 建设部关于印发《近期建设规划工作暂行办法》、《城市规划强制性内容暂行规定》的通知（2002 年）
37. 建设部关于印发《国家重点风景名胜区审查办法》的通知（2004 年）
38. 建设部关于印发《关于加强对城市优秀近现代建筑规划保护的指导意见》的通知（2004 年）
39. 建设部关于加强城市总体规划工作意见（2006 年）
40. 国务院关于编制全国主体功能区规划的意见（2007 年）
41. 国务院办公厅关于加强和规范新开工项目管理的通知（2007 年）
42. 建设部《关于贯彻实施＜城乡规划法＞的指导意见》的通知（2008 年)
43. 建设部关于对房地产开发中违规变更规划、调整容积率问题开展专项治理的通知（2009 年）

（八）广东省政府及其部门规范性文件

44. 广东省人民政府办公厅关于进一步加强和改进城乡规划工作的实施意见（2006 年）
45. 广东省建设厅印发《珠江三角洲城乡规划督察员巡察办法(试行)》的通知 (2008 年)
46. 中共广东省委、广东省人民政府关于贯彻实施《珠江三角洲地区改革发展规划纲要(2008～2020 年)》的决定（2009 年）
47. 广东省国土资源厅关于印发《广东省各级土地利用总体规划审查审批办法》的通知 （2009 年）
48. 广东省人民政府关于推进“三旧”改造促进节约集约用地的若干意见（2009 年）
49. 广东省国土资源厅关于“三旧”改造工作实施意见的通知（2009 年）
50. 广东省人民政府关于进一步做好我省规划环境影响评价工作的通知（2010 年）

（九）深圳市政府及其部门规范性文件

51. 深圳市人民政府关于印发《深圳市城中村（旧村）改造暂行规定》的通知（2004 年）
52. 深圳市人民政府关于深圳市城中村（旧村）改造暂行规定的实施意见（2005 年）
53. 深圳市人民政府办公厅转发深圳市高新技术产业带企业或项目入区审核与监管指导意见（试行）的通知（2005 年）
54. 中共深圳市委、深圳市人民政府关于进一步加强城市规划工作的决定（2005 年）
55. 深圳市人民政府关于推进宝安龙岗两区城中村（旧村）改造工作的若干意见（2006 年）
56. 深圳市人民政府关于宝安龙岗两区自行开展的新安翻身工业区等 70 个旧城旧村改造项目的处理意见（2006 年）
57. 深圳市规划局关于印发《深圳市规划局行政许可实施办法》的通知（2005 年，2007 年修正）
58. 深圳市人民政府关于工业区升级改造的若干意见（2007 年）
59. 深圳市人民政府关于印发《深圳市城中村（旧村）改造扶持资金管理暂行办法》的通知 （2007 年）
60. 深圳市人民政府办公厅关于开展城中村（旧村）改造工作有关事项的通知（2007 年）
61. 深圳市人民政府关于执行《深圳市基本生态控制线管理规定》的实施意见（2007 年）

62. 深圳市人民政府办公厅关于开展宝安龙岗两区城中村（旧村）全面改造项目有关事项的通知（2008 年）
63. 深圳市人民政府办公厅关于推进我市工业区升级改造试点项目的意见（2008 年）
64. 深圳市规划局关于印发《深圳市规划局非行政许可审批和登记实施办法》的通知（2008 年）
65. 中共深圳市委、深圳市人民政府印发《深圳市关于＜珠江三角洲地区改革发展规划纲要(2008－2020 年)＞的实施方案》的通知（2009 年）
66. 深圳市贸易工业局、深圳市规划局、深圳市国土资源和房产管理局关于印发《深圳市工业项目建设用地控制标准(2009～2010)》的通知（2009 年）
67. 深圳市人民政府办公厅关于贯彻实施中华人民共和国城乡规划法有关事项的通知（2009 年）
68. 深圳市人民政府关于印发深圳市绿道网规划建设总体实施方案的通知（2010 年）
69. 深圳市人民政府关于授权市城市规划委员会建筑与环境艺术委员会审批城市更新单元规划的通知(2010 年）

二、土地类

（一）法律

1. 中华人民共和国土地管理法（1986 年，2004 年修正）
2. 中华人民共和国农村土地承包法（2002 年）
3. 中华人民共和国物权法 （2006 年）

（二）行政法规

4. 土地复垦规定（1988 年）
5. 中华人民共和国城镇国有土地使用权出让和转让暂行条例（1990 年）
6. 中华人民共和国土地管理法实施条例（1998 年）
7. 基本农田保护条例（1998 年）
8. 大中型水利水电工程建设征地补偿和移民安置条例（2006 年）
9. 土地调查条例（2008 年）
10. 土地复垦条例（2011 年）

（三）广东省地方性法规

11. 广东省土地权属纠纷处理条例（1995 年）
12. 广东省基本农田保护区管理条例（2002 年）
13. 广东省国土资源监督检查条例（2004 年）
14. 广东省湿地保护条例（2006 年）
15. 广东省征收农民集体所有土地各项补偿费管理办法（1994 年，2008 年修正）
16. 广东省实施《中华人民共和国土地管理法》办法（1999 年，2008 年修正）

（四）深圳市地方性法规

17. 深圳市人民代表大会常务委员会关于加强农业保护区管理的若干规定（1996 年）
18. 深圳市征用土地与收回土地使用权条例（1999 年）
19. 深圳经济特区高新技术产业园区条例（2001 年）
20. 深圳经济特区土地使用权出让条例（1994 年，2010 年修正）

（五）国务院部门规章

21. 划拨土地使用权管理暂行办法（1992 年）
22. 土地监察暂行规定（1995 年）

23. 土地违法案件查处办法（1996 年）
24. 国有企业改革中划拨土地使用权管理暂行规定（1998 年）
25. 建设用地审查报批管理办法（1999 年）
26. 闲置土地处置办法（1999 年）
27. 城市地下空间开发利用管理规定（1997 年，2001 年修正）
28. 划拨用地目录（2001 年）
29. 征用土地公告办法（2001 年）
30. 土地登记资料公开查询办法（2002 年）
31. 土地权属争议调查处理办法（2003 年）
32. 国家投资土地开发整理项目实施管理暂行办法（2003 年）
33. 协议出让国有土地使用权规定（2003 年）
34. 中华人民共和国农村土地承包经营权证管理办法（2003 年）
35. 国土资源听证规定（2004 年）
36. 农村土地承包经营权流转管理办法（2005 年）
37. 土地利用年度计划管理办法（1999 年，2006 年修正）
38. 国土资源信访规定（2006 年）
39. 耕地占补平衡考核办法（2006 年）
40. 招标拍卖挂牌出让国有建设用地使用权规定（2007 年）
41. 建设项目用地预审管理办法（2001 年，2008 年修正）
42. 土地登记办法（2008 年）
43. 违反土地管理规定行为处分办法（2008 年）
44. 国土资源行政复议规定 （2001 年，2009 年修正）
45. 土地利用总体规划编制审查办法（2009 年）
46. 土地调查条例实施办法（2009 年）

（六）广东省政府规章

47. 广东省维护水库移民土地山林房产权属的若干规定（1989 年）
48. 广东省城镇国有土地使用权出让和转让实施办法（1992 年，1997 年修正）
49. 广东省地价管理规定（1998 年）
50. 广东省土地使用权交易市场管理规定（2002 年）
51. 广东省集体建设用地使用权流转管理办法（2005 年）
52. 广东省森林林木林地权属争议调解处理办法（2006 年）
53. 广东省非农业建设补充耕地管理办法（2010 年）

（七）深圳市政府规章

54. 深圳经济特区土地使用权招标、拍卖规定（1998 年）
55. 深圳市土地交易市场管理规定（2001 年）
56. 深圳市征用土地实施办法（2002 年）
57. 深圳市土地储备管理办法（2006 年）
58. 深圳市临时用地和临时建筑管理规定（2006 年）
59. 深圳市工业及其他产业用地使用权出让若干规定（2007 年，2008 年修正）
60. 深圳市地下空间开发利用暂行办法（2008 年）

（八）国务院及其部门规范性文件

61. 国家土地管理局印发《国家土地管理局土地登记规则》的通知（1995 年）
62. 国家土地管理局印发《关于认定收回土地使用权行政决定法律性质的意见》的通知（1997 年）
63. 国务院办公厅关于加强土地转让管理严禁炒卖土地的通知（1999 年）
64. 国土资源部关于加强土地资产管理促进国有企业改革和发展的若干意见的通知（1999 年）
65. 国土资源部关于进一步推行招标拍卖出让国有土地使用权的通知（1999 年）
66. 国土资源部关于建立土地有形市场促进土地使用权规范交易的通知（2000 年）
67. 国土资源部关于改革土地估价结果确认和土地资产处置审批办法的通知（2001 年）
68. 国务院关于加强国有土地资产管理的通知（2001 年）
69. 国土资源部、监察部关于严格实行经营性土地使用权招标拍卖挂牌出让的通知（2002 年）
70. 国务院关于深化改革严格土地管理的决定（2004 年）
71. 国土资源部关于印发《查处土地违法行为立案标准》的通知（2005 年）
72. 国务院办公厅转发国土资源部关于做好土地利用总体规划修编前期工作意见的通知（2005 年）
73. 国土资源部关于印发《招标拍卖挂牌出让国有土地使用权规范》（试行）和《协议出让国有土地使用权规范》（试行）的通知（2006 年）
74. 国务院关于加强土地调控有关问题的通知（2006 年）
75. 国土资源部关于进一步规范土地证书管理的通知（2006 年）
76. 国务院办公厅关于规范国有土地使用权出让收支管理的通知（2006 年）
77. 国务院办公厅转发发展改革委等部门关于加强固定资产投资调控从严控制新开工项目意见的通知（2006 年）
78. 财政部、国土资源部、中国人民银行关于印发《国有土地使用权出让收支管理办法》的通知（2006 年）
79. 国土资源部关于发布实施《全国工业用地出让最低价标准》的通知（2006 年）
80. 财政部、国土资源部、中国人民银行关于建立国有土地收支统计报表体系的通知（2007 年）
81. 财政部、国土资源部关于印发《土地储备资金财务管理暂行办法》的通知（2007 年）
82. 国土资源部、财政部、中国人民银行关于印发《土地储备管理办法》的通知（2007 年)
83. 国土资源部关于加大闲置土地处置力度的通知（2007 年）
84. 国土资源部关于认真贯彻《国务院关于解决城市低收入家庭住房困难的若干意见》进一步加强土地供应调控的通知（2007 年）
85. 国土资源部、监察部关于落实工业用地招标拍卖挂牌出让制度有关问题的通知（2007 年）
86. 国务院关于促进节约集约用地的通知(2008 年)
87. 国土资源部关于印发《土地利用年度计划执行情况考核办法》的通知（2008 年）
88. 财政部、国土资源部关于印发《中央分成新增建设用地土地有偿使用费稽查暂行办法》的通知（2008 年）
89. 财政部、国土资源部关于印发《中央分成新增建设用地土地有偿使用费资金使用管理办法》的通知（2008 年）
90. 城乡建设用地增减挂钩试点管理办法（2008 年）
91. 国土资源部关于进一步加强土地整理复垦开发工作的通知（2008 年）
92. 国土资源部关于建立健全土地执法监管长效机制的通知（2008 年）
93. 国土资源部关于部署运行土地市场动态监测与监管系统的通知（2008 年）
94. 国土资源部关于贯彻实施《土地登记办法》进一步加强土地登记工作的通知（2008 年）
95. 国土资源部土地利用管理司关于印发《限制用地项目目录（2006 年本增补本）》和《禁止用地项目目录

（2006 年本增补本）》的通知（2009 年）

96. 国土资源部关于严格建设用地管理促进批而未用土地利用的通知（2009 年）

97. 财政部、国土资源部、中国人民银行等关于进一步加强土地出让收支管理的通知（2009 年）

98. 国家土地总督察办公室关于印发《土地例行督察工作规范（试行）》的通知（2009 年）

99. 国土资源部、监察部关于进一步落实工业用地出让制度的通知（2009 年）

100. 国务院关于加强地方政府融资平台公司管理有关问题的通知 （2010 年）

101. 国土资源部关于印发《土地矿产卫片执法检查工作规范（试行）》的通知（2010 年）

102. 财政部、发展改革委、人民银行、银监会关于贯彻国务院加强地方政府融资平台公司管理有关问题的通知相关事项的通知（2010 年）

（九）广东省政府及其部门规范性文件

103. 广东省人民政府关于加强国有企业改革改组改造中原划拨土地管理的通知（1999 年）

104. 广东省人民政府办公厅转发省侨办、省国土资源厅、省农垦总局关于国有农场土地确权与登记发证工作意见的通知（2001 年）

105. 广东省物价局关于土地交易机构收取土地使用权交易服务费的通知（2002 年）

106. 广东省国土资源厅关于印发《广东省土地使用权公开交易规则》等文件的通知（2003 年）

107. 广东省国土资源厅关于加强土地估价行业管理的通知（2004 年）

108. 广东省国土资源厅关于印发《广东省土地利用总体规划调整修改报批办法》的通知（2004 年）

109. 广东省人民政府办公厅关于加快国有农场土地确权与登记发证工作的通知（2005 年）

110. 广东省国土资源厅关于深入开展征地制度改革有关问题的通知（2005 年）

111. 广东省国土资源厅关于公布和实施《广东省协议出让国有土地使用权最低价标准》的通知（2006 年）

112. 广东省国土资源厅关于进一步做好房地产市场土地供应调控的意见（2006 年）

113. 广东省人民政府办公厅印发广东省非农业建设依法占用基本农田跨地级以上市补划办法的通知（2007 年）

114. 广东省人民政府关于切实做好土地调控工作的通知（2007 年）

115. 广东省人民政府办公厅转发省国土资源厅关于深化征地制度改革意见的通知（2007 年）

116. 广东省人民政府关于建立土地管理共同责任制度的通知（2008 年）

117. 广东省人民政府办公厅印发广东省征收农村集体土地留用地管理办法（试行）的通知（2009 年）

118. 广东省国土资源办公厅印发关于促进扩大内需支持现代产业发展用地若干意见的通知（2009 年）

119. 广东省国土资源厅、广东省农业厅关于省级投资土地开发整理项目竣工验收的暂行办法（2010 年）

120. 广东省国土资源厅关于印发《广东省基本农田调整补划验收暂行办法》的通知（2010 年）

（十）深圳市政府及其部门规范性文件

121. 深圳市人民政府关于严格控制东部海岸和西部海岸用地的通知（1990 年）

122. 深圳市宝安、龙岗区规划、国土管理暂行办法（1993 年）

123. 深圳市规划与国土资源局关于多功能用地使用年限问题的复函（1996 年，2002 年重发）

124. 深圳市人民政府关于土地使用权出让年期的公告（1996 年）

125. 中共深圳市委、深圳市人民政府关于进一步加强规划国土管理决定（1998 年）

126. 深圳市人民政府关于加强土地市场化管理进一步搞活和规范房地产市场的决定（2001 年）

127. 深圳市人民政府批转市规划与国土资源局、市国有资产管理办公室关于我市国有企业改制中土地资产管理若干意见的通知（2003 年）

128. 深圳市人民政府批转市产业带办、规划与国土资源局关于加强深圳市高新技术产业带企业（或项目）入区审核与用地审批管理的实施办法的通知（2003 年）

129. 深圳市人民政府办公厅关于印发深圳市属国有企业改制审批工作程序的通知（2003 年）
130. 深圳市人民政府关于坚决制止违法用地和违法建筑行为的通告（2004 年）
131. 深圳市人民政府关于印发《深圳市宝安龙岗两区城市化土地管理办法》的通知（2004 年）
132. 深圳市人民政府关于印发《深圳市建设用地审批工作规则》的通知（2004 年）
133. 中共深圳市委、深圳市人民政府关于坚决查处违法建筑和违法用地的决定（2004 年）
134. 深圳市人民政府关于贯彻落实国务院关于深化改革严格土地管理决定的通知（2004 年）
135. 深圳市人民政府关于印发《深圳市宝安龙岗两区城市化非农建设用地划定办法》的通知（2005 年）
136. 深圳市国土资源和房产管理局关于印发《深圳市国土资源和房产管理局行政许可实施办法》的通知 (2005 年，2006 年修正)
137. 深圳市人民政府关于印发深圳市工业项目建设用地控制标准（试行）的通知（2006 年）
138. 深圳市人民政府关于印发深圳市工业项目建设用地审批实施办法的通知（2006 年）
139. 深圳市人民政府关于进一步加强土地管理推进节约集约用地的意见（2006 年）
140. 深圳市人民政府关于印发深圳市集约利用的工业用地地价计算暂行办法的通知（2006 年）
141. 深圳市人民政府关于印发《深圳市宝安龙岗两区城市化转为国有土地交接与管理实施方案》的通知（2006 年）
142. 深圳市人民政府关于印发《深圳市原村民非商品住宅建设暂行办法》的通知（2006 年）
143. 深圳市人民政府关于印发《深圳市闲置土地处置工作方案》的通知（2007 年）
144. 深圳市人民政府办公厅关于印发深圳市宝安龙岗两区城市化国有农业用地管理办法实施细则的通知（2007 年）
145. 深圳市人民政府关于在我市出让商品住宅用地中安排建设一定比例政策性住房的实施意见（2007 年）
146. 深圳市人民政府关于印发深圳市土地闲置费征收管理办法的通知（2008 年）
147. 深圳市人民政府办公厅关于印发深圳市企业总部用地用房配置管理办法(试行)的通知（2009 年）
148. 深圳市人民政府办公厅关于实施广东省土地开发整理补充耕地项目管理办法的意见（2009 年）
149. 深圳市人民政府关于印发深圳市国有未出让土地日常管理暂行办法的通知（2010 年）

（十一）司法解释

150. 最高人民法院关于行政机关对土地争议的处理决定生效后一方不履行另一方不应以民事侵权向法院起诉的批复（1991 年）
151. 最高人民法院关于能否将国有土地使用权折价抵偿给抵押权人问题的批复（1998 年）
152. 最高人民法院关于审理破坏土地资源刑事案件具体应用法律若干问题的解释（2000 年）
153. 最高人民法院关于破产企业国有划拨土地使用权应否列入破产财产等问题的批复（2003 年）
154. 最高人民法院关于审理与企业改制相关的民事纠纷案件若干问题的规定（2003 年）
155. 最高人民法院关于转发国土资源部《关于国有划拨土地使用权抵押登记有关问题的通知》的通知（2004 年）
156. 最高人民法院关于审理涉及国有土地使用权合同纠纷案件适用法律问题的解释（2005 年）
157. 最高人民法院关于审理破坏林地资源刑事案件具体应用法律若干问题的解释（2005 年）
158. 最高人民检察院关于印发《关于加强查办危害土地资源渎职犯罪工作的指导意见》的通知（2008 年）

三、房地产类

（一）法律

1. 中华人民共和国城市房地产管理法（1994 年，2007 年修正）

（二）行政法规

2. 城市房地产开发经营管理条例（1998 年）
3. 物业管理条例（2003 年，2007 年修正）
4. 国有土地上房屋征收与补偿条例（2011 年）

（三）广东省地方性法规

5. 广东省房地产评估条例（1994 年）
6. 广东省城镇房屋租赁条例（1994 年）
7. 广东省城镇华侨房屋租赁规定（1994 年）
8. 广东省房地产开发经营条例（1993 年，1997 年修正）
9. 广东省城镇房地产转让条例（1994 年，1997 年修正）
10. 广东省城镇房地产权登记条例（1994 年，1999 年修正）
11. 广东省商品房预售管理条例（1998 年，2000 年修正）
12. 广东省拆迁城镇华侨房屋规定（1995 年，2004 年修正）
13. 广东省物业管理条例（1998 年,2008 年修正）

（四）深圳市地方性法规

14. 深圳经济特区房地产登记条例（1992 年）
15. 深圳经济特区房地产转让条例（1993 年，1999 年修正）
16. 深圳经济特区陆路口岸和特区管理线检查站物业管理规定（1999 年）
17. 深圳市人民代表大会常务委员会关于坚决查处违法建筑的决定（1999 年）
18. 深圳经济特区处理历史遗留违法私房若干规定（2001 年）
19. 深圳经济特区处理历史遗留生产经营性违法建筑若干规定（2001 年）
20. 深圳经济特区房屋租赁条例（1992 年，2004 年修正）
21. 深圳经济特区物业管理条例（2007 年）
22. 深圳市人民代表大会常务委员会关于农村城市化历史遗留违法建筑的处理决定（2009 年）
23. 深圳市保障性住房条例（2010 年）

（五）国务院部门规章

24. 城市房产交易价格管理暂行办法（1994 年）
25. 房地产广告发布暂行规定（1996 年，1998 年修正）
26. 已购公有住房和经济适用住房上市出售管理暂行办法（1999 年）
27. 房地产开发企业资质管理规定（2000 年）
28. 城市异产毗连房屋管理规定（1989 年，2001 年修正）
29. 城市房地产转让管理规定（1995 年，2001 修正）
30. 城市房地产中介服务管理规定（1996 年，2001 年修正）
31. 城市房地产抵押管理办法（1997 年，2001 年修正）
32. 商品房销售管理办法（2001 年）
33. 城市房地产权属档案管理办法（2001 年）
34. 城市危险房屋管理规定（1989 年，2004 年修正）
35. 城市商品房预售管理办法（1994 年，2004 年修正）
36. 房地产估价机构管理办法（2005 年）
37. 住宅专项维修资金管理办法（2007 年）
38. 廉租住房保障办法（2007 年）

39. 房屋登记办法（2008 年）
40. 商品房屋租赁管理办法（2010 年）
41. 房地产经纪管理办法（2011 年）

（六）广东省政府规章

42. 广东省公有房产管理办法（1983 年，2002 年修正）
43. 广东省城镇解困房建设管理规定（1994 年，2002 年修正）
44. 广东省建设厅委托实施行政许可项目（2008 年）

（七）深圳市政府规章

45. 深圳市人民政府关于处理深圳经济特区房地产权属遗留问题的若干规定（1993 年）
46. 深圳市国家机关事业单位住房制度改革若干规定（1999 年）
47. 《深圳经济特区处理历史遗留违法私房若干规定》实施细则（2002 年）
48. 《深圳经济特区处理历史遗留生产经营性违法建筑若干规定》实施细则（2002 年）
49. 《深圳经济特区房屋租赁条例》实施细则（1993 年，2004 年修正）
50. 深圳经济特区房屋拆迁管理办法（1994 年，2004 年修正）
51. 深圳经济特区物业估价管理办法（1994 年，2004 年修正）
52. 深圳经济特区物业管理行业管理办法（1998 年，2004 年修正）
53. 深圳市公共基础设施建设项目房屋拆迁管理办法（2007 年）
54. 深圳市房地产登记若干规定（试行）（2009 年）
55. 深圳市海上构筑物登记暂行办法（2009 年）
56. 深圳市房地产市场监管办法（2010 年）

（八）国务院及其部门规范性文件

57. 国务院关于促进房地产市场持续健康发展的通知（2003 年）
58. 建设部、民政部关于印发《城镇最低收入家庭廉租住房申请、审核及退出管理办法》的通知（2005 年）
59. 国家发展改革委、建设部关于印发《城镇廉租住房租金管理办法》的通知（2005 年）
60. 建设部关于印发《城市房屋拆迁工作规程》的通知（2005 年）
61. 国务院办公厅转发建设部等部门关于调整住房供应结构稳定住房价格意见的通知 （2006 年）
62. 建设部关于落实新建住房结构比例要求若干意见（2006 年）
63. 建设部等三部委关于进一步整顿规范房地产交易秩序的通知（2006 年）
64. 建设部、商务部、国家发展和改革委员会、中国人民银行、国家工商行政管理总局、国家外汇管理局关于规范房地产市场外资准入和管理的意见（2006 年）
65. 建设部等三部委关于制止违规集资合作建房的通知（2006 年）
66. 建设部关于印发《城镇廉租住房档案管理办法》的通知（2006 年）
67. 建设部关于印发《房屋权属登记信息查询暂行办法》的通知 （2006 年）
68. 财政部关于印发《廉租住房保障资金管理办法》的通知（2007 年）
69. 财政部关于修订《中央廉租住房保障专项补助资金实施办法》的通知（2008 年）
70. 住房和城乡建设部关于印发《房屋登记簿管理试行办法》的通知（2008 年）
71. 国务院办公厅关于促进房地产市场健康发展的若干意见（2008 年）
72. 国务院办公厅关于促进房地产市场平稳健康发展的通知（2010 年）
73. 住房和城乡建设部关于进一步加强房地产市场监管完善商品住房预售制度有关问题的通知（2010 年）
74. 国土资源部关于加强房地产用地供应和监管有关问题的通知（2010 年）

75. 国土资源部、住房和城乡建设部关于进一步加强房地产用地和建设管理调控的通知 （2010 年）
76. 住房和城乡建设部、国土资源部、监察部关于进一步贯彻落实国发〔2010〕10 号文件的通知（2010 年）
77. 中华人民共和国住房和城乡建设部、国家外汇管理局关于进一步规范境外机构和个人购房管理的通知（2010 年）

（九）广东省政府及其部门规范性文件

78. 广东省建设厅、广东省国土资源厅、广东省财政厅、广东省审计厅、广东省监察厅、广东省国家税务局、广东省地方税务局、广东省发展和改革委员会、广东省物价局、广东省工商行政管理局转发建设部等八部委关于开展房地产市场秩序专项整治的通知（2007 年）
79. 广东省建设厅关于印发《贯彻落实粤发〔2006〕24 号文件完善住房保障制度具体实施方案》的通知（2007 年）
80. 广东省建设厅关于进一步加强房地产经纪管理的紧急通知（2008 年）
81. 广东省建设厅办公室关于加强房地产信息系统安全管理的通知（2009 年）
82. 广东省人民政府办公厅关于促进我省房地产市场平稳健康发展的若干意见（2009 年）
83. 广东省人民政府办公厅印发关于加快发展公共租赁住房实施意见的通知（2010 年）

（十）深圳市政府及其部门规范性文件

84. 深圳市房地产中介行业规范服务标准（2003 年）
85. 深圳市人民政府关于印发《深圳市到期房地产续期若干规定》的通知（2004 年）
86. 深圳市人民政府关于印发深圳市处理房地产登记历史遗留问题若干规定的通知（2004 年）
87. 深圳市人民政府关于稳定房价促进我市房地产市场持续健康发展的意见（2006 年）
88. 深圳市人民政府关于贯彻落实国务院办公厅转发建设部等部门关于调整住房供应结构稳定住房价格意见的通知（2006 年）
89. 深圳市人民政府办公厅关于开展深圳市房地产市场秩序专项整治工作的通知（2007 年）
90. 深圳市人民政府关于进一步促进我市住房保障工作的若干意见（2007 年）
91. 深圳市人民政府关于印发深圳市工业楼宇转让暂行办法的通知（2008 年）
92. 深圳市人民政府关于加强房地产登记历史遗留问题处理工作的若干意见（2010 年）
93. 深圳市人民政府办公厅关于印发深圳市房地产市场秩序专项整治工作方案的通知（2010 年）

（十一）司法解释

94. 最高人民法院关于审理房地产管理法施行前房地产开发经营案件若干问题的解答（1995 年）
95. 最高人民法院关于受理房屋拆迁、补偿、安置等案件问题的批复（1996 年）
96. 最高人民法院关于共有人之一擅自出卖共有房屋无效的批复（1998 年）
97. 最高人民法院关于审理商品房买卖合同纠纷案件适用法律若干问题的解释（2003 年）
98. 最高人民法院关于房地产管理机关能否撤销错误的注销抵押登记行为问题的批复（2003 年）
99. 最高人民法院、国土资源部、建设部关于依法规范人民法院执行和国土资源房地产管理部门协助执行若干问题的通知（2004 年）
100. 最高人民法院关于当事人达不成拆迁补偿安置协议就补偿安置争议提起民事诉讼人民法院应否受理问题的批复（2005 年）
101. 最高人民法院关于人民法院执行设定抵押的房屋的规定（2005 年）
102. 最高人民法院关于审理建筑物区分所有权纠纷案件具体应用法律若干问题的解释（2009 年）
103. 最高人民法院印发《关于当前形势下进一步做好房地产纠纷案件审判工作的指导意见》的通知（2009 年）

104. 最高人民法院关于审理物业服务纠纷案件具体应用法律若干问题的解释（2009 年）
105. 最高人民法院关于审理房屋登记案件若干问题的规定（2010 年）

四、地质矿产类

（一）法律

1. 中华人民共和国矿山安全法（1992 年）
2. 中华人民共和国矿产资源法（1986 年，1996 年修正）

（二）行政法规

3. 矿产资源监督管理暂行办法（1987 年）
4. 矿产资源补偿费征收管理规定（1994 年，1997 年修正）
5. 中华人民共和国矿产资源法实施细则（1994 年）
6. 矿产资源勘查区块登记管理办法（1998 年）
7. 矿产资源开采登记管理办法（1998 年）
8. 探矿权采矿权转让管理办法（1998 年）
9. 地质资料管理条例（2002 年）
10. 地质灾害防治条例（2003 年）
11. 地质勘查资质管理条例（2008 年）
12. 自然灾害救助条例（2010 年）
13. 古生物化石保护条例（2010 年）

（三）广东省地方性法规

14. 广东省矿产资源管理条例（1999 年）
15. 广东省地质环境管理条例（2003 年）
16. 广东省实施《中华人民共和国矿山安全法》办法（1994 年，2004 年修正）
17. 广东省采石取土管理规定（1998 年，2008 年修正）

（四）国务院部门规章

18. 地质勘查市场管理暂行办法（1991 年）
19. 违反矿产资源法规行政处罚办法（1993 年）
20. 矿产资源勘查成果登记管理办法（1994 年）
21. 地质遗迹保护管理规定（1995 年）
22. 中华人民共和国矿山安全法实施条例（1996 年）
23. 古生物化石管理办法（2002 年）
24. 地质资料管理条例实施办法（2003 年）
25. 矿产资源登记统计管理办法（2004 年）
26. 地质灾害危险性评估单位资质管理办法（2005 年）
27. 地质灾害治理工程勘查设计施工单位资质管理办法（2005 年）
28. 地质灾害治理工程监理单位资质管理办法（2005 年）
29. 矿山地质环境保护规定（2009 年）

（五）广东省政府规章

30. 广东省矿产资源补偿费征收管理实施办法（1995 年）

（六）国务院及其部门规范性文件

31. 国土资源部关于重新发布《探矿权采矿权评估资格管理暂行办法》的通知（2000年）
32. 国土资源部关于印发《探矿权采矿权使用费减免办法》的通知（2000年）
33. 国土资源部关于印发《探矿权采矿权招标拍卖挂牌管理办法(试行)》的通知（2003年）
34. 国土资源部关于印发《非法采矿、破坏性采矿造成矿产资源破坏价值鉴定程序的规定》的通知（2005年）
35. 国务院关于加强地质工作的决定（2006年）
36. 国家突发地质灾害应急预案（2006年）
37. 中国地质调查局关于加强重大地质调查项目管理的意见（2006年）
38. 国土资源部关于印发《保护性开采的特定矿种勘查开采管理暂行办法》的通知（2009年）
39. 国土资源部关于印发《地质矿产调查评价专项项目管理暂行办法》的通知（2010年）
40. 财政部、国土资源部关于印发《地质矿产调查评价专项资金管理办法》的通知（2010年）

（七）广东省政府及其部门规范性文件

41. 广东省人民政府办公厅印发《广东省突发性地质灾害应急预案》的通知（2004年）
42. 广东省国土资源厅矿产资源开发利用年度检查工作实施办法（2007年）
43. 广东省国土资源厅关于进一步规范矿产资源勘查登记管理工作的通知（2009年）
44. 广东省国土资源厅关于加强矿山地质环境治理和国家级地质遗迹保护项目管理的通知（2010年）

（八）深圳市政府及其部门规范性文件

45. 深圳市矿产资源管理暂行规定（1994年）
46. 深圳市人民政府关于印发《深圳市清理整治采石取土恢复生态环境实施方案》的通知（2005年）
47. 深圳市人民政府关于加强水土保持生态建设工作的决定（2005年）

（九）司法解释

48. 最高人民法院关于审理非法采矿、破坏性采矿刑事案件具体应用法律若干问题的解释（2003年）
49. 最高人民法院、最高人民检察院关于办理危害矿山生产安全刑事案件具体应用法律若干问题的解释（2007年）

五、测绘类

（一）法律

1. 中华人民共和国测绘法（1992年，2002年修正）

（二）行政法规

2. 中华人民共和国地图编制出版管理条例（1995年）
3. 中华人民共和国测量标志保护条例（1996年）
4. 中华人民共和国测绘成果管理条例（2006年）
5. 基础测绘条例（2009年）

（三）广东省地方性法规

6. 广东省测绘管理条例（1997年）

（四）国务院部门规章

7. 国家基础地理信息数据使用许可管理规定（1999年）
8. 测绘行政处罚程序规定（2000年）
9. 测绘行政执法证管理规定（2000年）

10. 房产测绘管理办法（2001 年）
11. 公开地图内容表示若干规定（2003 年）
12. 重要地理信息数据审核公布管理规定（2003 年）
13. 测绘作业证管理规定（2004 年）
14. 地图审核管理规定（2006 年）
15. 外国的组织或者个人来华测绘管理暂行办法（2007 年）

（五）国务院及其部门规范性文件

16. 测绘市场管理暂行办法（1995 年）
17. 国家测绘局关于印发《基础测绘成果提供使用管理暂行办法》的通知（2006 年）
18. 国务院关于加强测绘工作的意见（2007 年）
19. 国家测绘局关于印发《基础测绘成果应急提供办法》的通知（2007 年）
20. 基础测绘计划管理办法 (2007 年)
21. 国家测绘局关于印发《测绘标准化工作管理办法》的通知（2008 年)
22. 国家测绘局关于加强测绘质量管理的若干意见（2008 年）
23. 国家测绘局关于加强涉密测绘成果管理工作的通知 (2008 年)
24. 测绘标准化工作管理办法 (2008 年)
25. 国家测绘局关于加强互联网地图管理工作的通知（2009 年）
26. 国家测绘局关于加强测量标志保护管理工作的通知（2009 年）
27. 国家测绘局关于印发测绘资质管理规定和测绘资质分级标准的通知（2009 年）
28. 公开地图内容表示补充规定（试行）（2009 年）
29. 国家测绘局关于印发《测绘自主创新产品认定管理办法（试行）》的通知（2009 年）
30. 国家测绘局关于印发《测绘成果质量监督抽查管理办法》的通知（2010 年）
31. 国家测绘局办公室关于进一步贯彻执行《测绘资质管理规定》和《测绘资质分级标准》的通知（2010 年）
32. 国家测绘局关于进一步加强涉密测绘成果行政审批与使用管理工作的通知（2010 年）
33. 国家测绘局关于切实做好国家基础测绘项目成果档案归档工作的通知（2010 年）
34. 国家测绘局、工业和信息化部、国家安全部、工商总局、新闻出版总署、保密局、总参测绘局关于加强地理信息市场监管工作的意见（2010 年）
35. 关于加强地理信息市场监管工作的意见（2010 年）
36. 国家测绘局关于印发互联网地图服务专业标准的通知（2010 年）

（六）广东省政府及其部门规范性文件

37. 广东省建设委员会关于加强房地产测绘和房屋面积测量计算管理工作的通知（1998 年）
38. 广东省国土资源厅关于进一步加强和规范测绘质量管理工作的通知（2009 年）

（七）深圳市政府及其部门规范性文件

39. 深圳市规划国土局关于深圳市测绘队伍注册登记的若干规定（1995 年）

六、建设管理类

（一）法律

1. 中华人民共和国环境保护法（1989 年）
2. 中华人民共和国建筑法（1997 年）

3. 中华人民共和国环境影响评价法（2002 年）
4. 中华人民共和国消防法（1998 年，2008 年修正）

（二）行政法规

5. 国家重点建设项目管理办法（1996 年）
6. 建设项目环境保护管理条例（1998 年）
7. 工程建设项目招标范围和规模标准规定（2000 年）
8. 建设工程质量管理条例（2000 年）
9. 建设工程勘察设计管理条例（2000 年）
10. 建设工程安全生产管理条例（2003 年）
11. 防治海洋工程建设项目污染损害海洋环境管理条例（2006 年）
12. 中华人民共和国防治海岸工程建设项目污染损害海洋环境管理条例（1990 年，2007 年修正）
13. 民用建筑节能条例（2008 年）

（三）广东省地方性法规

14. 广东省实施《中华人民共和国消防法》办法（1999 年）
15. 广东省建设工程招标投标管理条例（1999 年）
16. 广东省环境保护条例（2004 年）
17. 广东省建设项目环境保护管理条例（1994 年，2004 年修正）

（四）深圳市地方性法规

18. 深圳经济特区建设工程施工招标投标条例（1993 年，2004 年修正）
19. 深圳市建设工程质量管理条例（1994 年，2004 年修正）
20. 深圳经济特区建设工程监理条例（1995 年，2004 年修正）
21. 深圳经济特区建筑节能条例 （2006 年）
22. 深圳经济特区建设项目环境保护条例（2006 年）
23. 深圳市建筑市场严重违法行为特别处理规定（2007 年）
24. 深圳市建筑废弃物减排与利用条例（2009 年）
25. 深圳经济特区环境保护条例（1994 年，2009 年修订）
26. 深圳经济特区消防条例（1999 年，2009 年修正）

（五）国务院部门规章

27. 建设工程设计招标投标管理办法（2000 年）
28. 房屋建筑工程质量保修办法（2000 年）
29. 房屋建筑和市政基础设施工程施工招标投标管理办法（2001 年）
30. 建设项目竣工环境保护验收管理办法（2001 年）
31. 建筑工程施工许可管理办法（1999 年，2001 年修正）
32. 工程建设项目施工招标投标办法（2003 年）
33. 环境保护行政许可听证暂行办法（2004 年）
34. 工程建设项目招标投标活动投诉处理办法（2004 年）
35. 建筑施工企业安全生产许可证管理规定（2004 年）
36. 环境保护法规制定程序办法（2005 年）
37. 环境保护总局建设项目环境影响评价文件审批程序规定（2005 年）
38. 建设项目环境影响评价资质管理办法（2005 年）
39. 工程建设项目货物招标投标办法（2005 年）

40. 建设工程质量检测管理办法（2005 年）
41. 环境保护违法违纪行为处分暂行规定 (2006 年)
42. 房屋建筑工程抗震设防管理规定（2006 年）
43. 建设工程勘察质量管理办法（2007 年）
44. 建筑业企业资质管理规定（2007 年）
45. 建设项目环境影响评价分类管理名录（2008 年）
46. 建设项目环境影响评价文件分级审批规定（2009 年）
47. 建设工程消防监督管理规定（2009 年）
48. 消防监督检查规定（2009 年）
49. 房屋建筑和市政基础设施工程竣工验收备案管理办法（2000 年，2009 年修正）
50. 房屋建筑和市政基础设施工程质量监督管理规定（2010 年）

（六）广东省政府规章

51. 广东省建设工程造价管理规定（1998 年，2000 年修正）
52. 广东省无障碍设施建设管理规定（2005 年）
53. 广东省专职消防队建设管理规定（2008 年）
54. 广东省建设项目安全设施监督管理办法（2010 年）

（七）深圳市政府规章

55. 深圳市地下铁道建设管理暂行规定（2001 年）
56. 深圳市建设项目涉及国家安全事项管理暂行规定（2009 年）
57. 深圳市建筑物和公共设施清洗翻新管理规定（2010 年）

七、行政法类

（一）法律

1. 中华人民共和国行政诉讼法（1989 年）
2. 中华人民共和国行政处罚法（1996 年）
3. 中华人民共和国行政复议法（1999 年）
4. 中华人民共和国政府采购法（2002 年）
5. 中华人民共和国行政许可法（2003 年）
6. 中华人民共和国公务员法（2005 年）
7. 中华人民共和国治安管理处罚法（2005 年）
8. 中华人民共和国国家赔偿法（1994 年，2010 年修正）
9. 中华人民共和国行政监察法（1997 年，2010 年修正）

（二）行政法规

10. 行政区域边界争议处理条例（1989 年）
11. 行政法规制定程序条例（2001 年）
12. 规章制定程序条例（2001 年）
13. 行政区域界线管理条例（2002 年）
14. 政府采购货物和服务招标投标管理办法（2004 年）
15. 中华人民共和国行政监察法实施条例（2004 年）
16. 地方各级人民政府机构设置和编制管理条例（2007 年）

17. 行政机关公务员处分条例（2007 年）
18. 政府信息公开条例（2007 年）
19. 中华人民共和国行政复议法实施条例（2007 年）
20. 价格违法行为行政处罚规定（1999 年，2008 年修正）
21. 国家赔偿费用管理条例（2011 年）

（三）广东省地方性法规

22. 广东省行政执法队伍管理条例（1997 年）
23. 广东省各级人民政府行政执法监督条例（1997 年）
24. 广东省行政复议工作规定（2003 年）
25. 广东省政务公开条例（2005 年）
26. 广东省人民政府关于若干临时行政许可事项的决定（2006 年）
27. 广东省行政执法责任制条例（1999 年，2009 年修正）
28. 广东省行政机构设置和编制管理条例（2000 年，2009 年修正）

（四）深圳市地方性法规

29. 深圳市经济特区政府采购条例（1998 年）
30. 深圳市经济特区建设工程施工招投标条例（2004 年）

（五）国务院部门规章

31. 政府制定价格行为规则（2006 年）
32. 行政处罚听证规则(2007 年)

（六）广东省政府规章

33. 广东省调处行政区域边界争议的若干规定（1991 年）
34. 广东省《行政执法证》管理办法（1997 年）
35. 广东省各级人民政府实施行政处罚规定（1997 年）
36. 广东省违法收费行为处罚规定（1996 年，1998 年修正）
37. 广东省行政处罚听证程序实施办法（1999 年）
38. 广东省行政机关规范性文件管理规定（2004 年）
39. 广东省行政审批管理监督办法（2007 年）

（七）深圳市政府规章

40. 深圳市行政执法主体公告管理规定（2003 年）
41. 深圳市实施行政许可若干规定（2004 年）
42. 深圳市人民政府行政执法协调办法（试行）（2004 年）
43. 深圳市非行政许可审批和登记若干规定（2006 年）
44. 深圳市政府信息公开规定（2006 年）
45. 深圳市行政听证办法（2006 年）
46. 深圳市行政事业性收费管理若干规定（2002 年，2007 年修正）
47. 深圳市规范行政处罚裁量权若干规定（2008 年）
48. 深圳市人民政府行政执法督察办法（2009 年）
49. 深圳市行政过错责任追究办法（2009 年）
50. 深圳市行政监督工作规定（2009 年）
51. 深圳市行政服务管理规定（2010 年）

（八）国务院及其部门规范性文件

52. 关于印发《国土资源部政府采购管理实施办法》的通知（2006年）

（九）司法解释

53. 最高人民法院关于审理行政赔偿案件若干问题的规定（1997年）
54. 最高人民法院关于执行《中华人民共和国行政诉讼法》若干问题的解释（2000年）
55. 最高人民法院关于审理行政许可案件若干问题的规定（2009年）
56. 广东省高级人民法院关于行政案件管辖若干问题的意见（试行）（2008年）

八、市场管理类

（一）法律

1. 中华人民共和国反不正当竞争法（1993年）
2. 中华人民共和国消费者权益保护法（1993年）
3. 中华人民共和国广告法（1994年）
4. 中华人民共和国价格法（1997年）
5. 中华人民共和国公司法（1993年，2005年修正）
6. 中华人民共和国反垄断法（2007年）
7. 中华人民共和国企业国有资产法（2008年）

（二）行政法规

8. 广告管理条例（1987年）
9. 价格违法行为行政处罚规定（1999年，2006年修正）

（三）广东省地方性法规

10. 广东省经纪人管理条例（1993年，1997年修正）
11. 广东省实施《中华人民共和国反不正当竞争法》办法（1996年，1997年修正）

（四）深圳市地方性法规

12. 深圳经济特区经纪人管理条例（1996年，2004年修正）

（五）司法解释

13. 最高人民法院关于适用《中华人民共和国公司法》若干问题的规定（一）（2006年）
14. 最高人民法院关于适用《中华人民共和国公司法》若干问题的规定（二）（2008年）

九、其他类

（一）法律

1. 中华人民共和国宪法（1982年，2004修正）
2. 中华人民共和国继承法（1985年）
3. 中华人民共和国民法通则（1987年）
4. 中华人民共和国民事诉讼法（1991年）
5. 中华人民共和国仲裁法（1994年）
6. 中华人民共和国担保法（1995年）
7. 中华人民共和国节约能源法（1997年）

8. 中华人民共和国森林法（1984 年，1998 年修正）
9. 中华人民共和国招标投标法（1999 年）
10. 中华人民共和国合同法（1999 年）
11. 中华人民共和国立法法（2000 年）
12. 中华人民共和国婚姻法（1980 年，2001 年修正）
13. 中华人民共和国海域使用管理法（2001 年）
14. 中华人民共和国草原法（1985 年，2002 年修正）
15. 中华人民共和国安全生产法（2002 年）
16. 中华人民共和国水法（2002 年）
17. 中华人民共和国拍卖法（1996 年，2004 年修正）
18. 中华人民共和国公证法（2005 年）
19. 中华人民共和国审计法（1994 年，2006 年修正）
20. 中华人民共和国企业所得税法（2007 年）
21. 中华人民共和国个人所得税法（1980 年，2007 年修正）
22. 中华人民共和国文物保护法（1982 年，2007 年修正）
23. 中华人民共和国防震减灾法（1998 年，2008 年修正））
24. 中华人民共和国循环经济促进法（2008 年）
25. 中华人民共和国侵权责任法（2009 年）
26. 中华人民共和国保守国家秘密法（1988 年，2010 年修正）
27. 中华人民共和国涉外民事关系法律适用法（2010 年）
28. 中华人民共和国社会保险法（2010 年）
29. 中华人民共和国全国人民代表大会和地方各级人民代表大会法（1992 年，2010 年修正）

（二）行政法规

30. 中华人民共和国城市维护建设税暂行条例（1985 年）
31. 中华人民共和国房产税暂行条例（1986 年）
32. 中华人民共和国印花税暂行条例（1988 年）
33. 中华人民共和国固定资产投资方向调节税暂行条例（1991 年）
34. 中华人民共和国土地增值税暂行条例（1993 年）
35. 中华人民共和国自然保护区条例（1994 年）
36. 城市道路管理条例（1996 年）
37. 中华人民共和国契税暂行条例（1997 年）
38. 中华人民共和国税收征收管理法实施细则（2002 年）
39. 中华人民共和国防汛条例（2005 年）
40. 中华人民共和国城镇土地使用税暂行条例（1988 年，2006 年修正）
41. 取水许可和水资源费征收管理条例（2006 年）
42. 中华人民共和国耕地占用税暂行条例（2007 年）
43. 中华人民共和国营业税暂行条例（1993 年，2008 年修正）
44. 中华人民共和国消费税暂行条例（1993 年，2008 年修正）
45. 中华人民共和国增值税暂行条例（1993 年，2008 年修正）

46. 中华人民共和国审计法实施条例（1997年，2010年修正）
47. 气象灾害防御条例（2010年）
48. 城镇燃气管理条例（2010年）

（三）广东省地方性法规

49. 广东省财产拍卖条例（1994年）
50. 广东省森林保护管理条例（1994年，1997年修正）
51. 广东省林地保护管理条例（1998年）
52. 广东省农业环境保护条例（1998年）
53. 广东省水资源管理条例（2002年）
54. 广东省实施《中华人民共和国招标投标法》办法（2003年）
55. 广东省地方立法条例（2001年，2006年修正）
56. 广东省海域使用管理条例（2007年）
57. 广东省港口管理条例（2007年）
58. 广东省实施《中华人民共和国文物保护法》办法（2009年）
59. 广东省实施《中华人民共和国政府采购法》办法（2009年）
60. 广东省森林公园管理条例（2010年）
61. 广东省突发事件应对条例（2010年）

（四）深圳市地方性法规

62. 深圳经济特区水土保持条例（1997年）
63. 深圳经济特区财产拍卖条例（1993年，1998年修正）
64. 深圳经济特区行业协会条例（1999年）
65. 深圳市政府投资项目管理条例（2000年）
66. 深圳经济特区饮用水源保护条例（1994年，2001年修正）
67. 深圳经济特区公证条例（1999年，2001年修正）
68. 深圳经济特区福田保税区条例（1996年，2003年修正）
69. 深圳经济特区水资源管理条例（1994年，2004年修正）
70. 深圳经济特区港口管理条例（1998年，2004年修正）
71. 深圳市无障碍环境建设条例（2009年）

（五）国务院部门规章

72. 城市地下水开发利用保护管理规定（1993年）
73. 评标委员会和评标办法暂行规定（2001年）

（六）广东省政府规章

74. 广东省土地增值税征收管理办法（1995年）
75. 广东省海域使用管理规定（1996年，1998年修正）
76. 广东省生态公益林建设管理和效益补偿办法（2002年）
77. 广东省无障碍设施建设管理规定（2005年）
78. 广东省城镇土地使用税实施细则（1989年，2009年）

（七）深圳市政府规章

79. 深圳市内伶仃岛——福田国家级自然保护区管理规定（2002年）

80. 深圳经济特区城市雕塑管理规定（1994 年，2004 年修正）
81. 深圳经济特区余泥渣土管理办法（1998 年，2004 年修正）
82. 深圳市行业协会暂行办法（2005 年）
83. 深圳市光明新区管理暂行规定（2007 年）
84. 深圳市坪山新区管理暂行规定（2009 年）

（八）国务院及其部门规范性文件

85. 国家税务总局、财政部、建设部关于加强房地产税收管理的通知（2005 年）
86. 财政部、国家税务总局关于土地增值税若干问题的通知（2006 年）
87. 财政部、国家税务总局关于调整房地产营业税有关政策的通知（2006 年）
88. 财政部、国家税务总局关于集体土地城镇土地使用税有关政策的通知（2006 年）
89. 财政部、国家税务总局关于土地增值税普通标准住宅有关政策的通知（2006 年）
90. 国家税务总局、财政部、国土资源部关于进一步加强土地税收管理工作的通知（2008 年）
91. 财政部、国家税务总局关于调整房地产交易环节税收政策的通知 (2008 年)
92. 国家税务总局关于房地产开发企业所得税预缴问题的通知（2008 年）
93. 国家税务总局关于印发《土地税清算管理规程》的通知（2009 年）
94. 国家税务总局关于印发《房地产开发经营业务企业所得税处理办法》的通知（2009 年）
95. 国家税务总局关于加强土地增值税征管工作的通知（2010 年）
96. 财政部、国家税务总局、住房和城乡建设部关于调整房地产交易环节契税个人所得税优惠政策的通知（2010 年）
97. 国务院关于加强法治政府建设的意见（2010 年）

（九）广东省政府及其部门规范性文件

98. 广东省对外商投资企业征免房产税若干规定（1988 年，2002 年修正）
99. 广东省财政厅、广东省地方税务局关于贯彻落实城镇土地使用税暂行条例有关问题的通知（2007 年）

（十）深圳市政府及其部门规范性文件

100. 深圳市地方税务局关于印发《深圳市房地产开发企业土地增值税征收管理暂行办法》的通知（2005 年）

（十一）司法解释

101. 最高人民法院关于适用《中华人民共和国合同法》若干问题的解释（一）（1999 年）
102. 最高人民法院关于适用《中华人民共和国担保法》若干问题的解释（2000 年）
103. 最高人民法院关于适用《中华人民共和国婚姻法》若干问题的解释（一）（2001 年）
104. 最高人民法院关于适用《中华人民共和国婚姻法》若干问题的解释（二）（2003 年）
105. 最高人民法院关于人民法院民事执行中查封、扣押、冻结财产的规定（2004 年）
106. 最高人民法院关于人民法院民事执行中拍卖、变卖财产的规定（2004 年）
107. 最高人民法院《关于适用〈中华人民共和国民事诉讼法〉执行程序若干问题的解释》（2008 年）
108. 最高人民法院《关于审理民事案件适用诉讼时效制度若干问题的规定》（2008 年）
109. 最高人民法院《关于适用〈中华人民共和国合同法〉若干问题的解释（二）》（2009 年）
110. 最高人民法院《关于人民法院委托评估、拍卖和变卖工作的若干规定》（2009 年）

附录二

2010年深圳房地产大事记

◆从1月5日起，为认真贯彻落实国家和省房地产市场宏观调控的政策，按照市委市政府的统一部署，深圳市规划国土委开展了为期3个多月的房地产市场秩序专项整治工作，通过规范房地产市场秩序，净化市场交易环境，促进深圳市房地产市场持续健康发展。

◆1月10日，国务院办公厅发布《关于促进房地产市场平稳健康发展的通知》，其中明确二套房首付比例不得低于40%，开发商不能分层、分单元办理商品房预售，房价上涨过快的城市要加大限价房、公共租赁房和经济适用房的建设规模。

◆1月12日，国土资源部党组成员、国家土地副总督察甘藏春等一行莅临市规划国土委指导城市更新工作情况，并考察了田面村及大冲村旧改项目。

◆1月14日，《深圳市保障性住房条例（草案修改稿）》（以下简称"修改稿"）提请深圳市四届人大常委会第三十五次会议审议，修改稿首次提出将各类专业人才纳入住房保障范围，并规定在城市更新改造过程中，搭配建设一定比例的保障性住房。

◆1月19日，深圳市保障性住房条例获得市四届人大常委会第三十五次会议通过，条例对保障性住房的规划和计划、建设资金和住房来源、价格确定、申请条件、保障性住房准入与退出以及监督管理等方面作出了规定。

◆1月21日，国土资源部发布的《国土资源部关于改进报国务院批准城市建设用地申报与实施工作的通知》提出，城市申报住宅用地时，经济适用房、廉租房、中小普通住房用地占比不得低于70%。

◆1月25日起，深圳保障性住房开始接受申请，符合条件的居民可以持申请表和相关证明材料，到辖区各街道申请报名。对弄虚作假者，将载入个人诚信不良记录，5年内不得申请享受住房保障待遇。

◆1月27日，深圳市规划土地监察支队（深圳市查处违法建筑领导小组办公室、深圳市规划土地监察局）正式挂牌成立。

◆3 月8 日，国土资源部发布了《关于加强房地产用地供应和监管有关问题的通知》，要求各地今年90 平米（包括 90 平米）以下的住宅土地供应量应不低于七成。同时，土地竞买保证金不得低于出让最低价的20%。

◆3月16日，省委常委、代市长王荣率有关部门负责人前往深圳市规划国土委，听取我市部分重点规划工作汇报。他强调，要通过精心规划设计各个重点项目，提升城市产业功能和生活功能，以城市现代化引领现代产业发展，以城市现代化提升市民生活质量。

◆3月18日下午，深圳市规划和国土资源委员会门户网站自2009年9月8日成功上线后，网站的访问量首次达到1000000人次，日平均访问量达到六千多人次，工作日平均访问量达到八千多人次，得到社会的广泛关注。

◆3月22日，国土资源部在京召开了全系统的视频会议，部署加强房地产用地供应和监管工作。

◆3月22日，深圳市规划和国土资源委员会重大项目管理办公室正式挂牌成立，这是大部制改革后市规划国土委相关职能的进一步整合。

◆3 月 24 日，"直通车"开进深圳市规划国土委。市规划国土委邀请了市房地产协会、市房地产经纪协会、市不动产估价学会，万科地产、招商地产、中原地产等组织或企业对我市房地产市场有关问题进行研究、探讨。

◆4 月 17 日，国务院发布《关于坚决遏制部分城市房价过快上涨的通知》。通知要求遏制房价过快上涨，对首套自住房高于 90 平方米以上的家庭，首付比例不得低于 30%；二套房首付比例不得低于 50%，贷款利率不得低于基准利率的 1.1 倍。

◆4 月 19 日，住房和城乡建设部发出《关于进一步加强房地产市场监管完善商品住房预售制度有关问题的通知》，要求各地切实负起责任，加大查处力度，强化房地产市场监管。

◆4 月 29 日，国土资源部政策法规司司长王守智到市规划国土委调研，委主任王芃就我市规划国土管理工作基本情况向王司长一行作了简要汇报。

◆5 月 5 日，深圳市政府出台《深圳市贯彻落实国务院文件精神坚决遏制房价过快上涨的意见》。该意见严格执行国务院文件有关规定，要求商业银行根据风险状况，暂停发放购买第三套房以上住房贷款，同时，对不能提供 1 年以上本市纳税证明或社会保险缴纳证明的非本地居民暂停发放购买住房贷款。

◆5 月 13 日，国家土地督察广州局保发展保红线"双保工程"2010 年行动第一次联席会议在深圳召开。

◆6月2日，深圳市五届人大一次会议举行的新闻发布会披露，国务院近日作出批复，同意将深圳经济特区范围扩大到深圳全市，将宝安、龙岗两区纳入特区范围，特区外扩从今年7 月1 日起正式实施。

◆6月13日，深圳市规划国土委正式发布《深圳市城市更新单元规划制定计划申报指引（试行）》，规定申报城市更新单元用地为城中村、老屋村，须经占建筑物总面积2/3以上且占总人数2/以上的权利主体同意申请拆除重建，方可申报。

◆6月28日，深圳出台《深圳市保障性住房条例》（以下简称《条例》），并将于7月1日正式实施。《条例》对保障性住房建设的规划、用地、资金、价格、准入、退出以及监督管理机制等做出了规定，其中提出的会有条件地将非户籍专才纳入保障范围成为最大的亮点。

◆7 月 5 日，深圳市新版房地产权登记系统正式启用。新版登记系统整合此前分散管理的特区内、宝安、龙岗 3 个数据库和系统，形成全市统一的产权业务数据库和产权系统。新版登记系统启用后，全市所有登记点使用的产权系统功能将完全一致，全市任一登记点的工作人员都可以查询全市产权数据。此外，从系统功能上来说，全市任一登记点都可以受理、经办审批全市的房地产权业务。此举标志着全市房地产权登记一体化再度迈上了新台阶。

◆7 月 13 日，国土资源部发布《关于进一步做好征地管理工作的通知》，按照新标准，征地补偿标准将普遍提高，提高幅度平均为 20%至 30%，同时通知也是第一次提及征地拆迁补偿问题。通知中强调了提高征地补偿标准、同地同价、征地须先安置后拆迁、不得强行实施征地等内容，引起社会关注。

◆8 月 3 日，深圳市规划国土委发布消息，我市已落实 2010 年新增保障性住房用地 14 个地块，总用地面积共计 40.43 公顷。据了解，这将是深圳市历史上一次性推出的最大规模保障房用地。

◆8 月 5 日，深圳市发布了将于 9 月 1 日起正式实施的《深圳市房地产市场监管办法》，对当前房地产市场存在的商品房内部认购和认筹、"阴阳合同"等群众投诉较多的问题加大了惩处力度和监管。

◆8 月 23 日起，深圳市房地产抵押登记业务不再有关内外区分，在全市任一个登记点均可办理，这是深圳市房地产权登记特区内外一体化后推出的最新便民举措。此举同时也是继新版登记系统启用后，登记业务的又一重大变革。

◆9 月 6 日，深圳召开建立经济特区 30 周年庆祝大会。

◆9 月 6 日，国土资源部部长徐绍史参加了深圳经济特区建立 30 周年庆祝大会，并调研了我市城市更新和地质灾害防治工作。徐绍史充分肯定深圳经济特区建立 30 年所取得的辉煌成就和深圳土地管理取得的长足进步，要求深圳规划国土部门努力转变管理理念，促进发展方式转型。

◆9 月 26 日，国土部和住建部联合下发了《关于进一步加强房地产用地和建设管理调控的通知》，其中明确：今后，各地如果保障性住房、棚户区改造住房和中小套型普通商品房供地未达到住房供地总量 70%，将不得供应大户型高档住房建设用地。两部门还明确表示，今后住宅用地的容积率指标必须大于 1，以限制低密度大户型住宅项目。

◆9 月 29 日，财政部、国家税务总局、住房和城乡建设部三部门联合发布通知，调整房地产相关税收政策。自 2010 年 10 月 1 日起，个人购买首套普通住房契税将下调，对出售自有住房并在 1 年内重新购房的纳税人不再减免个人所得税。

◆9 月 30 日，深圳市政府发出通知，在本市暂时实行限定居民家庭购房套数政策。对于本市户籍居民家庭（含部分家庭成员为本市户籍居民的家庭），限购 2 套住房；对于能够提供在本市 1 年以上纳税证明或社会保险缴纳证明的非本市户籍居民家庭，限购 1 套住房。暂停在本市拥有 2 套以上（含 2 套）住房的本市户籍居民家庭、拥有 1 套以上（含 1 套）住房的非本市户籍居民家庭、无法提供在本市 1 年以上纳税证明或社会保险缴纳证明的非本市户籍居民在本市购房。对境外机构和个人购房，严格按照有关政策执行。

◆10 月 20 日，住房和城乡建设部宣布了住房公积金加息的消息，五年期以上公积金贷款利率上调 0.18% 至 4.05%。

◆10 月 21 日，住房和城乡建设部发布了《物业承接查验办法》，该办法将于 2011 年 1 月 1 日起开始施行。

◆10 月 27 日，深圳市首宗安居型商品房成功挂牌出让。

◆10 月 29 日，深圳市住房公积金管理中心正式揭牌。

◆10 月 31 日，深圳、东莞、惠州三市规划部门共同主办的"东岸论坛 2010"在深圳举行。

◆11 月 3 日，住房和城乡建设部、财政部、人民银行、银监会联合印发《关于规范住房公积金个人住房贷款政策有关问题的通知》（以下简称《通知》），继续对投资和投机者加以精确打击。《通知》明确规定，停止向购买第三套及以上住房的缴存职工家庭发放住房公积金个人住房贷款。

◆11 月 9 日，深圳市国土房产评估发展中心与清华大学土木工程学院携手共建的"城市建设与房地产实习基地"正式挂牌成立。

◆11 月 15 日，住房和城乡建设部、国家外汇管理局发布通知指出，境外个人在境内只能购买一套用于自住的住房，境外机构只能在注册城市购买办公所需的非住宅房屋。

◆11 月 28 日，落马洲河套地区（简称河套地区）规划综合研究公众论坛活动在深圳市民中心举行。

◆12 月 1 日，《深圳市住房公积金管理暂行办法》正式出台。12 月 1 日起，深圳市住房公积金管理中心网站和服务热线进行试运行，12 月 20 日起正式接受办理缴存等业务，但提取和贷款业务最早将在 2011 年上半年展开。

◆12 月 15 日，住房和城乡建设部出台《商品房屋租赁管理办法》，旨在加强商品房屋租赁管理，规范商品房屋租赁行为，维护租赁双方当事人合法权益。

附录三

深圳市规划和国土资源委员会系统机构设置

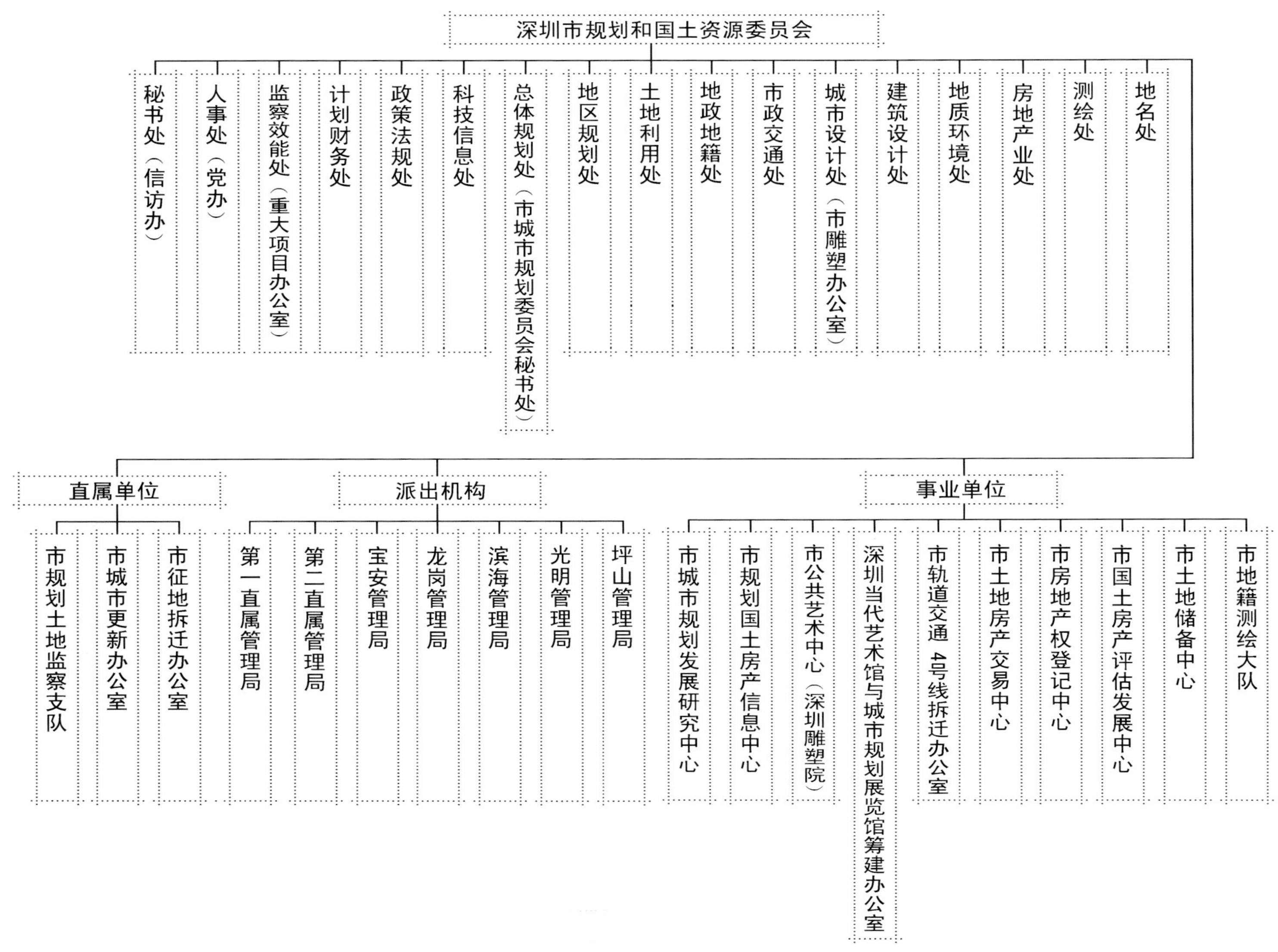

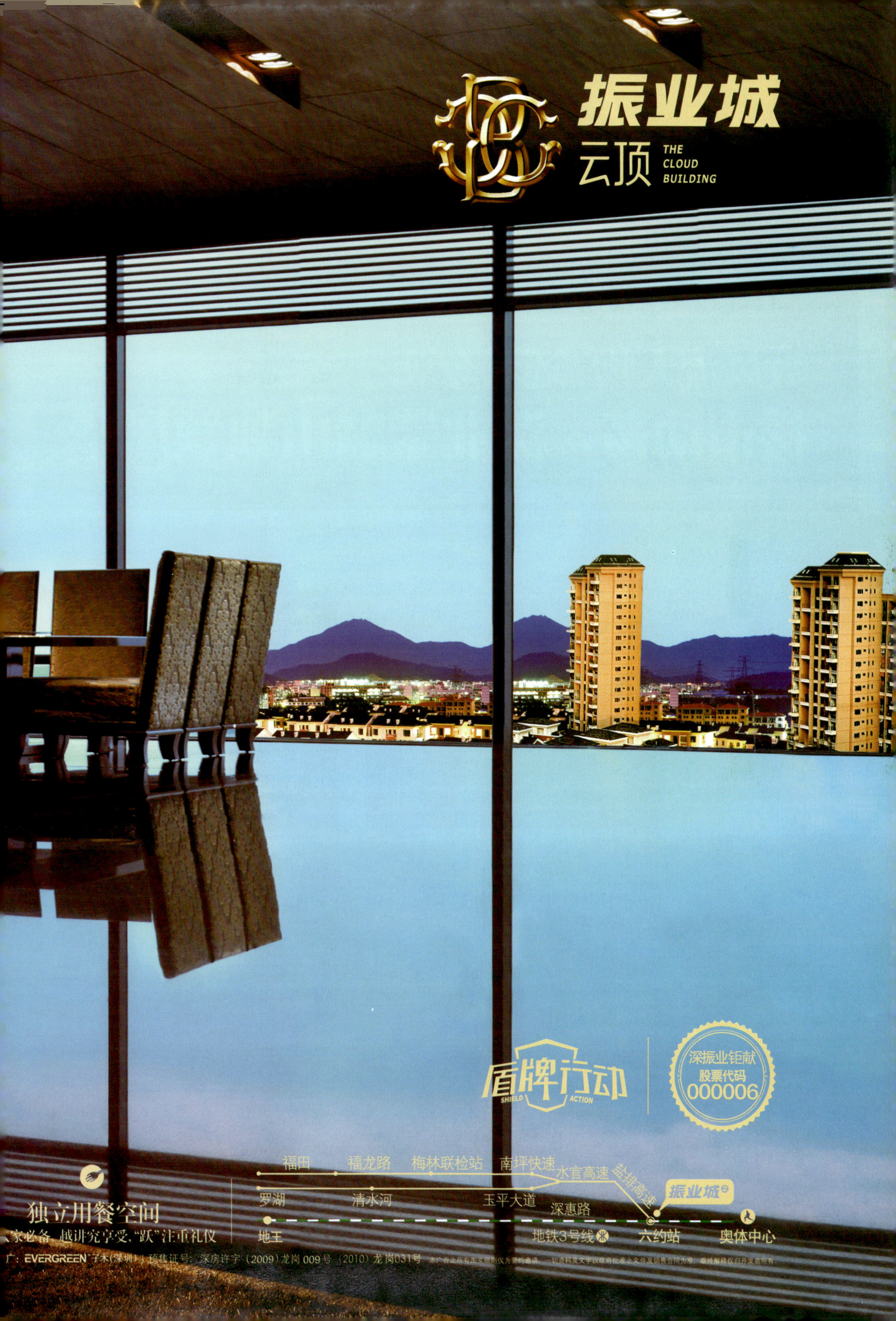
振业城
云顶
THE CLOUD BUILDING
盾牌行动
SHIELD ACTION
深振业钜献
股票代码
000006
福田
福龙路
梅林联检站
南坪快速
水官高速
盐排高速
振业城
罗湖
清水河
玉平大道
深惠路
地王
地铁3号线
六约站
奥体中心
独立用餐空间
家必备，越讲究享受，"跃"注重礼仪
广：EVERGREEN 子木(深圳) | 预售证号：深房许字（2009）龙岗009号（2010）龙岗031号

二十席绝版，220–330m^2公园湖山墅，揽城傲天下。

纵观全城，尊居中心，又栖于山水者，唯深业紫麟山城央墅区。

当今楼市，别墅用地已停止审批。

实景图

大运盛会开展在即，名校商场依次进驻

城市中央墅王区傲临天下

观王者气度，皆非凡于世
20年前看银湖，10年前看香蜜湖
30年后深圳一路向东，在龙岗铸造发展新核
素有“小奥运”之称的大运盛会即日举行
悄然带动当地经济文化蜕变
名校香港中文大学、深圳中学、深圳实验小学
熏陶出龙岗人文贵族气质
cocopark、山姆会员店依次进驻之后
更近享顶级商业配套资源
紫麟山城央别墅于龙城核心区背山面水
在限售限价政策之后，
以最大纯墅区，最小容积率
傲然入世，撼动深圳财富层

实景图

超低密度社区，中心城自然区

一山两湖双园，珍稀价值全城罕有

城中央罕见48米生态山，沉稳厚重承载世家生活
7000m^2双内湖波光粼粼，叠瀑流泉交相辉映
西侧11万m^2市政公园合市民广场、
体育中心、游乐中心、植物园于一体
另有龙城唯一私家公园
特别奉献四万平米的绿意与悠闲
紫麟山坐拥龙岗中心一山两湖
占踞房产价值高地，保值增值非寻常所见

绿化率60%，7000万造院落式临水园林

放眼城市中心，唯此超然奢华墅居

中心城、生态山、墅王区、纯熟生活
紫麟山城央别墅集四大成于一身
傲立龙岗地王之上，俯视全城
建筑群依山就势
自山顶郊野公园引溪而下
成"一山双园"之大观
山水双会所耗资一亿三千万打造而成
只为奉献至尊享受

私藏两湖绿色，珍稀价值如山恒久
更凭1.4容积率，超低密度领袖龙城
尊享五年纯熟配套
又兼得奢华自然与城市资源
在已停止用地审批的别墅市场
紫麟山别墅价值无双
升值潜力亦无双

倚山面水，藏天地风云，墅级山水洋房

一层一户、全景风光，尊享前所未有

动静分区，电梯入户，仅仅是阁下尊贵与私密的专享之一
紫麟山独创的倚山面湖，一层一户山水洋房，尊贵堪称别墅
200-313m²纯大户，9米开阔大横厅，傲居区位核心位置
藏风聚水，南北通透
东揽4万m²私家奢华园林，西拥11万m²大型市政公园
前后双景观露台奉献360°纯粹无遮视界
天地大美，山情水韵，尽在一览中

深房许字（2010）龙岗041号

深业巨著 龙头国企实力钜献，深业南方20载沉淀
天赋王土 坐镇龙城中央，自然山体之上
大美园林 私家公园、市政公园，15万平绿意环绕
山水会所 千万级巨资镶嵌，山水之间璀璨双会所
成熟圈层 醇熟别墅社区，世家大族为邻
百年品质 萃选名贵干挂石材，百年花岗岩锻造立面

TEL·0755 8998 3333 ADD·深圳市龙岗中心城长兴北路 | 开发商·深业地产 代理商·中原地产 CENTALINE CHINA 世联地产 整合推广·FlaHalo风火广告

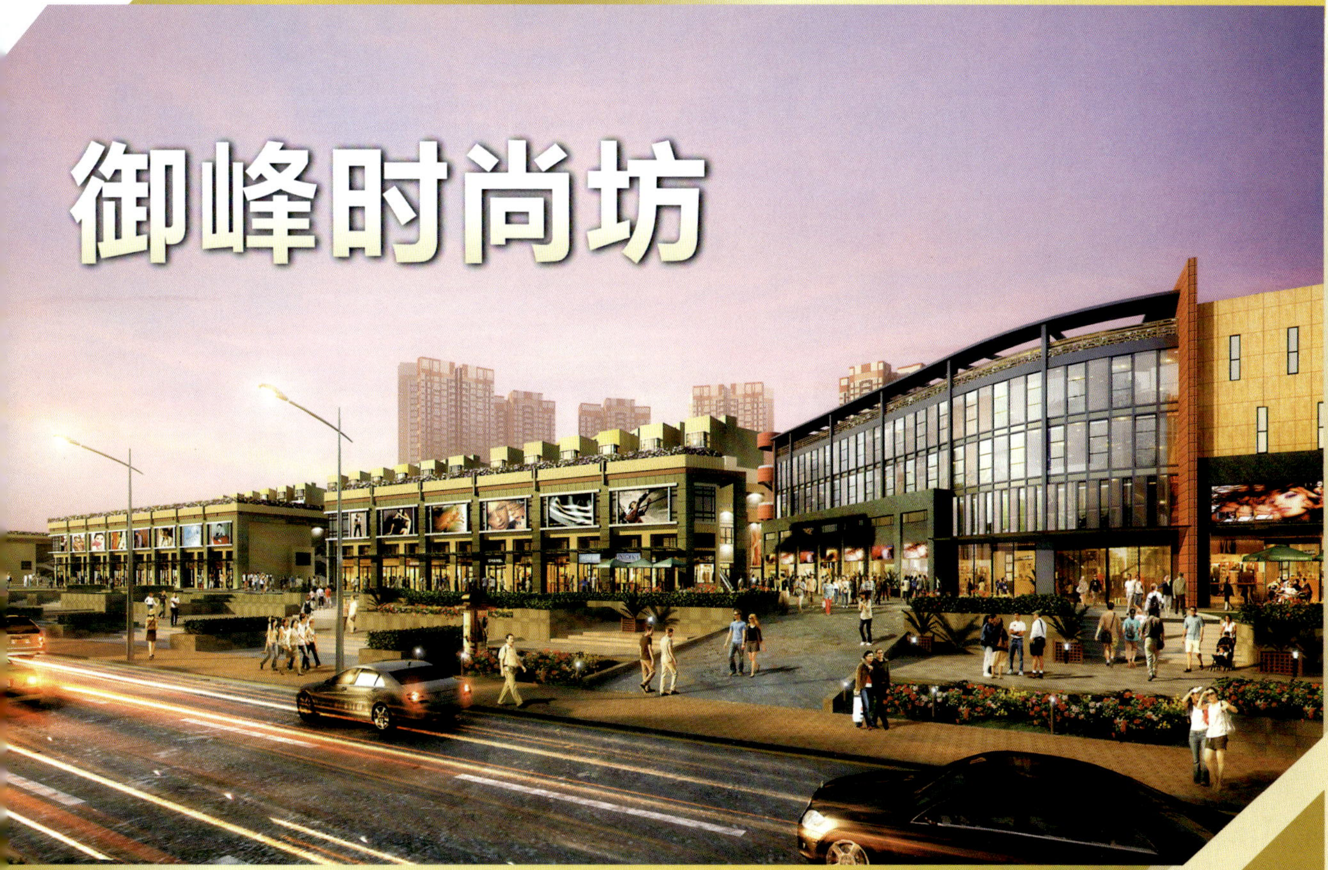

平湖地标性时尚商业街
营商环境优越

- 雄据平湖新商业圈枢纽地段，与传统商业街交汇
- 尽享御峰园约30万平方米社区及凤凰大道沿线高端住宅优势
- 接连多条高速干道，加上地铁3号线丹竹头站快将通车，来往平湖更加方便
- 新增龙岗公交内线穿梭御峰时尚坊，吸纳强大人流车流
- 一期商铺建筑面积约30-300多平方米，1层罕有约6米层高，创意空间无限
- 专享70年产权的黄金商铺，投资置业佳选，机会可遇不可求

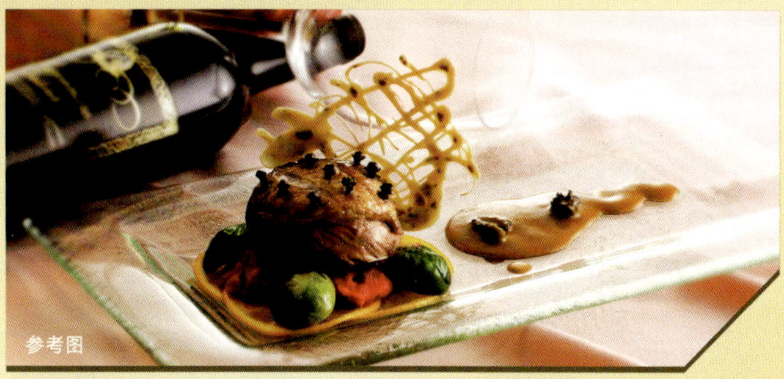
参考图

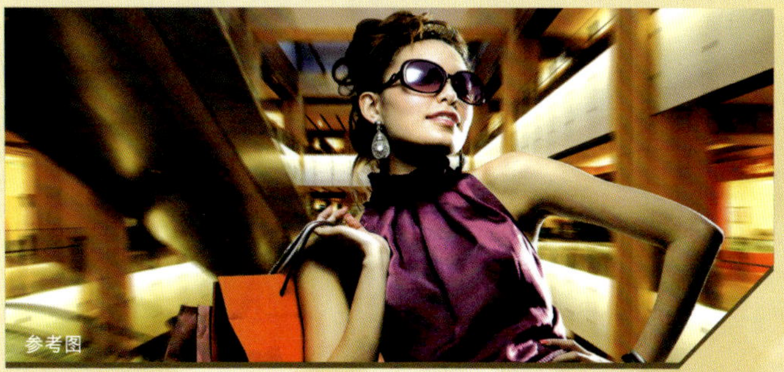
参考图

样板铺即将盛情开放
敬请预约参观

一期珍藏 十二叠墅
即将同时隆重推出

御峰园
LE SOMMET

深圳和记黄埔龙岗地产有限公司
和记黄埔与长江实业(集团)合资

贵宾专线：(0755)2885 8888
(0755)2885 9999

项目地址　：深圳·龙岗·平湖
网　　址　：www.lesommet.com.cn

1 商铺产权期限由2004年12月22日起算。

深房许字(2009)龙岗003号

* 本广告所有说明、图片及效果图仅作参考，不应视为任何要约，亦不应视为买卖合同或构成其中一部分，一切均以政府有关部门最终批准的规划图则及买卖合同为准。本广告的最终解释权归和记黄埔龙岗地产有限公司所有，特此声明。

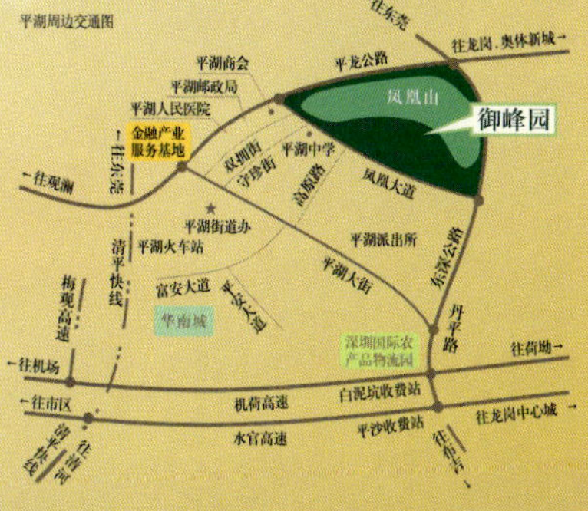

六唯层峰观 领衔真奢华

阅山华府，龙城豪宅标杆典范，自2009年呈世以来，以真质卓品誉满全城，无论业内业均给予盛赞，名誉的背后是嘉旺城地产对项目精益求精的打造及苛求创新的付出！

米超高景观视野 北斗七星拱照

府7栋百米高楼，坐北朝南，形成外高内低的北斗七星半围合形古典主义精工美宅，于原山高台之上享繁华与自然之风景。

南北无楼间距 视野0遮挡

富于创意的S型楼盘布局令各楼栋之间实现罕见的南北视野零遮挡，达到户户景观视野之极致。

入户大堂 层层非凡铸就

区、停车场、门栋三重奢华入户大堂，无论空间如何改变，尊崇减。

28米通高社区大堂 养蓄名门轩扬气质

冠绝全城的社区大堂室内通高28米，精钢镂空穹顶映衬碧天艳阳，配以4部观光电梯往来穿梭，成就了充溢殿堂气质的华贵空间。

直接入户 空中独门院墅

的高层设计，更创新采用智能刷卡电梯直达系统，电梯开启处，进入私家40平米的宽绰空中花园，于百米高层尊享独门院墅。

双层空中生态车库 以头等舱礼遇厚待座驾

深圳罕有、龙岗唯一的座驾头等舱，引阳光清风与座驾亲密交流。专设1:1.2车户比，特设蓝牙自动出入识别系统，厚待阁下宝马良驹。

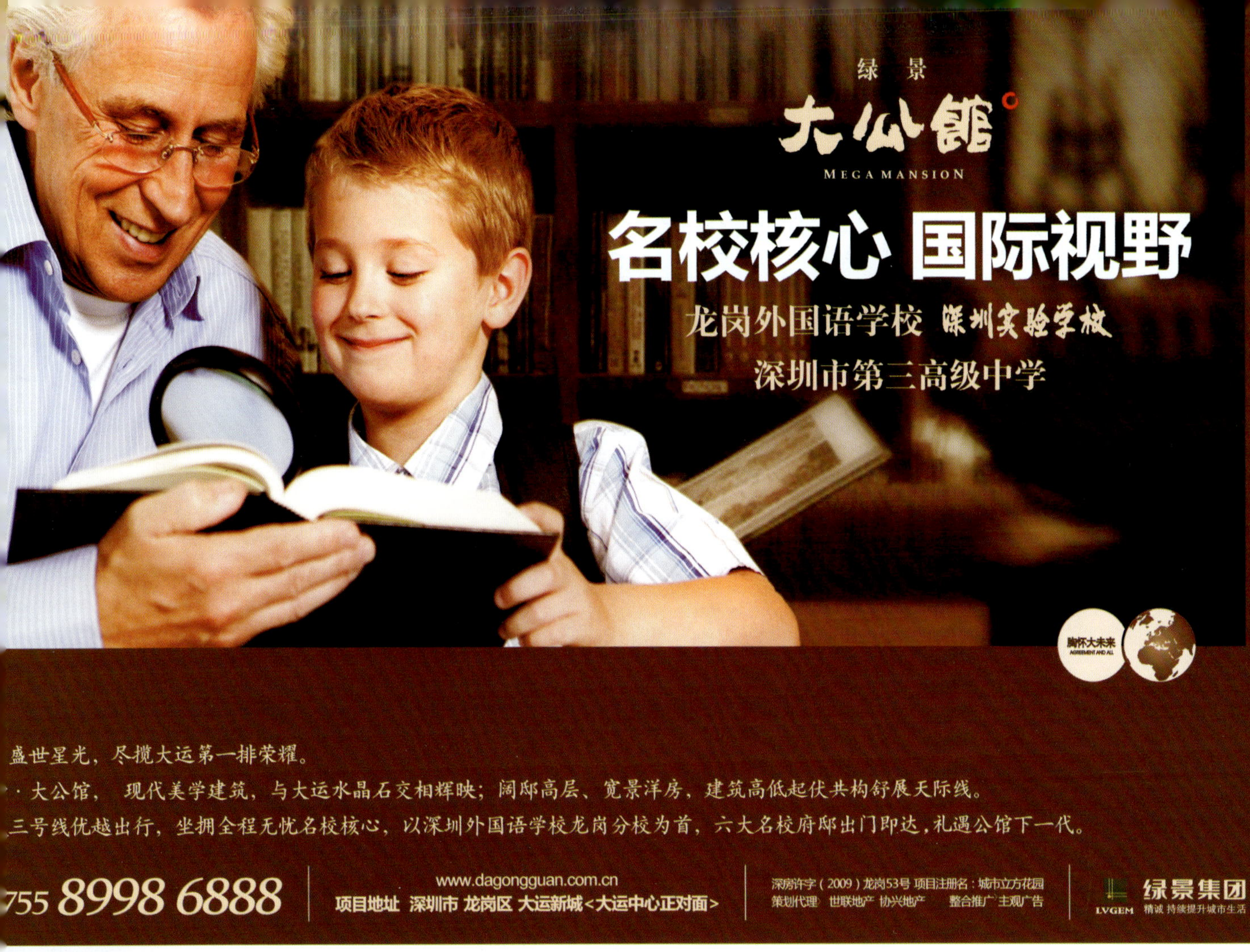

绿景
大公館
MEGAMANSION
名校核心 国际视野
龙岗外国语学校 深圳实验学校
深圳市第三高级中学
胸怀大未来
AGREEMENT AND ALL
盛世星光，尽揽大运第一排荣耀。
·大公馆， 现代美学建筑，与大运水晶石交相辉映；阔邸高层、宽景洋房，建筑高低起伏共构舒展天际线。
三号线优越出行，坐拥全程无忧名校核心，以深圳外国语学校龙岗分校为首，六大名校府邸出门即达，礼遇公馆下一代。
755 8998 6888
www.dagongguan.com.cn
项目地址 深圳市 龙岗区 大运新城<大运中心正对面>
深房许字（2009）龙岗53号 项目注册名：城市立方花园
策划代理 世联地产 协兴地产 整合推广 主观广告
绿景集团
LVGEM 精诚 持续提升城市生活

山海如初 峰云看赏
实景拍摄
ONE PHOENIX HILL
鳳凰山一號
中国·珠海·情侣北路
86-756-366 3666
绿景集团
LVGEM 精诚 持续提升城市生活
凤凰山一号，位于珠海情侣北路，三面环山、一面向海，
占据山海、城市、溪湖、岛屿5重稀缺资源。
依半山地势，以跨界别墅概念打造超高山海高层，
更置入顶级配套，服务半山高端生活，
峰层聚首，体验与山海同步的雍容人生。

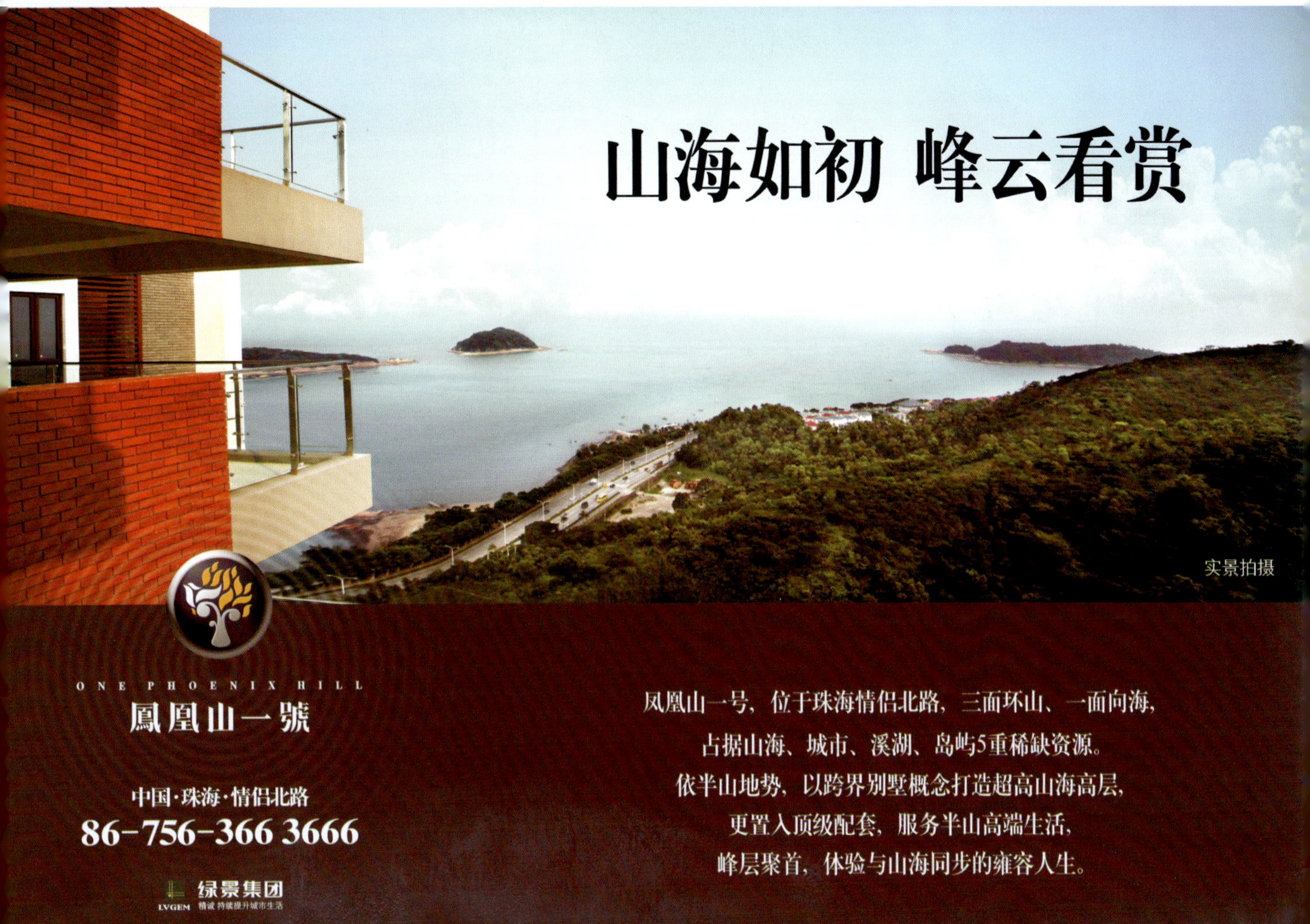

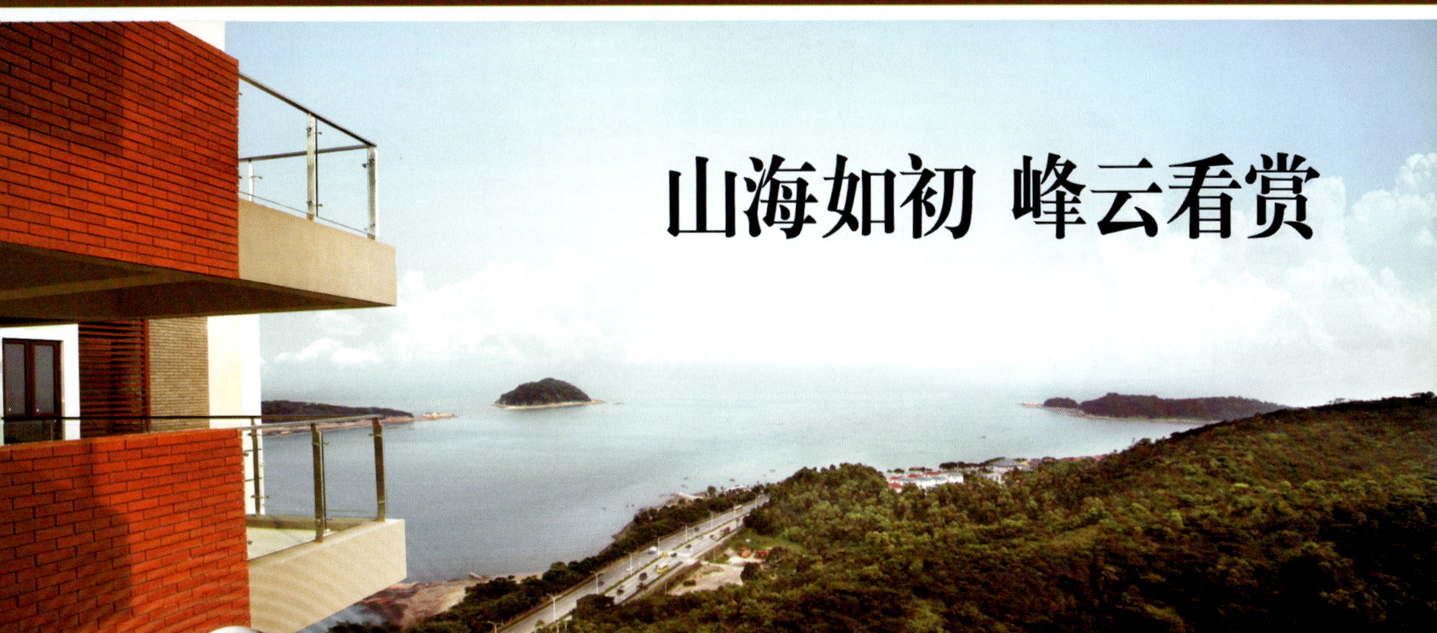

效果图
大城典范 奢享醇熟之美

图书在版编目（C I P）数据

深圳房地产年鉴. 2011 / 《深圳房地产年鉴》编辑委员会编. -- 深圳 : 海天出版社, 2011.7
ISBN 978-7-5507-0213-4

Ⅰ. ①深… Ⅱ. ①深… Ⅲ. ①房地产业－深圳市－2011－年鉴 Ⅳ. ①F299.276.53-54

中国版本图书馆 CIP 数据核字(2011)第 140491 号

深圳房地产年鉴　2011
SHENZHEN FANGDICHAN NIANJIAN 2011

责任编辑：陈　丹
　　　　　孟庆昇
责任技编：蔡梅琴
美术设计：邱　婷
摄　　影：汪秦生

出版发行：海天出版社
地　　址：深圳市彩田南路海天综合大厦（518033）
网　　址：http://www.htph.com.cn
排版制作：深圳市广导广告公司　Tel:83139091
印　　刷：深圳市中导印刷厂
经　　销：海天出版社
开　　本：889mm×1194mm　1/16
印　　张：32
字　　数：1050 千
版　　次：2011 年 7 月第 1 版
印　　次：2011 年 7 月第 1 次印刷
定　　价：268.00 元
